Rūta Eidukevičienė
Jenseits des Geschlechterkampfes

SAARBRÜCKER BEITRÄGE ZUR LITERATURWISSENSCHAFT

Herausgegeben
von Karl Richter,
Gerhard Sauder
und Gerhard
Schmidt-Henkel

Band 80

Jenseits des Geschlechterkampfes.
Traditionelle Aspekte des Frauenbildes in der Prosa von
Marie Luise Kaschnitz, Gabriele Wohmann und
Brigitte Kronauer

Dissertation
zur Erlangung des akademischen Grades eines
Doktors der Philosophie
der Philosophischen Fakultäten
der Universität des Saarlandes

vorgelegt von
Rūta Eidukevičienė
aus Kaunas/Litauen

Dekan: Prof. Dr. Erich Steiner
Berichterstatter: Prof. Dr. Gerhard Sauder
Priv.-Doz. Dr. Sabina Becker
Tag der letzten Prüfungsleistung: 5. Juni 2003

Rūta Eidukevičienė

Jenseits des Geschlechterkampfes

Traditionelle Aspekte des Frauenbildes
in der Prosa von Marie Luise Kaschnitz,
Gabriele Wohmann und Brigitte Kronauer

Röhrig Universitätsverlag
2003 • St. Ingbert

Die Deutsche Bibliothek – CIP-Einheitsaufnahme
Die Deutsche Bibliothek verzeichnet diese Publikation
in der Deutschen Nationalbibliografie;
detaillierte bibliografische Daten sind im Internet
über <http://dnb.ddb.de> abrufbar.

*Gedruckt mit Unterstützung des
Deutschen Akademischen Austauschdienstes
und der Vytautas Magnus Universität Kaunas*

© 2003 by Röhrig Universitätsverlag GmbH
Postfach 1806, D-66368 St. Ingbert
www.roehrig-verlag.de

Alle Urheber- und Verlagsrechte vorbehalten!
Dies gilt insbesondere für Vervielfältigung, Mikroverfilmung,
Einspeicherung in und Verarbeitung durch elektronische Systeme.

Umschlag: Jürgen Kreher
Druck: Strauss Offsetdruck GmbH, Mörlenbach
Printed in Germany 2003

ISBN 3-86110-345-1

DANK

Ich möchte mich an dieser Stelle recht herzlich bei all denen bedanken, die meinen wissenschaftlichen Werdegang auf die eine oder andere Weise unterstützt haben.

Mein besonderer Dank gilt meinem Betreuer Prof. Dr. Gerhard Sauder, durch dessen Hände meine Dissertation mehrfach gegangen ist und der durch seine wertvollen Hinweise zum Gelingen meiner Promotion an der Universität des Saarlandes beigetragen hat. Ich möchte mich auch bei Frau Dr. Karin Lorenz-Lindemann für ihre freundliche Gesprächsbereitschaft und für das zeitraubende Korrekturlesen bedanken; unsere persönlichen Gespräche haben mir nicht nur wichtige gedankliche Impulse gegeben, sondern mich auch in schwierigen Phasen des Schreibens ermutigt und vorangetrieben.

Dank gebührt auch dem Deutschen Akademischen Austauschdienst (DAAD) und der Vytautas Magnus Universität (Kaunas/Litauen) für die finanzielle Förderung sowie die Beihilfe zu den Druckkosten.

Ich danke auch meinen deutschen und litauischen Freunden, meinen Arbeitskollegen und besonders meiner Familie für ihr Vertrauen in mich, ihre große Geduld und ihre liebevolle Unterstützung während der letzten vier Jahre, in denen ich mich stundenlang am Schreibtisch isoliert habe. Ohne ihre Hilfe wäre es unmöglich gewesen, Krisen zu meistern und mein Vorhaben durchzuführen.

Rūta Eidukevičienė   Saarbrücken, im Juni 2003

INHALT

1. EINLEITUNG 11
   1.1. Fragestellung 12
   1.2. Forschungsgegenstand 13
   1.3. Zielsetzung 15
   1.4. Forschungsstand 17
   1.5. Methoden 26
   1.6. Auswahl der literarischen Texte 28
   1.7. Aufbau der Arbeit 29

2. TRADITIONEN UND TENDENZEN. TEXTE VON GEGENWARTSAUTORINNEN ALS GEGENSTAND DES LITERATURWISSENSCHAFTLICHEN DISKURSES 33
   2.1. Probleme der Begriffsbestimmung 33
   2.2. Feministische Positionen gegenüber literarischen Traditionen 37
   2.3. Feministische Literatur und Literaturwissenschaft 45
   2.3.1. Soziokultureller Kontext. Feministische Projekte und literarische Auseinandersetzungen 45
   2.3.2. Feministische Theoriebildung. Kritische Analyse einiger Theorien weiblicher Schreibpraxis und Ästhetik 49
   2.3.3. Programmatische Frauenliteratur der 70er und 80er Jahre 60
   2.4. Abkehr von feministischen Literaturkonzepten 70

3. TRADITIONELLE ASPEKTE DES FRAUENBILDES IN DER PROSA VON MARIE LUISE KASCHNITZ, GABRIELE WOHMANN UND BRIGITTE KRONAUER 73
   3.1. Standortbestimmung: Bedeutung des Weiblichen 73
   3.2. Mythos und Natur im weiblichen Selbstverständnis 81
   3.2.1. Mythische Ursprünge der Vorstellung von Frau als Naturwesen 81
   3.2.2. Feministische Kritik an mythischen (Weiblichkeits) Imaginationen und deren Übernahme in einen eigenen Diskurs 85

3.2.3. Nähe der Frauenfiguren von Kaschnitz und Kronauer zum Natur- bzw. Mythosbereich 88
3.2.4. Weibliche Verwandlungsphantasien in der Prosa von Kaschnitz und Kronauer 97
3.2.5. Befreiende Funktion der Natur in der Prosa Wohmanns 104
3.2.6. Zwischenergebnisse 106
3.3. Weibliche Kindheit und Sozialisation 107
3.3.1. Frage nach der Spezifik weiblicher Entwicklung in theoretischen und literarischen Diskursen 107
3.3.2. Thematisierung der Kindheit 110
3.3.2.1. Kindheitsbilder bei Kaschnitz als Zeugnisse einer patriarchalischen Familienordnung 111
3.3.2.2. Wohmanns Kritik an der Auflösung traditioneller Familienverhältnisse 115
3.3.2.3. Familiäre Harmonie: Kindheitswelten im Werk von Kronauer 118
3.3.3. Übergang vom Mädchen zur Frau: Gleichzeitigkeit von schmerzlichen und freudigen Erfahrungen in der Pubertät 121
3.3.3.1. Körperliche und seelische Verwandlungsprozesse in den Erzählungen von Kaschnitz 123
3.3.3.2. Freude am Erkanntwerden bei Kronauer 127
3.3.4. Tradierte Aspekte weiblicher Sozialisation 130
3.3.5. Zwischenergebnisse 138

3.4. Entwürfe von liebenden Frauen: Liebesträume und -begegnungen 139
3.4.1. Wandel und Beständigkeit der Liebesdiskurse 139
3.4.2. Liebe als weibliches Fatum und weibliche Kraft bei Kaschnitz 143
3.4.3. (Unerfüllte) Liebessehnsucht bei Frauengestalten Wohmanns 149
3.4.4. Mehrdimensionale Liebeskonzepte Kronauers: Liebe als Möglichkeit der Selbst- und Welterkenntnis 156
3.4.5. Zwischenergebnisse 170

3.5. Darstellung der Frau in der Ehe 174
3.5.1. Feministische Kritik vs. traditionelle Aufwertung der bürgerlichen Ehe 174
3.5.2. Kaschnitz' Präsentation der Ehe als partnerschaftlicher Gefühlsgemeinschaft 177
3.5.3. Soziale Bedeutung der Institution 'Ehe' in den Texten Wohmanns 183
3.5.4. Ästhetik der Ehe- bzw. Familienbilder bei Kronauer 192
3.5.5. Zwischenergebnisse 195

3.6. Einstellung zur Mütterlichkeit und Mutter 197
3.6.1. Feministische Diskussionen um die traditionelle Auffassung der Mutterrolle 197

3.6.2. Bedeutung der Mutterschaft bzw. Mutterrolle bei Kaschnitz und
Wohmann 203
3.6.3. Differenzen in der Darstellung der Mutter-Tochter-Beziehungen
in der feministischen Literatur und in den Texten von Kaschnitz und
Wohmann 210
3.6.4. Zwischenergebnisse 220

4. GESTALTUNG DER BEZIEHUNGEN ZWISCHEN FRAU UND MANN IN DER PROSA VON MARIE LUISE KASCHNITZ, GABRIELE WOHMANN UND BRIGITTE KRONAUER 223

4.1. Darstellung der Vater-Tochter-Verhältnisse 223
4.1.1. Spezifik der von Frauen verfaßten literarischen Vaterporträts 223
4.1.2. Vergleich des väterlichen Status in den Texten von Kaschnitz,
Wohmann und Kronauer 229
4.1.3. Zwischenergebnisse 240

4.2. Frau-Mann-Begegnungen jenseits des Geschlechterkampfes 242
4.2.1. Geschlechterdualismus als Grunderfahrung und literarisches Motiv .. 242
4.2.2. Entfremdung und Wiederversöhnung (Kaschnitz) 244
4.2.3. Kommunikationsschwierigkeiten und Festhalten an Konventionen
(Wohmann) 250
4.2.4. Vermeidung offener partnerschaftlicher Konflikte (Kronauer) 255
4.2.5. Ambivalenz von Männerfiguren 258
4.2.6. Zwischenergebnisse 272

5. VERHÄLTNIS VON MARIE LUISE KASCHNITZ, GABRIELE WOHMANN UND BRIGITTE KRONAUER ZU EMANZIPATION, FEMINISMUS UND FRAUENLITERATUR ... 275

5.1. Traditionelle Position und Distanz: M. L. Kaschnitz 275

**5.2. Zwischen Kritik an gesellschaftlichen Konventionen und
radikalen Ausprägungen des Feminismus: G. Wohmann** 282

5.3. Abkehr von feministischen Positionen: Br. Kronauer 296

6. SCHLUSSFOLGERUNGEN 321

LITERATURVERZEICHNIS 335

1. EINLEITUNG

Der Titel der vorliegenden Arbeit signalisiert zwei Aspekte der literarischen Tätigkeit von Frauen in der zweiten Hälfte des 20. Jahrhunderts: Geschlechterkampf und Verhältnis zur Tradition. Das Motiv des Geschlechterkampfes bezeichnet die politische und soziokulturelle Situation in Deutschland während der feministischen Emanzipationsbewegung in den 70er und späteren Jahren. Die Geschichte des Feminismus kann zweifellos als Geschichte des Protestes und des Kampfes angesehen werden.[1] Im sozialen Bereich konzentrierte sich der Kampf auf die Abschaffung von festgelegten Frauenrollen und entwickelte sich zu einer vielschichtigen Kritik an dem patriarchalischen Gesellschaftssystem. Die feministische Revolution, die den Abbau der physischen und psychischen Ausbeutung der Frau forderte, wurde zum kompromißlosen Kampf zwischen den Geschlechtern. In deutschen feministischen Diskussionen wurden von vielen Frauen vorzugsweise Anklagen, Schuld und Vorwürfe thematisiert. Die feministischen Aktivitäten glichen auch deswegen einem Kampf, weil sie von Anfang an viele Gegner (und nicht nur männliche) hatten und sich ständig gegen 'feindliche' Ideologien durchsetzen mußten.

Im kulturellen und speziell literarischen Bereich kämpften feministisch orientierte Autorinnen und Literaturwissenschaftlerinnen gegen Frauenfeindlichkeit der literarischen Praxis und gegen stereotype Frauenbilder. Feministische Literatur und Literaturwissenschaft sind aus der Frauenbewegung hervorgegangen und verstehen sich als Teilhaberinnen am Kampf um die Befreiung von Frauen aus unterdrückerischen Strukturen. Es entfaltet sich eine lange Diskussion über die Bestimmung der Frau, und diese Diskussion hat ihre Auswirkungen in einer Fülle von Texten. Die Literatur, die sich an dem feministischen Programm orientiert und einen unversöhnlichen Gegensatz zwischen Männern und Frauen thematisiert, bezeichne ich als 'Literatur diesseits des Geschlechterkampfes'. Diese Literatur wird aber in der vorliegenden Arbeit nur insoweit berücksichtigt, um kontrastiv deutlich zu machen, daß es auch eine 'Literatur von Frauen jenseits dieses Kampfes' gibt, d.h. eine Literatur, die sich explizit vom feministischen Literaturprogramm distanziert und mehrere Elemente des tradierten Frauenbildes[2] in ihr Konzept aufnimmt.

---

[1] Carmen Burgfeld betont in ihrem "Versuch über die Wut als Begründung einer feministischen Ästhetik", daß alle feministischen Aussagen sich kämpferisch gestalten müssen: "Denn zum Feminismus gehört unabdingbar: den Kampf ansagen", so Burgfeld (Burgfeld, Carmen: Versuch über die Wut als Begründung einer feministischen Ästhetik. In: VerRückte Rede - Gibt es eine weibliche Ästhetik? Notizbuch 2. Hrsg. von Friederike J. Hassauer und Peter Roos. Berlin 1980, S.86).

[2] Da es in der vorliegenden Arbeit um ein tradiertes Frauenbild handelt, soll hier zunächst der Begriff 'Frauenbild' kurz erörtert werden. In der Literaturwissenschaft wird häufig zwischen den von Frauen entworfenen Vorstellungen von Weiblichkeit (Eigendefinition) und den von

1.1. Fragestellung

Das Problem, dem sich die vorliegende Arbeit widmet, ergibt sich daraus, daß die von deutschen Autorinnen verfaßte Literatur der 70er und späteren Jahre in der Literaturwissenschaft fast ausschließlich aus der feministischen Perspektive betrachtet wird. Man stellt sich vor allem die Frage nach dem emanzipatorischen Potential dieser Literatur. Dies erweckt den Eindruck, es hätten alle deutschen Autorinnen der Zeit in ihren Texten allein die Probleme weiblicher Emanzipation thematisiert. Es ist aber nicht zu verkennen, daß es auch solche von Frauen geschriebenen Texte gab bzw. gibt, die eine andere Beleuchtungsperspektive ermöglichen und in denen der Kampf zwischen den Geschlechtern keine Hauptrolle spielt. Die zu untersuchende Frage ist deswegen, inwieweit diese Texte eine Gegenströmung zur feministischen Literatur darstellen und welche Aspekte von traditionell bestimmten Weiblichkeitsmustern und

---

Männern erdachten Frauenbildern (Fremddefinition) unterschieden. Die Literaturwissenschaftlerinnen Inge Stephan und Sigrid Weigel definieren Frauenbilder folgendermaßen: "*Frauenbilder* sind die im literarischen Text konkretisierten Weiblichkeitsmuster, d.h. die Frauengestalten wie auch die ästhetische Funktion des Weiblichen und auch implizite sprachlich-poetische Ausdrucksformen, die Bezüge zur Weiblichkeit enthalten. Sie sind zu beschreiben in ihrer Differenz zur Realität von Frauen und zu erklären im Zusammenhang der sozialökonomischen, politischen, philosophischen und poetologischen Auffassung von Weiblichkeit im historischen und biographischen Kontext des jeweiligen Autors." (Stephan, Inge; Weigel, Sigrid: Die verborgene Frau. Sechs Beiträge zu einer feministischen Literaturwissenschaft. Sonderband 96. Berlin 1983, S.7). Feministische Literaturforschung sieht in Frauenbildern eine Form von Ideologieproduktion, weil die literarischen Frauenbilder nicht reale Frauen darstellen, sondern individuelle und kollektive Phantasien über das Wesen der Frau ausdrücken; außerdem zwängen sie auch die Frauen selbst, sich einem Verständnis von Weiblichkeit zu beugen, wie es in männlichen Projektionen zum Ausdruck kommt (zur Untersuchung von Frauenbildern in 'männlicher' Literatur siehe: Stephan, Inge: »Bilder und immer wieder Bilder...« Überlegungen zur Untersuchung von Frauenbildern in männlicher Literatur. In: Stephan; Weigel: Die verborgene Frau, S.15-34; zu der aus dem Verhältnis 'Frau-Weiblichkeit-Bild' resultierenden Begriffsproblematik siehe auch: Günter, Andrea: Literatur und Kultur als Geschlechterpolitik. Feministisch-literaturwissenschaftliche Begriffswelten und ihre Denk(t)räume. Königstein/Taunus 1997, S.106-114). Obwohl Stephan ausdrücklich vorschlägt, zwischen dem Begriff 'Frauenbild', unter dem "eine Form männlicher Wunsch- und Ideologieproduktion" in literarischen Texten zu verstehen ist, und dem Terminus 'Weiblichkeitsbilder' bzw. 'Weiblichkeitsmuster', der "psychoanalytische, historische und mythologische Basis darstellt, auf der die Produktion und personale Konkretisierung von Frauenbildern in literarischen Texten erfolgt", zu unterscheiden (vgl. Stephan: »Bilder und immer wieder Bilder...«, S.26f), wird in der vorliegenden Arbeit auf eine strikte begriffliche Trennung verzichtet. In meiner Arbeit verwende ich den Begriff 'Frauenbild', indem ich darunter die Gestaltung von Frauenfiguren in einzelnen literarischen Texten bzw. die Manifestation von verschiedenen Weiblichkeitsvorstellungen verstehe, die sich im Laufe der sozialen und kulturellen Menschheitsgeschichte herausgebildet haben und die in gleichem Maße sowohl männliches Verständnis des Weiblichen als auch weibliches Selbstverständnis prägen.

Geschlechterverhältnissen in ihnen zum Ausdruck kommen. Obwohl die tradierten Weiblichkeitsentwürfe zwangsläufig dem Ideal der Autorinnen, die aus der Frauenbewegung kommen (z.b. Verena Stefan oder Christa Reinig), widersprechen, soll in diesem Zusammenhang die Tatsache nicht übersehen werden, daß die Grenze zwischen den beiden Positionen (feministisch und nicht feministisch) fließend ist und daß die Übergänge bzw. die gegenseitigen Einflüsse möglich sind. In dieser Arbeit wird jedoch von der Annahme ausgegangen, daß für die deutsche Gegenwartsliteratur von Autorinnen zwei Hauptstrategien konstituierend sind: einerseits der radikale feministische Versuch, alle als patriarchalisch geltenden sozialen und kulturellen Traditionen zu negieren und einen neuen emanzipatorischen Weiblichkeitsentwurf zu präsentieren; andererseits die distanzierte Haltung mancher Autorinnen zu feministischen Konzepten, ihre auffallende Traditionsgebundenheit und die daraus resultierende Aufnahme von tradierten Frauenbildern in ihr eigenes Textgefüge (eben diese Literatur von Autorinnen bezeichne ich als 'Literatur jenseits des Geschlechterkampfes').

Meine Fragestellung, nämlich die Frage nach Elementen eines tradierten Frauenbildes in Werken von Gegenwartsautorinnen, bezieht sich auf die Literatur jenseits und diesseits des Geschlechterkampfes. Es soll aufgezeigt werden, wie die Autorinnen, die sich von explizit feministischen Forderungen distanzieren, die tradierten Weiblichkeitsmuster weiterschreiben und wie feministisch engagierte Autorinnen mit allen Erscheinungsformen von als patriarchalisch geltenden Traditionen zu brechen versuchen. Die Abrechnung mit tradierten, als patriarchalisch verurteilten Weiblichkeitskonzepten kann unverkennbar als eines der deutlichsten Merkmale der 'neuen' deutschen Frauenliteratur gelten. Die vorliegende Untersuchung will also feministische Positionen gegenüber sozialen und kulturellen Traditionen verdeutlichen und die in der Gegenwartsliteratur von Frauen bewußt oder unbewußt verfestigten Elemente von tradierten Weiblichkeits- und Literaturkonzepten am Beispiel von konkreten Texten erläutern.

1.2. Forschungsgegenstand

Den konkreten Gegenstand der vorliegenden Arbeit bilden die Prosatexte von Marie Luise Kaschnitz, Gabriele Wohmann und Brigitte Kronauer sowie die in ihnen vorkommenden Aspekte von tradierten Frauenbildern und Geschlechterbeziehungen. Die Texte der genannten Autorinnen werden unter ausgewählten Gesichtspunkten detailliert untersucht; die feministische Literatur wird dagegen nur insoweit berücksichtigt, als es zur Erläuterung der negativen Einstellung engagierter Autorinnen zu tradierten Weiblichkeitskonzepten und zur Feststellung der Unterschiede (oder Ähnlichkeiten) zwischen feministischen Positionen und denen von Kaschnitz, Wohmann und Kronauer notwendig ist. An dieser Stelle soll darauf hingewiesen werden, daß für den genannten

Vergleich vor allem die Texte der radikal vorgehenden feministischen Autorinnen, so z.B. Christa Reinig, Verena Stefan, Margot Schröder, gewählt wurden, weil sie am einprägsamsten die Tendenzen der deutschen Frauenbewegung und den Bruch mit tradierter Ästhetik präsentieren; außerdem haben diese Texte bei der Leserschaft großen Anklang gefunden. Bei der Hervorhebung radikaler Konzepte wird aber keineswegs außer acht gelassen, daß es auch solche feministisch orientierten Autorinnen gibt, die bei ihrem literarischen Unternehmen weniger radikal vorgehen und in ihren Texten eine Verbindung von emanzipatorischen Forderungen mit tradierten Weiblichkeitsentwürfen präsentieren (z.b. Karin Struck). Um die Gleichsetzung der ganzen feministischen Literatur mit radikalen, kämpferisch geprägten Vorgehensweisen zu vermeiden, wird also in der Argumentation auch auf die weniger extremen feministischen Positionen hingewiesen.

Für die Analyse wurden Prosatexte gewählt, weil sie die für meine Fragestellung relevanten Aspekte des tradierten Frauenbildes am deutlichsten zu Tage bringen und im Schaffen sowohl der in der vorliegenden Arbeit berücksichtigten drei Autorinnen als auch in dem der feministisch orientierten Autorinnen dominieren. Besonders im Roman, dem in dieser Arbeit die größte Aufmerksamkeit gilt, können die Autorinnen ihre Wirklichkeitsbeobachtungen und weitläufigen Imaginationen beschreiben. Prosatexte sind auf eine andere Art komplex als Lyrik oder Dramatik und eignen sich vorzüglich, sowohl allgemeinmenschliche Erfahrungen als auch autobiographisch geprägte weibliche Lebenszusammenhänge, die für die Frauenliteratur der 70er Jahre besonders typisch sind, zu thematisieren.

Meine Untersuchung beschränkt sich auf Prosatexte westdeutscher Autorinnen, weil die Literatur in der DDR, Schweiz und in Österreich unter anderen Bedingungen verfaßt wird und ihre eigenen Traditionen hat, so daß die Werke der aus diesen Ländern stammenden Autorinnen getrennt untersucht werden sollten.

Die Werke von Marie Luise Kaschnitz, die unmittelbar vor dem Aufschwung der neueren feministischen Frauenbewegung in Deutschland erschienen sind und in denen viele wichtige Aspekte weiblicher Selbstentwürfe zum Ausdruck kommen, gelten in meiner Arbeit als konkrete Beispiele für traditionell geprägte Denkweise und Ästhetik. Kaschnitz' Texte verdeutlichen eindrücklich die für eine patriarchalische Gesellschaftsordnung typischen Frauenbilder und Geschlechterkonstellationen. Ich setze voraus, daß durch die Gegenüberstellung der literarischen Produktion einer Autorin aus der unmittelbaren Nachkriegszeit mit dem feministischen Literaturprogramm der angestrebte feministische Bruch mit überlieferten ästhetischen Traditionen und die in der gegenwärtigen Literatur von Frauen stattgefundenen Veränderungen am deutlichsten zum Ausdruck kommen.

Die Prosa von Gabriele Wohmann wird in meiner Arbeit als eine Ausnahmeerscheinung in der Zeit der feministischen Bewegung untersucht. Obwohl Wohmann oft verschiedene Probleme von Frauen, die alltäglichen Erfahrungen einer bürgerlichen Familie und die Kontaktunfähigkeit der Partner beschreibt, entzieht sich ihre Prosa wegen der auffälligen Engagementlosigkeit, grotesker und satirischer Erzählweise der Flut der feministisch geprägten Frauenliteratur. Wohmanns Verhältnis zur Frauenbewegung und zu feministischen Programmen war von Anfang an skeptisch und distanziert, später setzt sie sich sogar kritisch mit der feministischen Ideologie auseinander (z.b. im Roman "Ach wie gut, daß niemand weiß", 1980). Für die Wahl von Wohmanns Texten waren sowohl ihre Ausnahmeposition zwischen literarischen Traditionen und feministischen Konzepten als auch die Tatsache, daß in ihren Texten viele Elemente der tradierten Weiblichkeit vorkommen, bestimmend.

Brigitte Kronauer wird in meine Untersuchungen aufgenommen, um aufzuzeigen, daß manche in den 80er und 90er Jahren publizierenden Autorinnen die Geschlechterfragen immer häufiger in den Hintergrund rücken. Obwohl Kronauer die alltäglichen Lebenszusammenhänge von Frauen thematisiert, distanziert sie sich von emanzipatorischen Forderungen der feministischen Literatur: Für Kronauer ist nicht die Kritik an der Männerwelt oder die Situation von Frauen von entscheidender Bedeutung, sondern vielmehr das Kunstwerk selbst, das sie detailliert metaphorisch gestaltet. Es ist auch beachtenswert, daß Kronauers Prosa sich mit den traditionell geprägten Texten der vorfeministischen Literatur durch bestimmte Motive und besondere Aufmerksamkeit für die künstlerische Textgestaltung berührt.

Die Werke der gewählten Autorinnen bilden eine chronologische Reihe und umspannen einen Zeitraum von ungefähr sechzig Jahren. Man kann deswegen untersuchen, wie sich die Traditionen des weiblichen Schreibens jenseits des Geschlechterkampfes entwickeln. Bei der Analyse der Texte wird der Schwerpunkt auf die Themen- und Motivbereiche gesetzt, die sowohl von den traditionsgebundenen als auch von feministisch orientierten Autorinnen am häufigsten berücksichtigt und thematisiert werden, so z.B. Kindheitserlebnisse und Beziehungen zu Elternfiguren, Liebeserfahrungen, Ehe und Mutterschaft. Es gibt also bestimmte Stationen und Erfahrungen im Leben von Frauenfiguren, die richtungweisend sind und die Texte infolgedessen vergleichbar machen. In der vorliegenden Arbeit wird untersucht, wie die Autorinnen der älteren Generation (Kaschnitz) die oben genannten Themen literarisch behandeln und welche Aspekte die spätere Generation der Autorinnen (Wohmann und Kronauer) übernimmt und weiter entwickelt.

1.3. Zielsetzung

Zwei der bekanntesten deutschen feministisch orientierten Literaturwissenschaftlerinnen Sigrid Weigel und Inge Stephan machen sich auf die Suche nach der "verborgenen Frau" in der Kultur und Geschichte der männlichen Ordnung.[3]

---

[3] Vgl. Stephan, Inge; Weigel, Sigrid: Die verborgene Frau: Sechs Beiträge zu einer feministischen Literaturwissenschaft. Sonderband 96. Berlin 1983.

Während beide Wissenschaftlerinnen nach verborgenen Erfahrungs-, Wahrnehmungs- und Ausdrucksweisen des Weiblichen in der männlich geprägten Literatur (ihr wird auch die frühere Literatur von Frauen zugerechnet) suchen, wird in der vorliegenden Arbeit ein Gegenversuch unternommen: Mit der Annahme, daß es auch in der heutigen Literatur von Autorinnen, einschließlich feministisch orientierter Texte, viele aus der patriarchalischen Ordnung übernommene Aspekte gibt, werden hier diese mehr oder weniger verborgenen Elemente des traditionellen Weiblichkeitsdiskurses in den Werken der gewählten Autorinnen behandelt. Das Ziel der vorliegenden Untersuchung ist, eine distanzierte Haltung mancher deutschen Gegenwartsautorinnen zum feministischen (Literatur)Programm zu verdeutlichen und nach traditionell geprägten, jenseits der feministischen Entwürfe sich weiter entwickelnden Weiblichkeitskonzepten und Geschlechterkonfigurationen in der Gegenwartsliteratur von Autorinnen anhand der gewählten Prosatexte von Kaschnitz, Wohmann und Kronauer zu suchen. Solch eine Suche nach tradierten Aspekten von Geschlechterverhältnissen und Weiblichkeitsimaginationen hängt zwangsläufig mit der Frage zusammen, in welcher Beziehung die tradierten Frauenbilder zu den neuen theoretischen sowie literarischen Weiblichkeitskonzepten stehen.

Obwohl sich die Werke und die poetologischen Positionen der gewählten Autorinnen deutlich voneinander unterscheiden, versuche ich, bei ihrer Interpretation nach bestimmten Berührungspunkten, gemeinsamen Motiven und Strategien zu suchen, die sich aus dem spezifischen Verhältnis dieser Autorinnen zu sozialen und ästhetischen Traditionen ergeben und die eine Grundlage für die vergleichende Analyse bilden. Solch eine Analyse unter gewählten Aspekten bietet eine Möglichkeit, die Einstellung der Autorinnen nicht nur zu überlieferten Traditionen, sondern auch zur feministischen Literatur, die gleiche Themen und Motive auf eine ganz andere, emanzipatorisch geprägte Weise behandelt, zu verdeutlichen. Die Untersuchung von tradierten Frauenbildern und Geschlechterkonfigurationen erlaubt unter anderem, das allgemeine Selbst- und Weltverständnis der gewählten Autorinnen, ihre ästhetischen Ansichten und die Besonderheiten ihres Schaffens zu erörtern. Indem unterschiedliche Positionen feministisch orientierter und der in dieser Arbeit behandelten Autorinnen sichtbar gemacht werden, wird auch das Verständnis der literarischen Tätigkeit von Frauen in der zweiten Hälfte des 20. Jahrhunderts durch neue Dimensionen erweitert.

1.4. Forschungsstand

Es gibt inzwischen viele Arbeiten über die feministische Literatur[4], kaum oder nur sehr wenige über die traditionell geprägte Literatur von Gegenwartsautorinnen. Betrachtet man die Forschungsliteratur zu dem Problem, inwieweit tradierte Weiblichkeitsbilder in der Literatur von Frauen Beachtung finden und auf welche Weise sie mit neuen Weiblichkeitsentwürfen kombiniert werden, so stößt man auf eine Lücke. Denn die Literaturwissenschaft stellt sich zwar die Frage, wie die programmatische Literatur, der die feministischen Theorien zugrunde liegen, stereotype, als patriarchalisch geltende Frauenbilder negiert[5] und durch neue ersetzt. Sie untersucht jedoch kaum das Problem, wie Literatur diese Bilder übernimmt, künstlerisch gestaltet und weiterschreibt.

Hier sollen kurz die wenigen Arbeiten genannt werden, die näher auf die Weiblichkeitskonzepte und -entwürfe der afeministisch vorgehenden Autorinnen der unmittelbaren Nachkriegszeit und der späteren Jahre eingehen. Da mit den Texten von Autorinnen sich vor allem die Literaturwissenschaftlerinnen beschäftigen, die der Frauenbewegung nahestehen, richten sie zunächst ihr Augenmerk auf die Frage, ob die Texte der Autorinnengeneration vor den 70er Jahren emanzipatorische Ansätze enthalten. In diesem Zusammenhang ist die

---

[4] Da auf die Forschungen, die sich mit feministischen Literaturkonzepten beschäftigen, in dem theoretischen Teil meiner Arbeit näher eingegangen wird, soll an dieser Stelle nur kurz vorweggenommen werden, daß diese Studien in zwei Gruppen geteilt werden können: zum einen die Studien, deren Gegenstand feministische Literaturtheorien (vor allem die Theorien der sogenannten 'weiblichen Ästhetik') bilden (vgl. Richter-Schröder, Karin: Frauenliteratur und weibliche Identität: theoretische Ansätze zu einer weiblichen Ästhetik und zur Entwicklung der neuen deutschen Frauenliteratur. Frankfurt am Main 1986; Lindhoff, Lena: Einführung in die feministische Literaturtheorie. Stuttgart 1995; Günter, Andrea: Literatur und Kultur als Geschlechterpolitik. Feministisch-literaturwissenschaftliche Begriffswelten und ihre Denk(t)räume. Königstein/Taunus 1997), zum anderen die Forschungen, die sich überwiegend der Analyse von konkreten Texten feministisch orientierter Autorinnen zuwenden (vgl. Schmidt, Ricarda: Westdeutsche Frauenliteratur in den 70er Jahren. Frankfurt am Main 1982; Brügmann, Margret: Amazonen der Literatur. Studien zur deutschsprachigen Frauenliteratur der 70er Jahre. Amsterdam 1986).

[5] So liegt z.B. dem literaturwissenschaftlichen Unternehmen Margret Brügmanns eine meiner Fragestellung gegensätzliche Absicht zugrunde, weil Brügmann an mehreren Beispielen der programmatischen Frauenliteratur die feministische Auseinandersetzung mit ästhetischen Traditionen illustrieren will. Während ich in der vorliegenden Arbeit die Weiterwirkung von Traditionen in der Gegenwartsliteratur von Autorinnen zu veranschaulichen beabsichtige, versucht Brügmann - nicht unähnlich etwa wie auch viele andere Literaturwissenschaftler/innen - das Widerstandspotential gegenüber sozialen und ästhetischen Traditionen zu betonen und aufzuzeigen, auf welche Weise feministisch orientierte Texte "innerhalb bestehender literarischer Traditionen stehen und wie mit diesen Traditionen kritisch umgegangen wird" (vgl. Brügmann, S.6).

Studie "Frauenliteratur ohne Tradition? Neun Autorinnenporträts"[6] zu nennen, in der die Wissenschaftlerinnen Inge Stephan, Regula Venske und Sigrid Weigel zu beweisen versuchen, daß die feministische Literatur der 70er Jahre nicht wurzellos ist und daß auch in den Texten früherer Autorinnen (z.B. in denen von Kaschnitz) manche Ansätze der Kritik an patriarchalischen Strukturen zu finden sind, auch wenn sich in diesen Texten "signifikante Unterschiede in Schreibweise, Perspektive und in der Art und Weise, wie das »Weibliche« in den Blick gerät, zeigen"[7]. Die Kritikerinnen erproben in ihrem Buch am Beispiel ausgewählter Texte (von Ilse Aichinger, Marie Luise Kaschnitz u.a.) eine "Neulektüre"[8], die sich am feministischen Interessen- und Problemhorizont weiblicher Schreibpraxis orientiert. Obwohl Weigel, Stephan und Venske in den Texten der früheren Autorinnengeneration in erster Linie nach Motiven suchen, die als Ansätze emanzipierter Frauenliteratur verstanden werden könnten, erscheint mir ihre Studie deswegen vom Interesse, weil die Verfasserinnen darüber hinaus das Weiblichkeitsverständnis früherer Autorinnen eingehend beleuchten.

Im Hinblick auf die feministische Auseinandersetzung mit literarischen Traditionen kann vor allem Sigrid Weigel als diejenige gelten, die sich in ihren Forschungen zur Gegenwartsliteratur von Autorinnen unter anderem mit den Texten beschäftigt, die nicht nur im feministischen Kontext, sondern auch unmittelbar vor und nach dem Aufschwung der feministischen Bewegung entstanden sind. In ihrer Studie "Die Stimme der Medusa" gibt Weigel klare Einblicke in "die Geschichte weiblicher Schreibweisen in der Gegenwartsliteratur" und untersucht die Frage, wie schreibende Frauen sich "gegenüber überlieferten Literaturkonzepten, Genremustern, Erzählmodi, rhetorischen Figuren, sprachlichen und literarischen Konstellationen sowie den damit jeweils verbundenen Bedeutungen von Weiblichkeit verhalten".[9] Obwohl die Kritikerin die "Verbindungslinien und Zusammenhänge" genauso ausführlich wie "Brüche und Diskontinuitäten"[10] zu erläutern beabsichtigt, steht bei ihr die Erörterung emanzipatorischer Ansätze so im Vordergrund, daß die Frage nach den in die Gegenwartsliteratur eindringenden Traditionselementen zwangsläufig als zweitrangig erscheint.

Während weibliche Verfasser überwiegend engagierte Beiträge zur literarischen Tätigkeit von Frauen aus feministischer Sicht vorlegen, scheinen

---

[6] Stephan, Inge; Venske, Regula; Weigel, Sigrid: Frauenliteratur ohne Tradition? Neun Autorinnenporträts. Frankfurt am Main 1987.
[7] Ebd., S.8.
[8] Ebd.
[9] Weigel, Sigrid: Die Stimme der Medusa. Schreibweisen in der Gegenwartsliteratur von Frauen. Dülmen-Hiddingsel 1987, S.19.
[10] Ebd., S.16.

männliche Literaturkritiker (z.b. Manfred Jurgensen oder Heinz Puknus)[11] eine 'objektivere' Arbeit zu leisten, weil sie in ihre Forschungen neben feministisch orientierten Autorinnen auch traditionell oder weniger emanzipatorisch denkende Autorinnen aufnehmen[12] und ihren Texten einen hohen literarischen Rang zusprechen[13] (relevant ist hier die Tatsache, daß sie auch die Texte von Kaschnitz und Wohmann untersuchen). Bezüglich meiner Frage nach dem Verhältnis zwischen der älteren Autorinnengeneration und der jüngeren, feministisch geprägten Literatur ist die von Puknus vorgenommene, auch wenn nicht immer berechtigte Unterscheidung der literarischen Tätigkeit von Frauen in mehrere Phasen interessant (so z.b. die Phase der älteren Autorinnen mit ihren "femininen Qualitäten" oder eine seit 1973 "unter dem wachsenden Einfluß eines radikalen Feminismus" entstehende "Frauenliteratur", für die die "Isolierung der Frauenproblematik" kennzeichnend sei).[14] Auch Jurgensen unterscheidet ähnlich wie Puknus zwischen den Autorinnen, die trotz häufiger Thematisierung weiblicher Erfahrungen dem feministischen Literaturprogramm fernstehen und dem Kritiker zufolge Vertreterinnen der sogenannten "hohen" Literatur sind[15] (ihnen wird neben Christa Wolf oder Ingeborg Bachmann auch Gabriele Wohmann zugerechnet), und den Autorinnen, "die ganz bewußt als Feministen schreiben und als solche verstanden werden wollen"[16] (dazu zählen z.B. solche feministisch engagierten Autorinnen wie Christa Reinig oder Karin Struck). Auch wenn die Forschungen von Puknus und Jurgensen sich wohl noch im Feld eines "patriarchalischen Literaturkonzeptes"[17] bewegen und bei der Einteilung der Texte in 'hohe' und 'bloße' Frauenliteratur[18] nicht vorurteilsfrei vorgehen, tragen sie der Erweiterung des Verständnisses der weiblichen

---

[11] *Neue Literatur der Frauen.* Deutschsprachige Autorinnen der Gegenwart. Hrsg. von Heinz Puknus. München 1980; Jurgensen, Manfred: Deutsche Frauenautoren der Gegenwart. Bern 1983.

[12] Als Herausgeber eines Sammelbandes über die Gegenwartsliteratur von Autorinnen sieht Heinz Puknus seine Aufgabe darin, "Literatur von Frauen, wo sie dies nur eben im Sinne weiblicher Autorschaft, also nicht inhaltlich ist, in die Betrachtung einzubeziehen" (vgl. Puknus, Heinz: Nachwort des Herausgebers. Zur Geschichte der neuen Literatur der Frauen. In: *Neue Literatur der Frauen.* Deutschsprachige Autorinnen der Gegenwart. Hrsg. von Heinz Puknus. München 1980, S.256).

[13] Feministisch orientierte Wissenschaftlerinnen, so z.B. Sigrid Weigel, werfen aber diesen Kritikern vor, daß sie die bekannten Mechanismen der Kanonbildung und Ausgrenzung wieder wirksam machen (vgl. dazu: Weigel: Die Stimme der Medusa, S.19).

[14] Vgl. Puknus: Nachwort des Herausgebers, S.257ff.

[15] Vgl. Jurgensen, Manfred: Was ist Frauenliteratur? (Vorläufige Anmerkungen). In: Frauenliteratur: Autorinnen – Perspektiven – Konzepte. Hrsg. von Manfred Jurgensen. Frankfurt am Main 1983, S.15.

[16] Jurgensen: Deutsche Frauenautoren der Gegenwart, S.18.

[17] Jurgensen, Manfred: Vorwort zu: Frauenliteratur: Autorinnen – Perspektiven – Konzepte. Hrsg. von Manfred Jurgensen. Frankfurt am Main 1983, S.11.

[18] Vgl. Jurgensen: Was ist Frauenliteratur?, S.31.

Schreibpraxis bei, indem sie "beide Gruppen, die bewußten Feministen und die weiblichen Schriftsteller"[19], deren Verhältnis zum ideologisch ausgerichteten Feminismus problematisch ist[20], berücksichtigen.

In diesem Kontext ist auch der Studie der polnischen Literaturwissenschaftlerin Mirosława Czarnecka ein besonderer Stellenwert zuzuweisen, die 1988 unter dem Titel "Frauenliteratur der 70er und 80er Jahre in der Bundesrepublik Deutschland" erschienen ist. Czarnecka untersucht die feministische Literatur der 70er und 80er Jahre als ein literarisch-soziologisches Phänomen, das einer bestimmten historischen Situation entspringt, in einer begrenzten Zeitphase seinen Höhepunkt erlebt und später an Wirksamkeit verliert. Einer der Ausgangspunkte ihrer Überlegungen ist der Gedanke, daß literarische Tätigkeit von Autorinnen "nichts Monolithisches kennzeichnet, sondern eine Vielschichtigkeit, Simultaneität von verschiedenen poetischen Konzepten und schriftstellerischen Haltungen"[21], deswegen bezieht sie in ihre Analyse auch die Werke von Schriftstellerinnen ein, die sich keineswegs als Feministinnen bezeichnen lassen, in deren Texten die Formen des weiblichen Widerstandes nur verschlüsselt zum Tragen kommen und deren Verhältnis zur Frauenbewegung distanziert ist (z.B. Gabriele Wohmann, Ingeborg Drewitz, Anne Duden). Da die Kritikerin die feministische Literatur in einen breiteren gesellschaftlichen und literarischen Kontext einbettet, bietet ihr Ansatz eine gute Möglichkeit, die thematischen und poetologischen Akzentverschiebungen in der Entwicklung der literarischen Tätigkeit von Frauen seit dem Kriegsende bis in die 80er Jahre hinein zu verfolgen und die Unterschiede sowie Ähnlichkeiten zwischen ihren Literaturkonzepten zu erkennen.

Angesichts der Tatsache, daß die meisten Studien zur Literatur von Autorinnen dem Schaffen der in meiner Arbeit berücksichtigten Schriftstellerinnen, deren Texte und literarische Konzepte aus dem Kontext der feministischen Literatur herausfallen und einen anderen Weg zu gehen scheinen, kaum Aufmerksamkeit schenken oder völlig darüber schweigen, erscheinen die Einzeluntersuchungen speziell zu diesen Autorinnen besonders beachtenswert.

Im Bezug auf die Forschungsbeiträge, die sich mit den Präsentationsformen des Weiblichen im Werk von Marie Luise Kaschnitz beschäftigen, kann man genau die in der feministischen Literaturwissenschaft entwickelten Strategien der Ablehnung alles Traditionellen und der Suche nach emanzipatorischen Ansätzen bei der Autorinnengeneration vor dem Aufbruch der neueren Frauenbewegung verfolgen. Das traditionell geprägte Denken der Autorin und den Mangel an weiblicher Emanzipation in ihrem Werk kritisieren z.B. Ruth-Ellen Boetcher-Joeres, die Kaschnitz für "stellvertretend für die verlorene, stumme

---

[19] Jurgensen: Deutsche Frauenautoren der Gegenwart, S.18.
[20] Vgl. Ebd., S.17.
[21] Czarnecka, Mirosława: Frauenliteratur der 70er und 80er Jahre in der Bundesrepublik Deutschland. Warszawa, Wrocław 1988, S.6.

Generation von deutschen Frauen" der Nachkriegszeit hält[22], und Susanne Keßler[23]. Die Distanz Kaschnitz' zu "allen radikalfeministischen Trends" betont auch Alan Corkhill[24], aber im Unterschied zu den oben genannten Kritikerinnen übt Corkhill keine ausdrückliche Kritik an der Kaschnitzschen Vorstellung der Frau als Rollenträgerin innerhalb einer patriarchalischen Gesellschaftsstruktur und macht den Wunsch der Autorin sichtbar, durch die Betonung "von weiblichen bzw. ewig-weiblichen Wertvorstellungen und Empfindungen" die Welt "humaner"[25] zu machen. Einige bedenkenswerte Bemerkungen über das für die Texte Kaschnitz' charakteristische Verständnis von Weiblichkeit und Geschlechterbeziehungen bringt Elsbeth Pulver, wenn sie anhand des Erstlingsromans "Liebe beginnt" (1933) das Kaschnitzsche Konzept der "Emanzipation zu zweit"[26] erläutert. Inge Stephan versucht dagegen, die Spuren weiblicher Emanzipation in Texten einer der älteren Generation zugehörenden Autorin zu finden, deswegen liest sie die frühen Romane Kaschnitz' ("Liebe beginnt" und "Elissa", 1937) als "sehr direkte" Versuche, "zu einem Verständnis der eigenen Weiblichkeit zu gelangen"[27] und "aus den engen Grenzen normierter Weiblichkeit auszubrechen"[28], aber auch sie kommt bei ihrer Suche nach Ausdrucksformen des erwachenden weiblichen Selbstbewußtseins zu eher negativen Ergebnissen. Während Stephan sich darum bemüht, die Ansätze weiblicher Selbstfindung bzw. Selbstdefinition in der Neigung Kaschnitz' zum autobiographischen Schreiben zu entdecken[29], betont Helga Vetter[30] eher Unterschiede als Ähnlichkeiten zwischen der autobiographisch geprägten

---

[22] Boetcher-Joeres, Ruth-Ellen: Mensch oder Frau? Marie Luise Kaschnitz' "Orte" als autobiographischer Beweis eines Frauenbewußtseins. In: Der Deutschunterricht. Frauen in Sprache und Literatur. Jahrgang 3/86 Stuttgart, S.80., S.77-85.
[23] Keßler, Susanne: Die Egozentrik der undefinierten Frau. Zu Marie Luise Kaschnitz' autobiographischen Roman "Das Haus der Kindheit". In: Marie Luise Kaschnitz. Hrsg. von Uwe Schweikert. Frankfurt am Main 1984, S.78-90.
[24] Corkhill, Alan: Das Bild der Frauen bei Marie Luise Kaschnitz. In: Acta Germanica 16 (1983). Frankfurt am Main 1984, S.113-123.
[25] Ebd., S.122.
[26] Pulver, Elsbeth: Emanzipation zu zweit. Zum Erstlingsroman von Marie Luise Kaschnitz: «Liebe beginnt» (1933). In: Schweizer Monatshefte für Politik, Wirtschaft und Kultur 62 (1982), S.858-864.
[27] Stephan, Inge: Liebe als weibliche Bestimmung? *Frauenbild und mythische Strukturen in den beiden frühen Romanen "Liebe beginnt" und "Elissa" von Marie Luise Kaschnitz.* In: Marie Luise Kaschnitz. Hrsg. von Uwe Schweikert. Frankfurt am Main 1984, S.122., S.119-150.
[28] Ebd., S.149.
[29] Vgl. Stephan, Inge: Männliche Ordnung und weibliche Erfahrung: Überlegungen zum autobiographischen Schreiben bei Marie Luise Kaschnitz. In: Frauenliteratur ohne Tradition? Neun Autorinnenporträts. Hrsg. von Inge Stephan, Regula Venske und Sigrid Weigel. Frankfurt am Main 1987, S.133-157.
[30] Vetter, Helga: Ichsuche: die Tagebuchprosa von Marie Luise Kaschnitz. Stuttgart 1994.

Bekenntnisliteratur Kaschnitz' und der Frauenliteratur der 70er Jahre. Einen der neuesten Beiträge mit feministischer Ausrichtung liefert Monika Albrecht, die überwiegend am Beispiel des Kurzromans "Das Haus der Kindheit" (1956) aufzeigt, daß Kaschnitz von Anfang an dem Einfluß des kulturellen Erbes und der bürgerlichen Denktradition, die als erstes die Geschlechtercharaktere als gegebene voraussetzt, verhaftet blieb und daß sie "bei aller sonstigen Offenheit für Neues" den Denk- und Sehweisen der 70er Jahre fremd gegenüber stand.[31] Trotz mehrerer hier erwähnter Beiträge zur Darstellung von Frauenfiguren im Werk Kaschnitz' läßt sich jedoch feststellen, daß bisher nur äußerst knappe und oberflächliche Versuche einer Untersuchung dieses Themas vorliegen, die häufig von engagierten Wissenschaftlerinnen verfaßt sind und sich durch eine gewisse Begrenztheit der Untersuchungsperspektive auszeichnen.

Interessant für meine Fragestellung ist auch eine der früheren wissenschaftlichen Auseinandersetzungen mit dem Werk Kaschnitz', nämlich Anita Baus' Studie[32] zum Problem der Standortbestimmung und des literarischen Werdegangs der Autorin, deren Schaffen zugleich die Züge der Klassizität und Modernität trägt. In die Nähe meines Untersuchungsgegenstandes führen auch die Dissertation Christiane Reichardts[33], die die Auseinandersetzung Kaschnitz' mit ihrer Zeit und ihren Mitmenschen verfolgt, oder die Dissertation von Edith Lisa Falkenhof[34], die den versteckten religiösen Sinn des Romans "Liebe beginnt" entschlüsselt und die für das Gesamtwerk Kaschnitz' typische christlich geprägte Grundeinstellung verdeutlicht. Zu nennen ist an dieser Stelle auch die von Dagmar von Gersdorff verfaßte Biographie der Autorin[35], die nützliche Informationen nicht nur über den Lebensweg Kaschnitz', sondern auch über ihr Werk, vor allem aber über die Entstehungshintergründe mancher Texte liefert.

Zur Darstellung des Weiblichen im Werk von Gabriele Wohmann konnten nur wenige spezielle Beiträge gefunden werden, obwohl in vielen Rezensionen[36] und Einzelstudien[37] beiläufig auf die Frauenfrage eingegangen wird. Einen der

---

[31] Vgl. Albrecht, Monika: Mann-Frau-Mensch. Zur Frage der Geschlechtsidentität bei Marie Luise Kaschnitz. In: "Für eine aufmerksamere Welt". Beiträge zu Marie Luise Kaschnitz. Hrsg. von Dirk Göttsche. Stuttgart, Weimar 2001, S.188.
[32] Baus, Anita: Standortbestimmung als Prozess. Eine Untersuchung zur Prosa von Marie Luise Kaschnitz. Bonn 1974.
[33] Reichardt, Johanna Christiane: Zeitgenossin. Marie Luise Kaschnitz. Eine Monographie. Frankfurt am Main 1984.
[34] Falkenhof, Edith Lisa: Marie Luise Kaschnitz' literarisches Debüt: der Roman "Liebe beginnt". Hannover 1987.
[35] Gersdorff, Dagmar von: Marie Luise Kaschnitz. Eine Biographie. Frankfurt am Main, Leipzig 1992.
[36] Dazu siehe: Lutz-Hilgarth, Dorothea: Literaturkritik in Zeitungen: dargestellt am Beispiel Gabriele Wohmann. Frankfurt am Main, Bern 1984.
[37] Knapp, Gerhard P.: Gabriele Wohmann. Königstein/Ts. 1981; Wagener, Hans: Gabriele Wohmann. Berlin 1986.

ersten Beiträge zu dieser Problematik liefert Mona Knapp, die den Standort Wohmanns zwischen tradierten Weiblichkeitskonzepten und emanzipatorischen Forderungen exemplarisch aufzeigt und auf die zentrale Rolle der Frauenfiguren im Gesamtwerk der Autorin hinweist.[38] Besonders relevant und hilfreich für die vorliegende Arbeit ist die Tatsache, daß Knapp den afeministischen Charakter des Wohmannschen Werkes hervorhebt, indem sie die Problematik von Frauengestalten gegenüber den Positionen anderer zeitgenössischer Autorinnen abgrenzt. Günter Häntzschel widmet den Frauenfiguren Wohmanns einen Extrateil seines Autorenbuches, in dem Dagmar Ulbricht das Problem der weiblichen Identitätslosigkeit sowie Selbstentfremdung detailliert analysiert und "die mögliche Geschlechtsspezifizät der Wahrnehmungs-, Empfindungs und Verhaltensweisen der Frauenfiguren Gabriele Wohmanns mittels Ergebnissen aus der Psychologie, der Handlungs- und Sozialisationstheorie"[39] zu klären versucht. Zwei weitere Untersuchungen zum 'Frauenthema' in der Prosa Wohmanns enthalten der Sammelband von Heinz Puknus[40] und die Studie Manfred Jurgensens "Deutsche Frauenautoren der Gegenwart"[41], von denen bereits an anderer Stelle die Rede war.

Während es nur wenige Forschungen speziell zur Gestaltung von Frauenfiguren bzw. zur Weiblichkeitsauffassung der Autorin gibt, liegen mehrere Studien zum Problem der zwischenmenschlichen Beziehungen im Werk Wohmanns vor. Zu erwähnen ist vor allem die umfangreiche Dissertation von Klaus Wellner[42], der einige ausgewählte Erzählungen Wohmanns mittels eines streng soziologischen und psychoanalytischen Instrumentariums im Hinblick auf die Stabilität oder Instabilität der Beziehungen und auf die Erlebnisstruktur von Frauen und Männern hinterfragt. Eine ähnliche Studie hat Dirk Pollerberg[43] verfaßt, obwohl er im Unterschied zu Wellner Wohmanns Texte "von den Texten selbst her in ihren inhaltlich-thematischen Strukturen"[44] zu fassen versucht und deswegen auf außerliterarische Theorien und Verfahrensweisen verzichtet. Nicht unähnlich etwa wie Wellner zielt Pollerberg darauf, anhand der Erzählungen Wohmanns das Leiden der Figuren an ihrer

---

[38] Vgl. Knapp, Mona: Zwischen den Fronten: Zur Entwicklung der Frauengestalten in Erzähltexten von Gabriele Wohmann. In: Gestaltet und Gestaltend. Frauen in der deutschen Literatur. Hrsg. von Marianne Burkhard. (Amsterdamer Beiträge zur neueren Germanistik, Band 10/1980). Amsterdam 1980, S.295-317.

[39] Ulbricht, Dagmar: Frauengestalten. In: Gabriele Wohmann. Hrsg. von Günter Häntzschel. München 1982, S.108., S.106-134.

[40] Schloz, Günther: Gabriele Wohmann. In: *Neue Literatur der Frauen.* Deutschsprachige Autorinnen der Gegenwart. Hrsg. von Heinz Puknus. München 1980, S.79-87.

[41] Jurgensen: Deutsche Frauenautoren der Gegenwart, S.123-196.

[42] Wellner, Klaus: Leiden an der Familie: zur sozialpathologischen Rollenanalyse im Werk Gabriele Wohmanns. Stuttgart 1976.

[43] Pollerberg, Dirk: Formen des Leidens. Studien zu Gabriele Wohmanns Erzählungen. Wuppertal 1984.

[44] Ebd., S.8.

Umwelt und die Brüchigkeit der zwischenmenschlichen Beziehungen zu veranschaulichen. An dieser Stelle ist es wichtig zu betonen, daß beide Verfasser ihre Thesen hinsichtlich der Bewußtseinslage der Figuren überwiegend mit Frauengestalten exemplifizieren. Da es auch in meiner Arbeit um die Beziehungen zwischen den Geschlechtern geht, sind für mich die Teile der Studien Wellners und Pollerbergs besonders hilfreich, in denen sie die Kontaktscheu, die Kommunikationsangst der (Frauen)Figuren, die Angst vor Sexualität als generelle Körperfeindlichkeit und andere mit dieser Thematik verbundene Motive analysieren. Obwohl Wohmann unverkennbar zu den bekanntesten und produktivsten deutschen Gegenwartsautorinnen gehört, fehlt es an neueren wissenschaftlichen Untersuchungen über ihr Werk, weil die meisten Arbeiten zu ihrer Prosa in den 80er Jahren erschienen sind. Das umfangreiche Werk Wohmanns aus neuen Perspektiven zu beleuchten und mit dem Schaffen anderer Autorinnen zu vergleichen, ist deswegen das Ziel der vorliegenden Arbeit.

Besonders schwer tut sich die Literaturwissenschaft mit den Texten Brigitte Kronauers. Zwar wird das sich durch ein großes Maß an Ästhetisierung auszeichnende Schaffen Kronauers von einem lebhaften Interesse seitens der Literaturkritik begleitet[45], aber bislang wurden nur ganz wenige wissenschaftliche Untersuchungen zu ihrem Werk vorgelegt. Anders als viele andere von Frauen geschriebene Texte haben die ihren auch keine feministisch geprägten literaturwissenschaftlichen Diskussionen ausgelöst; die Gründe dafür liegen unter anderem darin, daß Kronauers Texte sich nicht oder sehr schwer einordnen lassen und eine intensive Lektüre hinsichtlich inhaltlicher und formaler Aspekte fordern. Im Hinblick auf die wissenschaftlichen Untersuchungen zur Prosa der Autorin möchte ich hier einige Arbeiten hervorheben, die wertvolle Ansätze nicht nur zur Poetologie des Kronauerschens Erzählens, sondern auch zu thematischen Motiven liefern. Daß Kronauers Werk

---

[45] Die meisten Rezensenten sind über das herausragende Schreibtalent der Autorin einig, deswegen werden in den Rezensionen zu ihrem mehrere Romane und Geschichtsbände umfassenden erzählerischen Werk überwiegend Anerkennung und Lob ausgesprochen. Vgl. dazu folgende Rezensionen: Baumgart, Reinhard: Das Licht, das keine Schatten wirft: Versuch, die Einzigartigkeit der Schriftstellerin Brigitte Kronauer zu beschreiben. In: Die Zeit (15. Dezember 1989), S.66-67; Radisch, Iris: Eine große Nachtmusik. In: Die Zeit (9. November 1990), Literaturbeilage, S.1; Clausen, Bettina: Ein staunenswerter Fall, und Abstieg: Zur Prosa Brigitte Kronauers. In: Merkur 5 (1991), S.442-447.
Die durch die Literaturkritik hervorgehobenen Charakteristika der Kronauerschen Prosa, so z.B. die Vorliebe der Autorin für Alltagsvorgänge oder die außergewöhnliche Künstlichkeit der Textgestaltung, werden in dem 'Text+ Kritik' Band zur Autorin (vgl. Brigitte Kronauer. Hrsg. von Heinz Ludwig Arnold. Text+Kritik 112 (1991)) und in einem neueren, 1998 unter dem Titel "Die Sichtbarkeit der Dinge" erschienenen Sammelband (vgl. Die Sichtbarkeit der Dinge. Über Brigitte Kronauer. Hrsg. von Heinz Schafroth. Stuttgart 1998) einer erweiterten Analyse unterzogen.

im Zusammenhang mit dem Schaffen von Gegenwartsautorinnen besprochen und im Hinblick auf thematische Korrespondenzen, z.b. bezüglich der außerordentlichen Rolle der Frauenfiguren, untersucht wurde, ist dem Artikel Magdalene Heusers[46] zu verdanken, der bis in die heutigen Tage hinein die einzige mir bekannte Auseinandersetzung mit der Weiblichkeitsauffassung und der Gestaltung von Frauenfiguren im Werk Kronauers ist.

Im Hinblick auf weitere aufschlußreiche, jedoch nur indirekt mit meiner Fragestellung verbundene Untersuchungen ist an dieser Stelle Uwe Schweikerts 1984 veröffentlichter "Versuch über Brigitte Kronauer"[47] zu erwähnen, der relevante Aspekte nicht nur für die Untersuchung des bis dahin veröffentlichten Erzählwerkes, sondern auch für die Analyse des späteren Romans "Die Frau in den Kissen" (1990) formuliert. Interessante Bemerkungen über den Roman "Die Frau in den Kissen" finden sich in Franz Schneiders Dissertation über den Stilbegriff der Moderne[48], obwohl der Verfasser dem Roman Kronauers nur knappe 20 Seiten widmet und bei der Hervorhebung einer besonderen im Roman vorgestellten Beobachtungstechnik und einer sich pluralistisch entwerfenden Subjektivität auf die nähere Analyse der Text- und Figurenkonstitution verzichtet. Ausführlicher geht auf die thematischen Aspekte, darunter auch auf die Figurenfrage, Dörte Thormählen[49] ein, die in ihrem Artikel den die Romane Kronauers bestimmenden gesellschaftskritischen Diskurs und die Probleme der Selbstöffnung sowie Berührung mit der Welt betont. Auch die im Jahr 2000 erschienene Studie Ina Appels[50] korrespondiert punktuell mit der Fragestellung meiner Arbeit, so z.B. was die Kronauersche Subjektauffassung und die daraus resultierende Figurengestaltung betrifft.

Neben den allgemeinen Studien zur Literatur von Frauen und den speziell den Texten von Kaschnitz, Wohmann und Kronauer gewidmeten Arbeiten sind auch die Forschungen zu beachten, die sich mit einzelnen Fragen weiblicher Lebenszusammenhänge und ihrer Darstellung in der Literatur beschäftigen. Hier soll auf die bedeutendsten Arbeiten hingewiesen werden, in denen die mit meiner Fragestellung korrespondierenden Themen und Motive detailliert

---

[46] Heuser, Magdelene: "Die Gegenstände abstauben" und "Mit Blicken wie mit Pfeilen und Messern". Brigitte Kronauer im Kontext der Gegenwartsliteratur von Frauen lesen. In: Frauen-Fragen in der deutschsprachigen Literatur seit 1945. Hrsg. von Monika Knapp und Gerd Labroisse. Amsterdam, Atlanta 1989, S.343-375.
[47] Schweikert, Uwe: *"Es geht aufrichtig, nämlich gekünstelt zu!"* Ein Versuch über Brigitte Kronauer. In: Neue Rundschau 3 (1984), S.155-171.
[48] Schneider, Franz: Plötzlichkeit und Kombinatorik: Botho Strauß, Paul Celan, Thomas Bernhard, Brigitte Kronauer. Frankfurt am Main 1993.
[49] Thormählen, Dörte: Schattenspiele: Das Wirkliche als das Andere bei Brigitte Kronauer. In: Sprache im technischen Zeitalter 129 (1994), S.379-391.
[50] Appel, Ina: Von Lust und Schrecken im Spiel ästhetischer Subjektivität. Über den Zusammenhang von Subjekt, Sprache und Existenz in Prosa von Brigitte Kronauer und Ror Wolf. Würzburg 2000.

analysiert werden. Vor allem sind das die Arbeiten über die tradierten Weiblichkeitsmythen und über die viel diskutierte Gleichsetzung des Weiblichen mit dem Natürlichen, so z.B. die Studien von Elisabeth Bronfen[51] und Anna Maria Stuby[52]. Aufschlußreich sind die Forschungen von Elisabeth Mader[53] und Gertrud Lehnert[54], die aus verschiedenen Gesichtspunkten die Thematisierungen weiblicher Entwicklung in der Kindheit und Pubertät in der Literatur beleuchten. Als weitere für meine Fragestellung relevante Arbeiten sind die von Irmgard Roebling und Wolfram Mauser herausgegebene Artikelsammlung "Mutter und Mütterlichkeit"[55] und das von Renate Möhrmann herausgegebene Buch "Verklärt, verkitscht, vergessen: die Mutter als ästhetische Figur"[56], in dessen Mittelpunkt die Frage nach Repräsentationsformen von Müttern in der europäischen Fiktion steht, zu erwähnen. Einen für meine Arbeit sehr anregenden Beitrag leisten auch die Studien, in denen die Darstellungen von Männergestalten in zeitgenössischen Texten von Frauen analysiert werden.[57] Auf all die hier erwähnten Forschungen soll in späteren Kapiteln, die sich mit entsprechenden Themen- und Motivkreisen in den für meine Analyse gewählten Texten befassen, näher eingegangen werden.

1.5. Methoden

Meine Analyse bedient sich nicht ausschließlich einer einzigen Methode. Die Vielschichtigkeit des zu untersuchenden Gegenstandes hat die Wahl einer komplexen Vorgehensweise bestimmt. Es ergibt sich aus dem Thema der Arbeit, daß ich mich bei meinen Untersuchungen zunächst auf die vergleichende

---

[51] Bronfen, Elisabeth: Nur über ihre Leiche. Tod, Weiblichkeit und Ästhetik. München 1994.
[52] Stuby, Anna Maria: Liebe, Tod und Wasserfrau: Mythen des Weiblichen in der Literatur. Wiesbaden 1992.
[53] Mader, Elisabeth: Die Darstellung von Kindheit bei deutschsprachigen Romanautorinnen der Gegenwart. Eine pädagogisch-literaturdidaktische Untersuchung. Frankfurt am Main, Bern 1990.
[54] Inszenierungen von Weiblichkeit. Weibliche Kindheit und Adoleszenz in der Literatur des 20. Jahrhunderts. Hrsg. von Gertrud Lehnert. Opladen 1996.
[55] Mutter und Mütterlichkeit. Wandel und Wirksamkeit einer Phantasie in der deutschen Literatur. Festschrift für Verena Ehrich-Haefeli. Hrsg. von Irmgard Roebling und Wolfram Mauser. Würzburg 1996.
[56] Verklärt, verkitscht, vergessen: die Mutter als ästhetische Figur. Hrsg. von Renate Möhrmann. Stuttgart 1996.
[57] Venske, Regula: Das Verschwinden des Mannes in der weiblichen Schreibmaschine. Männerbilder in der Literatur von Frauen. Hamburg, Zürich 1991; Rave, Marion: Befreiungsstrategien. Der Mann als Feindbild in der feministischen Literatur. Bielefeld 1991; Grandell, Ulla: "Mein Vater, mein Vater, warum hast du mich verlassen?" Männergestalten in deutschsprachiger Frauenliteratur 1973-1982. Stockholm 1987; Moffit, Gisela: Bonds and bondages: daughter-father relationships in the father memoirs of German-speaking women writers of the 1970s. New York 1993 u.a.

Methode beziehe. Diese Vorgehensweise eignet sich sowohl für die Feststellung von Differenzen zwischen den in den Texten von Kaschnitz, Wohmann und Kronauer vorkommenden Frauenbildern und den feministischen Weiblichkeitskonzepten als auch für den Vergleich dieser Texte untereinander. Die Besonderheit der vorliegenden Dissertation ist, daß hier Texte von drei Autorinnen verglichen werden, denen unterschiedliche Erfahrungen, ästhetische Absichten und Intentionen zugrunde liegen und die auf unterschiedliche Kontexte hinweisen. Bei der Suche nach Berührungspunkten wird aber versucht, das Eigenartige jeder einzelnen Autorin zu bewahren und dadurch einen künstlichen Vergleich zu vermeiden. Dasselbe läßt sich auch im Hinblick auf den Vergleich der Texte von Kaschnitz, Wohmann und Kronauer mit feministischer Literatur sagen: Auch in diesem Fall versuche ich, Verabsolutierungen und feste Abgrenzungen zu vermeiden, indem ich an mehreren Stellen neben den festgestellten Differenzen auch auf die Ähnlichkeiten hinweise.

Da es sich in der vorliegenden Arbeit um die Themen handelt, die unmittelbar vom gesellschaftlichen Kontext (Patriarchat vs. Frauenbewegung) abhängen und den Gegenstand mehrerer Wissenschaftsbereiche, so z.B. der Soziologie, Psychologie oder Psychoanalyse, bilden, scheint es mir ganz sinnvoll zu sein, bei der Analyse von literarischen Texten interdisziplinär vorzugehen. Besonders bei der Behandlung solcher Themen wie weibliche Kindheit, Sozialisation oder Beziehung zu Elternfiguren ist der Bezug auf psychologische Studien (z.B. auf die Forschungen der amerikanischen Psychologin und Soziologin Nancy Chodorow) berechtigt und legitimiert. Die an mehreren Stellen meiner Arbeit vorgenommene Zusammenstellung der verschiedenartigen Quellen aus Literaturwissenschaft, Philosophie und Psychologie verleiht der Aufarbeitung des Problemkreises eine Tiefenschärfe, die einer Studie, die ihre Informationen nur aus literarischen oder literaturwissenschaftlichen Texten bezieht, vorenthalten bleiben konnte. Aus den sozialgeschichtlichen und anthropologischen Zusammenhängen ergibt sich auch der kulturwissenschaftliche Aspekt der vorliegenden Arbeit. Sowohl die den anderen Wissenschaftsbereichen entnommenen Theorien als auch der lebens- und sozialgeschichtliche Kontext sollen jedoch nur insoweit erläutert werden, wie ihre Darstellung dem Verständnis von konkreten Texten dient.

Die Kontexterläuterung ist auch für die Rekonstruktion von literarischen Intentionen und von wertenden Rezeptionsprozessen notwendig; solch eine Rekonstruktion steht im Mittelpunkt einer produktions- und rezeptionsästhetischen Analyse, die in meiner Arbeit vorgenommen wird. Die produktionsästhetische Analyse erlaubt die Einstellung von Autorinnen (sowohl feministisch als auch traditionell orientiert) zu ihrer sozialen Umwelt, ihre Beziehung zum Text und ihre literarischen Intentionen zu verdeutlichen. Die rezeptionsästhetische Analyse ist in diesem Fall weniger relevant, wenn vom breiten Lesepublikum die Rede ist, sondern vielmehr von der Position feministisch orientierter Autorinnen gegenüber den traditionsgebundenen Autorinnen und umgekehrt. Die Autorinnen kommen dann in einer Rolle von

Lesenden und Bewertenden vor, die bei ihren eigenen Schreibprozessen fremde Konzepte in einem kleineren oder größeren Maße akzeptieren oder ablehnen. Die wichtigsten Einblicke in die sozialen und ästhetischen Konzepte von Autorinnen (hier sind vor allem die drei für meine Arbeit gewählten Autorinnen gemeint) eröffnet jedoch die textimmanente Vorgehensweise, die bei jeder wissenschaftlichen Auseinandersetzung mit literarischen Werken zwangsläufig und selbstverständlich ist. In meiner Arbeit beschränkt sich die Textauslegung auf die Erläuterung von inhaltlichen Aspekten, wobei die Strukturfrage weitgehend außer acht bleibt. Diese Vorgehensweise ist dadurch legitimiert, daß meine Untersuchung auf die ausführliche Interpretation von Texten verzichtet und sich auf bestimmte Themen und Motive konzentriert, denn ich bin der Meinung, daß die Differenzen zwischen tradierten und feministischen Literaturkonzepten sich vor allem aus dem unterschiedlichen Selbst- und Weltverständnis von Autorinnen ergeben und durch den sozialgesellschaftlichen Inhalt der Texte sichtbar werden.

1.6. Auswahl der literarischen Texte

Für die Analyse wurden die Texte von Kaschnitz, Wohmann und Kronauer ausgewählt, die nicht nur von der Literaturwissenschaft, sondern auch vom breiten Lesepublikum anerkennend rezipiert worden sind und die als Werke einer 'Hohen Literatur' der Forderung nach ästhetischer Auseinandersetzung mit gesellschaftlich relevanten Fragen nachkommen. All diese Texte reflektieren die Frage der Geschlechterdifferenz, gleichgültig, ob sie im zeitlichen Zusammenhang mit der neueren Frauenbewegung entstanden sind, davor oder danach. Entscheidend für die Wahl eines oder anderen Textes war jedoch die Tatsache, daß in diesen Texten mehrere Aspekte des traditionell geprägten Frauenbildes vorkommen und daß diese Texte unter dem Aspekt der Kritik an radikalen Ausprägungen des Feminismus eingeordnet werden können.

Vor allem in den in der Zeit vor dem Aufschwung der neueren Frauenbewegung erschienen Romanen Kaschnitz' "Liebe beginnt" (1933) oder "Das Haus der Kindheit" (1956) und in ihren Erzählungen (z.B. "Das dicke Kind", "Lange Schatten", "Die Pilzsucher") kommt eine Reihe von tradierten Weiblichkeitsaspekten vor, so z.B. die Gleichsetzung der Frau mit Natur, identitätstiftende Funktion der Liebe und Mutterschaft. In meiner Arbeit wird häufig auf den Roman "Liebe beginnt" Bezug genommen, obwohl er noch vor dem Zweiten Weltkrieg erschienen ist und deswegen nur unter Umständen der Gegenwartsliteratur zugeordnet werden kann. Dieser Roman ist aber für meine Fragestellung aus dem Grunde interessant, weil er sehr deutlich das für ein patriarchalisches System typische Frauenbild illustriert, nach dessen Elementen ich auch in der späteren Literatur von Autorinnen suche; außerdem ist das in diesem Roman entworfene Frauenbild für das ganze Schaffen Kaschnitz' repräsentativ, denn auch die späteren Heldinnen ähneln in ihrem Selbst- und Weltverständnis der Protagonistin des ersten Romans.

Im Hinblick auf die Texte Gabriele Wohmanns sollen hier vor allem die viele tradierte Weiblichkeitsmuster enthaltenden Romane "Abschied für länger" (1965) und "Ausflug mit der Mutter" (1976) erwähnt werden, sowie zwei weitere Romane, in denen explizit die Kritik an der feministischen Bewegung formuliert wird: "Paulinchen war allein zu Haus" (1973) und "Ach wie gut, daß niemand weiß" (1981). Untersucht werden auch die Erzählungen der Autorin, so z.B. "Treibjagd", "Der Antrag", "Schöne Ferien", "Verjährt", "Flitterwochen, dritter Tag", "Vaterporträt".

Bei der Untersuchung der Prosa Brigitte Kronauers habe ich mich überwiegend auf zwei Romane konzentriert: "Rita Münster" (1983) und "Die Frau in den Kissen" (1990). Um eine argumentativ sichere Interpretation mancher Themen und Motive erreichen zu können, werden auch ein paar Erzählungen Kronauers, z.b. "Das arglistige Mädchen" oder "Francesco und Lidia", als Beispiele vorgeführt.

Die Texte von Kaschnitz, Wohmann und Kronauer, die in dieser Arbeit untersucht werden, bleiben in ihrer Zahl begrenzt, weil auch die gegebenen Beispiele es erlauben, fundierte und überzeugende Schlußfolgerungen zu ziehen. Die hier vorgenommene Untersuchung wird ohnehin nicht vollständig, auch wenn zusätzliche Texte miteinbezogen werden sollten; sie ist vielmehr als Beitrag zu einer weiteren Diskussion über die literarische Tätigkeit von diesen Autorinnen und von Frauen schlechthin zu verstehen. Da ich die spezifische Untersuchung von traditionell geprägten Weiblichkeitsaspekten und Geschlechterkonfigurationen in den gesamten Kontext der Gegenwartsliteratur von Autorinnen einbetten will (im Hinblick auf die feministischen Texte, die in meiner Untersuchung als Gegenbeispiele zu literarischen Konzepten von Kaschnitz, Wohmann und Kronauer fungieren, sind hier vor allem Verena Stefans "Häutungen" (1975), Christa Reinigs "Entmannung" (1976), Brigitte Schwaigers "Wie kommt das Salz ins Meer" (1977), Jutta Heinrichs "Das Geschlecht der Gedanken" (1977) und weniger radikal vorgehende feministische Versuche, nämlich Karin Strucks "Mutter" (1975) und "Lieben" (1977), zu erwähnen), drängt sich eine Beschränkung der Zahl der Texte alleine schon aus praktischen Gründen auf.

1.7. Aufbau der Arbeit

Die vorliegende Arbeit besteht aus vier Teilen. Der erste Teil, der sich in vier Kapitel gliedert, beleuchtet die Veränderungen, die seit dem Beginn der Frauenbewegung in den 70er Jahren in sozialen, kulturellen und wissenschaftlichen Sphären stattgefunden haben. Das erste Kapitel (2.1.) befaßt sich mit den bei der Analyse der literarischen Tätigkeit von Frauen entstehenden Problemen der Begriffsbestimmung. Die Erläuterung von Definitionsproblemen ist deswegen wichtig, weil schon die Benennung der Tätigkeit von Autorinnen die Wertungsansätze und bestimmte Konnotationen impliziert, wie es bei keiner anderen literarischen Erscheinung der Fall ist. Das zweite Kapitel (2.2.) bezieht sich unmittelbar auf meine Fragestellung, weil hier die Auseinandersetzung der feministischen Literaturwissenschaft mit ästhetischen Traditionen und die kritische Einstellung zur früheren Autorinnengeneration erörtert werden. Im dritten Kapitel (2.3.) geht es hauptsächlich um feministische Theoriebildung sowie um die Eigenartigkeit der deutschen feministischen Literatur. Anhand der zahlreichen literaturwissenschaftlichen Forschungen (z.B. von Karin Richter-Schröder, Sigrid Weigel) werden feministische Theorien kritisch untersucht und unterschiedliche Positionen der Wissenschaftlerinnen dem feministischen Literaturprogramm gegenüber vorgeführt, wodurch auch die Entwicklung von anfänglicher Begeisterung zu immer größerer Kritik deutlich wird. Bei der Präsentation programmatischer Literatur feministisch orientierter Autorinnen werden die Hauptmerkmale dieser Literatur (z.B. ihr subjektiver Charakter, Vorliebe für autobiographische Themen) und die häufigsten Motive (z.B. Kritik an männlichem Geschlecht und patriarchalischer Ordnung, Ablehnung der Familie) aufgezeigt. Im letzten Kapitel (2.4.) werden Weiblichkeitsentwürfe von Autorinnen in den 80er und 90er Jahren diskutiert, um die Tendenzen der neuesten Literatur deutlich zu machen. Dieser theoretische Teil stellt den Bezugsrahmen her, in dem verschiedene Elemente tradierter und emanzipatorischer Weiblichkeitsentwürfe sichtbar werden, und liefert notwendige Informationen für die spätere Textinterpretation.

Im zweiten und dritten Teil werden konkrete Untersuchungen am Textkorpus vorgenommen. Der zweite Teil befaßt sich mit den wichtigsten Elementen von tradierten Weiblichkeitsvorstellungen in den gewählten Texten von Kaschnitz, Wohmann und Kronauer. Nach einem kurzen einführenden Kapitel, in dem die Relevanz des Themas 'Weiblichkeit' für das Gesamtwerk dieser Autorinnen erläutert wird (3.1.), wende ich mich dem alten Weiblichkeitsmythos zu, der das Weibliche mit dem Natürlichen gleichsetzt und auf dem alle weiteren tradierten Weiblichkeitsimaginationen beruhen (3.2.). Die Untersuchung dieser mythisch geprägten Vorstellungen erläutert das für die patriarchalische Gesellschaft charakteristische Frauenbild im Bezug auf seine Ursprünge, erklärt die unüberwindbare Weiterwirkung des archaischen Weiblichkeitsmythos in modernen Diskursen, einschließlich des feministischen, und verdeutlicht die bewußte Aufnahme mancher Mythoselemente durch die kulturelle Traditionen pflegenden Autorinnen. In weiteren Kapiteln werden verschiedene Aspekte der patriarchalisch bestimmten weiblichen Lebensführung im privaten und öffentlichen Bereich vom Kindesalter zu den dramatischen Erlebnissen und erwachenden Sehnsüchten der Pubertät, zu den problematischen Sozialisationsprozessen und zu den späteren Liebeserfahrungen (3.3.und 3.4.) analysiert. Welch eine entscheidende Rolle neben der Liebeserfahrung auch Ehe und Mutterschaft für das Selbstverständnis der den gesellschaftlichen Konventionen verhafteten Heldinnen spielt, wird in den letzten Kapiteln des zweiten Teils (3.5. und 3.6.) sichtbar gemacht.

Gegenstand des dritten Teils ist die Frage speziell nach traditionell geprägten Geschlechterverhältnissen. Das erste der zwei Kapitel untersucht die patriarchalisch bestimmten Beziehungen zwischen Vätern und Töchtern (4.1.) und knüpft unmittelbar an das letzte Kapitel des vorhergehenden Teils an, in dem die Problematik der Mutter-Tochter-Verhältnisse untersucht wird (3.6.2.). Diese zwei einander folgenden Kapitel erläutern also die tradierten Formen der Kommunikation zwischen Kindern (in diesem Fall Töchtern) und Eltern und verdeutlichen die Bedeutung, die dieser Kommunikation bei der Sozialisation und Identitätsbildung der Kinder zukommt. Im zweiten Kapitel des dritten Teils (4.2.) wird der Schwerpunkt auf die partnerschaftlichen Beziehungen von Frauen und Männern gelegt, wobei hier die größte Aufmerksamkeit den geschlechtsspezifischen Differenzen und ihrer Wahrnehmung durch Frauen gilt. Dieses Kapitel ist besonders relevant für meine Arbeit, weil hier sehr deutlich die Versuche der in meiner Arbeit berücksichtigten drei Autorinnen zum Ausdruck kommen, sich von allen möglichen Erscheinungsformen des feministischen Geschlechterkampfes zu distanzieren. In diesem Zusammenhang werden auch die Einstellungen der Heldinnen (sowie der Autorinnen) zu Männerfiguren und zur Männlichkeit veranschaulicht, die sich durch ihre eindrückliche Ambivalenz deutlich von den eindeutig ablehnend vorgehenden Heldinnen und Autorinnen der feministischen Literatur unterscheiden (4.2.5.).

Im letzten analytischen Teil (5.) werden im einzelnen die Positionen Kaschnitz', Wohmanns und Kronauers gegenüber Frauenemanzipation, feministischer Bewegung und feministischem Literaturprogramm erörtert. Um die distanzierte Haltung dieser Autorinnen zu radikalen Ausprägungen der feministischen Bewegung und Literatur genau zu betrachten, werden hier mehrere Beispiele nicht nur aus ihren Texten, sondern auch aus ihren Selbstzeugnissen und theoretischen Überlegungen vorgeführt. Besonders wichtig scheint es mir in diesem Kontext, nicht nur unterschiedliche Einstellungen feministisch orientierter und der in dieser Arbeit besprochenen Autorinnen zur Frauenfrage zu beleuchten, sondern auch ihre verschiedenen künstlerischen Intentionen bzw. die Besonderheiten ihrer literarischen Konzepte aufzuzeigen.

Abschließend werden die Schlußfolgerungen zusammengetragen und ausgewertet. Dem Schlußteil folgt das Verzeichnis der Primär- und Sekundärliteratur.

2. TRADITIONEN UND TENDENZEN. TEXTE VON GEGENWARTSAUTORINNEN ALS GEGENSTAND DES LITERATURWISSENSCHAFTLICHEN DISKURSES

2.1. Probleme der Begriffsbestimmung

Die vielschichtige Diskussion über die literarische Tätigkeit von Frauen beginnt schon mit den Versuchen, diese Tätigkeit zu definieren und dadurch die entsprechende Methodik zu wählen. Die meisten Forscher/innen stoßen auf das Problem, daß die bisher gebrauchten Begriffe nicht den Kern der Erscheinung erfassen und nicht übergreifend genug sind.

Die Untersuchungen der literarischen Produktion von Frauen stellen sich zunächst die Frage, ob es legitim ist, von einer spezifischen Literatur von Frauen zu sprechen, und wenn ja, welche Wertkriterien dabei gelten können. Obwohl manche Autorinnen (z.B. Gabriele Wohmann oder Irmtraud Morgner) sich gegen den Begriff 'Frauenliteratur' wehren, schreiben Inge Stephan und Sigrid Weigel folgendes:

> "Als *Frauenliteratur* bezeichnen wir alle von Frauen geschriebenen Texte, auch wenn sie von ihren Verfasserinnen nicht als solche intendiert waren. Die Angst vor einem erneuten Ghetto darf nicht die längst fällige Erarbeitung neuer Methoden und Kriterien zur Betrachtung weiblicher Kulturprodukte verhindern. Da die männliche Literaturkritik Texte von Frauen aus ihrer Darstellung ausgeschlossen oder sie als Abweichung behandelt hat, läßt sich nun mit einer voluntarischen Gleichbehandlung die Gleichheit von Frauen- und Männerliteratur postulieren."[1]

Die Akzentverschiebung auf die Werke der Autorinnen erfolgte seit dem Ende der 70er Jahre, während in zunehmendem Maße von spezifisch weiblichem Schreiben und dem spezifischen Ort der Frauenliteratur gesprochen wurde. Schon am Anfang der neuen Frauenbewegung war die Flut der Texte aus der weiblichen Hand so groß, daß sie bald zum Gegenstand literaturwissenschaftlicher Forschungen wurden. Dieses Phänomen sollte definiert werden, um neue Werke von den früheren zu unterscheiden oder um andere Perspektiven in der Literatur deutlich zu machen.

In der von Heinz Puknus herausgegebenen Sammlung der deutschsprachigen Autorinnen bezeichnet der Herausgeber 'Literatur von Frauen' als "Frauen betreffend, sie als *ihre* Sache angehend"[2]. Unter dem am häufigsten gebrauchten

---

[1] Zitiert nach: Vorspel, Luzia: Was ist neu an der neuen Frau?: Gattungen, Formen, Themen von Frauenliteratur der 70er und 80er Jahre am Beispiel der Rowohlt-Taschenbuchreihe 'neue Frau'. Frankfurt am Main 1990, S.11.
[2] Puknus: Nachwort des Herausgebers, S.255.

Begriff 'Frauenliteratur' kann man insoweit nicht nur die von Frauen, sondern auch die über Frauen und für Frauen geschriebenen Werke verstehen, deswegen bedarf dieser Begriff einer näheren Bestimmung. Da die feministische Emanzipationsbewegung die Situation der schreibenden Frauen, ihre Texte und deren Rezeption beeinflußt hat, um den Anteil der Frauen an der Literaturproduktion zu manifestieren und dadurch die für sie charakteristischen ästhetischen Aspekte deutlich zu machen, wurde vor ungefähr dreißig Jahren der Begriff 'Frauenliteratur' mit neuem Inhalt gefüllt. Der Begriff 'Frauenliteratur' weist somit auf die geschlechtsspezifische Literatur und Ästhetik hin, die aus der besonderen gesellschaftlichen und kulturgeschichtlichen Position der Frau erklärt werden kann. Dieser Begriff bestreitet Czarnecka zufolge die Behauptung eines androgynen Charakters der Kunst.[3] Der Begriff hatte anfänglich eine positive Bedeutung, weil die 'Frauenliteratur' zu einer literarischen Richtung zu werden schien, deren Autorinnen sich zum Ziel gesetzt haben, mit fiktionalen Mitteln die gesellschaftliche Situation der Frau zu verbessern.

Die Verwendung dieses Begriffes birgt aber die Gefahr, daß die Literatur von Frauen als Sondergattung kodifiziert, durch diese Ausgrenzung etabliert oder (und das geschieht sogar häufiger) abgewertet wird. Die Abwertung könnte als doppelt bezeichnet werden: Zum einen weist der Begriff 'Frauenliteratur' auf die künstlerisch weniger wertvolle feministische 'Kampfliteratur' hin (vgl. Kapitel 2.3.3.); zum anderen liegt der Grund für diese Abwertung in der Ähnlichkeit des Begriffes 'Frauenliteratur' mit dem Begriff 'Frauenroman', der Frauenschicksale und Familienverhältnisse behandelt und traditionell dem Bereich der Trivialliteratur zugeordnet wird.

Manfred Jurgensen behauptet in seinem Buch "Deutsche Frauenautorinnen der Gegenwart", daß mit 'Frauenliteratur' nicht eine "Konformliteratur" für die Frau gemeint ist, wie sie als Trivialromane oder in "Heftchen"-Reihen zum weiblichen Massenpublikum gelangt, aber auch diese Literatur spiele in den literaturwissenschaftlichen Untersuchungen "insofern eine Rolle, als der Feminismus allgemein und feministisch ausgerichtete Autoren im besonderen gegen die herkömmlich stereotypen Vorstellungen einer weiblichen Identität ankämpfen".[4] Auffallend ist die begriffliche Unschärfe in der Klassifikation von Heinz Puknus: Er unterscheidet zwischen der Trivialliteratur und *"einer echten Frauenliteratur"* [Hervorhebung durch R.E.], deren konstitutivem Realismus "die Problemhaftigkeit weiblicher Existenz in einer noch immer substantiell patriarchalischen Gesellschaft mit vorwiegend autoritären Traditionen nicht entgeht".[5] Siegfried Unseld sieht in dem Begriff 'Frauenliteratur' eine unverdiente Entwertung dieser Literatur, denn "es ist ein belegtes Faktum, daß immer mehr Frauen gut schreiben und daß sie die Standards ihrer jahrhunderte-

---

[3] Vgl. Czarnecka, S.5.
[4] Jurgensen: Deutsche Frauenautoren der Gegenwart, S.9.
[5] Puknus: Nachwort des Herausgebers, S.255.

lang privilegierten männlichen Kollegen erreichen und übertreffen und damit in der öffentlichen literarischen Diskussion gleichziehen".[6]

Die Kritiker/innen verwenden heute die Formel 'Frauenliteratur' entweder als Arbeitsbegriff oder als Bezeichnung der literarischen Produktion von Frauen in den 70er Jahren, d.h. als Bezeichnung der literarisch-soziologischen Erscheinungen in der Aufschwungszeit des Feminismus. So kann als 'Frauenliteratur' nicht jeder literarische Text verstanden werden, der aus der Feder einer Frau stammt. Das Kriterium für die Zuordnung einer Autorin zur 'Frauenliteratur' sei nicht nur das Geschlecht, sondern auch die ästhetische Gestalt ihrer Werke, z.B. die Darstellung des weiblichen Selbsterfahrungsprozesses, autobiographische Prägung. Als die wichtigste Komponente des heutigen Verständnisses des Begriffes 'Frauenliteratur' könne jedoch die Tatsache gelten, daß die diese Literatur verfassenden Autorinnen der Frauenbewegung nahestehen.[7]

Da unter dem Begriff 'Frauenliteratur' vornehmlich die Autorinnen der 70er Jahre verstanden werden, unterscheidet Czarnecka, die die Untersuchung der Autorinnen von den 50er bis 80er Jahren in einer Studie rechtfertigen will und die den Begriff 'Frauenliteratur' als einen Arbeitsbegriff gebraucht, zwischen vorprogrammatischer, programmatischer und postfeministischer Frauenliteratur.[8] Als vorprogrammatische Literatur qualifiziert sie die Werke der Autorinnen, die in den 50er und 60er Jahren publizieren und die Formen des weiblichen Widerstandes nur verschlüsselt erwähnen (z.B. frühe Texte von Gabriele Wohmann); die programmatische Frauenliteratur entwickelt sich unter dem direkten Einfluß der neuen Frauenbewegung und wird durch ihren radikalen und offenen Protest, ihre programmatische Kampfansage gegen die Unterdrückung der Frau und die Parteilichkeit der schreibenden Frauen kennzeichnet (z.B. das Schaffen von Margot Schröder); die kennzeichnenden Merkmale der postfeministischen Literatur in den 80er Jahren seien die Suche nach neuen Identifikationsmöglichkeiten der Frau, metasprachliche Reflexivität und ein Reichtum an literarischen Ausdrucksmitteln (z.B. in Texten von Anne Duden).[9]

Bei den Versuchen, die Literatur von Frauen zu bezeichnen, scheint mir die Position von Sigrid Weigel interessant, die 'Frauenliteratur' als diskursives Ereignis der 70er Jahre betrachtet, "da die Einführung dieses Begriffs Mitte der 70er Jahre sowohl einen Bruch zur bestehenden literarischen Praxis markiert als auch weitreichende Konsequenzen für die schriftstellerische Praxis von Frauen und die Lektüre ihrer Texte hat".[10] Weigel betrachtet 'Frauenliteratur' im Hinblick auf die Situation, "aus der heraus die 'Frauenliteratur' als Mangel und

---

[6] Unseld, Siegfried: Im Jahrhundert der Frau. Ein Almanach des Suhrkamp Verlags. Geleitwort. Frankfurt am Main 1980, S.8.
[7] Vgl. dazu: Vorspel, S.9.
[8] Vgl. Czarnecka, S.7.
[9] Vgl. Ebd. Der Begriff 'vorprogrammatische Frauenliteratur' wird auch von Heinz Puknus verwendet (vgl. Puknus: Nachwort des Herausgebers, S.256).
[10] Weigel: Die Stimme der Medusa, S.14.

als Programm hervorgegangen ist"[11], und stellt "Ungleichzeitigkeit" bei der Entstehung des politischen Diskurses der Frauenbewegung und der Frauenliteratur fest[12]. Die Definitionen, wie z.B. "Literatur von, für und über Frauen", oder die Differenzierung dieser Definitionen, wie "im Interesse von Frauen", "aus der Perspektive von Frauen" u.a., betrachtet sie als absurd. Ähnliche Definitionsversuche seien auf verschiedene Motive zurückzuführen: "Einige befürchten eine Ghettoisierung, die mit der Einschränkung auf weibliche Leser verbunden sei, andere mißbilligen die Reduzierung auf frauenspezifische Inhalte und priorisieren dagegen formale Aspekte und Darstellungsmittel."[13] Die Definition selbst nehme Festlegungen und Selektionen vor, die dazu führen, daß, gemessen an einer Norm, einige Texte als 'Frauenliteratur' gelten und andere nicht, und das gilt sowohl für den Begriff 'Frauenliteratur' als auch für seinen Ersatz 'Literatur von Frauen', was allein eine Tautologie und keinen inhaltlichen Unterschied bedeute.[14]

Die Verwirrungen und Mißverständnisse bei der Definition der literarischen Tätigkeit von Autorinnen liegen vor allem darin, daß viele Autorinnen sich von der feministischen Bewegung distanzieren (z.B. Gabriele Wohmann) und ihre Werke keinesfalls als 'Frauenliteratur' qualifiziert sehen wollen, besonders wenn diesen Werken spezifische weibliche Erfahrungen oder Ausdrucksmöglichkeiten zugeschrieben werden. Jurgensen unterscheidet deswegen zwischen "weiblichen Autoren der Literaturgeschichte und dem engeren Begriff einer Frauenliteratur", die er weiter noch in "Frauenliteratur" und "feministische Literatur"[15] unterteilt. In seinem Definitionsversuch wird Frauenliteratur dann durch einen Mangel an Fiktionalität gekennzeichnet, was zu einer fragwürdigen Einteilung in "hohe" und "bloße" Frauenliteratur führt.[16]

Die von Jurgensen gebrauchte Bezeichnung "weibliche Autoren" oder "weibliche Schriftsteller" paßt m.E. für manche Autorinnen genauso wenig, weil das Wort "weiblich" nicht immer für das Schaffen der Autorinnen zutreffend ist, die keine eindeutige Opposition zur männlich dominierten Kulturpolitik betreiben bzw. die keine geschlechtlich beeinflußten literaturästhetischen Alternativen anbieten. Bemerkenswert ist auch die Tatsache, daß man diese Literatur nicht ganz von der feministischen Literatur trennen kann, vielmehr beeinflussen sie sich gegenseitig, deswegen wird die eindeutige begriffliche

---

[11] Ebd.
[12] Vgl. Ebd., S.26.
[13] Ebd., S.22.
[14] Vgl. Ebd.
[15] Jurgensen: Vorwort zu: Frauenliteratur: Autorinnen – Perspektiven – Konzepte, S.7.; dazu siehe auch: Jurgensen: Was ist Frauenliteratur?, S.19f. Aus einer feministischen Perspektive bezeichnet Weigel die Versuche Jurgensens, die Frage "Was ist Frauenliteratur?" zu beantworten, als Ausdruck einer geschlechtsspezifisch befangenen Betrachtungsweise (vgl. dazu: Weigel: Die Stimme der Medusa, S.21).
[16] Vgl. Jurgensen: Was ist Frauenliteratur?, S.31.

Definition der beiden noch problematischer. Um der Definitionsproblematik zu entgehen, wird der Definition oft eine Aufzählung der Autorinnen hinzugefügt, wobei einzelne Autorinnen nach dem ihnen zugeschriebenen Standpunkt nicht immer gerecht klassifiziert (und bewertet) werden.

Im weiteren Verlauf meiner Arbeit verwende ich die Bezeichnung 'Frauenliteratur' ausschließlich für die feministisch orientierte literarische Produktion von Frauen in den 70er und 80er Jahren. Statt der Formel 'weiblicher Autor' benutze ich den Begriff 'Autorin'. Um Verwirrungen zu entgehen, werden oft Zeitangaben gemacht, damit klar wird, zu welcher Literaturperiode die eine oder andere Autorin gehört. Das Ziel der vorliegenden Arbeit ist nicht die genaue Definition und auch nicht die ausführliche Analyse der Literatur von Frauen. Ich halte aber die Diskussion über die Begriffsbestimmung für wichtig, weil in meiner Arbeit die Ähnlichkeiten und Unterschiede zwischen feministisch engagierten und nicht feministischen Autorinnen untersucht werden.

2.2. Feministische Positionen gegenüber literarischen Traditionen

Das Verhältnis feministisch orientierter Literatur und Literaturwissenschaft zu überlieferten ästhetischen Traditionen kann unter zwei Aspekten gefaßt werden. Als erstes kann die Suche nach der vergessenen Tradition weiblicher Emanzipation und nach entsprechenden literarischen Vorbildern für die neue Frauenliteratur genannt werden.[17] Abgesehen davon, daß schon im 18. Jahrhundert die ersten emanzipatorischen Ansätze in Werken von Frauen zu finden sind (z.B. in den Texten von Sophie von La Roche oder Friederike Helene Unger) und sich in der Romantik und später am Anfang des 20. Jahrhunderts weiter vermehren, stellt feministische Literaturkritik den Mangel an literarischen Texten von Frauen in der deutschen Literaturgeschichte fest, wobei dieser Mangel als Folge der gesellschaftlichen Einschränkungen weiblicher Existenz und zugleich als Ergebnis einer Ausgrenzung weiblicher Produktion durch männliche Kritiker[18] angesehen wird.

Der zweite Aspekt bezieht sich auf die feministische Kritik an tradierten Weiblichkeits- und Literaturkonzepten in den früheren Werken von Männern und Frauen. Das feministische Literaturprogramm versucht, mit allen Erscheinungsformen der als patriarchalisch geltenden Literaturtraditionen zu brechen und tradierte Frauenbilder sowie Geschlechterverhältnisse (z.B. die konventionelle Rollenteilung in der Familie) zu negieren. Dies betrifft sowohl von Männern entworfene Frauenbilder als auch weibliche Selbstentwürfe in den

---

[17] Vgl. dazu die bereits an einer anderen Stelle erwähnte Studie von Sigrid Weigel und Inge Stephan "Die verborgene Frau: Sechs Beiträge zu einer feministischen Literaturwissenschaft" (Berlin 1983).

[18] Über den männlichen Charakter der Literaturwissenschaft siehe: Weigel, Sigrid: Topographien der Geschlechter. Kulturgeschichtliche Studien zur Literatur. Reinbek bei Hamburg 1990, S.234ff.

Texten von Autorinnen, die keine expliziten emanzipatorischen Forderungen formulieren. Die feministische Negation von tradierten ästhetischen Normen verursacht auch die negative Einstellung feministischer Autorinnen und Kritikerinnen zu der Autorinnengeneration vor dem Ausbruch der Frauenbewegung um 1970. Hier sollen die beiden genannten Aspekte (die Suche nach der Tradition emanzipatorischer Literatur und die Kritik an patriarchalischer Literaturtradition) näher untersucht werden.

Die mit der Frauenbewegung begonnene Suche nach literarischen Vorbildern für die neue Frauenliteratur führt zur Lektüre der historischen Frauenliteratur, die den modernen Schriftstellerinnen positive Bilder des Weiblichen vermitteln soll. Als Ergebnisse der Forschung über die gesellschaftliche und literarische Tätigkeit von Frauen in früheren Jahrhunderten werden viele Monographien, Biographien und Briefsammlungen veröffentlicht.[19] Auf diese Weise wird versucht, die Kontinuität des literarischen Schaffens von Frauen nachzuweisen und vielen vergessenen Autorinnen den Eingang in die Literaturgeschichte zu verschaffen. Die bedeutendsten Beiträge dazu sind die Studie von Barbara Becker–Cantarino "Der lange Weg zur Mündigkeit. Frau und Literatur (1500-1800)" (1987) und die Anthologie von Gisela Brinker-Gabler "Deutsche Dichterinnen vom 16. Jahrhundert bis zur Gegenwart" (1978). Ein aufschlußreicheres Konzept liegt den von Brinker-Gabler herausgegebenen Bänden "Deutsche Literatur von Frauen" (1988) zugrunde: Die Verfasserin versucht nicht, eine Geschichte der Literatur von Frauen, die sich entwickelt und vollendet, sichtbar zu machen, sondern unterschiedliche und widersprüchliche literarische Praxisformen der Anpassung/Auseinandersetzung bzw. Unterwanderung oder Überschreitung zeitgenössischer Normen und Konventionen erkennbar zu machen.[20] Laut Brinker-Gabler läßt sich nicht "von einer literarischen Tradition von Frauen sprechen, sondern es zeigen sich verschiedene >Traditionen<, die durch wechselnde Determinanten bestimmt sind, sich auch überschneiden, verschränken oder gegenseitig ausschließen".[21]

Die genannten Studien tragen sowohl zur Erforschung der Bildungs- und Sozialgeschichte der Frau als auch zur Erläuterung der Spezifik ihres literarischen Schaffens bei. Es ist aber auffallend, daß in der Erforschung der literarischen Tradition von Frauen ein besonderes Interesse deren Repräsentantinnen aus dem 18. und 19. Jahrhundert gilt und nicht den Autorinnen des 20. Jahrhunderts, die auch zu dem Herausbilden der literarischen Traditionen von schreibenden Frauen beigetragen haben. Dies kann dadurch erklärt werden, daß

---

[19] Zu diesen Veröffentlichungen gehören z.B. die Studie von H. Arendt "Rahel Varnhagen. Lebensgeschichte einer Jüdin aus der Romantik" (München 1974), die Studie von H. Scheer "Anette von Droste-Hühlshoff" (Darmstadt 1984) oder die Briefsammlung "Liebe Mutter, liebe Tochter. Frauenbriefe aus drei Jahrhunderten" (Ullstein 1982).
[20] Vgl. Die deutsche Literatur von Frauen. Hrsg. von Gisela Brinker-Gabler. München 1988, S.36.
[21] Ebd.

die feministische Literaturwissenschaft das tradierte und als patriarchalisch geltende Verständnis von Weiblichkeit negieren will, das auch den Werken der Autorinnen der unmittelbaren Vor- und Nachkriegszeit unterstellt wird (z.b. dem Werk von Marie Luise Kaschnitz).

Die emanzipatorische Frauenliteratur und Literaturwissenschaft der 70er und 80er Jahre hat sich zum Ziel gesetzt, sich mit ideologischen Konzepten, traditionellen Schreibweisen und Erscheinungsformen des Weiblichen (in Form der Autorschaft oder fiktionaler Frauenbilder) auseinanderzusetzen. Karin Richter-Schröder schreibt über die Position der neueren Frauenliteratur gegenüber literarischen Traditionen folgendes:

> "Für die neue Frauenliteratur stellt sich das Problem literarischer Tradition auf besondere Weise, denn zum einen setzt sie mit dem Versuch, eine spezifisch weibliche Wahrnehmung der Wirklichkeit zu literarisieren, einen bewußten Neuanfang; zum anderen muß dieser Versuch, weibliche Identität jenseits stereotyper Geschlechterrollen zu konzipieren, sich gegen eine Übermacht überkommener und oft frauenfeindlicher literarischer Bilder des Weiblichen durchsetzen, die in erster Linie von Männern geschriebene Geschichte der Literatur durchziehen und die so auch die gesellschaftlich akzeptierten und festgeschriebenen Vorstellungen von Identität, Charakter und Bedürfnislage der Frau prägen."[22]

Die meisten Literaturwissenschaftlerinnen, wie z.B. die hier zitierte Karin Richter-Schröder, betrachten die von Männern geschaffenen Frauenbilder als den wichtigsten Gegenstand, der aus der Sicht der neueren (vor allem der feministischen) Literaturwissenschaft zu kritisieren bzw. zu negieren sei. Die kritische Überprüfung männlicher Bilder der Frau war eines der ersten Themengebiete, denen sich feministisch orientierte Studien aus dem Bereich der Geisteswissenschaften zugewandt haben. Eine der bekanntesten Untersuchungen kulturgeschichtlicher Bilder des Weiblichen hat in Deutschland Silvia Bovenschen durchgeführt und in ihrer Studie "Die imaginierte Weiblichkeit" (1979) präsentiert.[23] Bovenschen geht aus von der Diskrepanz zwischen der fehlenden Präsenz von Frauen in der Geschichte und ihrer mythischen Präsenz in der Literatur und ist darum bemüht, "die verschiedenartigen Thematisierungen und Präsentationen des Weiblichen zu sondieren und zu dekomponieren, um so allererst eine begriffliche Grundlage für die Analyse der heteromorphen Gestalt des Weiblichen in der Kulturgeschichte zu schaffen".[24] Bovenschens Überlegungen haben die feministischen Theorien stark beeinflußt

---

[22] Richter-Schröder, S.14.
[23] Bovenschen, Silvia: Die imaginierte Weiblichkeit. Exemplarische Untersuchungen zu kulturgeschichtlichen und literarischen Präsentationsformen des Weiblichen. Frankfurt am Main 1979.
[24] Ebd., S.14.

und ihnen die Impulse gegeben, den kulturgeschichtlichen Mißbrauch der Frau zu reflektieren und ihm entgegenzuwirken.

Feministische Literaturwissenschaft setzt sich aber nicht nur mit den von Männern geschaffenen Frauenbildern, sondern auch mit tradierten und angeblich patriarchalischen Mustern in Werken von früheren Autorinnen auseinander. Dies betrifft auch die Werke der Autorinnen der 50er und 60er Jahre. Zu den bekanntesten deutschen Prosaschriftstellerinnen jener Zeit gehören Elisabeth Langgässer mit ihrem Roman "Das unauslöschliche Siegel" (1946), Luise Rinser mit dem Roman "Mitte des Lebens" (1950) und Marie Luise Kaschnitz mit ihren Erzählungen.

Bei der Analyse der Texte von Gegenwartsautorinnen beschäftigen sich die Literaturforscherinnen vorwiegend mit der Literatur von Frauen aus der Zeit der Frauenbewegung, deswegen werden die Autorinnen der Nachkriegszeit wenig beachtet. Die durch Feminismus beeinflußten Autorinnen und Literaturforscherinnen suchen nach Vorbildern in früheren Epochen, und die Schriftstellerinnengeneration vor 1970 wird lange Zeit ignoriert, weil sie nicht den Forderungen der neuen Frauenliteratur entspricht. Die feministische Patriarchatskritik hat ihr Bild des Geschlechterantagonismus allzu selbstverständlich auf frühere Literatur projiziert. Sie hat diese Literatur im Lichte der eigenen Vorstellungen von weiblicher Identität gesehen, so daß sie die Abweichungen und damit auch die literarischen Werke nicht erfassen konnte.[25] Es ist aber nicht zu verkennen, daß gerade die literarischen Entwürfe älterer Autorinnen und besonders die feministische Auseinandersetzung mit ihren Werken am besten die Veränderungen verdeutlichen, die in der Gegenwartsliteratur von Frauen stattgefunden haben.

Die Autorinnen haben die deutschsprachige Literatur in den Jahren nach dem Kriegsende entscheidend mitgeprägt.[26] Der Literaturproduktion von Frauen aus den 50er und 60er Jahren kann man aber keine ästhetische Eigenständigkeit zuschreiben, die sie von der von Männern verfaßten Literatur unterscheiden würde. Sowohl die Sujets als auch die Ausdrucksformen entsprechen dem aktuell geltenden ästhetischen Kanon. In der unmittelbaren Nachkriegszeit bewegen sich die Autorinnen "zwischen Tradition und Moderne, zwischen männlichem Literaturbetrieb und noch nicht existierender Frauenbewegung bzw. Frauenöffentlichkeit, zwischen mythischem, phantastischem und realistischem

---

[25] "Die politische Öffentlichkeit des Feminismus, die in den 70er Jahren ein neues Interesse an und Bedürfnis nach weiblicher Kultur geschaffen und die Entstehung und Entwicklung von <Frauenforschung> ermöglicht hat, hat dabei einen relativ engen, selektiven Blick auf die Literatur und Kunst von Frauen geworfen, in dem programmatische Vorstellungen des Feminismus bisweilen allzu direkt in Maßstäbe zur Beurteilung weiblicher Kunstproduktion umgesetz wurden." (Weigel: Topographien der Geschlechter, S.255).

[26] Vgl. Friederiksen, Elke: Literarische (Gegen-)Entwürfe von Frauen nach 1945: Berührungen und Veränderungen. In: Frauen-Fragen in der deutschsprachigen Literatur seit 1945. Hrsg. von Mona Kapp und Gerd Labroisse. Amsterdam, Atlanta 1989, S.86.

Schreiben".[27] Die Thematik betrifft allgemeinmenschliche Probleme und das spezifisch Weibliche wird als primäres Thema nicht behandelt. Ein anderes Verständnis von Weiblichkeit gilt als entscheidender Unterschied zwischen der Literatur von Frauen in den 50er und 60er Jahren und der programmatischen Frauenliteratur der feministischen Bewegung.[28] Frühere Autorinnen schildern oft das tragische Schicksal von Frauenfiguren (z.B. Elisabeth Langgässer in ihrem bekannten Roman "Das unauslöschliche Siegel"), aber im Unterschied zur feministischen Literatur leiden die Frauen zusammen mit Männern an ihrer Umwelt allgemein und nicht an konkreten (Familien)Verhältnissen. Die Heldinnen versuchen nicht, konventionelle Frauenrollen explizit zu negieren oder spezifisch weibliche Wertvorstellungen zu propagieren. Für die Werke von Autorinnen aus den 50er und 60er Jahren trifft folgendes Urteil von Puknus zu: "Das allgemeine Los der Elenden dieser Welt schien der Aufmerksamkeit und des humanitären Einsatzes zunächst stärker zu bedürfen als die besonderen Nöte und Schwierigkeiten der Frauenexistenz der eigenen Gesellschaft."[29]

Eine ähnliche Position wie die ältere Autorinnengeneration vertreten auch die jüngeren Autorinnen (z.B. Gabriele Wohmann), die sich vom feministischen Programm distanzieren und in ihren Werken um die Darstellung allgemeinmenschlicher (nicht nur weiblicher) Problematik bemühen. Jurgensen schreibt in seinem Buch "Autorinnen-Perspektiven-Konzepte", daß es auch in der Zeit des Feminismus "weibliche Autoren" gibt, "die weiterhin einem patriarchalischen Literaturkonzept bis in seine letzten ideologischen Konsequenzen folgen"[30], z.B. wende sich Wohmann gegen die organisierte Frauenbewegung mit Ironie und böser Satire[31]. Nicht die Tatsache, daß es sich um eine Autorin handelt, schaffe - so die These Jurgensens - für sich allein schon Werke einer Frauenliteratur, denn "[s]olange die kulturelle Wertordnung noch vom Patriarchat bestimmt wird, bleiben viele Frauen, in der Literatur wie im sonstigen sozialen Bereich", der Tradition "des männlichen Gestaltungsprinzips" verschrieben.[32]

Das von Jurgensen genannte "männliche Gestaltungsprinzip", das auch für die Literatur der Autorinnen der unmittelbaren Nachkriegszeit kennzeichnend ist, wird zum Gegenstand feministischer Kritik und Negation. Die feministische Negation der älteren Autorinnengeneration kann den Eindruck erwecken, daß Gegenwartsautorinnen keinerlei eigene Literaturtradition haben, was auch die Frage "Frauenliteratur ohne Tradition?"[33] ermöglicht. Das Programm 'Frauenliteratur' markiert einen Bruch gegenüber der Tradition von Schriftstellerinnen aus der jüngsten Vergangenheit:

---

[27] Stephan; Venske; Weigel: Frauenliteratur ohne Tradition?, S.8.
[28] Vgl. Friederiksen, S.93.
[29] Puknus: Nachwort des Herausgebers, S.257.
[30] Jurgensen: Was ist Frauenliteratur?, S.16.
[31] Vgl. Ebd., S.30.
[32] Vgl. Ebd., S.16.
[33] Vgl. Stephan; Venske; Weigel: Frauenliteratur ohne Tradition?

"Namen wie Aichinger und Kaschnitz waren aus Schullesebüchern bekannt und verbanden sich mit Vorstellungen und Werten, von denen die Frauen aus der Studenten- und Frauenbewegung sich gerade emanzipieren wollten. Sie waren zudem in Anspruch genommen durch die herrschende, männlich dominierte Literaturgeschichte, hatten dort ihren Ort als >Ausnahmefrauen<, indem sie die wenigen weiblichen Namen abgaben, die in die Reihe der großen Männer aufgenommen worden waren. Die Literatur anderer, weniger bekannter Schriftstellerinnen aus den vierziger, fünfziger Jahren galt als Lesestoff der Müttergeneration und war belastet durch die Atmosphäre der Nachkriegszeit und der Restauration."[34]

Die feministische Literaturgeschichtsschreibung ist auch deswegen problematisch, weil der Widerspruch zwischen der Erinnerung an eine vergessene Tradition und der Behauptung einer Traditionslosigkeit zur Frage der literaturwissenschaftlichen Wertung führt.[35] Während feministisch orientierte Literaturkritik den Abstand zu tradierten literarischen Verfahren betont und diese bewertet, neigt sie dazu, manche Aspekte der literarischen Tradition von Frauen eher zu übersehen als hervorzuheben. Das betrifft die literarische Tätigkeit von Frauen in Anlehnung an herrschende und angeblich durch männliche Autoren geprägte Kunstvorstellung und Literaturtradition. Die Autorinnen, die sich nicht gegen männliche Herrschaftsstrukturen auflehnen, werden auf die Anklagebank gesetzt und als Kollaborateurinnen betrachtet. Ihre Ausgrenzung aus dem feministischen Interessenfeld führt zu einer Differenzierung zwischen 'guten' und 'schlechten' Autorinnen. Weigel bemerkt zutreffend, daß feministische Literaturhistorie die Form von Aschenputtels Sortierarbeit anzunehmen droht: die guten ins (Frauenbewegungs-)Töpfchen, die schlechten werden männlicher Geschichtsschreibung überlassen.[36] Die feministisch orientierte Literaturwissenschaft versucht, eine weibliche Gegenkultur in der Vergangenheit aufzuspüren und weiterzuentwickeln, wobei die Kategorie der Differenz zwischen den weiblichen und männlichen Diskursen betont und die der Gleichheit negiert wird.

Richter-Schröder beschreibt, auf welche Probleme die Versuche der Erarbeitung einer Geschichte weiblicher Kreativität stoßen: Die älteren Texte von Frauen können nur unter ideologiekritischen Gesichtspunkten rezipiert werden, weil die früheren Frauenbilder "sich mit dem zeitgenössischen Selbstverständnis emanzipierter Weiblichkeit keineswegs in Einklang befinden" und "die Texte nur sehr bedingt von der Suche nach spezifisch weiblichen Formen literarischen Ausdrucks geprägt sind".[37] Es wäre der Behauptung der Forscherin zu wider-

---

[34] Ebd., S.7.
[35] Vgl. Lindhoff, S.32f.
[36] Vgl. Weigel, Sigrid: Der schielende Blick. In: Stephan, Inge; Weigel, Sigrid: Die verborgene Frau. Sechs Beiträge zu einer feministischen Literaturwissenschaft. Sonderband 96. Berlin 1983, S.84.
[37] Richter-Schröder, S.22.

sprechen, daß Texte von Frauen bis in die Mitte unseres Jahrhunderts hinein nur zwei Muster bieten: Anpassung und Verzweiflung[38] (als Gegenbeispiel könnte der Roman von Ilse Aichinger "Die größere Hoffnung" (1948) genannt werden). Richter-Schröder akzeptiert aber die Relevanz von literarischer Tradition für die zeitgenössische Frauenliteratur und betrachtet die Frage der Tradition als einen Teil der theoretischen Diskussion über die weibliche Ästhetik.[39]

Sigrid Weigel bemerkt auch, daß im Konzept der 'Frauenliteratur' der Mangel an literarischer Tradition sichtbar wird: "das Nullpunkt-Bewußtsein, das in den Debatten am Anfang der 'Frauenliteratur' zum Ausdruck kam, bezeichnet nicht nur den Beginn einer neuen Gattung, sondern auch einen Bruch gegenüber der Tradition."[40] Weigel führt das Gefühl der Traditionslosigkeit auf die Tatsache zurück, daß die Spuren der feministischen Literatur durch den Faschismus weitgehend verschüttet waren und die nachkriegsdeutsche Kulturpolitik diese Traditionslinie nicht wieder aufgenommen hat.[41] Die Texte der Autorinnen, die vor der 'Frauenliteratur' schrieben und publizierten (z.B. Luise Rinser, Marie Luise Kaschnitz), entsprachen offensichtlich nicht den Emanzipationsvorstellungen und Lesebedürfnissen des feministischen Diskurses, weil ihre Literatur traditionellen Weiblichkeitskonzepten verhaftet oder dem männlichen Literaturbetrieb angepaßt sei.[42] Weigel versucht, die Ablehnung der älteren Autorinnen ganz einfach zu erklären, obwohl diese Erklärung nicht überzeugt: Nach Weigel schrieben die Autorinnen der älteren Generation über weibliche Erfahrungen und setzten sich mit verschiedenen Frauenbildern auseinander, aber sie gaben ihren Büchern keine programmatischen Titel und so fielen sie den Frauen aus der Bewegung nicht auf.[43] Überzeugender klingt die Bemerkung Weigels, daß die älteren Schriftstellerinnen deswegen nicht anerkannt wurden, weil ihre expliziten, nicht-literarischen Äußerungen erheblich von den Entwürfen der Frauenbewegung abwichen.[44] Weigel sieht den Unterschied zwischen traditionellen und aktuellen, durch die französischen Poststrukturalistinnen geprägten Weiblichkeitsdiskursen weniger in inhaltlichen Motiven, als vielmehr in einer "Ver-Rückung des Blickes": "Das 'Weibliche' wird nicht mehr als ein der männlichen Rationalität und Logik [...] entgegengesetzter Natur-

---

[38] Vgl. Ebd., S.23.

[39] Vgl. Ebd., S.35.

[40] Weigel: Die Stimme der Medusa, S.27.

[41] Vgl. Ebd.

[42] Vgl. Ebd., S.28.

[43] Vgl. Ebd., S.29.

[44] Als Beispiel nennt hier Weigel die 1957 in der Deutschen Akademie für Sprache und Dichtung von Marie Luise Kaschnitz, Ilse Langner und Oda Schaefer vorgetragenen Referate unter dem Titel "Das Besondere der Frauendichtung". Schon das traditionsbeladene Wort 'Frauendichtung' markiert laut Weigel die historische Distanz zum Sprachgebrauch und zu den kulturpolitischen Überlegungen Ende der 60er Jahre (vgl. dazu: Ebd.).

zustand betrachtet, sondern als eine Energie, die geeignet sei, den Logozentrismus der phallischen Ordnung zu unterlaufen."[45]

Wegen der Nichtbeachtung der Autorinnen vor der 'Frauenliteratur' durch den feministischen Diskurs wurde auch keine Unterscheidung zwischen verschiedenen Literatur- und Weiblichkeitskonzepten getroffen, denn eine Lektüre und Kritik dieser Literatur fand praktisch nicht statt. Nur einigen Autorinnen und Texten vor der 'Frauenliteratur' wird der Status von Vorläufern zugeschrieben (vor allem den Texten von Ingeborg Bachmann), obwohl manche Kritikerinnen so eine Bezeichnung ablehnen. So behauptet z.B. Weigel, daß die Texte von Bachmann oder Marlen Haushofer eine deutliche Differenz zum Emanzipationsdiskurs aufweisen und das Patriarchat nicht kritisieren.[46] Man sollte Weigel zustimmen, daß genannte Autorinnen keine explizite Kritik an männlicher Ordnung äußern und nicht direkt als Vorläuferinnen betrachtet werden können, aber es ist auch nicht zu übersehen, daß sie sich intensiv mit dem Thema 'Weiblichkeit' auseinandersetzen.

Die feministische Position gegenüber literarischen Traditionen ist widersprüchlich: Einerseits versuchen feministisch orientierte Autorinnen und Kritikerinnen, eine vergessene Tradition weiblicher Emanzipation in der Vergangenheit aufzuspüren, andererseits die als patriarchalisch bezeichneten Literaturkonzepte zu bekämpfen. Für feministische Theorien gelten literarische Traditionen des Patriarchats als Gegenstand der Kritik[47], als feindliche Struktur, die man aufbrechen muß, um neue Strukturen zu schaffen. Renate Möhrmann bezeichnet die feministische Literatur als provokative Literatur[48], aber sie gibt zu, daß diese Literatur immer auf das Problem der Anwesenheit von Traditionen stößt, denn literarische Traditionen und Mythen sind schwieriger zu überwinden als gesellschaftliche Tatbestände[49]. Die in der Gegenwartsliteratur von Frauen unausweichlich verfestigten Traditionselemente beweisen die Weiterentwicklung von tradierten Weiblichkeits- und Literaturmustern.

---

[45] Ebd., S.31.
[46] Vgl. Ebd., S.40.
[47] Im Laufe der 70er Jahre hat sich der Feminismus von einer Kritik an mysogynen Frauenbildern und sexistischen Verhältnissen sowie Verhaltensweisen zu einem großen Projekt der Relektüre und Dekonstruktion theoretischer und literarischer Traditionen entwickelt, um jene Strukturen nachzuzeichnen und außer Kraft zu setzen, die den Ausschluß der Frauen aus der öffentlichen Geschichte begründet haben (vgl. Ebd., S.95).
[48] Vgl. Möhrmann, Renate: Feministische Trends in der deutschen Gegenwartsliteratur. In: Deutsche Gegenwartsliteratur: Ausgangspositionen und aktuelle Entwicklungen. Hrsg. von Manfred Durzak. Stuttgart 1981, S.338.
[49] Vgl. Ebd., S.349.

2.3. Feministische Literatur und Literaturwissenschaft

2.3.1. Soziokultureller Kontext. Feministische Projekte und literarische Auseinandersetzungen

In meiner Arbeit spielt das kämpferische Potential der feministischen Frauenliteratur eine wichtige Rolle, weil ich die neuen politisch-sozialen Tendenzen und ihren literarischen Ausdruck der allgemeinen Literaturtradition gegenüber stellen will. Feministische Theorien sind vor allem als sozialpolitische Theorien, als Kritik an Androzentrismus, Sexismus und patriarchaler Herrschaft zu verstehen. Um zahlreiche Aspekte des feministischen Geschlechterkampfes in der Literatur zu verdeutlichen, sollen hier die wichtigsten Ereignisse und Ergebnisse der Frauenemanzipationsbewegung kurz erörtert werden, weil die fiktive Gestaltung des Geschlechterkampfes mit radikal revolutionären Zielen der Bewegung zusammenhängt.

Die deutsche Frauenbewegung der ausgehenden 60er und 70er Jahre gehört zu anderen alternativen Protestbewegungen, z.B. Hippies, Studentenrevolte und Homosexuellenbewegung. Frauen finden sich zusammen, bilden verschiedene Frauengruppen und entwerfen feministische Projekte. Der Ausgangspunkt der Frauenbewegung war die feministische Gesellschaftstheorie über den Patriarchat als einen unversöhnlichen Gegensatz zwischen Männern und Frauen, der über die Klassengegensätze hinaus alle Frauen betrifft. Zahlreiche Beispiele (z.B. das Dokumentarbuch von Alice Schwarzer "Der kleine Unterschied und seine großen Folgen", 1976) sollten beweisen, wie Frauen nicht nur durch einzelne Männer, sondern auch durch patriarchalische Institutionen ausgebeutet werden. Das Hauptziel der 'Frauenbefreiungsbewegung' war die Abschaffung der Doppelbelastung und der Unterdrückung von Frauen in der Gesellschaft und Familie. Die kämpferischen Einstellungen implizierten auch die Suche nach einer neuen 'weiblichen' Identität und Lebensform, die sich nicht an 'männlichen' und somit 'feindlichen' Prinzipien orientierte. Ein wichtiger Bestandteil des Geschlechterkampfes war die sexuelle Revolution der Frauen mit dem Ziel, die weibliche Sexualität zu befreien.

Der kämpferische Charakter der Frauenbewegung hatte zur Folge, daß schon in den 80er Jahren sich eine zunehmende Kritik an aggressiven Ideen des Feminismus (vor allem was die übertrieben negative Einstellung zum männlichen Geschlecht betrifft) zu verbreiten begann. Feministischen Aktivistinnen wird vorgeworfen, daß ihre Konzepte kämpferisch, aber kurzsichtig und zu kompromißlos sind. Durch diese Argumente fühlen sie sich gezwungen, die Politik der Annäherung an die Gegenseite zu führen und ein wirklichkeitsnäheres Programm ihres Kampfes herauszuarbeiten.[50] Feministische Forderungen verändern ihren Charakter: Während der ersten Phase der

---

[50] Vgl. Czarnecka, S.19.

Bewegung die Forderungen nach Gleichrangigkeit der Geschlechter und die Kritik an Frauenunterdrückung geäußert wurden, so wurde später die Gleichstellung von Frau und Mann kritisiert, weil durch solche Konfiguration der männliche Einfluß und der männlich-hierarchische Charakter nicht ganz verschwänden, sondern nur unsichtbar (und deswegen noch gefährlicher) würden.[51] Die neue Politik der Anerkennung der Geschlechterdifferenz lehnt den feministischen Geschlechterkampf nicht ganz ab, deswegen wird er in veränderter Form und mit neuen Forderungen weitergeführt.

Die feministische Literaturproduktion ist im Hinblick auf andere feministische Projekte als Ansätze einer Alternativ- bzw. Gegenkultur zu betrachten[52], wobei feministisch orientierte Kunst als revolutionäre Kunst verstanden werden kann, in der ästhetische Spezifik und politischer Anspruch eine Einheit bilden und agitatorische bzw. propagandistische Funktionen dominieren[53].

Neben den Veränderungen in der Kunstsphäre wurde von Frauen auf der wissenschaftlichen Ebene seit Ende der 70er Jahre eine neue Disziplin entwickelt, die sog. Frauenforschung. Die Akademikerinnen aus dem Bereich der Medizin, Psychologie, Soziologie und unter anderem auch Linguistik und Literaturwissenschaft versuchten, die Benachteiligung der Frauen zu verdeutlichen und theoretische Grundlagen für die Aufhebung der tradierten

---

[51] Vgl. Eifler, Margret: Postmoderne Feminisierung. In: Frauen-Fragen in der deutschsprachigen Literatur seit 1945. Hrsg. von Mona Knapp und Gerd Labroisse. Amsterdam, Atlanta 1989, S.3f. Eifler schreibt: "Man(n) kreierte der Frau den an der Maskulität orientierten Unisex-Look der Mode, schuf ihr die schultergepolsterte Supermannstärke, ließ sie topless am Badestrand laufen, erfand ihr die pillen-sichere Promiskuität, empfahl ihr weichteil-härtendes Bodybuilding und betitelte sie mit Business-Euphemismen wie 'executive assistant'." (Ebd., S.5).

[52] Von einzelnen Frauengruppen wurden Zeitschriften herausgegeben, z.B. das "Frauenforum" in München (seit 1972). In den 70er Jahren entstanden zahlreiche alternative Frauenverlage. Der größte und populärste war die 1975 in München gegründete "Frauenoffensive", aber auch die großen Verlage (Fischer, Rowohlt, Suhrkamp) erlangen ein Interesse an der literarischen Produktion von Frauen. In den großen Städten wurden Frauenbuchläden eingerichtet, wo Diskussionsabende und Autorinnenabende veranstaltet wurden.

In den 70er und 80er Jahren wurden viele Frauen-Theater- und Filmgruppen gebildet (z.B. das Wuppertaler Tanztheater von Pina Bausch oder Filmprojekte von Claudine v. Alemann, Jutta Büchner u.a.), deren alternatives Programm sich an feministischen Konzepten orientierte. In einem frauenspezifischen Zusammenhang wurden Austellungen der bildenden Kunst, Graphik und Photographie organisiert, in denen die Künstlerinnen aus neuer Sicht die aktuellen Erlebnisse, aber auch alte matriarchale Mythologie als eine der wichtigsten Inspirationsquellen thematisierten.

[53] Vgl. dazu: Schmidjell, Annegret: Quartier auf Probe. Tendenzen feministischer Literaturpraxis aus der neuen Frauenbewegung mit Textbeispielen von Jutta Heinrich und Margot Schröder. Stuttgart 1986, S.7.

Verhältnisse in allen Lebensbereichen vorzubereiten (zu solchen Einrichtungen zählen z.b. die 1979 gegründete Sektion Frauenforschung bei der Deutschen Gesellschaft für Soziologie oder die ab 1976 stattfindende Berliner Sommeruniversität für Frauen). Die feministischen Initiativen in verschiedenen wissenschaftlichen Disziplinen wollten einen Beitrag zum politischen, sozialen und kulturellen Wandel der Lage der Frauen und der gesamten Gesellschaft leisten.

Die anderen Forschungsbereiche sind auch für die Entwicklung der feministischen Literaturwissenschaft relevant, weil feministische Wissenschaft einen deutlich interdisziplinären Charakter trägt. An dieser Stelle ist auch zu betonen, daß die westdeutsche feministische Literaturwissenschaft sich stark an amerikanischen women's studies orientiert. Der Unterschied liegt darin, daß die amerikanische Frauenforschung sich vor allem auf die historische Untersuchung und Textinterpretation konzentriert, während in Deutschland die Theoriedebatte und die Analyse der Zielsetzungen und Voraussetzungen im Vordergrund stehen.[54] Das Interesse an der Theorie ist auf den Einfluß der französischen poststrukturalistischen und psychoanalytischen Frauenforschung (vor allem auf die Aufnahme der Theorien der französischen Feministinnen Hélène Cixous und Luce Irigaray) zurückzuführen. Deutsche Literaturwissenschaftler/innen diskutieren vorwiegend die Fragen weiblicher Schreibpraxis und Ästhetik (vgl. Kapitel 2.3.2). Andere Forschungsobjekte sind Frauenbilder (männliche und weibliche Entwürfe von Frauen), Frauenliteratur und feministische Literaturtheorie (methodische und theoretische Grundlagen der feministischen Literaturkritik). Mit der Entwicklung der Frauenforschung beginnt auch die Suche nach schreibenden Frauen in der Geschichte (vgl. Kapitel 2.2.). In der Frauenliteraturforschung liegt der Schwerpunkt auf inhaltlichen Fragestellungen, z.B. Bildern, Motiven, Mustern etc., und nicht auf formalen Aspekten. Am deutlichsten geht Weigel auf formale Fragen ein, indem sie "die Art und Weise, wie Frauen mit den bestehenden literarischen Mustern verfahren, um ihre Wahrnehmungen und Erfahrungen zu thematisieren"[55], untersucht.

Einer der neueren feministischen Forschungszweige in Deutschland sind Gender Studies. Die durch die Frauenbewegung beeinflußten kulturanthropologischen Studien haben die Natürlichkeit der Geschlechterrollen grundlegend in Frage gestellt. Diese Forschungen entwickelten sich zu einem speziellen Forschungsgebiet Gender Studies, weil die frühere Frauen(Literatur)-forschung (z.B. die Analysen von Frauenbildern, Männerphantasien und Frauenerfahrungen) mit ihren Ergebnissen an eigene Grenzen gestoßen ist. Die feministische Kritik entwickelte zwei widersprüchliche Strategien: einmal das Bestreben, die Gleichheit von Frauen und Männern hervorzuheben, zum anderen den Versuch, auf der Differenz zu beharren, d.h. eine spezifisch weibliche Kultur zu postulieren. Diese Fragen führten zu den Neuüberlegungen, ob die Probleme von Frauen in der Abgrenzung gegenüber Männern und damit isoliert

---

[54] Vgl. Stephan, Inge; Weigel, Sigrid: Feministische Literaturwissenschaft. Berlin 1984, S.9.
[55] Weigel: Die Stimme der Medusa, S.9.

gelöst werden können. Das Ziel der Gender Studies ist deswegen die Klärung der Beziehungen zwischen den Geschlechtern. Die Hauptthese der Gender Studies beruht auf dem Gedanken, daß Weiblichkeit und Männlichkeit nicht aus biologischen Konstanten abgeleitet werden können, sondern daß es sich bei der Kategorie Genus (gender) um eine historisch-zeitgebundene, soziokulturelle Konstruktion von sexueller Identität, d.h. um einen diskursiven Effekt handelt.

Bei Gender Studies steht die Unterscheidung zwischen biologischem Geschlecht (sex) und gesellschaftlichem Genus (gender) im Mittelpunkt. Die Gender Studies betrachten die Grenze zwischen männlich und weiblich als Konstruktion. Diese Unterscheidung, die auf Analogie von Natur und Kultur hinweist, richtet sich gegen die Polarisierung der Geschlechtercharaktere, wonach die unterschiedlichen Geschlechterrollen als Ausdruck der natürlichen Eigenschaften von Frauen und Männern angesehen und damit gleichzeitig legitimiert wurden.[56] Die frühere Definition der Geschlechterdifferenz, die auf der Behauptung von biologischen Gegebenheiten basierte, wurde von Feministinnen zurückgewiesen, weil ein solcher Rekurs auf die Natur zugleich die Unveränderbarkeit der weiblichen und männlichen Rollen impliziert und damit die patriarchalen Machtverhältnisse als naturgegeben betrachtet.[57]

Die Debatte um die Kategorien sex und gender hat sich vor allem an den Büchern der amerikanischen Literaturwissenschaftlerin Judith Butler entzündet. Butler hat einen bedeutenden Beitrag zur Entwicklung der Gender-Theorien geleistet: Sie betont die Einsicht, daß es keinen Rückgriff auf den Körper gibt, der nicht schon durch kulturelle Bedeutung interpretiert ist, und stellt somit die für das feministische Denken charakteristische Betonung weiblicher Körperlichkeit (z.B. in den Theorien von Hélène Cixous) in Frage.[58] Indem sich Butler von der klassisch feministischen Rede über weibliches Schreiben, Sexualität etc. (siehe 2.3.2.) abwendet, bereiten ihre Theorien den Weg von der Frauenforschung zur Geschlechterforschung und liefern einen Theorierahmen für die Analyse von Geschlechterverhältnissen.

Die Gender Studies wurden von feministischen Wissenschaftlerinnen akzeptiert, denn die Unterscheidung zwischen biologischem und kulturell konstruiertem Geschlecht sollte die angeblich naturgegebene und deswegen gefährliche Rollenzuschreibung aufheben. Die Annahme, daß die geschlechtlichen Differenzierungen nicht biologischer oder psychologischer Natur sind bzw. nicht als Ausdruck einer natürlichen Ordnung betrachtet werden können, sondern vielmehr kulturelle Regelsysteme präsentieren, gibt der feministischen

---

[56] Vgl. Hof, Renate: Entwicklung der Gender Studies. In: Genus – zur Geschlechterdifferenz in den Kulturwissenschaften. Hrsg. Hadumod Bußmann und Renate Hof. Stuttgart 1995, S.14f.

[57] Vgl. Ebd.

[58] Zu den Theorien von Butler siehe: Frei Gerlach, Franziska: Schrift und Geschlecht: feministische Entwürfe und Lektüren von Marlen Haushofer, Ingeborg Bachmann und Anne Duden. Berlin 1998, S.119-151.

Bewegung neue Impulse, für die Veränderung der Gesellschaft zu kämpfen. Wenn bestimmte Geschlechtseigenschaften durch kulturelle Vorprägung erzeugt werden, können sie ebensogut wieder aufgehoben werden.

Heute stößt aber die den Gender Studies zugrundeliegende Trennung zwischen Geschlecht und Genus auf zunehmende Kritik. Renate Hof verdeutlicht die komplizierte Einstellung der Gender Studies gegenüber dem Körperlichen: Während ursprünglich Gender Studies den kausalen Zusammenhang zwischen biologischem und sozialem Geschlecht außer Kraft setzen sollten, scheint die Vorstellung vom Genus (gender) davon auszugehen, daß es so etwas gibt wie den Körper, der vor der soziokulturellen Konstruktion von Sexualität existiert und auf dem dann kulturelle Einschreibungen vorgenommen werden.[59] Diese Feststellung beweist die Fragwürdigkeit der Unterscheidung zwischen sex und gender und weist auf die allgemeine Problematik der Trennung von Natur und Kultur hin.

Abgesehen davon, daß Gender Studies anfänglich viele neue Impulse gegeben haben, läßt sich aus der heutigen Perspektive kaum bestreiten, daß feministische Literaturforschungen ihre fachlich innovative Kraft verloren haben. Die feministische Literaturwissenschaft wird immer häufiger als "ideologisch borniere, themenreduzierte, dem Literarisch-Ästhetischen nicht gerecht werdende Schmalspurendenkweise"[60] bezeichnet. Feministische Literaturwissenschaftlerinnen sind auf ihren Kongressen häufig unter sich, sie finden ihre Gegner nicht nur unter den inzwischen verunsicherten Männern, sondern auch unter ihren Kolleginnen, die sich nicht auf ihr Geschlecht festlegen lassen wollen.[61] Das letzte Jahrzehnt des 20. Jahrhunderts läßt sich eher als 'postfeministisch' bezeichnen.

2.3.2. Feministische Theoriebildung. Kritische Analyse einiger Theorien weiblicher Schreibpraxis und Ästhetik

Der Begriff Feminismus bezeichnet zugleich Praxis und Theorie, wobei die Theorie mit konkreten politischen Zielen, nämlich der Veränderung der Gesellschaft, verbunden ist. Feminismus ist somit nicht nur der Kampf um die Selbstverwirklichung von Frauen, sondern auch der Kampf um eine eigene Stimme in der Wissenschaft. In der feministischen Literaturwissenschaft könnte

---

[59] Vgl. Hof, S.23. Butler versucht, die mit der Unterscheidung von sex und gender aufgetretene Problematik dadurch zu lösen, daß sie diese Trennung negiert (wenn es keine natürliche Grenze zwischen den Geschlechtern gibt, so müssen auch körperliche Merkmale als kulturspezifische Unterscheidungsmerkmale angesehen werden), wobei ihre Auflösung der Grenze zwischen Natur und Kultur auf erneute Kritik stößt (vgl. Ebd., S.24).
[60] Osinski, Jutta: Kritik der feministischen Literaturwissenschaft. In: Kultureller Wandel und die Germanistik in der Bundesrepublik: Vorträge des Augsburger Germanistentags 1991. Hrsg. von Johannes Janota. Tübingen 1993, S.38.
[61] Vgl. Ebd.

man zwei herausragende Gegenstände der Untersuchung unterscheiden: Ein Teil der Analysen konzentriert sich auf die gesellschaftskritischen Aspekte der Frauenliteratur und auf ihr emanzipatorisches Potential[62]; in anderen Studien stehen die Probleme einer spezifisch weiblichen Schreibweise oder einer 'weiblichen Ästhetik'[63] im Mittelpunkt. Jurgensen teilt z.B. die feministische Aufklärungsarbeit ins Kämpferische und ins Akademische.[64] Auf der akademischen Ebene ist die Beziehung zwischen Frau und Sprache zum Bestandteil der meisten feministischen Untersuchungen geworden. Diese Untersuchungen bedienen sich nicht nur literaturwissenschaftlichen, sondern auch linguistischen und psychoanalytischen Methoden und gehen von der Frage aus, ob Männer und Frauen Sprache unterschiedlich benutzen und ob Frauen sich eine eigene Schreibweise schaffen können. Den interdisziplinären Charakter der theoretischen Ansätze verdeutlicht das feministische Bemühen um das "Modell einer weiblichen Kultur", das der Amerikanerin Elaine Showalter zufolge Vorstellungen über den Körper, die Sprache und die Psyche der Frauen einschließe und sie in ihrem Verhältnis zum sozialen Umfeld interpretiere.[65] In diesem Kapitel sollen die bekanntesten feministischen Theorien und die wichtigsten Aspekte der Diskussion über das weibliche Schreiben untersucht werden.

Einen der neuesten Überblicke über die theoretischen Grundlagen, auf denen feministische Konzepte beruhen, und das methodische Vorgehen gibt Lena Lindhoff in ihrer "Einführung in die feministische Literaturtheorie".[66] Sie erörtert ausführlich das Verhältnis von feministischer Theorie und Psychoanalyse, verdeutlicht die Genese zentraler poststrukturalistischer Termini und stellt aus der feministischen Perspektive die einzelnen Theorien von Lacan, Derrida, Kristeva, Cixous und Irigaray hinsichtlich der Bestimmung von Sprache/Schrift, Realität, Körper und Weiblichkeit[67] dar. Da die zentralen

---

[62] Man sollte die Tatsache nicht außer acht lassen, daß Feminismus keine literarische, sondern primär eine politische Bewegung war.
[63] Richter-Schröder versucht diesen Begriff folgenderweise zu definieren: "Der Terminus 'weibliche Ästhetik' ist eine Wortschöpfung der siebziger Jahre; er entstand im Zusammenhang der literaturtheoretischen und politischen Diskussion, die [...] in Frankreich, den USA und in der Bundesrepublik sowohl in den Reihen der Frauenbewegung als auch an den Universitäten um die psychosozialen Hintergründe von Frauenkunst und Frauenliteratur und um deren gesellschaftliche Wirkungsmöglichkeiten geführt wurde." (Richter-Schröder, S.45).
[64] Vgl. Jurgensen: Was ist Frauenliteratur?, S.14.
[65] Vgl. Showalter, Elaine: Feministische Literaturkritik in der Wildnis. In: Mit verschärftem Blick. Feministische Literaturkritik. Hrsg. von Karen Nölle-Fischer. München 1987, S.72.
[66] Lindhoff, Lena: Einführung in die feministische Literaturtheorie. Stuttgart 1995.
[67] Über die Bedeutung des Begriffes 'Weiblichkeit' in den theoretischen Schriften schreibt Brügmann: "Man versucht, den eher sozialhistorisch definierten Begrif 'Frau' nicht ohne weiteres mit dem Begriff 'Weiblichkeit' gleichzusetzen, sondern die eventuellen Gemeinsamkeiten und Differenzen dieser beiden Begriffe im breiteren Rahmen einer Kulturkritik zu reflektieren. Der Begriff 'Weiblichkeit' erhält dabei zum einen mehr die

Theorien feministischer Literaturwissenschaft schon von vielen Forscher/innen ausführlich analysiert worden sind, sollen sie hier nur kurz anhand der Studie von Lindhoff skizziert werden, um die weitere Untersuchung der Gegenwartsliteratur von Frauen zu erleichtern.

Die Debatte über den weiblichen Diskurs, wie es in den Schriften der modernen Theoretiker/innen heißt, ist mit dem Feminismus besonders relevant geworden, aber diese Debatte, in deren Mittelpunkt die Frage steht, ob etwas spezifisch Weibliches im literarischen Schaffen von Frauen festzustellen sei, ist nicht neu. In der Literaturwissenschaft gilt Virginia Woolf als Vorläuferin der Theorien weiblichen Schreibens: Woolf geht auf die Frage ein, ob Frauen anders schreiben als Männer, und postuliert, daß unterschiedliche Wertvorstellungen sich in der Literatur spiegeln; in "A Room of One's Own" (1929) analysiert sie die weibliche Perspektive, die weibliche Vorstellungskraft und eine weibliche Tradition, wobei sie die Vermutung macht, daß weibliche Kreativität dadurch behindert wurde, daß Frauen keine weiblichen Vorbilder hatten, also keine weibliche Tradition.[68]

Für die feministische Theoriebildung hatte auch das Buch von Simone de Beauvoir "Le Deuxième Sexe" (1949) eine sehr große Bedeutung, in dem Beauvoir die Grundbegriffe zur Bestimmung der Geschlechterdifferenz entwickelt, mit denen die feministische Theorie bis heute operiert: das Eine/das Andere, Transzendenz/Immanenz, der Mythos des Weiblichen, biologisches Geschlecht/soziales Geschlecht.[69] Mit der Erkenntnis, daß die abendländische Kultur eine männliche Kultur sei, diskutiert sie die Fragen der Gleichheit und Differenz, der weiblichen Subjektivität, der sozialen Konstruiertheit von Weiblichkeit und der Bedeutung des Körpers.[70] Abgesehen davon, daß Beauvoir die feministische Problematik ausführlich analysiert, werfen ihr die feministisch orientierten Wissenschaftlerinnen (z.B. Lindhoff) vor, daß sie in ihrem eigenen Blick auf die Frau männliche Vorurteile nicht überwinden kann und bei einer Reproduktion der männlichen Ordnung und der männlichen Subjektivität stehen bleibt; sie übernehme z.B. die patriarchalische Trennung von Geist und Natur, wobei Natur als weiblich negativ konnotiert wird; hinsichtlich der Literatur

---

Funktion, die kulturellen Bereiche anzugeben, die unterbewertet, vergessen, noch nicht entdeckt oder aus dem herrschenden kulturellen Selbstverständnis ausgeschlossen sind. Zum anderen verweist der Begriff 'Weiblichkeit' auf die bestehende, verwirrende Vielfalt von Bildern, die in einen Zusammenhang mit Frauen gebracht werden können." (Brügmann, S.1). Sigrid Weigel beschäftigt sich auch mit der Frage, "welche unterschiedlichen Voraussetzungen und Perspektiven damit verbunden sind, ob von *Frauenliteratur, weiblicher* bzw. *feministischer Ästhetik, weiblicher Sprache* oder einfach *Weiblichkeit* die Rede ist." (Weigel, Sigrid: Frau und 'Weiblichkeit'. Theoretische Überlegungen zur feministischen Literaturkritik. In: Stephan; Weigel: Feministische Literaturwissenschaft, S.103ff).

[68] Zu Woolfs Schaffen und theoretischen Überlegungen siehe: Lindhoff, S.30ff.
[69] Vgl. Ebd., S.1f.
[70] Vgl. Ebd., S.2.

betrachte sie die von Frauen geschriebenen Texte im Vergleich mit denen von männlichen Künstlern als mittelmäßig, konservativ und epigonal, weil Frauen ihr Werk von ihrem Leben abzulösen nicht fähig seien.[71]

Zur Beantwortung der Frage nach literarischer Tradition von Frauen versucht Elaine Showalter, nach Spuren einer weiblichen Tradition zu suchen, und verfaßt eine für die Literaturwissenschaft wichtige Studie "A Literature of Their Own" (1977), in der sie die literarische Tradition von Frauen im Hinblick auf das Verhältnis zwischen Frauen und Gesellschaft untersucht. In ihrer Studie erweist sich die Geschichte weiblichen Schreibens wegen der Ausgrenzung der Autorinnen durch die normative Kunstauffassung als eine diskontinuierliche Tradition, die durch immer neue Traditionsbrüche gekennzeichnet sei.[72]

In den späten 70er Jahren haben die französischen Feministinnen Hélène Cixous und Luce Irigaray (ihnen wird teilweise auch Julia Kristeva zugerechnet[73]) einen sehr großen Einfluß auf die literarische Diskussion in Deutschland ausgeübt. Ihre Theorien, die sich auf die Analyse des Schreibens, auf die feminine Schreibpraxis und die Situation schreibender Frauen konzentrieren, bestimmten die aktuelle feministische Debatte über die weibliche Ästhetik. Es galt, eine andere Sprache zu erfinden, die dann auch ein anderes Subjekt konstituieren wird. Die Theorien der französischen Wissenschaftlerinnen, die oft unter dem Namen 'écriture féminine' präsentiert werden, setzen sich mit dem 'phallo- bzw. phallogozentrischen Diskurs' auseinander, der die sprachlichen Strukturen bezeichnet, in denen der Mann als zentraler Bezugspunkt der Sprache gilt.

---

[71] Vgl. Ebd., S.7ff.
[72] Vgl. Ebd., S.39ff.
[73] Julia Kristeva distanziert sich von feministischen Theoriemodellen, aber ihre Schriften werden von vielen Literaturforscher/innen (z.B. von einer der bekanntesten Kristeva-Forscherinnen Toril Moi) dazu gezählt. Ausgehend von strukturalistischen und sprachwissenschaftlichen Erkenntnissen geht es für Julia Kristeva um einen anderen Gebrauch der Sprache, die nach ihrer Auffassung ein Produkt der gesellschaftlichen Entwicklung und damit auch der väterlichen Ordnung sei. In ihrem Buch "Die Revolution der poetischen Sprache" (1974) unterscheidet Kristeva auf der Ebene der Sprache den Bereich des Semiotischen (Mütterliche Sphäre/Manifestation von Trieben) und den Bereich des Symbolischen (Sprache und Macht). Mit dem Eindringen des Vaters, der die gesellschaftliche bzw. symbolische Ordnung präsentiert, wird das Individuum in die symbolische Ordnung der objektivierenden Sprache eingeführt, wobei das Semiotische verdrängt wird. Die gesellschaftliche Instanz, die eine ständige Erneuerung des Symbolischen durch das Semiotische praktiziert, ist für Kristeva die Literatur. Kristeva verneint aber die Existenz einer spezifischen weiblichen Schreibweise und betrachtet das Sprechen als Frau und für Frauen als sinnlos. In ihrem Entwurf der poetischen Sprache, die weder weiblich noch männlich ist, sondern viel mehr androgyn, betont Kristeva die immanente Existenz des Semiotischen. Dieses Denken Kristevas wird von Feministinnen rezipiert, weil sie das Semiotische mit dem Weiblichen gleichsetzen und dadurch das herrschende Sprachsystem zu modifizieren glauben (vgl. dazu: Ebd., S.110ff).

Hélène Cixous geht es in ihren Studien "Die unendliche Zirkulation des Begehrens" (Berlin, 1977) und "Weiblichkeit in der Schrift" (Berlin, 1980) um die Lektüre und das Schreiben von Texten, die den herrschenden westlichen Logozentrismus mit seinen binären Oppositionen Mann/Frau oder aktiv/passiv in Frage stellen. Sie beschäftigt sich mit der Spezifik einer weiblichen Schreibpraxis und äußert die Idee, daß das weibliche Schreiben sich durch ein Hörbarwerden der "Stimme" im Text auszeichnet.[74] Indem Cixous die verdrängte archaische Stimme der Mutter[75], die phonetische Seite des Textes und das "freie" und "lebhafte" Schreiben als deutlichste Kennzeichen eines weiblichen Textes betont, bleiben ihre Behauptungen in ihrer Argumentation undeutlich. Die "Stimme der Mutter" könnte als Metapher für das Verhältnis zwischen weiblichem Körper und weiblicher Sprache verstanden werden, obwohl die Autorin selbst diesen Begriff nicht genügend konkretisiert. Cixous setzt das Schreiben der Frau mit ihrem Körper gleich und fordert für den weiblichen Diskurs, daß Frauen beim Schreiben sich den Zugang zum eigenen Körper verschaffen, die libidinösen Bedürfnisse und Phantasien in den Text bringen[76] (als Ausdruck des Weiblichen gilt z.B. der Diskurs der Hysterie). Cixous will keine neue weibliche Sprache, sondern eine Befreiung der Signifikanten, des Materiellen, Körperlichen, Triebhaften an der Sprache.[77] Nach Cixous muß eine Frau anders als ein Mann schreiben, weil der weibliche Körper anders funktioniert als der männliche. Wenn Cixous behauptet, daß ein weiblicher Text sich ständig in Bewegung befindet und sich allen syntaktischen und grammatischen Regeln entzieht[78], erscheint ihre Auffassung von weiblichem Text als unbestimmt und schwer begreiflich. Wegen der metaphorischen Verwendung der Begriffe (z.B. 'männlich' oder 'weiblich') erweisen sich Cixous' Theorien als hermetisch, und deswegen lassen sie sich auf konkrete Texte kaum beziehen.

Auch in den Theorien von Luce Irigaray kommt der Arbeit an der Sprache eine zentrale Bedeutung zu. In ihrem Buch "Speculum. Spiegel des anderen Geschlechts" (1974, deutsche Übersetzung 1980) kritisiert Irigaray die Theorien Freuds und betont, daß im logozentrischen Denken und männlichen Diskurs die Frau verdrängt und zu einem Objekt reduziert wird. Um das verdrängte Weibliche wiederzufinden, muß der herrschende Diskurs durch das Spiel der Mimetik und durch die Integration des Körperlichen (mittels 'weiblicher Morphologie' nämlich, durch die Thematisierung von Flüssigkeiten, Öffnungen,

---

[74] Vgl. Ebd., S.124.
[75] "Weiblich schreiben heißt, das hervortreten zu lassen, was vom Symbolischen abgetrennt wurde, nämlich die Stimme der Mutter, heißt, Archaisches hervortreten zu lassen", so Cixous (zitiert nach: Schmidjell, S.73).
[76] Vgl. Lindhoff, S.124f.
[77] Vgl. Ebd., S.125.
[78] Vgl. Ebd.

Lippen) destruiert werden.[79] Das mimetische Vorgehen ist nach Irigaray der einzig mögliche Diskurs der Frau, sofern sie nicht einfach den männlichen Diskurs und die männliche Subjektivität übernehmen will.[80] Ähnlich wie bei Cixous sind Irigarays Behauptungen metaphorisch und unkonkret, z.b. wenn sie weibliche Sprache als etwas Flüssiges und als ständige Zirkuliertheit beschreibt.

In Deutschland interessiert man sich in den 70er Jahren vor allem für die Thesen, die den Platz der Frau im herrschenden Diskurs, die bewußte Arbeit an der Sprache und die Veränderung des Sprachsystems betreffen. Auf der gesellschaftlichen Ebene scheint die ästhetische Praxis von Frauen die bestehende Ordnung verändern zu können. In der Kunstsphäre führt die feministische Subjektivität, die aus den Überlegungen über die weibliche Ästhetik resultiert und zum Grundprinzip der literarischen Praxis wird, zu einem intimen Verhältnis der Autorin zu ihrem Text. Die Forderungen der französischen Theoretikerinnen haben konkret zur Folge, daß Frauen individualistische Texte schreiben und versuchen, den feministischen Diskurs zu realisieren, indem sie traumatische Kindheitserlebnisse und eigene Körpererfahrungen (Menstruation, Gebährfähigkeit) thematisieren. Um sich der Kodifizierung zu entziehen, experimentieren die Autorinnen mit neuen Formen und Schreibweisen. Manche Autorinnen halten die formalen Vorschriften der Syntax, der Ortographie für überflüssig und verwenden ihre eigene Schreibweise, z.B. Kleinschreibung[81] (diese Tendenzen sind aber auch in den zeitgenössischen Texten von Männern zu finden, z.B. in denen von Hans Magnus Erzensberger oder Ernst Jandl).

Zur Zeit liegen in der Forschung viele deutschsprachige Arbeiten vor, die sich speziell mit den Fragen weiblicher Ästhetik und weiblicher Schreibpraxis beschäftigen.[82] Einen der ersten theoretischen Versuche, die Frage zu beantworten, ob es eine weibliche Ästhetik gäbe, liefert Silvia Bovenschen. In

---

[79] Vgl. Ebd., S.134.
[80] Vgl. Ebd., S.129.
[81] Zu der feministischen Diskussion über die weibliche Ästhetik haben nicht nur theoretische, sondern auch literarische Schriften den Stimulus gegeben, z.B. Verena Stefans "Häutungen". Stefan bemüht sich auch um eine eigene Frauensprache. In "Häutungen" heißt es: "Beim schreiben dieses buches [...] bin ich wort um wort und begriff um begriff an der vorhandenen sprache angeeckt. [...] als ich über empfindungen, erlebnisse, erotik unter frauen schreiben wollte, wurde ich vollends sprachlos ... die sprache versagt, sobald ich über neue erfahrungen berichten will... ich zerstöre vertraute zusammenhänge, ich stelle begriffe, mit denen nichts mehr geklärt werden kann, in frage oder sortiere sie aus – beziehung, beziehungsschwierigkeiten, mechanismen, sozialisation, orgasmus, lust, leidenschaft – bedeutungslos, sie müssen durch neue beschreibung ersetzt werden, wenn ein neues denken eingeleitet werden soll" (Stefan, Verena: Häutungen. München 1975, S.1f).
[82] Hier sollen vor allem die Untersuchungen von Sigrid Weigel oder die Studie von Karin Richter-Schröder "Frauenliteratur und weibliche Identität: theoretische Ansätze zu einer weiblichen Ästhetik und zur Entwicklung der neuen deutschen Frauenliteratur" (1986) erwähnt werden.

ihrem einflußreichen Aufsatz "Über die Frage: Gibt es eine 'weibliche Ästhetik'?" (1976)[83] stellt sie die wichtigsten Aspekte der feministischen Ästhetikdiskussion in Deutschland dar. Sie betont die Offenheit der weiblichen Kunstproduktion, die sich wegen ihres innovatorischen Charakters jeglicher Kategorisierung und Normativität entzieht. Bovenschen meint, daß es eine weibliche Ästhetik gäbe, "wenn die Frage das ästhetische Sensorium und die Formen des sinnlichen Erkennens betrifft, sicher nicht, wenn darunter eine aparte Variante der Kunstproduktion oder eine ausgekugelte Kunsttheorie verstanden wird".[84]

Das Ziel der Ästhetikdebatte sollte Bovenschen zufolge die Erarbeitung einer tiefgreifenden und weitgehenden Konzeption einer ästhetischen Praxis von Frauen sein, in der das Bewußtsein der Geschlechtszugehörigkeit im Mittelpunkt steht. Bovenschen postuliert eine feministische Praxis, die neue Formen von Produktivität, von Rationalität und auch Aggressivität erarbeiten soll. Sie spricht vom Kampf, der an allen Fronten stattfindet: "Die Auseinandersetzung mit den Sprachformen, dem Zeichensystem und den Bildwelten, den Symbolen und den Formen des Verhaltens und der Kommunikation ist ein zähes Stück Arbeit, die erst kaum begonnen hat."[85] Für die Untersuchung von Traditionselementen scheint folgender Gedanke Bovenschens relevant zu sein: Sie sieht die Möglichkeit einer autonomen weiblichen Kreativität nicht in einer radikalen Negation der gesamten Kulturtradition, sondern in einem "komplizierten Prozeß von Neu- und Zurückeroberung, Aneignung, sowie Vergessen und Subversion".[86] Bovenschens Forderung nach autonomer weiblicher Kunst könnte zweifach verstanden werden: einerseits als Überwindung von alten Strukturen und Rollenmustern, andererseits als Überwindung von feministischen Modellen, d.h. als autonome Entwicklung über die Grenzen des Feminismus hinaus.[87] Indem Bovenschen verschiedene Formen weiblichen Widerstandes analysiert, verzichtet sie ähnlich wie die französischen Feministinnen auf eine nähere Bestimmung der benutzten Begriffe, sie spricht z.B. von "totaler Autonomie" weiblicher Kunst, aber dieser Separationsprozeß wird von der Wissenschaftlerin nicht explizit erläutert.

Die französischen Theoriemodelle werden von deutschen Wissenschaftlerinnen nicht wörtlich übernommen oder nachgeahmt, manche Aspekte stoßen auch auf Kritik. Kritisiert wird z.B. die Beschreibung der Weiblichkeit mit den Attributen des Körperlichen, Formlosen, Vieldeutigen, Undefinierbaren. Dieses Dilemma des Weiblichen betrachtet Lindhoff als Grundproblem feministischer Theoriebildung:

---

[83] Bovenschen, Silvia: Über die Frage: Gibt es eine 'weibliche Ästhetik'?. In: Ästhetik und Kommunikation 25 (1976), S.60-75.
[84] Ebd., S.75.
[85] Ebd., S.67.
[86] Ebd., S.73.
[87] Vgl. Czarnecka, S.30.

> "Postulieren Feministinnen ein essentielles Weibliches, das sie dem männlichen Subjekt entgegenstellen, so sind sie in Gefahr, die alten patriarchalischen Zuschreibungen der Frau als Natur zu wiederholen; versuchen sie, das Weibliche zu entmythisieren, so droht die verborgenere Falle einer Reproduktion der patriarchalischen Ordnung der Dinge und die Übernahme einer >männlichen< Subjektivität."[88]

Man sollte der Literaturwissenschaftlerin Richter-Schröder zustimmen, daß die Re-Etablierung der Dichotomie männlich-weiblich wie auch die behauptete Beziehung zwischen weiblicher Körpererfahrung und der Kreativität der Frau auf Konzepten beruhen, die die Konstitution neuer, emanzipatorischer Bilder des Weiblichen eher erschweren als vorantreiben.[89] Die Bemühung um Innovationen erweist sich letztlich als eine limitierte Strategie, die der Bearbeitung von überlieferten Mustern (z.B. von psychoanalytischen Modellen) nicht entkommen kann. "Die femin orientierte Theorie glaubt zwar, an einer absoluten Gegenläufigkeit zu arbeiten, aber die alten Bilder des Femininen stellen sich nur allzu leicht wieder ein. Selbst die Insistenz, auf männlich negativ-markierten Weiblichkeitsmerkmalen zu bestehen, also Formen der auszubrechenden Subversivität zu leben, hat die Vereinnahmung im Grunde nur vereinfacht", so Margret Eifler.[90] Die programmatischen Ansprüche feministischer Theorien, 'patriarchalische' Frauenbilder durch eine 'weibliche Ästhetik' zu destruieren, verhindern nicht die Weiterentwicklung von tradierten Mustern. Im Kontext der vorliegenden Arbeit bedeutet diese Feststellung, daß auch die Gegenwartsliteratur von Autorinnen sich nicht ganz von den alten tradierten Modellen des Weiblichen befreien kann und daß Traditionselemente (leicht modifiziert oder nicht) in den modernen Werken zu finden sind.

Richter-Schröder betrachtet die Thesen der französischen Theoretikerinnen auch deswegen skeptisch, weil durch den Versuch, das 'Wesen' der Frau festzulegen, die undifferenzierte Subsumtion der verschiedensten Formen weiblicher Existenz unter ein Bild der Frau individuelle Unterschiede verwischt und eine kreative Entfaltung verunmöglicht, worunter auch die neue Frauenliteratur leidet.[91] Bei den Theorien Irigarays kritisiert Richter-Schröder, daß die Sprache nicht als Medium der Repräsentation gesellschaftlicher Strukturen, sondern als Metapher weiblicher Sexualität betrachtet wird, und wirft der Theoretikerin sowohl das beschränkte Verständnis der Möglichkeiten kreativer Sprachverwendung, das Übersehen der Vielschichtigkeit sprachlicher Operationen als auch die Bestimmung der Frau aus deren Biologie vor.[92] Bei Cixous führe die Forderung, die Frau solle 'mit dem Körper schreiben', zu einer Reihe von Widersprüchen und Problemen, z.B. bei der Betonung der weiblichen

---

[88] Lindhoff, S.19.
[89] Vgl. Richter-Schröder, S.58.
[90] Eifler, S.11.
[91] Vgl. Richter-Schröder, S.77.
[92] Vgl. Ebd., S.69ff.

Schrift reflektiere Cixous nicht ausreichend das Verhältnis zwischen literarischem Text und gesellschaftlicher Wirklichkeit, so daß aus ihren metaphorischen Überlegungen keine methodischen Grundsätze für den textanalytischen Umgang mit weiblicher Prosa abgeleitet werden können.[93] Richter-Schröder verdeutlicht hiermit, daß die Theorien weiblicher Ästhetik über eine Generalisierung hinaus keine Aussagen zu produktions- und rezeptionsästhetischen Aspekten der Texte schreibender Frauen ermöglichen.

Sigrid Weigel, die sich mit der konfliktreichen Beziehung zwischen Frauen, Weiblichkeit und Sprache beschäftigt, meint, daß die unkonkrete Darstellung des Weiblichen zu dessen Mystifizierung tendieren kann, weil diesen Darstellungen "die historische Differenzierung dessen, wie die Frau nach männlichem Wunsch sein soll, wie sie ist und sein könnte," und die Unterscheidung "von Frauenbild, Frau und Utopie" fehlt.[94] Weigel entdeckt noch eine negative Folge der Diskussion über weibliche Ästhetik: Indem der Diskurs weiblicher Ästhetik auf genaue Definition des Weiblichen verzichtet und es mit Metaphern wie "die Ränder des Spiegels", "der blinde Fleck" umschreibt, wird das Weibliche zur Metapher für all das, was als der abendländischen Logik entgegengesetzt gedacht wird, z.B. das A-Logische, das Dezentrische, das Uneindeutige und Uneinheitliche, so daß das Weibliche wieder in die alte und bewährte universelle Bildfunktion eingesetzt wird.[95]

In ihrem Buch "Die Stimme der Medusa" untersucht Weigel die Schreibweisen von Autorinnen, die als Teilhaberinnen dieser Kultur dennoch ausgegrenzt oder abwesend sind und diese doppelte Situation in ihren Werken zum Ausdruck bringen.[96] Im Hinblick auf die poststrukturalistischen Theorien betrachtet sie kritisch die Tatsache, daß die mimetischen Verfahren sämtlich als Bewegung zu verstehen sind, die der Logik der Symbolisierung entgegenwirken und dazu verführen, sie als weibliche Verfahren oder als Bewegung des Weiblichen zu bezeichnen. Indem das Geschlecht nicht mehr an Subjekt und Gegenstand der literarischen Produktion (die Frau als Autorin und Figur) gebunden, sondern auf die Ebene des Verfahrens (weibliche Schreibweise) verlagert wird, führe dies zum negativen Ergebnis, daß "die Frage nach dem Ort und dem Schicksal des Weiblichen in der Subjektkonstitution und in der Schrift allzu schnell ad acta gelegt wird: im Entwurf einer *subversiven, weiblichen* Textpraxis (wobei in diesem Nebeneinander subversiv und weiblich austauschbar sind)".[97]

---

[93] Vgl. Ebd., S.80ff.
[94] Weigel: Der schielende Blick, S.109.
[95] Vgl. Weigel, Sigrid: 'Das Weibliche als Metapher des Metonymischen'. Kritische Überlegungen zur Konstitution des Weiblichen als Verfahren oder Schreibweise. In: Kontroversen, alte und neue. Bd.6. (Frauensprache – Frauenliteratur?) Hrsg. von Inge Stephan und Carl Pietzcker. Tübingen 1986, S.108.
[96] Vgl. Weigel: Die Stimme der Medusa, S.9.
[97] Ebd., S.203f.

Für meine Arbeit sind die Teile der Studie hilfreich, in denen Weigel die Tradition und Situation (sie bezeichnet diese Situation als Defizit) analysiert, aus der die Gegenwartsliteratur von Frauen entstanden ist und von der sich diese Literatur zu befreien versucht. Während Weigel verschiedene Aspekte der 'Frauenliteratur' darstellt (z.B. ihre politische Herkunft, Schreibweisen weiblicher Subjektivität, den 'Mythos' vom Schreiben, die Bedeutung des Körperlichen, die Problematik weiblicher Autobiographien), macht sie zugleich die wichtigsten Bruchstellen gegenüber der Tradition deutlich. Da z.B. die Ablehnung der tradierten Liebesmythen durch die 'Frauenliteratur' als wichtiges Merkmal dieser Literatur allgemein anerkannt wird, scheinen mir die Bemerkungen Weigels über die anfängliche Abweichung und die spätere Rückkehr zum Liebesdiskurs bedenkenswert und für meine Analyse der Traditionselemente hilfreich zu sein (vgl. Kapitel 3.4.).

Abgesehen von einigen kritischen Bemerkungen über die Theorien von Cixous oder Irigaray spricht Weigel als eine feministisch orientierte Literaturwissenschaftlerin von dem besonderen Charakter weiblicher Subjektivität und hält an dem feministischen Standpunkt fest, daß der Ort, von dem aus Frauen schreiben und sprechen, sich von dem der Männer unterscheide.[98] In ihrer späteren Studie "Topographien der Geschlechter" erweitert Weigel die Frage nach dem unterschiedlichen Ort der Geschlechter gegenüber der Sprache durch Fragen nach Art und Weise des Bedeutens, wobei auch die Geschlechterverhältnisse "im Zusammenhang von *Vor*stellungen und *Dar*stellungen" zu untersuchen seien.[99] Weigel kritisiert, daß die Theorien des Weiblichen, die sich diesem Zusammenhang explizit zu widmen versuchen, sich leitmotivisch auf das Verhältnis von Sprache und Geschlecht beziehen, ohne sich doch selbst jenseits der Problematik situieren zu können, die sie zu reflektieren bemüht sind.[100] Hier wird von Weigel ein wichtiges Problem aller feministischen Analysen erwähnt, nämlich das Problem der Distanz zwischen dem Untersuchenden und Untersuchten bzw. das Fehlen des Ortes, von dem aus objektiv gesprochen werden könnte.

Bei der Betrachtung theoretischer Beiträge zu weiblicher Ästhetik, Produktivität und Schreibweise ist auffällig, daß diese größtenteils von wirklichen Texten absehen und einen programmatischen Charakter tragen. Im Mittelpunkt der meisten Untersuchungen steht die Suche nach besonderen Ausdrucksformen des Weiblichen im Text. Besonders am Anfang der feministischen Forschungen stand das Axiom, daß Frauen sich zwar den herrschenden männlichen Literaturmustern angepaßt haben, aber sich die Weiblichkeit der Autorinnen in ihren Texten dennoch auffinden lassen müsse, wenn man nur die richtige Methode finde. Wie es die Debatte um die weibliche

---

[98] Vgl. Ebd., S.96f.
[99] Vgl. Weigel: Topographien der Geschlechter, S.15f.
[100] Vgl. Ebd., S.16.

Ästhetik gezeigt hat, erwies sich die Suche nach dieser Methode als problematisch.

Es soll auch betont werden, daß die Verbindung von Theorien und Kunstpraxis unverwirklicht geblieben ist und eher auf äußeren Merkmalen oder der Thematisierung weiblicher Realien, z.B. der Sexualität, beruhte. Literarische Texte konnten die Forderung eines radikal neuen Artikulationsmodus nur teilweise berücksichtigen. Der Bruch mit Traditionen erwies sich in der Realität als schwer erfüllbar (wenn nicht utopisch), vor allem bei den Autorinnen, die ein geschlechtsorientiertes Schreiben absichtlich verneinen, wie z.B. Wohmann.

Im Hinblick auf die Forschungsarbeiten, die sich mit den Fragen weiblicher Ästhetik beschäftigen, erkennt man den Unterschied zwischen einer feministischen Literaturwissenschaft im engeren Sinne, die sich durch eigene feministische Texttheorien und Methoden zu definieren sucht (z.B. Bovenschen), und jenen Literaturwissenschaftlerinnen, die die Möglichkeit einer nach Geschlechtern differenzierten Ästhetik wie die Notwendigkeit besonderer weiblicher Arbeitsweisen bestreiten (z.B. Richter-Schröder).[101] Die Kritik an feministischer Theoriebildung richtet sich vor allem gegen die Tatsache, daß der Feminismus keine eigenen Texttheorien hervorgebracht, sondern die des französischen Poststrukturalismus lediglich adaptiert und durch die Übersetzung ins Feministische auch verfälscht hat, weil diese Theorien immer nur der Bestätigung der Frau und ihrer besonderen Situation dienten.[102] Feministisch orientierte Theorien haben unterschiedliche Konzepte integriert, die aber kein einziges methodisches Verfahren zugrunde legen. Unter anderem läßt sich kritisch bemerken, daß die feministischen Theorien auf einer Generalisierung ohne Berücksichtigung der Kulturspezifik beruhen und deswegen nicht historisch argumentiert sind.

Seit dem Ende der 80er Jahre gilt die Diskussion über eine weibliche Ästhetik als überholt, besonders die Definitionsversuche des Weiblichen sind kritisiert worden. Neuerdings haben sich die Literaturwissenschaftler/innen von den Theorien einer weiblichen Ästhetik zu den Theorien der Geschlechterdifferenz gewandt, obwohl auch dieser teilweise neue Forschungszweig sich nicht ganz von ungelösten Fragen der früheren Debatten, z.B. dem Problem der Unterscheidung zwischen Weiblichkeit als ästhetischer Kategorie und der realen Frau, befreien kann. Die verstärkte Thematisierung der Geschlechterdifferenz, damit sich Frauen als Gruppe definieren können, ist eine logische Konsequenz der früheren Versuche, weibliche Besonderheit, z.B. im Rückblick auf den Körper, positiv zu bestimmen.

---

[101] Vgl. Osinski, S.37.
[102] Vgl. Ebd., S.39ff.

2.3.3. Programmatische Frauenliteratur der 70er und 80er Jahre

Die feministische Bewegung hat in den 70er Jahren viele Frauen angeregt, aktuelle gesellschaftliche Veränderungen und ihre persönlichen Erfahrungen schriftlich zu bearbeiten. Die unübersehbare Menge der damals erschienenen Texte birgt jedoch die Gefahr, diese Texte ungefragt zur Literaturproduktion zuzurechnen. Im Hinblick auf die Mehrheit der Texte ist es schwer, zwischen Dokumentation und ästhetisch bzw. literarisch überzeugenden Texten zu unterscheiden. Zuerst könnte man die Texte von den literarischen trennen, die am Anfang der Frauenbewegung erschienen sind und in denen der politische Inhalt eindeutig überwiegt (z.B. Reportagen, Protokolle). Das Problem liegt aber darin, daß die programmatische Frauenliteratur selbst dokumentarisch ist, indem sie die gesellschaftliche (auch politische) Situation und weibliche Erfahrungen widerspiegelt. Die Synthese von sozialen und persönlichen Erfahrungen stellt in den Augen feministisch orientierter Autorinnen eine der Grundbedingungen für die Frauenliteratur dar. Dies hat zum Ergebnis, daß Literatur zum Spiegel gesellschaftlicher Konflikte und zur Dokumentation des eigenen Ich reduziert wird und dadurch an künstlerischem Wert verliert. Im folgenden sollen die Versuche, das feministische Programm in literarische Werke umzusetzen, näher erläutert werden.

Wie bereits angesprochen, waren die ersten schriftlichen Produkte der Frauenbewegung keine Literaturwerke, sondern eher Pamphlete, Aufrufe in Form von Flugblättern oder Reportagen. Diese Texte sind durch den politischen und sozialen Inhalt geprägt, der auf den kämpferischen Charakter der Bewegung und auf die gesellschaftliche Tätigkeit der Autorinnen, die in verschiedenen feministischen Projekten engagiert waren, zurückzuführen ist. Zu ihnen zählen auch Berichte, Selbstdarstellungen und Protokolle der Selbsterfahrungsgruppen. Im Zusammenhang mit der Praxis der Selbsterfahrungsgruppen ist das Bemühen der Frauen nach Mitteilung subjektiver Erfahrung gewachsen, deswegen wird in diesen Berichten - im Gegensatz zur ersten Textgruppe - die gesellschaftliche Thematik durch persönliche Probleme von Schreibenden ergänzt. Viele Frauen, besonders die Mitglieder oder Anhängerinnen der feministischen Bewegung, beginnen in Tagebuchaufzeichnungen, Notizen und Gedichten sich mit sich selber auseinanderzusetzen. Diese Texte weisen literarische Ansätze auf, obwohl die Fixierung auf die eigene (schmerzhafte) Situation häufig das Erzählen und die Möglichkeit einer ästhetischen Textgestaltung blockiert. Das sind Texte mit Dokumentationswert, aber die meisten von ihnen bleiben literarisch unerheblich.

Um fiktionale Werke von den politischen zu trennen, meint Weigel, daß die Rede von der 'Frauenliteratur' erst dann entsteht, wenn der Wechsel vom "Wir" zum "Ich" und der Übergang vom politischen/öffentlichen Diskurs zur subjektiven Redeweise geschieht.[103] In diesem Zusammenhang wäre es jedoch ein Fehler, politische und persönliche Dimensionen ganz voneinander zu trennen

---

[103] Vgl. Weigel: Die Stimme der Medusa, S.47.

und das Zusammenwirken von gemeinsamen und subjektiven Erfahrungen in der programmatischen 'Frauenliteratur' zu übersehen. Man sollte eher Richter-Schröder zustimmen, wenn diese von einer neuen Subjektivität spricht, die nicht nur den individualistischen Umgang mit eigener Erfahrung bedeutet, sondern vielmehr die subjektive Artikulation kollektiver Erfahrungen.[104] Die feministische Forderung nach der Politisierung des Privaten wird durch die Bemühungen realisiert, die individuelle Geschichte jeder einzelnen Frau als kollektive zu begreifen und die Bedingungen und Bedürfnisse einer Einzelnen zum Gegenstand politischer Aktivität zu machen.[105]

Czarnecka beschreibt "programmatische oder explizite" Frauenliteratur folgendermaßen:

> "[...] zum einen der explizite Protestcharakter und die programmatische Kampfansage gegen die Unterdrückung der Frau, die den thematischen Rahmen bestimmen, zum anderen das kollektive Bewußtsein der Geschlechterzugehörigkeit der schreibenden Frauen und die daraus folgende Parteilichkeit als dominierendes programmatisches Kennzeichen ihrer schriftstellerischen Haltung."[106]

Auch in literarischen Texten werden die Emanzipationsansprüche von Frauen programmatisch und offensiv formuliert. Die Texte sollen die sexuelle Unterdrückung, die Domestizierung oder Doppelbelastung der Frau öffentlich vorstellen. Die radikale Subjektivität, die unter anderem durch die ein intimes Verhältnis zwischen der Schreibenden und dem Text betonenden Theorien französischer Feministinnen beeinflußt ist, wird zum Mittel im Kampf zwischen den Geschlechtern und zum Spezifikum der von Frauen verfaßten Texte. In diesem Kampf werden vor allem Männer beschuldigt und die selbstkritische Haltung der Autorinnen ist kaum vorhanden, was den Frauen erlauben würde, über ihr eigenes Mitwirken an den Unterdrückungsstrukturen zu reflektieren.[107]

Die Frauenliteratur erfüllt in der Frühphase unter anderem eine besondere aufklärerische Funktion. Die Frauen müssen Mut "zum subversiven Akt des Hervortretens aus der Isoliertheit und Anonymität" bekommen.[108] Annegret Schmidjell, die in ihrer Studie "Quartier auf Probe" die Tendenzen

---

[104] Vgl. Richter-Schröder, S.123.

[105] Vgl. Frei Gerlach, S.77.

[106] Czarnecka, S.70.

[107] Im Bezug auf Marina Moeller-Gambaroff behauptet Richter-Schröder, daß die Erklärung des Mannes für alleinigen Verursacher aller Mißstände die Analyse von Geschichte und Gesellschaft in unzuläßiger Weise vereinfacht und die Einsicht in die eigene Situation verhindert, "denn erst aus der eigenen Beteiligung an denjenigen gesellschaftlichen Strukturen, die der Emanzipation der Frau im Wege standen und noch immer stehen, kann eine grundlegende Veränderung eigenen Verhaltens und damit auch der Form des Umgangs der Geschlechter miteinander erwachsen." (Vgl. Richter-Schröder, S.60).

[108] Vgl. Czarnecka, S.71.

feministischer Literaturpraxis analysiert, bezeichnet die neuen Schreibstrategien folgendermaßen:

> "Es sind dies Versuche, sich über die eigene Geschichte, über die eigene Eingebundenheit in Denk- und Verhaltensmuster klarer zu werden, Gedanken festzuhalten, die sich im Alltag schnell verlieren würden, und damit dem eigenen "Ich" näherzukommen. Schreiben bedeutet für diese Frauen eine Möglichkeit, eigene Sehweisen zu finden und andere, flexiblere Maßstäbe anzulegen. Denn im Schreiben kann die Frau die ihr auferlegte Schweigsamkeit überwinden, an ihre Stelle eigene Kreativität setzen."[109]

Feministische Initiativen zwingen Frauen zum Schreiben, damit sie ihre Sprachlosigkeit überwinden und sich selbst erforschen. Die Frauenliteratur setzt voraus, daß eine Frau bewußt als Frau über sich selbst schreibt. Die Bedeutung der Schreibtätigkeit liegt nicht primär in ihrem Ergebnis, sondern im Prozeß des Schreibens selbst, weil Schreiben als eine Möglichkeit der weiblichen Identitätsfindung allgemein angesehen wird. Die Konzentration auf die Schreibsituation betrachtet Richter-Schröder als "Verwechslung von Schreiben und Literatur"[110]. Schreiben gilt als Gegensatz zum herrschenden männlichen Literaturbetrieb (und damit auch zur literarischen Tätigkeit der früheren Autorinnen) und als Ersatz für einen noch nicht vorhandenen eigenen Literaturbegriff.[111] Die Texte erfüllen vor allem eine aufklärerisch-therapeutische und nicht ästhetische Funktion (diese Tendenz verdeutlichen z.B. das in der Form eines Protokolls geschriebene Buch "Guten Morgen du Schöne" von Maxie Wander (1976) oder das Tagebuch von Veronika Horch "Von wegen Schicksal. Eine Frau steht auf", 1981). Für die feministische Literaturwissenschaft ist diese Verengung der Textbedeutung eines der negativen Paradoxe, die beim Zusammentreffen der herrschenden Kultur mit der 'Frauenliteratur' entstanden sind.[112]

Die literarischen Ansprüche der Texte werden also durch ihren dokumentarischen Charakter und die therapeutischen Funktionen zurückgedrängt. "Die Selbsterfahrungstexte sind dem Dokumentationsbegriff verhaftet, nämlich der Dokumentation des eigenen empirischen Ichs", so Ricarda Schmidt.[113] Diese Texte verzichten auf Reflektionsarbeit, bieten wenig Fiktionales an und werden gemäß ihres Authentizitätsanspruchs gelesen. Authentizität ermöglicht die Identifikation und Projektion, aber sie ist keine an sich literarische Kategorie.[114] Literatur ist nicht allein die Widerspiegelung der Wirklichkeit. Die feministische Literatur zielt aber darauf, den als patriarchalische Ideologie geltenden

---

[109] Schmidjell, S.57.
[110] Richter-Schröder, S.140.
[111] Vgl. Weigel: Die Stimme der Medusa, S.109.
[112] Vgl. Ebd., S.110.
[113] Schmidt, S.156f.
[114] Vgl. Schmidjell, S.68.; dazu auch: Czernecka, S.72.

Anspruch der Literatur zu entlarven, universelle Wahrheiten in einer künstlerischen Form darzustellen, deren Reinheit, Meisterschaft oder Genialität den Stoff von allem Subjektiven und Interessegeleiteten befreit und ins Exemplarische, Allgemeinmenschliche erhebt.[115] Das Ziel feministischer Literatur ist also nicht die Interpretation der Welt, sondern die Veränderung der Gesellschaft. Dies hat zur Folge, daß die gesellschaftliche Bedeutung oder das aufklärerische Potential eines Textes als Ersatz für erzählerische Originalität anerkannt wird (dadurch unterscheiden sich diese Texte von den meisten der literarischen Strömung der 'Neuen Subjektivität' zuzurechnenden männlichen Versuchen, ihre eigene Identität im Schreibprozeß zu vergewissern[116]). Der Grund für die mangelnde Qualität ist auch die von Eva Koch-Klenske untersuchte Tatsache, daß die meisten der schreibenden Frauen Anfängerinnen sind, die nur einen Text vorlegen und dann wieder aus dem Blick der Öffentlichkeit verschwinden.[117]

Im Zentrum der feministischen Literaturwerke steht immer eine Frau mit ihren Erfahrungen. Programmatische Texte von Autorinnen stellen das Autobiographische, die sexuellen Erfahrungen und den Opferstatus dar, wobei ein Mangel an Reflexion und das Fehlen besonderer sprachlicher und literarischer Mittel entsteht. Die Fiktionalität ist weitgehend dem Autobiographischen untergeordnet. Das literarische Ausdrucksbedürfnis und das autobiographische Erzählen werden oft durch eine Lebenskrise hervorgerufen, wie die Auseinandersetzung mit dem Partner (z.B. Brigitte Schwaiger "Wie kommt das Salz ins Meer") oder mit den Eltern (z.B. Elisabeth Plessen "Mitteilung an den Adel", 1976), Trennung, Scheidung, psychische Krankheit (z.B. Maria Erlenberger "Der Hunger nach Wahnsinn", 1977) etc.[118] Da es hier um Krisensituationen geht, lösen oft Sprachbruchstücke, die Notizen, Tagebuchfragmente und metaphorische Bilder den linearen Erzählverlauf ab.

Während Weigel weibliche Subjektivität als Wahrnehmung und Überlegung "eines im Alltag sich-selbst-gewiß-werdenden weiblichen Ichs" positiv bewertet[119], sieht Czarnecka die Gefahr der falsch verstandenen Subjektivität

---

[115] Vgl. Lindhoff, S.10.
[116] Von den männlichen Schriftstellern könnte hier z.B. Peter Handke mit seinem autobiographischen Buch "Wunschloses Unglück" (1972) erwähnt werden.
[117] Vgl. Koch-Klenske, Eva: Das häßliche Gesicht der schönen Frau. München 1982, S.14.; Ursula Krechel meint darüber: "Da sich eigene Erfahrung ja nicht beliebig vermehren oder verdünnen läßt, ergibt sich eine äußerst rentable, übersichtliche Literaturlandschaft: ein Mensch – ein Buch" (zitiert nach: Richter-Schröder, S.160).
[118] Vgl. dazu: Richter-Schröder, S.113f.
[119] Vgl. Weigel: Die Stimme der Medusa, S.98. Im Bezug auf Weigels Position kann die problematische Situation der feministischen Literaturkritikerinnen verdeutlicht werden: Sie sind durch die Texte selbst dazu gezwungen, die Authentizität und die Betroffenheit als deutlichste Merkmale der Frauenliteratur hervorzuheben, denn programmatische Frauenliteratur weist häufig nur diese Bedeutungsaspekte auf und läßt keinen Raum für weitere Auslegungen. Deswegen liegt das Problem einer feministischen Kritikerin laut Ruth

('Frauen-Ghetto-Optik') für die Frauenliteratur darin, daß diese sich zum Tendenziösen und Trivialen entwickelt: Da die Subjektivität nur eine Dimension des Textes zuläßt, inhaltliche und formale Grenzen setzt, die in jedem nächsten Text nur wiederholt werden, wird die Frauenliteratur zu einer Reihe von "reflexionslosen Leidensberichten" und die Suche nach der eigenen Identität wird oft auf einen "Opferstatus" reduziert[120]. Auch Frei Gerlach meint, daß autobiographisch geprägte Texte wegen der Wiederkehr der immer gleichen Themen, wie z.B. Isolation, Unterdrückung, im einzelnen künstlerisch nicht besonders interessant sind, aber sie warnt zugleich davor, die Erfahrungsliteratur mit Frauenliteratur als ganzer gleichzusetzen und dadurch ästhetisch beachtenswerte Werke zu übersehen.[121]

Das Verhältnis vom Authentischen bzw. Autobiographischen zum Fiktionalen in der Frauenliteratur kann unter anderem auch im Hinblick auf ästhetische Traditionen untersucht werden. Es wurde in meiner Arbeit mehrmals betont, daß feministische Autorinnen sich von tradierten Mustern zu distanzieren pflegen. Das Widerstandspotential gegenüber sozialen und ästhetischen Traditionen wird von Margret Brügmann als zentrales Merkmal der programmatischen Frauenliteratur bezeichnet.[122] Brügmann betrachtet den Bruch mit Traditionen als Möglichkeit, neue weibliche Wahrnehmungen zu artikulieren, und plädiert für "das Verrücken einzelner Elemente ästhetischer Traditionen".[123] Aber gerade aus der Tatsache, daß in den programmatischen Texten die autobiographische Erzählperspektive überwiegt, zieht Nestvold-Mack negative Schlüsse für die Möglichkeit, Frauenliteratur von tradierten Mustern zu befreien und radikal neue Konzepte zu entwickeln.[124] Richter-Schröder greift dabei das Problem der Opferidentität in der Frauenliteratur auf: Sie sieht in der feministischen Thematisierung des Opferzustandes die in der Vergangenheit allzu oft

---

Nestvold-Mack darin, "daß die Kritikerin sich bei der Frage nach der Beziehung zwischen Erfahrung und Literatur in einer verzwickten Lage sieht: wenn sie die weibliche Erfahrung, die Erfahrung der kulturellen Unterdrückung und Benachteiligung nicht mehr betont, was kann sie dann noch Subversives im literarischen Werk entdecken, was bleibt ihr noch, um patriarchalische Konventionen zu untergraben?" (Nestvold-Mack, Ruth: Grenzüberschreitungen: die fiktionale weibliche Perspektive in der Literatur. Erlangen 1990, S.197).

[120] Vgl. Czarnecka, S.72.
[121] Vgl. Frei Gerlach, S.45ff.
[122] Vgl. Brügmann, S.209.
[123] Ebd., S.24.
[124] "Autobiographische Texte von Frauen müssen daher genauer als bisher daraufhin untersucht werden, ob sie nicht vielleicht nur typische literarische Konventionen und traditionelle Vorstellungen von Frauen wiederholen und damit eben nicht eine authentische weibliche Stimme, die von den Vorschriften einer männlichen Ästhetik frei ist, hörbar machen. In der Tradition einer bestimmten Gattung zu schreiben [...] kann vielmehr dazu führen, daß die weibliche Erfahrung, wie authentisch sie auch immer sein mag, verzerrt wiedergegeben wird." (Nestvold-Mack, S.181).

beschworene 'weibliche Tugend' der Passivität.[125] Auch Brügmann betrachtet die Darstellung der Frau als Opfer der Gesellschaft als unreflektierte Reproduktion traditionellen Rollenverständnisses.[126] An dieser Stelle muß jedoch betont werden, daß feministische Autorinnen - anders als Autorinnen in früheren Epochen oder auch unmittelbar vor der neuen Frauenbewegung - fast ausschließlich 'schmerzkonzentriert' aus der Perspektive des Verletztseins erzählen. Die Fixierung auf die Verletzung unterscheidet am deutlichsten programmatische Texte von den Werken der Autorinnen der unmittelbaren Nachkriegszeit (z.B. Langgässer oder Kaschnitz), in denen der weibliche Schmerz durch allgemeinmenschliche Erfahrungen und Notsituationen zugedeckt wird.

Die Thematisierung von biographischen Erfahrungen beeinflußt eine Reihe von Sujets und Motiven, die in den programmatischen Texten von Frauen immer wieder vorkommen. Luzia Vorspel hat die wichtigsten Themen am Beispiel der Rowohlt-Taschenbuchreihe 'neue Frau' zusammengestellt: Als häufigste Themen bezeichnet sie die weibliche Identitätsbildung, weibliche Genealogien, den Aufbruch aus der Unmündigkeit, weibliche Kreativität, Frauenfreundschaften, Beziehungen zu Eltern oder Kindern, Gewalt gegen Frauen, Krankheiten, Suche nach der weiblichen Literaturtradition und Liebesgeschichten (häufiger in den 80er Jahren).[127] Hier wird auf die wichtigsten Themen und Sekundärwerke, die diese Themen zum Gegenstand haben, näher eingegangen, um deutlich zu machen, durch welche thematischen Aspekte sich die neue Literatur von den Werken der älteren Autorinnen zu distanzieren versucht.

Die Texte der Frauenliteratur (z.B. die Texte von Jutta Heinrich, Marian Svende, Karin Petersen, Christa Reinig, Margot Schröder, Brigitte Schwaiger, Verena Stefan und anderen weniger bekannten Autorinnen) beschreiben den Frauenalltag, die Ausbeutung und Unterdrückung von Frauen, und dadurch kommt eine starke Kritik nicht nur an einzelnen Männern, sondern auch an der von männlichen Prinzipien beherrschten Ordnung zum Ausdruck. Frei Gerlach bezeichnet die Oppositionen folgenderweise: "Entweder leidet die Frau am Mann als Individuum oder an der Gesellschaft der Männer, wobei wir in diesen Männern keinen Menschen, sondern Typen begegnen: dem Unterdrücker, Vergewaltiger, Macho, Platzhirsch und Bilderbuchkapitalisten."[128] Die politisch orientierte Frauenbewegung benutzt also die Literatur, um ihren Kampf gegen männliche Strukturen voranzutreiben. Wichtig ist die politische Aussage, die die Frauen zur Auflehnung gegen die 'Männerherrschaft' motivieren soll, so weist auch der Titel von Christa Reinigs Roman "Entmannung" auf den Geschlechterkampf hin. Die Frauen werden zuerst als unselbständige,

---

[125] Vgl. Richter-Schröder, S.135.
[126] Vgl. Brügmann, S.3.
[127] Vgl. Vorspel, S.118ff.
[128] Frei Gerlach, S.47.

unmündige Wesen dargestellt, die aber gegen Männer zu rebellieren und nach eigener Aktivität, Sexualität und Kreativität zu streben beginnen (z.B. die Protagonistin im Roman "Der Schlachter empfiehlt noch immer Herz" von Margot Schröder (1975)). Es ist jedoch auffällig, daß in manchen Texten (z.B. "Entmannung" von Reinig) die Männerfeindlichkeit so stark ist, daß sie sogar die Frage nach dem eigenen Selbst der Frau verdrängt.

Mit den Fragen, wie Schriftstellerinnen Männer sehen, wie sie 'Männlichkeit' definieren, kritisieren oder konstruieren, wie Frauen ihre eigene Identität entwickeln können (gegen Männer, ohne sie oder mit ihnen) und wie sie sich mit dem Sediment von 'Männlichkeit' in sich selbst auseinandersetzen, beschäftigt sich Regula Venske in der Studie "Das Verschwinden des Mannes in der weiblichen Schreibmaschine" (1991).[129] Sie gibt einen Überblick über Männerbilder in den Texten älterer Autorinnen, in den Texten aus der Zeit der Frauenbewegung sowie in den neusten Texten, z.B. in denen von Brigitte Kronauer, skizziert die Kritik an der "Männerwelt" als "Mörderwelt" und stellt die Frage nach utopischen Entwürfen.[130] Im Hinblick auf männliche Unfähigkeit zu lieben hebt Venske den Unterschied zwischen früherer und feministischer Literatur hervor: In vorfeministischer Literatur sei das ein kaum verschlüsseltes, dennoch aber auf bemerkenswerte Weise ignoriertes Thema gewesen; die Kritik an männlicher Liebesunfähigkeit ziehe sich allerdings wie ein roter Faden durch die für die zweite Hälfte der 70er Jahre so typischen Paargeschichten und Trennungstexte.[131] Es handelt sich also in den programmatischen Texten vorwiegend um die Verletzung der Frau durch ihren Partner.

Da ich in meiner Arbeit speziell die Sphäre jenseits des Geschlechterkampfes analysiere, scheint mir die Position von Marion Rave bemerkenswert zu sein.[132] Während Venske die Kritik an einzelnem Mann und der Männerwelt aus der feministischen Perspektive übt, vertritt Rave eine ganz andere Meinung: Sie verhält sich kritisch gegenüber feministischen Absichten und betrachtet die Anschuldigungen an das männliche Geschlecht als Abwehr, Verdrängung und Projektion. Sie analysiert feindselige Strategien in den feministischen Theorien und stellt fest, daß diese Theorien erstens Feindseligkeit gegen das andere Geschlecht dokumentieren und zweitens ein kollektives Feindbild illustrieren.[133]

---

[129] Venske, Regula: Das Verschwinden des Mannes in der weiblichen Schreibmaschine. Männerbilder in der Literatur von Frauen. Hamburg, Zürich 1991.
[130] Vgl. Ebd., S.15.
[131] Vgl. Ebd., S.17f.
[132] Rave, Marion: Befreiungsstrategien. Der Mann als Feindbild in der feministischen Literatur. Bielefeld 1991.
[133] "Der Mann, das männliche Geschlecht wurde und wird geradezu auf die Anklagebank des Gerichtes gesetzt; Richter, Staatsanwalt und Zeugen sind ausnahmslos Frauen und vielfach ist das Urteil, auf Grund von Indizien und nicht auf Grund von Beweisen von vornherein bereits gefällt. Die Anklage handelt von Entwertung, Folter, Mord, Umweltzerstörung und Krieg." (Ebd., S.12).

Laut Rave drückt sich die Schwierigkeit vieler Frauen beim Kampf um ihre eigene Befreiung dadurch aus, daß sie sich ausschließlich als Opfer definieren und die Verantwortung für sich ablehnen, indem sie ihre konfliktreichen Wünsche (in der feministischen Literatur sind das z.B. verschiedene Formen weiblicher Aggressivität) auf ein Feindbild außerhalb der eigenen Person projizieren.[134] Rave betrachtet die Emanzipation als Befreiung vom Feindbild, denn "das Feindbild verhindert, ein Teil der eigenen Persönlichkeit als "eigen" zu erkennen, zu akzeptieren und mit ihm umzugehen".[135] Begriffe wie 'Frauen' und 'Männer' seien in der Verallgemeinerung Opfer-Feind/Vergewaltiger rein biologisch determiniert und individuelle Charakterstrukturen existieren nicht. Während die Wissenschaftlerin die schmerzhaften Folgen des Geschlechterkampfes, die regressive Abwehr eigener Wünsche und Entfremdung von eigenen Bedürfnissen verdeutlicht, gelingt es ihr auch die Tatsache zu beweisen, daß viele Frauen trotz aller feministischen Forderungen mehrheitlich partnerfixiert sind und sich in ihren Erwartungen und in ihrem Verhalten immer noch an Männern bzw. an männlicher Ordnung orientieren. Dieses Verhalten wird zum Teil durch traditionelle Normen beeinflußt.

Ein anderes Merkmal der programmatischen Frauenliteratur ist die "Entmythologisierung der bürgerlichen Familie als Geborgenheits- und Sicherheitsenklave des Individuums"[136] und die Auseinandersetzung mit traditionellen Moral-, Wert- und Normparadigmen. Einige Autorinnen (z.B. Margot Schröder) vertreten die Position, daß in der Familie die negativen Unterschiede zwischen Frauen und Männern am deutlichsten zum Ausdruck kommen, z.B. materielle Abhängigkeit der Frauen oder verschiedene Formen männlicher Gewalt (sehr detailliert werden diese Probleme von Alice Schwarzer in ihrem Dokumentarbuch "Der kleine Unterschied und seine großen Folgen" beschrieben).

Von der vorfeministischen Literatur unterscheiden sich neue Texte (z.B. Verena Stefans "Häutungen", Christa Reinigs "Entmannung", Margot Schröders "Der Schlachter empfiehlt noch immer Herz") auch dadurch, daß sie die aktuell gewordene weibliche Sexualität als Opposition zum patriarchalischen Diskurs oder als Beispiel für die Subversivität weiblichen Schreibens ins Zentrum des Beschriebenen rücken. Im Erstlingswerk von Verena Stefan "Häutungen", das von allen Literaturkritikern als ein programmatischer Text des westdeutschen Feminismus bewertet wird, wird die Bewußtseinsveränderung einer Frau, ihre lange Auseinandersetzung mit dem eigenen Körper und der eigenen Sexualität dargestellt. Sexualität und Sprache als zwei einander bedingende Faktoren werden somit zum zentralen Problem. Indem Stefan die Negation der männlichen Ordnung als einen langen Prozeß der Befreiung der Frau von

---

[134] Vgl. Ebd., S.16ff.
[135] Ebd., S.22.
[136] Czarnecka, S.74.

Fremdbestimmungen beschreibt, liefert sie einen Beweis des Kampfes gegen das männliche Geschlecht, wie sich diesen Kampf die Feministinnen vorstellen.

Indem feministische Texte sich auf die Beschreibung des sexuell Körperlichen konzentrieren, wird auch die Darstellung der Liebe, wie sie in den Werken der früheren Autorinnen thematisiert wurde, unmöglich. "Gerade aber gegen die Festlegung der Frauen auf das liebende >Fach< richtete sich die Kritik des Feminismus in den 70er Jahren, um in zahlreichen Einzelanalysen aufzudecken, daß die Darstellung der Frau als Liebende und als Liebes-Objekt mit der langen Geschichte ihrer Unterwerfung untrennbar verbunden ist", so Weigel.[137] Im Kontext der Auseinandersetzung mit Traditionen ist der Zusammenhang von Liebesmythen und Weiblichkeitsmythen eines der Leitmotive der feministischen Literaturkritik und ihrer Neulektüre der literarischen Tradition: Da frühere Autorinnen oft das Thema Liebe betonten, verweigern sich die Autorinnen der 'Frauenliteratur' dem zunächst, um sich statt dessen in ihren Texten der realen Kehrseite der Liebe zu widmen.[138] Auch die Ehe wird vielmehr als Martyrium der Frau und nicht als Liebesbund im traditionellen Sinne aufgefaßt. Anstelle von Liebesgeschichten werden Texte verfaßt, die sich mit Beziehungen und Trennungen beschäftigen (z.B. Schwaigers Roman "Wie kommt das Salz ins Meer"). Die destruierten Liebesbeziehungen zwischen den beiden Geschlechtern versuchen die feministischen Autorinnen oft, durch lesbische Liebe zu ersetzen (z.B. Stefans "Häutungen").

Auf der Suche nach eigener Identität greifen viele Autorinnen in ihre Vergangenheit zurück. Die Bearbeitung von Kindheitserlebnissen ist ein wichtiger Bestandteil der Frauenliteratur (z.B. Schwaiger "Wie kommt das Salz ins Meer"). Dem zufolge gehört zu den charakteristischen Motiven der Frauenliteratur auch die Auseinandersetzung mit der Vater- oder Mutterfigur. Die Väter-Literatur wird in den späten 70er Jahren ein symptomatisches Genre (vgl. dazu Kapitel 4.1.). Die literarischen Vater-Porträts drücken einerseits den Versuch der politischen Abrechnung mit der Vätergeneration und andererseits die emotionelle Krise im Verhältnis Vater-Sohn bzw. Vater-Tochter aus, wobei in beiden Fällen die Kontaktlosigkeit zwischen den beiden deutlich wird (z.B. in Schwaigers Roman "Lange Abwesenheit", 1980). Von den Vater-Tochter-Beziehungen wird oft im Anklageton berichtet, weil der Vater als Feindbild und als Ausbeuter der Mutter und Tochter vorgestellt wird (z.B. in Schwaigers "Wie kommt das Salz ins Meer"). Die Vater-Figur symbolisiert zugleich konservative Familienverhältnisse und die Bewahrung der alten Muster, deswegen wird die Beziehung zwischen ihm und der rebellierenden Tochter problematisch. Die emotionale Distanz vermögen Töchter häufig erst nach dem Tod des Vaters zu überwinden, wobei sie diesen Tod literarisch bearbeiten (z.B. Schwaiger im Roman "Lange Abwesenheit"). Als Kontrast zu der aggressiven Beschreibung des Vaters aus der feministischen Feder kann das Motiv der väterlichen

---

[137] Weigel: Die Stimme der Medusa, S.214.
[138] Vgl. Ebd., S.215f.

Weisheit, Güte und Liebe in Wohmanns Texten gelten (z.B. im Roman "Frühherbst in Badenweiler", 1978).

Es fällt auf, daß es im Vergleich zu den zahlreichen Vaterbüchern (neben Schwaigers Roman "Lange Abwesenheit" können auch die Romane von Elisabeth Plessen "Mitteilung an den Adel" oder von Jutta Heinrich "Das Geschlecht der Gedanken" genannt werden) nur wenige explizit den Müttern gewidmete Texte gibt. Neben der tyrannischen Vaterfigur erscheint die Mutter als passiv und gequält durch die männliche Dominanz (z.B. in Schwaigers "Wie kommt das Salz ins Meer"). Das Bild der selbstopfernden Mutter wird von den jüngeren feministischen Autorinnen kritisiert. Anders verhalten sich die älteren Autorinnen, z.B. in ihrem Buch "Ausflug mit der Mutter" schildert Wohmann die Mutter mit großer Bewunderung, Achtung und Liebe als eine Person, die die Suche der Tochter nach eigener Identität erleichtert (vgl. dazu auch Kapitel 3.6.3.).

Die feministischen Literaturkonzepte (radikale Subjektivität, d.h. absolute Fixierung auf eigene Verletzung, sowie dokumentarischer Charakter der Texte, authentische Bekenntnisse, Synthese von individuellen und sozialen Erfahrungen, Betonung weiblicher Sexualität etc.) haben das Ziel, durch explizite Frauenliteratur tradierte gesellschaftliche und ästhetische Konventionen zu negieren. Die Verengung der Textbedeutung, künstlerischer Mangel und die dadurch beeinflußte Gefahr der Trivialität sind die natürlichen Konsequenzen der neuen literarischen Strategien. Zwar bedeutet dies nicht, daß alle Texte der Frauenliteratur mit den Erfahrungstexten, d.h. mit Radikalismus, Dokumentarismus und mangelnder künstlerischer Qualität, gleichzusetzen sind. Es muß betont werden, daß in den 70er Jahren neben den inhaltlich und formal begrenzten Erfahrungstexten auch solche feministisch orientierten Werke verfaßt wurden, denen ein differenzierteres Emanzipationskonzept zugrunde liegt (z.B. Karin Strucks Roman "Mutter" oder Elisabeth Plessens Roman "Die Mitteilung an den Adel"). Die feministisch orientierte Autorin Plessen strebt z.B. in ihren Werken nicht nur nach der Verwirklichung des feministischen Programms, sondern auch nach Reflexion und künstlerischer Gestaltung des Textes. Das Bemühen um die Vereinbarung der feministischen Ideen mit der ästhetischen Textgestaltung ist besonders in den 80er Jahren gewachsen, nachdem in der Literatur die Abkehr von radikalen Kampfformen stattgefunden hat. Auf diese Tendenzen soll im nächsten Kapitel näher eingegangen werden.

Mit dem Aufschwung der autobiographischen Frauenliteratur seit Mitte der 70er Jahre haben sich kritische Stimmen vermehrt, weil die programmatischen Texte feministische Ziele weder in produktions- noch in rezeptionsästhetischer Hinsicht erreicht haben. Vor allem werden offene Männerfeindlichkeit und ein neuer, irrationaler, durch die Betonung des Körpers geschaffener Weiblichkeitsmythos kritisiert. Richter-Schröder meint, daß weibliche Selbsterfahrungsliteratur bereits an den Grenzen ihrer Möglichkeiten angelangt zu sein scheint.[139]

---

[139] Vgl. Richter-Schröder, S.161.

Aus der feministischen Perspektive kritisiert Margret Eifler die Unfähigkeit der Frauenliteratur sich dem Einfluß von ästhetischen Traditionen zu entziehen: "Matriarchale, mutterkultische, subjektive, erfahrungsauthentische, phantasierequierende Darstellungen von Frau zu Frau liefen auf tradierten Gleisen. Derart konnten sie nicht die nötige Kraft entfalten, einschneidende Sozialveränderungen zu bewirken."[140] So wird die Unfähigkeit der neuen Texte von Frauen, die intendierte Bewußtseinsveränderung zu gewährleisten, auch durch die ständige Präsenz der Traditionen und der literarischen Konventionen (inhaltlich und formal) erklärt.

2.4. Abkehr von feministischen Literaturkonzepten

In den letzten Jahren läßt sich in den Werken von Autorinnen eine Abkehr von explizit feministischer Kunst- bzw. Literaturauffassung beobachten, d.h. auch eine Abkehr von autobiographischen Bekenntnissen und subjektiver Erzählperspektive. Die neuesten literarischen Entwürfe von Frauen wehren sich gegen feministische Bestimmungen und stellen sie in Frage. Die Unterdrückung der Frau und die radikalen Formen des feministischen Kampfes, wie auch feministische Gesellschaftskritik werden nicht mehr direkt thematisiert. Radikale Ideen und eine übertrieben negative Position gegenüber dem anderen Geschlecht sind für die anfängliche Phase des westdeutschen Feminismus kennzeichnend, aber später entwickeln sie sich in eine weniger extreme Haltung. Abgesehen von feministischen Programmen äußern auch in den 70er Jahren manche ab den 60er Jahren publizierenden Autorinnen (Ingeborg Drewitz, Gisela Elsner, Gabriele Wohmann) eine kritische Einstellung den extremen Formen des Feminismus gegenüber, obwohl sie in ihren Werken das Thema der Emanzipation nicht ganz außer acht lassen (z.B. Ingeborg Drewitz im Roman "Gestern war Heute. Hundert Jahre Gegenwart", 1978). Die feministische Kampfideologie hat zur Folge, daß seit Anfang der 80er Jahre das Verhältnis mehrerer schreibender Frauen zum feministischen Literaturprogramm skeptisch und distanziert wird.

In den 80er Jahren schreiben die Autorinnen (z.B. Friederike Roth, Anne Duden, Katje Behrens) Texte, in denen die Autorinnen keine direkte Kritik an einer konkreten Gesellschaft ausüben. Die feministische These, daß die individuelle Veränderung des privaten Lebens politisch relevant ist, verliert dadurch an Bedeutung. Die Suche nach Identität wird nicht ganz aufgegeben, aber die Heldinnen sind nicht mehr nur partnerfixiert, deswegen versuchen sie, die Selbstverwirklichung und das Selbstbewußtsein aus eigener Kraft und nicht allein durch die Auseinandersetzung mit dem Partner zu erlangen. Dies besagt, daß sich einerseits eine neue Richtung in der Entwicklung der Frauenliteratur selbst (von programmatischer zur postfeministischen Frauenliteratur) gebildet

---

[140] Eifler, S.26.

hat (z.B. Texte von Katje Behrens), andererseits, daß literarische Tätigkeit von Frauen sich über die Grenzen der Frauenliteratur hinaus entwickelt (z.B. Texte von Brigitte Kronauer).

Die Texte drücken ein differenzierteres Problembewußtsein im Hinblick auf gesellschaftliche Strukturen und die Position der Frau aus. Wenn im Zentrum eine Frau steht, bewegt sie sich in einem Spannungsfeld zwischen Wirklichkeit und Imagination, wobei die Grenzen zwischen Realität und Phantasie sehr fließend sind (z.B. in den unter dem Titel "Der Übergang" (1982) veröffentlichten Erzählungen von Anne Duden). Anstelle der realen Darstellungen des Alltagslebens treten die Irrealität und Absurdität der Welt vor. Der feministische Bekenntnischarakter der Literatur wird durch einen poetisch-philosophischen Charakter ersetzt. Die Texte lassen sich nicht normieren oder festlegen, sind reflexiver, fiktionaler und zeichnen sich durch eine intensivere Bearbeitung von Form und Sprache aus, wodurch auch ihr künstlerischer Rang erhöht wird. In ihnen wird wieder die Vieldimensionalität der Literatur sichtbar, die auch für die Werke der Nachkriegszeit kennzeichnend war, aber durch die explizite Frauenliteratur verdrängt wurde.

In den 80er Jahren distanzieren sich die Autorinnen immer mehr vom feministischen Programm, so daß auch die Protagonistinnen anders in ihrer Welt stehen als jene aus den Texten der 70er Jahre, die in der Aufschwungszeit der feministischen Bewegung entstanden sind. Laut Elvira Y. Mueller, die die Texte von Frauen aus den 70er und 80er Jahren thematisch vergleicht, erwecken neue Texte den Eindruck, daß ein Rückschritt erfolgt sein müsse: Von neuen Lebensentwürfen sei da gar nichts mehr vorhanden, von neuen Utopien erst recht nicht.[141] Die Wissenschaftlerin bezeichnet diese Situation als Zustand zwischen Nicht-Mehr und Noch-Nicht: "Die 80er Protagonistinnen brechen *nicht mehr* – wie die 70er Protagonistinnen – aus unbefriedigenden Eheverhältnissen aus und definieren ihre Identität *nicht mehr* über die Verweigerung. Sie kämpfen nicht mehr um ihre Anliegen und entwerfen keine "neue" Zukunft. Sie haben sich zurückgezogen und wissen noch nicht, wie es weitergehen soll."[142]

In der anfänglichen Phase der Emanzipationsbewegung war die Befreiung der Frau aus den patriarchalen Strukturen das angestrebte Ziel aller feministischen Initiativen, deswegen thematisierten die Autorinnen in ihren Texten das Familien- und Eheleben, das später abgelehnt wird. Im Gegensatz zu diesen Befreiungsstrategien, sind die Protagonistinnen der 80er Jahre oft alleinstehend, leben einsam und haben kaum soziale Kontakte (z.B. im Roman von Kronauer "Die Frau in den Kissen"). In den Texten der 80er Jahre ist nicht mehr der Ausbruch aus einer Beziehung und nicht die Unzufriedenheit mit dem Partner

---

[141] Vgl. Mueller, Elvira Y.: Frauen zwischen "Nicht-mehr" und "Noch-Nicht": weibliche Entwicklungsprozesse in der Literatur von Autorinnen der Gegenwart zwischen 1975 und 1990. Bern 1994, S.1.
[142] Ebd., S.3.

das Problem, sondern die Einsamkeit und Bindungslosigkeit der Heldinnen, die in sich gefangen sind und sich nur schwer in ihrer banalen Umwelt orientieren.
Eine zentrale Veränderung, die Gemeinsamkeiten mit den Werken von Frauen in den 50er und 60er Jahren aufweist, ist die Wiederaufnahme des Liebesdiskurses in den 80er Jahren (so wird z.B. in Elisabeth Plessens Roman "Stella Polare" (1983) die innere Aufspaltung der Protagonistin zwischen der Liebe zu einem Mann und der Bewahrung ihrer Freiheit thematisiert). Mueller weist darauf hin, daß in der Literatur der 80er Jahre ähnliche Thematiken und Problemstellungen anzutreffen sind, wie sie bereits in den 50er und 60er Jahren literarisch aufgearbeitet worden sind: lähmende Handlungsunfähigkeit, Auseinanderklaffen von Imagination und Erlebnis, Aufspaltung von innerer Stimme und äußerer Anpassung.[143] Bei der älteren Autorinnengeneration war Liebe eines der Hauptthemen, das aber in den 70er Jahren deutlich an Gewicht verloren hat. In der Zeit der Emanzipationsbewegung stellen die Autorinnen die Trennungen, die Unmöglichkeit bzw. die Kehrseite der Liebe dar: Besonders die Schilderung der Liebe in der Ehe scheint unmöglich zu sein, weil durch die Thematisierung der Liebe die Kritik an herrschenden Geschlechterverhältnissen gar nicht zum Ausdruck kommen könne.

Sigrid Weigel bemerkt ebenfalls, daß Texte von Autorinnen (als Beispiel nennt sie Marlen Haushofer oder Ingeborg Bachmann) trotz der Kritik an den herrschenden Liebesverhältnissen nicht auf die Liebessehnsucht verzichten; so gewinnt der Liebesdiskurs auch in den 80er Jahren an Popularität und der Grund für diese Popularität ist der Mangel, den die Erfahrungsliteratur hinterlassen hat (dies zeige, so Weigel, die Entdeckung der Werke Ingeborg Bachmanns).[144] Dieses neue Interesse an Liebe ist auch auf eine allgemein sichtbar gestiegene Attraktivität des Thematisierens von Gefühlen zurückzuführen.

Indem die neuesten Texte der Autorinnen oft die Kraft- und Ratlosigkeit der Frauen thematisieren, erscheinen die modernen Heldinnen den Heldinnen aus den 50er und 60er Jahren ähnlich. Wie jene ziehen sie sich ins Private und in ihr Inneres zurück, distanzieren sich von gesellschaftlichen und politischen Aktivitäten. Die Abkehr von feministischer Literaturauffassung läßt sich aber nicht nur im Hinblick auf Inhalte, sondern auch auf die vielschichtige ästhetische Gestalt der Texte beobachten. Die Rückkehr zu ästhetischen Prinzipien wird sich in meiner Analyse am Beispiel der Texte Brigitte Kronauers zeigen, deren Ästhetizismus vor allem durch eine außergewöhnliche Wahrnehmungsart, eine besondere Aufmerksamkeit für einzelne Details, ein kompliziertes Metapherngeflecht und überraschende Bildlichkeit der Sprache entsteht (mehr dazu siehe Kapitel 5.3.).

---

[143] Vgl. Ebd., S.89.
[144] Vgl. Weigel: Die Stimme der Medusa, S.218.

3. TRADITIONELLE ASPEKTE DES FRAUENBILDES IN DER PROSA VON MARIE LUISE KASCHNITZ, GABRIELE WOHMANN UND BRIGITTE KRONAUER

3.1. Standortbestimmung: Bedeutung des Weiblichen

Marie Luise Kaschnitz, Gabriele Wohmann und Brigitte Kronauer haben sich in ihren Werken weniger intensiv als andere, feministisch orientierte, Autorinnen dem Thema 'Weiblichkeit' gewidmet, aber diese Problematik kommt in ihren Prosatexten immer wieder zum Ausdruck: Dies wird vor allem durch die Wahl der Frauen zu handelnden Hauptfiguren, aber auch durch die Vorliebe für eine weibliche Erzählperspektive und durch das erhöhte Interesse dieser Autorinnen an partnerschaftlichen Beziehungen (z.B. Liebesgemeinschaft oder Familie) bestimmt. Die spezifische Einstellung zum Weiblichen hängt mit der besonderen Auffassung dieser Autorinnen von sozialen und kulturellen Traditionen, von Frauenemanzipation und der Aufgabe der Literatur zusammen. Es wäre deswegen illegitim, einzelne Aspekte, in diesem Fall das Thema Weiblichkeit, in ihren Werken isoliert zu analysieren.

Dabei soll auch betont werden, daß diese Autorinnen trotz gewisser gemeinsamer Elemente, die ihr Weiblichkeitskonzept prägen (z.B. Sehnsucht nach Liebe, Nähe der Frau zum Mythischen), unterschiedliche Fragen an dem Selbstverständnis ihrer Frauenfiguren betonen. Dies hängt vor allem damit zusammen, daß sie ihre bedeutendsten Texte in unterschiedlichen Jahrzehnten veröffentlicht haben, d.h. vor der neueren feministischen Bewegung (Kaschnitz), in der Hochphase des Feminismus (Wohmann) und in der Zeit der steigenden Skepsis gegenüber dem feministischen Programm (Kronauer). Was ihre Texte aber gemeinsam zu untersuchen erlaubt, ist die Tatsache, daß sie in ihre Werke sowohl das traditionelle, dem patriarchalischen Gesellschaftssystem entstammende Weiblichkeitsverständnis (z.B. die Verwirklichung der Frau in der Ehe) als auch das emanzipatorische Frauenbild (z.B. Probleme weiblicher Sozialisation) aufnehmen und diskutieren. Im weiteren soll die Rolle des Weiblichen im Werk dieser Autorinnen näher erläutert und ihr Standort im Kontext der Gegenwartsliteratur von Autorinnen bestimmt werden.

Am Beispiel des Werkes von Marie Luise Kaschnitz lassen sich die Ausdrucksformen des Traditionellen in der Nachkriegsliteratur deutscher Schriftstellerinnen vielschichtig untersuchen. Ihr Werk ist ein Spiegelbild des Gewesenen und eine Erinnerung an das Abwesende. Als eine "ewige Autobiographin", als eine im engen Umkreis des eigenen Ichs befangene Schreiberin hat Kaschnitz sich selbst in einem erst aus dem Nachlaß veröffentlichten Text ihres Buches "Orte" gesehen.[1] Diese kritische Selbstbezeichnung hat dazu beigetragen, daß Literaturforscher/innen die Werke von Kaschnitz vor allem im Hinblick auf das autobiographische Schreiben analysieren. Es ist nicht zu verkennen, daß die Autorin ihr Leben literarisch verarbeitet hat und daß der größte Teil ihrer Aufzeichnungen, Erzählungen und Gedichte autobiographisch wirken. "Aus der emphatischen Identität des Erlebten mit dem Erzählten bezieht sich ihre Aura", behauptet Uwe Schweikert.[2] Aber nicht nur das Erlebte, sondern auch die künstlerische Phantasie der Autorin wird in ihren Texten sichtbar: Ängste, Träume und Halluzinationen mischen sich in das Erinnerungsnetz ein.

Die Grundspannung zwischen 'männlich' und 'weiblich' kommt in der schöpferischen Arbeit von Kaschnitz immer wieder zum Ausdruck. Lange vor dem Aufschwung der 'neuen Literatur von Frauen' in den 70er Jahren stellt sie mit Selbstverständlichkeit "die häufig polarisierende Frage nach geschlechtsspezifischen Empfindungen, Denkprozessen und Ambitionen" in den Vordergrund.[3] Das bedeutet keinesfalls, daß sie sich auf das weibliche Geschlecht konzentriert: Sie schreibt über Frauen, wie sie über Kinder und Männer schreibt; laut Elisabeth Endres schreibt sie "als Menschin über den Menschen"[4]. Es läßt sich jedoch nicht übersehen, daß in den meisten Texten die Frauenfiguren im Mittelpunkt stehen, zugleich werden verschiedene Aspekte weiblicher Existenz und Erfahrung angesprochen.

Was den Charakter ihrer Werke im Bezug auf das Weibliche ausmacht, verdeutlicht die Autorin selbst, wenn sie von ihrer Schaffensweise berichtet: "das bloße Sehen und Deuten als etwas Armselig-Zweitrangiges, übrigens auch als etwas eher Weibliches, wie Staubwischen und Zurechtrücken."[5] Solch eine Einstellung zum eigenen Schreiben, die der weiblichen Existenzform ihrer Generation entspricht, soll der Autorin helfen, sich als eine schreibende Frau zu

---

[1] Vgl. Schweikert, Uwe: Das eingekreiste Ich. Zur Schrift der Erinnerung bei Marie Luise Kaschnitz. In: Marie Luise Kaschnitz. Hrsg. von Uwe Schweikert. Frankfurt am Main 1984, S.58.

[2] Ebd., S.60.

[3] Vgl. Corkhill: Das Bild der Frauen bei Marie Luise Kaschnitz, S.114.

[4] Endres, Elisabeth: Marie Luise Kaschnitz. In: *Neue Literatur der Frauen*. Deutschsprachige Autorinnen der Gegenwart. Hrsg. von Heinz Puknus. München 1980, S.23.

[5] Kaschnitz, Marie Luise: Engelsbrücke (1955). Zitiert nach: Schweikert: Das eingekreiste Ich, S.59. Der Rückgriff auf als typisch weiblich geltende Beschäftigungen und ihr Vergleich mit einer besonderen Art des Schreibens läßt nach Norbert Altenhofer die Autorin als "eine poetische Hausfrau, der die anerzogene Gewissenhaftigkeit den Erfindermut verkümmern läßt und die sich auf das geschickte Arrangement vorgefundener, aufgefundener, nicht *er*fundener Dinge zurückzieht", erscheinen (vgl. Altenhofer, Norbert: Sibyllinische Rede: Poethologische Mythen im Werk von Marie Luise Kaschnitz. In: Zeitgenossenschaft: Studien zur dt.-sprachigen Literatur im 20 Jh.; Festschr. für Egon Schwarz zum 65. Geburtstag. Hrsg. von Paul Michael Lützeler. Frankfurt am Main 1987, S.166).

rechtfertigen und zugleich der möglichen Kritik zu entziehen.[6] Da Kaschnitz auf diese Weise den Unterschied zwischen weiblicher und männlicher Schreibweise mitreflektiert, wird ihr nicht selten eine Unterschätzung der weiblichen Vorgehensweise vorgeworfen.[7] Bei einer genaueren Analyse der Äußerungen der Autorin stellen die Kritiker/innen aber fest, daß sie das Bild einer 'schreibenden Hausfrau' selbst ad absurdum führt und daß ihren Behauptungen ein hohes Maß an Ironie kennzeichnend ist. Helga Vetter weist darauf hin, daß Kaschnitz die "weibliche Verfahrensweise" auf eine indirekte Art verteidigt, indem sie mit ironischer Selbstverkleinerung bestehende Vorurteile untergräbt.[8] Es gibt im Werk der Autorin verschiedene Textstellen, die mit bissiger Ironie tradierte Rollenbewertungen ins Lächerliche ziehen, um sie somit desto klarer ins Bewußtsein zu bringen.[9] Auch Norbert Altenhofer hebt gerade die Ironie als einen wichtigen Aspekt hervor:

"Das ehrwürdige Klischee von männlicher Schöpferpotenz und weiblicher Anempfindung als Produktivität aus zweiter Hand wird zwar auf der Oberfläche des Textes bestätigt, zugleich aber durch ironische Intonation unterminiert. Kaschnitz investiert ihre Energie [...] nicht in einen flammenden Protest, sondern arbeitet in immer neuen Anläufen seit Urzeiten normierte Vorstellungskomplexe ab."[10]

---

[6] Über die eventuelle Kritik an ihren Werken und über die Art ihres Schreibens, das auf eine natürliche Weise auch das Thema Liebe impliziert, schreibt Kaschnitz in einem imaginierten Gespräch mit sich selbst: "Auf die Gefahr hin, daß Sie mich verachten, möchte ich mich da auf die weibliche Position zurückziehen. Ich möchte sogar Sophokles zitieren. Nicht mitzuhassen, mitzulieben sind wir da." (Kaschnitz, Marie Luise: Die Schwierigkeit, unerbittlich zu sein. Interview mit sich selbst. In: Marie Luise Kaschnitz. Hrsg. von Uwe Schweikert. Frankfurt am Main 1984, S.298).
[7] Helga Vetter verweist in diesem Zusammenhang auf eine Stelle in den Tagebüchern Kaschnitz': "Auftrag: das Weibliche in der Kunst (Referat Akademie). Gibt es das? In der Themenwahl? Im Stil? Episch-lyrisch statt dramatisch? Gereiht statt gebaut? Konservativ statt fortschrittlich? Das W[eibliche] als Begrenzung und besonders als Möglichkeit. Es ist uns erlaubt worden, subjektiv zu sprechen, sogar uns selbst zu zitieren. Können wir etwas, was ein Mann nicht kann? Können wir etwas nicht, was ein Mann kann? Männerschilderung in Frauenromanen. Bleiben wir immer subjektiv? Doppelgeschlechtlichkeit der Männer. Auch der Frauen? Lyrik. Roman. Drama. Deutung. Ewig nüchtern, terre à terre? Konkret. Ich-empfunden. Ewige Traumtänzerinnen." (Zitiert nach: Vetter, S.171). Vetter meint, daß die Autorin hier in eine Falle laufe, da sie sich einem Abgrenzungsversuch bzw. einem Rechtfertigungsdruck unterwerfe, wobei die männliche Norm als Maßstab gelte (vgl. Vetter, S.172). Diese Stelle verdeutlicht m.E. vielmehr den Prozeß der Denkarbeit und die Relevanz dieser Problematik für Kaschnitz, aber eine konkrete Trennung von männlicher und weiblicher Schreibweise oder die Abwertung der weiblichen Vorgehensweise kommt hier nicht zum Ausdruck. Die Fragen, die sich Kaschnitz stellt und reflektiert, bleiben offen.
[8] Vgl. Ebd., S.171.
[9] Vgl. Ebd., S.172.
[10] Altenhofer, S.166.

Kaschnitz erweist sich als Schriftstellerin, die im Vergleich zu anderen Autorinnen ihrer Generation (z.B. Elisabeth Langgässer) ein verändertes Selbstverständnis hat, aber zugleich sich von der tradierten Rollenteilung geprägt weiß, worauf auch ihr Undestatement, auch wenn es ironisch gemeint ist, zurückzuführen ist. Darüber berichtet auch Horst Bienek, der ein Werkstattgespräch mit der Autorin geführt hat: "Eher scheu, so als ziemte es sich nicht für eine Frau zu schreiben, zeigt sie einem dann ein neues Hörspiel, eine fertige Erzählung oder berichtet von einem angefangenen Gedicht-Zyklus."[11] Von ihrer Arbeit als Schriftstellerin und von ihren häuslichen Frauenpflichten erzählt Kaschnitz im Gespräch mit Bienek:

> "Wahrscheinlich haben Sie recht damit, daß es früher mein Hauptberuf war, verheiratet zu sein. Ich mußte dafür sorgen, daß mein Mann möglichst gut arbeiten konnte und daß er und unser Kind möglichst glücklich waren. Trotzdem habe ich auch damals immer gearbeitet und meine eigene Gedanken- und Ideenwelt gehabt. Ich glaube, daß mein Mann eher froh darüber war. Eine Frau, die am Diwan sitzt und auf ihren Mann wartet, hätte ihn verrückt gemacht. Dagegen ist eine Mutter, die immer auf ihre Kinder wartet, wahrscheinlich ganz ideal. Weil ich das gespürt habe, habe ich von meiner Arbeit nie etwas hergemacht."[12]

Als man Kaschnitz beim ersten Nachkriegskongreß in den Vorstand des Schriftstellerverbandes wählen wollte, lehnte sie es wegen der labilen Gesundheit ihres Mannes, der kaum zu bewältigenden Hausarbeit und der Scham, frei zu sprechen und in Diskussionen ihre Meinung zu äußern, ab. Den Grund für diese Ablehnung sieht Dagmar von Gersdorff unter anderem in einem typisch weiblichen Problem - obwohl heutzutage solch eine Behauptung überraschend und fragwürdig klingt -, nämlich in der Angst der Frau vor dem Rednerpult, in der Angst vor dem öffentlichen Wort.[13] Der weiblichen Existenz gegenüber bezieht Kaschnitz eine ambivalente Position: Sie macht sich lustig über die Hausfrauen, die nur auf ihre Männer warten, aber in der Öffentlichkeit aufzutreten fällt es ihr schwer, weil sie "nicht nur im Positiven, sondern auch im Negativen" nur eine Frau sei.[14] Da Kaschnitz die Unterschiede zwischen den

---

[11] Bienek, Horst: Werkstattgespräch mit Marie Luise Kaschnitz. In: Marie Luise Kaschnitz. Hrsg. von Uwe Schweikert. Frankfurt am Main 1984, S.284.
[12] Ebd., S.294.
[13] Vgl. Gersdorff, S.180.
[14] In einem Brief an Dolf Sternberger 1949 schreibt sie: "Denke daran, *wie* dumm, *wie* schüchtern und wortkarg ich in Gesellschaft wirklich gebildeter Männer bin und daß ich vor den verehrungswürdigen Greisen, mit denen Du so unbefangen verkehrst, nicht wagen würde, den Mund aufzumachen. Denke auch daran, daß ich 4/5 des Tages Dienstmädchen und Köchin sein muß, in 1/5 der Zeit für mich arbeite, daß es mir also unmöglich ist, mich literarisch, philosophisch, soziologisch auch nur "auf dem Laufenden" zu halten... Denke daran, daß ich nicht nur im Positiven, sondern auch im Negativen eine Frau bin: ein ermüdbares, alle Öffentlichkeit scheuendes und faules Wesen, ein nur im künstlerischen Ausdruck vielleicht ernst zu nehmendes Individuum." (Zitiert nach: Gersdorff, S.181f).

Geschlechtern akzeptiert und immer wieder in Betracht zieht, ist es auch legitim, über das ihrem Werk zugrunde liegende Verständnis des Weiblichen und das dadurch bedingte Frauenbild zu sprechen.

Auch die Prosa Gabriele Wohmanns bietet viel Material, die Darstellung des Weiblichen sowohl im Hinblick auf das traditionelle als auch auf das neue emanzipatorische Frauenbild zu untersuchen. Indem die Autorin die Leiden des Einzelnen an seiner Umwelt und die Fragwürdigkeit zwischenmenschlicher Beziehungen thematisiert, berührt sie immer wieder das Frauenthema. In den Erzählungen (und in den meisten Romanen) Wohmanns sind die Haupthandlungsträger fast ausschließlich Frauen oder junge Mädchen, weil die Autorin - ähnlich wie Kaschnitz - nur über "etwas" schreibt, über das sie Bescheid weiß.[15] Frauen erscheinen in ihren Texten als Hauptakteure oder Opfer: "Frauen als Individuen mit ihren inneren, nicht äußeren Nöten, mit Problemen der Beziehung zu anderen Menschen, meist ihren engsten Angehörigen."[16] "Die Bevorzugung weiblicher Handlungsträger mag einer Vorliebe der Autorin für die Probleme der Frau entsprechen; es liegt offenbar in ihrer Intention, aus ihrer Sicht ein Bild der Frau in der modernen Industriegesellschaft zu zeichnen, vor allem dabei die emotionale Situation der Frau im privaten Bereich zu erfassen", lautet die Erklärung Dirk Pollerbergs.[17] Pollerberg stellt fest, "daß vor allem Frauen in ihrem privaten Bereich gezeigt werden und daß ihr seelischer Raum von der Autorin gründlich und mit augenscheinlicher Detailfreudigkeit ausgeleuchtet wird", während die Männerwelt eher blaß bleibt und ihre Behandlung oberflächlicher wirkt.[18] Mona Knapp, die einen "nicht nur weiblichen" Erzählstandpunkt der Autorin Wohmann hervorhebt, stimmt auch zu, daß "die weiblichen Figuren, die dieses Werk bevölkern, im großen und ganzen als die komplexeren, schärfer konturierten gelten müssen".[19] Marcel Reich-Ranicki ist auch der Meinung, daß vor allem die Texte Wohmanns "die Summe des Lebens" bergen, in denen Frauen auftreten, was auf die mutmaßlichen Grenzen der Autorin hindeutet, aber

---

[15] "In meinem ersten Roman war die 'Ich-Person' ein Mann. So etwas würde ich nie wieder machen, weil ich nur über etwas schreibe, über das ich Bescheid weiß, also Frauen. Obwohl der Prototyp der Frau eine ganz andere Existenz hat als ich. Es muß ein ganz anderes Leben sein, wenn man den Tag mit einer halben Stunde Make-up beginnt", äußert sich die Autorin 1973 in einem Interview mit Carna Zacharias (Gespräch mit Carna Zacharias: Lächelnd wird sie plötzlich böse. Abendzeitung München, 25-26.08.1979. Zitiert nach: Morris-Farber, Nina: Sociological Implications of the Reception of Gabriele Wohmann. In: Beyond the eternal feminine. Critical Essays on Women and German Literature. Ed. by Susan L. Cocalis and Kay Goddmann. Stuttgart 1982, S.305f). (Später hat die Autorin doch Werke verfaßt, in denen die Ich-Perspektive eines Mannes vorherrscht (z.B. den Roman "Schönes Gehege", 1975).
[16] Wagener, Hans: Gabriele Wohmann. Berlin 1986, S.20.
[17] Pollerberg: Formen des Leidens, S.39.
[18] Vgl. Ebd., S.33.
[19] Knapp, Mona, S.298.

keineswegs den Wert ihrer Prosastücke verringert.[20] Eine differenzierte Schilderung von Frauenfiguren führt zum Ergebnis, daß die durch das Bewußtsein der Frauenfiguren zum Ausdruck gebrachten Aussagen der Autorin am überzeugendsten wirken.

Da es der Autorin vor allem um die Darstellung von Episoden aus dem Alltag[21] geht, sind auch ihre Frauenfiguren in der alltäglichen Befindlichkeit und in den alltäglichen zwischenmenschlichen Beziehungen verwickelt, z.B. im Kreise der Freunde oder der Familie, bei Reisen, Spaziergängen, Ausflügen, Rendezvous. Wie bereits angesprochen, sind die Frauen zwar zentrale Figuren, aber sie sind andererseits nur ein Element in den Beziehungen zwischen Ehemännern und Liebhabern, Freunden und Freundinnen, Kindern und Eltern. Dabei fällt auf, daß Wohmann überwiegend negative Seiten weiblicher Existenz schildert, obwohl dies wenig mit feministischen Ansichten zu tun hat. In ihrem Werk betont sie die Schattenseiten der menschlichen Existenz, das Negative und Böse im alltäglichen Verhalten, "das Versagen des Menschen am Menschen und die damit verbundene Brüchigkeit der zwischenmenschlichen Beziehungen"[22]. Den Frauenfiguren, die in erster Linie als Leidende vorkommen, wird die Funktion zugeschrieben, die vielfältigen Formen menschlichen Leidens beispielhaft zu verdeutlichen. Das dargestellte Leiden von Frauen und Männern hat aber selten eine geschlechtsspezifische Dimension.

Die weiblichen wie auch männlichen Figuren (vor allem in den Erzählungen) erscheinen bei Wohmann häufig als Typen, nicht als Charaktere. Sie sind meistens Vertreter des Mittelstandes und befinden sich im mittleren Alter. Über die beruflichen Tätigkeiten der Frauen erfährt man nicht viel, weil die Autorin vor allem das Private und Persönliche thematisiert. Die Mehrzahl der Figuren sind Hausfrauen. Irene Ferchl weist darauf hin, daß in der Mittelschicht, aus der sich der Großteil der Wohmannschen Personen rekrutiert, eine Frau gewöhnlich als Unverheiratete erwerbstätig ist, nach der Hochzeit sich jedoch meistens dem Haushalt und den Kindern widmet, so daß auch in den Texten Wohmanns eine Ehefrau selten einem Beruf nachgeht.[23] Die überwiegende Darstellung von Frauen im privaten Familienkreis trägt dazu bei, daß die Figuren viele Ähnlichkeiten mit dem traditionell geprägten Frauenbild aufweisen (so wie man es z.B. bei Kaschnitz findet).

Die Kritiker/innen stimmen darin überein, daß die poetische Welt Wohmanns nicht besonders vielfältig ist und daß das von der Autorin Erzählte sich

---

[20] Vgl. Reich-Ranicki, Marcel: Bitterkeit ohne Zorn. In: Gabriele Wohmann. Materialienbuch. Hrsg. von Thomas Scheuffelen. Darmstadt, Neuwied 1977, S.61.
[21] Irene Ferchl hat in ihrer Studie zur Kurzprosa Wohmanns ausführlich erörtert, daß die Autorin überwiegend den Bereich des Alltags, hauptsächlich des kleinbürgerlichen familiären Alltags thematisiert (Ferchl, Irene: Die Rolle des Alltäglichen in der Kurzprosa von Gabriele Wohmann. Bonn 1980).
[22] Pollerberg: Formen des Leidens, S.18.
[23] Vgl. Ferchl, S.26.

thematisch wiederholt.[24] Ihr Gesamtwerk erscheint wie ein kohärentes System, das den Eindruck einer thematischen Komplexität erweckt. Die traditionellen Elemente des Weiblichen in der Prosa Wohmanns kommen auch deswegen stark zum Ausdruck, weil trotz der feministischen Bewegung die Position der Autorin, vor allem aber ihre Themen und Motive, seit ihren ersten in den 60er Jahren erschienenen Werken (z.b. die Erzählungssammlungen "Sieg über die Dämmerung" (1960), "Trinken ist das Herrlichste" (1963) oder der Roman "Abschied für länger") sich nicht viel geändert haben. Die Stoffe und Motive kreisen dabei um die gleichen Phänomene, die auch in den Texten der früheren oder heutigen Autorinnen anzutreffen sind. Die Themen, die sie behandelt - z.B. die Angst des Menschen vor dem Leben, die Ratlosigkeit und existentielle Einsamkeit, die Mißverständnisse in den Beziehungen - sind auch die Themen von Marie Luise Kaschnitz oder Brigitte Kronauer, aber auch die von männlichen Autoren wie Max Frisch, Uwe Johnson und von anderen Generationsgenossen Gabriele Wohmanns.

In den letzten Jahrzehnten gilt Brigitte Kronauer unverkennbar als eine der anerkanntesten deutschen Schriftstellerinnen, deren Werk von der Literaturkritik respektvoll rezipiert wird. Obwohl die Kritiker/innen bei der Untersuchung der Prosa Kronauers vor allem die Wahrnehmungsspezifik und die Ästhetik sprachlichen Ausdrucks betonen, ist es m.E. nicht weniger relevant, die inhaltlichen Aspekte[25], in diesem Fall die Einstellung der Autorin zum Weiblichen, zu erörtern. Die Frage nach der Auffassung des Weiblichen scheint im Kontext der Kronauerschen Prosa sinnvoll zu sein, weil in ihren Texten nicht nur die Figuren vorwiegend weiblich sind, sondern auch die Wahrnehmungsperspektive selbst. Es läßt sich nicht übersehen, daß in den meisten Büchern aus der Perspektive einer Frau erzählt wird, wobei auch verschiedene Aspekte weiblicher Lebensführung angesprochen werden. Hier muß jedoch betont werden, daß in manchen Texten Kronauers die geschlechtliche Zugehörigkeit

---

[24] Es wäre schwer, der Behauptung der Schriftstellerin Ingeborg Drewitz zu widersprechen, daß Gabriele Wohmann einfach "zu viel" schreibt: "Zu rasch ist man von »ihrer« Familie umstellt, die Konflikte gleichen sich, die Beobachtungen wiederholen sich, leiern aus, die Larmoyanz und hilflose Zur-Schaustellung der diversen Ich-Erzählerinnen irritieren noch in der zynischen Maskierung, denn sie decken die Unsicherheit des Ichs hinter den Maskierungen nur zu." (Drewitz, Ingeborg: Sie drückt ganz schön fest zu, aber sie lächelt ja. Die Prosa der Gabriele Wohmann. In: Merkur. Deutsche Zeitschrift für europäisches Denken 10 (1974), S.991).

[25] Brigitte Kronauer wundert sich selbst, daß die konkreten inhaltlichen Implikationen ihrer Literatur aus dem Blickwinkel der Kritik häufig verloren gehen: "Sehr bemerkenswert ist in diesem Zusammenhang für mich [Kronauer], daß bei der "Frau in den Kissen", sicher kein ganz unpolitischer Roman, kaum ein Kritiker auf die Inhalte eingegangen ist." (Gespräch Brigitte Kronauers mit Carna Zacharias: 'Ich vermute, daß der 'Zeitgeist' mich nicht besonders mag (und umgekehrt)'. In: Börsenblatt für den deutschen Buchhandel (26. Februar 1991), S.637).

der Erzählstimme nur aus dem Kontext erschlossen werden kann[26]; so läßt sich z.B. das erzählende Ich im Roman "Die Frau in den Kissen" allein aus den Spiegelungen mit den anderen Frauenfiguren als weibliche Stimme erkennen, die aber im Leseakt nie eindeutig geschlechtlich fixiert wird[27].

Obwohl die Autorin keine Geschichten im traditionellen Sinne anbietet, erscheint das komplexe literarische Werk Kronauers sowohl im Hinblick auf die als traditionell geltenden Aspekte des Weiblichen (z.b. die Nähe der Frau zum Natur- und Mythosbereich) als auch auf das neue Frauenbild (z.b. die weitgehende Selbständigkeit der Frau) genauso aufschlußreich. Die Auseinandersetzung der Autorin mit historischen und zeitgenössischen Denkmodellen bedingt die Synthese von traditionellen und modernen Elementen ihres literarischen Frauenbildes. Die Literaturwissenschaftlerin Ina Appel hat darauf hingewiesen, daß die vor allem in dem Roman "Die Frau in den Kissen" vorgestellte 'weibliche' Subjektivität in steter Korrespondenz mit den das Selbstverständnis von Frauen prägenden kulturellen Traditionen und häufig normaffirmierenden Weiblichkeitsprojektionen steht.[28] Obwohl nach Appel die genannten tradierten Weiblichkeitsvorstellungen im Text Kronauers vom Erzähl-Ich ironisch gebrochen werden[29], läßt sich ihre Relevanz für das literarische Unternehmen und die Standortbestimmung der Autorin nicht übersehen. In diesem Zusammenhang soll auch betont werden, daß das von Appel festgestellte ironische Abbrechen mit Traditionen in Kronauers Werken viel unauffälliger als in den Texten anderer zeitgenössischer Autorinnen (z.B. Katja Behrens, Anne Duden) zum Ausdruck kommt.

Im Hinblick darauf, daß alle drei Autorinnen vor allem Frauen zu handelnden Hauptfiguren wählen, weibliche Erzählperspektive bevorzugen und weibliche Erfahrungen eingehend behandeln, läßt sich die Relevanz des Weiblichen in ihren Texten nicht bezweifeln. Da diese Autorinnen einen Literaturtypus präsen-

---

[26] "In allen ihren Texten [...] redet ein Ich, fraglos immer ein weibliches Ich, das, mit Ausnahme Rita Münsters [der Erzählerin im 1983 erschienenen Roman "Rita Münster"], zumeist eigenartig körperlos, flächig, ja anonym bleibt, dafür aber ganz Auge, ganz Blick, gieriger, saugender Blick ist", so Uwe Schweikert (Schweikert: *"Es geht aufrichtig, nämlich gekünstelt zu!"*, S.160).

[27] Inhaltlich beschränkt sich dieser Roman auf die minimale Handlung: Eine Ich-Erzählerin bewegt sich zwischen einem Vormittag und dem nächsten Morgen vom Zoo zu einem Miethaus, in dem sie eine alte Frau besucht. Während sie im Zoocafé sitzt, leert sie zwei Kännchen Kaffee aus und imaginiert einen fiktiven Tag am Mittelmeer mit den fiktiven Figuren einer Gräfin und ihrer Liebhaber. Allein die Gedanken der Erzählerin erreichen kosmische Dimensionen, indem sie die ganze Erde, ja sogar das ganze Universum umkreisen. Naheliegend ist die Annahme, daß der Rundgang im Zoo und der Besuch bei der alten Frau auch nur in der Phantasie der Erzählerin stattfinden, während die Erzählerin selbst die ganze Zeit im Bett liegt und sich zwischen Traum- und Wachzustand bewegt.

[28] Vgl. Appel, S.27.

[29] Vgl. Ebd.

tieren, der sich der Fortwirkung von sozialen und literarischen Traditionen besonders bewußt ist, kann man durch ihre Texte tiefere Einsicht sowohl in das traditionelle Weiblichkeitsverständnis als auch in die neueren Weiblichkeitskonzepte gewinnen. Daraus resultiert auch der besondere Standort, der ihnen im Kontext der in der zweiten Hälfte des 20. Jahrhunderts erschienenen Literatur von Autorinnen zukommt. Obwohl die den verschiedenen Schriftstellerinnengenerationen zugehörenden Kaschnitz, Wohmann und Kronauer unterschiedliche Aspekte an ihren Weiblichkeitsentwürfen betonen und sich keineswegs mit gleicher Intensität dieser Problematik zuwenden, lassen sich in ihren Texten gemeinsame thematische Elemente finden, so z.B. die Betonung von Kindheitserlebnissen, die Aufwertung der Liebe und Familie. Um die Vielschichtigkeit ihrer Weiblichkeitsentwürfe sichtbar zu machen, d.h. die komplizierte Bewußtseinslage und die dadurch beeinflußten Verhaltensweisen ihrer zahlreichen Frauenfiguren zu erörtern, lohnt es sich, ihre Texte unter besonderer Berücksichtigung ihrer individuellen Literaturkonzepte vergleichend zu analysieren.

3.2. Mythos und Natur im weiblichen Selbstverständnis

3.2.1. Mythische Ursprünge der Vorstellung von Frau als Naturwesen

Sogar in unserer Zeit, d.h. in der Zeit der scheinbar allumfassenden Entmythologisierung (es wird in weiteren Kapiteln von der Entmythologisierung der Liebe, der bürgerlichen Familie, der Mutterrolle die Rede sein), spielen Mythen als Grundmodelle menschlichen Denkens[30] eine wichtige Rolle. Der Grund für die von Mythen ausgehende Faszination liegt unter anderem darin, daß sie nicht nur Weltdeutungsschemata liefern, sondern auch menschliche Grundsituationen widerspiegeln. In eine übernatürliche Sphäre enthobene Situationen, die von mythischen Wesen durchlebt werden, finden ihre Entsprechungen auch im menschlichen Alltag, so z.B. Geburt, Liebe, Tod. Neben diesen Grundsituationen, die im Leben eines jeden Menschen vorkommen, kann man auch spezifisch weibliche Erfahrungen unterscheiden, so etwa Schwangerschaft, Gebären und Mutterschaft. Eine Vielzahl von Mythen (darunter werden nicht nur klassische antike Mythen gemeint, sondern auch biblische oder sogar literarische Mythen) handeln von Frauen und erklären weibliche Lebensmodelle (so z.B. die Jungfrau, die sanfte Mutter Maria, die böse Mutter Medea, die liebende Schwester Antigone). Zugleich schreiben Mythen als allgemein anerkannte Wahrheiten bestimmte Geschlechtspolaritäten fest, indem sie

---

[30] In Anlehnung z.B. an C. G. Jung können Mythen als kulturell bedingte Realisierungen von unbewußten psychischen Bereitschaften in konkreten Bildern bzw. in symbolischen Gestalten (z.B. Gottheiten) begriffen werden, die das Denken, Fühlen und Handeln der Menschen instinktmäßig beeinflussen (dazu siehe: Jacobi, Jolande: Die Psychologie von C. G. Jung. Eine Einführung in das Gesamtwerk. Frankfurt am Main 1977, S.47-55).

spezifische Wesens- und Handelnsmerkmale ihrer Helden bzw. Heldinnen hervorheben.

Als ein zentraler Mythos im Bezug auf das Weibliche kann der alte Mythos von der Nähe der Frau zur Natur gelten (obwohl in antiken Mythen auch Männer häufig als Doppelwesen von Mensch und Tier, so z.B. Minotaurus, gestaltet wurden, haben sie in späteren Darstellungen ihre ursprüngliche Naturhaftigkeit besiegt und sich zu Kulturwesen emporgearbeitet, wobei Frauen auch in späteren Epochen immer noch als Naturwesen imaginiert wurden[31]). Dieser Mythos von der Zugehörigkeit der Frau zur Natur soll hier näher erläutert werden, weil die Texte der in dieser Arbeit berücksichtigten Autorinnen sich häufig auf ihn beziehen, so daß er als Lieblingsmythos von Kaschnitz und Kronauer bezeichnet werden kann (wie zum Schluß noch kurz erörtert werden soll, hebt auch Wohmann, die sich in ihren Texten überwiegend auf die realistische Darstellung der gesellschaftlichen Sphäre konzentriert, die besondere Empfindlichkeit ihrer Frauenfiguren für Landschafts- und Witterungsphänomene hervor, was teilweise auch als eine spezifische Präsentation des Mythos der Frau als Naturwesen begriffen werden kann).

Obwohl Frauen tatsächlich an Natur und Kultur gleichermaßen Anteil haben, zeichnet sich das mythisch geprägte Denken durch die Phantasien aus, die die Natur/Kultur-Opposition mit der Weiblich/Männlich-Opposition gleichsetzen. In den traditionellen Weiblichkeitsimaginationen bilden Frau und Natur (zumindest auf der symbolischen Ebene) eine untrennbare Einheit. Die Definition der Frau, primär Geschlechtswesen und damit der Natur näher zu sein - im Unterschied zur sozialen und kulturellen Männlichkeit - behält ihre Wirkung von der Antike bis in das 20. Jahrhundert hinein. Besonders aber im 18. Jahrhundert hat diese Idee durch den Diskurs der Aufklärung an Bedeutung gewonnen, weil Aufklärung den weiblichen Geschlechtscharakter als einen 'natürlichen' und damit unveränderlichen endgültig festzulegen versuchte. Das 'Naturwesen Frau' hat viele Erscheinungen (die gute oder böse Mutter, die aufreizende Verführerin oder die geheimnisvoll Todbringende), die als Schöpfungen jahrhundertelanger mythischer Tradition männliche Sehnsucht nach der unbekannten weiblichen Welt ausdrücken.

Die Gleichsetzung von Frau und Natur resultiert in erster Linie daraus, daß das Weibliche mit dem Bereich des Lebens verbunden wird, d.h. mit der Leben hervorbringenden und nährenden Natur ('Mutter-Natur' bzw. 'Große Mutter'), die sich mythologisch in den Gestalten der großen Muttergöttinnen wie z.B. der ägyptischen Isis[32] oder der griechischen Demeter niederschlägt. Frauen werden

---

[31] Vgl. Stuby, S.66.
[32] Die ägyptische Göttin Isis wird in der Mythenforschung als Personifikation der großen weiblichen, schöpferischen Gewalt vorgeführt, die jede Kreatur empfängt und zum Leben bringt, von den Göttern im Himmel über die Menschen auf der Erde bis zu den Käfern im

im traditionellen Denken fast ausschließlich als diejenigen begriffen, die für die Reproduktion und Erhaltung des Menschengeschlechts zuständig sind, während Männer als Schöpfer von Kulturprodukten erscheinen. Als Gebärende, Stillende und Kinder Aufziehende werden Frauen unverkennbar in die Nähe zur Natur gerückt, d.h. auch in die häuslich begrenzte Sphäre, die genauso wie Natur als Gegenbereich zur Kultur gilt (diese soziale Konsequenz des Mythos von Frau als Naturwesen ist der Ansatzpunkt der feministischen Kritik an Mythen schlechthin, die an einer späteren Stelle detaillierter erläutert werden soll).

Die Auffassung des Weiblichen als etwas Erotisches, Lockendes und Verführendes läßt sich auch auf die mythische Vorstellung von Weiblichkeit als einer natürlichen, der kulturellen Leistung der Triebunterdrückung entgegentretenden Kraft zurückführen. Der Aspekt der ungezähmten sexuellen Verführungskraft ist unverkennbar ein zentrales Wesenselement von Naturfrauen (z.B. Sirenen, Nymphen oder die in mehreren griechischen Mythen vorkommenden, auf den Blumenwiesen tanzenden Mädchengestalten, die von Göttern oder Menschenhelden begehrt, entführt oder befruchtet werden). Diese gefährliche Verlockung kann als Grund für die epochen-übergreifende männliche (Lust)Angst vor dem sich im Weiblichen präsentierenden Natürlichen und zugleich für die Sehnsucht nach dem ursprünglichen weiblichen Geheimnis gelten. Vor allem die weiblichen Wasserwesen, wie Undinen, Nixen und Najaden, entspringen der männlichen Sehnsucht, verführt zu werden und der männlichen Angst, sich aufzulösen im Meer der Lust (die Kunst des 19. Jahrhunderts ist besonders reich an diesen Frauengestalten).[33] Als eine der häufigsten Projektionsflächen für männliches Begehren bietet sich der Nixenkörper, der sich narzißtisch in den Wellen wiegt und im Wasser zerfließt (bei der Analyse des Romans "Die Frau in den Kissen" von Kronauer soll auf die Nixengestalt ausführlicher eingegangen werden).

Die ästhetische Inszenierung der Frau als Lebensspenderin oder der Frau als erotischer Verführerin schlägt häufig um in die Angstvisionen einer wilden, ungebändigten, Tod bringenden Weiblichkeit (z.B. der Mythos von männermordenden Amazonen). Die Frau, die als Gebärende im engsten Zusammenhang mit Leben steht, wird auch zur Botin des Todes, weil die Geburt zugleich auf die Endlichkeit alles Seins hinweist. Bereits von antiken Griechen wurden Frauen - seien es Göttinnen, Dämoninnen oder Menschenfrauen - in eine besonders enge Verbindung zu ihm gebracht (während bestimmte Göttinnen (z.B. die Nachtgöttin Nyx) und weibliche Dämonen bzw. Mischwesen aus Frauen, Raubtieren und Vögeln (z.B. Sirenen) als Verursacher des Todes oder als am Tod Beteiligte erscheinen, ist es die Sache der Menschenfrauen, die Toten zu

---

Boden; was sie hervorbringt, beschützt sie und nährt (vgl. Lassacher, Martina: Auf der Suche nach der Großen Mutter. Zu einem Grundmuster der Weltliteratur. Frankfurt am Main 1987, S.18).

[33] Vgl. Stuby, S.163.

versorgen und zu beklagen).[34] Im Hinblick auf das mythische Verhältnis von Frau und Tod soll hier auch darauf hingewiesen werden, daß mythische Frauengestalten häufig einen gewaltsamen Tod auf sich nehmen: Bereitwillig geben sie ihr Leben für andere hin, indem sie sich in Kriegszeiten als Menschenopfer für die Götter darbringen lassen oder sich für ihre Verwandten opfern (z.B. Iphigenie, Polyxena oder Antigone).[35] Die mythischen Frauenfiguren fürchten den Tod nicht und sind bereit, mutig Selbstmord zu begehen (diese Tatsache ist auch im Hinblick auf die todverfallenen Frauenfiguren Kronauers relevant; so wählt z.B. die florentinische Gräfin in "Die Frau in den Kissen" aus Schmerz und Verzweiflung über den Tod ihres einzigen Geliebten den Freitod, weil sie eine Vereinigung im Jenseits einem unerfüllten Leben vorzieht).

Die Idee einer generell naturhaften Weiblichkeit konkretisiert sich in Frauenbildern 'positiven' und 'negativen' Charakters (so z.B. sorgende Mutter vs. verführerische Nixe), die zur weiteren Dichotomisierung des weiblichen Geschlechtscharakters in die gute und die böse Frau, Heilige und Hexe/Hure, femme fragile und femme fatale[36] führen. Die mythischen Frauengestalten veranschaulichen also diejenige (männliche) Phantasie, die das Weibliche an den extremen Polen ansiedelt: idealisierende Vergöttlichung (z.B. Maria) vs. Verdammung (z.B. Amazone oder Medea in der griechischen Mythologie, Eva in der biblischen Tradition). Ungeachtet dessen, ob mit dem Weiblichen das natürlich Gebärende oder das gefährlich Todbringende gemeint ist, kommt in der Gestalt der Frau vor allem das Andere zum Ausdruck. Als Anderes wird das Weibliche nicht nur mit der Natur gleichgesetzt, d.h. mit dem Körper, mit Sinnlichkeit, mit Mütterlichkeit, sondern auch mit dem Unbewußten, dem Unbekannten etc. In solchen Vorstellungen nimmt auch der Prozeß der

---

[34] Vgl. dazu: Neumer-Pfau, Wiltrud: *Töten, Trauern, Sterben - Weiblichkeitsbilder in der antiken griechischen Kultur.* In: Weiblichkeit und Tod in der Literatur. Hrsg. von Renate Berger und Inge Stephan. Köln, Wien 1987, S.11ff.
[35] Vgl. Ebd., S.32.
[36] Die Ende des 19. und Anfang des 20. Jahrhunderts besonders populär gewordenen Typen *femme fragile* und *femme fatale* treten häufig in biblischen und mythischen Gestalten in Erscheinung. Den Typus *femme fatale* präsentieren z.B. solche Gestalten wie Sirenen und Gorgonen, Klytaimestra und Kleopatra, Semiramis und Helena (in Thomas Manns "Zauberberg" (1924) ist z.B. die mythische Nachdämonin Lilith die Repräsentantin der gefährlichen *femme fatale*); der asketische Typus der *femme fragile*, den man in den Werken Hofmannstahls, Rilkes, Heinrich und Thomas Manns findet, läßt sich auf die biblische Madonnengestalt zurückführen.
Einige Züge dieser demselben Weiblichkeitsmythos entstammenden, aber extrem gegensätzlichen Symbolgestalten (z.B. die unbegrenzte Leidenschaft der *femme fatale* und die zarte, spirituell überhöhte, gespenstische Körperlichkeit, Lebensangst und Melancholie der *femme fragile*, sowie die diesen beiden Frauentypen eigene Todesnähe) lassen sich auch an der Figur der florentinischen Gräfin in Kronauers Roman "Die Frau in den Kissen" entdecken, von der später ausführlich die Rede sein wird.

Marginalisierung und Ausgrenzung des Weiblichen, d.h. des die kulturelle Ordnung bedrohenden Anderen, seinen Anfang, der von feministisch orientierten Wissenschaftlerinnen heftig diskutiert und kritisiert wurde (als vorzügliches Beispiel für die feministische Auseinandersetzung mit der mythisch bedingten Auffassung des Weiblichen als des Anderen kann vor allem Simone de Beauvoirs Buch "Das andere Geschlecht" gelten).

3.2.2. Feministische Kritik an mythischen (Weiblichkeits) Imaginationen und deren Übernahme in einen eigenen Diskurs

Feministische Kritik an überlieferten Mythen[37] richtet sich gegen die für mythisches Denken charakteristische Festschreibung von Geschlechtsmerkmalen[38], weil feministisch orientierte Wissenschaftlerinnen (z.B. Inge Stephan, Sigrid Weigel) diese Merkmale keineswegs als überzeitliche Wahrheiten (das 'Ewig-Weibliche' und das 'Ewig-Männliche'), sondern vielmehr als gesellschaftliche bzw. historische Konstrukte begreifen wollen. Diese Kritik resultiert daraus, daß man Mythen mit bestimmten Ideologien assoziiert[39], so etwa mit dem Rassismus, Nationalismus oder Patriarchat. Jede Gesellschaft, darunter auch eine patriarchalische, pflegt ihre Mythen, die für das Kollektiv Verbindlichkeitscharakter besitzen und - hier der wichtigste Grund für die feministische Mythoskritik - bestehende Hierarchien verteidigen:

"Mythen sind also nicht nur Erzählungen vom individuellen Leben, sondern führen die Konstitution einer Gemeinschaft exemplarisch vor und begründen sie. Oft spiegeln Schöpfungsberichte gesellschaftlich verankerte Hierarchien wider,

---

[37] Eine Revision bzw. Re-Interpretation der unterschiedlichen Kulturen entstammenden (Frauen)Mythen aus feministischer Perspektive bietet z.B. die von Carolyne Larrington herausgegebene Studie "Die mythische Frau. Ein kritischer Leitfaden durch die Überlieferungen" (1992), die 1997 von Niteen Gupte in die deutsche Sprache übersetzt und von Charlotte Zwiauer herausgegeben wurde (Wien 1997).

[38] Aus der feministischen Perspektive schreibt Irene Dölling über die dem mythischen Denken entspringenden Weiblichkeitsimaginationen und die daraus resultierende Abwertung des Weiblichen folgendermaßen: "Frauen erscheinen als die Besonderen (als die Verkörperung der Schönheit zum Beispiel, der man[n] huldigen muß), als die anderen (als die rätselhaften, undurchschaubaren Wesen, die einen fremden Planeten bewohnen), als die Minderen (die nicht so logisch denken können [...], deren "Natur" sie nicht zu großen Taten, sondern "nur" zum Kinderkriegen bestimmt hat.)" (Dölling, Irene: Der Mensch und sein Weib: Aktuelle Frauen- und Männerbilder. Geschichtliche Ursprünge und Perspektiven. Berlin 1991, S.97).

[39] Roland Barthes hat sich in seinem Buch "Mythologies" (Paris 1957) ausführlich mit dem Verhältnis von Mythen und Ideologien beschäftigt (vgl. Barthes, Roland: Mythen des Alltags. Übersetzt von Helmut Scheffel. Frankfurt am Main 1964). Als Beispiel für eine sich auf Mythen beziehende Ideologie nennt Barthes einen auf dem Titelblatt des *Paris-Match* dargestellten uniformierten schwarzen Soldaten, der Trikolore grüßt und zugleich den Mythos der französischen Imperialität signalisiert (vgl. Ebd., S.95;111).

stellen sie als Abbild überirdischer Machtverhältnisse dar und legitimieren sie damit als göttlich gewollt. Sie weisen Hierarchien den Status des Alten, Wahren und Authentischen zu. Dieses Alte und die damit assoziierten Werte werden als das Ursprüngliche präsentiert, während andere Wertmuster zunächst einmal nicht zugelassen sind."[40]

Traditionelle Weiblichkeitsmythen (nicht nur im Sinne von antiken Götter- und Heldensagen, sondern auch im Sinne von Alltagsmythen, wie man sie in Werbung oder in Filmproduktion findet) werden von Feministinnen als Unterdrückungsmechanismen betrachtet, die es zu entlarven gilt. Da das eigentliche Prinzip des Mythos nach Roland Barthes darin besteht, Geschichte in Natur zu verwandeln[41], heißt das auf die Darstellung von Frauen angewandt, "daß ein bestimmtes Frauenbild als natürlich betrachtet wird, womit sein historisches Gewordensein geleugnet wird"[42]. Durch den Mythos der Frau als Naturwesen werden - so die feministische These - patriarchalische Normen und Diskurse legitimiert[43], wie z.B. die Ausschließung der Frau aus dem kulturellen oder politischen Bereich und ihre Reduzierung auf biologische Funktionen (Gebären). Simone de Beauvoir hat z.B. in ihrem Buch "Das andere Geschlecht" die Abwertung und Ausgrenzung des Weiblichen bis in die mythologischen Ursprünge zurückverfolgt: Beauvoir führt die Jahrtausende lange Unterdrückung der Frau auf die Angst des Mannes vor der natürlichen bzw. tierischen Kreatürlichkeit der Frau zurück, die in Schwangerschaft und Geburt ihren

---

[40] Schmidt, Susanne: Jungfrau und Monster. Frauenmythen im englischen Roman der Gegenwart. Berlin 1996, S.19.

[41] Vgl. Barthes, S.113. Der Mythos wird Barthes zufolge "als eine unschuldige Aussage empfunden: nicht weil seine Intentionen verborgen sind - wenn sie das wären, könnten sie nicht wirksam sein -, sondern weil sie natürlich gemacht sind. [...]. Der Mythos wird als ein Faktensystem gelesen, während er doch nur ein semiologisches System darstellt." (Ebd., S.115). Speziell im Hinblick auf die bürgerliche Ideologie heißt es bei Barthes: "Da die bürgerlichen Normen von der ganzen Nation praktiziert werden, werden sie als die offenbaren Gesetze einer natürlichen Ordnung erlebt. Je mehr die bürgerliche Klasse ihre Vorstellungen verbreitet, desto mehr werden sie natürlich." (Ebd., S.127f).

[42] Schmidt, S.21.

[43] Siehe dazu Dölling, S.117ff.

Renate Berger und Inge Stephan behaupten z.B., daß die Überwindung der Natur zugleich die Vernichtung von Weiblichkeit bedeutet, und beziehen sich dabei auf Max Horkheimers und Theodor W. Adornos "Dialektik der Aufklärung" (1947), wo es heißt: "Die Frau wurde [...] zum Bild der Natur, in deren Unterdrückung der Ruhmestitel dieser Zivilisation bestand. Grenzenlose Natur zu beherrschen, den Kosmos in ein unendliches Jagdgebiet zu verwandeln, war der Wunschtraum der Jahrtausende." (Zitiert nach: Berger, Renate; Stephan, Inge: Einleitung zu: Weiblichkeit und Tod in der Literatur. Hrsg. von Renate Berger und Inge Stephan. Köln, Wien 1987, S.3).

Ausdruck findet[44], wobei die Autorin durch ähnliche Behauptungen unverkennbar die alten Topoi in eigene Theorien übernimmt und weiter schreibt.

In diesem Kontext soll deswegen betont werden, daß auch feministische Theorien und literarische Werke der Macht der herkömmlichen Mythen nicht ganz entkommen können. Obwohl die feministische Theoriebildung und Literatur die vom Patriarchat geprägten Mythen umzuschreiben versuchen, gelangen sie häufig statt beabsichtigter Subversion zu einer teilweise transformierten Mythen-Wiederholung. Die gesuchten Gegenbilder oder die alternativen Konzepte (so versucht man z.b., den alten Muttermythos durch den neuen Mythos der selbstbewußten, ungebundenen weiblichen Sexualität zu ersetzen) erweisen sich als Variationen alter Muster. Im Kapitel 2.3.2. wurde ausführlich der Umstand erläutert, daß vor allem die Theorien der französischen Feministinnen Cixous und Irigaray, die die Fragen weiblicher Ästhetik und Schreibpraxis diskutieren und dabei metaphorische Ausdrücke (z.B. archaische Stimme der Mutter, Ränder des Spiegels, blinder Fleck, Flüssiges) verwenden, den alten Mythos der Gleichsetzung des Weiblichen mit dem Natürlichen, d.h. auch mit dem Biologischen, Anderen, wiederholen. Hier liegt der Ansatzpunkt für die Auseinandersetzung deutscher Feministinnen mit den französischen Theorien: Sowohl Sigrid Weigel als auch Karin Richter-Schröder kritisieren die für die französischen Theorien charakteristische Beschreibung des Weiblichen als etwas Formloses, Vieldeutiges, Undefinierbares und betrachten negativ die Bestimmung der Frau aus deren Biologie, weil sie darin die Gefahr erkennen, die alten patriarchalischen Zuschreibungen der Frau als Natur zu schnell zu reproduzieren und das Weibliche für all das zu erklären, was der abendländischen Logik entgegengesetzt, a-logisch und uneindeutig ist (mehr dazu siehe Kapitel 2.3.2.).

Neben dieser unbewußt verursachten Neubelebung von traditionellen Mythen durch die französischen Theoretikerinnen kann man im feministischen Diskurs jener Zeit auch die Tendenz zur bewußten Remythologisierung beobachten, wobei in diesem Fall die größte Aufmerksamkeit den Mythen des Matriarchats gilt, weil die matriarchalischen Vorbilder als Gegenentwürfe zu den patriarchalischen Weiblichkeitsmythen begriffen werden. Nachdem in der rationalis-

---

[44] Vgl. Beauvoir, Simone de: Das andere Geschlecht. Hamburg 1968, S.157ff. Über den Mythos der Frau als gespaltenes Anderes schreibt Beauvoir folgendermaßen: "Es ist immer schwierig, einen Mythus zu beschreiben; er läßt sich nicht fassen, nicht begrenzen, er geistert im Bewußtsein umher, ohne ihm jemals als fixiertes Objekt gegenüberzustehen. Er ist so schillernd, so widerspruchsvoll, daß man zunächst die Einheit nicht sieht: als Dalila und Judith, Aspasia und Lukretia, Pandora und Athene ist die Frau immer Eva und Jungfrau Maria zugleich. Sie ist Idol und Magd, Quell des Lebens und Macht der Finsternis; sie ist das urhafte Schweigen der Wahrheit selbst und dabei unecht, geschwätzig, verlogen; sie ist Hexe und Heilende; sie ist die Beute des Mannes und seine Verderberin, sie ist alles, was er nicht ist und was er haben will, seine Verneinung und sein Daseinsgrund." (Ebd., S.155).

tisch geprägten Frühphase der Frauenbewegung die bestehenden Frauenbilder kritisch hinterfragt wurden, sind in den 80er Jahren die große Urmutter und das Matriarchat in das zentrale Blickfeld gerückt.[45] Die Suche nach den Spuren matriarchalischer Mythologie und die Hervorhebung weiblicher Körperlichkeit (Sexualität) beeinflussen die Tatsache, daß auch in einem der bekanntesten deutschen feministischen Texte, nämlich in Stefans "Häutungen", die tradierte Einheit von Frau und Natur beschworen wird, was einem alten, von Männern entworfenen Mythos offensichtlich sehr nahe liegt und zugleich das von der Autorin beabsichtigte alternative Bild der Frau problematisch macht. So heißt es z.B. in "Häutungen": "Ich bin übrigens sicher / dass du früher bäume bewohntest / wie ich seen und flüsse. / in meinem funkelndem mooshaar, ja, / brach die sonnenenergie."[46] Der mythische Natur- und Körperkult kommt deutlich zum Ausdruck, wenn Stefan die matriarchalen Rituale einer Frauenversammlung und die Begeisterung der Protagonistin für den Körper einer alten Frau, an dem sich das ganze weibliche Leben widerspiegelt, schildert:

> "Fenna wollte in unserem beisein mit ihr [der alten Frau] schlafen. niemand wunderte sich, es war ritual. die alte war verhutzelt, verschrumpft und zerlumpt. [...] sie hatte abgeschlossen mit der welt. [...] wir betrachteten ihre häßlichkeit mit ehrfurcht, wussten wir doch, daß diese das ergebnis eines normalen frauenlebens war. die ästhetischen vorstellungen, die wir noch hatten, wollten wir über bord werfen und anfangen, archaische, unförmige alte wie sie zu verehren."[47]

Die alte Frau wird hier von Stefan als dunkle Göttin der matriarchalischen Mythologie dargestellt. Dieser Rückgriff auf die alten Mythen führt Stefan dazu, genau die traditionellen Stereotypen (die Auffassung des Weiblichen als etwas Natürliches und körperlich Bedingtes) zu wiederholen, die sie mit ihrem programmatischen Text zu dekonstruieren beabsichtigt. Dies verdeutlicht unter anderem die Tatsache, daß die traditionellen Vorstellungen, wie z.B. die Idee der Einheit von Frau und Natur, nicht nur als Opposition zum feministischen Diskurs betrachtet werden können, sondern daß diese Vorstellungen die feministische Literatur selbst durchdringen.

3.2.3. Nähe der Frauenfiguren von Kaschnitz und Kronauer zum Natur- bzw. Mythosbereich

Im Hinblick auf die Frauenmythen kann die literarische Tradition als eine der wichtigsten Institutionen der Mythenbildung und -vermittlung gelten, so z.B. die Verwendung von zahlreichen Wasserfrauen-Mythen bei antiken Dichtern (z.B. Homer), bei Shakespeare, bei deutschen Romantikern (z.B. bei Clemens Brentano, Joseph von Eichendorff) bis in unsere Tage hinein. Auch die

---

[45] Vgl. Schmidt, S.13.
[46] Stefan, S.91.
[47] Ebd., S.96ff.

Verwendung von (Frauen)Mythen durch Autorinnen ist seit je bekannt und bekommt - wie es oben gezeigt wurde - durch die neuere feministische Bewegung zusätzliche Impulse. Sowohl feministisch als auch afeministisch schreibende Autorinnen wiederholen - bewußt oder unbewußt - die mythischen Weiblichkeitsmuster der Vergangenheit. Bei der Auseinandersetzung mit den Texten von Kaschnitz und vor allem mit denen von Kronauer fällt gleich auf, daß diese Texte die Suche nach alten und neuen Mythen immer wieder aufnehmen und die Übernahme dieser Mythen in die Gegenwartsliteratur von Autorinnen veranschaulichen. Dabei beweisen ihre Texte die Tatsache, daß feministische Forderung nach alternativer weiblicher Mythenbildung nicht bei allen Autorinnen zum Tragen kommt, denn - dies wird auch von Susanne Schmidt anerkannt - "Mythen in Texten von Frauen sind nicht notwendigerweise immer subversiv, und nicht jeder Bezug auf Mythen ist mit einem gesellschaftskritischen Anspruch verbunden"[48]. Dem Interesse der Autorinnen an Mythen liegen unterschiedliche Intentionen zugrunde: Kaschnitz' Hinwendung zum Mythos kann sowohl biographisch als auch zeitgeschichtlich, d.h. durch die besondere Popularität von Mythen in der deutschen Nachkriegsliteratur erklärt werden[49]; Kronauers Mythomanie läßt sich neben ihrer individuellen Vorliebe für dieses Thema und ihrem Versuch, der gesellschaftlichen Realität eine andere gegenüberzustellen, auch auf den für die Postmoderne typischen spielerischen Umgang mit Mythen[50] zurückführen. Es wurde bereits darauf hingewiesen, daß das literarische Unternehmen Kronauers auf die Herstellung von neuen Bilderwelten zielt, wobei Mythen dabei sehr hilfreich sein können, weil sie selbst der Bilderwelt verhaftet sind. Im weiteren soll der Schwerpunkt der Analyse auf die Remythologisierungsprozesse in den Texten der gewählten Autorinnen gelegt werden, d.h. es soll untersucht werden, wie diese Autorinnen den alten Mythos der Zugehörigkeit der Frau zur Natur verwenden und variieren.

Wie an einer früheren Stelle angesprochen, greifen vor allem Kaschnitz und Kronauer in ihren Texten die traditionelle Vorstellung auf, daß das Weibliche in einem näheren Verhältnis zur natürlichen (mythischen) als zur gesellschaftlichen

---

[48] Schmidt, S.29. Bei der weiblichen Mythenverwendung hebt Schmidt folgende Strategien hervor: 1) affirmative Verwendung bekannter Mythen; 2) Verwenden von existierenden, bekannten Mythen, um deren Unterdrückungspotential aufzuzeigen; 3) Umschreiben dieser Mythen; 4) Auffinden von alten, frauenfreundlichen Mythen; 5) Kreation neuer Mythen, die sich an alte anlehnen (vgl. Ebd., S.30).

[49] Einerseits wird Kaschnitz durch ihren Mann Guido Kaschnitz von Weinberg, der vom Beruf Archäologe war, mit der antiken Kunst- und Mythenwelt konfrontiert; andererseits liegen die Abkehr von der Gegenwart und die Annäherung an den Mythos dem literarischen Konzept der Zeit, v.a. dem der 'Inneren Emigration', zugrunde.

[50] Vgl. dazu auch Christoph Ransmayrs postmodernen Roman "Die letzte Welt" (1988), dessen Handlung fast ausschließlich auf der Bearbeitung von antiken und literarischen Mythen beruht.

Sphäre steht. Kaschnitz, deren Werk die Annäherung an Mythos als ein spezifisches, biographisch und zeitgeschichtlich bedingtes Kennzeichen aufweist, betont ausdrücklich die Nähe der Frau zum Mythos bzw. zur Natur und die Distanz zum Politischen. In ihrem Buch "Engelsbrücke" (1955) schreibt sie z.B.: "Das enorm Politische der römischen Plastik wird für Frauen immer etwas Abstoßendes haben. Sosehr wir uns auch bemühen, Staatsbürgerinnen zu werden: der Mythos liegt uns näher als die Geschichte, das ewig Gleiche und ewig Menschliche näher als das einmalige historische Geschehen."[51]

Mit ihrer Vorliebe für mythologische Sujets richtet Kaschnitz ihr Interesse auf das 'Ewige', das angesichts der sozialen Veränderungen nicht an Wert verliert. Die Rückwendung zum Mythosbereich ist auch deswegen relevant, weil die Autorin sich auf diese Weise dem Problem der Vernachlässigung von Frauen im patriarchalischen System entziehen kann[52]: Da die Bilder eines mythisch Weiblichen nicht dem realen sozialen Bereich entstammen, präsentieren sie weniger die gesellschaftliche Unterordnung von Frauen als vielmehr die weiblichen Qualitäten. Die Meinung Corkhills lautet:

> "Die weibliche Befreiungsalternative, die M. L. Kaschnitz befürwortet, ist im Grunde genommen weder sexualradikaler noch sozialökonomischer Natur; sie knüpft vielmehr an eine klassisch-romantische Auffassung des 'Ewig Weiblichen' an. Immer wenn historische oder mythische Frauengestalten oder sogar Frauen in Alltagssituationen die Seiten ihrer Bücher bevölkern, tragen sie manche - zumeist sich positiv auswirkenden - 'femininen' Eigenschaften wie Intuition, Sensibilität, Ausgeglichenheit und Phantasiereichtum zur Schau."[53]

In vielen Texten (z.B. im Roman "Liebe beginnt", der von einer gemeinsamen Reise einer jungen Frau mit ihrem wissenschaftlich tätigen Geliebten durch Italien, von ständigen Kommunikationsschwierigkeiten und der Versöhnung durch Heirat erzählt) versucht Kaschnitz, zeitgeschichtliche Phänomene und konkrete persönliche Erfahrungen auf mythische bzw. überzeitliche Strukturen zurückzuführen. Nach Baus gibt die Ich-Erzählerin in "Liebe beginnt" häufig "zeitenthoben Tiefsinniges" von sich in einer "mythisch-symbolischen Bilder-

---

[51] Kaschnitz, Marie Luise: Engelsbrücke. Zitiert nach: Drewitz, Ingeborg: Marie Luise Kaschnitz. Ein Porträt. In: Marie Luise Kaschnitz. Hrsg. von Uwe Schweikert. Frankfurt am Main 1984, S.20.

[52] Auch Weigel begreift mythische Welt als möglichen Fluchtraum aus der sozialen Realität: "Traditionell finden sich in der Literatur von Frauen häufig Verweise auf mythische Denkmuster, die nicht selten eine utopische Funktion erhalten, wenn sie im Text als Gegenbewegung zur herrschenden Logik verwendet werden. [...] Ihre ambivalente Funktion zeigt sich darin, daß sie sowohl als Widerstand gegen die Einschränkung des realen weiblichen Lebenszusammenhangs wie auch als Versöhnung damit qua Entgeltung im Reich des Imaginären wirken können", so Weigel (Weigel: Die Stimme der Medusa, S.308).

[53] Corkhill: Das Bild der Frauen bei Marie Luise Kaschnitz, S.115.

sprache".[54] Mythisch deutet Kaschnitz in diesem Roman auch das Thema weiblicher Gebärfähigkeit, indem sie sich identifizierend auf eine naturhafte Weiblichkeit bezieht und diese durch mythische Bilder ausdrückt: In einem Museum konfrontiert z.b. die Protagonistin Silvia der Idee der naturhaften Mütterlichkeit in der Gestalt der steinernen matriarchalischen Gottheiten, die durch schwere Gesäße und "dicke, schwere Brüste" (LB, 75)[55] "den ewigen Willen der Natur" (LB, 37) und die "Fruchtbarkeit" (LB, 75) darstellen. Obwohl die "merkwürdigsten Statuen" - "Sie saßen in ganzen Reihen, schwer und stolz mit der ganzen Last ihres tragenden Geschlechts" (LB, 75) - bei der jungen Frau zunächst nichts als "Furcht und Entsetzen" erwecken, begreift sie bald, daß sie selbst sich zu diesen archaischen Frauen gesellt: "ich stand in ihrer Mitte, dünn und flüchtig" (LB, 76), heißt es im Text. Das in der Museumsepisode vergegenwärtigte "Geheimnisvolle, das Tierisch-Göttliche der ewigen Fortpflanzung des Lebens" (LB, 77) weist auf den anfangs erläuterten traditionellen Mythos des Weiblichen als Körperliches, Natürliches, Mütterliches hin, auf den gegen Ende des Romans durch die Metapher der sich mit dem Himmel vereinigenden mütterlichen Erde ("Er [der Geliebte Andreas] warf sich an meine Brust, wie die Wellen sich in die Bucht werfen, wie der Regen niedergeht auf die warme, offene Erde" (LB, 171)) noch einmal angespielt wird. In diesem Zusammenhang können auch die Gegensätze zwischen Mann und Frau in "Liebe beginnt" auf den Widerspruch zwischen Mythos (weiblich) und wissenschaftlichem Ratio (männlich) zurückgeführt werden, was unter anderem als Ausdruck der modischen Ideologie der damaligen Zeit (die Reduzierung der Frau auf ihre Mutterrolle durch den Nationalsozialismus) gelten kann. Schon am Anfang des Romans "Liebe beginnt" spricht die Erzählerin von ihren doppeldeutigen Gefühlen bezüglich der Mutterschaft: Die von Silvia erwünschte (von Andreas zunächst abgelehnte) Schwangerschaft bedeutet einerseits die Verwirklichung der traditionell als weiblich geltenden Bestimmung, andererseits begrenzt sie Silvias Teilnahme an der Kultursphäre, weil das gebärende Weibliche dem Naturbereich viel näher als dem Kulturbereich steht (zur Einstellung der Protagonistin zur Mütterlichkeit siehe auch Kapitel 3.6.2.).

Die von Kaschnitz vorgeführten traditionellen Weiblichkeitsmythen werden nicht nur von den Autorinnen der unmittelbaren Vor- und Nachkriegszeit (neben Kaschnitz soll hier Elisabeth Langgässer genannt werden), deren Interesse an Mythen durch zeitgenössische Ideologie[56] und die besondere Relevanz von

---

[54] Baus, S.193.
[55] Die Seitenangaben beziehen sich auf die folgende Ausgabe: Kaschnitz, Marie Luise: Liebe beginnt. Roman. Frankfurt am Main 1981. Im weiteren wird dieser Text unter der Sigle "LB" angegeben.
[56] Auf die Auswirkungen der Zeitideologie auf die Werke der vor und nach dem Zweiten Weltkrieg schreibenden Autorinnen hat auch Gero von Wilpert hingewiesen, der in seinem "Sachwörterbuch der deutschen Literatur" die von Kaschnitz, Langgässer und anderen zeit-

überzeitlichen Werten angesichts der weitgehenden Destruktion erklärt werden kann, sondern auch von den heutzutage, d.h. nach der Erschütterung des traditionellen Denkens durch die feministische Bewegung der 70er Jahre, schaffenden Autorinnen aufgenommen und weitergeschrieben. In diesem Zusammenhang soll vor allem Brigitte Kronauer genannt werden, die wie wenige deutsche Gegenwartsautorinnen einen intensiven Blick auf das Mythische, auf den Ursprungszustand der Natur und der Menschheit wirft. Ihr Roman "Die Frau in den Kissen" führt mehrere Elemente mythischen Denkens vor, indem er immer wieder die Idee einer elementaren Weiblichkeit betont, d.h. die Frau in die unmittelbare Nähe der Natur situiert, ja sogar zu einem Naturwesen apostrophiert. Appel hebt das tradierte Motiv vom Naturwesen "Frau" als einen besonders relevanten Aspekt des Romans "Die Frau in den Kissen" hervor:

> "Im Zitat der verschiedensten, kulturelle Topoi vom Natur- und Körperwesen "Frau" transportierenden Diskurse, in denen Frauen als potentiell Todbringende, als mythisch überhöhte Abgesandte eines imaginär Chaotischen, eines erotisch Gefährdenden wie auch Einheitsverheißenden begriffen werden, zeigt der Roman, daß die Logik und Macht einer metaphorisch orientierten Repräsentationsökonomie auf der permanenten Setzung und Verwerfung von "Weiblichkeit" beruht."[57]

Ganz am Anfang dieses Romans drückt die Erzählerin durch ihr rituelles Sprechen ("Troposphäre, Stratosphäre, Jonosphäre, Exosphäre, interstellarer Raum" (FK, 5)[58]) ihr Begehren nach der Auflösung persönlicher Erfahrung, den Wunsch nach der Sich-Befreiung von eigener Körperlichkeit und die Hoffnung auf eine Verbindung mit dem unbegrenzten kosmischen Raum. Dem In-den-Schlaf-Gleiten der Erzählerin folgt ein imaginiertes Auf und Ab zwischen Meeresboden und Himmelsraum: Das sich langsam ordnende Chaos im Kopf der Frau verweist unter anderem auf die mythische Weltentstehung (FK, 5f). Mit Hilfe der Phantasie glaubt die Erzählerin (auch wenn sie sich in ihrem schützenden Bett befindet), die Relationen zum Naturbereich und zur mythischen Einheit bzw. Ganzheit der Welt herstellen zu können, d.h. die Entfernung zwischen Tier und Mensch, Leben und Tod zu überwinden.

Auffällig ist die ständige Identifikation der Erzählerin mit den von ihr im Erzählfluß vergegenwärtigten Naturfrauen (vor allem mit einer florentinischen

---

genössischen Autorinnen porträtierten Frauenfiguren als "Stille, Naturverbundene und ausgleichend Bewahrende im Wandel der Zeit" typisiert hat. Diese Typisierung besagt, daß die Autorinnen der unmittelbaren Vor- und Nachkriegsgeneration gemeinsam hatten, daß sie die konventionellen Frauenrollen nicht in Frage stellten und daß sie die Nähe der Frau zur Natur, zugleich auch zum Mythos, anerkannt haben (vgl. Wilpert, Gero von: Sachwörterbuch der Literatur. Stuttgart 1979, S.279ff).

[57] Appel, S.107.

[58] Weitere Seitenangaben im Text beziehen sich auf die folgende Ausgabe: Kronauer, Brigitte: Die Frau in den Kissen. Roman. München 2001. Weiter im Text wird die Abkürzung "FK" benutzt.

Gräfin und einer alten, sich in ihrer kleinen Wohnung befindenden Frau), die als Vertreterinnen einer mystischen Fremdartigkeit in Erscheinung treten. Im Hinblick auf die Erzählinstanz zieht Appel eine berechtigte Schlußfolgerung, daß durch die phantasmatisch ausgestalteten Identifizierungen des Erzähl-Ichs mit den im Roman vorgestellten Naturfrauen, die ein "Weibliches" als begehrten und gefürchteten Ort der Identifizierung umreißen, ein allein aus den Spiegelungen als "weiblich" zu begreifendes, relationales Selbst seinen Anspruch auf Autonomie, Leben, Imagination und Erzählen einzugrenzen sucht.[59] Die viele Ähnlichkeiten mit der Epoche der Romantik aufweisende Suche nach dem Anderen in der Natur erweist sich in diesem Roman als eine vielschichtige Selbstinszenierung.

Die Idee der mythischen Einheit von Frau und Natur kommt im Roman „Die Frau in den Kissen" immer wieder in verschiedensten Modifikationen zum Ausdruck. Das utopische Einswerden mit der Natur erträumen sich die Titelfigur (alte Frau) und die Erzählerin nicht nur im Zoo, d.h. in einer vom städtischen Getriebe abgeschlossenen Oase, die aber nur eine künstlich arrangierte, naturnahe Wildnis ist, sondern auch im Bett (FK, 7). Die Wiederherstellung der Relation zwischen Frau und Naturbereich imaginiert die Erzählerin als einen universalen Sexualakt, als einen "Sexualakt mit Wiese, Raubvogel und Weiher" (FK, 190). Die Erzählerin begreift aber, daß der Schlüssel zum unmittelbaren Naturverständnis im Laufe der Zivilisationsgeschichte verloren wurde, wobei auch das Nachlesen der "historischen Rituale" (FK, 190) nicht mehr behilflich sein kann.

Ähnlich wie Kaschnitz' Heldin Silvia in "Liebe beginnt" sich der Kraft des Archaischen durch die Konfrontation mit den matriarchalischen Muttergottheiten bewußt wird, rufen das erzählende weibliche Ich und andere in Kronauers Text präsente Frauenfiguren das Verdrängte, Ausgeschlossene und Tabuisierte mit Hilfe von Tiergestalten hervor, wobei sie in einer erotisierten Weise die Einheit mit dem Naturbereich wiederherzustellen versuchen:

> "Ich muß, sagte ich mir, mit diesem scharfen, in mich eingestanzten Bild [eines Pferdes] auf die Welt gekommen sein, wie die alte Frau mit dem des Mähnenwolfs, und ich habe außerdem bei meiner Geburt die Schnee-Eule, das Bison mitgebracht. Die Tiere, die streng wiederholten Bilder der Tiere hat es vorher gegeben, in meinen Träumen brannten sie unaufhörlich weiter, von klein auf sah ich die wirklichen Tiere an wie einen Knoten im Taschentuch, eine Erinnerungsstütze." (FK, 197)

Die Sehnsucht der Frauenfiguren nach Tieren scheint in diesem Roman unstillbar zu sein. Die Erzählerin und die alte Frau begegnen einander und werden durch das gemeinsame Interesse am Zoo verbunden. "Schon immer habe ich bei den Tieren Zuflucht und Bequemlichkeit gefunden" (FK, 159), bekennt die Erzählerin. Gerade im Zoo befällt die Ich-Erzählerin der Wunsch, "sich auf

---

[59] Vgl. Appel, S.107.

die Erde zu werfen und aufzufliegen, Morast, Gebüsch und Schwerkraft hinter sich zu lassen", sowie das Bedürfnis, "sich an den Boden zu pressen, nie mehr getrennt zu werden" (FK, 158). Das im Roman Erzählte erinnert häufig an einen zoologischen Rundgang und eine genaue Beobachtung von Tieren. Gegenüber Wölfen, Bären, Vögeln und Fischen ("Angesichts der Tiere wird die Welt einfach" (FK, 159)) scheinen menschliche Figuren in Kronauers Roman eine Nebenrolle zu spielen (siehe dazu Kapitel 5.3.). Die Tiere erinnern die Erzählerin an einen anderen Zustand und an etwas Unbekanntes, das man verloren hat: Tiere sind Sendboten einer "versunkenen Dynastie [...], unsichtbare Schutzmauer um ein jetzt verbotenes Land, von dem mein Gedächtnis schlaftrunken die Erinnerungszeichen sucht" (FK, 197).

Besonders die alte Frau zeigt sich in ihren Beziehungen und Visionen sehr stark mit den Tieren, mit einer sprechenden Katze und mit einem edlen Mähnenwolf, verbunden. Sie erscheint als "ein Mischwesen bis hin zum Märchenhaften", als eine Figur, "die in ihrer erdhaften, archaisch anmutenden Kommunikation mit der Natur auch deutliche Gegenzüge zur himmelstürmenden Liebesaristokratin trägt".[60] Die alte Frau ist eine Gestalt in ständigem Seelenwechsel mit der natürlichen Welt; sie verkörpert eine archaische Form menschlicher Existenz, d.h. sie gehört dem Zeitalter, in dem sich der Mensch noch nicht aus der Sonderung von Natur definierte, sondern sich als einen harmonischen Teil der Naturwelt begriff. Die Idee der Zugehörigkeit von Frauen zum Naturbereich und der Zugehörigkeit von Männern zum Zivilisationsbereich wird im Roman explizit zum Ausdruck gebracht, indem auf das unterschiedliche Verhältnis von Männern und Frauen zu Tieren hingewiesen wird: Während die alte Frau sich den befreiten Mähnenwolf auf den Steppen laufend vorstellt, heißt es von alten Männern: "Die alten Männer mit ihren kleinen Hunden auf vereisten Bürgersteigen, zwischen Pfützen, an Baustellen, an offengelegten Zivilisationsgeheimnissen entlang, die Hunde stets kurzfristig zielstrebig, an zärtlich-zimperlich gehaltenen Leinen." (FK, 14).

Die alte Frau will die verlorene Verständigung mit der Natur ermöglichen, indem sie den Mähnenwolf aus dessen Gehege im Zoo mittels einer Schere zu befreien versucht (also eine Verständigung mit der Natur in ihrer wildesten Tiergestalt). "Das haltlos umherirrende Subjekt konstruiert sich eine Welt, die Befriedigung und Idylle des Glücks verspricht. Der ungewohnte, intensive Eindruck, den der Mähnenwolf auf die alte Frau macht, übersteigt den Erfahrungsgehalt ihrer beengten Lebenswelt", so kommentiert die vom Tier auf die Frau ausgehende Faszination Franz Schneider.[61] Der Frau gelingt es aber nicht, die Aufmerksamkeit des Tieres auf ihre eigene Person zu lenken (FK, 221), und nach einer langen Wartezeit mit der Schere in der Hand begreift sie, daß sie sich das Einverständnis mit dem wilden Tier und dem Naturbereich nur eingebildet hat. Obwohl der Versuch mißlingt, verdeutlicht die von der Frau beabsichtigte

---

[60] Ebd., S.105.
[61] Schneider, S.149.

Befreiung des Mähnenwolfs ihr eigenes Sehnen nach Verführung und Metamorphose, nach Tierverwandlung und damit Annäherung an die Sphäre des Imaginären[62]: "Er [der Mähnenwolf] war sehr schön. Er gehörte nicht zu ihr, er war einer von den Geiern und Eulen, den Schlangen und Unken, den Raben und Koboldmakis. Ein rätselhafter Abgrund, ein Tier, unerreichbar auf geschmeidigen Stelzen die Steppen durchquerend, die nur er kannte." (FK, 221). Die Versuche der Frau, sich den Mähnenwolf im Freien vorzustellen, fungieren Franz Schneider zufolge als "Chiffre einer Sehnsucht nach einer freien Natur, in der die Grenzen zwischen ihr und dem Mähnenwolf aufgehoben sind und die ursprüngliche Harmonie wiederhergestellt ist".[63] Es handelt sich hier also um die Identifikation der alten Frau mit dem Tier: Indem sie den Mähnenwolf als einen "einzelgängerischen Paßgänger" beschreibt, der sich so bewegt, "als sollte mit jeder Bewegung das erhobene Bein fortgeschleudert werden" (FK, 212), verweist sie auf eine fragile, aufgelöste Körperlichkeit, die auch ihre eigene ist. Die Befreiung des Mähnenwolfes kann deswegen nicht nur als Vollzug des Mythos der Vereinigung von Mensch und Natur, sondern auch als Versuch der eigenen Befreiung aus der belanglosen, monotonen Lebenswelt begriffen werden: "Morgen werde ich mich und ihn erlösen" (FK, 220). So wie der Mähnenwolf in den Augen der alten Frau als "nicht geschaffen für diese Welt" (FK, 214) erscheint, fühlt die Alte, daß auch ihr eigenes Wesen einer anderen Welt gehört. Der Mähnenwolf, im Gehege gefangen, wird in den Phantasien der Frau in die freie Natur zurückgedacht, die als höchstes Ziel des Tieres und der Frau fungiert und ihnen beiden unerreichbar bleibt.

Im Hinblick auf die von Kaschnitz immer wieder betonte Distanz ihrer Frauenfiguren zum Geschichtlichen, Politischen, Wissenschaftlichen (z.B. in "Liebe beginnt", "Engelsbrücke") und auf die Identifikation der Kronauerschen Frauengestalten mit verschiedenen Naturwesen läßt sich bemerken, daß es sich hier um eine fragliche und von der feministischen Wissenschaft am heftigsten kritisierte Auffassung des Weiblichen als des Anderen handelt (wie anfangs dargelegt wurde, stellt die Tatsache, daß innerhalb der westlichen Mythologie und Denksysteme die Frau (wie auch das Tier) als etwas radikal Anderes erscheint, in den Augen der feministischen Theoretikerinnen (z.B. Silvia Bovenschen) eine der Grundbedingungen für die Ausschließung der Frauen aus dem gesellschaftlichen Bereich dar, weil die eigentlichen gesellschaftlichen Normen und Ordnungen in Abgrenzung vom Naturwesen 'Frau' definiert werden). Trotz dieser feministischen Kritik tritt in den Texten Kronauers - ebenso wie in denen von Kaschnitz - das Weibliche wieder als das Andere, als Verkörperung ursprünglicher Einheit und als Vertreter des natürlichen Lebenszyklus von Geburt und Tod in Erscheinung (so wird z.B. die Idee des natürlichen Lebenszyklus in Kronauers Roman durch die Tatsache verstärkt, daß eine junge, von dem Tod träumende

---

[62] Vgl. Appel, S.105.
[63] Schneider, S.149.

Gräfin sich auf dem Meer befindet, weil im Element des Wassers das Mysterium von Leben und Tod unauflösbar miteinander verbunden sind[64]). Die alte Frau, die Gräfin und die Tiere befinden sich in dem Roman "Die Frau in den Kissen" weder innerhalb noch außerhalb von Ordnungen mitsamt ihren Normen und Gesetzen; sie sind nur allzu bekannt und vollkommen unbekannt:

> "Einerseits scheinen die abstruse Figur der hoch aufragenden Gräfin und der vor sich hin dämmernden Alten selbst in endlose Double-Beziehungen, in die endlose Tirade der Selbstverneinung und Selbsterweiterung verstrickt, in einem metaphysischen Koordinantennetz von Himmel-Erde, Leib-Seele, Mann-Frau, fremd-eigen, Mensch-Tier fest verankert zu sein, und andererseits präsentieren sie sich den Tieren analog als mythisch überhöhte Randfiguren, dämonische Outsider-Figuren, die auf einer Grenzlinie der Unentscheidbarkeit zwischen Leben und Tod, Symbolischem und Imaginärem angeordnet sind."[65]

Diese Einstellung zum Weiblichen kann durch das Konzept Kronauers erklärt werden, nach dem sie die festen Grenzen zwischen verschiedenen Zuständen (natürlich vs. künstlich, lebendig vs. tot, wach vs. schläfrig) aufzulösen versucht. Mit Recht hat Appel darauf hingewiesen, daß die Tiere und die Frauen als Outsider mehrere Funktionen haben: "Sie begrenzen nicht nur den imaginären Wildnis-Ort [...], sind nicht nur die für das vielleibige Werden notwendige Bündnisbedingung, sondern treiben die Transformationen des Werdens auf der Fluchtlinie des Sprechens immer weiter voran."[66] Anders also als im Fall Kaschnitz' spielt bei der Kronauerschen Konzeption des Weiblichen als des Anderen weniger die traditionelle, patriarchalisch bestimmte Denkweise eine Rolle, sondern vielmehr die ästhetische Gestaltung des Textes, der durch den Einbezug des archaischen Mythos zusätzliche Dimensionen bekommt. Der Roman „Die Frau in den Kissen" transportiert in seinen Figurencharakteristika übereinandergeschichtete, in bisherigen Diskursen vielfach ausgestaltete Weiblichkeitsprojektionen, erotische Wunsch- und Schreckbilder einer elementaren Weiblichkeit, die den Diskurs vom Naturwesen "Frau" illustrieren und im Text experimentell organisiert werden.[67] Dies hat zum Ergebnis, daß dieser Roman Kronauers wie kein anderes Werk der deutschen Gegenwartsliteratur auf der Idee der mythischen Einheit von Frau und Natur, zugleich auch auf der Idee des Weiblichen als des Anderen beruht.

---

[64] "Als Quelle des Lebens und Flut des Todes, als Ursprung und Grab, verweist das Wasser auf die zyklische Qualität der menschlichen Existenz, aber auch auf ihre Angewiesenheit auf Materie. Real und metaphorisch sind im Wasser Lebenserfahrungen vermittelt, die in der Ideologie eines linearen Fortschritts und der Abstraktion der höchsten Wahrheit im Logos widersprechen. Das weiche, fließende, in ständiger Bewegung befindliche Element bildet den Gegenpol zum festen, starren Land", schreibt Stuby (Stuby, S.42).
[65] Appel, S.102.
[66] Ebd., S.110.
[67] Vgl. Ebd., S.106f.

3.2.4. Weibliche Verwandlungsphantasien in der Prosa von Kaschnitz und Kronauer

Verschiedene Dimensionen des Mythos der Frau als Naturwesen kommen in den Texten von Kaschnitz und Kronauer auch durch mythisch geprägte weibliche Verwandlungsphantasien[68] oder durch die Motive einer naturhaften Metamorphose zum Ausdruck. Die Idee einer weiblichen Metamorphose, deren Verwirklichung in eine mythische Sphäre angesiedelt wird, spielt z.B. in den Erzählungen Kaschnitz' immer dann eine wichtige Rolle, wenn eine innere Verwandlung den Übergangsprozeß vom Mädchen zur Frau markiert. Das Bild solch einer Metamorphose findet man in der 1951 erstmals veröffentlichten Erzählung "Das dicke Kind" (die Verwandlung einer Raupe zum Schmetterling) oder eine Anspielung auf die Verwandlung in der bekannten Erzählung "Lange Schatten" (1958). Es ist für die Position Kaschnitz' kennzeichnend, daß der in der Erzählung "Lange Schatten" beschriebene Wandel des Mädchens zur Frau (siehe dazu Kapitel 3.3.3.1.) in der mythischen Atmosphäre einer toten Mittagsstunde in der südlichen Küstenlandschaft geschieht. Die Protagonistin Rosie gewinnt in den Bergen, wo sie die Natur und ihre eigene Freiheit phantasierend genießen kann (LS, 9)[69], die Züge einer mythischen "Nymphe" (LS, 12), die von einem griechischen Halbgott Pan begehrt wird.

In dieser Natur werden reale Zeit und Raum aufgehoben, indem die Autorin auf das Mythische anspielt und die Welt der mythologischen Figuren in den Vordergrund rückt: Ein italienischer Junge, der Rosie in die Berge verfolgt, erscheint in der Gestalt Pans: "Pan sitzt auf dem Ginsterhügel, aber Rosies Schulbildung ist lückenhaft, von dem weiß sie nichts. Pan schleicht der Nymphe nach, aber Rosie sieht nur den Jungen" (LS, 9). Zunächst entdeckt Rosie in dem einheimischen Jungen nichts Mythisches, aber sie erschrickt, wenn er vor ihr schamlos seine Kleider auszieht. Das Mädchen beobachtet das mythisch Erotische, das durch die nackte Gestalt eines Halbwüchsigen präsentiert wird, und ihre Faszination zeigt, daß sie in ihm nicht nur den Pan erkennt, sondern auch "das Mythologische, Göttliche, Ewige und Unbewußte"[70]. Der faszinierende Pan beginnt aber, in den Augen Rosies sich in "ein wildes Tier" (LS, 12) zu verwandeln, gegen das dem jungen Mädchen alleine mittels der weiblichen

---

[68] Darüber, daß Mythos, Mythologie und Verwandlungserzählungen systematisch und rezeptionsgeschichtlich eng aufeinander bezogen sind, bestehen in der Literaturwissenschaft keine Zweifel (vgl. dazu: Harzer, Friedmann: Erzählte Verwandlung. Eine Poetik epischer Metamorphosen (Ovid-Kafka-Ransmayr). Tübingen 2000, S.48).

[69] Im folgenden zitiert nach: Kaschnitz, Marie Luise: Lange Schatten. Erzählungen. Hamburg 1960. Weiter im Text wird die Abkürzung "LS" benutzt.

[70] Bostrup, Lise: "Lange Schatten" von Marie Luise Kaschnitz als Modell eines Individuationsprozesses. In: Text & Kontext. Zeitschrift für germanistische Literaturfoschung in Skandinavien. Hrsg. von Klaus Bohnen und Sven-Aage Jørgensen. Kopenhagen, München 1985, S.150.

"Urkraft der Abwehr" (LS, 13) zu widerstehen gelingt. Am Beispiel zweier Heranwachsender verdeutlicht die Autorin also die weibliche "Urkraft der Abwehr" und die männliche "Urkraft des Begehrens" (LS, 13). Durch diese Urkräfte wird zugleich das Moment des von Feministinnen abgelehnten 'Ewig-Weiblichen' und des 'Ewig-Männlichen' ausgedrückt.[71] In der mythischen Umgebung ist eine Metamorphose geschehen: Das Mädchen ist zur Frau geworden (vgl. Kapitel 3.3.3.1.). Das Erwachsenwerden wird von Kaschnitz mythisch gedeutet: Auf diese Weise verdeutlicht sie nicht nur die Macht der einer mythischen Sphäre entstammenden, dämonischen Naturkräfte (Pan), sondern auch das Erwachen dämonischer Kräfte im Inneren der Protagonistin Rosie. An den Bildern der Erzählung kann man unverkennbar eine für die abendländische Kultur typische Relationskette erkennen: Mythos-Natur-Weiblichkeit-Metamorphose.

Die weibliche Sehnsucht nach Metamorphose kommt jedoch in den Fällen am deutlichsten zum Ausdruck, in denen die Frauenfiguren von Kaschnitz und Kronauer ihre eigene Verwandlung in etwas Natürliches (z.B. in mythische Figuren, Tiere, Pflanzen, Erde) imaginieren. Es handelt sich hier also um eine Verwandlung, die das Verschmelzen mit der Naturwelt ermöglichen könnte. Bereits bei den als seltsam bezeichneten Empfindungen der Protagonistin in "Liebe beginnt" von Kaschnitz, sich nach dem Tod zu verwandeln und eins mit der Natur zu werden, wird der Wunsch nach der Aufhebung des menschlichen Körpers deutlich:

> "Es war eine Sehnsucht nach der Verwandlung, die der Tod bringt. Ich wünschte, diese Erde zu berühren, eins zu werden mit ihr, teilhaftig noch einmal der blinden, wunderbaren Macht, die zum Licht drängt, die Säfte emporschießen läßt und sich entfaltet zur Form. [...]. Aber ich fühlte meinen Körper, der doch atmete und lebte, als sei er von Stein." (LB, 72)

Diese "seltsame Empfindung" entsteht angesichts der äußeren Verwandlungen, die die Frau in einer südlichen Sommerlandschaft mit "wuchernder" grüner Saat

---

[71] Lise Bostrup setzt "die Entdeckung der Ewigkeit" in "Lange Schatten" der "Entdeckung des Unbewußten" gleich (vgl. Ebd., S.155). Hier kommen - so die These Bostrups - "zwei entgegengesetzte Kräfte vor: die des Begehrens und die der Abwehr. Die Kraft des Begehrens ist mit der dunkleren Seite der Persönlichkeit verbunden aber auch mit Natur und Ursprünglichkeit. Die Kraft der Abwehr ist eher mit Kultur (Bändigung der Natur) und Moral verbunden." (Ebd., S.155). Es ist auffällig, daß die Forscherin hier beide Prinzipien (Begehren und Abwehr bzw. männlich und weiblich) nicht auf unterschiedliche Geschlechter, sondern auf eine Person projiziert, die in sich beide Prinzipien verkörpert. Da es hier um verschiedene Seiten einer Person handelt, ist es nicht bewundernd, daß sie das Männliche (Begehren) mit der Natur und das Weibliche (Abwehr) mit der Kultur verbindet. Nach diesem Konzept läßt sich im Bezug auf "Lange Schatten" nicht von einem Widerspruch zwischen den Geschlechtern, sondern von einem inneren Widerspruch des Individuums sprechen.

und "wuchernden" Pflanzen (LB, 71) wahrnimmt und die ihr eigenes Naturwesen hervorrufen. Mehrmals betont die Erzählerin im Roman "Liebe beginnt" das existentielle Bedürfnis aller Frauen, "sich [zu] verwandeln" (LB, 117), wodurch sie nicht nur auf die im natürlichen Bereich ständig geschehenden Wandlungsprozesse (Lebenszyklus), sondern auch auf die Idee einer sich immer neu definierenden Weiblichkeit anspielt.

Während bei Kaschnitz das "Bedürfnis" nach Verwandlung nur angedeutet und nicht weiter thematisiert wird, gehört das Motiv der weiblichen Metamorphose im Roman "Die Frau in den Kissen" von Kronauer zu den zentralen inhaltlichen Aspekten des Buches und wird von der Autorin ausführlich bearbeitet und variiert. Die im Roman präsenten Frauenfiguren (die alte Frau, die extravagante adlige Gräfin) sind im Hinblick auf das gesellschaftliche Leben bzw. die gesellschaftliche Sozialisation eindeutige Außenseiterfiguren: Sie kehren der Gesellschaft, ja sogar dem Leben den Rücken zu (die Erzählerin möchte leben "in die Erde, nicht in das Leben vertieft, überdauernd, nichts als anwesend, schläfrig, vorhanden" (FK, 240)) und befinden sich im Übergang zu einem anderen Zustand. Das Motiv der Metamorphose einer Frau zum Naturwesen wird hier nach allen Richtungen (himmelwärts und erdwärts) angedeutet:

> "Ausgestreckt im Bett, verwandelt man sich selbst in den schwarzen Untergrund einer Pflanzendecke, aus der sich kleine Gewächse drängen, ein Gewirr feinster Wurzeln macht sich sofort bemerkbar. Man muß nur still liegen und geschehen lassen, daß tiefere Erdschichten mit ihrer Einverleibung beginnen, und der im aufrechten Zustand elektrisierende Gedanke eines fließenden Übergangs zu Flechten, Moosen und ihren Bewohnern wird einschläfernd vor Selbstverständlichkeit." (FK, 7)

Ein Mittel der Abkehr von der Welt ist nicht nur das Sich-Abschließen in einer einsamen Wohnung oder das Versinken im Schlaf, sondern auch - und das in überwiegendem Maße - die Phantasie. Die Erzählerin versucht, die Getrenntheit von eigenem Ich und von Natur aufzuheben, indem sie zahllose Bilder einer Metamorphose, einer spontanen Verwandlung in eine der vielen Tiergestalten imaginiert, so will sie sich z.B. zu fünf Schafen gesellen "als das sechste" (FK, 7).

Die Erzählerin sowie die von ihr imaginierte Gräfin bezeichnen sich als "Nicht-Menschen" und wollen deswegen "die Einkleidung in Menschenform" (FK, 148) abstreifen. Die Erzählerin stellt sich den Verlust ihres Menschenkörpers als Verstrickung in die welken Gräser eines Vogelnestes vor, indem sie sich "mit etwas anderem" vertauscht, "aus ihrer Menschenkruste" ausschlüpft, bis sich herausstellt: "ein Nicht-Mensch" (FK, 196). Ähnlich sind auch die Empfindungen der langen florentinischen Gräfin:

> "Ich bin gar kein Mensch, flüstert die Gräfin der schweigsamen Landschaft in Gestalt des Muskelmannes zu, ich bin gar kein Mensch! [...] Im grellen Licht

dieser Einsicht welken die letzten Überreste der Tarnung, der Überwurf, die Einkleidung in Menschenform von ihr ab. Nichts hat sie mit dieser Rasse gemein, nicht Eltern, Alter, Hirn. [...] Ein im Wasser seine Beute packender Vogel, ein springender Fisch, eine aufspritzende Welle, ein flackerndes Feuer, das alles war sie eher, wird sie eher werden, einer Heimat nun entgegenfiebernd, als ein Mensch." (FK, 148f)

In der Gräfingestalt offenbaren sich die Züge von "Nicht-Menschlichkeit", vom Grenzdasein zwischen Imaginärem und Symbolischem in der Imagination des eigenen Selbstverlustes zugunsten eines Tierisch-Werdens, in der Metamorphose zur Melusinengestalt.[72] Die Gräfin imaginiert den angenehmen Verlust ihres weiblichen Körpers und schlüpft in ihren Visionen in die Gestalt einer Nixe:

"Was dann nämlich eintrat, ob durch die Sonne oder einen sehr direkten Lufthauch hervorgerufen, war etwas Schwänzelndes in ihr selbst, ein merkwürdiges Verbiegen, etwa von den Hüften an abwärts. [...] Die Gräfin verhielt sich still in ihrem Platz, bemüht, nicht das geringste Aufsehen zu erregen und konnte sich nichts Angenehmeres vorstellen als das, was sie gerade erlebte: den scheinbaren Verlust ihrer gewohnten weiblichen Linien unterhalb des Bauchnabels schätzungsweise zugunsten eines Windens und sich Wendens" (FK, 151).

Wie anfangs angesprochen, ist das Motiv einer Wasserfrau (Nixe oder Undine) ein tradiertes Motiv der abendländischen Literatur, das auf der Idee der Verbindung zwischen Weiblichkeit und Natur beruht (so hat z.B. Ingeborg Bachmann in ihrer Erzählung "Undine geht" eine nahe Verwandte der liebeskranken Frau im Roman Kronauers, eine aufgelöste Wasserfrau, beschrieben[73]).

---

[72] Vgl. Appel, S.105f. Melusine war ursprünglich eine gute Fee, die dem Menschengeschlecht jene Attribute notwendiger Macht verleiht, die dieses aus eigener Anstrengung nicht zu erlangen vermag, aber im Verlauf der schriftlichen und mündlichen Überlieferung des Stoffes kehrt sich ihre Gestalt um in eine die zivilisatorische Leistung des Mannes bedrohende bzw. vernichtende Hexe (zum Melusine-Mythos siehe auch Stuby, S.68ff).

[73] Hier die berühmte leidenschaftliche Rede der Wasserfrau an die Männer im Text Bachmanns: "Es gibt keine Fragen in meinem Leben, ich liebe das Wasser, seine Durchsichtigkeit, das Grün im Wasser und die sprachlosen Geschöpfe (und so sprachlos bin auch ich bald!), mein Haar unter ihm, dem gerechten Wasser, dem gleichgültigen Spiegel, der es mir verbietet euch anders zu sehen. Die nasse Grenze zwischen mir und mir ... [...]. Ich habe keinen Unterhalt gebraucht, keine Beteuerung und Versicherung, nur Luft, Nachtluft, Küstenluft, Grenzluft, um immer wieder Atem holen zu können für neue Worte, neue Küsse, für ein unaufhörliches Geständnis: Ja, Ja. Wenn das Geständnis abgelegt war, war ich verurteilt zu lieben; wenn ich eines Tages freikam aus der Liebe, mußte ich zurück ins Wasser gehen, in dieses Element, in dem niemand sich ein Nest baut, sich ein Dach aufzieht über Balken, sich bedeckt mit einer Plane. Nirgendwo sein, nirgendwo bleiben." (Bachmann, Ingeborg: Undine geht. In: Dies.: Das dreißigste Jahr. Erzählungen. München 1966, S.171., S.170-179).

Im Bezug auf die Weiblichkeitsstudien Inge Stephans[74] bemerkt Ina Appel, daß hinter der Gestalt einer Nixe uralte mythische, Natur, Eros und Tod verschmelzende Vorstellungen von der "großen Mutter", die als gebärende, nährende, aber auch als verführerisch phallische Frau den Tod bringt (z.B. die von Eichendorff konzipierte Figur der Loreley), stehen[75]. Die im Wasser lebenden Frauen präsentieren vor allem die bedrohliche Seite der Natur, die überwiegend aus der lockenden Kraft dieser Gestalten resultiert. Im Bild einer Nixe werden sexuelle Komponenten in den Vorstellungen des Weiblichen intensiviert. Die fischschwänzige Meeresfrau gilt Stuby zufolge als eine konsequente Verkörperung der Gespaltenheit der männlichen Empfindung: "Die Wasseroberfläche trennt ihren Leib in eine ansehnliche obere und eine dem Blick entzogene, undurchdringliche untere Hälfte. Dabei wird die bedrohliche Doppelexistenz des Weiblichen in einem Bild festgeschrieben, das es als Zwitterwesen charakterisiert: halb Mensch, halb Tier", so Stuby.[76] Stuby erklärt die Verbreitung des Nixenmotivs in den früheren Epochen und selbst im 20. Jahrhundert dadurch, daß im gespaltenen Leib des Wasserweibes sich eine Vorstellung des Weiblichen in einer Metapher verkörpern läßt, die im allgemeinen in Gestalt zweier entgegengesetzter Frauenbilder die europäische Kunst und Literatur von der Romantik bis zum fin de siècle durchzieht: im Typus der entsexualisierten Kindfrau (angel) und in ihrem Gegentypus, der männermordenden Dämonin (monster).[77] Die am häufigsten vorkommenden Kontrastpaare dieser dichotomischen Vorstellung (Eva/Maria, Hexe/Heilige bzw. Hure/Heilige) fließen also im Bild der Sirene, Melusine oder Nixe ineinander. Wie oben dargestellt, beinhalten die Verwandlungsimaginationen der florentinischen Gräfin im Roman Kronauers die wesentlichen Aspekte dieses vor allem im 19. Jahrhundert populären Weiblichkeitsmusters, wobei die Gräfin dadurch unverkennbar in die Nähe der ihr seelenverwandten Wasserfrauen rückt.

Der Wunsch nach der Verwandlung in mythische Wasserfrauen und nach dem Wiedererlangen der archaischen Einheit von Mensch und Natur findet durch den

---

[74] Inge Stephan betrachtet die Gestalt der Nixe als Verkörperung einer magisch dominanten Weiblichkeit; als Beispiele gibt sie die Melusinen- und Undinen-Texte von Arnim, Tieck und Fouqué, sowie die Lyrik Eichendorffs, in der Wasser- und Wasserfrauenmotivik besonders häufig ist (vgl. Stephan, Inge: Weiblichkeit, Wasser und Tod: Undinen, Melusinen und Wasserfrauen bei Eichendorff und Fouqué. In: Weiblichkeit und Tod in der Literatur. Hrsg. von Renate Berger und Inge Stephan. Köln, Wien 1987, S.127f). Stephan verweist nicht nur auf die für die Nixengestalten charakteristische dominante Weiblichkeit, sondern auch auf die Ambivalenz dieses beliebten Musenmotivs: "Sie [Nixe] ist eine ambivalente Figur, wie schon die Attribute zeigen, die ihr zugeordnet werden: Die Schlange als destruktives, männliches Attribut, das im Fischschwanz der Nixe einen letzten Nachhall findet und das Gefäß, in dem sich sowohl das Empfangende, Schützende, Bewahrende, wie auch das Verschlingende, Kastrierende ausdrückt" (Ebd., S.128).

[75] Vgl. Appel, S.106.
[76] Stuby, S.42.
[77] Vgl. Ebd., S.56.

Freitod der Gräfin im Wasser[78] seine Erfüllung. Im mythischen Denken wird das Urelement Wasser als unmittelbare Voraussetzung für die Reproduktion von Leben dem Weiblichen zugeordnet, deswegen kommt die Gräfin im Wasser zu ihrer Ursprünglichkeit. Den Tod im Meer betrachtet die Gräfin offenbar als einzige Möglichkeit, dem Wesen einer Nixe bzw. Undine näher zu kommen. Dabei werden hier auch Ähnlichkeiten mit dem Schicksal der spätantiken Sirenen und besonders mit dem der Nixen der Romantik sichtbar, die durch ihre Verführungskünste die Männer ins Verderben stürzen und später selbst aus Verzweiflung von Felsen ins Wasser springen (so eine Gestalt ist z.B. Lore Lay in Clemens Brentanos Ballade "Lore Lay" (1802), die nicht nur selbst in den Rhein stürzt, sondern auch drei Ritter mit hinab in den Tod reißt): Ähnlich wie in den Texten der Romantik handelt es sich auch im Fall der Kronauerschen Gräfin um einen unstillbaren Liebesschmerz, um eine dem Wahn ähnelnde Trauer, um eine Todessehnsucht und schließlich darum, wie eine Frauengestalt ihrem Leben ein Ende setzt (zu weiteren Ähnlichkeiten zwischen Gräfin und naturhaften Wasserfrauen, sowie zwischen Gräfin und Ophelia-Figur siehe Kapitel 3.4.4.). Um zum Symbol der Einheit von Mensch und Natur werden zu können, muß also die Gräfin den Tod wählen. Der Metamorphose-Mythos führt damit zum Auflösungsmythos, d.h. zum Mythos des Verschmelzens von Frau und Natur, das in diesem Fall mit völligem Verschwinden am Meereshorizont endet (in diesem Zusammenhang kann auch auf eine gewisse Ähnlichkeit mit jenen Imaginationen hingewiesen werden, die aufgrund der Assoziierung des Weiblichen mit dem Vegetativen entstehen und in denen der weibliche Körper sich in einem totalen Auflösungsprozeß befindet wie bei der Mehrzahl der Darstellungen weiblicher Wasserleichen am Anfang des 20. Jahrhunderts, so z.B. in Alfreds Kubins Zeichnung "Sumpfpflanzen" (1903-1906)[79]). In den Kronauerschen Gräfin-Episoden kommen drei Vorstellungen zum Ausdruck, die im traditionellen Weiblichkeitsmythos miteinander eng verbunden sind: Natur, Eros und Tod (dazu siehe auch Kapitel 3.4.4.).

Der Wunsch der Gräfin nach der Verwandlung in begehrte und faszinierende Wesen kann als ein besonderes Verlangen aller Frauenfiguren des Romans gelten. Nicht nur die himmelwärts strebende Gräfin, sondern auch die alte Frau in ihren Sofakissen gehören einer anderen, nicht menschlichen Sphäre. "Ich soll ein Tier werden" (FK, 218), bekennt die Alte ihrer Katze. Ähnlich wie die Erzählerin oder die Gräfin imaginiert die alte Frau die Auflösung ihres Menschenwesens: "Oder was dürfte, falls mir das Mähnenwolffell übergeworfen wird, zurückbleiben aus meiner Menschenphase als Makel oder Zierde?" (FK, 219), fragt sie ihre Katze. In dem Bild der alten Frau kommen die mythischen Züge einer "Todesgöttin" (FK, 323) und einer Hexengestalt zum Ausdruck: "Zierliche Hexe, wer weiß, ob nicht Eulen in ihren Decken wohnen, ob sie nicht

---

[78] In diesem Kontext soll auch darauf hingewiesen werden, daß der Freitod im Wasser in ganz besonderem Maße weiblich besetzt ist (vgl. dazu: Ebd., S.183).

[79] Vgl. dazu: Ebd., S.206f.

selbst, mit sachtem Schwenken der Tücher, sich als Waldkrauz aufschwingen kann." (FK, 344) Die Alte stellt in den Augen Sibylle Cramers eine moderne Hexe dar, "die in einer archaischen, radikal auf Eigensinn verzichtenden Kommunion mit der Natur lebt".[80] Trotz der äußeren Ruhe, die sich um die Gestalt der Alten verbreitet hat, befindet sie sich - so wie alle anderen Frauenfiguren dieses Romans - in einem besonderen Zustand der inneren Verwandlung. Franz Schneider bezeichnet den von der Gräfin und von der alten Frau imaginierten Vorgang als "Anverwandlung": "Damit ist das Entschlüpfen der Person aus ihrer sozial determinierten Hülle gemeint sowie das anschließende Hinübergleiten und Einswerden mit dem Anderen, nicht zum Zweck seiner Bemächtigung, sondern um sich in der Verstreutheit der Phänomene wieder zu finden."[81] Im Fall dieser Frauenfiguren – genauso wie im Fall der bereits besprochenen Frauenfiguren Kaschnitz' – handelt es sich nicht um physische, sondern um psychische Metamorphose, d.h. hier verwandelt sich nicht das Äußere einer menschlichen Figur, sondern ihr Inneres.[82] Durch die imaginierten Metamorphosen der Frauenfiguren entwickelt die Autorin das Konzept einer pluralistischen Subjektivität, d.h. einer Subjektivität, die sich immer neu entwirft und sich spielerisch in vielfältige Rollen aufspaltet. So wie die Gräfin in die Gestalt einer Nixe schlüpft, nimmt die alte Frau die Züge einer Hexe an. Nixe (vgl. Gräfin) und Hexe (vgl. alte Frau) - so folgert Appel in Anschluß an Hans Peter Duerrs Studie "Traumzeit" (1985) - sind Gestalten des Außerhalb und stehen an der Grenze zwischen Wildnis und Zivilisation.[83] Der Erscheinung nach sind die Frauenfiguren Kronauers immer noch Menschen, dem Bewusstsein nach aber eindeutige Naturwesen.

Die Frauenfiguren Kaschnitz' machen ihre mythischen Erfahrungen meistens in den Regionen, die traditionellerweise als von Mythen geprägt bezeichnet werden: So konfrontiert Silvia in "Liebe beginnt" den steinernen Muttergottheiten in einem italienischen Palast, auch Rosie in der Erzählung "Lange Schatten" begegnet dem Halbgotten Pan an einer südländischen Küste. Seit je gelten diese Länder als Heimat von antiken mythischen Helden und Heldinnen, wobei diese ungewöhnliche Atmosphäre auch die Verwandlungsphantasien der Frauengestalten Kaschnitz' erweckt und sie der Weiterwirkung von Mythen sowie ihrer eigenen Zugehörigkeit zu der mythischen bzw. natürlichen Welt bewußt macht. Bei dem literarischen Projekt Kronauers ist es dagegen überraschend, daß natürliche weibliche Erscheinungsformen im gesellschaftlichen Bereich der modernen Großstadtwelt situiert werden: Die alte Frau in ihrer

---

[80] Cramer, Sibylle: Es gibt eine zarte Empirie, die sich mit dem Gegenstand innigst identisch macht. In: Brigitte Kronauer. Text+ Kritik, 112. Hrsg. von Heinz Ludwig Arnold. München 1991, S.21.
[81] Schneider, S.147.
[82] Zu physischen und psychischen Metamorphosen siehe auch: Harzer, S.28ff.
[83] Vgl. Appel, S.106.

Großstadtwohnung (Todesgöttin, Hexe) ist ein treffendes Beispiel dafür, daß sogar die als postfeministisch geltende abendländische Welt die archaische, für die patriarchalischen Denksysteme charakteristische Idee der Frau als Naturwesen nicht ganz ausschließen kann. Die außerordentliche Situation der im Roman "Die Frau in den Kissen" präsenten Frauengestalten, die sich in einem Bett, in einer Großstadtwohnung oder im Gummiboot befinden und erst in ihren Phantasien den Traum nach Verwandlung bzw. Verschmelzung mit der Naturwelt realisieren können, zeugt davon, daß Mythos in die Texte Kronauers nicht wortgetreu übernommen wird, sondern eine moderne Umakzentuierung erfährt, indem er in die gesellschaftliche Sphäre des postmodernen Zeitalters eingeführt wird. Die Autorin plädiert keineswegs zu einer einfachen Rückkehr zum Ursprung, wie es zutreffend Appel bemerkt:

"Nicht eine simple Rückkehrbewegung zum Ursprung steht zur Disposition, die Positivierung von Archaismen wäre, wie die Textpraxis deutlich zeigt, ein verhängnisvolles und entsetzliches Mißverständnis - offenbar geht es um den in der Ritualisierung ermöglichten Stillzustand und um die Bannung einer Angst vor dem Unbekannten, um die Vermeidung mythischer und wissenschaftlicher Projektion."[84]

Cramer bezeichnet den Roman "Die Frau in den Kissen" als gesellschaftliche Prosa, "die in der schattenlosen Mittagsstunde ihren Vorhang lüftet und den Blick freigibt auf die Hinterbühne, wo sich die Wiederkehr des Mythos vollzieht".[85] Was für die Autorin tatsächlich relevant ist, ist nicht die Rückkehr des Mythos, sondern die Möglichkeit eines kurzen Blicks auf die verlorene Welt, auch wenn dies nur in der Phantasie geschieht. Der Roman präsentiert also die Phantasie über den Ursprung, aber die Möglichkeit einer Rückkehr zu den Ursprüngen, unter anderem auch zu den mythischen Ursprüngen, zu der echten "Natur der Natur" (FK, 398), erweist sich als Illusion. Die Begegnung mit dem Unzugänglichen - wie z.B. im Fall der alten Frau - kann nur eine Illusion sein und wird im Text nicht erzählt.

3.2.5. Befreiende Funktion der Natur in der Prosa Wohmanns

Anders als Kaschnitz oder Kronauer präsentiert Wohmann in ihren Texten überwiegend das realistische Bild der zeitgenössischen Gesellschaft. Aus diesem Grunde kommen die mythischen Elemente in ihren Texten viel seltener und verhaltener zum Ausdruck als in den Werken der zwei anderen Autorinnen, aber diese wenigen Hinweise auf den alten Mythos von der Nähe der Frau zur Natur können nicht ganz außer acht gelassen werden. Das Wichtigste, was die

---

[84] Ebd., S.97.
[85] Cramer, Sybille: Adel des Geistes und die anonymen Gehäuse menschlicher Körper. Das Romanmanifest eines rückgekoppelten Modernismus: Brigitte Kronauers "Die Frau in den Kissen". In: Frankfurter Rundschau (4. Oktober 1990), Literatur-Rundschau, S.5.

Frauenfiguren Wohmanns mit der natürlichen Sphäre verbindet, ist ihre Sensibilität für Landschafts- und Gewitterphänomene. Die atmosphärischen und landschaftlichen Phänomene evozieren Eindrücke und Emotionen der meisten Wohmannschen Figuren, aber vor allem bei Frauengestalten fällt auf, daß der äußere Zustand der Natur mit ihren emotionalen Erlebnissen korrespondiert. In der Erzählung "Der Antrag" (1957), in der vom Werben eines älteren Schuldirektors um eine junge Lehrerin die Rede ist, heißt es: "Sie [die junge Frau] unterdrückte ein Gähnen, blinzelte in die schwitzende Luft: schwere, feuchte, flimmernde Decke auf ihren Körpern, die im Sande lagen." (A, 65)[86]. Die "schwitzende Luft" verdeutlicht hier nicht nur die äußere Atmosphäre der Begegnung zwischen Mann und Frau, die für die Frau als besonders belastend dargestellt wird, sondern auch den inneren Zustand der Frau, die mit großer Mühe ihre Liebessehnsucht zugunsten einer Heirat aus Berechnung zu unterdrücken versucht.

Die Natur präsentiert die Gegensphäre zu der die Frau einschränkenden sozialen Umwelt, deswegen werden die Liebesgefühle und andere Emotionen von den Frauenfiguren Wohmanns erst in der natürlichen Umgebung zugelassen. In der Erzählung "Die Wahrheit über uns" (1964) werden z.B. die auf der Ebene sozialer Kommunikation unterdrückten Emotionen zweier Schwester durch den gemeinsam erlebten Gewittergenuß aus Erstarrung geweckt, obwohl auch diese Erfahrung bereits zu einem Ritus geworden ist: "Gewitter am Abend lieben Lenny und ich heiß und innig, vor allem abends, weil wir uns abends immer richtig drauf einstellen können" (W, 52)[87]. Nur angesichts des Gewitters dürfen die Gefühle frei erlebt werden, wobei auch das Gefühl der Einigkeit zwischen den Schwestern entsteht. Die Konfrontation mit der stürmischen Natur erschüttert in diesem Fall das konventionalisierte Verhalten der beiden Frauen. Häufig geschieht solch eine Erschütterung in der Meereslandschaft, wobei das Meer als Freiheit symbolisierendes Element - nicht unähnlich etwa wie in der Gräfin-Episode im Roman Kronauers - den Willen zum freien Erlebnis der Gefühle erweckt (z.B. in "Der Antrag"). In der Natur, d.h. dem Haushaltsalltag entflohen, hoffen die Frauen auf die Veränderung - nicht nur der äußeren Lebensumstände, sondern auch ihres inneren Zustands. Ihre Hoffnungen gehen aber selten in Erfüllung: Die in der natürlichen Umgebung entstandenen Illusionen werden durch die Rückkehr in die Realität zerstört, so z.B. in der 1968 erschienenen Erzählung "Schöne Ferien".

---

[86] Die Seitenangaben im Text beziehen sich auf die folgende Ausgabe: Wohmann, Gabriele: Ausgewählte Erzählungen aus zwanzig Jahren. Bd.1. (1956-1963). Darmstadt, Neuwied 1979, S.65-68. Weiter im Text wird die Abkürzung "A" benutzt.

[87] Die Seitenangaben beziehen sich auf die folgende Ausgabe: Wohmann, Gabriele: Ausgewählte Erzählungen aus zwanzig Jahren. Bd.2. (1964-1977). Darmstadt, Neuwied 1979, S.51-66. Weiter wird die Abkürzung "W" benutzt.

3.2.6. Zwischenergebnisse

In vielen Weiblichkeitsmythen sind die Faszinations- und Wiedererkennungsmomente erhalten, die das Wiederaufgreifen der durch die Tradition überlieferten Weiblichkeitsbilder durch Frauen beeinflussen. Es ist der Position Andrea Günters zuzustimmen, die behauptet, daß es mehr als unangemessen wäre, "die positive Rezeption von Weiblichkeitsbildern durch Frauen von vornherein als »patriarchalisch deformiert« zu verurteilen, wie es so oft und schnell geschieht".[88] Der Rückgriff auf die Mythen macht Andrea Günter zufolge "ein transzendentales Verständnis der weiblichen Existenz" möglich, wobei auch die Grenzen zwischen Besonderem und Allgemeinem, Konkretem und Abstraktem überschritten werden können.[89] In den mythischen Weiblichkeitspräsentationen, die immer ambivalent sind, lassen sich unterschiedliche Komponenten erkennen, die häufig auch einen positiven, aus den strengen sozialen Rahmen befreienden Aspekt beinhalten. Dies macht verstehbar, warum Autorinnen Mythen weiterschreiben und weitertransportieren.

Im Rahmen der vorliegenden Arbeit machen vor allem die Werke von Kaschnitz und Kronauer die Tatsache sichtbar, daß auch in der Gegenwartsliteratur von Frauen die Suche nach alten und neuen Mythen stattfindet. Ihre Frauenfiguren verbildlichen die Vorstellung vom mythischen Einswerden des Menschen mit der Natur, d.h. sie präsentieren das genaue Gegenbeispiel zu den für das 20. Jahrhundert typischen Tendenzen ihrer Entfremdung. Diese Frauenfiguren distanzieren sich vom Gesellschaftlichen und nähern sich den einer natürlichen Sphäre entstammenden Vorstellungen von sich selber (vgl. dazu die Identifikation Silvias in "Liebe beginnt" von Kaschnitz mit den matriarchalischen Muttergottheiten oder die der Kronauerschen Frauenfiguren mit Tieren). In ihrer Sehnsucht nach der Naturwelt erscheinen die Frauengestalten Kaschnitz' und Kronauers als Vertreterinnen des Anderen, des Ursprünglichen und des schwer Faßbaren (vgl. dazu die zahlreichen Verwandlungsphantasien der Frauenfiguren in Kronauers Roman "Die Frau in den Kissen"). In viel geringerem Maße als bei Kaschnitz und Kronauer wird der Einfluß des traditionellen Mythos der Frau als Naturwesen an den Wohmannschen Frauenfiguren spürbar, die fest an das gesellschaftliche Gefüge gebunden sind. Obwohl die Mythen von der archaischen Einheit von Frau und Natur zunächst als Elemente der herkömmlichen patriarchalischen Denksysteme erscheinen, zeigen die in diesem Kapitel untersuchten Texte, daß diese Mythen auch in der modernen Erfahrungswelt ihre Tradition lebendig halten.

---

[88] Günter, S.112.
[89] Vgl. Ebd., S.113. Im Hinblick auf die Bewertung der Mythosverwendung in Texten von Autorinnen schlägt deswegen die Kritikerin vor, zwischen Form (Weiblichkeitsbild), Inhalt (Werte) und Funktion (Suche nach Transzendenz, Freiheit und Geltung in der Welt) zu unterscheiden (vgl. Ebd.).

Während feministische Theoretikerinnen und Autorinnen nach der Umschreibung von vertrauten Mythen, die ihrem Urteil nach repressive kulturelle Ordnung präsentieren, streben (wie es anfangs erläutert wurde, führen solche Bemühungen selten zu der gewünschten totalen Subversion), beweisen die Texte von Kaschnitz und Kronauer, daß neben dem feministischen, mythoskritischen Ansatz auf der anderen Seite ein affirmatives Mythosbild steht, bei dem das kritische Hinterfragen bestehender Mythen kein erklärtes Ziel darstellt. Kaschnitz versucht gar nicht, die traditionellen Weiblichkeitsmythen zu negieren oder zu entmythologisieren: Mythen besitzen in ihren Texten nicht den Status von Unterdrückungsmechanismen, sondern stellen - dies entspricht dem traditionellen mythischen Denken - überzeitliche Wahrheiten dar. Ausdrücklicher als bei Kaschnitz erfährt das Mythos-Material in Kronauers Texten eine Transformation, aber diese Transformation ist keineswegs auf die Abschaffung oder Umdeutung von Geschlechtspolaritäten gerichtet: Kronauer behält z.B. in ihren Texten die alte Zuschreibung des Weiblichen zum Naturbereich, obwohl ihre naturhaften Frauenfiguren als Bewohnerinnen der modernen Großstadt erscheinen und ihre Wünsche nach der Verwandlung in Naturwesen nur Illusionen bleiben. Patriarchalische Mythen werden bei Kronauer nicht kritisiert, geschweige schon dekonstruiert: Sie werden vorgestellt und unauffällig verändert, so etwa wenn in "Die Frau in den Kissen" die nixenhafte Gräfin im Unterschied zu zahlreichen romantischen Loreley-Gestalten ihren Begleiter keineswegs verführerisch ins Verderben stürzt, sondern der Mann selbst freiwillig und bewußt den Tod wählt. Kronauers Schaffen zeugt also von der ständigen Variierbarkeit von Mythen, aber die von der Autorin unternommene Mythen-Transformation hat selten eine geschlechtsspezifische Absicht.

3.3. Weibliche Kindheit und Sozialisation

3.3.1. Frage nach der Spezifik weiblicher Entwicklung in theoretischen und literarischen Diskursen

Die im vorhergehenden Kapitel erläuterten tradierten, spezifische Geschlechtsmerkmale festlegenden Imaginationen sind auch im Hinblick auf die bürgerlichen Traditionen weiblicher Erziehung sowie auf die dadurch beeinflußte Entstehung bestimmter weiblicher Selbstbilder in Kindheits- und Jugendjahren von großer Bedeutung. In den 70er Jahren wurde die Diskussion um die spezifischen Erfahrungen weiblicher Kindheit und Jugend von verschiedenen, feministisch orientierten wissenschaftlichen Disziplinen (zu feministischen Forschungen siehe Kapitel 2.3.1.) mit einem besonderen Interesse aufgegriffen. Karin Flaake und Vera King sind sogar überzeugt, daß eine systematische geschlechtsspezifische Perspektive auf Jugend erst von der Frauenforschung in die theoretischen Diskussionen und die empirischen

Untersuchungen eingeführt wurde.[90] Das Verständnis von weiblicher Entwicklung hat deswegen bedeutende Wandlungen erfahren. Die früheren Kindheits- und Adoleszenztheorien (vor allem die von Sigmund Freud[91]), die nach der Meinung feministisch orientierter Wissenschaftlerinnen wichtige Fragen und Probleme einer spezifisch weiblichen Entwicklung ungelöst lassen, wurden zum Gegenstand heftiger Auseinandersetzungen. Infolge dieser Diskussionen wurden viele herkömmliche Konzepte (z.B. das Freudsche Konzept einer defizitären Weiblichkeit oder die Verleugnung weiblicher Sexualität) modifiziert, verworfen oder durch neue ersetzt.[92] Feministisch orientierte Wissenschaftlerinnen versuchen, ein neues Bild von weiblicher Kindheit und Adoleszenz zu zeichnen, und kämpfen gegen die Tatsache, daß die theoretischen Konzepte der Vergangenheit das Erleben des Mädchens mit dem des Jungen gleichsetzen oder den Unterschied auf eine starre, auf patriarchalischer Rollenteilung beruhende, für feministische Sicht inakzeptable Weise formulieren. Zugleich wird heftig die Erziehungstradition angegriffen, in der das Mädchen - so folgert z.B. Christiane Olivier[93] - nicht in seiner Eigenständigkeit,

---

[90] Vgl. Flaake, Karin; King, Vera: Psychosexuelle Entwicklung, Lebenssituation und Lebensentwürfe junger Frauen. Zur weiblichen Adoleszenz in soziologischen und psychoanalytischen Theorien. In: Weibliche Adoleszenz. Zur Sozialisation junger Frauen. Hrsg. von Karin Flaake und Vera King. Frankfurt am Main, New York 1992, S.14.

[91] Die theoretischen Überlegungen zur Adoleszenz wurden von Freud in den "Drei Abhandlungen zur Sexualtheorie" (1905) ausgeführt. Freud thematisiert in dieser Schrift die Pubertät unter dem Gesichtspunkt der Veränderungen im sexuellen Erleben des Individuums. Freud hat aber kein Modell einer genuin weiblichen Sexualität entwickelt, sondern Weiblichkeit meistens unter dem Gesichtspunkt defizitärer Männlichkeit interpretiert (im Bezug auf die sexuelle Entwicklung des Mädchens betont Freud z.B. die in der Kindheit maßgebliche Erfahrung einer im Vergleich zum Jungen ungenügenden genitalen 'Ausstattung' und den daraus resultierenden Penisneid). Mittlerweile wurden die Sexualtheorien Freuds (unter anderem auch seine Überlegungen zur weiblichen Entwicklung) in mehreren Untersuchungen behandelt, die im Rahmen meiner Arbeit jedoch keiner näheren Erläuterung bedürfen (zur Rezeption der Freudschen Weiblichkeitskonzeptionen siehe auch: Flaake; King, S.19ff).

[92] In diesem Zusammenhang genügt zu sagen, daß Freuds Ansichten hinsichtlich weiblicher (Körper)Entwicklung in zahlreichen Aspekten angefochten wurden: Bereits in den 50er Jahren kritisierte Clara Thompson in einer Reihe von Ansätzen die Freudschen Theorien des Penisneids und betonte nachdrücklich, daß Frauen nicht den Penis selbst wünschen, sondern die Macht und die Privilegien, welche die Männer in der patriarchalischen Gesellschaft genießen (vgl. dazu: Dalsimer, Katherine: Vom Mädchen zur Frau. Literarische Darstellungen - psychoanalytisch betrachtet. Aus dem Amerikanischen übersetzt von Elisabeth Vorspohl. Berlin, Heidelberg 1993, S.11).

[93] Vgl. Olivier, Christiane: Jokastes Kinder. Die Psyche der Frau im Schatten der Mutter. Deutsch von Siegfried Reinke. Düsseldorf 1987, S.81. "Das Leben eines kleinen Mädchens läßt sich in der Tat nur in der Zukunft leben, als zukünftige Frau. [...] Anstatt anzuerkennen, was das kleine Mädchen an besonderem *hat,* verweist man es lieber auf die *Schönheit,* die es haben wird, auf die *Mutterschaft* als Erfüllung, die *Ehe* als Gesetz", so kritisiert die traditionelle Erziehungssituation Olivier (ebd., S.122ff).

sondern nur in seiner Entwicklung zum Geschlechtswesen 'Frau' und zur Erfüllung weiblicher Rollen anerkannt wird.

Nicht nur feministisch orientierte Wissenschaftlerinnen in den Bereichen Psychologie oder Soziologie, sondern auch die Autorinnen (vor allem Jutta Heinrich, Brigitte Schwaiger, Merian Svende) liefern mit ihren programmatischen Texten einen literarischen Beitrag zu diesem Thema, indem sie über ihre privaten Leiderfahrungen aus der patriarchalisch bestimmten Kindheits- und Jugendzeit berichten. Kindheit wird als spezifisches Thema angesehen, das zusammen mit anderen, vom feministischen Literaturprogramm betonten Themen diskutiert wird, so z.b. die Auseinandersetzung mit dem Vater, die Abgrenzung von der Mutter und die Probleme weiblicher Identitätsfindung (thematische Schwerpunkte der programmatischen Frauenliteratur wurden detailliert im Kapitel 2.3.3. besprochen). Die traditionellen familiären Verhältnisse, die weibliche Kindheit und Pubertät bestimmen (z.B. die Autorität der Eltern, die Erziehung des Mädchens zur Ehefrau und Mutter), werden von diesen Autorinnen direkt kritisiert, weil sie das Schreiben vor allem als Angriff auf das Patriarchat verstehen und Provokation beabsichtigen. In ihren Texten präsentierten die Autorinnen überwiegend negative Beschreibungen von gestörten Beziehungen zu den Eltern, von psychischen Schockerlebnissen oder vom eigenen körperlichen und seelischen Zusammenbruch.[94] Im Hinblick auf eine große Menge der programmatischen Texte, die tradierte familiäre Verhältnisse als gestörte Verhältnisse darstellen, sollen hier vor allem die Texte von Jutta Heinrich (z.B. "Das Geschlecht der Gedanken") und von Brigitte Schwaiger (z.B. "Wie kommt das Salz ins Meer" oder "Lange Abwesenheit") erwähnt werden, weil diese Autorinnen sich am einprägsamsten mit den negativen Einflüssen des Patriarchats (z.B. väterliche Allmacht, mitleiderregende Schwäche der Mutter) auf das töchterliche Leben auseinandersetzen und sich gegen die Übernahme von tradierten weiblichen Rollen wehren. Die Beschreibung dieser Abwehrprozesse entspricht wortgetreu dem feministischen Programm, das die Erziehung nach herkömmlichen, geschlechtsspezifischen Normen und Weiblichkeitsidealen ausdrücklich kritisiert und ablehnt. Hier soll jedoch betont werden, daß die reale Abschaffung von tradierten, in der Gesellschaft fest verwurzelten Erziehungs- und Verhaltensmodellen sich häufig als problematisch erweist und nicht immer angestrebt wird, was auch die Texte von Kaschnitz, Wohmann oder Kronauer sichtbar machen.

Der Fragestellung meiner Arbeit entsprechend, soll hier das Interesse der Analyse nicht auf emanzipatorische Aspekte weiblicher Kindheit und Sozialisation gerichtet werden, sondern auf die Elemente einer traditionellen weiblichen Erziehung, Kindheit und Jugend, die in den Texten von Kaschnitz, Wohmann und Kronauer immer wieder zum Vorschein kommen. Dieses Kapitel will also aus den literarischen Texten dieser Autorinnen Aussagen über traditionelle Aspekte der Mädchenkindheit erschließen. Nicht zu übersehen ist

---

[94] Vgl. Mader, S.49.

auch die Tatsache, daß in den Aussagen der Autorinnen über weibliche Kindheit auch ihre Einstellung zur Frauenproblematik allgemein sichtbar wird. "In den Mädchenbildern werden Frauenbilder grundgelegt; das Selbstbild der Frau spiegelt sich in deren Erzieherverhalten wider", bemerkt zutreffend Mader.[95] Von daher besteht die Aufgabe dieses Kapitels darin, die gewählten Texte nach folgenden Gesichtspunkten zu untersuchen: Erinnerungssituation, spezifische Kindheitserfahrungen, Beziehungen zu Eltern (auf diese Frage wird aber in den Kapiteln 3.6. und 4.1. noch einmal näher eingegangen), Übergangsphase vom Mädchen zur Frau und weibliche Sozialisationsprozesse.

3.3.2. Thematisierung der Kindheit

Zunächst muß darauf hingewiesen werden, daß Kindheit von diesen drei Autorinnen nicht mit gleicher Intensität beschrieben wird. Kaschnitz und Wohmann betrachten Kindheit als etwas Spezifisches, was nicht allein als Durchgangsstadium zum Erwachsensein vernachlässigt werden darf, und widmen einzelne Texte speziell der Darstellung der Kindheit (als Beispiel kann Wohmanns Roman "Paulinchen war allein zu Haus" gelten). Kronauer räumt in ihren Werken (z.B. im Roman "Rita Münster") den Kindheitsdarstellungen viel weniger Platz ein und richtet ihren Blick vor allem auf den Moment des Übergangs vom Kinder- zum Erwachsenenalter. Alle drei Autorinnen akzeptieren aber die Bedeutung kindlicher Erlebnisse für die weitere Entwicklung einer Person, in diesem Fall für die Entwicklung einer Frau. Aus diesem Grund werden die Kindheitserfahrungen, die in den meisten Fällen mit familiärer Sphäre verbunden sind, im Zusammenhang mit weiteren Sozialisationserfahrungen, d.h. mit weiblichen Erfahrungen im sozialen Raum, analysiert.

Die in den hier untersuchten Texten vorkommenden Kindheitsdarstellungen tragen oft einen autobiographischen Charakter: Kaschnitz setzt sich überwiegend mit ihrer eigenen kindlichen Vergangenheit auseinander; auch für Wohmann ist ihre behütete Kindheit Anlaß, das nie mehr Erreichbare zu beschwören. Wohmann und Kronauer erzählen jedoch distanzierter als Kaschnitz und eröffnen dadurch spezifische Aspekte einer weiblichen Kindheit (z.B. aus der Perspektive eines Adoptivmädchens in Wohmanns Roman "Paulinchen war allein zu Haus"). Die Kindheitsdarstellungen in den Texten von Kaschnitz und Wohmann begrenzen sich nicht nur auf individuelle Geschichten der Heldinnen (diese stehen aber immer im Vordergrund), sondern machen auch historische und gesellschaftliche Zusammenhänge sichtbar (z.B. die adeligen Gesellschaftsnormen am Anfang des 20. Jahrhunderts bei Kaschnitz und die Kehrseiten der neueren feministischen Bewegung bei Wohmann). Auf diese Weise wird "im individuellen Fall eines Kinderschicksals" zugleich "ein Bild des gesellschaftlichen Lebens einer Zeit" gezeichnet.[96] In der Prosa Kronauers

---

[95] Ebd., S.148.
[96] Vgl. Ebd., S.51.

sind dagegen die Aussagen zum gesellschaftlichen Leben nicht konstituierend für den Text, weil die größte Erinnerungskraft den kleinen Details aus der privaten Kindheitswelt zuteil wird: Die phantastische Atmosphäre der kleinen Szenen ist das, woran sich die Heldinnen Kronauers erinnern.

3.3.2.1. Kindheitsbilder bei Kaschnitz als Zeugnisse einer patriarchalischen Familienordnung

Besonders im Fall Kaschnitz' hängen ihre Selbsteinschätzung und Weltanschauung, darunter auch ihr Verständnis vom Weiblichen, mit der Herkunft der Autorin zusammen, obwohl sie in ihrem Werk die Kindheitserlebnisse vor allem im Hinblick auf eigene Ängste und nicht im Hinblick auf ihre Umwelt beschreibt. Aus ihrer Herkunft[97] ergibt sich auch eine starke Bindung an die durch das patriarchalische Gesellschaftssystem bestimmte soziale und kulturelle Tradition. In ihren literarischen Aufzeichnungen werden vor allem die durch das adelige Milieu und die Traditionen bedingte Distanz der Eltern zu den Kindern sowie der selbst erfahrene Mangel an mütterlicher Liebe[98] festgehalten. Da das Schreiben von Kaschnitz auch auf einer autobiographischen Suche beruht, gehört das Thema Kindheit zu den zentralen Themen ihres Werkes. Das 1956 erschienene Buch "Das Haus der Kindheit" konzentriert sich auch auf das Zurückfinden zur Kindheit, von deren Welt die Autorin sich ihr ganzes Leben gelockt fühlt.

Bei den Kindheitsbeschreibungen handelt es sich vor allem um die Suche nach dem Ich, wobei der Weg der Erinnerung in Fragmente zerfällt. Bereits das Schockerlebnis am Anfang des Textes, das bei der Erzählerin den Entschluß auslöst, das Haus der Kindheit aufzusuchen, verdeutlicht unverkennbar die Tatsache, daß in der dargestellten patriarchalischen Gesellschaftsordnung jeder einzelne oder jede einzelne in den bestehenden Geschlechterrollen gehalten wird und daß alle Abweichungen von der Norm mit "Besorgnis" betrachtet werden:

> "Ich hatte bei einer mir wenig bekannten Familie etwas abzugeben und kam mit der Frau des Hauses ins Gespräch. Wir standen im Vorzimmer, die Kinder liefen durch den Raum in den Garten, auch ein kleines Mädchen, das wie ein Bub gekleidet war und mit Stöcken und Seilen und einem wilden indianischen Kopfputz recht kriegerisch ausgerüstet war. Meine Tochter spielt niemals mit

---

[97] Marie Luise von Holzing-Berstett wurde 1901 in einer adeligen Familie geboren, die eine gesicherte soziale Stellung, eine gute Ausbildung und eine behütete, aber zugleich angstbeladene Kindheit garantierte. Die sorgfältige Erziehung beruhte auf den vorgeschriebenen Regeln und war vorwiegend durch Kindermädchen und Gouvernanten gesichert, mit denen die Kinder mehr Umgang als mit den Eltern hatten.

[98] Dagmar von Gersdorff, die Biographin Kaschnitz', hat ausführlich beschrieben, wie die kleine und heranwachsende Tochter unter der fernen und strengen 'Gottähnlichkeit' der Eltern litt, denn ein Gefühl von Geborgenheit scheint sich in der Familie nicht wirklich eingestellt zu haben (vgl. dazu Gersdorff, S.13).

Puppen, sagte die Mutter und lachte dazu, während doch ihrer Stimme eine gewisse Besorgnis anzumerken war. In diesem Augenblick erfuhr der mich umgebende Raum eine blitzschnelle Verwandlung, ohne daß dabei etwa ein anderer von bestimmter Gestalt hervorgetreten wäre." (HK, 282f)[99]

Durch diese Mischung aus Lachen und Besorgnis[100] setzt die Frau das Verhalten ihrer kleinen Tochter in Beziehung zu der herrschenden Geschlechterordnung und erzeugt eine Stimmung, die aufkommt, wenn Kinder - vor allem Mädchen - von dem ihnen zugedachten Rollenverhalten abweichen. Die Erzählerin wird durch die Worte der Frau plötzlich in ein Erinnerungsbild versetzt, in eine Kindheitssituation, die sie selbst erlebt hat.

Daß die Heimsuchung quälend genug ist, zeigen die anfänglichen Zweifel und der Widerwillen der Erzählerin im "Haus der Kindheit". Erst im Prozeß der Erinnerung wird man sich der als Kind erlebten Verletzungen und Empfindlichkeiten bewußt, die "das ängstliche, friedliebende Kind" (HK, 319) in sich verkriechen lassen. Die Erzählerin imaginiert ein merkwürdiges künstliches Haus, eine Art Museum. Hilflos fühlt sie sich gegenüber einer Fülle von Bildern, die auf sie stürzen, Lust und Schrecken erwecken, ängstigen und wieder verschwinden. Das Ich bricht zusammen, weil es mit dem Ich-Mädchen konfrontiert wird, das es einst gewesen ist, aber das seiner eigenen Vorstellung nicht entspricht. Zugleich ist die sich Erinnernde dazu gezwungen, den "Wechsel von Unliebe und Liebe, Angst und Vertrauen, Behauptung und Hingabe als ein Abbild des ganzen Lebens" zu erkennen (HK, 374).

Das Buch "Das Haus der Kindheit" reflektiert die Ich-Suche einer Frau, obwohl die Autorin deutlich macht, daß diese Problematik zum Grundsätzlichen des Menschen gehört. Die Geschichte dieses Buches ist aber vor allem die Geschichte einer Frau, die im fortgeschrittenen Alter ziemlich vereinsamt ist und als freie Mitarbeiterin bei Zeitungen arbeitet. Die Kindheit, mit der sie konfrontiert, ist die Kindheit eines Mädchens. Zu den Erlebnissen der erinnerten Mädchenkindheit gehören z.B. die an das zehnjährige Mädchen gerichtete Erwartung, sich freundlich und nachgiebig zu verhalten (HK, 336f), die Ablehnung, wenn sie den richtigen, d.h. zum mädchenhaften Verhalten gehörenden, "Ton" nicht trifft (HK, 336) oder die Erfahrung, daß die Mutter - der patriarchalischen Tradition entsprechend - ein weibliches Kind gar nicht gewollt hat (HK, 304). Dabei fällt auf, daß auch das Mädchen selbst, von dem es erwartet wird, sie komme gar nicht auf die Idee, gegen gesellschaftliche

---

[99] Die zusammen mit der Abkürzung "HK" angegebenen Seitennummer beziehen sich auf die folgende Werkausgabe: Kaschnitz, Marie Luise: Gesammelte Werke. Hrsg. von Christian Büttrich und Norbert Miller. Bd. 2 (Autobiographische Prosa I). Frankfurt am Main 1981.
[100] "Das Lachen signalisiert dabei, daß die Aktion des Kindes nicht ernst genommen wird, eine subtile Abwertung also; der Ton von Besorgnis in der Stimme - in einem denkbaren Spektrum von sanfter Erpressung bis hin zur subtilen Drohung - bringt ein zusätzliches Moment unterschwelliger Wertung ins Spiel", so erklärt das Verhalten der Frau Monika Albrecht (Albrecht, S.198).

Vorstellungen zu rebellieren, das Wertsystem der Mutter (dazu siehe auch das Kapitel 3.6., in dem das Thema Mutterschaft und Mutter-Tochter-Beziehung analysiert wird) verinnerlicht und in ihre eigene kindliche Vorstellungswelt integriert[101] (so spielt es auch viel lieber mit einem Puppenjungen als mit ihren Mädchenpuppen (HK, 321)). Früh versteht das Mädchen den Sinn aller verbalen und nonverbalen Botschaften, die es zur Übernahme einer von der Umgebung geforderten Frauenrolle zwingen und mit denen "die Spirale der ständigen Neufestlegungen herrschender Verhältnisse" weitergedreht wird.[102]

Abgesehen von den in der Kindheit erlebten Kränkungen wird jedoch an keiner Stelle - dadurch unterscheidet sich die Position Kaschnitz' von feministischen Konzepten - die Denktradition, von der in der Erinnerung als vom Selbstverständlichen die Rede ist, als patriarchalisch oder Frauen abwertend geschildert (ähnlich steht die Erzählerin den Veränderungen der technisierten Gesellschaft der 60er Jahre kritiklos gegenüber). Wenn ein patriarchalisches System auch gemeint sein sollte, so wird das in andere Worte gekleidet: "Mir ist die Monarchie von jeher unsympathisch, wahrscheinlich weil sie, wie sich jetzt herausstellt, zu meiner Kindheit gehört" (HK, 302f); "Daß in meiner Familie der Geist der Aufklärung [...] wirksam war, wurde mir, und zwar nicht nur durch die Bereitstellung der Voltairebüste, bereits deutlich gemacht" (HK, 356). Die Macht der Traditionen wird festgestellt, aber nicht analysiert, so daß auch die Belanglosigkeit des erinnerten Kinder- und Frauenlebens nicht zur Sprache kommt.

Aus diesem Konzept kann man die Schlußfolgerung ziehen, daß die Autorin im "Haus der Kindheit" traditionellem Denken verhaftet bleibt. Kaschnitz steht mit ihren Anschauungen in der Tradition der europäischen Sozial- und Kulturgeschichte, so daß auch in ihren Texten die patriarchalisch geprägte Sittenordnung ihren Ausdruck findet. Aus feministischer Perspektive das Buch "Das Haus der Kindheit" betrachtend, stellt Susanne Keßler folgendes fest: "In der 'Geschichte' des Kaschnitzschen Romans findet man vor allem den Niederschlag einer bürgerlichen Kultur des 19. Jahrhunderts, in der die Frau wie kaum sonst über den Mann definiert war, und das heißt folglich vor allem: in ihrer natürlich-biologischen Funktion [...]; und für die weibliche Identität als Mensch erst einmal, als souveräne Persönlichkeit, als Eigenes, war in dieser Kultur kein Platz."[103] Monika Albrecht ist dagegen der Meinung, daß Kaschnitz im "Haus der Kindheit" in der Frage nach der Geschlechtsidentität am weitesten gelangt ist: Nach Albrecht hat die Autorin in diesem Roman die Einsichten in kulturelle und gesellschaftliche Regelsysteme dargestellt, die sonst an keiner Stelle in ihrem Werk direkt formuliert sind und auch nicht weitergedacht werden.[104] Es ist Albrecht zuzustimmen, daß Kaschnitz in diesem Roman einen

---

[101] Vgl. dazu ebd., S.194f.
[102] Ebd., S.194.
[103] Keßler, S.88.
[104] Vgl. Albrecht, S.191.

Einblick in die Geschlechterproblematik gewinnt, aber es bedeutet nicht, daß die Autorin so weit geht, den Rahmen der vorgegebenen Geschlechterrollen zu verlassen oder die vermeintlich naturgegebene Ordnung in Zweifel zu ziehen.

Obwohl die Erzählerin im "Haus der Kindheit" an mehreren Stellen beschreibt, wie sie als Kind unter Einsamkeit und Abwesenheit der Eltern gelitten hat, unterzieht sie jedoch patriarchalische Familienverhältnisse keiner Kritik. Kaschnitz kritisiert eher die Abweichungen von den für das patriarchalische Gesellschaftssystem charakteristischen Geschlechtsrollen: Wenn sie ihre eigene problematische Beziehung zur Mutter schildert, klagt sie vor allem darüber, daß die Mutter nicht für die Tochter da war, wenn diese mütterliche Zuwendung brauchte. Die Erzählerin hält die Mutter für die Verräterin ihres Geschlechts, weil diese ihre Verpflichtungen als Mutter nicht erfüllen will und den Kindermädchen überläßt (HK, 318). Hier kommt also die tradierte Überzeugung zum Ausdruck, daß es zu den Pflichten einer Frau gehört, für das Kind dazusein (zur Mutter-Tochter-Beziehung im "Haus der Kindheit" siehe Kapitel 3.6.3.). In diesem Zusammenhang muß betont werden, daß die Erzählerin Kaschnitz' - sowie die Autorin selbst, anders aber als die Heldinnen feministischer Autorinnen (z.B. die von Heinrich) - ihre Eltern wegen ihres autoritären bzw. gottähnlichen Verhaltens der Tochter gegenüber nicht beschuldigt (dies beweisen auch die an die Eltern gerichteten Briefe Kaschnitz'[105]). Diese Position entspricht den traditionell festgelegten Verhaltensnormen, die von einem Mädchen bzw. einer jungen Frau eine nachgiebige Art und eine widerstandslose Anpassung an die elterlichen bzw. gesellschaftlichen Regeln fordern.

Daß die Auflösung tradierter patriarchalischer Familienverhältnisse für das Kind sogar schmerzlich sein kann, schildert Kaschnitz in der Erzählung "Popp und Mingel" (1960). In dieser Erzählung thematisiert sie die Situation eines Schlüsselkindes, dessen beide Eltern berufstätig sind. Kaschnitz macht deutlich, daß es dem kleinen Jungen (nicht unähnlich etwa wie der Autorin selbst in ihrer Kindheit) vor allem an der Anteilnahme seiner abwesenden Mutter fehlt, deswegen gründet er aus alten Spielsachen eine Ersatzfamilie, in der eine Puppe Mingel die Mutter darstellt. Der Junge sehnt sich so stark nach der Mutter, daß er sie sich sogar krank wünscht, damit sie daheim bleibe. Die Mutter hat sich aber - und das entspricht den Forderungen eines feministischen Emanzipationsprogramms - von ihren häuslichen Pflichten entfernt und versucht, sich außerhalb der familiären Sphäre zu verwirklichen. Die Mutter weigert sich, nach patriarchalischen Normen familienerhaltend zu wirken, wobei das Kind zur Einsamkeit verurteilt wird. Obwohl Kaschnitz die weiblichen Emanzipationsversuche nicht grundsätzlich ablehnt, scheint sie der tradierten Denkweise

---

[105] Dagmar von Gersdorff weist darauf hin, daß in den Briefen, die Kaschnitz an die Eltern schrieb, sich nichts an Vorwürfen oder Kritik findet; die Briefe sind auf beiden Seiten warmherzig und liebevoll (vgl. Gersdorff, S.20).

verhaftet zu bleiben, daß die Erfüllung von Mutterpflichten zu den wichtigsten Aufgaben einer Frau gehört (vgl. dazu auch Kapitel 3.6.).

3.3.2.2. Wohmanns Kritik an der Auflösung traditioneller Familienverhältnisse

Ähnlich wie Kaschnitz beschäftigt sich auch Gabriele Wohmann ausführlich mit Kindheitssituationen, darunter auch mit solchen negativen Folgen der Auflösung tradierter Familienverhältnisse wie Kindervernachlässigung. Dabei verdeutlicht Wohmann die Tatsache, daß nicht nur eine patriarchalische, durch elterliche Autorität geprägte Familiensituation, sondern auch eine nach neuen Forderungen der Emanzipation gebaute Familienatmosphäre sich als kinderfeindlich erweisen kann. Im Roman "Paulinchen war allein zu Haus" schildert sie z.B. aus der Perspektive eines Mädchens die Störungen in der Kindheitsentwicklung, die das Kind zu Identitätsproblemen und Neurosen führen. Im Mittelpunkt der Handlung stehen die Konflikte der achtjährigen Paula mit ihren Adoptiveltern, die die modernen Methoden der Kinderpädagogik anzuwenden versuchen und dadurch als ambitionierte Pseudo-Erzieher erscheinen. Die Eltern vertreten die Überzeugung, das Kind müsse früh zu Eigenständigkeit und Selbstverantwortlichkeit erzogen werden (vgl. dazu Kaschnitz' Erzählung "Popp und Mingel", in der die Eltern von dem kleinen Jungen genauso viel Selbständigkeit und Identifikation verlangen). Die Erzieher verkörpern also keine hierarchisch-autoritären Strukturen, sondern eine neue Schule der Sozialisation. Da das Kind aber nie richtig allein sein darf (z.B. hat Paula kein eigenes Zimmer), entwickelt es einen großen Wunsch nach Einsamkeit und eine Abneigung gegen die anderen. Was Paulas Adoptiveltern für die Atmosphäre freier Partnerschaft und Toleranz halten (z.B. werden zusammen die Problemkomplexe "*transparent* gemacht" (Paulinchen, 24)[106], alles wird "*reflektiert*", denn "hier herrscht eine freundschaftliche Vertrauensbasis" (Paulinchen, 11)), empfindet das Kind als eine Hölle der Lieblosigkeit. Obwohl der Junge in "Popp und Mingel" von Kaschnitz am Alleinsein leidet und Paula sich dagegen nach Einsamkeit sehnt, befinden sich die beiden Kinder in einer ähnlichen Situation: Keines von ihnen hat einen Ort, wo es sich richtig zuhause fühlen könnte, deswegen fliehen sie beide in eine Phantasiewelt (was die kindlichen Gefühlsräume betrifft, 'wohnt' der Junge in einem Schuhkarton mit seiner Spielfamilie, und Paula 'wohnt' in ihren Erinnerungen an die Großeltern und in ihrem Tagebuch). Das gestörte Verhalten der beiden Kinder (der Junge stiftet den Brand ein, Paula stehlt Geld, trinkt Alkohol etc.) gilt als Protest gegen die Nichterfüllung der Pflichten seitens der Eltern. Beide Kinder glauben sich ihrer Kindheit beraubt, sehnen sich nach Gefühlen und Geborgensein, möchten wichtig und ernst genommen werden.

---

[106] Die weiteren Seitenangaben im Text beziehen sich auf die folgende Ausgabe: Wohmann, Gabriele: Paulinchen war allein zu Haus. Roman. Darmstadt, Neuwied 1978.

Das größte Problem im Fall Paulas liegt darin, daß die neuen Eltern nicht fähig sind, sich gefühlsmäßig auf das Mädchen einzustellen (ganz ähnlich wie die berufstätigen Eltern in Kaschnitz' Erzählung "Popp und Mingel", die ihren Sohn zum Schlüsselkind machen und ihn weitgehend vernachlässigen). Im Buch Wohmanns kommt also die scharfe Kritik nicht nur an der lehrbuchhaften Pädagogik, die das Kind als Versuchskaninchen betrachtet, sondern auch an der Lieblosigkeit in der Erziehung. Paula erinnert sich häufig an die Zuneigung und Liebe im traditionell geordneten Haus der Großeltern, während die Adoptiveltern eher "partnerschaftlich" (Paulinchen, 11) miteinander umgehen. Auffällig ist hier, daß das Mädchen nicht nur die Liebe für seine eigene Person vermißt, sondern ihm fehlt die Liebe allgemein, auch die Liebe der Adoptiveltern zu einander. *"Das Böse ist ein Mangel an Liebe"* (Paulinchen, 96) - diesen Spruch hat das Mädchen irgendwo gefunden und an seine Zettelwand gefestigt. Der Erziehungsprozeß wird wegen der Lieblosigkeit zur gegenseitigen Entfremdung, zur Verhärtung der beiden Fronten (Adoptiveltern und Kind) und besonders bei Paula zum Festhalten an der eigenen Position.

Der Konflikt zwischen den Adoptiveltern und dem Problemkind spitzt sich in der Polarisierung der beiden weiblichen Figuren zu. Besonders in der Anwesenheit der Adoptivmutter Christa versucht Paula, ihre Emotionen zu kontrollieren, weil sie von ihr den Mißbrauch ihrer Gefühle erwartet:

> "Das Kind saß da und mußte sogar auf der Hut sein, um bloß Christa nicht zu bemitleiden, um über Christa nicht gerührt zu sein. Ausgerechnet Christa. [...]. O, bitte, lieber Gott, ich will bitte nichts Gerührtes wegen Christa empfinden, ich will nicht wieder so reinfallen mit einem Gefühl, beschwor das Kind sich selber" (Paulinchen, 31f).

Die Abneigung Paulas gegen Christa wird durch deren Emotionslosigkeit und Mißachtung von Paulas Bedürfnissen hervorgerufen, z.B. durch Christas Feldzug gegen das alte Spielzeug. Während Paula sich nach "Nestwärme" (Paulinchen, 139) sehnt, versucht die allem Anschein nach emanzipierte Christa, alle traditionell als weiblich geltenden Eigenschaften (Emotionalität, Spontaneität) zu unterdrücken. Nicht unähnlich etwa wie die Erzählerin im "Haus der Kindheit" von Kaschnitz klagt auch die Protagonistin Wohmanns über die Verratung der traditionellen Frauenrolle durch die Adoptivmutter. Die Abneigung Paulas gegen Christa wird allmählich zur Abneigung gegen das eigene Geschlecht: Paula nennt sich im Rollenspiel selbst "Paul". Indem sie sich betont jungenhaft gibt, versucht sie zu verleugnen, daß sie selbst allmählich zur Frau, d.h. zu einer solchen Frau wie Christa, wird. Abgesehen davon, daß auch feministische Heldinnen sich wehren, ihren Müttern ähnlich zu werden (vgl. dazu Kapitel 3.6.3.), entsteht hier ein gravierender Unterschied zur feministischen Position: Während die Heldinnen in "Das Geschlecht der Gedanken" von Heinrich oder in "Wie kommt das Salz ins Meer" von Schwaiger dagegen kämpfen, die traditionelle weibliche Rolle ihrer schwachen, väterliche

Demütigungen ertragenden Mütter zu übernehmen, wehrt sich Paula gegen die Rolle einer emanzipierten, nur auf eigene Bedürfnisse konzentrierten Frau, die genau das Gegenteil ihrer eigenen Mutter oder Großmutter präsentiert.

Die Adoptivmutter in Wohmanns Roman, die über ein keineswegs unproblematisches Selbstverständnis in ihrer Frauenrolle verfügt[107] (trotz ihrer Emanzipation kann sie z.b. nicht auf das traditionelle Streben nach weiblicher Schönheit verzichten), will Paula das Rollenspiel ausreden: "Heutzutage kämpfen wir Frauen für unser zu lang verschüttetes, von den Männern mißbrauchtes, einfach übergegangenes Selbstbewußtsein." (Paulinchen, 41). Wenn sie Paulinchen beim Versuch erwischt, sich die Haare zu toupieren - wie Christa dies insgeheim selbst tut - schlägt sie das Mädchen. Gerhard P. Knapp zufolge ist dies "eine ihrer wenigen spontanen Reaktionen auf das Verhalten des Kindes: unvernünftige Wut provoziert durch die Bloßstellung eigenen Rollenverhaltens".[108] Das Mädchen wird stark irritiert, weil die Emanzipation Christas sich als Scheinemanzipation erweist (vgl. Kapitel 5.2.). Da jede andere Art der spontanen Gefühlsäußerung seitens der Adoptivmutter fehlt, entwickelt Paula in ihrem Bedürfnis nach Zuwendung eine drastische Strategie gegen die Eltern: Sie vernichtet Christas Medikamente, später schluckt sie selbst von Christas Beruhigungsmitteln und Stimulantien. Christa versucht, der ihr völlig rätselhaften (weil den theoretischen Studien abweichenden) Unlust Paulas gegenzusteuern, aber ihre Versuche, wie auch die Versuche Paulas, durch die "alte Mischung aus Rachsucht, Liebessucht" (Paulinchen, 164) die Situation zu verändern, bleiben völlig erfolglos.

Im Gegensatz zu vielen erwachsenen Frauenfiguren Wohmanns erscheint Paula am Ende des Romans als eine zur Selbstentscheidung fähige Person: Sie will leben und allein sein, deshalb teilt sie den Erziehern ihren Wunsch mit, in ein Internat zu gehen. Daß Christa wenig Ahnung von der Gefühlswelt des Mädchens hat, verrät ihre Haltung in der Schlußsituation: Sie betrachtet das offensichtliche Scheitern ihrer Erziehungsversuche als Triumph der Vernunft und begrüßt die Entscheidung des Mädchens, denn "endlich hat sie [Paula] sich mal rein sachlich ausgedrückt" (Paulinchen, 233). Christa übersieht das Liebesbedürfnis Paulas: "Sie werden mich [Paula] nie ganz einholen. Viel wissen, das tun sie ja, aber viel noch auch fühlen, das gehört dringend dazu, sonst ist man nicht 'schlau'. Sie fühlen ganz wenig, fast nichts." (Paulinchen, 235). Die Adoptivmutter "verkörpert eine ausgeprägte, unbelehrbare Egozentrik, die weder vom eigenen Standpunkt absehen noch sich spontan und offen auf die emotionalen Bedürfnisse eines Kindes einstellen kann".[109] Die 'Schlauheit' Paulas beruht dagegen auf der Idee der Zusammenwirkung von angelerntem Wissen und Gefühlssicherheit. Trotz der gegenwärtig problematischen Einstellung des Mädchens zu sich selbst erweckt sein Festhalten an der Ganzheit des

---

[107] Vgl. Knapp, Gerhard P., S.93.
[108] Ebd., S.94.
[109] Ebd., S.95.

Menschen die Hoffnung auf eine gelungene Sozialisation. Bei der Darstellung der Situation Paulas wird nicht nur die Kritik Wohmanns an den alternativen Lebensweisen mancher emanzipierten Familien und feministisch orientierten Frauen sichtbar, sondern auch gewisse Sehnsucht nach einer tradierten Familienwelt, in der die natürlichen, emotional geprägten Beziehungen zwischen Kindern und Eltern im Mittelpunkt stehen, abgesehen davon, daß diesen Verhältnissen ein viel höheres Maß an elterlicher Autorität eigen ist.

3.3.2.3. Familiäre Harmonie: Kindheitswelten im Werk von Kronauer

So eine geborgene Welt, nach der sich die Protagonistin Wohmanns sehnt, präsentieren Kindheitsdarstellungen in den Texten Brigitte Kronauers. Eine autobiographische Skizze Kronauers, die in der Zeitschriftenserie unter dem Titel "Das kleine Mädchen, das ich war" (1982) veröffentlicht wurde, zeigt ein kleines, phantasievolles Mädchen, das in den frühen Morgenstunden das Wechselspiel zwischen Licht und Dunkelheit bewundert und die gemütliche familiäre Atmosphäre genießt (Das kleine Mädchen, 41; RM, 222)[110]. Obwohl die Beziehungen zwischen Eltern und der kleinen Tochter nicht näher thematisiert werden, scheinen sie trotz elterlicher Autorität und tradierter Gebote freundlich und liebevoll zu sein: "An meine Eltern dachte ich nicht [...]. Anwesend aber war das Gebot, mich still zu verhalten, nicht als Satz, sondern als etwas ebenfalls Graues, Fahles, eingesogen von dem Winkel dort oben, die Wörter hatten sich längst in einen leise atmenden Schleier verwandelt, den ich ansah und der mich lautlos auf die Matratze preßte, sanft und selbstverständlich." (Das kleine Mädchen, 41; RM, 222).

In ihrer vorübergehenden Einsamkeit und ihren Träumereien ist das kleine Mädchen in einem gewissen Sinne dem Jungen aus der Erzählung "Popp und Mingel" von Kaschnitz oder der kleinen Paula aus dem Roman "Paulinchen war allein zu Haus" von Wohmann ähnlich. Der entscheidende Unterschied besteht aber darin, daß das kleine Mädchen bei Kronauer die morgendlichen Augenblicke der Einsamkeit genießen und diese Zeit zum kindlichen Phantasieren ausnützen kann, denn es spürt die schützende Anwesenheit der Eltern und versteht, daß ihre Einsamkeit keine tatsächliche, sondern nur eine imaginierte ist:

> "Von einem bestimmten Moment an wußte ich, daß meine Eltern mir zusahen. [...] Ohne auch nur den Kopf aufrichten oder rühren zu müssen, spürte ich sie.

---

[110] Die weiteren Zitate im Text sind der folgenden Sammlung entnommen: Das kleine Mädchen, das ich war. Schriftstellerinnen erzählen ihre Kindheit. Hrsg. von Ingrid Strobl. Ein EMMA-Buch. Köln 1982, S.41., S.39-46. Da die in der Sammlung "Das kleine Mädchen, das ich war" erschienenen Kindheitsbeschreibungen später in den Roman "Rita Münster" von der Autorin wortgetreu aufgenommen wurden, habe ich in den Klammern auch Seitenhinweise auf diesen Roman (Abkürzung "RM") gegeben, die sich auf die folgende Auflage beziehen: Kronauer, Brigitte: Rita Münster. Roman. München 1991.

> Jetzt waren sie im Zimmer vorhanden, und es ging von nun an um eine Darstellung für sie, der ich mich mit solcher Inbrunst in der Gewißheit ihrer Aufmerksamkeit hingab, daß ich mich bald darauf erschöpft aus dem Bett fallen ließ und ihre beiden lächelnden Gesichter hinten auf dem Kopfkissen nah beieinander liegen sah." (Das kleine Mädchen, 42; RM, 223)

In dieser autobographischen Skizze präsentiert Kronauer ein durchaus harmonisches Familienbild, wobei die Eltern hier als Wächter der kindlichen Welt samt ihrer Träume und Phantasien erscheinen. Gerade das Recht auf eine eigene Phantasiewelt hebt die Autorin als einen zentralen Kindheitsaspekt hervor. Da sie bereits in ihrer frühen Kindheit den großen Drang zum Entwerfen von imaginierten Welten entwickelt hat, geht auch ihre literarische Entwicklung auf die Anregungen und Erfahrungen im Elternhaus zurück.[111]

Das Thema 'Kindheit' hat Kronauer auch in ihre fiktiven Texte aufgenommen, wenn auch in geringerem Maße als Kaschnitz oder Wohmann. Den ganzen dritten Teil des Romans "Rita Münster" bilden die Kindheitserinnerungen der Erzählerin, die nach einem kurzen Liebeserlebnis die Einsamkeit überwinden will und zurück bis in ihre Kindertage sucht, um sich wieder zu finden. Man darf annehmen, daß die Autorin in diesem Roman mit autobiographischem Material arbeitet, weil - wie oben dargelegt - einige Textstellen bereits ein Jahr vor der Veröffentlichung des Romans "Rita Münster" auch in der Zeitschriftenserie "Das kleine Mädchen, das ich war" erschienen sind. Neben diesem autobiographischen Aspekt soll auch darauf hingewiesen werden, daß die Kindheitserlebnisse Rita Münsters auf eine so professionelle Weise künstlerisch geformt sind, daß man schnell den Eindruck bekommen kann, es handle sich hier nicht um die natürlichen Wahrnehmungen eines Kindes, sondern um den Blick einer erwachsenen Erzählerin auf ihre Kindheit.

Ähnlich wie die autobiographische Kindheitsskizze verdeutlichen auch die Kindheitserinnerungen Rita Münsters, jedoch in weitergehendem Maße, das Interesse der Erzählerin an den sie umgebenden Bildern. Bei den alltäglichen Spielen des kleinen Mädchens geht es vor allem um die Wahrnehmung und Betrachtung der Gegenstände aus der nahen vertrauten Umwelt, weniger um die Beschreibungen der Menschen, z.B. der Eltern. Auffällig sind vor allem die Episoden, in denen das Mädchen mittels seiner Phantasie die Figuren auf den heiligen Bildern sich bewegen läßt:

> "Natürlich würde sie [Maria] nicht aufwachen und staubwischen, aber vielleicht die Blumen gießen, ein Buch aufschlagen, einen der Metallteller ein wenig polieren, die welligen Haare bürsten. Ich stellte sie mir als heiliges Püppchen in ihrer Wohnung vor, und alle ihre Handlungen waren heilig, ob sie aus einer Tasse trank, einem Vogel Körner hinstreute, dem Kind die Brust gab, eine Seite des

---
[111] Siehe dazu: Heuser, S.346.

Gebetbuches umblätterte oder sich in das feierliche Bett legte, alles war immer schön, was sie auch tat." (RM, 234; Das kleine Mädchen, 45)

"Heilig" und "schön" sind hier zwei Eindrücke, von denen sich das Kind am meisten fasziniert fühlt. Es ist der innigste Wunsch des phantasievollen Mädchens, in diesen "makellosen, friedlichen" Bildraum zu flüchten" (RM, 234; Das kleine Mädchen, 45).

In den detailgenauen Erinnerungsbildern kommt die Welt eines Kindes zum Ausdruck, in der nicht nur die feierlichen (RM, 246), sondern auch die alltäglichen Situationen (z.B. das Aufwachen morgens im Bett, der Gang durch ein Kornfeld) als besondere, ja sogar zauberhafte Erfahrungen gefeiert werden können. Die Erinnerungen an die kindlichen Erlebnisse sind so stark, daß sie sich nicht nur auf die Bilder, sondern auch auf Geräusche und Gerüche beziehen. So vergegenwärtigt Rita Münster eine Szene aus ihrer Kindheit, in der sie als kleines Mädchen ihre den Grießbrei kochende Mutter beobachtet: "Er [Grießbrei] roch wie die Wärme und Behaglichkeit selbst, so mußte die Güte riechen, und alles gehörte zusammen" (RM, 223). Das Mädchen ist traditionell vor allem an seine Mutter gebunden, die als erste von den Erkenntnissen und Bekenntnissen der Tochter erfährt (RM, 224).

Die friedlichen Beziehungen in der Familie tragen entscheidend dazu bei, daß in Kronauers Texten die Kindheit als ein harmonischer, von Phantasiespielen bestimmter, umsorgter Lebensabschnitt erscheint. Während Kaschnitz und Wohmann neben der Auffassung der Kindheitswelt als Ort der Geborgenheit auch negative Aspekte der Kindheit zum Ausdruck bringen (z.B. die weitgehende Einsamkeit der von ihren Eltern vernachlässigten Kinder), zeichnen sich die Kindheitsbilder Kronauers durch eine tiefgehende Ruhe und Übereinstimmung aus, so daß auch die Erwachsenen im Moment der Lebenskrise sich durch die Erinnerungen an die Kindheit aufrecht zu halten versuchen (vgl. dazu die Flucht Rita Münsters in ihre Kindheitswelten nach der schmerzlichen Trennung von dem Geliebten). Im Unterschied zu feministischen Texten (z.B. von Heinrich oder Schwaiger) wird die Familiensituation in den Texten Kronauers nicht als patriarchalisch belastend bzw. als die Entwicklung des Mädchens gefährdend dargestellt. Dies hängt unter anderem damit zusammen, daß Kronauer (ähnlich wie Kaschnitz und Wohmann) ihre Kindheitsdarstellungen - im Vergleich zu feministischer Literatur - weniger geschlechtsbezogen gestaltet (die Kindheitserfahrungen Rita Münsters, nämlich die Phantasiespiele oder Einsamkeitserlebnisse, können sowohl von Mädchen als auch von Jungen gemacht werden), was zum Teil der von feministischen Wissenschaftlerinnen kritisierten Tradition der Gleichsetzung der Kindheitserfahrungen von Mädchen und Jungen (vgl. dazu die am Anfang des Kapitels erläuterten Thesen von Flaake und King) entspricht.

3.3.3. Übergang vom Mädchen zur Frau: Gleichzeitigkeit von schmerzlichen und freudigen Erfahrungen in der Pubertät

Im weiteren soll das Erleben des Mädchens in jener Phase seiner Entwicklung, in der es allmählich zur Frau heranreift[112], unter besonderer Berücksichtigung körperlicher, psychischer und teilweise auch sozialer Prozesse erörtert werden. Die Pubertät (Adoleszenz) wird allgemein als die Zeit anerkannt, in der sich die Geschlechtsidentität endgültig herausbildet. Manche feministischen Theoretikerinnen behaupten aber, daß weibliche Adoleszenz mit einem durch die beschneidenden Wirkungen der patriarchalischen Gesellschaft verursachten Selbstverlust einhergeht: "Das selbstbewußte, eigene Kompetenzen erlebende Mädchen verliert mit dem Beginn der Adoleszenz ihr Selbst und verbringt die Jugendphase damit, dem Wunschbild ihres sozialen Umfeldes entsprechen zu wollen", schreibt Carol Hagemann-White.[113] Die feministisch orientierte Theoretikerin hält diesen "Identitätsverlust"[114] für gesellschaftlich bedingt und durch die Dominanz des männlichen Begehrens im soziokulturell herrschenden "Modell der Heterosexualität"[115] gesichert, deswegen erscheint für sie das tradierte Verständnis von weiblicher Entwicklung in der Zeit der Adoleszenz als inakzeptabel. Hier sollten aber auch die Theoretikerinnen erwähnt werden, die betonen, daß Mädchen in dieser Lebensphase auch "Freude über das künftige Frausein und die erwachende Sexualität" empfinden[116] (ihre Position ist alleine schon aus dem Grunde interessant, weil sie mit der Position der in der vorliegenden Arbeit berücksichtigten Autorinnen, z.B. mit der Position Kronauers, zusammenfällt). Seit dem Beginn der neuen Frauenbewegung in den 70er Jahren bemühen sich feministische Theorien um neue Definitionen weiblicher Sexualität und damit auch um neue Vorstellungen von weiblicher Adoleszenz, in der sich die (sexuelle) Identität am stärksten formt. Bei der adoleszenten Identitätsbildung soll nach feministischer Sicht nicht die Übernahme einer weiblichen

---

[112] In der psychoanalytischen Literatur wird diese Lebensphase mit dem Begriff "Adoleszenz" bezeichnet und mit einem außergewöhnlichen Interesse untersucht. Die Psychoanalytiker betrachten diese Phase als die Zeit, in der die Auswirkungen früherer Erfahrungen korrigiert werden. Die Welt wird größer und ist nicht länger allein auf die Familie begrenzt: Adoleszenz eröffnet neue Möglichkeiten; in dieser Phase kann das Individuum mit Alternativen experimentieren, bevor es jene Verpflichtungen übernimmt, die für sein Erwachsenenalter bestimmend sein werden (vgl. Dalsimer, S.5ff).
[113] Hagemann-White, Carol: Berufsfindung und Lebensperspektive in der weiblichen Adoleszenz. In: Weibliche Adoleszenz. Zur Sozialisation junger Frauen. Hrsg. von Karin Flaake und Vera King. Frankfurt am Main, New York 1992, S.71.
[114] Ebd., S.80.
[115] Ebd., S.76.
[116] Vgl. dazu Dalsimer, S.138f. "Daß die traditionelle Psychoanalyse eine solche freudige Reaktion nie auch nur in Erwägung zog, ist m.E. das gravierendste Versäumnis, das sie sich in bezug auf die weibliche Entwicklung hat zuschulden kommen lassen", so Dalsimer (ebd., S.139).

Geschlechtsrolle im Vordergrund stehen, sondern die Herausbildung einer von den tradierten Geschlechtsnormen unabhängigen weiblichen Identität und Sexualität (als Verwirklichung dieser Forderung kann Verena Stefans Text "Häutungen" gelten).

Ähnlich wie in der Psychologie wird auch in der Literatur die Unruhe der Adoleszenz mit besonderem Interesse, ja sogar mit Respekt betrachtet. Gertrud Lehnert behauptet jedoch, daß weibliche Kindheit und Adoleszenz in der westlichen Kultur nie sehr präsent gewesen sind; Lehnert zufolge stellte der Bildungsroman einen Code bereit, der es erlaubte, über die Entwicklung von Jünglingen zwischen Kindheit und Erwachsensein in gesellschaftlich akzeptierter Form öffentlich zu sprechen, während die Persönlichkeitsentfaltung von Mädchen vernachlässigt wurde:

> "Einen vergleichbaren Code gibt es für junge Frauen nicht. Der Übergang von weiblicher Kindheit zum Frausein wird nicht als Spektakel inszeniert, jedenfalls nicht eindeutig und öffentlich. Er wird vielmehr in Bildern versteckt, die immer über etwas anderes zu reden scheinen, aber doch stets einen Übergang thematisieren. Der Übergang ist aber einer Erweckung vergleichbar, hier findet keine Entwicklung statt, die man inszenieren könnte. [...] Diese "natürlich" vorgegebenen Rollen [von Tochterrolle zur Mutterrolle] erfüllt sie [junge Frau] fraglos und selbstverständlich, sie muß nicht hineinwachsen oder sich gar mit den Anforderungen auseinandersetzen, die die Gesellschaft nun an sie stellt." [117]

Obwohl Lehnert den Mangel an Darstellungen weiblicher Adoleszenz in der Literatur betont[118], soll hier darauf hingewiesen werden, daß in den Texten von Autorinnen - und nicht nur von feministischen - diese Problematik immer wieder zum Ausdruck kommt, wenn auch nicht so oft wie das Thema Kindheit. Im Hinblick auf die für meine Analyse ausgewählten Texte beschäftigen sich vor allem die Texte von Kaschnitz und Kronauer - auch wenn man sie anderen thematischen Kontexten zuordnen kann (z.B. Liebeserfahrung) - mit dem Übergang von der Kindheit zum Erwachsenenalter, vom Mädchen zur Frau. Berechtigt ist jedoch Lehnerts Feststellung, daß dieser Übergang in den meisten Fällen mit Hilfe von Bildern (z.B. das Bild einer langsam zum Schmetterling werdenden Raupe in der Erzählung Kaschnitz' "Das dicke Kind" oder das Motiv des auf die Erweckung durch den Prinzen wartenden Dornröschens in Kronauers Roman "Die Frau in den Kissen") geschildert wird. Während Kaschnitz und Kronauer sich dem Thema weiblicher Pubertät zuwenden, betonen auch sie (und

---

[117] Lehnert, Gertrud: Einleitung zu: Inszenierungen von Weiblichkeit. Weibliche Kindheit und Adoleszenz in der Literatur des 20. Jahrhunderts. Hrsg. von Gertrud Lehnert. Opladen 1996, S.11.
[118] Als Grund dafür kann Lehnert zufolge die Scham genannt werden, die ein Phänomen auslöst, das so offensichtlich mit Kontrollverlust zu tun hat: "Verlust der Kontrolle über den eigenen Körper, über die eigenen Gefühle, über die sozialen Beziehungen, kurz in jeder Hinsicht." (Ebd., S.12f).

dadurch schreiben sie sich in die von Lehnert festgestellte Tradition von überlieferten Adoleszenzdarstellungen, so z.B. wie sie in der Backfischliteratur des 19. Jahrhunderts zu finden sind) den Moment des Erwachens, d.h. den Moment, in dem der Körper seine erwachsene Form bekommt und bislang unbekannte (sexuelle) Triebe erwachen läßt. Man darf aber nicht übersehen, daß diese Autorinnen in ihren Texten auch die häufig nebeneinander stehenden und in diesem Alter für beide Geschlechter typischen Gefühle der Selbstverachtung (vgl. Kaschnitz' "Das dicke Kind") und Grandiosität bzw. Eigenartigkeit (vgl. Kronauers "Die Frau in den Kissen") sichtbar machen. Ihre Darstellungen weiblicher Wandlung verdeutlichen auch stärker werdende sinnliche Sehnsüchte und Phantasien, die für die heranwachsenden Heldinnen erregend und zugleich erschreckend sind. An diesem konsequenten Übergang vom Mädchen zur Erwachsenen, beginnend mit körperlichen Veränderungen bis hin zum Erwachen weiblicher Sehnsüchte (z.B. die unbewußte Suche nach den Beziehungen mit anderem Geschlecht), orientiert sich auch die Reihenfolge, in der hier die Texte behandelt werden.

3.3.3.1. Körperliche und seelische Verwandlungsprozesse in den Erzählungen von Kaschnitz

Auf welche Weise die körperlichen Reifeprozesse das weibliche Selbstbild bestimmen, zeigt die Erzählung Kaschnitz' "Das dicke Kind", die ähnlich wie das Buch "Das Haus der Kindheit" die Konfrontation der Erwachsenen mit ihrem kindlichen Ich thematisiert. Diese Erzählung, die aus der Perspektive der Erwachsenen mit dem erinnerten Blick des Kindes geschrieben ist und die von der Autorin selbst als ihre "stärkste Erzählung" bezeichnet wird, "weil sie am kühnsten und grausamsten ist"[119], kann als Beispiel der Gestaltung der frühen Adoleszenz- und Sozialisationsprozesse gelten. In dieser Geschichte wird die Ich-Erzählerin eines Tages von einem etwa zwölfjährigen Mädchen besucht, das sie von Anfang an abstößt und zugleich fesselt. "Ganz plötzlich" (DK, 59)[120] ist das Mädchen da und drängt der Erwachsenen seinen Rhythmus auf, obwohl diese aus eigener Entscheidung zu handeln glaubt. Die Erzählerin versucht, einen Kontakt mit dem Mädchen aufzunehmen, aber die Kommunikation läuft schwer, weil das Mädchen mit Widerwillen auf die gestellten Fragen antwortet. Von Neugier getrieben, folgt die Erzählerin dem Kind bis zu einem abgelegenen See, beobachtet dort seine Versuche auf dem Eis, sieht unbeteiligt, wie es ins halbtiefe Wasser einbricht und sich schwerfällig ans Land kämpft, bis sie in diesem Mädchen sich selbst in einer komplizierten Phase ihrer Entwicklung und der beginnenden Wandlung erkennt. Die Begegnung zwischen zwei Menschen

---

[119] Kaschnitz im Gespräch mit Horst Bienek (vgl. Bienek, S.50).
[120] Die Seitenangaben beziehen sich auf das folgende Reclam-Heft: Kaschnitz, Marie Luise: Tulpenmann. Erzählungen. Stuttgart 1979 (die Erzählung wird weiter im Text unter der Sigle "DK" angegeben).

erweist sich als Begegnung einer Erwachsenen mit ihrem kindlichen bzw. pubertären Ich, wobei diese Erfahrung zum auslösenden und verändernden Element wird. Obwohl in dieser Erzählung die physische und seelische Entwicklung einer Frau im Mittelpunkt steht, wird erst vom Ende her explizit, daß es sich bei der Erzählinstanz um eine Frau handelt.

Das "dicke" Kind ist die Autorin selbst; die mutige, auf dem See schlittschuhlaufende Tänzerin ihre zweitälteste Schwester Lonja. In dieser Erzählung beschwört die Autorin die Ängste und quälende Empfindungen einer Zwölfjährigen, ihren Selbsthaß, aber zugleich wird der Drang der erwachsenen Frau zur Selbstforschung sichtbar, nämlich das Thema, das Kaschnitz im "Haus der Kindheit" expliziter fortsetzt. Durch die Beschreibung des schläfrigen, verschüchterten Mädchens kann die Erwachsene ihren Ekel vor sich selbst auf einen "anderen" (das sie selbst vor vielen Jahren war) projizieren: "Kenne ich dich? [...]. Ja gewiß, ich habe dieses Kind von Anfang an gehaßt." (DK, 59f) Die Ambivalenz der Gefühle in der Seele des Kindes widerspiegelt auch die Persönlichkeitsspaltung der Erwachsenen. Erst als das dicke Kind auf dem Eis einbricht, findet es sich selbst, wobei auch die Erzählerin sich selbst erkennt (dabei fallen handelndes und erzählendes Ich in derselben Person zusammen[121]). Das am Ende der Erzählung auf dem Schreibtisch gefundene alte "Bildchen, das mich selbst darstellte" (DK, 66), gilt als Motivierung der handlungsauslösenden Erinnerung und der gespenstisch wirkenden, schockhaften Begegnung mit sich selbst.

Daß diese Erzählung ein Beispiel der für die Adoleszenz typischen, frühen Sozialisation darstellt, beweist auch die soziale Sonderung des Mädchens durch die Erzählerin. Das dicke Kind wird mit den Nachbarskindern verglichen, die der Erzählerin vertraut oder fremd sind, und infolgedessen von den anderen abgesondert, weil es "bekannt, aber doch nicht richtig bekannt" vorkommt (DK, 59). Das Mädchen gehört zu keiner Gruppe und steht allein. Diese Situation verdeutlicht auch die ungelöste Frage der Identität. Das kleine Mädchen sagt, daß sein Name "Dicke" sei, weil die andern es so bezeichnet haben; es wird aber nicht gefragt, ob es sich mit dieser Rolle identifiziert.[122] Die Gleichgültigkeit des Kindes ist aber nur Schein, weil die Erzählerin behauptet sich daran zu erinnern, "daß sein Gesicht sich in diesem Augenblick schmerzlich verzog" (DK, 60). Verzweifelt sucht die Frau nach einer Möglichkeit, das dicke Mädchen mit etwas zu identifizieren, um ihm eine konkretere Gestalt zu verleihen: So findet sie endlich ein Bild, nämlich das der fressenden Raupe (DK, 61). Wie es später deutlich wird, würde das Mädchen sich selbst am liebsten mit seiner Schwester identifizieren, weil die Schwester viele wunderbare Eigenschaften besitzt: Sie hat nie Angst, kann gut Schlittschuh laufen, ist erfinderisch (DK, 62). Erst nach dem Einbruch auf dem Eis, "angesichts des Todes" erwachen "Wille und Leidenschaft (DK, 66) des Mädchens, es ist so, als ob seine Züge "alles Leben

---

[121] Vgl. Baus, S.263.
[122] Vgl. Ebd., S.266.

tränken, alles glühende Leben der Welt" (DK, 66). Das Kind besteht aus eigener Kraft das Ringen um "Befreiung und Verwandlung" (DK, 66) und gelangt zu seiner eigenen Identität, wobei auch die Erzählerin sich selbst im Kind erkennt und ihr Altes ego akzeptieren kann. Durch die Erinnerung und Erschütterung geschieht die Wiederfindung der erwachsenen Frau, die durch die Anerkennung ihres kindlichen Ichs ihre gegenwärtige Identität sichern kann.

So werden in dieser Erzählung zwei Aspekte aus dem Leben einer Frau sichtbar gemacht: die Körper- und Seelenlage eines Mädchens in der Entwicklungsphase der Frühpubertät und die Identitätsprobleme einer Erwachsenen. Mit der feinen Einfühlung stellt Kaschnitz den wichtigen Moment des Erwachsenwerdens bzw. die Wandlung des Mädchens zur Frau dar und übersetzt diesen Prozeß in eine Bildwelt: "Und das war ein langer Kampf ... wie das Aufbrechen einer Schale oder eines Gespinstes" (DK, 66). Die große Zerrissenheit des Kindes entspricht den seelischen Schwankungen der Erwachsenen. Im Bezug auf das Mädchen und seine Entwicklung (z.B. das Gefühl der Minderwertigkeit gegenüber der sicheren Schwester) bedient sich Baus der psychologischen Forschungen und stellt fest, daß die Sehnsucht des Mädchens, welche immer wieder aus dem Dumpfen hervorbricht, sich als Liebesverlangen begreifen läßt.[123]

Ähnlich wie in der Erzählung "Das dicke Kind" thematisiert Kaschnitz in der Erzählung "Lange Schatten" den nächsten Schritt weiblichen Erwachens, nämlich das sexuelle Erwachen. In dieser Erzählung schildert die Autorin ein Mädchen, das mit ihrem Familienleben unzufrieden ist[124] und zugleich die Notwendigkeit der Sozialisation verleugnet (LS, 5f). Im Mittelpunkt steht die erste Begegnung der etwa Siebzehnjährigen mit der Sexualität, die während der Sommerferien an der Mittelmeerküste geschieht. Die Protagonistin Rosie läßt sich auf eine Art Abenteuer ein: In der glühenden Hitze der Mittagsstunde geht sie alleine in die Berge, wo sie auf dem einsamen Felsenweg einen Jüngling trifft. Der italienische Junge erscheint als eine mythische Pan-Figur: "Pan schleicht seiner Nymphe nach, aber Rosie sieht nur den Jungen" (LS, 9). Das Mädchen läßt sich von dem Jungen faszinieren, aber es bekommt Angst, wenn er anfängt, es um Liebe zu bitten und plötzlich alle Kleider auszieht (LS, 12). Da der Junge sich in den Augen Rosies aus einem faszinierenden Pan mit einer "Blütenkrone" und einem "goldenen Heiligenschein" in einen "Wolf aus dem Märchen," in "ein wildes Tier" zu verwandeln beginnt (LS, 12), bedeutet diese Situation auch die sexuelle Bedrohung, der das Mädchen mittels der weiblichen "Urkraft der Abwehr" (LS, 13) zu widerstehen versucht, indem es den Jungen mit einem bösen Blick zurückzwingt. Das Mädchen wehrt sich gegen den unerwarteten Ausbruch männlicher Vitalität. Die Auseinandersetzung mit der

---

[123] Vgl. Ebd., S.273.

[124] Das adoleszente Mädchen will nicht mehr die Urlaubsroutine zusammen mit seinen Eltern und jüngeren Geschwistern erleben: "Eine Familie zu haben ist entsetzlich", behauptet es und bereut, "nicht erwachsen auf die Welt" gekommen zu sein (LS, 5).

Sexualität des anderen Geschlechts ist eine notwendige Phase des Reifeprozesses: Da Rosie in einer Mutprobe ihre Angst vor der bedrohlichen Männlichkeit des Jünglings überwindet, ihn sogar psychologisch einschüchtert, kann diese Begegnung als ein Akt spontaner Selbstentdeckung aufgefaßt werden.[125]

In dieser Erzählung kommt also die geschlechtsunterschiedliche Besonderheit zweier Personen zum Ausdruck, die auf der Schwelle von Kindheit und Erwachsenenleben stehen und mit der Erkenntnis des Erotischen konfrontiert werden: einerseits die weibliche "Urkraft der Abwehr", andererseits die männliche "Urkraft des Begehrens" (LS, 13). Nachdem sie beide die Urkräfte in sich gespürt haben, sind sie durch diese Erfahrung erwachsener geworden. Vor allem läßt sich die seelische Wandlung Rosies nicht übersehen: Sie hat Pan gesehen, sie hat sich faszinieren lassen, sie hat den Wolf bekämpft, sie hat die unbekannten Kräfte in ihrem eigenen Inneren entdeckt und dadurch ist sie zu einer Frau geworden, wobei sie dieses Erwachsenwerden "nichts als traurig" empfindet und "tränenblind" weg von dem Ort ihrer Erlebnisse läuft. Rosie ist sich der Wirkung ihres Blicks (LS, 13), aber auch der Wirkung ihrer Weiblichkeit und ihrer Sexualität bewußt geworden. Die Erlebnisse der Protagonistin werden von der Erzählerin in poetische Sprache gefaßt: "Alles neu, alles erst erwacht an diesem heißen, strahlenden Nachmittag, lauter neue Erfahrungen, Lebensliebe, Begehren und Scham, diese Kinder, Frühlings Erwachen, aber ohne Liebe, nur Sehnsucht und Angst." (LS, 13). So wird eine Alltagssituation (die Begegnung zweier Menschen) zu einer existentiellen Erfahrung, die von der Autorin auch durch mythische Assoziationen bereichert wird (zur Bedeutung von mythischen Elementen in dieser Erzählung siehe auch Kapitel 3.2.4.).

Bei der Gestaltung von adoleszenten Verwandlungsprozessen in den Erzählungen "Das dicke Kind" und "Lange Schatten" verdeutlicht Kaschnitz die problematische körperliche und seelische Situation ihrer Heldinnen, die allmählich aus dem Kindesalter herauswachsen, aber sie versucht nicht - im Gegensatz zu den am Anfang genannten feministischen Theoretikerinnen und Autorinnen - die schmerzlichen Erfahrungen in eine Beziehung zum patriarchalischen Gesellschaftssystem zu bringen: Kaschnitz konzentriert sich auf die Schilderung körperlicher und innerer Verwandlungsprozesse und verzichtet völlig auf die Kritik an gesellschaftlicher Realität. Die heranwachsenden Mädchen in Kaschnitz' Erzählungen leiden nicht deswegen, weil sie zu Frauen werden, denen in patriarchalischen Verhältnissen eine untergeordnete Stellung zukommt, sondern deswegen, weil sie einen sowohl für männliche als auch für weibliche Adoleszenz charakteristischen Aufruhr der Gefühle im Bezug auf sich selbst, auf ihre Geschwister und Freunde erleben. Dabei muß auch betont werden, daß das, was am Ende dieser Erzählungen geschieht, keineswegs den

---

[125] Vgl. Corkhill, Alan: Darstellungen der Kindheit und der Adoleszenz in deutschen Initiationsgeschichten seit 1945. In: Literatur für Leser. Zeitschrift für Interpretationspraxis und geschichtliche Texterkenntnis. Hrsg. von Rolf Geißler und Herbert Kaiser. Oldenburg 1997-1998, H.3., S.160.

"Selbstverlust" des weiblichen Ichs (vgl. die am Anfang dieses Unterkapitels vorgeführten Behauptungen von Hagemann-White), sondern vielmehr die Selbstfindung bzw. die Selbsterkenntnis der Heranwachsenden bedeutet.

3.3.3.2. Freude am Erkanntwerden bei Kronauer

Ein positives Bild weiblicher Adoleszenz findet man auch in den Texten Brigitte Kronauers. Daß das Thema weiblichen Übergangs von Kindheit zum Erwachsenenleben für Kronauer besonders anziehend und literarisch interessant erscheint, zeigen die Erinnerungen der Erzählerin im Roman "Rita Münster", die kurze Erzählung "Das arglistige Mädchen" (1991) und die Passagen über die Pubertät einer florentinischen Gräfin im Roman "Die Frau in den Kissen". Rita Münster erinnert sich deutlich an die Zeit der ersten Aufregung, wenn sich die Blicke der Männer, die früher allein ihrer Mutter galten, allmählich auch auf ihre eigene Person zu richten begannen: "Auf einmal war ich ganz auf mich geworfen. Ich hatte zu gut gelernt, sie alle zu bemerken, ich wurde unbescheiden." (RM, 254). Das aufwachsende Mädchen fühlt sich gekränkt, wenn jemand nicht gleich auf es hersieht, aber noch mehr regt es sich auf, wenn die Blicke es verlegen machen: "Ich hatte nicht geübt, meine Person nach vorn zu schicken und Aufmerksamkeit zu ertragen oder abzuschmettern. [...]. Ich besaß nicht die Kraft zur Erwiderung, ich verlor jedes Duell" (RM, 254).

In der Erzählung "Das arglistige Mädchen" werden die Eindrücke einer Erzählerin präsentiert, während sie in einem Restaurant ein ungefähr 13jähriges Mädchen und sein Verhalten beobachtet. Das Mädchen lenkt die Aufmerksamkeit aller Restaurantgäste auf sich[126], obwohl es nichts anderes tut, als daß es an den Restauranttischen marschiert. Im Hinblick auf den weiblichen Sozialisationsprozeß ist es wichtig, daß das Mädchen sich jeglichem Einfluß seiner schläfrig wirkenden Mutter entzieht: "Dank dieser halb betäubten Mutter konnte das Mädchen - jeder mußte schnell das Wort "Dreizehnjährige" denken - machen, was es wollte" (Das arglistige Mädchen, 33). Der Verzicht auf die Eltern als primäre Bezugsobjekte gilt als eine der wichtigsten psychischen Aufgaben der Übergangszeit, wobei dieser Verzicht meistens als schmerzlich, bei Kronauer aber als unproblematisch beschrieben wird. Kronauer macht das natürliche Bedürfnis des Mädchens sichtbar, Distanz zu schaffen, wo zuvor Nähe war. Da der Körper des Mädchens geschlechtsreif wird, läßt das bedrohliche Erwachen von Leidenschaften den Verzicht auf die Eltern, in

---

[126] "Nur die Mutter merkte nichts. Aber was merkten die anderen, was merkten denn eigentlich wir anderen alle? Alles, und zwar auf einen Schlag, ja sicher, alles und sofort. Aber was denn genau machte uns an dem Kind oder meinetwegen Mädchen, gut, Mädchen - oder sogar: kleine Frau - so stutzig?" (Kronauer, Brigitte: Das arglistige Mädchen, S.33). Die Seitenangaben beziehen sich auf den dem Band "Text + Kritik" entnommenen Text: Brigitte Kronauer. Text+ Kritik, 112. Hrsg. von Heinz Ludwig Arnold. München 1991, S.33-34.

diesem Fall auf die Mutter[127], als wichtige Bezugspersonen um so zwingender erscheinen.

Was die Zuschauer an dem Mädchen fasziniert, ist offenbar sein Verwandlungszustand vom Kind zur Frau. Die Erzählerin betont gegen Ende der Erzählung, daß das Mädchen vor allem die Leute fesselt, "die sich erinnerten und vorausschauten" (Das arglistige Mädchen, 34), d.h. das Bild des sich verwandelnden Mädchens ruft die Erinnerungen der Zuschauer an ihre eigenen pubertären Sehnsüchte hervor, obwohl sie selbst dies nicht begreifen wollen (Das arglistige Mädchen, 34). Die Erzählerin bemerkt, daß das Mädchen sich auf das Treffen mit etwas Unbekanntem bzw. mit jemandem Unbekannten vorbereitet und eventuell Ausschau nach ihm hält (Das arglistige Mädchen, 33). Die Erzählerin stellt sich "den noch anonymen, bejahrten Nostalgiker und Feinschmecker, der von langer Hand dazu bestimmt war, ihr [dem Mädchen] zu verfallen", vor und bewundert das Mädchen, das sich "so unbeirrbar" für ihn zurechtmacht: "Ein Zufall, ein einfacher Instinkt mußte bei so viel Künstlichkeit ausgeschlossen werden, bei solcher Perfektion der Zubereitung." (Das arglistige Mädchen, 34). Im Gegensatz zu Rita Münster scheint die "kleine Frau" in dieser Erzählung keine Scham zu kennen und verhält sich so, "als nähme sie vielleicht nur die zu ihr hingesandten Reize der erteilten Aufmerksam wahr" (Das arglistige Mädchen, 34). Während in der Erzählung Kaschnitz' "Lange Schatten" die erste Begegnung der Protagonistin mit der männlichen Sexualität im Mittelpunkt steht, berichtet Kronauer von der unbewußten Erwartung bzw. der Vorbereitung des Mädchens auf dieses Treffen.

Ähnlich wie der Roman "Rita Münster" oder die Erzählung "Das arglistige Mädchen" erzählt auch eine Passage im Roman "Die Frau in den Kissen" von dem aufregenden weiblichen Erwachsen- und Erkanntwerden einer florentinischen Gräfin, die als imaginierte Gestalt mit einem außerordentlichen Schicksal in den Träumereien der Ich-Erzählerin immer wieder präsent wird. Die Episoden über die Kindheit der Gräfin verdeutlichen alle möglichen klischeehaften, tradierten Aspekte einer behüteten aristokratischen Kindheits- und Jugendwelt (vgl. dazu die im "Haus der Kindheit" von Kaschnitz dargestellte adelige Kindheit, deren Problematik im Kapitel 3.3.2.1. näher erläutert wurde). Die Kindheitsdarstellungen vergegenwärtigen das Bild eines adeligen Mädchens, das vereinsamt hinter den großen Gartenmauern aufwächst und wie eine Märchenprinzessin auf eine Erlösung wartet:

---

[127] "Die Pubertät bedeutet allmähliche "Entlassung" der Tochter aus dem engen Bündnis mit der Mutter - ich sage bewußt "Entlassung", da dies auch ein aktiver Prozeß für die Mutter ist, der erhöhte emotionale Belastungen mit sich bringt", schreibt Elfriede Chr. Neubauer (Neubauer, Elfriede Chr.: Rollenverteilung in der Familie und Geschlechtsrollenidentität von Töchtern. In: Frauenbilder, Frauenrollen, Frauenforschung. Hrsg. von Christa Gürtler. Wien, Salzburg 1987, S.126).

> "Sie sah die Mauern von innen, doch niemand dachte, [...] hier könne eine Herausforderung auf ihn warten, hier müsse der Inbegriff der schlafenden Jungfrau erlöst werden nach Überwindung aller Hindernisse. Man ließ sie schlafen und wachsen wie Palmen und Kletterpflanzen." (FK, 74f)

Typisch für so eine Märchensituation ist auch die Tatsache, daß das Mädchen ziemlich früh die Mutter verloren hat und daß der Vater als einziger Erzieher fungierte (FK, 77). Sein Leben akzeptiert das Mädchen als eine unbestreitbare Gegebenheit: Obwohl die Beziehungen zum Vater nach den Normen einer traditionellen patriarchalischen Welt aufgebaut werden, klagt das Mädchen an keiner Stelle über die väterliche Autorität oder Übermacht. Das Einzige, was das junge Mädchen tatsächlich schmerzte, war die Verleugnung ihrer Einzigartigkeit oder der Einmaligkeit ihrer ganz persönlichen Erlebnisse (FK, 77).

Mit genau gewählten Bildern wird von der Autorin der aufregende Moment dargestellt, in dem das junge Mädchen sich zur Frau zu verwandeln beginnt. Kronauer versucht dabei, die treffenden Formulierungen für die mädchenhafte Aufregung, für das Schamgefühl, für die ausbrechende Leidenschaft und für die Freude am Erkanntwerden zu finden:

> "Von diesem Zeitpunkt an, etwa mit zwölf Jahren, mußte sie, sobald ein junger Mann in ihrem Umkreis erschien, wenn nicht andere den entstehenden Zwischenraum füllten, die Augen senken. Sie konnte nicht weiter geradeausblicken, aber durch die Augenlider sah sie trotzdem alles und wurde selbst an den äußeren Schichten transparent." (FK, 80)

Erschreckt und beglückt zugleich, bemerkt die junge Frau, daß sie ihre bis zu dem Moment unbekannten Körperempfindungen nicht mehr kontrollieren kann (FK, 80). Als etwas ganz Natürliches und Selbstverständliches akzeptiert sie die alte Lebensweissagung, "sie werde, auch sie, sich eines Tages für das andere Geschlecht interessieren" (FK, 81), und lehnt sich nicht dagegen auf, irgendwann in den "Besitz" eines Mannes zu übergehen:

> "Ging sie nicht wieder und wieder mit anderen weiblichen Gestalten in Kreis auf einem Platz, umgeben von jungen und älteren Männern, ging mit heftig beschleunigtem Puls, denn eins war unausweichlich: Lenkte nur einer entschieden seinen Willen auf sie, mußte sie nachgeben. Sie würde nicht weglaufen können, sie müßte sein Besitz sein." (FK, 80)

Im Gegensatz zu feministischen Darstellungen weiblicher Pubertät (z.B. bei Heinrich) kommt das Bedürfnis, gegen die ältere Generation der Eltern zu rebellieren[128], geschweige die elterliche Autorität zu verhöhnen, bei den

---

[128] Die strikt hierarchische Rollenteilung innerhalb der Familie und die von Vätern demonstrierte Macht gegenüber Müttern und Töchtern führt die emanzipatorisch orientierten Heldinnen der programmatischen Frauenliteratur (vgl. die Texte von Brigitte Schwaiger) zu

Heldinnen Kronauers nicht zum Ausdruck. Die Trennung von den Eltern wird von diesen Heldinnen nicht als fröhlicher oder schmerzlicher Verlust empfunden, sondern als ein natürlicher Vorgang ihrer Entwicklung. Während feministische Heldinnen die Prozesse zu verleugnen versuchen, die sie allmählich zu Frauen machen (z.B. die Protagonistin in Heinrichs Roman "Das Geschlecht der Gedanken" lehnt es ab, weibliche Kleidung zu tragen, und will möglichst schnell das elterliche Haus verlassen), weil sie Angst davor haben, eine Frau (so wie die Mutter) zu werden[129], akzeptieren die Heldinnen Kronauers diese Prozesse auf eine ganz natürliche Weise. Die Angst der Heldinnen in der programmatischen Frauenliteratur läßt sich vor allem dadurch erklären, daß die Mädchen das Erwachsenwerden als die Fähigkeit zur erwachsenen weiblichen Sexualität, die sie als eine Art Ausbeutung der Frau durch den Mann betrachten, und zur Fortpflanzung, die sie als Reduzierung der Frau auf ihre biologischen Funktionen ansehen, mit negativen Emotionen besetzen. Auch Rita Münster oder die junge Gräfin in "Die Frau in den Kissen" regen sich auf, wenn sie etwas Neues und Unkontrollierbares in sich selbst wahrnehmen, aber in ihren Erlebnissen werden diese Prozesse nicht negativ besetzt. Die pubertierenden Mädchenfiguren Kronauers verspüren sogar eine gewisse Freude am Frau-Werden und Frau-Sein, denn sie sehnen sich nach Erkanntwerden. Dadurch nähern sie sich dem tradierten, der patriarchalischen Weltordnung entstammenden Frauentyp, der die Bestätigung seiner eigenen Person durch das Erkanntwerden zu gewinnen sucht. Anders als feministische Heldinnen (vgl. die Protagonistinnen in den Romanen "Wie kommt das Salz ins Meer" von Schwaiger oder "Mitteilung an den Adel" von Elisabeth Plessen) klagen die jungen Frauengestalten Kronauers nicht über ihre geschlechts- spezifische Erziehung, die Autorität der Erzieher und über ihre weibliche Bestimmung, denn ihre Reflexionen sind meistens einer anderen Welt gewidmet, nämlich der Welt der Bilder, der Phantasie und der Sehnsucht.

3.3.4. Tradierte Aspekte weiblicher Sozialisation

Im Hinblick auf die für die vorliegende Arbeit ausgewählten Werke wird das Thema weiblicher Sozialisation besonders ausführlich in den Texten Wohmanns, teilweise auch in den Texten Kronauers behandelt. Die beiden

---

einer ausdrücklichen Negation elterlicher Institution (zu sozialen Gründen dieses töchterli- chen Verhaltens siehe: Ebd., S.126ff) (dazu vgl. auch Kapitel 3.6.3. und 4.1.1. meiner Arbeit).
[129] Wie stark sich die Empfindungen der Kronauerschen Mädchenfiguren von den Erkennt- nissen feministischer Psychologie hinsichtlich des Frauwerdens unterscheiden, verdeutlichen die Worte von Christiane Olivier, die aus feministischen Positionen Folgendes formuliert: "Manche jungen Mädchen empfinden diesen Übergang [vom Mädchen zur Frau] als Verlust ihrer eigenen Identität zugunsten einer Identität von außen, die ihnen durch den Blick des 'anderen' zuteil werden wird. Deshalb tun sie alles, um diesen Blick zu vermeiden, um diese neuen Reize zu verbergen, die sie als ihren eigenen Untergang ansehen." (Olivier, S.86).

Autorinnen nähern sich aber diesem Thema auf unterschiedliche Weise an: Während in den Texten Wohmanns gesellschaftliche Anforderungen und deren Verarbeitung durch junge Frauen im Zentrum stehen, gilt das größte Interesse Kronauers psychischen Erfahrungen der Heldinnen und den damit verbundenen Wünschen und Phantasien (z.B. die Sehnsucht nach Liebeserfahrung). Die Lebensentwürfe und Handlungsorientierungen junger Frauen sollen deswegen bei der Analyse von Wohmanns Texten stärker auf die gesellschaftliche Situation und die sozialen Normen, mit denen die Heldinnen konfrontieren, bezogen werden.

Gabriele Wohmann, die in ihren Texten (z.B. "Paulinchen war allein zu Haus") immer wieder für die liebevollen, engen Familienbeziehungen plädiert, will keineswegs die Tatsache übersehen, daß die Sozialisationsprobleme der in den tradierten Familienverhältnissen aufgewachsenen Töchter häufig durch den übergroßen Einfluß der Familie hervorgerufen werden. Im Bezug auf Wohmanns Prosa bezeichnet Gerhard P. Knapp den Bereich der Familie "als Schauplatz einer verweigerten oder unerträglichen Sozialisation".[130] Die von Wohmann dargestellten repressiven Familienstrukturen fördern laut Wellner nicht den Aufbau von Identität, sondern verhindern einen solchen systematisch.[131] In diesem Zusammenhang verlieren auch die im Kapitel 2.3. meiner Arbeit erörterten feministischen Bemühungen um die Ausbildung 'spezifischer weiblicher' Identität an Bedeutung, weil im Fall Wohmannschen Figuren jede Art der Identitätsbildung problematisch ist. Das Familienbild wird in vielen Texten von seiner bedrückenden Seite gezeigt: Nicht nur heranwachsende Mädchen, sondern auch erwachsene junge Frauen leiden oft unter als repressiv empfundener Familienbindung. Die Autorin schildert häufig die Unfähigkeit der Töchter, sich von ihren Eltern zu lösen, wie z.B. in der Erzählung "Treibjagd" (1968) oder im Roman "Abschied für länger".

In der Erzählung "Treibjagd" kommen die symbiotischen Beziehungen der erwachsenen Tochter zu ihren Eltern dadurch zum Ausdruck, daß die Tochter die mit ihrer potentiellen Heirat verbundenen Erwartungen der Eltern keineswegs enttäuschen will und sich deswegen den elterlichen Vorstellungen entsprechend verhält. Die Protagonistin Eva Maria versucht mit allen Mitteln, ihre vor dem ersten Treffen mit einem durch die Heiratsannonce kennengelernten Mann immer größer werdende Nervosität vor den Eltern zu verbergen:

> "Sie schlich sich ins Badezimmer und suchte im Medikamentenschrank der Eltern nach irgendwas zum Beruhigen. Ein Röhrchen fiel auf den Fliesenboden, zerschellte aber nicht. Trotzdem erschrak Eva Maria. Die Eltern schliefen ihren empfindlichen Schlaf nebenan. Im Erwachen fänden sie sofort wieder die Sorge um ihre Tochter. Wie wird es ihr ergehen, kommenden Sonntag? Wie wird er sein, dieser Herr Panter? Sieht er nicht etwas zugeknöpft aus? Ein Bauingenieur,

---

[130] Knapp, Gerhard P., S.38.
[131] Vgl. Wellner, S.75.

immerhin, aber wird er nett sein? Sie ist so zart, sie braucht jemanden, der richtig nett zu ihr ist." (T, 69)[132]

Eva Maria kennt die Sorgen der Eltern um sie, wobei diese Sorgen nicht nur auf die liebevollen Verhältnisse in der Familie, sondern auch auf die Abwertung der Tochter zum schwachen Sorgenkind hindeuten. Die Tochter wird als jemand interpretiert, um den sich Sorgen zu machen man Grund hat - eine Interpretation, die Wellner zufolge die Idee der töchterlichen Schwäche impliziert.[133] Das von den Eltern entworfene Bild der Tochter korrespondiert völlig mit dem tradierten patriarchalischen Frauenbild, das man immer wieder in der Literatur des 18. oder 19. Jahrhunderts findet: Die Tochter ist "zart" (d.h. auch wenig lebenskräftig, ängstlich etc.), deswegen braucht sie einen Partner, der die Beschützerrolle der Eltern übernehmen könnte. Traditionell gilt die unverheiratete Tochter als unbeschützt, wobei das Nichtverheiratetsein seitens der Eltern als Abweichung von gesellschaftlichen Normen angesehen wird. Naheliegend ist gleichwohl die Annahme, daß die 'Zartheit' der Tochter durch entsprechende geschlechtsspezifische Erziehung in der Kindheits- und Jugendphase entwickelt wurde, wobei diese Eigenschaft später von den Eltern selbst als Grund für die mangelnde Lebensbereitschaft der Tochter ("Sie ist so zart, sie braucht jemanden") empfunden wird. Die späteren Ängste und die damit verbundenen Sozialisationsprobleme der Tochter lassen sich also auf die bestimmte Position der Eltern zurückführen, denn die 'zarte' Tochter hat ihre Persönlichkeit entsprechend den elterlichen Vorstellungen gebildet.

Die Eltern erlauben der erwachsenen Tochter nicht, ihr Leben selbständig zu gestalten und ihre Bedürfnisse zu definieren. Die Tatsache, daß die Tochter sich daran gewöhnt hat, sich allein an die Bestimmungen der Eltern anzupassen, birgt jedoch die Gefahr, daß sie überhaupt keine Fähigkeit zu eigenständigen Entscheidungen entwickelt hat. Die Eltern versuchen immer wieder, die Kontrolle über das Leben der Tochter aufrechtzuerhalten, obwohl sie das heimlich tun: "Die Eltern ließen sie ganz und gar in Ruhe. Eva Maria hörte nur ihren leisen zögernden Schritt stets in der Nähe ihrer Zimmertür." (T, 70). Das Belauschen der Tochter kann einerseits als Ausdruck der Besorgnis interpretiert werden, aber andererseits ist es eine deutliche Kontrolle, die der Tochter jedes Recht auf Eigenständigkeit abspricht. Dies bedeutet, daß die Situation Eva Marias im großen und ganzen der Situation der Töchter in einer patriarchalischen Gesellschaft entspricht: Die Tochter wird von den Eltern traditionell in der Rolle der Abhängigen und Unmündigen gehalten, gegen die sie sich kaum wehren kann. Vielmehr bemüht sie sich darum, die Eltern nicht zu enttäuschen,

---

[132] Die weiteren Seitenangaben im Text beziehen sich auf die folgende Ausgabe: Wohmann, Gabriele: Ausgewählte Erzählungen aus zwanzig Jahren. Bd.2. (1964-1977). Darmstadt, Neuwied 1979, S.66-83. (Die Erzählung wird unter der Sigle "T" angegeben).
[133] Vgl. Wellner, S.110.

die auf das Treffen Eva Marias mit dem potentiellen Ehemann einen großen Wert legen (T, 70).

Die Tochter unterwirft sich auf Kosten der eigenen Bedürfnisse und Liebessehnsucht den Erwartungen der Eltern, indem sie die Kontakte mit dem ihr unsympathischen Mann zu pflegen beabsichtigt, um - den Vorstellungen der Eltern entsprechend - diesen Mann später eventuell auch heiraten zu können. In Wahrheit will sie keine näheren Kontakte mit dem Mann, der in keiner Hinsicht ihrem Wunschbild entspricht und gegen den sie starke Sexualfeindlichkeit empfindet (als Herr Panter zudringlich wird, versucht Eva Maria, mit den Anfällen von Übelkeit zu kämpfen, und rennt letztendlich von dem Mann weg), aber sie ist zu schwach, dem Erwartungsdruck der Bezugspersonen zu widerstehen. Sie liest den Eltern die harmlosen Stellen aus dem Brief Panters vor, um ihre Illusionen aufrechtzuerhalten: "Er schreibt sehr nett, sagte der Vater. Ja, sehr, sagte die Mutter, er scheint ein guter Mensch zu sein." (T, 82). Die Tochter akzeptiert widerspruchslos die Manipulation über ihre Person, wodurch sie unverkennbar in die Nähe des patriarchalischen Tochterbildes gerät.

Auch im frühen Roman "Abschied für länger" prägt die Abhängigkeit der Tochter von der Elternfamilie alle anderen Beziehungen, die die junge Frau anzuknüpfen versucht, um sich dem Einfluß ihrer Eltern zu entziehen. Die 33jährige Erzählerin verläßt ihr Elternhaus und hofft, mit Hilfe ihres Geliebten sich von der Familie zu befreien: "Vielleicht durch Strass, eines Tages würde ich ihnen entkommen" (Afl, 48)[134]. Sie plant "insgeheim", danach das "Leben mit der Familie nicht wiederaufzunehmen" (Afl, 9), aber nachdem ihr Liebesversuch mißlungen ist, kommt sie zu der Familie zurück. Die Familie erscheint als Ausgangs- und Endpunkt des versuchten Ausbruchs der Erzählerin. Aber auch während ihrer Abwesenheit wird sie von der Familie nicht losgelassen: "In meiner Tasche vermied ich das Etui mit Familienfotos, mein Vater hatte es mir zurechtgemacht für Momente der Traurigkeit" (Afl, 28). Wegen ihres Wegbleibens von Zuhause empfindet sie starke Schuld- und Verratsgefühle (Afl, 51), obwohl ein echter Verrat nie stattfindet und die Tochter ihrer Familie treu bleibt. Das Scheitern und der ganze Verlauf der Beziehung zu dem geliebten Mann sind von vornherein durch die Familie, Vergangenheit und Erziehung der jungen Frau determiniert.

In der Ursprungsfamilie der Erzählerin herrscht eine starre, unveränderbare Rollenaufteilung. Da beide Eltern auf Harmonie und Übereinstimmung fixiert sind, wollen sie keine Abweichungen vom alten Rollengefüge zulassen, um sich auf diese Weise vor möglichen Konflikten zu schützen. Die Erinnerungen der Erzählerin an die Reaktion der Eltern auf ihre kindlichen Wutausbrüche zeigen, daß sie von klein auf dazu gezwungen wird, ihre Bedürfnisse und spontanen Gefühlsäußerungen zu unterdrücken. "Sie hat das von mir, den Zorn, sagte

---

[134] Die weiteren Zitate im Text sind folgender Ausgabe entnommen: Wohmann, Gabriele: Abschied für länger. Roman. Reinbek bei Hamburg 1969 (weiter wird die Abkürzung "Afl" benutzt).

meine Mutter und betrachtete mich neugierig unverwandt. Du Zorngickel, zorniges Schätzchen, es paßt nicht zu kleinen Mädchen" (Afl, 11). 'Freundlich' zeigen die Eltern ihrer kleinen Tochter, daß sie ihren Zorn für unpassend halten. Da der Verlust elterlicher Liebe der Tochter existenzbedrohend erscheint, schließt sie die einem Mädchen nicht passenden Gefühle, wie Wut oder Zorn aus ihrem Wesen aus. Die Tochter übernimmt die tradierte weibliche Geschlechtsrolle, die von der Frau bzw. dem kleinen Mädchen ein freundliches Verhalten und eine passive Unterwerfungsbereitschaft fordert (vgl. "Treibjagd"). Die Tochter wird von ihren Eltern auf die einzige, nämlich weibliche, Rolle reduziert. Die einschränkende geschlechtsorientierte Mädchenerziehung führt zu den späteren Persönlichkeitsstörungen (z.B. Gefühlsunsicherheit, übertriebene Angst vor der Ablehnung, die Unfähigkeit, sich gegen andere aufzulehnen)[135], die für die Frauenfiguren Wohmanns typisch sind und von denen in späteren Kapiteln die Rede sein wird.

Die bereits in der frühen Kindheit von den Eltern zur Unterwerfung und Anpassung erzogenen Frauen lasten ihrem weiblichen Geschlecht alle späteren Mißerfolge an (dies gilt sowohl für die Heldinnen feministischer Literatur als auch für mehrere Frauenfiguren Wohmanns). So kann auch die Erzählerin in "Abschied für länger" ihre eigene Weiblichkeit nicht akzeptieren (z.B. weigert sie sich, dem Partner gegenüber eine fürsorgliche Position einzunehmen) und verachtetet ihre Geschlechtsrolle, weil diese ihr unter dem prägenden Eindruck des Mutterbildes als selbstzerstörerisch erscheint. Dies bedeutet aber nicht, daß sie durch diese Abwehrprozesse in die Nähe emanzipierter Heldinnen rückt: Der Unterschied zwischen feministischen Heldinnen (vgl. die Texte von Heinrich oder Schwaiger) und der Protagonistin Wohmanns besteht darin, daß sie für sich keine andere Möglichkeit als die Übernahme ihres Mutterbildes sieht und nicht nach der Erweiterung ihrer Lebensperspektiven strebt. Trotz anfänglicher negativer Reaktion auf weibliche Leiderfahrungen können ihr nur leidende Frauen, zu denen auch ihre Mutter gehört, die Möglichkeit der Identifikation bieten: "Von ihrem Sturz an hatte ich Ullas Mutter gern. Im Schlamm war sie meine Mutter, nachdem jemand ihr eine Freude, ein Vertrauen, einen arglosen Irrtum genommen hatte, unsere Mutter. Ein Rückfall, ähnlich dem meinen, Strass, [...]." (Afl, 75). Durch die Betrachtung der Mutter, die trotz ihrer Krankheit den Mann und die Kinder bedienen muß, hat die Tochter gelernt, weibliches Leben nur als leidvolles Leben wahrzunehmen, so daß Leid auch zu ihrer eigentlichen, 'weiblichen' Identität geworden ist. Sie fühlt sich deswegen irritiert und beängstigt, wenn sie die Frauen sieht, die ihre Rolle als Frauen ohne Leiden ausfüllen und in ihrer Weiblichkeit anerkannt und geliebt werden (z.B. eine Arbeitskollegin von Strass). Dies bedeutet, daß in diesem Fall nicht nur die tradierte geschlechtsspezifische Erziehung, sondern auch das konkrete Beispiel der Mutter eine positive Einstellung zur eigenen Weiblichkeit und die spätere Sozialisation der Erzählerin verhindern.

---

[135] Vgl. Ulbricht, S.129f.

Die Sozialisationsprobleme der Tochter in "Abschied für länger" ergeben sich daraus, daß sie sich nicht in andere Rollen und Verhaltensmuster einüben kann. Die neuen Beziehungen fordern von ihr neue Anpassungsleistungen, die die junge Frau aufzubringen unfähig ist. Obwohl sie sich räumlich für einige Zeit von der Familie entfernt, ist die innere Loslösung von den Eltern nicht möglich. Die Tochter kehrt zurück zur Familie, die in einer "Sackgasse" wohnt (Afl, 121), in einer wirklichen, aber zugleich auch in einer symbolischen Sackgasse. Mit der Rückkehr in das kleinbürgerliche Elternhaus scheitert der einzige von ihr gewagte Sozialisations- und Emanzipationsversuch. Im Hinblick auf die Wohmannschen Nachrichten von der Abhängigkeit der Töchter von den Eltern spricht Günther Schloz von "einer in unserer Zeit ungewöhnlichen Elternbindung".[136] Der Kritiker verweist auf den Unterschied zwischen dem Werk Wohmanns und der Frauenliteratur der 70er und 80er Jahre, weil für diese Literatur solch eine Elternbindung ungewöhnlich ist; Wohmann scheint mit ihrer Position eher traditionell zu wirken: "Sie [Wohmann] riskiert dabei, als typisch weibliche Schriftstellerin traditioneller Prägung - zuständig für Familie, Haus und Herd, für Alltagskram und Caritatives - abgetan zu werden", so Schloz.[137] Die fiktiv verarbeiteten Beispiele der töchterlichen Elternbindung ruhen teilweise auf den biographischen Erfahrungen der Autorin, die von ihrer Kindheit an bis zur Erwachsenenzeit an ihre Eltern in einer besonderen Weise gebunden war. Dies läßt sich dadurch erklären, daß die Eltern ihr in der Kindheit einen vielseitigen Schutz gegeben haben; im begrenzten Raum des elterlichen Pfarrhauses hat Gabriele Wohmann Geborgenheit erfahren. Als erwachsene Frau bewundert sie einerseits diese Geborgenheit, andererseits akzeptiert sie die Tatsache, daß die im Elternhaus genossene Geborgenheit den Menschen schutzlos für das Leben draußen macht und ihn zum Scheitern an der Umwelt führen kann.

Die Untersuchung der weiblichen Sozialisationsprozesse im Werk Wohmanns hat bewiesen, daß man auch in diesen Texten, d.h. in den Texten, die in der Zeit des durch die feministische Bewegung beeinflußten gesellschaftlichen Wandels entstanden sind, bestimmte geschlechtsspezifische Rollenerwartungen und entsprechende Verhaltensmuster unterscheiden kann, obwohl sich die tradierte patriarchalische Rollenteilung teilweise aufgelöst und gelockert hat. Zu den geschlechtsspezifischen Rollen der Frau, zu denen sie seit Kindheit erzogen wird, gehören in den untersuchten Texten die Pflegepflicht (z.B. in "Abschied für länger") oder Gehorsamspflicht (z.B. in "Treibjagd"). Traditionellerweise wird von den Töchtern erwartet, daß sie Aggressionen unterdrücken, Passivität zeigen und sich dem Mann (Vater oder Partner) unterordnen. Von den Erziehern wird die weibliche Rolle im Verhältnis zur männlichen deutlich unterbewertet, so daß die Töchter nur ein geringeres Selbstwertgefühl entwickeln können und von der Bestätigung anderer Bezugspersonen (Eltern, Partner, Kollegen etc.)

---

[136] Schloz, S.80.
[137] Ebd.

abhängig sind. Im Bezug auf den Sozialisationsprozeß stehen den Wohmannschen Frauenfiguren kaum Möglichkeiten offen, nicht als weiblich geltende Verhaltensmerkmale mit ihrer Person zu vereinbaren (vgl. die Situation Eva Marias in "Treibjagd").

Die schwerwiegenden inneren Konflikte der Töchter resultieren aus der Diskrepanz zwischen geschlechtsspezifischen Rollenerwartungen und ihren eigenen Bedürfnissen, wobei fast in allen Fällen eigene Bedürfnisse zugunsten des geschlechtsspezifischen Verhaltens aufgegeben werden. Aus diesem Grunde ist die These Wellners, daß die Frauenfiguren Wohmanns eine heftige Ablehnung der angesonnenen Rollenerwartungen entgegenbringen und daß ihnen völlig die Bereitschaft fehlt, in die den Frauen traditionell zugeschriebenen Hausfrauen- und Mutterrollen einzuwilligen und damit auch die Bereitschaft, sich dem Manne unterzuordnen und die spezifisch bürgerlichen Beziehungsformen zu akzeptieren[138], nur teilweise berechtigt. Es ist Wellner zuzustimmen, daß die oben untersuchten Frauenfiguren sich zunächst gegen die tradierten weiblichen Lebensformen (z.B. gegen das Hausfrauendasein) wehren, aber hier muß auch betont werden, daß sie sich letztendlich den gesellschaftlichen Erwartungen unterwerfen und ihren emanzipatorischen Kampf im feministischen Sinne völlig aufgeben (z.B. in "Treibjagd"). Der weibliche Widerstand dieser Figuren ist so kurzfristig und so verinnerlicht, daß er zu überhaupt keinen Veränderungen ihrer Situation führen kann. Die emanzipatorischen Impulse haben in den Texten Wohmanns sogar negative Folgen, weil die verunsicherten Frauengestalten ihre Aggressionen nicht gegen gesellschaftliche Vorschriften oder gegen männliche Partner, sondern überwiegend gegen sich selbst richten (z.B. der übertriebene Medikamentenkonsum der Protagonistin in "Treibjagd"). Anders als feministisch orientierte Heldinnen (z.B. bei Schröder) sind die Heldinnen Wohmanns bei ihren Sozialisationsversuchen so stark auf sich konzentriert, daß sie ihre individuelle Situation nicht als allgemeines weibliches Schicksal betrachten und ihre eigene Erfahrung nicht mit der Erfahrung der anderen Frauen identifizieren.

Einem anderen Verständnis weiblicher Sozialisation begegnet man in den Texten Brigitte Kronauers. Hier kann vor allem der Moment des Erkanntwerdens der Frau durch einen Mann als relevanter Schritt der Sozialisation gelten. In einer längeren Episode des Romans "Die Frau in den Kissen", die von der Jugend und Liebeserfahrung der Gräfin erzählt, schildert die Autorin, daß erst durch die Erscheinung eines Mannes die junge Frau in das gesellschaftliche Leben einbezogen wird (vgl. dazu Kapitel 3.4.4.). In diesem Fall geschieht die Konfrontation des weiblichen Subjekts mit seiner sozialen Umwelt durch die gesellschaftliche Anerkennung des aufwachenden Weiblichen (dazu, wie adoleszente Mädchen zu Frauen werden und eine soziale Rolle übernehmen, siehe das vorhergehende Kapitel). Andere Aspekte des weiblichen Soziali-

---

[138] Vgl. Wellner, S.202.

sationsprozesses - als einer spezifischen Form der Sozialisation - werden in den Texten Kronauers selten thematisiert. Dies kann dadurch erklärt werden, daß in ihren Texten nicht die in einer bestimmten gesellschaftlichen Situation sich verwirklichenden Individuen (weiblich oder männlich), sondern die sich innerhalb einer globalen Welt entwerfenden Subjekte in Erscheinung treten. Als Möglichkeitsbedingung für das Werden dieser Subjekte erweist sich die Umwelt nur als sekundärer Faktor: Die Kronauerschen Subjekte entwickeln sich durch die an die Sprache gebundenen kreativen Phantasien. Ihre Sozialisation wird deswegen weniger durch gesellschaftliche Faktoren, sondern vor allem durch die Bedrohung des Subjekts durch seine begrenzten Erfahrungsmöglichkeiten in der unübersichtlichen Gegenwartswelt bestimmt (FK, 12). Was für diese Subjekte relevant ist, ist weniger die Selbstverwirklichung, sondern vielmehr die Selbstvervielfältigung durch die Verkörperungsakte in Menschen, Tiere und Dinge. Während in dem Roman "Rita Münster" einige Aspekte der personalen und sozialen Verwirklichung der Ich-Erzählerin Rita Münster angesprochen werden, von denen später noch die Rede sein wird, handelt der Roman "Die Frau in den Kissen" ausschließlich von der weitgehenden Selbstauflösung der weiblichen Subjekte (dazu siehe auch die Kapitel 3.2.4. und 5.3.).

Im Hinblick auf weibliche Sozialisationsprozesse lassen sich gravierende Unterschiede zwischen feministischen Konzepten und den Texten Wohmanns oder Kronauers feststellen. Feministische Literatur betont den problematischen Charakter weiblicher Sozialisation, weil durch den Einbezug der Frau in das soziale Gefüge - so folgern feministische Autorinnen (z.B. Heinrich, Schwaiger) - eine direkte Konfrontation mit den begrenzten Entwicklungsmöglichkeiten geschieht, die einem Mädchen oder einer Frau offen stehen. Feministinnen kritisieren die Tatsache, "daß zentrale Interessen der Mädchen auf den Bereich der privaten Reproduktionsarbeit gerichtet werden, wodurch sich traditionelle Muster der geschlechtlichen Arbeitsteilung reproduzieren".[139] In der modernen, vor allem aber in der feministischen Sozialisationsforschung werden deswegen die Wahlmöglichkeiten betont, die die Entscheidungen eines weiblichen Individuums selbständig machen.[140] In den Augen feministischer Wissenschaftlerinnen stellt die Möglichkeit, konkrete Vorstellungen hinsichtlich der Berufswahl, der Familiengründung und jener Werte, die in der Lebensweise der Frau zum Ausdruck kommen, selbst zu entwickeln, einen wichtigen Schritt zur weiblichen Emanzipation dar. Der Aspekt solcher Wahlmöglichkeiten und

---

[139] Flaake; King, S.15. Elfriede Chr. Neubauer behauptet z.B., daß eine traditionelle Familienordnung und Erziehungsform einen übergroßen elterlichen Einfluß auf die Entscheidungen der Tochter garantieren, wobei diese "Nichtpreisgabe" der Tochter entweder zum Konflikt, an dessen Ende der totale Bruch steht [vgl. programmatische Texte, z.B. die von Brigitte Schwaiger], oder zur völligen Selbstaufgabe der Tochter [vgl. Wohmanns "Abschied für länger"] führt (vgl. Neubauer, S.127).

[140] Vgl. Dalsimer, S.10.

Entscheidungen taucht in den in diesem Kapitel untersuchten Darstellungen weiblicher Entwicklung selten auf: Die Heldinnen Wohmanns, teilweise auch die von Kronauer lassen ihre Lebensweise von Eltern, gesellschaftlichen Konventionen und traditioneller Denkweise bestimmen. Vor allem die von Wohmann geschilderten Familien, die durch starre Reglementierungen und Kontrollen die Erfahrungsmöglichkeiten der Töchter stark einschränken, zugleich aber konfliktfreie Beziehungen nach außen aufweisen, fördern die Überangepaßtheit bei Töchtern. Diese jungen Frauen identifizieren sich stark mit dem traditionellen Rollenbild der Frau und sind deswegen geneigt, die Lebensweise ihrer Mütter zu übernehmen.

3.3.5. Zwischenergebnisse

Die untersuchten Darstellungen einer (Mädchen)Kindheit in den Texten von Kaschnitz, Wohmann und Kronauer zeigen, daß Kronauer die Kindheit vorwiegend als einen glücklichen bzw. umsorgten Lebensabschnitt darstellt, während die zwei anderen Autorinnen auch negative kindliche Erfahrungen in Betracht ziehen (z.B. das Übersehen von kindlichen Bedürfnissen durch die Eltern). In diesem Zusammenhang sollte man jedoch den Unterschied zwischen feministischen Texten und denen von Kaschnitz oder Wohmann nicht übersehen: Diese Autorinnen gestalten ihre Kindheitsdarstellungen viel freundlicher als z.B. Jutta Heinrich oder Brigitte Schwaiger, die vor allem die durch das patriarchalische Gesellschaftssystem belasteten Kindheitsbilder zeichnen (problematische Vater-Tochter-Beziehung, Distanz zur Mutter, ein gestörtes Verhältnis zur Sexualität etc.). Während feministische Literatur die Schwierigkeiten hervorhebt, denen das Mädchen sich in patriarchalischen Machtverhältnissen ausgesetzt sieht, enthalten die Texte von Kaschnitz, Wohmann und Kronauer keine direkte Kritik an traditioneller Familiensituation. Kaschnitz akzeptiert die traditionell bestimmte, patriarchalische Familiensituation als eine gegebene Ordnung, deren Vorteile oder Nachteile von ihr nicht in Zweifel gezogen werden (vgl. "Das Haus der Kindheit"); Wohmann macht in "Paulinchen war allein zu Haus" die Sehnsucht eines Mädchens nach nahen, wenn auch autoritären Familienverhältnissen deutlich; Kronauer betont in ihren Texten die geborgene familiäre Atmosphäre und ungestörte Beziehungen der Familienmitglieder zu einander. Tradierte Familienverhältnisse werden also nicht nur als autoritäre, sondern auch als das menschliche Füreinandersein sichernde Verhältnisse angesehen, die eine behütete Kindheit ermöglichen können.

Wie oben dargestellt wurde, thematisieren Kaschnitz, Wohmann und Kronauer die Kindheits- und Jugenderfahrungen ihrer Heldinnen nicht isoliert: Vielmehr setzen sie diese Erfahrungen in Beziehung zu der Identitätsproblematik der Erwachsenen. Das Wiedererleben der Kindheit scheint in den Texten von Kaschnitz eine notwendige Bedingung für den gelungenen Zugang zu sich selbst (z.B. in der Erzählung "Das dicke Kind"), zur Umwelt und zu dem anderen

Menschen (z.B. im "Haus der Kindheit") zu sein, deswegen können ihre Werke auch als Beispiele der Sozialisation gelten. Auch im Fall Wohmanns und Kronauers verdeutlichen die Kindheits- und Jugendbilder einige Merkmale, die für ihre Frauenfiguren von klein auf bis spät in das Erwachsenenleben charakteristisch sind, so z.b. die weitgehende Anpassung der Heldinnen an herkömmliche gesellschaftliche Normen und die Hingabe an die Fremdbestimmung in den Texten Wohmanns sowie die Neigung zur Phantasie, der Drang zum Entwerfen von neuen Bildwelten und vor allem die Freude am Erkanntwerden in den Texten Kronauers. Die von Kaschnitz, Wohmann und Kronauer entworfenen Geschichten weiblicher Kindheit und Sozialisation präsentieren in den meisten Fällen ein Individuum, das seine Geschlechtszugehörigkeit widerstandslos akzeptiert, wodurch ein deutlicher Unterschied zwischen ihren Texten und den Texten feministisch orientierter Autorinnen entsteht. Während feministische Literatur heftige Kritik am traditionellen, durch den Mann bestimmten Lebensmodell der Frau äußert und die Bedeutsamkeit einer auf sozialer und geistiger Unabhängigkeit basierenden weiblichen Lebensgestaltung betont, wird in den Texten von Kaschnitz, Wohmann und Kronauer die Erweiterung persönlicher Entfaltungsmöglichkeiten für ihre Heldinnen selten thematisiert.

Dabei ist es auch wichtig, daß in den für die Analyse gewählten Texten dieser Autorinnen die geschlechtsspezifische Perspektive immer wieder spürbar wird, aber nicht in den Vordergrund des Erzählten rückt (wie es in den programmatischen Texten, z.B. bei Heinrich, häufig der Fall ist). Diese Autorinnen schildern auch allgemeingültige Kindheits- und Jugenderfahrungen, so z.B. die unausgesprochenen Ängste der Kinder vor Dingen und vor Menschen, das Erlebnis der Einsamkeit, die Enttäuschung, nicht verstanden zu werden, die Sehnsüchte und Phantasien der Pubertätszeit, die in diesem problematischen Alter sowohl für Mädchen als auch für Jungen typisch sind. Auch die geschlechtsspezifische Färbung der dargestellten Sozialisationsprozesse verhindert nicht, diese Prozesse als eine nicht nur weibliche, sondern auch als eine allgemein menschliche Grunderfahrung (z.B. das Problem des Sich-Lösens von Eltern) zu betrachten.

3.4. Entwürfe von liebenden Frauen: Liebesträume und -begegnungen

3.4.1. Wandel und Beständigkeit der Liebesdiskurse

Die heutige Liebesauffassung läßt sich schwerer als jede frühere (z.B. Liebe als Passion im 17. Jahrhundert, bürgerliches Konzept einer vernünftigen Liebe in der Zeit der Aufklärung, sehnsüchtige Liebe in der Romantik) unter eine Hauptidee zwingen. "Ablehnung und verdeckte Fortführung von traditionsbestimmten Vorstellungen halten sich die Waage", so bezeichnet die gegenwärtige Situation Niklas Luhmann.[141] Skepsis gegenüber "Hochstimmungen" jeder Art verbindet sich Luhmann zufolge mit anspruchsvollen, hochindividualisierten Erwartungshaltungen.[142] Diese Positionen - Liebesablehnung und Liebessuche - lassen sich sehr gut am Beispiel der Differenz zwischen feministischen Konzepten und den Texten von Kaschnitz, Wohmann und Kronauer verdeutlichen.

Mit dem Aufschwung des Feminismus in den 70er Jahren ist das von der Tradition geprägte Liebesverständnis fraglich und unpopulär geworden. Feministische Autorinnen (z.B. Stefan, Reinig) präsentierten vor allem negative Seiten der Liebe (zur Abwertung der Liebe in feministischer Literatur siehe auch Kapitel 2.3.3.). Besonders beachtet wurden deswegen die Texte von Ingeborg Bachmann, die sich nach dem Urteil der feministischen Literaturwissenschaftlerinnen (z.B. Sigrid Weigel) skeptisch mit der Möglichkeit der Liebe und vor allem mit dem Gefühlsdefizit der Männer (vgl. dazu die Studien von Regula Venske) befassen. Im Vergleich zu den Texten von Schriftstellerinnen aus den 50er und 60er Jahren, in denen Frauen häufig auf das liebende 'Fach' festgelegt werden (z.B. in den Texten von Kaschnitz oder Oda Schaefer), stellt Sigrid Weigel im Hinblick auf die 70er Jahre das allmähliche Verschwinden der Liebe aus dem Diskurs der Emanzipation fest.[143] In den Augen mancher feministischen Literaturkritikerinnen (z.B. Stuby) stellen die traditionellen Liebesentwürfe (so z.B. wie man sie auch in den Texten von Kaschnitz in Form eines weitgehenden Verlangens nach Herzensbindung findet) trivialisierte, auf Glättung bedachte Versuche dar, "ein verzweifeltes Glücksstreben" geltend zu machen.[144] Die Autorinnen, wie z.B. Stefan, charakterisieren Liebe als Kampf, als Belagerung und Eroberung der Frau, weil dadurch - so folgern manche Feministinnen - eine bedingungslose, selbst gewollte Unterwerfung der Frau unter den Willen des Mannes gefordert wird. Die lange Geschichte der Unterwerfung von Frauen ist in den Augen von Feministinnen mit der Darstellung der Frau als Liebender aufs engste verbunden.[145] Feministische Autorinnen (z.B. Schwaiger in ihrem Roman "Wie kommt das Salz ins Meer") bezweifeln vor allem die Möglichkeit der Liebe in der Institution der Ehe (vgl. dazu das nächste Kapitel). Da diese Autorinnen die Idee einer freien und gleichen Liebe zwischen Frau und Mann

---

[141] Luhmann, Niklas: Liebe als Passion. Zur Codierung von Intimität. Frankfurt am Main 1992, S.197.

[142] Vgl. Ebd.

[143] Vgl. Weigel: Die Stimme der Medusa, S.215f. "Statt eine weibliche Mission der Liebe zu propagieren, wird in der 'Frauenliteratur' von nun an die Differenz zwischen den Liebesmythen und den herrschenden Geschlechterverhältnissen akzentuiert, so daß das Liebes-Motiv darin nahezu einen blinden Fleck darstellt. An die Stelle von Liebesgeschichten treten jetzt Geschichten von Trennungen oder Beziehungsgeschichten, wie überhaupt die Rede über 'Liebe' durch die Rede über 'Beziehungen' und über Sexualität ersetzt." (Ebd.).

[144] Vgl. Stuby, S.125.

[145] Vgl. Weigel: Die Stimme der Medusa, S.57.

als nicht realisierbar oder schwer realisierbar in dem vorgegebenen gesellschaftlichen Rahmen betrachten, versuchen sie, diese Art der Liebe abzuwerten, ihre Kehrseiten hervorzuheben, heterosexuelle Beziehungen durch homosexuelle Bindungen zu ersetzen und selbst die Möglichkeit der Liebe zwischen Frau und Mann weitgehend zu ignorieren (zu all diesen Tendenzen siehe die Texte von Stefan). Zusammen mit der Kritik an den herrschenden Liebesverhältnissen wird in der programmatischen Frauenliteratur Weigel zufolge sogar die Sehnsucht nach Liebe abgeschafft.[146] Es wäre jedoch ein Fehler zu behaupten, daß alle feministisch orientierten Autorinnen ganz auf die Thematisierung der Liebe bzw. auf die Thematisierung der Liebessehnsucht verzichten, so wird z.B. in Karin Strucks Buch "Lieben" die Liebessehnsucht zusammen mit anderen Liebes- und Weiblichkeitsmythen (z.B. die Nähe der Frau zur Natur) zum Ausdruck gebracht.[147]

Einer der Gründe, warum sich die Werke Kaschnitz', Wohmanns und Kronauers von der programmatischen Frauenliteratur unterscheiden, ist der Versuch dieser Autorinnen, das Lebensvolle an der Liebe zwischen Frau und Mann hervorzuheben. Ihre Werke machen die unstillbar gebliebene Sehnsucht nach Zweisamkeit und nach Verwirklichung der Liebesimaginationen sichtbar, d.h. genau das, was Luhmann als "Erwartungshaltung" bezeichnet. Die Texte dieser Autorinnen zeigen, daß trotz der weitgehenden Veränderungen der modernen Lebensweise (z.B. der Verzicht auf dauerhafte Bindungen und die Aufwertung von kurzfristigen Kontakten), trotz der Erkenntnis der Instabilität und des Leidens an der Liebe auch heutzutage das Bedürfnis nach Intimität besteht. Auch im Hinblick auf die sozialen Veränderungen, die durch die feministische Bewegung beeinflußt wurden, gilt also die Behauptung Stubys, daß die Idee der Liebe stärkeres inneres Widerstandspotential entwickelt, je mehr ihre Konkretisierung in Frage steht.[148]

Die Erläuterung des Verhaltens von Liebenden, in diesem Fall von liebenden Frauen, kann der Untersuchung der traditionell geprägten (Selbst)Entwürfe von Frauen in den Texten von Kaschnitz, Wohmann und Kronauer deutlich beitragen. Da den traditionellen Gesellschaftsmustern entsprechend Frauen weniger Möglichkeiten zu unpersönlichen Beziehungen im sozialen Bereich haben, bezeichnen sich ihre Lebensentwürfe durch intensivere persönliche Beziehungen und durch den Wunsch, die Selbstverwirklichung in der Liebe zu

---

[146] Vgl. Ebd., S.229.
[147] Hier gilt es aber zu bemerken, daß diese Autorin - auch wenn ihre Einstellung zum emanzipatorischen Beziehungsdiskurs und ihre Schreibweise mit der vieler anderer feministischer Texte vergleichbar sind - im Hinblick auf die von ihr hervorgehobene Relevanz der Liebe eher als Außenseiterin erscheint.
[148] "Angesichts der Bedrohung durch Verdinglichung und Entpersönlichung wird eine Intensivierung der personalen Momente in sozialen Beziehungen in Gang gesetzt" (Stuby, S.127.).

finden. In den Beziehungen zu einer anderen Person bzw. zu anderen Personen kommen auch individuelle Eigenschaften am deutlichsten zum Ausdruck: Das Individuelle der Person rückt deswegen in den Vordergrund, weil in einer Liebessituation - dies betrifft vor allem die Texte Kronauers (z.B. "Rita Münster"), weniger die Texte Wohmanns, in denen partnerschaftliche Beziehungen häufig als Voraussetzung für die Erlangung eines höheren gesellschaftlichen Status gelten (z.B. in der Erzählung "Treibjagd") - das Ich zum Focus des Erlebens wird und die Umwelt relativ konturlos erscheint.[149] Gerade das Thema Liebe eignet sich vorzüglich, die für die gewählten Texte charakteristischen traditionellen Aspekte des Frauenbildes vorzuführen, weil es erlaubt, die Selbstentwürfe von Frauen sowohl im Bezug auf ihre eigene Person als auch im Bezug auf den Partner zu erörtern. In diesem Kapitel soll deswegen im Zusammenhang mit manchen allgemeinen Überlegungen zum Liebestopos an den gewählten Texten gezeigt werden, welche Rückwirkungen die traditionellen Konzepte einer spezifisch weiblichen Form der Liebe (z.B. eine auf den abwesenden Geliebten wartende Liebende, eine dem Tod verfallene Liebeswahnsinnige) auf die Entwürfe von Frauen in der deutschen Gegenwartsliteratur haben. Dabei werden auch die Differenzen zwischen weiblichen und männlichen Rollen sichtbar, die für das traditionelle Gesellschaftssystem typisch sind, so z.B. weibliche Liebesimaginationen, Fixierung der Frau auf den Mann, männliche Abwesenheit.

Das Thema Liebe gehört zu den zentralen Themen im Werk der in der vorliegenden Arbeit zu behandelnden Autorinnen. Die Geschichten über eine Liebeserfahrung werden in ihren Texten häufig aus dem Blickwinkel der Frauenfiguren erzählt, die in der von diesen Autorinnen entworfenen fiktiven Welt an der Liebessehnsucht oder am Liebesverlust offensichtlich am stärksten leiden. Im Fall Kaschnitz' soll die Relevanz der Liebe für den weiblichen Selbstentwurf am Beispiel des frühen Romans "Liebe beginnt" verdeutlicht werden, der autobiographische Züge[150] trägt und in dessen Mittelpunkt die Auseinandersetzung mit der verpflichtenden Paarbeziehung steht. Auch im Werk Wohmanns - abgesehen davon, daß die Liebesbeziehungen nicht zustande kommen, oder anders als die Frauen hoffen - ist die Liebeserfahrung unverkennbar eines der am meisten erregenden Erlebnisse im Leben der Frauenfiguren.[151] Noch tiefergehend als Kaschnitz und Wohmann stellt Brigitte

---

[149] Vgl. dazu Luhmann, S.17.

[150] Das Ehepaar Kaschnitz hat wie die handelnden Figuren Andreas und Silvia längere Zeit in Italien gelebt; wie der Archäologe Guido Kaschnitz von Weinberg ist auch Andreas im Roman ein Büchermensch, Wissenschaftler, und die Autorin hat zeitlebens Silvias Abneigung gegen Neapel geteilt (vgl. Schweikert: Das eingekreiste Ich, S.63).

[151] Manfred Jurgensen formuliert dies folgendermaßen: "Und doch gibt es keine größere Erregung als die des Erkanntwerdens und der Selbsterkenntnis. Diesem Eros unterliegen auch

Kronauer Liebe als Schlüsselerlebnis im Leben ihrer Figuren dar oder – um mit den Worten des Kritikers Heinrich Vormweg zu sprechen - "spielerisch und trauernd die Lust, die Liebe als Lebensinhalt relativiert"[152]. Die Texte der bekannten Romantrilogie Kronauers ("Rita Münster", "Berittener Bogenschütze" (1986) und "Die Frau in den Kissen") werden in der Literaturkritik unter anderem als 'Liebesromane'[153] bezeichnet. Reinhard Baumgart hat eine für meine Fragestellung relevante Bemerkung bezüglich des Themas Liebe in den Texten Kronauers gemacht: Der Kritiker behauptet, daß die Kronauerschen Romane unbeirrt, uneingeschüchtert auch von ihrer unübersehbaren Modernität, im Entscheidenden wieder entschlossen altmodisch verfahren, weil sie auf einem Thema insistieren, das Romane motiviert hat, seit es Romane gibt: "Sie erzählen Liebesgeschichten, lassen sich also ein auf das berühmteste, beschriebenste aller Ereignisse."[154] In Kronauers Romanen erhält Liebe, vor allem die von Frauenfiguren verspürte platonische und erotische Liebe, mannigfaltige Tiefendimensionen von zugleich irdischen ("Rita Münster") und kosmischen Ausmaßen ("Die Frau in den Kissen"). Im weiteren sollen die wichtigsten herkömmlichen Liebeskonzepte und ihre literarischen Präsentationen im Werk dieser drei Autorinnen näher erläutert werden.

3.4.2. Liebe als weibliches Fatum und weibliche Kraft bei Kaschnitz

Im Roman "Liebe beginnt" von Kaschnitz wird das Thema Liebe zusammen mit dem Thema der Differenz zwischen Mann und Frau diskutiert. Am Anfang dieses Romans steht die Beschreibung der alltäglichen weiblichen Lebensführung und der "Stunden des Zusammenseins" mit dem Lebenspartner (LB, 10), des einförmigen, aber glücklichen Lebens aus der Perspektive der Erzählerin, die die "Geschichte von Tod und Auferstehung der Liebe" (LB, 10) erzählt. Dem gemeinsamen Leben legt offensichtlich die traditionelle Rollenteilung zugrunde, wobei die Frau sich vollständig auf den Mann einstellt und ihren Tageslauf auf seine Bedürfnisse einrichtet: Andreas arbeitet tagsüber in einer Bibliothek; seine Gefährtin wartet auf ihn zu Hause (LB, 9) und in seiner Abwesenheit "versucht, sich "einige Kenntnisse anzueignen" oder "die Geheimsprache zu enträtseln, in der sie [seine Bücher] geschrieben waren" (LB, 12). Die Frau behauptet anfänglich, daß sie "weder eifersüchtig noch neidisch" auf seine Arbeit sei (LB, 9), aber später erweist sich, daß die wissenschaftliche Arbeit des Mannes als die dritte Komponente (als die 'Geliebte') eines

---

Wohmanns Frauengestalten. Sie wollen sich finden und gefunden werden [...]. Die Liebe wird gesucht" (Jurgensen: Deutsche Frauenautoren der Gegenwart, S.31).
[152] Vormweg, Heinrich: Große Imagination des Lebens selbst. Brigitte Kronauers neuer Roman - ein höchst weltliches Altarbild. In: Süddeutsche Zeitung (2/3. Oktober 1990), S.74.
[153] Vgl. Appel, S.77.
[154] Baumgart, S.66.

"klassischen Dreiecks" seitens der Frau begriffen wird.[155] Wie stark die Frau selbst der Wissenschaft entfremdet ist, zeigt die Betrachtung der Arbeit Andreas' als einer "Krankheit" bzw. "Besessenheit", die sie dank ihrer Liebe zu besiegen glaubt (LB, 13).

Die Frau ist potentiell selbständig, steht aber - im Gegensatz zu den kämpferisch eingestellten Heldinnen der späteren feministischen Literatur - nicht zu ihrer Möglichkeit, da ihr durch Herkunft und gesellschaftliche Vorstellungen die Verhaltensweise der nur auf den Mann bezogenen Frau vorschwebt.[156] Die Erzählerin erledigt allerlei Gelegenheitsarbeiten; dabei ist sie in ihren Gedanken immer auf den Partner fixiert und in der Zeit ohne ihn hat sie "den Wunsch, schon mit ihm zusammen zu sein" (LB, 12). Die Liebenden scheinen untrennbar zu sein, wodurch das Bild einer Symbiose entsteht und das Leben nur im Namen der Liebe geführt wird. Eingeschlossen in dem Zirkel ihrer Liebe sind sie (vor allem aber die Frau) gleichzeitig von allen anderen Bindungen und von der Außenwelt ausgeschlossen (die Frau akzeptiert hier also eine domestizierte Lebensweise, die von der späteren feministischen Bewegung am heftigsten kritisiert wird). Zugleich versichert die Erzählerin: "Wir lebten nicht in den Wolken"; "Wir redeten in der Sprache des Alltags und von den Dingen des Alltags, nicht von dem, was in uns vorging." (LB, 14). Obwohl die Frau später mehrmals als übertrieben sentimental erscheint, versucht sie hier Sentimentalität zu leugnen: Dies kann als eine unbewußte "Bemühung um Distanz trotz Befangenheit"[157] seitens der Frau oder als ein Wunsch, die totale Fixierung auf den Mann zu neutralisieren, verstanden werden. Abgesehen davon, daß die Liebe "ins Unermeßliche" zu wachsen scheint (LB, 14), zeigen die Worte der Erzählerin, daß die Beziehung doch nicht ganz intakt ist, weil die Partner nicht ehrlich zueinander sein können. Aus subjektiver Sicht glorifiziert die Frau ihre Liebe, aber sie muß auch die Schädlichkeit dieser Art von Liebe anerkennen, die durch die objektive, äußere Sicht und rhetorische Fragen angedeutet wird (z.B. lautet eine der Fragen: "Ist es nicht wirklich etwas Unheimliches um Liebende, müssen nicht die anderen Menschen sie hassen?" (LB, 13)). Der Hinweis auf die Meinung von anderen ist zugleich das Zeichen der Bemühung um eigene Verhaltensbeurteilung seitens der Frau.

Schon im Anfangskapitel des Romans wird die Liebe von der Erzählerin als Spiel gekennzeichnet (LB, 9), wozu Falkenhof die folgende Feststellung macht: Die Liebe "wird von einer völlig unselbständigen Frau erfahren, die ausschließlich auf ihren Partner fixiert ist, wobei des Partners Sicht der gemeinsamen Liebe nicht artikuliert, sondern in die von der Frau benutzte Wir-Perspektive integriert wird"[158]. Stephan sieht das Bedrohliche für die Beziehung darin, daß die Frau ständig mit den Verlustängsten und dem beunruhigenden

---

[155] Vgl. Baus, S.200.
[156] Vgl. Reichardt, S.41.
[157] Baus, S.198.
[158] Falkenhof, S.19.

Verdacht lebt, die Intimität ihrer Beziehung könnte nur Schein sein.[159] Die Beziehung wird auch deswegen problematisch, weil die Frau ihre inneren Spannungen und Irritationen, die während einer gemeinsamen Reise durch Italien entstehen, gegenüber dem überlegenen und entscheidenden Partner nicht zu äußern wagt. Da diese Spannungen nicht aufgelöst werden, wird Silvias Benehmen an manchen Stellen schwer nachvollziehbar.

Von Anfang an glaubt die junge Frau, daß Liebe als weibliche Kraft ihr Unwissen und ihre Engagementlosigkeit in anderen Bereichen kompensieren kann. Während der Reise erweist sich, daß die Frau genauso wenig von der Kunst weiß wie von der Wissenschaft (LB, 20). Auffällig ist auch ihr Unwissen in der Kirche, d.h. sie kennt sich kaum in religiösen Fragen aus: Nicht die Religion, sondern "die irdische Liebe, für die ich [Silvia] lebte", ist relevant, so "daß ich alles andere ablehnte, als ginge es mich nichts an." (LB, 45). Die beiden Partner zeichnen sich auch durch das gegensätzliche Verhältnis zur Geschichte aus: "Er [Andreas] hatte einen Sinn für die geschichtlichen Dinge, der mir vollkommen fehlte. Es war tatsächlich mehr als Wissen, es war Gefühl." (LB, 35f). Dabei muß betont werden, daß diese Einstellung der Frau nicht nur durch ihre Weiblichkeit, sondern auch durch die epochale Situation geprägt wird: Silvia weist darauf hin, daß viele von ihren jungen Altersgenossen sich unsicher fühlen, deswegen fällt es dem älteren Andreas leichter, sich zu orientieren.[160] Hier wird aber auch die konservative Rollenfixierung deutlich, weil die Frau als politisch unmündig erscheint: Die komplizierte politische Situation am Ende der Weimarer Republik beobachtet sie wie ein Schauspiel, das sie nichts angeht (LB, 139). Die Frau ist der Überzeugung, daß Andreas' Leiden "alle Menschen" umfaßt, und sie betrachtet dies als etwas "Nur-Männliches", was sie niemals teilen könnte (LB, 22). Sie behauptet deswegen, daß "Freiheit" und "Vaterland" für sie als Frau nichts weiter als Worte sind im Gegensatz zu deren Bedeutung für den Mann: "Ich dachte, einer Frau, die jemanden liebhat, können diese Dinge nicht ans Herz greifen. Ihr Leben bleibt ja dasselbe, so oder so." (LB, 23). Aus feministischer Sicht betrachtend, erklärt Stephan die Gleichgültigkeit der Frau gegenüber politischen Ereignissen und ihre Uninteressiertheit dadurch, daß die Frau sich nicht als Subjekt versteht und keine Handlungsmöglichkeiten aus eigener Kraft zu haben glaubt.[161] Um die

---

[159] Vgl. Stephan: Liebe als weibliche Bestimmung?, S.124.

[160] "In mir war alles eindeutig. Ich wußte kaum mehr, an was ich geglaubt hatte, bevor ich an die Liebe glaubte. Bevor ich noch eingetreten war in die Zauberwelt der Erwachsenen, war vieles abgetan und verworfen worden. Meine Altersgenossen und noch mehr die Jüngeren fühlten eine Leere in sich, die sie verzweifelt machte. Sie sahen die Welt wie durch ein sauber geputztes, scharfes Glas, der Anblick war ihnen so unerträglich, daß sie alles versuchten, es zu bewölken.
Andreas war älter als ich. Er hatte schon vor dem Kriege begonnen zu leben. Er kannte die Ursachen vieler Dinge, und seine Welt war reicher als die meine. Es war, als sähe er durch Prisma." (LB, 36)

[161] Vgl. Stephan: Liebe als weibliche Bestimmung?, S.126.

Realität nicht wahrnehmen zu müssen, pflegt sie ihre Traum- und Phantasiewelt. Während Andreas die italienischen Zeitungen liest, gibt sie sich den Träumereien hin:

> "Ich gab mich wieder dem Spiel der Gedanken hin, diesem alten Spiel der Phantasie, das einen so großen Raum einnimmt in dem Leben einer Frau und einen so kleinen in dem des Mannes. Die Frauen, die es kennen, sind oft zerstreut bis zum Stumpfsinn. Es macht sie unfähig, klar zu denken und das zu beurteilen, was um sie vorgeht. Eine Welt des Scheins umgibt sie, die sich wandelt und in der sie bald diese, bald jene Rolle übernehmen." (LB, 25)

Ein anderes Mal verdeutlicht die Autorin die Neigung der Frau zum Visionären, nicht zum konkreten politischen Denken an dem folgenden Bild: Im Gespräch mit Andreas und mit einem jüdischen Forscher über die gesellschaftlichen Probleme (materielle Zufriedenheit der Menschen einerseits, das Heraufkommen von Revolutionen andererseits) denkt die Frau "in diesem wichtigen Augenblick an etwas anderes", wobei sie selbst ihre Gedanken als "sehr dumm und sicher sehr weiblich" bezeichnet (LB, 126). Im Leben der Frau spielen also nicht die Politik oder Wissenschaft eine Rolle, sondern die private Sphäre der Zweierbeziehung, wodurch auch die Kommunikationsprobleme zwischen den Partnern entstehen.

Das von Kaschnitz entworfene Frauenbild läßt Liebe traditionell als weibliche Bestimmung erscheinen. Von welcher Relevanz Liebe im Leben einer Frau ist, zeigt die Bemerkung der Erzählerin über die auf dem Gesicht zu sehenden "Jahresringe der Härte", "wie sie die Frauen bekommen, die nicht mehr lieben" (LB, 104). Eine andere Variante desselben Gedankens wird einige Seiten später von der Erzählerin wiederholt: "Du sagtest, daß jede Zeit des Lebens ihr Gutes hat. [...]. Aber das stimmt nicht, wenigstens nicht für Frauen. Die Jahre, in denen man nicht mehr liebt und nicht geliebt wird, sind verlorene Jahre." (LB, 117).[162] Die Feststellung, daß ihr Partner und sie einander nicht mehr lieben, erweckt bei der Frau nur für einen kurzen Augenblick "eine mächtige, fast eine freudige Erregung", so, als habe sich vor ihr "die Weite eines neuen Lebensraumes unvermutet aufgetan" (LB, 115). Die mögliche Befreiung erscheint aber nicht als etwas Erstrebenswertes (wie im Fall späterer feministischer Literatur), sondern als etwas für die Frau Tragisches: "Doch gleich darauf erschien er [der neue Lebensraum] wie ein leerer, unermeßlicher Abgrund, über den sich

---

[162] Die Sondersituation von Frauen erklärt die Erzählerin durch die naturbedingte Notwendigkeit der Erfüllung weiblicher Pflichten und protestiert gegen die von Andreas vertretene Gleichstellung von Männern und Frauen: "Nein [...], nicht wie du es meinst, daß sie [Frauen] sich gleichbleiben und entwickeln von der Jugend zum Alter hin, in die Welt hinein und dann wieder langsam sich von ihr entfernend. Sie müssen sich verwandeln, und wenn aus irgendwelchen Gründen auf ein Stadium nicht ein anderes folgen kann, dann verkümmern sie oder sie bleiben stecken, und wie mechanische Puppen wiederholen sie ihr Leben lang Worte und Meinungen und Bewegungen, die längst hätten abgelöst sein müssen von anderen." (LB, 117)

Andreas wohl schwingen mochte, während ich selbst zu Tode stürzen mußte." (LB, 115f). Die Separationsvorstellungen machen die negativen Folgen der möglichen Trennung sichtbar: Ohne Andreas ist die Frau zum Scheitern, sogar zum Tode verurteilt. Deswegen enden die Visionen der Freiheit mit der Berührung des Geliebten, die der Frau "eine merkwürdige Beruhigung" (LB, 116) schenkt.

In diesem Zusammenhang scheint die Feststellung Stephans berechtigt, daß ein durchgängiges Thema im Werk Kaschnitz' die Fremdheitserfahrung und der Versuch, diese Erfahrung durch Liebe zu überwinden, ist[163] (dazu siehe auch Kapitel 4.2.2.). "Die Kraft der Liebe, wie ein wunderbarer und ewiger Sinn" erhebt die Frau am Ende des Romans "aus der Wirrnis des Erlebten" (LB, 174) für eine neue Lebensqualität mit Andreas. "Seine Liebe hatte mich zurückgerufen" (LB, 175), heißt es nach der langen Zeit ihres seelischen Zusammenbruchs. Die Liebe erscheint als diejenige Macht, die sowohl der Frau als auch dem Mann verhilft, sich "freudigen Herzens" an das Leben hinzugeben (LB, 175). Auf diese Weise wird sie sakralisiert bzw. von einer religiösen Aura umgeben: "Du bist für mich das Wasser des Lebens" (LB, 23), sagt die junge Frau zu ihrem Freund. Diese mehrfache Betonung der Liebe birgt jedoch die Gefahr, daß dem Roman seitens der Kritik häufig Trivialität zugeschrieben wird.[164]

---

[163] Vgl. Stephan: Liebe als weibliche Bestimmung?, S.122.

[164] Anita Baus rückt den Roman wegen seines "dialektischen Schemas" "in die Nähe der Fabeln des Trivialromans" und sieht in ihm "viele Beispiele des Genres 'Unterhaltender Frauenroman'" (vgl. Baus, S.194f). Auch Johanna Christiane Reichardt ist der Meinung, daß Kaschnitz "traditionell und konventionell" begonnen hat und daß ihr gesamtes Frühwerk in Stil und Themenwahl (z.B. Liebe und Tod, Mythologie und Natur) Althergebrachtem verhaftet ist (vgl. Reichardt, S.9). Eduard Dohle, der in seiner Dissertation die Aufnahme der Bücher Kaschnitz' durch die Buchkritik analysiert hat, macht eine Übersicht der nach der Veröffentlichung des Romans "Liebe beginnt" erschienenen, überwiegend positiven Rezensionen und verdeutlicht damit die Tatsache, daß der Charakter des Romans als Frauen- und Liebesroman herausgestellt wurde, wobei die anderen Aspekte, z.B. die zeithistorischen Bezüge, ganz außer acht gelassen wurden (vgl. dazu: Dohle, Eduard: Marie Luise Kaschnitz im Dritten Reich und in der Nachkriegszeit. Ein Beitrag zu den Publikations- und Wertungsbedingungen der nicht-nationalsozialistischen Autorin. München 1990, S.100ff).
In der Literaturkritik ist aber auch eine andere Meinung über den Roman zu finden. Da Kaschnitz einen Roman mit dem Hauptthema Liebe schreibt, entspricht nach der Meinung Pulvers der Biographie der Autorin und nicht zuletzt der geltenden Rollennorm: Dennoch sei dieser Roman kein "sentimentales Frauen-Buch", eher sei eine versteckte Radikalität darin zu spüren (vgl. Pulver, Elsbeth: Marie Luise Kaschnitz. München 1984, S.25). Aus der feministischen Perspektive setzt Stephan den Roman "Liebe beginnt" zur "eigenen erlebten und phantasierten Weiblichkeit" der Autorin in Beziehung und liest den Roman als einen Versuch, "zu einem Verständnis der eigenen Weiblichkeit zu gelangen und über das Verhältnis von Weiblichkeit, Phantasie und Schreiben zu reflektieren" (Stephan: Liebe als weibliche Bestimmung?, S.122). Stephan betrachtet den Roman nicht als Liebesgeschichte "im traditionellen oder trivialen Sinne": Es gehe hier vor allem um "die Reflexion darüber, was die Liebe ist, was sie für die Definition der Geschlechter taugt und welche Konsequenzen

Obwohl die Frauenfiguren Kaschnitz' den verschiedensten Lebensbereichen entstammen und ihre geschlechtsspezifischen Charakterzüge und Verhaltensmuster nicht eindeutig festzulegen sind, lassen sich einige Ähnlichkeiten feststellen. Eine der Ähnlichkeiten besteht in dem Versuch der Heldinnen, die Selbstrealisation durch Liebe zu einem Mann zu erreichen (eine extreme Variante dieses Versuches stellt Silvia in "Liebe beginnt" dar, aber auch die Erzählerin im "Haus der Kindheit"[165] oder die Frauenfiguren in den meisten Erzählungen, z.B. in der Erzählung "Wege" (1958), akzeptieren Liebe als ihre Bestimmung). Im Hinblick auf die Darstellung der Frauenfiguren (insbesondere der liebenden Frauenfiguren) behauptet Baus, daß Frauen bei Kaschnitz häufig als geistig instabil erscheinen: Als Beispiel nennt Baus die Erzählerin im "Haus der Kindheit", die sich am stärksten dem Bild einer Neurose annähert, während Silvia in "Liebe beginnt" in der Phase weitester Selbstentfremdung als hysterisch bezeichnet werden kann (sie versucht z.B., ihren geliebten Andreas mit einem Stein zu töten (LB, 146f), weil er sie vermeintlich nicht liebt).[166] Baus glaubt die psychische Störung Silvias darin zu erkennen, daß sie unsicher ist und aus dem Anlehnungsbedürfnis, das mit ihrer Nachgiebigkeit korrespondiert, den Beifall des Partners sucht, d.h. auf dem Weg der Unterordnung sich um Bestätigung bemüht.[167] Das seelische Befinden der Protagonistin in "Liebe beginnt" verweist unter anderem auf das Konzept der Liebe als Passion, wobei das Wort "Passion" die Tatsache ausdrückt, "das man etwas erleidet, woran man nichts ändern und wofür man keine Rechenschaft geben kann"[168]; nach

---

sie für eine Bestimmung des Weiblichen hat." (Ebd.). Eine noch mehr Aspekte berücksichtigende Interpretation bietet Edith Lisa Falkenhof, die in ihrer ausführlichen Untersuchung des Romans von der Annahme ausgeht, "daß der Roman "Liebe beginnt" eine über die "triviale Liebesgeschichte" hinausgehende Dimension innewohne, eine Gestaltungsweise, die Marie Luise Kaschnitz' Auseinandersetzung mit sich selbst und der Zeit Anfang der dreißiger Jahre widerspiegelt" (Falkenhof, S.8).

Die Autorin selbst hat in einem Gespräch mit Horst Bienek "einen großen Widerwillen" gegen den Roman "Liebe beginnt" (zugleich auch gegen den anderen frühen Roman "Elissa", 1937) artikuliert, weil sie "die biographischen Erlebnisse und Empfindungen stark übertrieben und zum Teil verfälscht" habe, "um die Gegensätze und Spannungen in dieser Liebesgeschichte zu vertiefen" (vgl. Bienek, S.292).

[165] Im Hinblick auf das Verhalten der Protagonistin im "Haus der Kindheit" betrachtet Inge Stephan als eine feministisch orientierte Kritikerin negativ die Tatsache, daß die Autorin mit der beabsichtigten Rückkehr der Frau zum Mann am Ende des Berichts (HK, 377) "an das alte Bild der liebenden und geliebten Frau anzuschließen" versucht, womit auch "die zermürbende Suche nach sich selbst" abgebrochen wird (Vgl. Stephan: Männliche Ordnung und weibliche Erfahrung, S.149). "Als eine Frau, die als ungeliebtes Kind keine weibliche Identität hat ausbilden können, bleibt ihr nur die Definition über den Mann", lautet die Feststellung Stephans (ebd.).

[166] Vgl. Baus, S.162f.

[167] Vgl. Ebd., S.162.

[168] Luhmann, S.30.

Luhmann haben auch andere Bilder mit zum Teil sehr alter Tradition den gleichen Wert wie "Passion" - so wenn man sagt, Liebe sei eine Krankheit, Liebe sei Wahnsinn, Liebe lege in Ketten[169]. In dieser Liebesauffassung nimmt auch die Hysteriedebatte des 19. Jahrhunderts, d.h. die populäre und wissenschaftliche Debatte über den weiblichen, häufig durch eine unbeschränkte Liebesleidenschaft hervorgerufenen Wahnsinn und über die damit verbundene Unfähigkeit, sich mittels der Sprache darzustellen, ihren Anfang. Das Verhalten der Frau in "Liebe beginnt", so z.B. ihre Verabsolutierung des Liebesgefühls oder ihr Versuch, den geliebten Mann im Moment einer großen Verzweiflung zu töten, machen einige Ähnlichkeiten mit den Hysterikerinnenbildern[170] sichtbar, aber im Rahmen der vorliegenden Arbeit soll es nicht darum gehen, die Wissenschaftsmythen des 19. Jahrhunderts über den Zusammenhang von Weiblichkeit und Hysterie näher zu analysieren.

3.4.3. (Unerfüllte) Liebessehnsucht bei Frauengestalten Wohmanns

Ähnlich wie die Heldinnen Kaschnitz' werden auch die Frauenfiguren Wohmanns von einer großen Sehnsucht nach Liebe getriebenen, mit der sie ihre trostlose Alltagssituation zu überwinden glauben, aber - im Gegensatz zum Werk Kaschnitz' - wird ihnen die Erfüllung ihrer Liebessehnsüchte selten zuteil. Eine problematische Liebeserfahrung gehört auch zu den wichtigsten Themen des von der Tageskritik lobend aufgenommenen Romans "Abschied für länger", der von Ulbricht als zentraler Text im Bezug auf das Verständnis der Frauenfiguren Wohmanns angesehen wird, weil die Protagonistin hier in den sie bestimmenden und prägenden Beziehungen zu ihren Eltern, ihrem Geliebten, ihren Freunden und Kollegen dargestellt ist.[171] In diesem Roman erzählt die Ich-Erzählerin ihrer vor vielen Jahren verstorbenen Schwester Ruth, an deren Tod sie sich schuldig fühlt, ihre Liebesgeschichte, nämlich die Geschichte ihrer Bekanntschaft, ihres Zusammenlebens mit einem älteren Mann und die Geschichte der Trennung von ihm. Die junge Frau verläßt ihr Elternhaus, um zu ihrem verheirateten Geliebten Strass zu fahren, mit dessen Hilfe sie hofft, sich von den Familienbindungen zu befreien und ein neues Leben anzufangen.

In vielen Hinsichten ist dieser Roman Wohmanns dem bereits besprochenen Roman "Liebe beginnt" von Marie Luise Kaschnitz ähnlich. Trotz mancher Unterschiede werden die beiden Heldinnen ständig durch die Angst vor dem Tod der Liebe gequält und geben sich Mühe, die Angstgefühle zu überwinden und die Liebesbeziehungen aufrechtzuerhalten. So wie die Heldin Kaschnitz' begleitet auch die Frau in "Abschied für länger" ihren Geliebten oft auf Reisen: Sie folgt ihm zunächst in eine deutsche Stadt, dann nach London. Beide Frauen

---

[169] Vgl. Ebd., S.30f.
[170] Zur Pathologisierung und Hysterisierung von Frauen siehe Michel Foucaults Studie "Sexualität und Wahrheit", Bd.1. ("Der Wille zum Wissen"), Frankfurt am Main 1989.
[171] Vgl. Ulbricht, S.126.

berichten von Spaziergängen, Begegnungen, Fahrten, Warten in Hotelzimmern und Mutmaßungen über die berufliche Tätigkeit der Männer (Afl, 36). Ähnlich wie Silvia in "Liebe beginnt" ist auch die Protagonistin Wohmanns trotz gemeinsamen Reisens fast die ganze Zeit allein. In ihrer Einsamkeit führt sie die "halblauten, eintönigen Selbstgespräche über Strass" (Afl, 37) oder verbringt die "trübseligen Abendmahlzeiten ohne Strass" (Afl, 45).

Während beide Heldinnen mehr Zeit mit ihren Geliebten verbringen wollen, sind diese auf ihre Arbeit fixiert, so daß sich die Frauen vernachlässigt fühlen. Die Erzählerin in "Abschied für länger" wartet z.B. ungeduldig auf die wenigen Minuten, die ihr der beschäftigte Partner widmen kann: "Ich rede gern von diesem Abend. Genauer: von dieser knappen Stunde zwischen dreiviertel sieben, er kam zu spät, und kurz nach halb acht. Was schadet der öde Nachmittag. Strass, Strass, Strass" (Afl, 25). Sie freut sich über jeden mit ihm verbrachten Augenblick, obwohl sie ständig eine Art Unsicherheit fühlt, denn "immer war nur noch wenig Zeit geblieben bis zu irgendeinem Aufbruch." (Afl, 27). Auffällig ist hier die Freude der Frau an dem Wenigen, d.h. an den kurzen Momenten des Zusammenseins, an den kleinen, sich wiederholenden Vorgängen, weil die gemeinsam erlebten Kleinigkeiten für die Frau den ganzen Zauber ihrer Beziehung ausmachen. Sogar dieses Wenige schafft für die Frau offenbar die Möglichkeit, zu leben und an die Erfüllung ihrer Sehnsüchte zu glauben.

Das Verhalten der Erzählerin in "Abschied für länger" - ähnlich wie das der Erzählerin in "Liebe beginnt", anders aber als das der meisten feministischen Heldinnen, so z.B. in den Texten Stefans, Reinigs oder Schröders - orientiert sich durchaus an traditionellen Verhaltensregeln. Mona Knapp schreibt über die Protagonistin Wohmanns: "Dem männlichen Partner gegenüber ist sie gehorsam und ergeben; sie verlangt nichts von ihm und nimmt sein emotionales Versagen widerspruchslos hin. In der Alternativsituation zwischen traditioneller Zweierbeziehung und Bindung ans Elternhaus bleibt sie gefangen im Teufelskreis patriarchalischer Herrschaftsverhältnisse hier wie dort."[172] Charakteristisch ist auch die Tatsache, daß die Frau wegen der mißlingenden Beziehung vor allem sich selbst beschuldigt (Afl, 23) und nicht den Mann, wie dies die feministischen Heldinnen in den meisten Fällen tun. Die Frau ignoriert die zahlreichen Beweise der scheiternden Beziehung und klammert sich trotz allem an die Illusion einer gemeinsamen Zukunft mit dem geliebten Mann. Luhmann hält solche Erwartungen für eine der Besonderheiten der Kommunikationscode Liebe, die für alle Epochen charakteristisch ist: "Man kann sich speziell in Angelegenheiten der Liebe in seinem Verhalten durch Illusionen bestimmen lassen und dasselbe vom Partner erwarten, selbst wenn man weiß, daß es Illusionen sind."[173]

Sowohl die Erzählerin im Roman Kaschnitz' als auch die in "Abschied für länger" versuchen, durch die Besichtigung von Kirchen Beruhigung zu finden, obwohl die Erzählerin in "Abschied für länger" bemerkt, daß sie nur ein "Gast

---

[172] Knapp, Mona, S.300.
[173] Luhmann, S.115.

unter Geheimnissen und Bedeutungen" (Afl, 59) ist. Kirchliche Gebräuche und religiöse Symbolik sind für beide Heldinnen unverständlich. Trotzdem betet die Erzählerin Wohmanns in der Kirche sowohl für den Geliebten als auch für ihre Familie, wobei sie ihre Hilferufe als das bezeichnet, "was sich bei mir Gebet nennt - denn wer immer im Mittelpunkt steht, das bin schließlich dann doch ich" (Afl, 58). Hier kommt deutlich zum Ausdruck, daß die Identität der Wohmannschen Erzählerin sich aus dem Verhältnis zum geliebten Mann und zur Ursprungsfamilie ergibt. In der Kirche denken die beiden Erzählerinnen weniger an Gott als vielmehr an ihre Geliebten: "in so einer Kirche allein sitzen, meinetwegen frieren, eine Kerze anzünden und an Strass denken." (Afl, 31). Nicht Gott, sondern der Geliebte steht also im Mittelpunkt der Gebete und Reflexionen, deswegen spricht die Erzählerin in "Abschied für länger" ihrem Partner gegenüber von der "Kirchenschändung" (Afl, 63). Während Silvia ihren Geliebten selbst mit Christus vergleicht (LB, 80), will die Erzählerin in Wohmanns Roman ihrem Freund eine "Jesusfigur aus Gips" (Afl, 41) mitbringen. Die Jesusfigur steht in diesem Kontext nicht nur als Symbol für Liebe, sondern vielmehr als Symbol für die innere Ruhe, die die Erzählerin ihrem erschöpften und kranken Geliebten schenken will.

Die beiden Heldinnen werden durch ihre problematische psychische Situation zu den mißlungenen Versuchen geführt, ihre geliebten Männer zu töten: Im Moment großer Aufregung stößt die Heldin Kaschnitz' ihren Freund Andreas mit einem Stein, weil er sie vermeintlich nicht liebt (LB, 146f); die Heldin Wohmanns versucht, Strass in die Themse zu stoßen (Afl, 120), wobei die Gründe für diesen Tötungsversuch nicht ganz klar sind. Es entsteht der Eindruck, daß sie dem geliebten todkranken Mann den langen Tod erleichtern will: "Strass leicht anstoßen, meinen Strass, verurteilt, bestrahlbar durch Betatron, operierbar, unheilbar, freundlich behandelt von allen und als nett, auch leicht sonderbar befunden" (Afl, 119f).[174] Die Symptome seiner "Kehlkopfsache" (Afl, 105) werden bedrohlicher: Strass spricht leise, bis er fast völlig verstummt. Dieses physisch bedingte Verstummen symbolisiert auch den Zerfall jeglicher seelischer Kontakte zwischen den Partnern und das Scheitern ihrer Beziehungen. So kann der Tötungsversuch auch als eine Tat aus Verzweiflung angesehen werden, weil der Frau endlich klar wird, daß er ihre Hoffnungen auf Liebe und Heirat nie erfüllen, keinen Schutz vor der Isolation und keine Rettung aus ihrer Ursprungsfamilie geben wird. Der Tötungsversuch ist Lenzen zufolge die Reaktion auf die maßlose Enttäuschung, die die junge Frau erlebt.[175] Sie

---

[174] Ingeborg Drewitz versucht, die Motive der Erzählerin durch ihre Angst vor dem Tod zu erklären: Die junge Frau habe es getan, "weil sie's nicht ertragen wollte, seinem Sterben zuzusehen, weil sie Angst hatte, vom Tod (von der Not des Sterbens) aus Strass' Leben verdrängt zu werden." (Drewitz: Sie drückt ganz schön fest zu, aber sie lächelt ja, S.991.)

[175] Vgl. Lenzen, Arnulf: Das Problem der Isolation in Gabriele Wohmanns Roman: "Abschied für länger". In: Literatur für Leser. Zeitschrift für Interpretationspraxis und geschichtliche Texterkenntnis. Hrsg. von Rolf Gießler und Herbert Kaiser. Oldenburg 1980, S.190.

versucht, die Verbindung mit dem Mann wenigstens durch den Tod herzustellen, die sie sich durch die Liebe vergeblich herzustellen bemühte. Die von der Liebe verurteilte Frau beabsichtigt zugleich, auf diese Weise ihrerseits die Liebe zu richten.[176] Die Gründe für den Tötungsversuch sind also das Mitleid mit dem kranken Geliebten einerseits, und die unüberbrückbare Einsamkeit einer liebenden Frau andererseits, d.h. Gnadentod und (Liebes)Mord in einem.

Die Erzählerin in "Abschied für länger" faßt zunächst einen "Plan" (Afl, 115), aber ihr Versuch scheitert: "er ist zu schwer für leichte Schubser vom Windsor Ufer in die Themse." (Afl, 120). Während der Tötungsversuch im Roman Kaschnitz' zu einer deutlichen und zwar positiven Wendung in der Beziehung führt (einem langen seelischen Zusammenbruch Silvias folgt die Heirat), trägt der Tötungsversuch im Roman Wohmanns keineswegs zur Lösung des Konflikts bei. Die Erzählerin bricht zwar ihre Beziehung ab, aber eine gedankliche Bewältigung der Beziehung zu Strass fehlt. Die Trennung vom Geliebten bedeutet in diesem Fall auch die Selbstentfremdung, denn mit dem Scheitern der Beziehung mißlingt auch der Versuch der Erzählerin, sich selbst durch Liebe zu erkennen (ganz im Gegensatz zu den Liebeserfahrungen der Protagonistin in Kronauers Roman "Rita Münster", auf die später näher eingegangen wird).

Der größte Unterschied zwischen den Romanen "Liebe beginnt" und "Abschied für länger" liegt darin, daß Kaschnitz die Liebessehnsüchte der Heldin in Erfüllung gehen läßt und die Frau durch die Heirat in die eigene Familie einführt, während Wohmanns Heldin an ihrer Liebesbeziehung scheitert und zurück zu ihrer Ursprungsfamilie kehrt. Auch die Heldin Kaschnitz' wird vor der Heirat vorübergehend mit ihrer Elternfamilie konfrontiert, von der sie Abschied nimmt, um mit dem geliebten Mann ihre eigene Familie zu gründen (LB, 150ff). Im Fall der Heldin in "Abschied für länger" scheint aber die Rückkehr den endgültigen Verzicht auf Liebe und Selbstverwirklichung zu bedeuten. Als Opfer verlorener Liebesillusionen kommt die Protagonistin Wohmanns zum folgenden Schluß: "Alles ist einfacher als lieben, wenn das lieben ist ..." (Afl, 69).

Da Liebe an den Kommunikationsschwierigkeiten der beiden Liebenden zerbricht (so z.B. als Strass sich scheiden läßt, teil er dies der Geliebten nicht mit, wobei auch sie ihm verschweigt, daß sie von seiner Scheidung weiß) und das Wort Liebe in dieser Geschichte nicht direkt vorkommt, sind manche Literaturkritiker der Meinung, daß es hier um "eine verhaltene Liebesgeschichte"[177] handelt. Es steht außer Zweifel, daß Wohmann mit ihrem Buch

---

[176] Vgl. Jurgensen: Deutsche Frauenautoren der Gegenwart, S.138.

[177] Wagener, S.41. Arnulf Lenzen vertritt z.B. die Überzeugung, der Roman "Abschied für länger" sei kein Liebesroman und alles, was als Ansatz zu "einer dürftig-zarten Liebesgeschichte" mißverstanden werden könnte, werde von der Autorin mit den Mitteln der Reflexion und Ironie zerstört (vgl. Lenzen, S.185). Lenzen bezeichnet die von Wohmann dargestellte Beziehung als Pseudoliebe; die Fahrt der jungen Frau zu Strass ist seiner

vor allem die Einsamkeit des Einzelnen in der Zweierbeziehung zeigen wollte, die auch durch Liebe sich schwer bekämpfen läßt. Andererseits ist diese Geschichte der Ausdruck einer großen, unerfüllten Liebessehnsucht, die sowohl von der Frau als auch von dem Mann geteilt wird. Rainer Hagen zieht aus dem Figurenkonzept der Autorin die berechtigte Schlußfolgerung, daß alle Menschen Gabriele Wohmanns auf die Befreiung aus der unüberwindlichen Einsamkeit und auf Erlösung hoffen, wobei Liebe als Möglichkeit dieser Erlösung angesehen wird.[178] Daß die Gefühle sich hinter der oberflächlichen Sachlichkeit verbergen (so wird z.B. Strass von der Erzählerin immer nur als Strass, nie aber bei seinem Vornamen genannt; statt 'Liebe' werden die Begriffe wie "Sache" (Afl, 9, 53) oder "Angelegenheit" (Afl, 31) benutzt), bedeutet noch weitgehend nicht, daß diese Gefühle nicht existieren: Das ausgesparte Emotionale ist immer in den scheinbar unbedeutenden Dialogen und Zusammentreffen der Partner präsent, aber es bleibt nur eine unausgesprochene Tiefendimension. Marcel Reich-Ranicki ist überzeugt, daß für "diese verhaltene Geschichte, in der von Gefühlen nie geredet wird", trotz allem die traditionellen Elemente einer Liebesgeschichte kennzeichnend sind, aber nur in einer veränderten Form, so z.B. "Zartheit ohne Sentimentalität" oder "Intimität ohne Indiskretion".[179]

Jeder Partner bleibt in sich befangen, wobei diese Isolation häufig stärker als die emotionale Beziehung zum anderen zu sein scheint. Dadurch unterscheidet sich die Erzählerin Wohmanns von der in "Liebe beginnt", die emotional durchaus auf den Partner fixiert ist und ihre Gefühle offen gesteht. Die Erzählerin Wohmanns läßt keine freien Emotionen zu; sie versucht vielmehr, ihre Gefühle und Gedanken unter Kontrolle zu halten, was die Zweierbeziehung

---

Meinung nach keine Fahrt zum Geliebten, sondern allein die Flucht vor Familienmitgliedern und vor der in der Familie herrschenden Gefühlsarmut und Isolation (vgl. Ebd.).

[178] Vgl. Hagen, Rainer: Über Gabriele Wohmanns frühe Prosa. In: Gabriele Wohmann. Materialienbuch. Hrsg. von Thomas Scheuffelen. Darmstadt, Neuwied 1977, S.50. Hagen setzt die Texte Wohmanns literarhistorisch gesehen in Verbindung zu den Texten der Romantik, weil die Sehnsucht nach Erlösung oder nach Auflösung im Unendlichen ein romantisches Motiv ist; der Unterschied sei nur, daß in der Romantik die Blaue Blume wirklich irgendwo blühte und in den Texten Wohmanns die Erlösung des Menschen (auch durch die Vereinigung mit einem anderen Menschen) unwahrscheinlich geworden sei (vgl. Ebd., S.51).

[179] Reich-Ranicki, Marcel: Literatur der kleinen Schritte. Deutsche Schriftsteller heute. München 1967, S.147. Auch Karl Krolow spricht in seiner Rezension - trotz der "bitteren Zärtlichkeit des Beschreibens" - von einer "scheuen, behutsam melodiösen Liebesgeschichte" (Krolow, Karl: Geschichte einer Liebe. In: Lutz-Hilgarth, Dorothea: Literaturkritik in Zeitungen: dargestellt am Beispiel Gabriele Wohmann. Frankfurt am Main, Bern 1984, S.112f). Krolow erkennt den "eigenartig dünnen und kargen, melancholischen und zerbrechlichen Ton, eine Mischung aus Kühle und nicht eingestandener Erschütterung, der Gabriele Wohmanns Roman [...] zu einer Liebesgeschichte, von betroffen machender, bodenloser Zartheit, von äußerst sensibilisierter Empfindungsfähigkeit bei objektivierendem, scheinbarem Unbeteiligtsein macht." (Ebd.).

erheblich erschwert. Dies besagt nicht, daß sie ihren Strass nicht liebt: Sie ist aber unfähig, ihre sehnsuchtsvolle Liebe zu definieren und der Beziehung die konkrete Form einer 'Liebesgeschichte' zu geben (dies um so mehr, da der Partner ihr dabei keineswegs behilflich ist). Die Erzählerin gehört zu den lebensflüchtigen Frauenfiguren Wohmanns, die schmerzhaft an der Liebesrealität leiden und insgeheim auf eine Erlösung hoffen.

Von welch entscheidender Bedeutung Liebe im Leben der Frau ist, zeigt die Tatsache, daß abgesehen von der Beziehung zu Strass der Erzählerin jede Sinnhaftigkeit in ihrem Leben fehlt (hier also noch ein Unterschied zu feministischen Heldinnen und eine Ähnlichkeit mit den bereits besprochenen Heldinnen Kaschnitz' sowie mit den Frauenfiguren Kronauers, von denen später die Rede sein wird). Weder die elterliche Familie noch die Arbeit bedeuten für die Erzählerin Wohmanns Erfüllung: Während Strass sich völlig mit seiner Arbeit identifiziert, fehlt der Erzählerin jede Beziehung zu ihrer Arbeit. Um des Geliebten willen hat sie sich von ihrer Familie getrennt, seinetwegen hat sie eine unbefriedigende Tätigkeit aufgenommen, seinetwegen erträgt sie das einsame Leben in Hotelzimmern. Obwohl die Erzählerin freiwillig die Beziehung zu Strass abbricht, klingen ihre Schlußworte, die eine weitgehende Verwicklung der Frau in ihren Wünschen und Bedürfnissen verdeutlichen, wenig überzeugend: "Ich schlösse gern mit etwas von Strass ab. [...]. Ich würde gern mit Strass weiter machen. Ich bewiese gern, daß mein Stoß nur Spaß und wegen der Schnaken war." (Afl, 121). Die Liebe zum Mann wird hier noch einmal ausdrücklich, aber es bleibt bei dem endgültigen Verlust der Hoffnung auf Liebesverwirklichung.

Auch in anderen Texten Wohmanns (vor allem aber in ihren Erzählungen) liegt der Grund für die mißlingenden Liebesbeziehungen darin, daß die Figuren völlig unfähig sind, ihr unbefriedigtes Liebesbedürfnis zu definieren und zu akzeptieren. Sie hängen einerseits den sehnsuchtsvollen Wünschen nach liebevoller Zuneigung nach, andererseits sind sie zu schwach, ihre Wünsche in Erfüllung zu bringen. Nach Pollerberg geraten vor allem die Frauenfiguren in einen eklatanten Zwiespalt:

> "Durch Kontaktangst und Kommunikationsschwäche beeinträchtigt, aus Angst vor dem Identitätsverlust oder möglicherweise zu starken Bindungen [...] wenden sie sich mehr und mehr von dem ersehnten Mann oder dem begehrten Liebhaber, geraten immer mehr in eine verklemmt-distanzierte Haltung ihnen gegenüber, Wunsch und Abneigung treten in immer stärkeren Konkurrenzkampf, wobei die Abneigung meist dominant wird und sich zu offener innerer Abwehr formiert."[180]

Der Wunsch nach partnerschaftlicher Geborgenheit und die gleichzeitige Abneigung gegen die Annäherungen des Partners führen die Frauenfiguren zu einem unlösbaren Konflikt, durch den die Leiden der Figuren mehrfach verstärkt

---

[180] Pollerberg: Formen des Leidens, S.111.

werden. Dies beweist die Erzählung "Treibjagd", in der das Schwanken der weiblichen Protagonistin zwischen Sehnsucht und Abwehr sehr deutlich ist. Die Büroangestellte Eva Maria hat auf eine Heiratsannonce von Herbert Panter geantwortet und nach einiger Korrespondenz bereitet sie sich in steigender Nervosität auf das erste Treffen (T, 66). Allmählich beginnt sich aber die Abwehrhaltung der Protagonistin gegen den zukünftigen Partner auszubilden, die sich zunächst gegen seine Fotografie richtet (T, 67). Anstatt den Tag des Zusammentreffens freudig zu erwarten, fürchtet sie einerseits abgelehnt zu werden, andererseits sich zu starken Bindungen verpflichten zu müssen. Die zunehmende Unsicherheit beherrscht Eva Marias Denken und Handeln, so daß die potentielle Partnerschaft problematisch wird. Die Wahrnehmungs- und Verhaltensweisen Eva Marias präsentieren den für mehrere Heldinnen Wohmanns charakteristischen Zustand: Einerseits streben sie nach männlicher Anerkennung und andererseits fürchten sie sich davor, nicht geliebt zu werden. In der Erzählung offenbart sich also jener von Pollerberg festgestellte typische, zwiespältige Charakter der Frauenfiguren Wohmanns, daß sie sich gegen das auflehnen, was sie eigentlich begehren, daß sie sich aufgrund ihrer Ich-Schwäche die Erfüllung ihrer Sehnsüchte real nicht verschaffen können, obwohl ihnen die Möglichkeiten gegeben sind. Diese als Frustration zu bezeichnende psychische Situation stellt in Pollerbergs Augen eine der Grundbedingungen für die tiefgehende Einsamkeit der Frauenfiguren bei Wohmann dar.[181]

Im Hinblick auf das von Wohmann gezeichnete Bild einer liebenden Frau stößt man auf eine Reihe von traditionellen Motiven, wie z.B. die als weiblich geltenden (Liebes)Träumereien (auch Kaschnitz' Protagonistin Silvia bezeichnet ihre Träumereien als "sicher sehr weiblich" (LB, 126)). Im Werk Wohmanns geschieht es häufig, daß Frauenfiguren (aber nicht nur sie) durch den Traum aus der Einsamkeit ihres Alltags oder aus unerträglichen Situationen in eine andere, liebevollere und deswegen auch glücklichere Realität fliehen. So berichtet z.B. eine junge Frau in der Erzählung "Schöne Ferien" (1965) von einem Badeurlaub, der seinen Reiz dadurch bekommt, daß die Frau dank gedanklicher Spielereien ihren autoritären Ehemann gegen eine erfundene männliche Figur "Nelson", die ihr Liebe und Verständnis entgegenbringt, eintauscht: "Bei geschlossenen Lidern, ruhig, ruhig, verwöhnt mich Nelson, meine Erfindung." (SchF, 103)[182]. An der Seite ihres autoritären Mannes glaubt sie, die trostlose Existenz durch einen zärtlichen, jedoch fiktiven Liebhaber erträglicher zu gestalten. Die Liebesphantasien[183] scheinen auch die Qualität der Ferien

---

[181] Vgl. Ebd., S.118.
[182] Die weiteren Seitenangaben im Text beziehen sich auf die folgende Ausgabe: Wohmann, Gabriele: Ausgewählte Erzählungen aus zwanzig Jahren. Bd.2. (1964-1977). Darmstadt, Neuwied 1979, S.102-103. (Weiter wird die Abkürzung "SchF" benutzt).
[183] Die Tendenz zum Ausweichen in andere, aus der öffentlichen Kommunikation ausgeschlossene Bereiche hält Wellner für das Symptomatische der Wohmannschen Prosa (vgl. Wellner, S.92).

verändern zu können: "Schöne Ferien, zum ersten Mal wieder, seit ich mit Asmus zusammen bin." (SchF, 102). Mit der erfundenen Figur kann die Frau ihre Liebesphantasien bis zu den Einzelheiten ausleben. Es ist auffällig, daß in der Phantasie die für alle Heldinnen Wohmanns charakteristische Unterdrückung der Gefühle viel schwerer gelingt: "Ich selber mußte mich dämpfen, damit meine Freude über unsern allgemeinen Einklang mich nicht laut machte." (SchF, 103). Die Liebesphantasien in "Schöne Ferien" haben also eine aus den gesellschaftlichen Zwängen entlastende Funktion. Die meisten Frauenfiguren Wohmanns empfinden ein ständiges Bedürfnis nach Liebe, aber nur aus ihrer üblichen Lebenssphäre herausgeholt wagen sie, ihre Bedürfnisse wahrzunehmen und zuzulassen. Hier soll auch darauf hingewiesen werden, daß die Diskrepanz zwischen Liebesideal und Wirklichkeit die meisten von Wohmann dargestellten Frau-Mann-Beziehungen kennzeichnet, aber das Wissen von dieser Diskrepanz verhindert die Frauenfiguren nicht, auch weiter ihre Liebessehnsüchte zu pflegen.

3.4.4. Mehrdimensionale Liebeskonzepte Kronauers: Liebe als Möglichkeit der Selbst- und Welterkenntnis

Mehr noch als bei Kaschnitz und Wohmann gilt Liebe in den Texten Kronauers als ein essentielles Erlebnis im Leben ihrer (Frauen)Figuren, wobei diese Aufwertung der Liebe bei Kronauer sich unter anderem auf die neu gewonnene Popularität dieser Thematik in den 80er Jahren zurückführen läßt (zur Wiederaufnahme des Liebesdiskurses in den 80er Jahren siehe Kapitel 2.4.). So eine Liebesgeschichte bildet auch das formale Zentrum des Romans "Rita Münster", das mittlere der drei Kapitel des Buches. Im Mittelpunkt dieses Romans steht eine junge Frau, die Titelfigur und Ich-Erzählerin, die von ihren Erfahrungen vor und nach einer kurzen Liebesepisode mit einem verheirateten Mann berichtet (nicht unähnlich etwa wie die Erzählerin in Wohmanns Roman "Abschied für länger"). Da die Entwicklung Rita Münsters auf diese Liebeserfahrung hin und danach von einer intensiven Auseinandersetzung mit ihrer Umgebung und mit den Erinnerungen an ihre Kindheit begleitet wird, wird die erzählte Liebesgeschichte von manchen Kritikern (z.B. Sibylle Cramer) nicht als eine Geschichte angesehen, "in der die Figur aufgeht und die sie begrenzt"[184]. Das Liebeserlebnis ist tatsächlich nur eines der vielen Lebensmomente, die von der Erzählerin fixiert werden (z.B. die Lebensgeschichten von Nachbarn und Verwandten), aber es ist eindeutig ein relevantes Ereignis im Leben der jungen Frau, durch das "die Kräfte ihres Lebens zugleich Erfüllung und Verlust erfahren haben"[185].

Das Zusammensein mit einem Mann namens Horst Fischer, der mit seiner Familie in Kanada lebt und nur für eine kurze Zeit nach Deutschland

---

[184] Cramer: Es gibt eine zarte Empirie, S.24.
[185] Heuser, S.355.

zurückkehrt, stellt einen Höhepunkt in der Geschichte Rita Münsters dar. Magdalene Heuser hat einige Motive festgestellt, die ihrer Meinung nach bereits vor dem Treffen der beiden Figuren "die ausgesparte Romanhandlung der Liebesgeschichte vorbereiten"; als Beispiel erwähnt die Kritikerin die in der Mitte des ersten Teils vorgeführte Beobachtung einer Katze: "Ach, die Katze, wie sie federnd durchs Zimmer geht, auf der Suche nach einem Schrecken, der einen gewaltigen Sprung verursachen könnte!" (RM, 97)[186] In der Katze erkennt die Ich-Erzählerin Heuser zufolge ein autonomes Wesen und eine Haltung, die in die Beziehung gebracht werden kann zu den Stimmungsbildern, die in die Gegenwart der Protagonistin angesiedelt sind, sich auf diese beziehen und die bevorstehende Liebesgeschichte andeuten.[187] Noch weit entfernt von dem Treffen mit dem Mann verspürt die junge Frau in ihrem Inneren "das Aufwachen der Freude, einer Erwartung" (RM, 143). Sowie die Erzählerin Wohmanns in "Abschied für länger" setzt auch Rita Münster ihre Hoffnungen auf die Veränderungen in ihrem monotonen Leben (die junge Frau hat vor kurzem ihren Beruf aufgegeben und lebt in einem Haus am Stadtrand zusammen mit dem pensionierten Vater), die die Liebeserfahrung mit sich bringen soll. Als wichtige Antriebskraft zur Berührung der Welt und zur Selbstöffnung (in diesem Fall die Selbstöffnung zur Liebe) gilt in diesem Roman, wie auch in den anderen Texten Kronauers (ganz ähnlich auch wie in den Texten Wohmanns), die Sehnsucht[188], von der Rita Münster in einem besonders komplexen Metapherngeflecht berichtet. Sie liefert sich ihrer Sehnsucht aus und begegnet sich selbst: "Ich war durch die bisherigen Etagen gefallen, war ohne mich jetzt festzuklammern meinem eigenen Gewicht gefolgt, alle Böden haben sich als schwächer erwiesen, aufgeprallt auf einem unzerbrechlichen Hindernis, und was ich spürte, war ich selbst." (RM, 179). Diese augenblickliche Erfahrung von Selbsterkenntnis wird Rita Münster nur deswegen möglich, weil sie sich - im Unterschied zu den meisten Frauenfiguren Wohmanns - aus der Monotonie ihres Lebens befreit und ihrer (Liebes)Sehnsucht zu folgen wagt.

Die Tage bis zu dem Liebestreffen, das Rita Münster von der Welt zurückgezogen und besorgt um die Bewachung ihrer neuen Empfindungen (RM, 174) erwartet, vergehen sehr langsam, während das Liebesereignis selbst außerordentlich kurz ist: Die erzählte Zeit des zweiten Romanteils umfaßt ungefähr ein Jahr, wobei die Liebesepisode mit Horst Fischer nur acht Tage im Juni ausmachen (im Buch auf einundeinhalb Seiten beschrieben). Ähnlich wie im Roman "Abschied für länger" von Gabriele Wohmann hat auch hier die Liebe von vornherein keine Zukunftsperspektiven. Bevor sich Rita Münster der gemeinsamen Zeit hingibt, weiß sie selbst von dem Ende dieser Geschichte: "Mit einem guten Ende ist nicht zu rechnen, und doch kann ich lächeln" (RM, 178). Das Ziel der Autorin ist aber, nicht die unglückliche Liebe, sondern die

---

[186] Vgl. Ebd., S.356.
[187] Vgl. Ebd.
[188] Vgl. Thormählen, S.384.

Relevanz von wenigen Liebesaugenblicken und die zeitlich- und räumlich unbegrenzte Gültigkeit eines Liebesereignisses zu zeigen: "die glücklichen Momente. Mehr als das kennenzulernen, beschloß ich, darf man nicht verlangen" (RM, 210), bekennt die Erzählerin und macht die Bedeutung der kurzen gemeinsamen Zeit deutlich. Mit Recht behauptet Gisela Ullrich, daß die wenigen Tage - im Widerspruch zu einer im landläufigen Sinne unglücklichen Liebe, die keine Chance hat, eine Liebesgeschichte zu werden - in Kronauers Roman von anderer Substanz sind: "Was die Augenblicke unwiederholbar, aber auch unvergänglich macht, ist die Erfahrung, "mit einer Vorstellung, einer Erwartung" [RM, 265] angesehen worden zu sein. Die Entdeckung, daß etwas "Überschäumendes" [RM, 266] in ihr steckt, hat Gültigkeit für ihr gesamtes Leben von der Kindheit bis zum Tod."[189] Rita Münster berichtet von ihren Bemühungen, die Zeit zu ordnen und überschaubar zu machen, deswegen heißt es von den Tagen vor dem Liebestreffen: "Von diesem Augenblick an achtete ich darauf, daß meine Uhr immer richtig ging, und begann mit einem Kalender zu leben. [...] Die Zeit durfte nicht zur Ruhe kommen, sie durfte sich nicht selbst überlassen bleiben. Gehorchte sie mir, Rita Münster, nicht bereits?" (RM, 180). Es ist auch charakteristisch, daß vor und nach dem Liebeserlebnis sich der Rhythmus des Erzählens verändert[190]: In der Erwartung der Begegnung versucht Rita Münster, die Zeit zu komprimieren, und im Anschluß daran soll die Zeit gedehnt werden, um dem Erlebten möglichst lang und möglichst nahe zu bleiben.

Eine in den Extremen von Zuwendung und Abwendung erlebte Wirklichkeit, eine Entrückung, ein Abrücken vom Gewohnten hat die Frau vor der Bedeutungslosigkeit gerettet. Die Liebe hat Rita Münster aus der ereignislosen Geborgenheit herausgerissen[191]: "Ich war aus der Masse der Einkaufenden, Spazierengehenden, Schreibenden, Essenden, Geldverdienenden herausgefischt und gerettet worden" (RM, 176), berichtet Rita Münster. Die Liebeserfahrung stellt also eine Alternative zur monotonen Alltäglichkeit, zur fließenden ereignislosen Zeit. Das Monotone des bisherigen Lebens - "das Fortexistieren mit seinen kleinen Ängsten" (RM, 177) - wird erst im Lichte der Liebeserfahrung sichtbar und wird aus der neuen Perspektive ausdrücklich abgelehnt: "Auf keinen Fall wollte ich zurück in den ruhigen Kreislauf meines bisherigen Lebens." (RM, 177).

Nicht zuletzt wegen der Liebeserfahrung gewinnt die anonyme weibliche Erzählinstanz personale Konturen bzw. eine Identität und nennt (erst jetzt und nur in dem zweiten Teil des Buches) ihren Namen: "Rita Münster" (RM, 153).

---

[189] Ullrich, Gisela: Utopie und ihre Verwirklichung. In: Brigitte Kronauer. Text+ Kritik, 112. Hrsg. von Heinz Ludwig Arnold. München 1991, S.27.
[190] Vgl. dazu: Vogel, Ursula: "Sich den Eindrücken hingeben". *Brigitte Kronauer: "Frau Mühlenbeck im Gehäus", "Rita Münster"; "Berittener Bogenschütze"; "Die Frau in den Kissen".* In: Neue deutsche Literatur. Monatszeitschrift 39 (1991), S.143.
[191] Vgl. Ullrich: Utopie und ihre Verwirklichung, S.28f.

Die Erzählerin bemerkt selbst, daß sie sich verändert hat: Sie kann sich kaum ruhig verhalten, aufgeregt rennt sie die Treppen rauf und runter und glaubt in jedem Moment bereit zu sein, in die Luft abzufliegen (RM, 165). Daß dieser Zustand des Wach- und Glücklichseins durch die Gedanken an den Geliebten hervorgerufen wurde, zeigt das folgende Bekenntnis der Erzählerin: "Ab und zu murmelte ich den Namen und zum Schluß: 'Vereinigung'. Ich lief die Treppe hinunter und sagte: 'Vereinigung, Paarung, Vereinigung'." (RM, 166). Die verliebte Frau spürt in sich neue Kräfte aufblühen, die sich kaum beherrschen lassen. Sie nimmt ihre Umwelt - die Natur und die Menschen - in einer so großen Begeisterung wahr (RM, 169), so wie es nur Liebende tun können. Die Liebeserfahrung ermöglicht es, daß die Erzählerin in einem unmittelbaren Korrespondenzverhältnis mit der sie umgebenden Welt lebt (RM, 178). Liebe (Ullrich bezeichnet das als "Ansehen und Angesehenwerden"[192]) intensiviert Rita Münsters Lebensgefühl und erweist sich als diejenige Kraft, die die verwirrten Gefühle in eine richtige Reihenfolge bringen kann (RM, 185).

Nach diesem Konzept der Autorin ist die Intensität der durch Liebe erweckten vielfältigen Emotionen das einzig Geltende, während das Äußere der Liebesbegegnung als irrelevant abgetan wird. Rita Münster wird Baumgart zufolge in die "Glücks- und Gefahrenzone" der Liebe mit Intensität, aber zugleich mit erstaunlicher Hemmung hineingeschickt: Die Person des Geliebten wird nur als Schattenriß aus Gesten gezeigt, sie bleibt fast unsichtbar, verborgen außerdem hinter dem Allerweltsnamen Horst Fischer.[193] Diese Liebesgeschichte sieht - so folgert Baumgart - wie ein Programm aus, denn ganz auf sich zurückgeworfen und doch ergriffen von Liebe erlebt Rita Münster statt diesen Horst Fischer nun sich selbst, allerdings "glühend", endlich hineingerissen in den "Zusammenhang" der Welt.[194] Nicht die real verbrachte Zeit mit dem konkreten Geliebten, sondern der Zusammenhang von Liebe und Erkennen, die Sehnsucht nach individueller Erfahrung von Weltzusammenhang spielen in dieser kurzen Liebesgeschichte die zentrale Rolle: "Man mußte den Zellen nur gestatten zurückzufallen, dann gingen sie umbarmherzig und die Welt entflammend mit einem um. War man erst einmal aufgewacht, spuckte der ganze Körper Feuer und Erkenntnis bei der allerleisesten Berührung." (RM, 188). Dieses Zitat macht deutlich, daß in der Liebeserfahrung Rita Münsters auch das Erotische eine wichtige Rolle spielt: das Erotische wird "als Brennelement und Energiefeld" sichtbar, "unter dessen Einfluß die Wahrnehmung sich erhitzt und expandiert".[195] Auf dem Höhepunkt ihrer Leidenschaft zu dem Mann spricht Rita Münster deswegen von einer ungeahnten Gefühlsüberschwemmung:

---

[192] Ebd., S.29.
[193] Vgl. Baumgart, S.66.
[194] Vgl. Ebd.
[195] Cramer: Es gibt eine zarte Empirie, S.24.

"Ich war von einem Sockel fortgerissen und bei mir angelangt. Jetzt konnte ich zurücksehen auf meine lange Schläfrigkeit, und unbändig aus mir heraus wollten die Energien und Kräfte. Ich wäre zersprungen, hätte ich dem nicht nachgegeben. Merkte man das alles von außen? Niemand sagte etwas, aber war mein Gehen und Laufen nicht schon ganz anders geworden? [...] Beugte sich nicht die Käseverkäuferin meinem Glühen unter der Hautoberfläche ebenso wie die Unentschlossenen in Georgs Buchladen? [...] Ich warf die alte Vergangenheit ab. Jetzt besaß ich den Willen zur Vereinzelung, und meine Haut umschloß mich sicher." (RM, 179)

Obwohl Rita Münster hier von einer momentanen Liebesekstase berichtet, befindet sie sich - im Gegensatz zu den Liebesekstatikern in "Die Frau in den Kissen", von denen später die Rede sein wird - diesseits des Liebestraums, auf festem Ufer. Die Literaturkritikerin Cramer verweist auf die Parallelen und die Unterschiede zwischen der Liebeserfahrung Rita Münsters und der der florentinischen Gräfin: "Sie [Rita Münster] erlebt dieselbe Ekstase des Gefühls und den Exzeß des Ich. Aber sie ist eine Figur des Alltags. Der Käseladen und das Rübenkraut auf dem morgendlichen Butterbrot sind Mitspieler ihres höchst irdischen Liebeshimmels."[196] Durch die Liebeserfahrung Rita Münsters finde deswegen eine "Profanisierung des Heiligen und die erotische Nobilitierung des Profanen"[197] statt.

Nicht unähnlich wie in den Romanen "Liebe beginnt" von Kaschnitz und "Abschied für länger" von Wohmann, in denen die verliebten einsamen Heldinnen die Beruhigung in den Kirchen zu finden suchen, begegnet man auch Kronauers Rita Münster in der Schlußszene des Romans vor einem römischen Altar, "wo die gekrönte Maria im Sternenhimmel neben ihrem Sohn triumphiert" (RM, 273). Der Altar mit der gekrönten Maria zeigt die Apotheose des Weiblichen und den Aufstieg des Menschlichen ins Heilige.[198] Ähnlich wie die Heldinnen Kaschnitz' und Wohmanns ihre distanzierte Haltung zu den religiösen Geheimnissen betonen, verbinden sich auch in der von Kronauer geschilderten Kirchenszene das Heilige und das Profane.[199] Daß die Liebeserfahrung von allen drei Autorinnen zu der religiösen Erfahrung in Beziehung gebracht wird, zeigt noch einmal, welch eine große Bedeutung dem Liebeserlebnis der Protagonistinnen zugemessen wird.

Interessant ist auch die Tatsache, daß das Scheitern der Liebe nicht das Ende ist, sondern, im Gegenteil, einen neuen Anfang markiert, nämlich den Anfang des Erzählens: Sowie die Heldin im Roman "Liebe beginnt" von Kaschnitz oder

---

[196] Ebd.
[197] Ebd.
[198] Vgl. Ebd.
[199] "Ich sehe hoch wie die Pinguine im Zoo zu den Decken ihrer Grotten, als wären es gelehrte Touristen, hatte ich immer gemeint. Ich sehe hoch, neben dem alten Mann, durch die Pracht anbetender Engel, Heiliger und Auftraggeber hindurch, bis ich nichts mehr sehe" (RM, 273), so bezeichnet ihre Kirchenimaginationen Rita Münster.

die in "Abschied für länger" von Wohmann tritt auch Rita Münster aus der gescheiterten Liebesgeschichte als Künstlerin hervor, indem sie ihre Geschichte erzählend vergegenwärtigt und - im Unterschied zu den feministischen Heldinnen, so z.B. in den Texten von Stefan oder Schwaiger - keineswegs abwertet bzw. als einen Fehler abtut. Auf diese Weise verweisen alle drei Erzählerinnen auf die Relevanz des Erlebten und kämpfen gegen den Zustand der Leere, in den sie mit dem Ende der Liebe geraten sind (außer der Heldin Kaschnitz', die am Ende ihren Geliebten heiratet und ein Kind gebärt). Rita Münster berichtet z.B. davon, daß sie nach der Trennung von ihrem Geliebten beschlossen "und friedlich, unverzüglich damit angefangen" hat, "egal, wie lange die Prozedur dauern würde, zu sterben." (RM, 265f). Als eine hoffnungspendende Rettung erscheint in ihrer trostlosen Situation "ein verborgenes Goldklümpchen, ein besseres Wissen, zu dem es vorzustoßen galt, daß auf der anderen Seite der Waagschale lag und mich trotz des Kummers in Gleichgewicht zerrte." (RM, 266). Dieses "Goldklümpchen" ist für Rita Münster eine Herausforderung, die sie wieder zum Leben anregt und neben der Liebe auch andere Perspektiven sichtbar macht:

> "Während alles unter der üblichen Perspektive nach den gewöhnlichen Gesetzen der Liebe verlief, spielte sich darunter oder darüber, ich weiß es nicht, eine ganz andere, zu entdeckende Bewegung ab. Es war noch gar nicht so zu Ende, wie es schien, und in allen Tagesläufen anwesend, auch in meiner Kindheit, in meinem Leben auf den Tod zu." (RM, 266)

Dies bedeutet, daß die Liebeserfahrung, auch wenn sie eine schmerzliche war, die Erzählerin zu der Suche nach neuen Möglichkeiten, dem Leben einen Sinn zu verleihen, anregt.

Vieldeutiger noch als in "Rita Münster" werden die Liebesbeziehungen in Kronauers Roman "Die Frau in den Kissen" gestaltet. Nicht umsonst bemerkt Rainer Traub, daß in diesem Roman anstelle der Liebesgeschichten, die den vorangegangenen Romanen (z.B. "Rita Münster") noch Struktur gaben, die abstrakt wirkenden erotischen Konfigurationen in den Vordergrund treten.[200] Bei der Aufzählung der Themen, die sich „hinter den 1000 Bildern dieses Romans" verstecken, nennt Geno Hartlaub als erstes "Liebe in ihrer Urform".[201] Die Liebesrelationen zwischen den sich allein im Erzählfluß vergegenwärtigenden Figuren (bevor die Erzählerin mit der Lebensgeschichte der Gräfin beginnt, verrät sie dem Leser, daß diese Geschichte am Tisch des Zoocafés erfunden wird) wie die lange, exzentrische florentinische Gräfin, die mehrere unglückliche Liebesgeschichten hinter sich hat, der junge politische Aktivist oder der

---
[200] Vgl. Traub, Rainer: Doktorfische und Katzenbären. In: Der Spiegel 37 (1990), S.224.
[201] Das Zitat aus dem Artikel Geno Hartlaubs ("Die Welt", 5.1.1990) ist der folgenden Fachzeitschrift entnommen: Fachdienst Germanistik. Sprache und Literatur in der Kritik deutschsprachiger Zeitungen 2 (1991), S.16f.

muskulöse ehemalige Polizist wirken "in ihrer Urform" romantisch[202] und trivial zugleich.

Die große und einzige Liebe der florentinischen Gräfin, ein kosmopolitischer Proletarier, ermöglicht ihr kurzfristig - sowie der Geliebte Rita Münsters - eine erotische Verzauberung ("Jeder Teil des Körpers paßte vollkommen zum anderen" (FK, 92)) und eine tiefgehende Welterkenntnis: "Alle Dinge, zeigte sich ihr in seiner Gegenwart wieder und deutlicher, waren mit Fluchtlinien versehen, die sich im Unendlichen verloren oder vereinigten." (FK, 92). Der junge Proletarier dreht Meyer-Gosau zufolge das Leben der Gräfin herum, macht es zu einem Leben erst wirklich, indem er sie sich selbst fühlen, sich selbst begegnen läßt.[203] Liebe erscheint also als notwendige Bedingung für die Entstehung des Verhältnisses zu sich selbst und für die Entstehung des Verhältnisses zwischen einer individuellen Person und der Welt. Nach Appel rekurriert Kronauer bei der Schilderung dieser Liebeserfahrung ironisch auf die Kunsttradition des Romantischen, insbesondere auf das Konzept romantischer Liebe, die als dem Zerfall entgegenwirkende Orientierung dient und als Chance zur Bildung eines selbstreferentiellen Weltverhältnisses begriffen wird: Nur die Person des Anderen kann in ihrer individuellen Einzigartigkeit der Liebe Dauer verleihen und eine Beziehung zwischen Subjekt und Welt herstellen.[204]

Der schnelle Tod des Geliebten (er stirbt während einer Explosion im Zeitschriftenladen) entspricht im großen und ganzen den früheren Imaginationen der Gräfin vom heldenhaften Tod der jungen Partisanen:

> "Ach wäre ein Widerstandskämpfer gekommen, hätte ihre Tür aufgerissen und sie mit einer einzigen Kopfbewegung - mein Gott, das hätte ihr damals besonders gefallen - aufgefordert, ihm in seinen baldigen Tod zu folgen, ins Gebirge, in den Dschungel, in den Untergrund der Städte!" (FK, 87)

---

[202] Der an dieser Stelle und weiter im Text verwendete Begriff 'romantisch' bezieht sich vor allem auf die von Autoren/innen der Romantik (hier können Novalis, Bettina von Arnim, Caroline von Gündenrode erwähnt werden) geprägte Auffassung der Liebe als Gegenkraft zum Rationalen, als Ekstase und Phantasie, als eines Gefühls mit utopischen, an einem Ideal ausgerichteten Ansprüchen, dessen Erfüllung nicht in die Realität, sondern vielmehr in die Sehnsucht verlagert wird; auch das romantische Motiv des Liebestodes, das für die Texte der erwähnten Romantiker/innen besonders typisch ist (vgl. dazu Novalis' "Hymnen an die Nacht" (1800) oder Bettina von Arnims "Die Günderode", 1840), soll in diesem Kontext nicht außer acht gelassen werden, weil die Kronauersche Gräfin in "Die Frau in den Kissen" - ähnlich den Helden und Heldinnen der Literatur der Romantik - ihre Liebe verabsolutiert und nach einer harmonischen Vereinigung mit dem Geliebten im Jenseits strebt (zum romantischen Liebeskonzept siehe auch Luhmann, S.163ff).

[203] Vgl. Meyer-Gosau, Frauke: Mittelpunktlose Räume, Tiefsee. Lektüre von Brigitte Kronauers Roman "Die Frau in den Kissen". In: Brigitte Kronauer. Text+ Kritik, 112. Hrsg. von Heinz Ludwig Arnold. München 1991, S.65.

[204] Vgl. Appel, S.104.

Der Tod des proletarischen Geliebten verleiht dem Liebeserlebnis der adligen Gräfin weitere romantische Dimensionen: Einerseits ermöglicht die Liebe die vorübergehende Annäherung der sozialen Gegensätze (Mailänder Proletariat und Florentiner Uradel), andererseits verweigert der Tod die Verwirklichung der Liebe und läßt sie zu einer romantischen Sehnsucht werden. Nach dem Tod des Geliebten lebt die Gräfin allein mit ihren Erinnerungen an das in kurzer Zeit erfahrene eigentliche Leben. Sie bemerkt selbst, daß der Verlust des geliebten Mannes etwas in ihrem Inneren zerbrechen ließ.[205] Nach dem Tod des Mannes verliert die Gräfin auch die Reize ihres Körpers, "da ihn niemand berührend bestätigte." (FK, 95). Auf diese Weise erlebt die Gräfin das große Paradox der Liebe: Einerseits dient Liebe der Selbsterhaltung und Welterkenntnis, andererseits fordert sie die Selbsthingabe und kann sogar zum Selbstverlust führen. Cramer bezeichnet deswegen die Gestalt der Gräfin als "eine Aristokratin der Liebe in der klassischen Gestalt der Eros Tanathos, einer in der Liebe untergehenden Subjektivität"[206].

Genauso konturlos wie die Liebe zum gestorbenen Proletarier ist auch das Verhältnis der Gräfin zu ihrem späteren Liebhaber, dem "Wundertier mit dem kahlen Kopf" (FK, 35). Diesen muskulösen Mann, den ehemaligen Polizisten, der nicht nur wegen seiner eindrücklichen männlichen Körperlichkeit, sondern auch wegen seines guten Herzens geliebt werden kann, hat sich die Gräfin nach dem Tod ihres "der trivialen Welt der Heftchenromane entstiegenen, "einzigartigen" Geliebten"[207] als Ersatzmann gewählt. Die Gräfin und ihr Muskelmann, der wegen zerebraler Störungen seinen Polizistenberuf nicht mehr ausüben kann, befinden sich in einem roten Gummiboot auf südlichem Meer. Dieses Liebespaar hat also seine bürgerliche Existenz ganz hinter sich gelassen: "Die große Stille, Vereinzelung der Bootsinsassen, die Dichte des Himmels erzeugen einen durchsichtigen, aber fast belastbaren Vorhang um die beiden Einsamen, eine Unerreichbarkeit, die man nicht plötzlich wie durch Zerreißen eines Stoffes null und nichtig machen kann" (FK, 59). Sie dösen, essen, trinken und erinnern sich an die großen glücklichen und unglücklichen Leidenschaften.

Der Muskelprotz gilt der Gräfin als Ersatz für den einzigen und als Ersatz für alle anderen, denn die Gräfin scheint - im Gegensatz zu feministischen Heldinnen - Männer zu lieben und im Grunde möchte sie sich mit allen Männern in einem endlosen Akt paaren.[208] Die Gräfin betont selbst ihre "Liebe zu den Männern schlechthin" (FK, 81):

---

[205] "Jetzt erkannte sie, daß sie sich, so stolzierend in ihrer müßiggängerischen Länge, angeboten hatte als Lockvogel, als hochgefährdeter Stab, damit man ihn unweigerlich zerbrechen würde. Kein vollüstigeres Geräusch konnte es geben als das Knistern, das flüsternde Krachen und Splittern der eigenen Person." (FK, 92)
[206] Cramer: Es gibt eine zarte Empirie, S.21.
[207] Appel, S.104.
[208] Vgl. Radisch, S.1.

"Ja, der großartigen Vision, für einen Einzigen eventuell prächtig geschaffen zu sein, stand diese andere mühelos entgegen: Sie liebte die Männer allgemein. In ihren Phantasien gab sie sich ihnen allen hin, ohne sie besonders zu betrachten, und ließ sie ihren Schrei hören, der jedoch, was niemand außer ihr selbst ahnte, ein vorauseilendes Echo war oder durch ein demnächst zu erwartendes Echo gespeist wurde: der Todesschrei des eben geliebten Mannes" (FK, 81).

Die Männer gelten für die Gräfin nicht nur als Liebesobjekte, sondern sie ermöglichen ihr die Bestätigung ihrer eigenen Person und bieten das lebensnotwendige Gefühl der Sicherheit und Geborgenheit. "Der Polizist liefert ihr die Bestätigung durch unübersehbare Muskeln, der Zeitschriftenhändler jedoch tat es durch nichts Beweisbares" (FK, 106), heißt es im Text. Es handelt sich bei der Gräfin also um eine Variante des tradierten Frauenbildes, das des männlichen Schutzes und Haltes bedarf. Nur der muskulöse Polizist hält die fragile Gestalt der Gräfin zusammen und zwingt sie zur Frau zu werden, während sie selbst - eine "wandernde Wasserfrauenseele, die nirgends einen Halt findet"[209] - viel lieber sich auflösen und davonschwimmen möchte.

Die Liebessüchtigkeit wird hier allmählich zur Todessüchtigkeit. Die Gräfin bekennt, "daß sie sich zutiefst einverstanden erklärte mit dem Erbleichen des Lebens. Von nun an steckte der Tod, noch schamhaft zwar, in ihr selbst." (FK, 104). Da sie ihre Gefühle zu dem muskulösen Ersatzmann "eher erstaunt als verliebt" (FK, 61) bezeichnet, handelt es sich deswegen bei ihrer Bootsfahrt keineswegs "um die Erfüllung einer erotischen Zwangsvorstellung der Gräfin" (FK, 63). Die Gräfin versucht, die erotische Energie des Mannes von ihrem Körper weg auf ihr Gesicht, vom Genital auf das Auge zu lenken, d.h. hier tritt an die Stelle sexueller Praxis eine seelische Verführung, die objektlos und unkörperlich ist.[210] Der Liebesakt, der schließlich doch erfolgt, mündet in den Liebestod bzw. in eine kosmische Verschmelzungsszene, wobei dieser Vereinigungsakt mit der Naturwelt - und nicht das erotische Erlebnis selbst - als höchstes Ziel der Gräfin gelten kann. In lauer Nacht leeren die beiden Figuren ein Fläschchen mit einer geheimnisvollen Flüssigkeit, werden von der Küste abgetrieben und finden den gemeinsamen Tod. Im Begehren und in der Müdigkeit lösen sich die Gräfin und ihr Begleiter völlig auf, bis sie ins Wasser hintergehen. Im Augenblick der erotischen und tödlichen Verschmelzung lösen sich auch die in der abendländischen Denktradition als binäre Oppositionen empfundenen, starren Subjekt-Objekt-Positionen (Opfer und Täter, Hingabe und Macht, Verführtwerden und Verführen) auf, die den zentralen Gegenstand der feministischen Kritik darstellen.

Alles, was im traurigen Leben der Gräfin geschieht, geschieht der Liebe wegen. An ihrer Gestalt wird das Konzept der leidenschaftlichen, ausschließlichen und unverwechselbaren Individualliebe realisiert, d.h. das Konzept der

---

[209] Ebd.
[210] Vgl. Cramer: Es gibt eine zarte Empirie, S.22.

Liebe als Passion, das seit dem 17. Jahrhundert bis in die Gegenwart hinein der Kunst, insbesondere aber der Literatur, immanent ist. Als nach dem Tod des Proletariers Liebe aus dem Leben der Gräfin verschwand, verschwand auch das Muster der Wahrnehmung vor ihren Augen, fiel die Welt auseinander, als habe zuvor nur die Liebe alles zusammengehalten.[211] Ähnlich wie im Fall Rita Münsters hatte das Leben für die verliebte Gräfin einen Zauber, einen Liebeszusammenhang. Erst im Augenblick der Liebe erfolgte auf jede Berührung von außen "ein Aufzischen" im Innern (FK, 104). Der verlassenen Gräfin fehlt dieser Weltzusammenhang, und alles ist nur "ein Gewimmel auf sie zustürzender, dann vor Nachdrücklichkeit aufstampfender Einzelheiten." (FK, 103). Mit der Liebe ist also die Bedeutung aus den Dingen gewichen: Sie werden leicht und leer, überfluten die traurigen Menschen, die unter diesem Ansturm ihre Einzelmenschbegrenzung verlieren.[212] Nach Radisch hat das Scheitern der Liebe der Gräfin und anderen Figuren den Kopf geöffnet[213], aber es hat sie zugleich zu konturlosen Wesen gemacht, die nach dem Verlust der Liebe nur einen Sinn, nämlich den Tod, sehen. Das Einschlafen oder Im-Meer-Verschwinden betrachten sie als einen einzigen Weg aus ihrer Lebenssituation: "Ihr und dem Polizisten bleibt nichts als das Verschwinden." (FK, 137). Dabei fällt auf, daß hier - im Unterschied zu den durch lange literarische Tradition überlieferten Todesimaginationen - nicht alleine die Frau den Mann in einen Zustand äußerster Willenlosigkeit versetzt und seine gesellschaftliche Identität gefährdet (anders also als das Lied der Sirenen bei Homer oder die Verführungen der Undinen in den Texten der Romantik, so z.B. die Schönheit Loreleys im Gedicht Heinrich Heines), sondern der Mann selbst sich für die tödliche Verschmelzung mit der Naturwelt entscheidet.

Durch den theatralisch inszenierten, gemeinsamen Liebestod von der anämischen Gräfin und ihrem glatzköpfigen Liebhaber auf dem Meer wird auf die Idee des Zusammenhangs Eros-Thanatos-Liebesleidenschaft hingewiesen: Die Gräfin und ihr Liebhaber vollziehen "das ihnen auferlegte Gesetz der Liebe als Passion, in der jede Liebe ihrem eigenen Tod, organischer Auflösung und kosmischer Verschmelzung, der Erhebung ins Unermeßliche zustrebt".[214] Liebe ist die einzige Kraft, die die Todesfurcht besiegen kann: In ihrer Glaube an die Vereinigung im Jenseits überwinden die Liebenden ihre Angst vor der Auslöschung des Individuellen. Durch die Auflösung des Einzelnen im bedeutungsvolleren Allgemeinen wird Ullrich zufolge die lebendige Liebe ausgedörrt und zum unvergänglichen Augenblick komprimiert.[215] Die Gleichzeitigkeit von Liebe und Tod ermöglicht das totale Ineinandergehen der Liebenden:

---

[211] Vgl. Radisch, S.1.
[212] Vgl. Ebd.
[213] Vgl. Ebd.
[214] Appel, S.104.
[215] Vgl. Ullrich: Utopie und ihre Verwirklichung, S.31.

"Vom Strand aus betrachtet sind die ihrer Auflösung Entgegensinkenden wie nie zuvor gehärtet zur scharf umrissenen Gestalt. Legendenfiguren, der eine Tod der Echo des anderen. Die lange Gräfin in den Armen ihres Muskelmannes, abstrus und für einander geschaffen. Bei anderen Lichtverhältnissen entständen sie neu als Sternbild, entrückt zur menschenfreundlichen Konstellation am Nachthimmel, zum funkelnden Paar [...] aus der gedachten Verbindung verstreuter Punkte am tiefen Meeresfirmament." (FK, 154f)

Lange Tradition hat in der Literatur die Verknüpfung von Liebe und Tod, die häufig auch in Verbindung mit dem Aspekt Weiblichkeit präsentiert wird.[216] In dem Roman "Die Frau in den Kissen", in dem die Todesmetaphorik immer wieder zum Ausdruck kommt (z.B. sterbende Regenwälder[217]), sind alle Frauenfiguren der Todverfallenheit ausgesetzt: Die alte Frau in ihrer einsamen Wohnung schleicht sich langsam aus dem Leben hinaus; die Gräfin inszeniert nach dem Verlust ihres proletarischen Geliebten zusammen mit dem von ihr auserwählten Ersatzmann einen theatralischen Selbstmord auf dem Meer. "Die Konfrontation auf dem Liebesplaneten in Bootsform verwandelt sich in eine ruhige Umarmung, bevor der tödliche Liebestrank die Auflösung ins Anorganische besorgt", lautet die metaphorische Charakterisierung des Todesmomentes durch Sybille Cramer.[218] Der Liebesakt und der darauf folgende Tod ermöglichen hier den Durchbruch zum Kosmischen, "die Zerstäubung in den Zusammenhang von Wasser, Himmel, Luft" (FK, 154). Die Autorin

---

[216] Feministische Literaturwissenschaft hat z.B. nicht nur den Zusammenhang von weiblichem Tod und Ästhetik (vgl. dazu die von Edgar Allan Poe in seinem poetologischen Aufsatz "Die Philosophie der Komposition" (1846) formulierte Überzeugung, der Tod einer schönen Frau sei das "poetischste Thema der Welt"), sondern auch das Verhältnis von Eros (Liebe) und Thanatos im Bezug auf die Konzeptionen des Weiblichen in patriarchalischen Systemen gesellschaftskritisch analysiert (eine ausführliche Untersuchung zum Verhältnis von Weiblichkeit und Tod wurde mit der von Renate Berger und Inge Stephan herausgegebenen Studie vorgelegt: Weiblichkeit und Tod in der Literatur. Hrsg. von Renate Berger und Inge Stephan. Köln, Wien 1987). Berger und Stephan verweisen auf die zahlreichen Präsentationsformen von toten Geliebten bzw. schönen weiblichen Leichen in den Texten von Männern (z.B. Emma Bovary, Anna Karenina, Effi Briest) und betrachten diese Frauengestalten als "Opfer männlichen Herrrschafts- und Besitzdenkens, Objekte eines tödlichen Begehrens" (Berger; Stephan: Einleitung zu: Weiblichkeit und Tod in der Literatur, S.2). An dieser Stelle muß jedoch betont werden, daß diese Literaturtradition, die Weiblichkeit, Liebe und Tod zu verknüpfen versucht, nicht nur in den Texten von Autoren, sondern auch in denen von Autorinnen ihren Ausdruck findet und sich keinesfalls auf das 18. und 19. Jahrhundert beschränken läßt, was auch der Roman "Die Frau in den Kissen" von Kronauer beweist.

[217] "Das Herunterbrechen, das letzte, stürmische Rauschen der Urwaldriesen, aussterbende Rasse, abtransportiert die langen, glatten, entmannten Leichname, unkenntlich, nützlich, für alle Zeit stumm gemacht in Türen und Fenstern. Tropisches Hartholz aus Malaysia." (FK, 13; 363)

[218] Cramer: Es gibt eine zarte Empirie, S.22.

inszeniert diesen Liebes- und Todesakt durch ihre Erzählerin unvergleichlich, indem sie die Sprache der Sinnlichkeit zur Sprache der Abstraktion und die "verstreute[n] Punkte am tiefen Meeresfirmament" zur "gedachten Verbindung" werden läßt. In dieser Koppelung von Weiblichkeit, Liebe und Tod kommen die von den feministisch orientierten Literaturwissenschaftlerinnen Renate Berger und Inge Stephan festgestellten aggressiven Potentiale des patriarchalischen Systems, das auf Ausgrenzung und Unterwerfung von Frauen besteht, nicht zum Ausdruck[219]: Bei der Todesszene im Meer geht es nicht nur um die Vernichtung des Weiblichen in der Gestalt der Gräfin, sondern um einen gemeinsamen (Liebes)Tod, von dem romantische Dichter (z.B. Novalis) schreiben. Mit ihrem Roman steht Kronauer in der langen Tradition der abendländischen Kunst, in der der Tod einer (schönen) Frau als anziehendes Motiv vom Zeitalter der Empfindsamkeit bis zur Moderne gilt.[220]

Bei der Gestaltung der Bootsszene fällt auf, daß die Kronauersche Gräfin sich in vielen Zügen, darunter auch in ihren Liebes- und Todesvorstellungen, in ihrer fragilen Leiblichkeit, in ihrer Sehnsucht nach Naturwelt, den zahlreichen literarischen Wasserfrauenfiguren ähnelt (als Beispiele können hier nicht nur eine der bekanntesten weiblichen Märchenfiguren - die kleine Meerjungfrau von Hans Christian Andersen, sondern auch Shakespeares Ophelia, die Geliebte Hamlets, genannt werden). Stuby hat in ihrer Studie ausführlich belegt, daß der literarische Diskurs über Liebe und Begehren der Wasserfrauen und über ihr Leiden an Liebe seit dem Beginn des 17. Jahrhunderts mit dem Diskurs über die Liebesmelancholie, über Wahnsinn aus verschmähter Liebe und freiwilligen Liebestod verquickt ist.[221] Auch die Feststellung Stubys, daß der Freitod im

---

[219] Im Hinblick auf das Konzept Kronauers ist die These Bergers und Stephans, daß Frauen als Autorinnen vor allem die tödlichen Konsequenzen des patriarchalischen Systems zum Thema machen (als Beispiele führen die Kritikerinnen den Todesarten-Zyklus von Ingeborg Bachmann, die Erzählung "Wir töten Stella" von Marlen Haushofer oder "Kassandra" von Christa Wolf an), nicht ganz berechtigt.
[220] Zur Geschichte der Gestaltung weiblichen Todes in der Kunst siehe auch: Bronfen, Elisabeth: Nur über ihre Leiche. Tod, Weiblichkeit und Ästhetik. München 1994.
[221] Vgl. Stuby, S.121. Stuby hat auch darauf hingewiesen, daß gegen Ende des 19. Jahrhunderts die selbstvergessene Nixe in zahlreichen Kunstdarstellungen (z.B. im berühmten Gedicht von Rimbaud "Ophélie", 1870) zu einer Wasserleiche mutiert, d.h. allmählich geschieht der Paradigmenwechsel von Undine zu Ophelia (vgl. Ebd., S.165). Im Ophelia-Motiv beschäftigt Stuby zufolge nicht mehr die als lebendige Naturhaftigkeit empfundene Andersartigkeit einer Undine oder Melusine die künstlerische Phantasie, sondern der im Wasser dahingleitende, dem Wasser sich anverwandelnde, leblose Frauenkörper (vgl. Ebd.). Obwohl Kronauer auf die Darstellung des toten Körpers ihrer florentinischen Gräfin im Meer verzichtet und nur den Schwebezustand auf der Grenze zwischen Leben und Tod (dieser Moment hat auch etwas Zeitloses und Ewiges an sich) thematisiert, kann eine gewisse Ähnlichkeit zwischen der Gräfin-Gestalt und Ophelia-Gestalt nicht übersehen werden (so ähneln sich z.B. diese beiden Frauenfiguren in ihrer unerfüllbaren Leidenschaftsliebe, in ihrer mangelnden Lebendigkeit, in ihrer Todessehnsucht, in ihrem Wunsch nach dem Einswerden

Wasser in allen Epochen in ganz besonderem Maße weiblich besetzt ist[222], scheint berechtigt zu sein. Im Hinblick auf die Liebes- und Todessehnsucht der Gräfin in Kronauers Roman und auf die von Stuby genannten, mit der Liebesthematik verbundenen Elemente des Wasserfrauen-Mythos, ist es m.E. legitim, die Gräfinfigur nicht nur als eine vom Liebeswahn befallene, dem Leben entsagende Grenzgängerin, sondern auch als eine verwandte Schwesterfigur von fragilen Wasserfrauen zu betrachten. In der von Kronauer literarisch besonders gelungen dargestellten Wassertod-Episode tauchen also mehrere Elemente auf, die in der Kulturtradition des Abendlandes und in den tradierten Weiblichkeitsimaginationen (Frau/Liebe, Frau/Wahnsinn, Frau/-Wassertod) fest verwurzelt sind (zum thematisch verwandten Motiv des Verhältnisses von Weiblichkeit und Natur siehe auch das Kapitel 3.2.). Die Tatsache, daß Kronauer bei dem Entwerfen ihrer Frauenfiguren die kulturelle Vergangenheit nicht übersieht (was sich letztendlich als unmöglich erweisen würde[223]), sondern die vorhergehenden Traditionen und Muster transformiert und in ihre eigenen Konzepte aufnimmt, zeugt von der Mehrdimensionalität ihres literarischen Unternehmens.

Hier soll auch darauf hingewiesen werden, daß die Frauengestalten, von denen die Erzählerin in "Die Frau in den Kissen" berichtet, ihre Spiegelfiguren sind und ihre eigene Liebessehnsucht verkörpern. So kann vor allem die imaginierte Gestalt der sich in Liebe auflösenden Gräfin als Wunschproduktion und als Projektionsfigur der Erzählerin aufgefaßt werden: Die Gräfin fungiert

---

mit der sie umgebenden Natur und vor allem in ihrer Transformation zum bloßen Zeichen im Augenblick des Todes). Um auch Unterschiede zwischen diesen beiden Frauengestalten sichtbar zu machen, kann auf ihren Zustand im Entscheidungsmoment hingewiesen werden: Shakespears Ophelia, eine Wahnsinnige, befindet sich in einem bewußtlosen Zustand, und die Gräfin scheint sich bewußt für den Tod zu entscheiden und 'frei' zu handeln (zur Konstituierung des Bildtypus 'Tod einer Frau im Wasser' und zu literarischen und künstlerischen Bearbeitungen des Ophelia-Motivs siehe auch: Hanika, Karin; Werckmeister, Johanna: "... wie ein Geschöpf, geboren und begabt für dieses Element". Ophelia und Undine - Zum Frauenbild des späten 19. Jahrhunderts. In: Weiblichkeit und Tod in der Literatur. Hrsg. von Renate Berger und Inge Stephan. Köln, Wien 1987, S.117-154).

[222] Vgl. Stuby, S.183f. Hanika und Werckmeister erklären dies folgendermaßen: Da das Wasser als eines der Urelemente dem Weiblichen zugeordnet wird, komme die Frau im Wasser 'zu sich selbst'; im Bild einer sterbenden oder toten Frau im Wasser seien im Unterschied zu allen anderen Todesarten die Assoziationen vom Werden und Vergehen unmittelbar verknüpft (vgl. Hanika; Werckmeister, S.146).

[223] Vor allem im Hinblick auf die literarischen Darstellungen der Liebe bemerkt Sigrid Weigel, daß diese immer wieder "am Repertoire präformierter Liebesgeschichten" Teil haben: "Eine literarische Thematisierung der Liebe, die sich dieser Problematik bewußt ist, kommt daher nicht ohne Auseinandersetzung mit der literarischen Überlieferung aus. Eine Schreibweise der 'Unmittelbarkeit' ist, wenn es um die Liebe geht, nicht möglich, da diese selbst sich ja wie eine Geschichte schreibt und jede Erzählung somit schon zum Plagiat geworden ist." (Weigel: Die Stimme der Medusa, S.246).

für die Erzählerin als eine Frauengestalt, "die in ihrem grob umrissenen Leben zwecks Anerkennung der eigenen Existenz ständig auf körperliche, männliche Präsenz und Gegenüber angewiesen ist".[224] Die Gräfin verwirklicht die weibliche Sehnsucht nach Erkanntwerden, die für die Erzählerin in „Die Frau in den Kissen" genauso typisch wie für die Erzählerin Rita Münster ist.

Als Projektionsschirm des sexuellen Begehrens der Erzählerin dient dagegen das "Treppenhaus-Liebespaar", das ebenso wie die Erzählerin im Mietshaus der alten Frau die Nacht verbringt: "Ein Tanzpaar in der akrobatischen Pose eines Liebesakts" (FK, 318). Die Identifikation der Erzählerin mit dem weiblichen Teil des Paares wird besonders auffällig, wenn diese ihre eigene Anteilnahme an dem Geschehen nicht nur als "Hinsehen", sondern auch als "Fühlen" bezeichnet:

> "Ein erweitertes oder schärferes Hinsehen ist das nicht so sehr, vielleicht ein Fühlen jetzt, ich fühle die Mauersteine und das Gewicht des Mannes. Also sind es die Empfindungen der Frau, die ich spüre. Aber zugleich habe ich das Paar gemeinsam im Blick, es ist ein sehr angenehmes und aufwühlendes Gefühl, das ich bald genauer benennen kann. [...].
> [...]. Es ist nämlich so, daß ich die beiden in der düsteren Ecke wahrnehme aus der Sicht der Frau, mit ihrer Vorderseite und ihrer Rückseite, die, indem sie den Mann gewähren läßt, sich und ihn mit meinen Augen, als ich die Treppen hochsteige, betrachtet." (FK, 278)

Beim Denken an das Treppenhauspaar wird die Erzählerin mit Visionen von einem Mann überschüttet, "dessen Gesichtszüge männlich", aber "darüber hinaus unbekannt" sind und den die Erzählerin "an allen Hautfronten zu spüren" glaubt (FK, 298). Sie stellt sich "das brutale, rasend schnelle Einverständnis" ihrer Körper und einen gegenseitigen Anblick vor, bei dem ihre "Köpfe samt ihren Bedenklichkeiten außer acht gelassen wurden, überrannt von den sich über die ganze Strecke aneinander messenden Körpern, die erkannten, daß sie einander ergänzend konstruiert waren, um einen angenehm eisernen Naturgesetz Folge zu leisten" (FK, 298). Der Wunsch, daß der Mann "mit lächelndem, noch unpersönlichem Gesicht" auf sie zudrängte und "von der ersten Sekunde an mit Geruch und Muskeln" für sie da wäre, verdeutlicht die Sehnsucht der Erzählerin nach einem körperlichen Leidenschaftserlebnis, d.h. die Sehnsucht danach, was sie bei dem Treppenhauspaar beobachtet. Dieses Paar erscheint in seiner sexuellen Lust und seinem konkreten Bezug zur Realität als ein symbolisches Gegenteil zu den romantischen Liebesträumereien der florentinischen Aristokratin. Die im Roman "Die Frau in den Kissen" vergegenwärtigten (Liebes)-Geschichten der Gräfin, der alten Frau und der anderen im Text präsentierten Figuren bilden die "Weisheit der gesammelten Liebesaugenblicke" (FK, 389), die die Erzählerin am Ende des Romans noch einmal in ein gesamtes Bild zusammenfließen läßt (FK, 388f).

---

[224] Appel, S.104.

3.4.5. Zwischenergebnisse

Nicht nur die älteren Texte von Kaschnitz, sondern auch die in der Aufschwungszeit der feministischen Bewegung entstandenen Texte von Wohmann und die in den 80er und 90er Jahren erschienenen Texte von Kronauer, in denen die Autorinnen den Glanz der Liebe zu retten versuchen, stellen eine deutliche Opposition zu den am Anfang dieses Kapitels erläuterten feministischen Tendenzen dar. Vor allem die Texte Kronauers verdeutlichen eine Gegenbewegung, die mit den 80er Jahren einsetzt und den feministischen Blick als verengt abqualifiziert, indem sie den Liebesdiskurs wieder aufnimmt und die unstillbar gebliebene Liebessehnsucht mehrfach präsentiert. Im Gegensatz zur feministischen Skepsis gegenüber den traditionellen Liebeskonzepten greifen die hier untersuchten Texte alle herkömmlichen Liebesauffassungen auf, so z.B. Liebe als Krankheit, Liebe als Wahnsinn, Liebe als Wunder, Liebe als Sehnsucht, Liebe als Selbst- und Welterkenntnis. Wichtig ist dabei, daß in den Texten dieser Autorinnen vor allem die Frauenfiguren als die Liebe Feiernde und an der Liebe Leidende vorgeführt werden, wodurch unverkennbar die traditionelle Vorstellung zum Ausdruck kommt, daß Liebe eine Schlüsselerfahrung im Leben einer Frau darstellt und als ein wichtiger Teil ihres Selbstentwurfs gilt.

Auch alle Widersprüche der Liebe werden von diesen Autorinnen sichtbar gemacht: hoffende Liebe (vor allem bei Kronauer), enttäuschte Liebe (bei Wohmann) und erfüllte Liebe in den Texten von Kaschnitz. Ihre Texte verdeutlichen auch die wesentlichen - einander entgegensetzten und gleichzeitig voneinander abhängigen - Positionen in der neuzeitlichen Konzeption der Liebes- bzw. Geschlechterbeziehungen: die bürgerlich-christliche Ehe einerseits (Kaschnitz, teilweise auch Wohmann) und die Leidenschaftsliebe andererseits (Kronauer). Dabei entsteht auch einer der entscheidenden Unterschiede zwischen den Texten dieser Autorinnen: Während das im Roman "Die Frau in den Kissen" von Kronauer vorgestellte Konzept von Leidenschaftsliebe männliches und weibliches Begehren in gleicher Weise repräsentiert (sowohl die Gräfin als auch der Muskelmann lösen sich in ihrer schrankenlosen Liebe auf), treten in den sozialisierten Liebesdarstellungen von Kaschnitz und Wohmann geschlechtsrollenbedingte Unterschiede, d.h. spezifisch weibliches und männliches Liebesempfinden, deutlicher zutage. Da die Frauenfiguren Kronauers ihre Liebe in einer tiefgehenden Passion außerhalb gesellschaftlicher Sphäre, d.h. auch außerhalb der Arena des Geschlechterkampfes (vgl. die Gräfin und ihre Liebhaber) erleben, ist ihre Liebe - im Gegensatz zu der der Heldinnen Kaschnitz' und Wohmanns - jeglicher rationaler Kontrolle entzogen und lebt alleine von ihrer leidenschaftlichen Dramatik.

Als eine Gemeinsamkeit der Heldinnen in den Texten dieser drei Autorinnen kann man die Tatsache betrachten, daß die (Frauen)Figuren häufig als Opfer oder als Leidende dargestellt werden. Dadurch könnte eine gewisse Ähnlichkeit zu feministischen Konzepten entstehen, weil feministisch orientierte Kritikerinnen und Autorinnen immer wieder den Unterschied betonen, wie Frauen und Männer Liebesleid und Liebeslust erleben, und diesen Unterschied durch rollenspezifische Bedingungen erklären, so ist z.B. Stuby der Meinung, daß Frauen in einer traditionell geprägten Liebessituation anderen, strengeren Regeln unterworfen sind als Männer, deswegen werden sie häufiger zu Opfern ihrer bedingungslosen Liebe.[225] Der Unterschied zwischen feministischen Positionen und denen von Kaschnitz, Wohmann und Kronauer besteht eben darin, daß diese Autorinnen das weibliche Liebesleiden weniger als direkte Auswirkung des patriarchalischen Systems, sondern vielmehr als eine individuelle menschliche Erfahrung darstellen. Obwohl die Autorinnen in den untersuchten Liebessituationen ihre Frauenfiguren als Liebesopfer erscheinen lassen, behaupten sie nicht, daß das Leiden an der Liebe ein genuin weibliches Schicksal ist: Sie begreifen es eher als ein allgemein menschliches Schicksal (vgl. dazu die Gräfin und den Muskelmann in Kronauers "Die Frau in den Kissen"). Im Fall Kaschnitz' kann die Neigung zur Darstellung von leidenden (Frauen)Figuren auch dadurch erklärt werden, daß die Autorin die Welt durch den Schmerz begreift, deswegen müssen auch ihre Gestalten durch die Erfahrung des Leidens etwas lernen[226], so z.B. durch die schmerzhafte Erfahrung der Entfremdung in der Beziehung gelangen die Heldinnen zur neuen Liebes- und zugleich Lebensqualität. Die (Frauen)Figuren Wohmanns leiden an unerfüllter Liebessehnsucht, weil sie selbst von der Angst gequält sind, Kontakte zu knüpfen und ihre bereits gestörte Identität völlig zu verlieren. Dies bedeutet, daß sie nicht nur ihre Sehnsucht nach partnerschaftlicher Zuneigung schmerzlich empfinden, sondern auch ihre Unfähigkeit, sich diese zu ermöglichen. Auch die Frauenfiguren Kronauers sind Liebesopfer: die einen Liebesaugenblick erlebende Rita Münster, die anämische Gräfin, sogar die alte Frau (auch sie ist eine Gestalt, "die in ihre ewige Liebe versunken ist, in den alten Liebesbrand, das alte, kaschierte Liebesfeuer" (FK, 322)) und vor allem die Erzählerin selbst, die ihre Liebessehnsucht auf die anderen projiziert. Da aber in den Texten Kronauers das Liebesdrama sich meistens außerhalb der sozialen Sphäre abspielt, wäre es ein Fehler, das Leiden der Frauenfiguren allein als gesellschaftlich bedingtes Problem aufzufassen.

Die Sehnsucht nach Liebe und Geborgenheit ist unverkennbar eines der Hauptthemen im Werk dieser Autorinnen. Durch die Liebesbeziehung zu einem Mann hoffen die Frauenfiguren, ihre Lebenssituation zu verändern bzw. eine bessere Lebensqualität zu erreichen. Als traditionelles Motiv kann auch die Tatsache gelten, daß in den Reflexionen der liebenden Frauenfiguren die Partner

---

[225] Vgl. Stuby, S.128.
[226] Vgl. dazu: Matter, Ursula: Tragische Aspekte in den Erzählungen von Marie Luise Kaschnitz. Zürich 1979, S.23.

idealisiert werden, auch wenn die Liebesbeziehung nicht zustande kommt (vgl. die Versuche der Frau, ihren Partner zu rechtfertigen, im Roman "Abschied für länger" von Wohmann). Die Heldinnen Kronauers (die florentinische Gräfin, Rita Münster) "träumen" den von Feministinnen längst verworfenen und besonders stark kritisierten Traum vom Ritter bzw. Märchenprinzen (vgl. dazu das programmatische Buch "Der Tod des Märchenprinzen" (1983) von Svende Merian), d.h. einen Traum von Wende und Neubeginn mit Hilfe von Liebe: Der Ritter soll in die Lebenswelt der jungen Frau einbrechen und alles verwandeln. Trotz feministischer Bemühungen, den weiblichen Rittertraum als bloße Illusion zu entlarven, scheint er in der Gegenwartsliteratur von Autorinnen genauso fortzuwirken wie auch in den früheren Epochen. Das starke Liebesbedürfnis von Frauenfiguren resultiert unter anderem aus dem Wunsch nach Anerkennung, denn viele Heldinnen (z.B. in "Liebe beginnt", in "Abschied für länger" oder auch in "Die Frau in den Kissen") präsentieren den traditionellen Frauentyp, der von äußerer (männlicher) Bestätigung abhängig ist. Alle besprochenen Protagonistinnen hängen deswegen in ihrem verborgenen Inneren dem Traum nach der Erlösung durch Liebe nach.

Zu den traditionellen Rollenmerkmalen einer liebenden Frau gehört auch die alle hier untersuchten Texte verbindende Situation der Frau als einer Wartenden. Die Kategorie des weiblichen Wartens ist vor allem in die Frauenbilder Kaschnitz' und Wohmanns eingeschlossen: Zurückbleiben, Alleinsein, Verstummen, Sehnen, Hoffen - das sind die Haupterfahrungen der Protagonistinnen in "Liebe beginnt" und "Abschied für länger". Die Abwesenheit des geliebten Partners wird von diesen Frauenfiguren schmerzlich empfunden, aber - anders als in der feministischen Literatur und Literaturkritik[227] - nicht als Grund dafür begriffen, die Männer (zu Männerbildern siehe auch Kapitel 4.2.5.) zu beschuldigen oder zu kritisieren. Obwohl die Heldinnen Kaschnitz' und Wohmanns keine strickend oder webend Wartenden sind, verinnerlichen sie weitgehend die gesellschaftshistorisch bedingte Rolle weiblicher Immobilität. Die Heldinnen denken bei ihren kleinen Tätigkeiten an die abwesenden Geliebten und halten - um mit den Worten von Stuby zu sprechen - "den Diskus der Abwesenheit"[228]. Die weiblichen Bemühungen, sich dem Liebesverhalten der Männer anzupassen, d.h. die traditionelle Rolle der Wartenden zu übernehmen und die episodischen Begegnungen als etwas Wahres auszukosten, werden in den Texten aller drei Autorinnen - anders als in der feministischen Literatur - nicht als weibliche

---

[227] Stuby kritisiert ausdrücklich diesen aus der weiblichen Sicht als negativ empfundenen Aspekt der traditionellen Liebeskultur: "Gesellschaftshistorisch gesehen, ist das Subjekt, welches die Abwesenheit des Partners aussprechen muß, die Frau. [...] Die (Liebes-)Literatur der voraufgegangenen Jahrhunderte [z.B. die Texte von Stendhal] drückte den geschlechterbedingten Unterschied zwischen Mobilität und Immobilität oft im Kontrastbild Reiter/Ritter und bei ihrer Stick- und Webarbeit Singender aus." (Stuby, S.135).
[228] Ebd., S.136.

Selbstzerstörung bzw. nicht als Selbstverlust der liebenden Frau präsentiert, sondern als fest unternommener Versuch, dem eigenen Leben einen Sinn durch die Zweierbeziehung zu verleihen.

Feministinnen betrachten negativ die Tatsache, daß Liebe die Asymmetrie der Geschlechter nicht aufgibt, sondern bestätigt, weil Frauen sich freiwillig an die Männer binden und in der Gefühlsekstase ihre Abhängigkeit und Opferungsbereitschaft gar nicht reflektieren. Als größter Unterschied zwischen feministischen Liebeskonzepten und der Position von Kaschnitz, Wohmann und Kronauer kann die Tatsache gelten, daß in den Texten feministisch orientierter Autorinnen Liebe im Verlust weiblicher Identität kulminiert, während Kaschnitz oder Kronauer die Möglichkeit hervorheben, Identität durch Liebe zu gewinnen, auch wenn dies nur ein vorübergehender Gewinn ist (vgl. "Rita Münster"). Obwohl es den Heldinnen selten gelingt, in der Selbsthingabe ihr Selbst zu bewahren, beobachtet man in der Liebessituation eine gewisse Steigerung des Ichs: Sowohl bei Kaschnitz als auch bei Wohmann (vgl. "Abschied für länger") scheint auch die sich selbst aufgebende Liebende eine bessere Lebensqualität zu erreichen, als ihr der völlige Verzicht auf Liebe ermöglichen könnte. In manchen Fällen, so z.B. in Kronauers Roman "Rita Münster", scheint Liebe sogar eine lebensrettende Funktion zu haben; die tiefgehende Erschütterung durch das Liebeserleben wird in den Texten Kronauers in die Metapher des neuen Lebens gekleidet (vgl. dazu nicht nur die Liebeserfahrung Rita Münsters, sondern auch die Leidenschaftsliebe der Gräfin zu ihrem jungen Proletarier in "Die Frau in den Kissen").

Während Kaschnitz und Wohmann in ihren Texten die Kommunikationsschwierigkeiten zwischen den Liebenden häufig ins Zentrum des Interesses rücken, greift Kronauer den traditionellen Gedanken auf, daß Liebe Kommunikationsprobleme auf eine ganz eigentümliche Weise lösen kann: Die Liebeskommunikation wird in ihren Texten gerade durch den Verzicht auf Kommunikation intensiviert, so z.B. in "Rita Münster" oder "Die Frau in den Kissen" bedient sich Liebe weitgehend indirekter Kommunikation (bei der florentinischen Gräfin und dem Muskelmann im Boot ermöglicht der Blick das weitgehende gegenseitige Verständnis). Die Heldinnen in "Liebe beginnt" und "Abschied für länger" legen einen großen Wert auf Zusammensein und Nähe; die Heldinnen Kronauers (z.B. Rita Münster) messen eine größere Bedeutung den eigenen Liebeserlebnissen zu und können sich deswegen auch über die Liebe trotz räumlicher Distanz freuen. Für die Heldinnen Kronauers scheint zu genügen, daß sie *selbst* lieben; in diesem Fall rechtfertigt die Liebe sich selbst, indem sie sich auf der Ebene der Imagination bewegt und nur verhalten nach realer Erfüllung strebt. Dies entspricht dem romantischen Liebeskonzept, daß der Akzent von der Erfüllung in die Hoffnung, in die Sehnsucht, in die Ferne verlagert wird. Nicht das Wissen, geliebt zu werden, sondern die Erkenntnis, daß sie selbst zur Liebe fähig sind und diese auch erleben können, wird von

Kronauerschen Frauenfiguren als besonderes Glückserlebnis erfahren. Dabei fällt auf, daß im Fall von Kronauerschen Frauenfiguren die Liebe selbst, die Passion, nicht der konkrete Partner, Gegenstand des Begehrens wird. Während bei Kaschnitz und Wohmann Liebe nicht nur erlebt, sondern auch reflektiert wird, erleben die Heldinnen Kronauers ihre Liebesgefühle ekstatisch. Dies entspricht auch dem alten literarischen Topos der Plötzlichkeit und Unabwendbarkeit der Liebe.

3.5. Darstellung der Frau in der Ehe

3.5.1. Feministische Kritik vs. traditionelle Aufwertung der bürgerlichen Ehe

Im vorhergehenden Kapitel wurde erörtert, daß weibliche Emanzipation häufig mit der Entzauberung der Liebe zwischen Mann und Frau zusammen geht. Dies betrifft vor allem feministische Darstellungen von Ehebeziehungen, in denen der Liebe jeglicher Zauber genommen wird. Die Berichte der Protagonistinnen aus ihrem tristen Ehealltag präsentieren eine der populärsten Gattungen der programmatischen Frauenliteratur. Das bekannteste Beispiel für die feministische Überzeugung, daß im Rahmen der Eheinstitution Liebe nur in ihrer negativen Form, so etwa als Lieblosigkeit, vorkommen kann, ist Brigitte Schwaigers Roman "Wie kommt das Salz ins Meer". Die Protagonistin in diesem Roman hat das negative Bild der Ehe bereits in ihrer Kindheit verinnerlicht, weil in ihrer Elternfamilie die Beziehungen durch väterliche Autorität und mütterliche Nachgiebigkeit geprägt wurden (WkSM, 36)[229]. Die Abneigung gegen das Familiäre wird auch dadurch verstärkt, daß die Eltern die junge Frau dazu zwingen, die Ehe mit dem materiell gesicherten Rolf einzugehen: "Das Wichtigste ist eine gutbürgerliche Verbindung" (WkSM, 8), lautet die Position der Großmutter, während die Eltern die Ehe nur als "eine Formalität" und "Tradition" (WkSM, 9) ansehen. In ihrem Zusammenleben mit Rolf leidet die Frau unter der Beschränkung ihrer Freiheiten und unter männlicher Autorität: Sie berichtet davon, daß der Mann nicht müde wird, seine Macht immer wieder zu demonstrieren, so daß auch ihre Begegnungen im Schlafzimmer den Charakter einer Vergewaltigung zu tragen scheinen (WkSM, 14). Allmählich kommt sie zum folgenden Ergebnis: "Ich bin nicht ich. Ich bin Rolfs Frau." (WkSM, 22). Dem feministischen Modell entsprechend, führt Schwaiger ihre Protagonistin als eine physisch und psychisch durch das Eheleben zerstörte Frau vor, die sich sogar mit Selbstmordabsichten beschäftigt und sich dadurch mit anderen Frauen identifiziert (WkSM, 29). Da bürgerliche Ehe als eine tödliche Selbstaufgabe erscheint und die Protagonistin in eine immer größere seelische

---

[229] Schwaiger, Brigitte: Wie kommt das Salz ins Meer. Roman. Reinbek bei Hamburg 1979. Weiter im Text werden die Seitennummer zusammen mit der Abkürzung "WkSM" in Klammern angegeben.

Krise gerät, entscheidet sie sich für die Scheidung. In diesem Roman werden von Schwaiger die wichtigsten Aspekte der feministischen Kritik an dem Ehe- und Familienleben zum Ausdruck gebracht: Lieblosigkeit, männliche Autorität und Gewalt, sexueller Mißbrauch der Frau, materielle Abhängigkeit der Frau, trister Hausfrauenalltag, Mangel an Kommunikation, Unmöglichkeit einer eigenständigen geistigen Entwicklung etc. Auch die Tatsache, daß die Frau sich letztendlich für die Scheidung entscheidet und sich auf diese Weise von den Lasten des familiären Lebens befreit, entspricht dem feministischen Emanzipationsprogramm.

Seit der feministischen Bewegung der 70er Jahre wird die Alternative des Abbrechens und Alleinlebens als Lebensplan auch von Frauen ernst genommen und findet deswegen ihren Niederschlag in der feministischen Literatur. Da die Paarkonstellationen aus feministischer Sicht als Last empfunden werden, beschreibt die programmatische Literatur die Autonomie der Frau bzw. ihre Entscheidung, allein oder mit anderen Frauen zu leben, als Befreiung oder als kleineres Übel. Damit geht es Weigel zufolge nicht nur "um *eine* Trennung vom Partner, sondern auch um *die* Trennung von gewohnten Lebenskonzepten"[230], darunter auch von gewohnten Familienkonzepten. Feministische Autorinnen[231] sind der Meinung, daß in der Familie die patriarchalischen geschlechtsspezifischen Unterschiede am deutlichsten in Erscheinung treten. Durch die Bloßstellung der Ehe als Unterdrückungsinstrument versuchen deswegen diese Autorinnen, bürgerliche Familie als Geborgenheit und Sicherheit bietende Enklave zu entmythologisieren.

Einer der Gründe für die feministische Kritik an ehelichen Beziehungen liegt auch darin, daß Ehe und Familie nicht nur als wesentliche Elemente im traditionellen Frauenleben gelten, sondern auch die wichtigsten Institutionen der bürgerlichen Gesellschaft[232] und die Hauptstütze des patriarchalischen Systems präsentieren. Speziell für weiblichen Lebenszusammenhang erweist sich die Relevanz der Ehe und Familie darin, daß eine Frau lange Zeit nur in ihrer Rolle als Ehefrau, Hausfrau und Mutter gesellschaftliche Anerkennung finden konnte. Traditionell wird Ehe als Institution angesehen, die der Frau nicht nur ihren sozialen Status sichern, sondern auch eine Möglichkeit bieten soll, ihren weiblichen Verpflichtungen nachzugehen und darin die Selbstverwirklichung im Sinne einer bürgerlichen Geschlechterideologie (z.B. als Mutter) zu finden. In traditionellen Argumentationen wird nach Karin Hausen "die Frau durch Ehe

---

[230] Weigel: Die Stimme der Medusa, S.240.
[231] Neben Schwaiger soll hier vor allem Margot Schröder genannt werden, die in ihren Romanen "Ich stehe meine Frau" (1975) oder "Der Schlachter empfiehlt noch immer Herz" (1975) den Ekel der Frauen gegenüber ihrer Rolle als Ehefrauen und Mütter hervorhebt.
[232] Zur Bedeutung der Institutionen Ehe und Familie für die bürgerliche Gesellschaft in Deutschland siehe auch: Sozialgeschichte der Familie in der Neuzeit Europas: neue Forschungen. Hrsg. von Werner Conze. Stuttgart 1977.

und Familie und Ehe und Familie wiederum durch die Frau definiert".[233] Das tradierte Frauenbild, das eine aus der gesellschaftlichen Sphäre ausgeschlossene und für den privaten Raum (vor allem für die Haushaltsführung und Kindererziehung) zuständige Frau präsentiert, wird im 18. Jahrhundert zum festen Teil bürgerlicher Ideologie und wirkt bis in das 20. Jahrhundert hinein. Da feministische Kritik sich gegen die herkömmlichen Werte des Patriarchats richtet, richtet sie sich deswegen in besonderem Maße gegen die einschränkende Bestimmung der Frau zur Ehefrau und Mutter, die in den Augen feministischer Wissenschaftlerinnen und Autorinnen die Grundbedingung für die Unterwerfung der Frau unter den Willen des Mannes darstellt.

Die Positionen Kaschnitz', Wohmanns und Kronauers gegenüber Ehe und Familie unterscheiden sich untereinander, aber noch mehr unterscheiden sie sich von feministischen Konzepten. Anders als feministisch orientierte Autorinnen stellen Kaschnitz und Kronauer die Ehe als Institution nicht in Frage und betreiben traditionellerweise eher die Idealisierung der bürgerlichen Familie. Im Gegensatz zu den oben erwähnten feministischen Autorinnen (z.B. Schwaiger) vertritt vor allem Kaschnitz die Überzeugung, daß auch im Rahmen der Institution der Ehe die Liebe zwischen Frau und Mann möglich ist und daß die Ehe die Selbstentfaltung der Frau keineswegs verhindert (dies wird später am Beispiel des Romans "Liebe beginnt" näher erläutert). Wohmann dagegen bemerkt auch negative Seiten familiären Lebens, aber was sie kritisiert, ist nicht die Ehe- bzw. Familienbeziehungen selbst, sondern die Unfähigkeit der Familienmitglieder, liebevoll miteinander umzugehen (anders als bei Feministinnen gilt dies in den Texten Wohmanns sowohl für Frauen als auch für Männer). Mehr als bei Kaschnitz und Kronauer bilden die Geschichten von Ehepaaren (meistens kinderlos) oder außerehelichen Lebensgemeinschaften im Werk Wohmanns den zum meisten verbreiteten Typ der 'Familiengeschichten', "denn in der Zweierbeziehung liegt der Ursprung aller zwischenmenschlichen Relation und Interaktion, das Privateste des menschlichen Zusammenlebens".[234] Die Texte Wohmanns zeigen auch, daß Ehe von Frauen traditionell als eine angesehene Existenzmöglichkeit angestrebt wird, weil sie der Zweierbeziehung eine konkrete, sozialisierte Form geben kann (diese Positionen werden weiter am Beispiel solcher Texte wie "Abschied für länger", "Treibjagd" und "Antrag" verdeutlicht). In den Texten dieser drei Autorinnen findet man also die zwei geläufigsten Auffassungen der Ehe: Ehe als Gefühls- bzw. Liebesgemeinschaft und Ehe als sozialen Status sichernde Institution. Die weitere Analyse von Frauenbildern in den Texten von Kaschnitz, Wohmann und Kronauer

---

[233] Hausen, Karin: Die Polarisierung der "Geschlechtercharaktere" - Eine Spiegelung der Dissoziation von Erwerbs- und Familienleben. In: Sozialgeschichte der Familie in der Neuzeit Europas: neue Forschungen. Hrsg. von Werner Conze. Stuttgart 1977, S.374.
[234] Pollerberg: Formen des Leidens, S.36f.

konzentriert sich überwiegend auf diese Aspekte einer Ehegemeinschaft und auf die Bedeutung der Ehe für die weibliche Lebensführung.

3.5.2. Kaschnitz' Präsentation der Ehe als partnerschaftlicher Gefühlsgemeinschaft

Die erste Auffassung der Ehe, nämlich der Ehe als Liebesgemeinschaft, wird vor allem in den vor dem Aufschwung der neueren Frauenbewegung erschienenen Texten von Kaschnitz realisiert. Wie bereits mehrmals angesprochen, ist Liebe das umfassende Gefühl, nach dessen Verwirklichung Kaschnitz immer wieder strebt: "Wahrscheinlich wollte ich leben, nicht allein, sondern in der Liebe, dazu gehört Ausgewogenheit, ein Schweben und Sich-Tragen-Lassen, wenigstens für eine Frau."[235] Ingeborg Drewitz bemerkt zutreffend, daß es für Kaschnitz selbstverständlich war, "zu lieben und die Geborgenheit in der Liebe anzunehmen".[236] Als 24jährige hat sie den Archäologen Guido Kaschnitz von Weinberg geheiratet, eine Tochter ist geboren, mehr als dreißig glückliche Jahre wurden in der Geborgenheit der Familie verbracht.[237] Marie Luise Kaschnitz verwirklichte das, was angesichts der heutigen Beziehungs- und Ehekrisen zur Seltenheit geworden ist, nämlich eine intakte Liebesehe.

Unter dem Aspekt weiblicher Identitätskonzepte stellt die Ehe in den Augen Kaschnitz' traditionellerweise eine Grundbedingung für die Geborgenheit der Frau dar, aber zugleich wird auch die Möglichkeit zum persönlichen und geistigen Wachstum in Betracht gezogen. Auch das Werk Kaschnitz' läßt sich nur insoweit als emanzipatorisch verstehen, als die Autorin immer wieder auf die Möglichkeit der Weiterentwicklung für beide Partner besteht. Da die Ehe der Autorin die beiden Bedingungen zu erfüllen scheint, wird von ihr die radikale Ablehnung der alten ehelichen Verhaltensnormen weder im Privatleben noch im Werk formuliert.[238] Vielmehr schildert die Autorin eine gemeinsame Entwicklung von Mann und Frau, so daß auch die Emanzipation sich nicht gegen den anderen richtet, sondern zusammen vollzogen wird.[239] Wenn man die

---

[235] Kaschnitz, Marie Luise: Engelsbrücke. Zitiert nach: Drewitz: Marie Luise Kaschnitz, S.17.
[236] Ebd.
[237] Das Bewußtsein des Einsseins mit dem Ehemann, die Heftigkeit, mit der sie ihre Liebe erfährt, ist in den Ehebriefen ausgesprochen. Vor der Geburt der Tochter schreibt Kaschnitz an ihren Mann nach Rom: "Ich empfinde das auch so stark, daß wir ganz eins geworden sind in diesen Jahren, so sehr, daß ein Leben nur mehr im Hinblick auf des anderen schön und bedeutungsvoll ist." (Zitiert nach: Gersdorff, S.57).
[238] Dies besagt aber nicht, daß die Autorin die Benachteiligung und das Leid von anderen Frauen, die in komplizierteren Verhältnissen leben, ignoriert, deswegen wird dies Vetter zufolge in ihren Texten teilweise "schneidend" aufgezeigt (vgl. Vetter, S.246).
[239] "Sie sieht die Emanzipation aber nicht als Alternative zur Ehe, sondern möchte diese in der Ehe verwirklichen, gewissermaßen die Ehe emanzipieren. Unterdrückungsstrukturen oder unwürdiges Verhalten sind ihr deutlich zuwider." (Ebd., S.250).

Emanzipation im engeren Sinne, d.h. als Befreiung der Frau vom Mann oder von der Familie versteht, war Kaschnitz keinesfalls emanzipiert: Ihr Verantwortungsgefühl war zu groß, um Freiheit und Glück außerhalb der Familie zu suchen. Die Autorin bedauert die Brüchigkeit von Beziehungen in der modernen Gesellschaft, wobei ihr Werk als Alternative gesehen werden kann. Ihre literarischen (Frauen)Figuren, so wie die Autorin selbst, sind stark beziehungsorientiert.

Die Sehnsucht nach einem geborgenen Miteinandersein zeigt auch die jahrelange Erstarrung der Autorin nach dem Tod ihres Mannes. Durch diesen Tod wurde ein Sinnzusammenhang zerstört, der für die Frau Kaschnitz eine äußere Geborgenheit und innere Sicherheit garantierte.[240] In einem Interview mit sich selbst berichtet die Autorin: "Unter dem Namen meines Mannes habe ich von Anfang an geschrieben, weil erst er es war, der mich zum Schreiben ermutigt hat und weil er Zeit seines Lebens mein bester Kritiker war."[241] Im Hinblick auf die damalige Rollenverteilung kann die Ehe Kaschnitz' als Voraussetzung und zugleich als Chance für ihre schriftstellerische Tätigkeit gelten. Es ist deswegen nicht so "erstaunlich", daß Kaschnitz trotz der "ungünstigen Arbeitsbedingungen" als ihr schriftstellerisches Debüt zwei Romane ("Liebe beginnt" und "Elissa") vorgelegt hat, wie es Inge Stephan aus der feministischen Perspektive behauptet, vor allem sich beziehend auf das in den 70er Jahren von Autorinnen betonte Problem, die häuslichen Pflichten mit

---

In diesem Kontext soll darauf hingewiesen werden, daß Kaschnitz mit den Ansichten dieser Art sogar moderner als die zwei anderen, viel jüngeren Autorinnen erscheint, in deren Texten die Idee einer gemeinsamen Entwicklung der Partner nicht thematisiert wird. Dies kann einerseits dadurch erklärt werden, daß es Kaschnitz vor allem um die innere Qualität der Familie geht, während Wohmann, teilweise auch Kronauer bei ihren Darstellungen der Ehe überwiegend das äußere Bild der Ehegemeinschaft, so z.B. ihr soziales Image oder ein aus ästhetischen Gründen absichtlich harmonisiertes Familienbild, betonen (diese Positionen Wohmanns und Kronauers werden später detailliert erörtert); andererseits streben die Heldinnen Kaschnitz' *entschieden* nach der Verwirklichung ihres Lebensglücks, deswegen können ihre Wünsche nach der Selbstrealisierung auch durch die Ehe nicht verhindert werden; die *lebensflüchtigen* Heldinnen Wohmanns und Kronauers bleiben dagegen einer tiefen Einsamkeit, ja sogar einer Regression verfallen, so daß sie sich weder *in* der Ehe, noch *außerhalb* der Ehe emanzipieren können (vgl. dazu die Erzählung "Treibjagd" von Wohmann oder den Roman "Die Frau in den Kissen" von Kronauer).

[240] Den Ausgangspunkt des Buches "Wohin denn ich" bilden folgende Feststellungen: "Ich sah jetzt auch manchmal in den Spiegel, fand mein Gesicht unstet, meine Augen koboldhaft und überlegte, was aus Frauen wird, die ein Menschenalter lang in der Liebe wie auf festem Boden stehen und die dann, verlassen, wieder flüchtig werden - wie ihre Haare, beständig gegen den Strich gekämmt, zu sprühen anfangen, wie sie irrsinnig kichern, wie der Teufel einzieht in ihren einsamen Leib". (Kaschnitz, Marie Luise: Wohin denn ich. Zitiert nach: Pulver: Marie Luise Kaschnitz, S.81).

[241] Kaschnitz: Die Schwierigkeit, unerbittlich zu sein, S.297.

der schriftstellerischen Tätigkeit zu verbinden.[242] Es wäre nichts falscher, als Kaschnitz als "Opfer" zu bezeichnen, als jemanden, der in seinem "eigenen Umkreis nicht nur *be*fangen, sondern auch *ge*fangen war", so wie es Ruth-Ellen Boetcher-Joeres in einem Artikel tut.[243] Kaschnitz hat ihre Ehe nicht als Beengung erlebt, auch wenn Familienpflichten das Schreiben zeitweilig behinderten und die Schriftstellerin zunächst für die Familie und für das Kind zuständig war. Die Selbstreflexion einer schreibenden Frau finden wir auch in der Rede zum Büchnerpreis (1955): das eigene Geschlecht gedeutet als eine Verbindung mit dem Leben, mit den Menschen, mit dem Glück; aber zugleich als eine Grenze im Schaffen, eine Absicherung gegen die äußerste, die für das Werk nötige Anspannung.[244] Wie Elsbeth Pulver bemerkt, heiße diese Einstellung nicht, daß Kaschnitz die Emanzipation verfehlt hat: "Eher gilt, daß sie verwirklichte, was heute kaum mehr für möglich gehalten wird, und was sicher gerade damals eine Ausnahme war: eine persönliche Entwicklung, eine Emanzipation im Rahmen der Ehe, ohne Auflehnung und Abgrenzung gegen den Partner, weil die gegenseitige Beziehung [...] ihr den nötigen Freiraum ließ."[245] Der Selbstentwurf der Autorin kann deswegen als 'In-Beziehung-Sein' charakterisiert werden.

Interessant ist auch, daß in den Texten Kaschnitz' (z.B. im Prosabuch "Wohin denn ich" (1963) oder im Gedichtband "Dein Schweigen - meine Stimme", 1962) die Liebe zwischen Mann und Frau nicht als Sehnsucht dargestellt wird, sondern als etwas, was sich konkret von Tag zu Tag im Familienleben verwirklicht. In den meisten Werken der Autorin wird die Liebe nicht zur Idylle verharmlost, sondern bleibt im Alltäglichen.[246] Diese alltägliche Liebesverwirklichung ermöglicht die Emanzipation zu zweit, die von der Autorin auch fiktiv bearbeitet wurde, um zu zeigen, daß Ehe und Familie notwendige Stützfaktoren im Leben einer Frau sein können und keineswegs nur zur Beengung weiblichen Daseins führen müssen.

Der im ersten Kapitel des Romans "Liebe beginnt" von der Erzählerin gesagte Satz "Niemals hatte ich Andreas gebeten, mich zu heiraten, und auch darauf war ich sehr stolz" (LB, 15) könnte als das innovative Denken der Frau signalisierend verstanden werden. Dies um so mehr, da im Roman einige

---

[242] Vgl. Stephan: Liebe als weibliche Bestimmung?, S.120.

[243] Vgl. Boetcher-Joeres, S.80.

[244] Vgl. Pulver: Marie Luise Kaschnitz, S.156.

[245] Ebd., S.10f.

[246] Im Hinblick auf die Lyrik meint Elsbeth Pulver, daß die nach dem Tod des Mannes geschriebenen Gedichte weniger Liebesgedichte als Ehegedichte sind (vgl. Ebd., S.80.); als Beispiel dafür zitiert sie ein Gedicht aus dem Band "Dein Schweigen - meine Stimme": "Gespräche unsere lebenslang alltäglich / Sieh wie es schneit. / Die Sterne fliegen fort. / Sie bauen ein neues Haus dort drüben. / Dein Halsweh? Besser. [...]. Und so ein Leben lang. / Drehorgel aus dem Eheparadies / Wie sich das anhört d'outre tombe / Wie süß." (Kaschnitz, Marie Luise: Dein Schweigen - meine Stimme. Zitiert nach: Pulver: Marie Luise Kaschnitz, S.80).

Aspekte der Befreiung der Frau aus vorgeschriebenen Verhaltensmustern angesprochen werden. Diese Geschichte könnte auch als Protest gegen die damalige Gesellschaft gelten, die weit davon entfernt war, die Bindungen freier Liebe (zunächst sind die Partner unverheiratet) zu befürworten.[247] Die weiteren Überlegungen der Frau zeigen aber, daß sie sich mit ihren Wünschen in Widersprüche verwickelt: Während sie den geliebten Mann beobachtet, heiß es bereits, daß sie sich ihm "schamlos und ohne Stolz" "anbieten" möchte (LB, 26). Hier werden unbewußte Bedürfnisse der Frau nach einer engeren, zugleich auch legalisierten Verbundenheit mit dem geliebten Mann sichtbar gemacht. Die Position der Erzählerin und ihre nie geäußerte Bitte an ihren Gefährten, sie zu heiraten, kommen im Bezug auf das Sich-Anbieten "schamlos und ohne Stolz" im zweiten Kapitel ins Schwanken. Aber nicht nur das Sich-Anbieten, d.h. zum Besitz werden, ist an dieser Stelle relevant: Das Sich-Anbieten bedeutet auch den Besitzanspruch seitens der Frau auf den Mann, wobei dieser Anspruch von der völligen emotionalen Bindung der Frau an den geliebten Mann nicht zu trennen ist. Die Ich-Figur erfährt sich in der Rolle der Abhängigen, die sich gegen ihre Fixierung mit der alten Waffe der Schwachen wehrt: indem sie versucht, den Partner zur gleichen Abhängigkeit zu verleiten.[248]

Auch ihre durch die Beobachtung des bäuerlichen Alltags inspirierten Gedanken ("Wenn wir so lebten und Wein pflanzten und ernteten, immer." (LB, 35)) deuten die Sehnsucht der Frau nach dem geborgenen und geregelten Leben an. Durch die Anschauung südlichen Familienlebens und vegetativen Wachstums werden die eigene Situation des Nicht-Verheiratet-Seins und das dadurch bedingte Nicht-Mutter-Werden der jungen Frau zur Last. Falkenhof bemerkt, daß die Erzählerin von dem Wunsch beseelt ist, "die Idylle solcher Momentaufnahmen von dem andersartigen Leben einzufrieren und als Fundament ihres mit Andreas gestalteten Lebens zu sehen".[249] Besonders deprimiert ist die Frau, wenn sie die Begeisterung des Mannes für das Meer sieht und diese Begeisterung als Abneigung gegen das Familiäre und als Ausdruck seines Freiheitswillens deutet. Diese Deutung verursacht auch den späteren Angriff der Frau auf Andreas.

Spontan stellt die Erzählerin an Andreas die Frage "Warum heiraten wir eigentlich nicht?" (LB, 106), obwohl sie sich selbst dabei erschrickt und sich zu rechtfertigen versucht, indem sie auf die strengeren Sitten in Italien als in Deutschland verweist und später ihre Behauptungen auch auf die Umgebung in Deutschland ausdehnt (LB, 106). "In der Auseinandersetzung zieht sie sich auf die bürgerlichen Konventionen des 'es schickt sich nicht' und 'die Leute' zurück,

---

[247] Baus schreibt darüber folgendes: "Der Ich-Erzählerin muß zugute gehalten werden, daß sie nicht um Bedauern wirbt; es darf aber als sicher gelten, daß die weibliche Leserschaft um 1933 eine Sanktionierung der Bindung durch Kirche und Staat - die Ansprüche ließen sich ev. auf den staatlichen Anteil beschränken - für die 'Heldin' erwünschte." (Baus, S.201).
[248] Vgl. Pulver: Marie Luise Kaschnitz, S.26.
[249] Falkenhof, S.53.

am Ende selbst verzweifelt, daß sie auf einem ihr früher verächtlichen Niveau argumentiert", so kommentiert Baus die Äußerungen Silvias.[250] Die an Andreas gestellte Frage Silvias kann als Resümee ihrer geheimen Gedanken und Hoffnungen gelten; sie soll weibliche Wünsche und Sehnsüchte ihrer Erfüllung näher bringen. Die "ruhige und liebevolle Stimme" Andreas' und sein Satz "Natürlich werden wir heiraten, wenn du es willst" (LB, 107) erwecken bei der Frau Gewissensbisse, so daß sie sich vor sich selbst zu fürchten beginnt (LB, 107f). Der Mann erscheint in dieser Szene als Trostspender, der mit seiner Partnerin wie mit einem phantasievollen Kind umgeht (LB, 108) und die traditionelle männliche Rolle eines Beschützers übernimmt.

Von welcher Relevanz das Familienleben für die Frau ist, zeigen auch die Erinnerungen der Erzählerin in "Liebe beginnt" an ihr Elternhaus, die eine unbewußte Sehnsucht nach der Ursprungsfamilie ausdrücken. Mehrmals fühlt sich die junge Frau während der Reise an ihre eigene Familie erinnert, wobei der beobachteten Familiarität der Italiener[251] die emotionale Distanziertheit zu ihrer Familie (LB, 49) gegenüber gestellt wird. Nach einem verzweifelten Sturz auf Andreas verfällt die Frau in eine tiefe Bewußtlosigkeit, aus der sie in einer "traumhaften Flucht" zur Heimat der Kindheit findet (LB, 156). Hier wird unter anderem sichtbar, daß die Erzählerin ihre Lösung von den Eltern noch nicht gemeistert hat. Erst dank der im Traum erfolgten Auseinandersetzung mit dem patriarchalischen Vater (die autoritären Verhältnisse in der Elternfamilie werden z.B. durch das Bild einer gemeinsamen Mahlzeit um einen langen Tisch herum, an dessen Ende der Vater und an dem anderen Ende die Mutter sitzen (LB, 158), verdeutlicht) und ihrer Entscheidung für die Liebe Andreas' wird die Frau reif, ihr eigenes Schicksal zu erfüllen, wobei dieses Schicksal "darin bestand, zu lieben" (LB, 166). Durch ihre Entscheidung, das Elternhaus zu verlassen und Andreas zu suchen, überwindet die Frau ihre früheren Ängste und ihr Mißtrauen. Nach der traumhaften Rückkehr zu der Ursprungsfamilie findet Silvia ihre weibliche Verwirklichung in der eigenen Familie mit dem von ihr selbst (und nicht wie im Traum von dem Vater (LB, 161f)) gewählten Mann.

Nach dem Zusammenbruch der Heldin und ihrem Wiederaufwachen aus dem Traumzustand in der Anwesenheit des bekümmerten Geliebten stellt die Autorin das Bild einer symbolischen Vereinigung dar: Andreas wirft sich auf die Brust der Frau, "wie die Wellen sich in die Bucht werfen, wie der Regen niedergeht auf die warme, offene Erde" (LB, 171). So ist die Vereinigung von Mann und Frau mit der mythischen Vereinigung von Himmel und Erde vergleichbar. In diesem Zusammenhang spricht auch Stephan von der Wiederkehr eines alten mythischen Bildes:

---

[250] Baus, S.209.
[251] "Die Frauen besonders wollten wissen, wie wir es denn aushielten, so allein, ohne die Familie, und als wir lachend beteuerten, wir fühlten uns nicht allein, wir seien ja zusammen, verstanden sie es nicht." (LB, 48)

"Die Unterwerfung der Frau als Stück Natur unter den schöpferischen Willen des Mannes. Die Frau aber nimmt die hierarchische Struktur, die ihre Beziehung zu dem Mann schon immer geprägt und gegen die sie bislang vergeblich aufbegehrt hatte, jetzt aber als die ihr gemäße Ordnung an. In der freiwilligen Identifizierung mit der »Mutter Erde« vollzieht sie den entscheidenden Schritt der Anpassung an die herrschende Geschlechterauffasung."[252]

Im Gegensatz zur Anfangssituation führt die Frau nach der Reise nicht mehr ein selbstgefälliges, von der Außenwelt völlig isoliertes Leben und ist nicht mehr allein auf den Partner fixiert, sondern nimmt an ihrer Umwelt teil, sie findet z.B. den Kontakt zu den Nachbarn (LB, 172). Sie ist auch fähig, sich beruflich zu integrieren: Zuerst fertigt sie "Maschinenarbeiten und Übersetzungen" (LB, 172), aber später wendet sie sich der eigenen schriftstellerischen Tätigkeit zu, indem sie alles aufschreibt, was sie "sah und wieder fühlte" (LB, 173). Im Hinblick auf diese Veränderungen meint Pulver, daß man der Autorin nicht den Vorwurf machen soll, sie sehe die Frau zu unbedeutend: Man dürfe nicht übersehen, daß die Frau zum Schluß des Romans nicht nur als Fühlende und Handelnde vorkommt, sondern auch als Erzählerin, wobei sie während der kritischen Aufzeichnung ihrer Erlebnisse den neu gefundenen eigenen Zugang zur Welt demonstriert.[253] Das Schreiben ist unverkennbar eine Art Emanzipation, die den Schluß des unreflektierten Handelns bedeutet. "Da ist aus der Nur-Liebenden die Schriftstellerin geworden, eine, die das Männliche, das sie als Gegenpol erfährt, umfaßt, indem sie es darstellt", lautet die Feststellung Pulvers.[254] Stephan dagegen projiziert unberechtigt feministische Vorstellungen vom Weiblichen auf die Protagonistin Kaschnitz' und ist überzeugt, daß das, "was der Frau als Reifeprozeß und Neuanfang der Beziehung erscheint und mit der optimistischen Formel »Liebe beginnt« überschrieben wird", in Wahrheit "eine vollständige Unterwerfung" sei.[255] Obwohl in den feministischen Theorien die positive Bedeutung des Schreibens für die Emanzipation und Identitätsbildung der Frau anerkannt wird (siehe dazu Kapitel 2.3.2.), meint Stephan, daß in diesem Fall die Niederschrift des Erlebten keine Freiheit schafft, sondern die Voraussetzung für die "Einpassung in die männliche Ordnung" ist.[256] Gemessen an der ursprünglichen Aufbruchshaltung der Heldin betrachtet auch Gersdorff das Ende des Romans als enttäuschend: "Der programmatisch zu verstehende Titel *Liebe beginnt* scheint nur von der Frau eine Umkehr zu verlangen - sie fügt sich in das herkömmliche Rollenklischee, sie wird sich anpassen und die männliche Vorherrschaft liebend tolerieren."[257] Die von Kaschnitz erzählte Geschichte widerspricht also den Texten der programmatischen Frauenliteratur,

---

[252] Stephan: Liebe als weibliche Bestimmung?, S.134.
[253] Vgl. Pulver: Marie Luise Kaschnitz, S.27.
[254] Ebd.
[255] Vgl. Stephan: Liebe als weibliche Bestimmung?, S.134f.
[256] Vgl. Ebd., S.135.
[257] Gersdorff, S.72.

in denen die Heldinnen zunächst als ganz unmündig dargestellt werden, später sich aber von den konventionellen Verhaltensnormen befreien, indem sie die ihre Emanzipation störenden Männer verlassen und eine alternative Lebensform wählen (vgl. dazu Kapitel 2.3.3.).

Die äußeren Veränderungen am Ende des Romans werden durch die Verwirklichung des geheimen Wunsches nach einem Kind verstärkt, wobei in dieser "einzigartigen Stunde" sich auch die Frage der Heirat des Paares "selbstverständlich und leicht" (LB, 178) auflöst. Die Heirat wird nicht mehr nur von der Frau intendiert, sondern wird als natürliche Folge der Liebesverbindung dargestellt.[258] Durch die Gründung der Familie erreicht das Paar eine neue Qualität der Liebe, die nicht mehr ein "Spiel" ist (vgl. die Überschrift des ersten Kapitels "Liebe - ein Spiel" (LB, 9)). So wird in dem heimischen Alltag auch der neue Bewußtseinszustand der Frau gerettet. Anders bewertet diese Situation die Feministin Stephan: Sie hält das Verhalten der Frau für einen "voluntaristischen Aufbruch in ein Leben, dessen Spielregeln nicht von ihr bestimmt werden".[259] Man sollte aber die Integration der Frau in die Familie differenzierter betrachten. Die Situation scheint paradox zu sein: Obwohl die Frau zur Hausfrau und künftigen Mutter wird, organisiert sie ihr Leben ohne ursprüngliche, totale Fixierung auf den Partner und vermeidet, ihre Weltwahrnehmung sofort auf Andreas zu zentrieren. Diese Art weiblicher Emanzipation unterscheidet sich offensichtlich von den Vorstellungen der feministischen Frauenbewegung, aber trotzdem ist ein neues Bewußtsein der Frau nicht zu übersehen. Es handelt sich hier also um einen "Prozeß der Emanzipation - aber von einer Art, wie er in den letzten Jahren kaum bedacht worden ist: nicht in Auflehnung und Feindschaft gegen den Mann, nicht in Trennung von ihm, sondern in einer nur durch Augenblicke unterbrochenen Gemeinschaft, ohne Verzicht auf Liebe".[260] Kaschnitz entwickelt hier ein Konzept weiblicher Emanzipation im Rahmen der Zweierbeziehung, d.h. ein Konzept, das sie in ihrem Leben selbst realisiert hat.

3.5.3. Soziale Bedeutung der Institution 'Ehe' in den Texten Wohmanns

Einer anderen Eheauffassung begegnet man in den Texten Gabriele Wohmanns: Anders als Kaschnitz hebt Wohmann nicht Liebe als zentrales Kriterium der Familiengründung hervor, sondern den sozialen Aspekt der Ehe-Institution. Als ein konstantes Thema ihres Werkes gilt deswegen der Versuch der Frauen (häufig sind es alternde Frauen), einen Partner fürs gemeinsame Leben zu

---

[258] Die Tatsache, daß die Konflikte nur der Verzögerung bis zur Liebesheirat dienen, hält Baus für ein Merkmal eines Trivialromans (vgl. Baus, S.196); als ein weiteres Merkmal des Trivialromans gelte die völlige Auslassung des Sexuallebens aus dem Erzählkonzept des Romans (vgl. Ebd.).

[259] Stephan: Liebe als weibliche Bestimmung?, S.133.

[260] Pulver: Emanzipation zu zweit, S.862.

finden. Im weiteren soll aufgezeigt werden, daß dieser Versuch entweder zum Scheitern der weiblichen Liebes- und Heiratsillusionen oder zur Einbeziehung der Frau in das autoritär-patriarchalische System führt. Besondere Aufmerksamkeit gilt dabei den tradierten gesellschaftlichen Vorstellungen, die die Lebensverwirklichung der Frau allein in der Ehe bzw. Familie sehen und das Verhalten der Wohmannschen Frauenfiguren entscheidend beeinflussen.

Wie wichtig es für eine Frau ist, ihre gesellschaftliche Stellung durch Heirat zu sichern, zeigt die Erzählung "Der Antrag": Ein älterer Mann - der Besitzer einer Privatschule - wirbt um eine junge Frau, wobei er ihr die Vorteile seiner materiell gesicherten Existenz in bunten Farben vor Augen führt: "Es geht mir nicht schlecht, wie Sie wissen, bald wird's mir noch besser gehen." (A, 66). Obwohl die Frau gegen alles eine deutliche Abneigung empfindet, gibt sie nach dem konkreten Heiratsantrag des Mannes ihr Jawort. Zur gleichen Zeit, während sie in einem Strandcafé sitzen, vergnügt sich am Strand zärtlich und unbekümmert ein junges Liebespaar, auf das die Frau ihre ganze Aufmerksamkeit richtet (A, 66). Wie abwesend und unbeteiligt die Frau im Café ist, zeigen ihre unbedeutenden, zerstreuten und im Vergleich zu dem pausenlosen Gerede des Mannes knappen Bemerkungen, wie z.B. "Das ist schön", "Ein schönes Leben" (A, 67; 68). Von besonderer Relevanz sind hier die inneren Gedanken, Gefühle und die Beobachtungen der Frau (sie beobachtet den Mann, das junge Pärchen und die Natur), die ihre Abwehr gegenüber dem ungeliebten Mann und den Neid auf das glückliche junge Liebespaar verdeutlichen:

> "Kann er lachen außer über eigene Anspielungen? Wird immer zufrieden sein in und mit sich selbst. Sie [...] betrachtete ihn mit genießerischem Unbehagen: weich, gelblich-weiß, Kinderhaut [...]. Eine Frau könnte mit mir sorglos leben, gesichert. [...]. 400 für den Haushalt, 50 Taschengeld, wenn sie zäh ist, geh ich auf 70 bis 75: so denkt er jetzt. Ohne Sorgen, ohne Freuden. Ehen ohne Liebe sollen am haltbarsten sein. Vernunft kittet den Bund der Vernünftigen. Sein spitzzulaufender Zeigefinger. [...].
> Der Mann und das Mädchen kamen aus dem Wasser, spritzten, lachten ohne Bedenken, sorglos, ungesichert. Liebe. " (A, 66f)

In den Ausführungen des Mannes, mit denen er die junge Frau zu gewinnen hofft, kommen weder Liebe noch zärtliche Leidenschaft vor, auf jeden Fall nicht so, wie sie sie ersehnt. Die neidische Beobachtung des jungen Paares verrät, daß sie sich traditionell auf weibliche Art unbewußt nach "Verführungskünsten" sehnt, die der Mann ihr völlig verweigert (A, 67). Die allseitige Abneigung gegenüber dem älteren Mann läßt die Frau in den Gedanken eine endgültige Absage formulieren, deswegen wirkt ihr Schlußantwort überraschend und effektvoll: "'Wollen Sie meine Frau werden?' [...]. 'Ja', sagte sie und senkte den kühlen Alpakalöffel ins Eis." (A, 69).

Nur auf den ersten Blick erscheint das Verhalten der jungen Frau unlogisch und fragwürdig: Obwohl Wohmann völlig auf die Chrakterbeschreibungen verzichtet, läßt das Durcheinander im Kopf der Frau sie keinesfalls als eine selbstbewußte Person auftreten, die fähig wäre, zu ihren eigenen Wünschen zu stehen. Ihr Verhalten weist auf das tradierte Frauenbild der patriarchalischen Gesellschaftsordnung hin: Nicht nur wegen der materiellen Sicherheit, sondern auch wegen des gesellschaftlichen Image gibt sie dem ungeliebten und sogar verabscheuten Mann ihr Jawort. Die Sorge um ihre Zukunft, die Angst vor dem Alleinsein[261] und eventuell vor der negativen öffentlichen Meinung verhindern die offene Aussprache ihrer Gefühle.

Auch in der Erzählung "Treibjagd" empfindet die Protagonistin Eva Maria Abscheu vor dem spießbürgerlichen Mann namens Herbert Panter: Sie ekelt sich vor seinem herrischen Verhalten, seinen Küssen, seinen körperlichen Mängeln (Krampfadern), Eß- und Trinkgewohnheiten (T, 79). Diese Übelkeit veranlaßt sie zunächst zum spontanen Weglaufen von dem Mann (sie erinnert sich an "den schönen kahlen Wald, in dem sie Haken schlug wie ein Hase. Ja, sie rannte einfach weg." (T, 79f)). In dieser Situation trifft die Frage einer Kollegin "Evachen, du rennst doch nicht vor der Ehe davon?" (T, 80) den inneren Zustand Eva Marias vollkommen zu. Den elterlichen Erwartungen entsprechend pflegt sie jedoch weitere Kontakte zum Mann und scheint in die Ehe mit ihm einzuwilligen. An dieser Stelle gilt die Kritik der Autorin weniger der Ehe-Institution schlechthin als vielmehr den Eheabsichten, die das völlige "Gegenteil der an die Idee der bürgerlichen Ehe gekoppelten Vorstellung von Liebe und unverzerrter Kommunikation"[262] präsentieren (eben diese Eheauffassung liegt den familiären Verhältnissen in den Texten von Kaschnitz zugrunde). Die physische Abneigung Eva Marias gegenüber einer bestimmten Person sollte keineswegs als eindeutige Abneigung gegen die Ehe verstanden werden, weil diese von der Frau selbst in gewissem Sinne angestrebt wird. Indem Gabriele Wohmann von den Empfindungen ihrer Heldin in "Treibjagd" mit großer Komik erzählt, erscheint die Situation Eva Marias weniger tragisch als grotesk (im Unterschied z.B. zu der Situation der Protagonistin in Schwaigers Roman "Wie kommt das Salz ins Meer").

In dieser Erzählung werden einige Aspekte des tradierten, vorrangig für das 19. Jahrhundert und für die erste Hälfte des 20. Jahrhunderts typischen Weiblichen sichtbar: die Suche nach Geborgenheit ("Wie leicht kam sie in Panters Begleitung an den Lattenzäunen des Schrotthändlers vorbei, fast ohne Angst vor den beiden Schäferhunden" (T, 72)) und der Versuch, sich Geltung und Ansehen durch Heirat zu schaffen. So wird z.B. Eva Maria nicht müde, das Foto des Herrn Panter herumzuzeigen, und gibt den Ort des bevorstehenden

---

[261] Ganz berechtigt ist die folgende Feststellung Pollerbergs: "So ist es in "Der Antrag" die Angst vor der Leere eines einsamen, unerfüllten Lebens, die die Figur dazu bringt, dem ungeliebten Mann schließlich doch das Jawort zu geben; alle in der Gedankenwelt der Frau enthaltenen Befürchtungen, Bedenken und Abneigungen bleiben unausgesprochen und dürfen nicht Gegenstand einer Kommunikation werden." (Pollerberg: Formen des Leidens, S.66).
[262] Wellner, S.127.

Rendezvous bekannt, obwohl die Kolleginnen spöttisch die Männersuche durch eine Zeitungsannonce kommentieren (T, 67). Durch die Teilnahme der Kolleginnen ist Eva Maria unter Erfolgszwang gesetzt: Sie ist gezwungen, den Kontakt mit Panter erfolgreich zu machen (abgesehen von eigenen Ängsten und Widerständen), um die Anerkennung der Kolleginnen zu gewinnen. Eva Maria fängt deswegen an, "sich auf das neue Leben zu freuen", wenn sie sich die Situation imaginiert, in der Herr Panter sie an einem Club-Abend "ganz nebenbei" als seine Verlobte vorstellt (T, 71). Da das Treffen der beiden am Anfang gute Aussichten zu haben scheint, denkt Eva Maria sofort an die Reaktion ihrer Kolleginnen: "Sie kamen sich schon näher, wirklich, morgen im Büro könnte sie Positives über ihn berichten, und auch über sich selber" (T, 73). Die Sorge um das Image kann in diesem Fall als wichtigster Grund der Beziehungsanknüpfung gelten.[263] Da Eva Maria in der Gesellschaft aufsteigen will, in der Ehe und Mutterschaft als 'natürliche' Lebensformen einer Frau gelten, geht sie die Beziehung mit Panter ein.

Daß das Abweichen von den tradierten Verhaltensnormen immer noch kritisch bewertet wird, zeigt die Verwirrung Eva Marias, wenn die Kolleginnen ihr die selbstinitiierte Kontaktaufnahme mit einem Mann unterstellen: "Wer war es denn nun eigentlich wirklich, der inseriert hat, Eva Maria? Du oder der Herr Panter?" (T, 67). Aus Schamhaftigkeit ist Eva Maria nicht bereit, die Wahrheit zuzugeben, weil ihre Initiative als Verstoß gegen die Norm gelten würde: Traditionell gesehen, müssen die Aktivitäten vom Mann ausgehen, während die Frau die Rolle der Passiven, Umworbenen zu spielen hat. Hier handelt es sich also um die Abhängigkeit der Frauen von den durch Tradition und gesellschaftliche Strukturen gewährleisteten Konventionen. Die feministisch orientierte Kritikerin Mona Knapp zieht deswegen die Schlußfolgerung, daß die Eheschließung bei Wohmann häufig nichts anderes als den Zwang zur kompromißlosen Anpassung bedeutet.[264] Von der emanzipatorischen Selbstbestimmung und der Befreiung der Frau von männlichem Einfluß kann in den meisten Fällen keine Rede sein. Das sich küssend entfernende Liebespaar in "Der Antrag" erweckt zwar die Liebessehnsucht der jungen Frau, aber diese

---

[263] Wellner hat ausführlich die mit der Imagepflege verbundenen Motive der Beziehungsanknüpfung erörtert: "Offenbar bedeutet die Tatsache, keine feste Männerbeziehung nachweisen zu können, einen beträchtlichen Imageverlust. Das bisherige Defizit in dieser Hinsicht wird als Indiz für einen Mangel an weiblicher Attraktivität angesehen, es bedeutet damit ein Abweichen vom Ideal der Normalität - ein Stigma in einem wichtigen Aspekt, das die Gefahr in sich birgt, nicht als gleichberechtigt anerkannt zu werden. [...]. Erfolg beim anderen Geschlecht aber gehört zu den wichtigsten und anerkanntesten Möglichkeiten, persönlichen Erfolg zu signalisieren." (Ebd., S.105).
[264] "Die Ehe, die diesen Zwang zementiert, wird von den Frauengestalten zumeist bedenkenlos als die einzig 'normale' Lebensform angestrebt, um die es - wenn auch ohne jede Hoffnung auf ein wirkliches Verstehen - zu kämpfen gilt. Der Isolation des Einzelnen ist weder durch Ehe noch durch Scheidung zu begegnen: hier vermitteln Wohmanns Werke eine Einsicht, die der phänomenbezogene Feminismus noch nicht erreicht hat." (Knapp, Mona, S.305f.).

Sehnsucht wird durch das Festhalten an gesellschaftlichen Konventionen unterdrückt.

Die Heirat wird von den Protagonistinnen Wohmanns unter anderem als Möglichkeit angesehen, sich aus ihrer unbefriedigenden Lebenssituation, z.B. aus der Ursprungsfamilie, zu befreien. So setzt die Ich-Erzählerin im Roman "Abschied für länger" ihre Hoffnungen auf die Befreiung von der Familie auf den Mann, den sie zur Heirat überreden will. Der Wunsch der Erzählerin, einmal eigene Familie zu gründen, kommt direkt zum Ausdruck: "Was willst du jetzt? fragte er. Heiraten, sagte ich. Wen? fragte er. Strass, sagte ich." (Afl, 38). Auch hier wird die Ehe als eine 'normale' Lebensform angestrebt. Damit auch der Mann sich die Heiratsidee überlegt, droht sie sogar, ihn zu verlassen, und scheut nicht, wegen ihrer Initiative als "unweiblich" zu erscheinen (Afl, 49). Sogar nachdem die Frau erfahren hat, daß ihr Geliebter tödlich krank ist, gelingt es ihr schwer, ihre Heiratsidee aufzugeben (Afl, 105). So wie Silvia in "Liebe beginnt" von Kaschnitz einer kaum bekannten italienischen Frau gegenüber ihre Heiratswünsche und ihre Enttäuschung über die Weigerung des Mannes verraten hat (LB, 99), so gibt auch die Erzählerin Wohmanns offen zu, sie sei "ärgerlich" und "gekränkt", daß ihr Partner sie nicht heiratet (Afl, 108).

In der Gemeinschaft mit Strass verspricht sich die Frau ein erfülltes Leben. Die Liebe zum Mann will die Erzählerin zu etwas Familiärem machen: Sie glaubt durch die eigene Familiengründung nicht nur ihre Liebe sozial zu verwirklichen, sondern auch an Selbständigkeit gegenüber der Elternfamilie zu gewinnen. "Da der Erzählerin ihre innere Abhängigkeit von den Eltern offensichtlich nicht bewußt ist, meint sie, schon durch einen Wechsel in der äußeren Zugehörigkeit - also einer Heirat - die Familienbande abschütteln zu können."[265] Die Beziehung zu Strass soll ihr helfen, die familiäre Abhängigkeit durch eine andere zu ersetzen, wobei dieses Verhaltensmodell völlig den traditionellen Modellen entspricht, vor allem dem Modell der für die patriarchalischen Verhältnisse charakteristischen Ersetzung des Vaters durch den Ehemann. Eine andere Möglichkeit, sich aus dem Gefängnis der Ursprungsfamilie zu befreien, kommt für die junge Frau nicht in Frage. Erst als ihr völlig klar wird, daß ihre Hoffnungen wegen der tödlichen Krankheit Strass' unerfüllt bleiben werden, verläßt sie ihren Geliebten und kehrt zur Familie zurück. Sie erweist sich als unfähig, ein selbstbestimmtes Leben zu führen.

Die Suche nach einem Mann und die darauf folgende Heirat lassen sich Irene Ferchl zufolge auch als Ausbruchsversuche aus der Erwerbsarbeit interpretieren[266], wodurch unverkennbar ein gravierender Unterschied zwischen den feministischen Heldinnen, die nach der beruflichen Selbstrealisation, nach der Tätigkeit außerhalb der häuslichen Sphäre und nach Karriere streben (vgl. dazu die Texte Margot Schröders), und den Heldinnen Wohmanns zum Ausdruck kommt. So erledigt z.B. die Heldin in "Treibjagd" als Büroangestellte

---

[265] Ulbricht, S.131.
[266] Vgl. Ferchl, S.26.

engagementlos ihre Arbeit, ist offensichtlich mit ihrem Beruf unzufrieden (T, 67) und glaubt, durch die Heirat aus dem Beruf auszusteigen. Auch in "Der Antrag" bewegt das Argument des Mannes, seine Ehefrau könnte den Beruf aufgeben (A, 67), die unschlüssige Frau dazu, den Heiratsantrag eines ihr unsympathischen Mannes anzunehmen. Genauso widerspruchslos akzeptiert die scheinbar in allem ihrem Mann gehorchende Erzählerin in der Erzählung "Flitterwochen, dritter Tag" (1968) die Regelung des Mannes bezüglich ihrer Berufstätigkeit: "Reinhard am dritten Tag gegen fünf, auf der Bierkneipenterasse: du wirst deine Arbeit aufgeben. Du wirst einfach kündigen. Es war fast windstill, die Luft feucht. Ich kam aber nicht ganz dahinter, ob es mir richtig behagte." (F, 50)[267]

Der Wunsch der Frauenfiguren, versorgt zu sein, scheint in den Texten Wohmanns von größerer Bedeutung zu sein als die Abneigung gegen das triste Hausfrauendasein, dessen Auswirkungen auf die Festlegung weiblicher Identität besonders von der feministischen Seite heftig kritisiert wurden (z.B. mit dem Argument, daß die Arbeit der Frau für die Familie eine unbezahlte und dazu noch weniger als männlich geschätzte Leistung ist). Die oben erwähnten Frauenfiguren Wohmanns, die den gesellschaftlichen Normen oder männlicher Autorität entsprechend das Hausfrauendasein wählen, geraten in die völlige, vor allem aber finanzielle Abhängigkeit vom Ehemann. Die finanzielle Abhängigkeit der Frau und das Erfüllen-Müssen von häuslichen Pflichten sind die am deutlichsten ausgeprägten Aspekte des tradierten Frauenbildes, wie sie z.B. in den Texten des 19. Jahrhunderts anzutreffen sind. Obwohl viele Figuren Hausfrauen sind, verzichtet Wohmann weitgehend auf die Darstellung ihrer häuslichen Pflichten und Arbeiten: Die Probleme dieser Frauen werden von der Autorin nicht als Folge der entfremdeten Hausarbeiten behandelt, sondern überwiegend als Folge der komplizierten familiären Beziehungen.

Im Zusammenleben mit einem ungeliebten Mann empfinden die Heldinnen unbewußte Angst vor einer unsicheren lieblosen Zukunft[268], aber dadurch glauben sie eine andere Art Angst, nämlich die Angst vor der Einsamkeit (obwohl sie mit der Einsamkeit in der Partnerschaft rechnen müssen), die Angst vor der Nichterfüllung der Leidenschaften und Gefühle bekämpfen zu können. Dies um so mehr, als sie häufig in einer trostlosen Gegenwart leben und keinen anderen Weg sehen, der Monotonie des Alltags und den kleinbürgerlichen Konventionen zu entkommen. Sie sind in ihren unbefriedigenden Lebensverhältnissen als Opfer der verwandtschaftlichen Beziehungen verhaftet (z.B. die Heldin in "Treibjagd") und akzeptieren die Heirat als eine weitere

---

[267] Die Seitenangaben im Text beziehen sich auf die folgende Ausgabe: Wohmann, Gabriele: Ausgewählte Erzählungen aus zwanzig Jahren. Bd.2. (1964-1977). Darmstadt, Neuwied 1979, S.50-51. (Weiter wird die Abkürzung "F" benutzt).
[268] Pollerberg bezeichnet die Angst - begriffen als existentielle Grundbefindlichkeit im Sinne Heideggers - als einen der wichtigsten wesenseigenen Bestandteile der Charaktere Gabriele Wohmanns (dazu: Pollerberg: Formen des Leidens, S.54ff).

Verwirklichung der Konventionen. Die Figuren Wohmanns versuchen nicht, mit den überlieferten Sitten und Handlungsweisen zu brechen, denn sie "legen großen Wert auf gesellschaftliche Normen, wahren die Etikette und üben gegenseitige Rücksichtnahme, auch wenn dies alles gegen ihre Überzeugung und Empfindung geschieht".[269]

Es ist bezeichnend, daß in den Texten Wohmanns auch die feministisch orientierten Heldinnen, die sich beruflich verwirklicht haben, ein finanziell gesichertes Leben führen und in ihrem Unverheiratet-Sein gesellschaftlich anerkannt werden, sich die Möglichkeit einer Heirat überlegen. Als Grund dafür könnte ihre weitgehende Einsamkeit genannt werden. Eine solche Figur ist die scheinbar emanzipierte Psychotherapeutin Marlene Ziegler im Roman "Ach wie gut, daß niemand weiß" (1980), die sich vorübergehend von ihrem Lebensgefährten Herbert getrennt hat und sich alleine im Haus der Bekannten aufhält, wo sie unter anderem auch über ihre Beziehungen zum Partner reflektiert. Marlene stellt sich häufig die Frage: "Warum heiratete man nicht?" (Ach wie gut, 58)[270] und macht sich Gedanken, ob sie "mit Herbert übers Heiraten reden sollte" (Ach wie gut, 38). Ihre ambivalente Einstellung zur Heirat kann durch ihr doppeltes Selbstbild erklärt werden: Einerseits will sie die Maske einer emanzipierten und selbständigen Frau bewahren, andererseits sehnt sie sich nach familiärer Stabilität: "Ihr Freiheitsbedürfnis war ganz genauso groß wie der Trieb sich unterzubringen." (Ach wie gut, 334). Sie träumt also von Selbständigkeit und Unangepaßtheit und sehnt sich nach Ordnung und Anpassung. Marlene will keine endgültige Trennung von Herbert, aber vor der Heirat hat sie eine unbestimmte Angst: "Vielleicht sollten wir statt zu heiraten uns irgendwie gegenseitig adoptieren." (Ach wie gut, 51). Diese Gedanken Marlenes deuten darauf hin, daß sie unzufrieden mit dem ungeklärten Status ihrer Beziehungen ist und der Ehe eine normative Funktion zuschreibt.[271] Tatsächlich unterscheiden sich die Beziehungen zwischen Marlene und Herbert kaum von den von Wohmann beschriebenen Ehen: Gefühlvoll ist diese Beziehung zwar nicht mehr, aber immerhin bietet ihr Herbert etwas, das auch Marlene anscheinend braucht, nämlich "Verläßlichkeit und Dauer" (Ach wie gut, 58). Im Laufe der Handlung wird deutlich, daß der männliche Herbert der innere und äußere Bezugspunkt ihrer Existenz ist.

---

[269] Ebd., S.71.

[270] Die Seitenangaben beziehen sich auf die Erstauflage des Romans: Wohmann, Gabriele: Ach wie gut, daß niemand weiß. Roman. Darmstadt, Neuwied 1980.

[271] "LEBENSGEMEINSCHAFT wagte Marlene nicht einmal im inneren Monolog dazu zu sagen. PARTNERSCHAFT auch nicht. ZWEIERBEZIEHUNG erst recht nicht. Eine dumme Sache, alles in allem, wenn sie nicht einmal auf eine unmodische Weise benannt werden konnte. Wie einfach, wie klipp und klar war vergleichsweise ein Substantiv wie EHE." (Ach wie gut, 192)

"Ich [Marlene] dachte hauptsächlich, das Heiraten wäre gut, weil man dann jemanden hat, der sich für einen nicht nur in dem bißchen Gegenwart interessiert." (Ach wie gut, 384f)

Die Identifikation der Heldin mit patriarchalischen Geboten und Verboten ist problematisch genug. Marlene bekämpft die ihr auferlegte Frauenrolle, aber sie bekennt selbst, daß sie im Hinblick auf ihre Bedürfnisse und auf ihren leisen Neid auf die typischen Ehefrauen häufig "altmodisch, reaktionär" (Ach wie gut, 60) wird. Paradoxerweise kommt sie zur Besinnung und findet den Trost innerhalb eines den traditionellen Spielregeln entsprechenden Familienlebens (bei den Freunden Helbigs in USA). Die häufig negativ wirkende Darstellung der sich von der Ehe emanzipierenden Marlene verdeutlicht die Position Wohmanns, daß die Zweierbeziehung ein unabdingbarer Rahmen für die vollständige Entfaltung der Persönlichkeit und ein notwendiger Kompromiß zwischen den Geschlechtern ist.

Die Tatsache, daß in den meisten Fällen das Festhalten an gesellschaftlichen Konventionen der einzige Grund für die Eheschließung ist, hat zum Ergebnis, daß in vielen Ehegeschichten Wohmanns Liebe, Geborgenheit und Zärtlichkeit fehlen. Viele Frauenfiguren Wohmanns leben in den ehelichen Beziehungen, in denen aus den ehemaligen emotionalen Bindungen, die vermutlich nie besonders stark waren, sich die völlige Erkaltung der Gefühle entwickelt hat. Die Thematisierung von solchen Erfahrungen kann unter anderem durch die Angst der Autorin vor der Vergänglichkeit der Gefühle und vor der Vergänglichkeit menschlichen Lebens überhaupt erklärt werden.[272] Besonders schmerzlich ist aber der Verlust an emotionaler Nähe in einer ehelichen Gemeinschaft: "Die Ehe wird zu einem bloßen Nebeneinander, man erträgt sich gegenseitig, den Schein bürgerlicher Wohlanständigkeit nach außen wahrend, aber man leidet in ganz entscheidendem Maße unter diesem Ertragen-Müssen, und eine Vielzahl der Erzählungen Gabriele Wohmanns zeichnen ein eindrucksvolles Bild dieses Zustandes, von dem vor allem die Frauenfiguren betroffen zu sein scheinen", so Pollerberg.[273] Im Hinblick auf die Tradition können hier zwei Aspekte festgestellt werden, die als charakteristisch für das tradierte Frauenbild gelten: die Relevanz von Emotionen und die Haltung an der Familie (obwohl diese keine befriedende Lebensform darstellt). Ein treffendes Beispiel liefer dafür die Erzählung "Verjährt" (1968), in der die Lieblosigkeit und Routine des Ehealltags besonders deutlich zum Ausdruck kommen.

In dieser sarkastischen Geschichte (erzählt wird aus der Perspektive der beteiligten Ehefrau, die ihre Reflexionen der Nachbarin unterstellt) wird ein ruhiges älteres Ehepaar mit einem Pudel in einer für die Wohmann typischen Feriensituation dargestellt. Dieses Paar zeichnet sich durch die Gleichförmigkeit des Tages- und Ferienverlaufes aus: Seit Jahren verbringen sie ihren Urlaub auf derselben Insel, machen die gleichen Ausflüge und wechseln die gleichen Worte

---

[272] Vgl. Serke, Jürgen: Frauen schreiben. Ein neues Kapitel deutschsprachiger Literatur. Hamburg 1979, S.138.
[273] Pollerberg: Formen des Leidens, S.138.

(V, 96)[274]. Die ärmliche Kommunikation zwischen den Ehepartnern beschränkt sich auf wenige Themen: "Der Pudel, das Wetter, der Badewärter, der Jeep des Badewärters, Badeanzüge, Mahlzeiten im 'Juliana'." (V, 96). Nur oberflächliche Themen werden diskutiert, während die schmerzlichen nie berührt bleiben. Auf diese Weise wird nach außen das Bild des friedlichen Ehepaares abgegeben, aber die Idylle hat auch eine faule Rückseite. Erst später erfährt man, daß der Mann die eigene Tochter überfahren hat und daß seine Geliebte Selbstmord begangen hat (V, 97). Die Frau war nach dem Unfall mit ihrem Freund durchgebrannt, von dem sie ein Kind hatte. Wegen der Abhängigkeit von gesellschaftlichen Konventionen fehlte offenbar der Mut zu einer Scheidung, deswegen wurden die Auseinandersetzungen stillschweigend aufgelöst und die unangenehme Vergangenheit als Gesprächsthema tabuisiert: "Die Frau fand jahrelang die Auseinandersetzungen mit ihrem Mann schlimmer als den Verlust des Kindes" (V, 98). Wie schmerzhaft die Bestrafung für die Abweichung von tradierten Normen ist, zeigen die Folgen der außerehelichen Beziehungen: Die Geliebte des Mannes begeht Selbstmord, das außereheliche Kind der Frau wird in ein Heim abgeschoben.

Die ruhige Oberfläche scheinbarer Harmonie verbirgt in "Verjährt" die Erschöpfung der Partner in einer kaputten Ehe. Das Zusammenleben wird zum Rollenspiel, so daß die Partner sogar voreinander den friedlichen Schein zu gewahren versuchen. Die Frau z.B. fürchtet jede Auseinandersetzung und gibt vor, zufrieden zu sein: "Seit wir nur noch wenig miteinander reden, Reinhard, erholen wir uns vom Sommer zu Sommer besser. [...]. Viel Obst, viel Übereinstimmung, viel Ruhe." (V, 99). Diese entfremdete Beziehung kann aber keineswegs als Geschlechterkampf bezeichnet werden: Trotz all der unterdrückten Konflikte akzeptieren die beiden Partner ihr Leben als "das Normale" (V, 99) und versuchen nicht, aus diesen Umständen auf irgendwelche Weise auszubrechen. Die Unzufriedenheit der Frau mit ihrer Existenz beschränkt sich allein auf das stille Reflektieren über die öden ehelichen Beziehungen, das alle möglichen Handlungen ersetzt. Das Rollenspiel bzw. die ritualisierte Beziehung scheinen für beide Partner eine stabilisierende Funktion zu haben, deswegen kämpfen die Figuren Wohmanns nicht um den Neuanfang, sondern um die Wiedergewinnung einer verlorenen Sicherheit und die Neustabilisierung von Rollenbeziehungen.[275] Auch wenn es um kaputte Beziehungen geht, sind die

---

[274] Die weiteren Seitenangaben im Text beziehen sich auf die folgende Ausgabe: Wohmann, Gabriele: Ausgewählte Erzählungen aus zwanzig Jahren. Bd.2. (1964-1977). Darmstadt, Neuwied 1979, S.95-99. (Weiter wird die Abkürzung "V" benutzt).
[275] Vgl. Wellner, S.30. und S.57. Während Wellner die Interaktionsstrukturen in der Familie aufgrund von psychologischen und soziologischen Theorien untersucht, stellt er fest, daß bei starren Rollensystemen, die vor allem eine Abwehrfunktion haben, folgende Erwartungen dominieren: Es wird erwartet,
"- daß die Vergangenheit der Familie nicht berührt wird,

Beteiligten davon überzeugt, daß alles in Ordnung ist, weil die Ordnung eben das "Normale" ist.
Die vermeintliche Harmonie der meisten von Wohmann beschriebenen Ehen erweist sich als trügerisch. Da es aber in ganz wenigen Texten Wohmanns zur Scheidung kommt, kann man der Behauptung Pollerbergs widersprechen, daß die Autorin das Ende der bürgerlichen Ehe oder zumindest der partnerschaftlichen Liebesbeziehungen immer wieder beschwört.[276] Ehe bedeutet offenbar für die Figuren Wohmanns einen sehr hohen gesellschaftlichen Wert, so daß eine Scheidung ohne schmerzliche soziale Nachwirkungen nicht erfolgen kann. Die Kritik Wohmanns an der Institution Ehe, von der Gerhard P. Knapp spricht[277], ist deswegen nicht als Kritik an der Ehe allgemein, sondern vielmehr als Kritik an der emotionslosen Ehegemeinschaft zu verstehen. Besonders die Frauen langweilen sich im Kreise der Familie, wo sie emotionale Leere und Verlangen nach leidenschaftlicher Zuwendung empfinden, aber nichts anderem als desinteressierten Ehemännern begegnen und schließlich selbst in einen Zustand der Gleichgültigkeit verfallen. So z.B. die Situation der Erzählerin in "Schöne Ferien": Sie leidet unter dem autoritären Ehemann, aber nur in der Phantasie wagt sie, ihn durch einen anderen auszutauschen und ihre erotischen Wünsche auszuleben. In der Realität stellt sie die Ehebeziehung nicht in Frage und unternimmt keinen Versuch der konkreten Veränderung. Durch die Verdrängung ihrer eigentlichen Gefühle oder durch die Flucht in die Phantasie versuchen die meisten Frauenfiguren Wohmanns, die (Familien)Realität zu leugnen, statt sich mit ihr auseinanderzusetzen.

3.5.4. Ästhetik der Ehe- bzw. Familienbilder bei Kronauer

Eine weitere Einstellung zum Familiären, die sich sowohl von der von Kaschnitz als auch von der von Wohmann unterscheidet, verdeutlichen die Texte Brigitte Kronauers. Bei der Untersuchung dieser Texte fällt auf, dass die Frauenfiguren, vor allem die Erzählerinnen, alleinstehend sind. Dies entspricht durchaus dem Frauentyp, der sich in der Literatur der 90er Jahre verfestigt hat (siehe dazu Kapitel 2.4. meiner Arbeit). Im Gegensatz zur anfänglichen Phase der Frauenbewegung wird in letzten Jahrzehnten nicht mehr die Befreiung der Frau aus den patriarchalischen Strukturen, wie z.B. bürgerliche Familie, propagiert: Die Autorinnen (neben Brigitte Kronauer kann in diesem Kontext auch Anne Duden genannt werden) betonen in ihren Texten vielmehr das Problem der Einsamkeit

---

- daß Gefühle streng kontrolliert werden und unerwartete Gefühlsäußerungen unterdrückt werden,
- daß nicht gegen eine rigide Vorstellung von Normalität verstoßen wird.

Diese betreffen vor allem die physische und psychische Normalität, aber auch den sozialen Status." (Ebd., S.62).

[276] Vgl. Pollerberg: Formen des Leidens, S.139.
[277] Vgl. Knapp, Gerhard P., S.43.

und Isoliertheit von Frauen, das als natürliche Folge der feministischen Befreiungsstrategien anzusehen ist (so kommt auch die dunkle Seite des 'Freiseins' zum Ausdruck[278]). Die von großer Ratlosigkeit erfaßten Frauenfiguren der 90er Jahre distanzieren sich immer mehr von sozialen Problemen, ziehen sich ins Private zurück und pflegen in ihrer Einsamkeit den Wunsch nach Emotionalität und Nähe. Diese alleinstehenden Figuren, wie z.B. Rita Münster oder die Erzählerin in "Die Frau in den Kissen", zeigen die Aussichtslosigkeit von Frauen, die jenseits der traditionellen Rolle als Ehefrau und Mutter keinen festen Ort für sich zu finden scheinen. Es wäre jedoch ein Fehler zu behaupten, daß im Werk Brigitte Kronauers nur ledige oder geschiedene Frauen in Erscheinung treten. Obwohl die verheirateten Frauenfiguren in dieser Prosa nur als Nebenfiguren vorkommen, verdeutlichen ihre kurz umrissenen Lebenserfahrungen die Einstellung der Autorin zum Familiären und zum Weiblichen.

Da Kronauer ununterbrochen nach Ausdrucksformen des Ästhetischen sucht, erscheint auch Familie in ihren Texten häufig nur als ein ästhetisches Bild. Die Autorin begreift Familie weniger als eine soziale Einheit (im Gegensatz also zu Wohmann), als vielmehr als ein Genrebild, das das Gefühl familiärer Einheit und Verbundenheit ausdrückt und das sich immer wieder in eine Abstraktion umschlägt. In dem Roman "Die Frau in den Kissen" heißt es beispielsweise von südländischen Familien, die allgemein als Inbegriff des Familiären gelten:

> "Die jungen wohlgenährten, leuchtenden Frauen gehen mit ihren in Schweiß gesalbten Männern in der heißen Luft, sie selbst sind die Hitze, die die Luft erwärmt. Ihre kleinen Kinder begleiten sie als Abrundung, als Beweis und Triumph. So gehen die jungen Familien, atmende Architekturen, rollend, glänzende Wogen in ihrer vollkommenen biologischen Pracht. (FK, 16)

Die Stirnen der Männer, die nackten Schultern der Frauen, die großen Augen ihrer kleinen Kinder, die künstlichen Blumen, die bunten Ballons bilden ein harmonisches Ganzes, und alles glänzt so sehr, "daß man nur den Glanz wahrnimmt, ihn, die Blicke, den Geruch" (FK, 16). Familie erscheint hier als ein motivisches Geflecht, das im Roman mehrmals repetiert und variiert wird (FK, 16; 60; 333). Nach diesem Konzept der Autorin werden die häuslichen familiären Probleme, ja sogar die psychologischen Empfindungen der einzelnen Familienmitglieder völlig außer Betracht gelassen: Die Frauen und ihre Familien werden zu den Bildern modelliert, deren Ästhetizismus faszinierend, manchmal sogar erschreckend ist. Die Körperbeochtung dieser Frauen mündet nie in eine Gefühlsanalyse, sowie das äußere Bild der Familie sich jeder sozial bedingten Analyse versperrt. Die Autorin scheint, ihre Leser mit den alltäglichen, viel diskutierten Themen der häuslichen Sphäre nicht belästigen zu wollen. Was gilt, sind allein feine Nuancen der familiären Welt oder die allgemeinen Empfindun-

---

[278] Zur weiblichen Lebenssituation in den 90er Jahren, die sich durch die weitgehende Orientierungslosigkeit der Protagonistinnen auszeichnet und in der vom überschwenglichen Aufbruch der 70er Jahre nichts mehr zu spüren ist, siehe: Mueller, S.93ff.

gen, so z.B. der Triumph der jungen Mütter über ihre Kinder, die als "Beweis" mütterlicher Existenzweise angesehen werden. Daß es bei Kronauer vor allem um das ästhetische Bild des Familiären geht, zeigen auch die mißlingenden Versuche der Erzählerin in der Erzählung "Francesco und Lidia" (1980), sich ein italienisches Ehepaar mit Kindern in einer alltäglichen häuslichen Sphäre vorzustellen: Für sie sind diese Menschen "ohne Kummer, ohne Beruf, aber auch ohne Alltäglichkeiten, doch ganz lebendig"[279]. Nach dem langen Warten auf das Erscheinen der italienischen Familie bekennt die Erzählerin: "Es breitete sich wieder das Familiäre aus, ich fühlte mich wohl und setzte mich so dicht an sie heran wie noch nie."[280] Das Familiäre hat also nicht nur eine ästhetische Wirkung, sondern auch eine große emotionale Anziehungskraft.

Auch wenn Kronauer das realistische Innenbild der Familie präsentiert, geht es ihr vor allem um die Bewahrung des Ästhetischen, wobei die sozial oder psychisch bedingten Aspekte in den Hintergrund treten. Wenn Rita Münster das Schicksal ihrer Bekannten Ruth Wagener mit besonderer Aufmerksamkeit verfolgt und das Scheitern deren Ehe mit dem Maler Franz in den Mittelpunkt ihrer Betrachtungen rückt, versucht sie keineswegs, das Verhalten der Figuren kausal zu erklären. Es ist wichtig für die Erzählerin, die Einzigartigkeit der beiden Ehepartner, vor allem aber das Wesen Ruths, ästhetisierend darzustellen. Das Leben dieser Frauenfigur ist ein konsequenter Entwicklungsgang, weil Ruth nach Glück und Veränderung sucht, aber - im Gegensatz zu den Heldinnen der feministischen Literatur - bei dieser Suche eher tragisch als emanzipatorisch wirkt.

Ruth Wagener erscheint als Verkörperung einer ausdrücklichen Weiblichkeit, die viele Merkmale des als traditionell geltenden Weiblichen in sich verbindet. Diese Frau entstammt einer vornehmen Familie, ist aber mit einem mittellosen Maler Franz Wagener verheiratet, hat zwei Kinder und einen in der Regel als weiblich geltenden Beruf (sie gibt Musikunterricht), dem sie aber nur neben ihren häuslichen Verpflichtungen nachgeht. Diese Ruth verbindet in sich die Elemente einer sorgfältigen Hausfrau und einer gefährlichen 'femme fatale'. So heißt es ironisch im Text: "sie sorgte dafür, daß überall Sträußchen standen, Kerzenflämmchen zum Abendbrot, ein mütterliches Eingemachtes zum Schluß aus dem Keller, aber auch, daß man nie aufhörte zu fürchten, irgendwo anzustoßen. [...] das Gemütlich tun war ungeheuchelt, sie hielt bloß nicht durch, nach einer Stunde ging sie die Wände hoch." (RM, 8f.) Auf eine weibliche Art ist Ruth um ihr Altern (RM, 19; 32) und um ihr Aussehen besorgt, weil sie die Komplimente der Männer als etwas für sie Notwendiges betrachtet (RM, 18).

Ruth Wagener ist eine ambivalente Gestalt: Sie versucht, selbstbewußt und zielsicher zu wirken, aber in der Realität ist sie eine Frau, die sentimental, schutzbedürftig und immer auf die Bindung mit anderen Menschen angewiesen ist. In den Augen der anderen stellt sie nicht "die zielbewußte, gebildete" Frau

---

[279] Kronauer, Brigitte: Wiese. Erzählungen. Stuttgart 1993, S.79.
[280] Ebd.

dar, sondern eine "zappelig Verbindung Suchende" (RM, 49). Daß sie keine selbständige Person ist und den ständigen Schutz der Familie braucht, zeigt auch ihre Entscheidung, nach der von Franz initiierten Scheidung bei einer reichen Sauerlandtante zu wohnen (RM, 120). Ohne ihren Ehemann befindet sich Ruth Wagener "plötzlich in einer Welt ohne Widerhall" (RM, 121), d.h. sie verliert den natürlichen Kontakt nicht nur zur äußeren Welt, sondern auch zu sich selbst. Ruth besitzt nicht die Kraft der aktiven feministisch orientierten Frauen, ihr Leben alleine zu meistern, und fühlt, wie sich mit dem Verschwinden ihres Mannes etwas ganz Wichtiges von ihr entfernt: "Aber in dem er [Franz] sich entfernte, entfernte sich soviel Lebensnotwendiges, die sanfte Lebensverständlichkeit mit." (RM, 122). Vor ihrem Abschied von Ruth bezeichnet die Erzählerin sie als eine ganz zusammengebrochene Person: "Das Selbstvertrauen war ihr, als letzte, glättende Schicht, zerstört. [...] Ruth hatte ein Gesicht wie ein Brotschnitte, von der jemand mit steifer Klinge die Butter abkratzt." (RM, 122). Allmählich bekommt ihr Gesicht einen Ausdruck, der sie in die Reihe der von dem Leben niedergeschlagenen und ihr Schicksal passiv annehmenden Frauen bringt: In dem Spielgel beobachtet Ruth "so ein übliches Frauengesicht, vernünftig, resigniert, auf eine verbitterte Art zu irgendeiner aussichtslosen Ausschweifung bereit." (RM, 131). Diese Frau, die "ausgedörrt und eintrocknend" (RM, 131) zusammen mit ihren Töchtern und anderen alten Damen ein Jahr nach dem anderen in einem Café sitz, kann als ideales Gegenbild zu einem aktiv bestimmten, feministischen Frauentyp gelten.

3.5.5. Zwischenergebnisse

Die Analyse hat gezeigt, daß sowohl die Heldinnen in den Texten von Kaschnitz als auch die in den Texten von Wohmann traditionellerweise nach der Gründung einer bürgerlichen Familie, d.h. auch nach der Übernahme der tradierten Rolle als Ehefrau und Mutter, streben. Diesem Verlangen der Frauenfiguren liegen aber unterschiedliche Absichten zugrunde. In den Texten Kaschnitz' wird die Eheschließung als Verwirklichung der Liebesgefühle seitens beider Partner angesehen; zugleich wird der bürgerlichen Ehe eine ausgleichende Funktion im Leben der Frau zugeschrieben, weil erst die Familie die Erfüllung von als natürlich geltenden weiblichen Pflichten (z.B. als Mutter) ermöglicht (vgl. den Roman "Liebe beginnt"). In den Texten Wohmanns betrachten die Heldinnen Heirat als eine Art Verwirklichung von gesellschaftlichen Konventionen und glauben dadurch, einen höheren sozialen Status erreichen zu können. Als weitere Gründe für die Eheschließung können die Wünsche der Wohmannschen Heldinnen nach der materiellen Versorgung (vgl. "Der Antrag"), die Fluchtversuche aus der Elternfamilie oder die Angst vor der einsamen Zukunft (vgl. dazu den Roman "Abschied für länger") genannt werden. Die Ehe als Anpassung an bürgerliche Normen und Lebensgewohnheiten wird von den Heldinnen Wohmanns traditionell - im Unterschied zu feministischer Literatur - als einzige Möglichkeit ihrer Lebensverwirklichung angesehen, wenngleich der

Wunsch nach der Bindung oft mit großem Vorbehalten gegen die Institution Ehe konfrontiert, wie es in den Erzählungen "Der Antrag" oder "Treibjagd" der Fall ist. Im Gegensatz zu Kaschnitz und Wohmann präsentieren die Texte Kronauers einen anderen Frauentyp, nämlich den in den 90er Jahren weitverbreiteten Typ einer alleinstehenden, sich ins Private zurückgezogenen und unter Einsamkeit leidenden Frau. Anders aber als in der feministischen Literatur wird das familiäre Leben von den Heldinnen Kronauers nicht ausdrücklich abgelehnt, wodurch unverkennbar Parallelen zum Verhalten der Frauenfiguren Kaschnitz' und Wohmanns entstehen: Familie bzw. eine verwirklichte Zweierbeziehung erscheint in Kronauers Texten häufig als Objekt weiblicher Sehnsucht oder als ein anziehendes ästhetisches Bild (vgl. dazu den Roman "Die Frau in den Kissen" oder die Erzählung "Francesco und Lidia").

Da die weiblichen Ehevorstellungen in den Texten von Kaschnitz, Wohmann und Kronauer sich voneinander unterscheiden, kommen auch in den aus der Sicht der Frauenfiguren gezeichneten Darstellungen des ehelichen Lebens unterschiedliche Erfahrungen zum Ausdruck, die jedoch in mehreren Aspekten von den feministischen Ehebildern abweichen. Während die Protagonistinnen in der programmatischen Frauenliteratur darüber klagen, daß der Status als Ehefrau jegliche Entfaltung und Selbstwerdung verhindert, wird in den Texten Kaschnitz' (vgl. "Liebe beginnt") der Durchbruch der Protagonistin zur Authentizität gerade durch eine bürgerliche Ehe ermöglicht. Die Frau wird durch den Einzug in die Familie emanzipierter als zuvor. Dies läßt sich dadurch erklären, daß Ehe von Kaschnitz vor allem als partnerschaftliche Liebesgemeinschaft und nicht als repressives Unterdrückungsinstrument begriffen wird. Das Konzept der weiblichen Emanzipation in Anlehnung an den Partner und nicht in Auflehnung gegen ihn unterscheidet die Position Kaschnitz' am deutlichsten von der der feministischen Autorinnen. Die Texte Wohmanns, in denen sie immer wieder alltägliche Konflikte zwischen den Familienmitgliedern schildert, verdeutlichen dagegen auch die (Miß)Verhältnisse in den Beziehungen der Ehepartner. In diesem Zusammenhang wäre es jedoch ein Fehler, von dem feministischen 'Leiden' an der Ehe oder Familie zu sprechen, weil die Frauen selten sich selbst als leidend empfinden: Es handelt sich hier vor allem um eine unbewußte Resignation. Obwohl die Frauenfiguren Wohmanns häufig mit ihrer Familiensituation unzufrieden sind, kommt es im Unterschied zu feministischen Verhaltensweisen selten zu einer Scheidung. Was Wohmann negativ bewertet, ist nicht die Ehe-Institution selbst, sondern die Lieblosigkeit in der Ehegemeinschaft. Die Autorin bemüht sich zu zeigen, daß trotz der pessimistisch erscheinenden familiären Alltäglichkeit die Sehnsucht nach liebevoller Zuwendung zueinander, mindestens seitens der Frauen, nicht verloren gegangen ist. Die Figuren Wohmanns erhalten ihre Beziehungen, weil für sie scheinbar nicht nur das Geborgensein, sondern auch das Gebundensein wichtig ist. So finden sich die Frauen mit der von ihnen indifferenten Männern zugewiesenen Rolle ab, obwohl diese ihre Entfaltungsmöglichkeiten verhindert (z.B. in den

Erzählungen "Flitterwochen, dritter Tag" oder "Schöne Ferien"). Die meisten Frauenfiguren Wohmanns sind unfähig zu einer Auseinandersetzung. Sie vertreten die Überzeugung, daß das Leben nur noch nach traditionell festgelegten Regeln ablaufen kann, und haben Angst vor Neuem. Eine ähnliche Situation findet man auch in den Texten Kronauers, in denen eine Scheidung - im Gegensatz zu feministischen Konzepten - von den Frauenfiguren keineswegs als Möglichkeit zur Selbstverwirklichung begriffen wird. Die Trennung vom Ehepartner führt die Frauenfiguren Kronauers zu weitgehender Einsamkeit und Resignation, wie z.B. im Fall Ruth Wageners im Roman "Rita Münster". Sowohl die Frauenfiguren Wohmanns als auch die von Kronauer präsentieren also den Gegenentwurf zum wortreichen, engagierten Feminismus.

3.6. Einstellung zur Mütterlichkeit und Mutter

Damit die Position feministisch orientierter Theoretikerinnen und Autorinnen, zugleich aber auch die der in meiner Arbeit zu behandelnden Autorinnen (in diesem Kapitel wird die Rede von den Texten Kaschnitz' und Wohmanns sein, weil in den Texten Kronauers Mütter nur als Randfiguren vorkommen) gegenüber Mutterschaft aus mehreren Perspektiven beleuchtet werden kann, wird am Anfang dieses Kapitels der historische Hintergrund der Stellung der Frau als Mutter im patriarchalischen Gesellschaftssystem kurz erörtert werden. Später werden unterschiedliche Wahrnehmungen und Erfahrungen von Mütterlichkeit präsentiert, aber im Hinblick auf meine Fragestellung werden im Mittelpunkt des Interesses die Differenzen zwischen traditionellen und feministischen Mutterschaftskonzepten stehen. Der Begriff 'Mütterlichkeit' bzw. 'Mutterschaft' wird doppelt gebraucht, d.h. er bezieht sich sowohl auf psychische und physiologische Zustände (Kinderwunsch, Schwangerschaft, Gebären) als auch auf ein langfristiges Handeln (mütterliche Fürsorge und Erziehung). Aus diesem Grunde wird hier auch auf die Frage eingegangen, welche Auswirkungen die gesellschaftlichen Veränderungen (z.B. die feministische Bewegung) auf Mutter-Tochter-Beziehungen haben und wie diese Beziehungen in den feministischen und nicht feministischen Texten von Autorinnen gestaltet werden.

3.6.1. Feministische Diskussionen um die traditionelle Auffassung der Mutterrolle

Es wurde bereits mehrmals darauf hingewiesen, daß den traditionell bestimmten geschlechtsspezifischen Rollen die Idee der 'natürlichen' Aufgabenverteilung zwischen den Geschlechtern zugrunde liegt, was heißt, daß als Hauptrolle einer verheirateten Frau bis in die zweite Hälfte des 20. Jahrhunderts hinein die Rolle der Hausfrau und Mutter galt. Die Rolle der Mutter war in der traditionellen patriarchalischen Gesellschaft aus einigen Gründen relevant:

> "[...] man brauchte Erben zur Erhaltung des Geschlechts und des Vermögens, in den armen ländlichen Schichten zusätzliche helfende Hände und eine Stütze für das Alter. Empfängnis, Geburt und Tod waren seinerzeit zudem Elemente eines *religiösen Lebensgefühls;* der christlichen Kirche galt das kinderreiche Ehepaar als von Gott gesegnet."[281]

Die Fortpflanzung war also in vielen Fällen ein stiller Zwang, der erst durch die Gefühle der Zuneigung für die Nachkommenschaft gemildert werden konnte. Traditionell hat auch die Aufgabe der Kinderpflege zur Funktion der Mutter gehört, deswegen sollte die Frau nach ihrer Heirat sich ausschließlich auf die Familie und den häuslichen Bereich konzentrieren. Besonders seit dem Ende des 18. Jahrhunderts, d.h. seit dem gesellschaftlichen Aufstieg des Bürgertums und seit der Erklärung des bürgerlichen Heims zum Schutzraum, in dem Religion, Moral und Gefühl herrschen, wurde die Mutterrolle idealisiert und die Aufopferung der Mutter für das Wohlergehen des Kindes verlangt.[282] Dabei galt die Ansicht, daß die Frau von Natur aus mütterliche Gefühle habe und dazu bestimmt sei, Mutter zu werden; der Frau wurde auch eine instinktive Mutterliebe und Fähigkeit zur Kinderbetreuung zugeschrieben, was dem Mann eben fehle[283] (als prominente Vertreter solch einer Anschauung können Rousseau, später auch Freud genannt werden, die Hingabe und Opferbereitschaft als Wesensmerkmale der Frau definieren).

Erst als Mutter konnte eine Frau im patriarchalischen Gesellschaftssystem eine besondere Stellung genießen. Hier stößt man deswegen auf eine paradoxe Situation: Mütter waren in ihrer Mutterrolle anerkannt, aber als weibliche Individuen wurden sie weitgehend vernachlässigt. Aufgewertet war also nur das Mutterbild selbst bzw. die Funktion, die Frauen als Kinder Gebärende und Erziehende zu erfüllen hatten. Die Idealisierung der Mutter schien ihre Diskriminierung als Frau zu mildern, deswegen wurde Mutterschaft auch von Frauen selbst als reale Verwirklichungsmöglichkeit angesehen, so daß sie auch ihre Töchter zur Erfüllung dieser weiblichen Bestimmung erzogen haben, d.h.

---

[281] Sichtermann, Barbara: Weiblichkeit. Zur Politik des Privaten. Berlin 1983, S.22.

[282] Die propagierte Mutterliebe stand im Zusammenhang der bürgerlichen Konstruktion der Familie, der 'Entdeckung' von Kindheit und einer neuen Definition von Männlichkeit und Weiblichkeit; besonders die in Deutschland seit der Mitte des 18. Jahrhunderts vollzogene Ausbildung von Geschlechtsrollencharakteren, innerhalb welcher Mütterlichkeit mit Weiblichkeit beinahe identisch wurde, färbte das Mutterbild maßgeblich: "Die mit der neuen Konstruktion von Weiblichkeit verbundenen Attribute des Reinen, Trieblosen, Sanften, Passiven, Selbstlosen und Aufopferungsbereiten konturierten nun auch das neue Mutterideal und beraubten es anderer Bedeutungen wie von der Kraft, Selbstbewußtsein und Sexualität." (Roebling, Irmgard; Mauser, Wolfram: Vorwort zu: Mutter und Mütterlichkeit. Wandel und Wirksamkeit einer Phantasie in der deutschen Literatur. Festschrift für Verena Ehrich-Haefeli. Hrsg. von Irmgard Roebling und Wolfram Mauser. Würzburg 1996, S.12f).

[283] Vgl. dazu: Aulls, Katharina: Verbunden und gebunden: Mutter-Tochter-Beziehungen in sechs Romanen der siebziger und achtziger Jahre. Frankfurt am Main, Berlin 1993, S.26f.

die traditionellen bürgerlichen Werte wurden von einer Frauengeneration auf die andere übertragen. Das bürgerliche Mutterideal blieb bis in das 20. Jahrhundert hinein das Leitbild weiblicher Erziehung, das erst durch die Frauenbewegung der 70er Jahre in Frage gestellt wurde.

Mit Recht hat Katharina Aulls darauf hingewiesen, daß die feministischen Theorien, die Mütterlichkeit und die Beziehungen zwischen Mutter und Tochter zum Gegenstand haben und die zentrale Bedeutung dieser Beziehungen hervorheben, zuerst in Nordamerika und Frankreich entwickelt wurden, während in der deutschen feministischen (Literatur)Wissenschaft die Untersuchung der Frau in der Rolle als Mutter und Tochter ausgespart wurde bzw. sich viel später einsetzte.[284] Den Grund für solch eine Haltung sieht Aulls darin, daß das Bild der Mutter nicht ins Konzept der Frau paßte, die die Emanzipation und Selbstverwirklichung anstrebte, "denn Mütter betreuen die anderen und erfüllen deren Wünsche und Bedürfnisse, bevor sie die ersten Schritte zur Selbstentfaltung und Selbstverwirklichung unternehmen können".[285] Als Beispiel für solch eine Mutterschaftsablehnung kann Simone de Beauvoir, eine der Pionierinnen der feministischen Bewegung, genannt werden.[286]

Da die feministische Bewegung der 70er Jahre sich zum Ziel gesetzt hat, die Konzeption der Geschlechterbeziehungen aus ihrer angeblichen Natürlichkeit herauszulösen, richtete sich die feministische Kritik auch gegen die tradierte Ansicht, daß die Mutterliebe natürlich bestimmt sei. So untersuchten z.B. Elisabeth Badinter für Frankreich und Yvonne Schütze für Deutschland die früher als naturgegeben geltenden Gefühle der Mutterliebe als Sozialverhalten, das sich mit der Zeit und den gesellschaftlichen Verhältnissen wandelt.[287] Badinter versucht in ihrer Studie "Die Mutterliebe", den Begriff "Mutterinstinkt" und die damit verbundenen Erwartungen der Gesellschaft an die Frau als Mutter argumentativ zu demystifizieren: Ihre Feststellung lautet, daß Mutterinstinkt nicht existiere, sondern ein Mythos sei, und daß Mutterliebe eine freie Wahl jeder Frau sei.[288] Als Argument für ihre These nennt Badinter den alten, in

---

[284] Vgl. Ebd., S.6f. Zwei aufschlußreiche Sammelbände zum Thema *Mutter und Mütterlichkeit in der deutschen Literatur*, herausgegeben von Irmgard Roebling und Wolfram Mauser, und zur *Mutter als ästhetischer Figur*, herausgegeben von Renate Möhrmann, sind erst im Jahre 1996 erschienen.

[285] Aulls, S.7.

[286] Simone de Beauvoir wollte nicht das Kind austragen, das sie vom Philosophen Jean-Paul Sartre erwartete; sie wollte sich den Zwängen der Mutterschaft nicht unterwerfen und zusammen mit Sartre lehnte sie es ab, eine Ehe nach bürgerlichem Muster einzugehen.

[287] Vgl. dazu: Badinter, Elisabeth: Die Mutterliebe. Geschichte eines Gefühls vom 17. Jahrhundert bis heute. München 1985; Schütze, Yvonne: Die gute Mutter. Zur Geschichte des normativen Gefühls 'Mutterliebe'. Bielefeld 1986.

[288] Vgl. Badinter, S.10ff; 287ff. Badinter vertritt die These, daß Mutterliebe "nur ein menschliches Gefühl" ist: "Sie [Mutterliebe] ist, wie jedes Gefühl, ungewiß, vergänglich und unvollkommen. Sie ist möglicherweise - im Gegensatz zur verbreiteten Auffassung - kein

Frankreich der früheren Epochen weitverbreiteten Brauch, Säuglinge in die "Pflege" von Ammen aufs Land zu geben, und meint, daß es diese Praxis, die ganz gegen den "Mutterinstinkt" verstieß, nur deshalb hätte geben können, weil Mutter eben nicht von Natur aus Liebe für ihren Säugling empfänden, d.h. Frauen als Mutter hatten sich den Erwartungen der Gesellschaft angepaßt, die Kinder nicht schätzte.[289] Unter 'Mütterlichkeit' verstehen also feministisch orientierte Forscherinnen eine soziale und nicht biologische Kategorie.

Die traditionelle Definition der Mutter scheint infolge der feministischen Protestbewegungen in einen Zustand der Krise zu geraten. Die anspruchsvolle Funktion der Frau als Mutter wurde in feministischen Kreisen der 70er Jahre entweder ignoriert[290] oder allzu einfach gelöst, indem die mit den Forderungen für die 'Frau' beschäftigten Feministinnen die Mutterrolle ablehnten[291]. Aus der emanzipatorischen Perspektive wurde die Tatsache kritisiert, daß Mütter überstrapaziert seien, weil ihnen allein die Aufgabe der Kinderbetreuung zufalle, und daß die mütterlichen Pflichten die Frauen zu einer weitgehenden Isolation und zur Persönlichkeitsreduktion führen. Mutterschaft wurde vor allem von radikal eingestellten Feministinnen (z.B. Alice Schwarzer) als Einengung der Frau angesehen. In jenen Jahren verteilte z.B. eine Berliner Frauengruppe auf einer Veranstaltung Flugblätter, in denen der Satz stand: "Eine Frau, die sich heutzutage ein Kind wünscht, ist das Opfer kapitalistischer Propaganda."[292] Frauenrechte wurden durch Abtreibung und Gebärstreik propagiert, deswegen wurde eine Mutter "als Feindin der Frauenbewegung, als Reaktionärin"[293] gesehen. Die radikalen Feministinnen zeigten eine absolute Verständnislosigkeit für die zentrale Bedeutung, die Mutterschaft für viele Frauen einnimmt: "Sie verstanden nicht, daß Mutterschaft für Frauen, die Mutter sein wollten, nicht Oppression bedeutet, sondern eine Möglichkeit der Selbstfindung ist", so Aulls.[294] Für die radikal denkenden Frauen war Mutterschaft, wie sie seit

---

Grundbestandteil der weiblichen Natur. [...] Die Mutterliebe drückt sich in unterschiedlichster Weise aus - mal stärker, mal schwächer, mal gar nicht oder fast nicht." (Ebd., S.12).
Die Forscherin gibt jedoch selbst zu, daß mit dem In-Frage-Stellen des 'natürlichen' Mutterinstinkts die Vorstellung von der Mutterschaft, "die dem alten, aufgegebenen Begriff zum Verwechseln ähnlich ist", auch in der heutigen Gesellschaft nicht verschwunden ist: "So sehr man auch einräumen mag, daß die Einstellung der Mutter nicht instinktbedingt ist - man glaubt immer noch, die Liebe der Mutter zu ihrem Kind sei so stark und etwas so Allgemeines, daß doch etwas Natürliches daran sein muß. Das Vokabular hat sich geändert, nicht aber die Illusion", so Badinter (ebd., S.11).
[289] Vgl. Ebd., S.108ff.
[290] Vgl. Aulls, S.40.
[291] Zu der durch die feministische Bewegung der 70er Jahre hervorgerufenen Distanz gegenüber Mutterschaft siehe auch Badinter, S.285ff.
[292] Vgl. dazu: Sichtermann, S.21.
[293] Aulls, S.41.
[294] Ebd., S.42.

Jahrhunderten erlebt wurde, nur der Ort weiblicher Entfremdung und Sklaverei, deswegen forderten sie das Recht, keine Kinder zu haben.

Diese kinderfeindliche Haltung kommt auch in vielen Texten der Frauenliteratur zum Ausdruck, so gehen z.B. Stefan in "Häutungen" oder Veronika Horch in "Von wegen Schicksal. Eine Frau steht auf" vom radikalen Standpunkt aus, daß die Reduktion der Frau auf ihre biologische Funktion die Konsequenz einer feindlichen Ideologie ist. Im Bezug auf die feministische Kampanie gegen den Paragraphen 218 wird unter anderem das Thema der Abtreibung literarisch behandelt (z.B. in Schröders Roman "Der Schlachter empfiehlt noch immer Herz" oder in Schwaigers Roman "Wie kommt das Salz ins Meer"). Das Bild der Frau, die abgetrieben hat, wird nicht selten zum Symbol einer feministischen Kämpferin. Im Gegensatz zu solchen Tendenzen begreift Karin Struck, obwohl sie auch den feministisch orientierten Autorinnen zugerechnet werden kann, die Abtreibung als einen selbstverursachten Mißbrauch des Frauenkörpers (in ihrem Roman "Die Mutter" schreibt Struck: "Das Schlimmste an dieser perversen Frauenbewegung ist, daß wir uns freiwillig unsere eigenen Kinder aus dem Leibe kratzen lassen"[295]).

An dieser Stelle soll betont werden, daß nachdem die erste Woge der feministischen Forderungen und der Abwertung der Mutterrolle verebbte, auch in den Kreisen der feministischen Bewegung andere Stimmen sich hören ließen, die einen Mutterkult trieben und der Mutterschaft einen mythologischen Wert zuschrieben. Viele emanzipierte Frauen haben eine in der Mutterschaft wurzelnde Weiblichkeit erkannt und ihre eigene Nostalgie nach Mütterlichkeit als Möglichkeit der Selbstverwirklichung zugegeben.[296] Barbara Sichtermann hat ausführlich die Verlegenheit feministisch orientierter Frauen erörtert, die auch in der Zeit der Protestbewegungen den Wunsch nach einem Kind in sich vernahmen, und hat daraus folgende Schlußfolgerung gezogen: Was die Frauen ablehnten, war nicht das Kind, sondern der Kinderwunsch selbst, der keineswegs mit ihren emanzipatorischen Ansichten korrespondierte und sie in Konflikte und Selbstzweifel stürzte.[297] Obwohl 'neue' Frauen aus rationalen Gründen die Mutterschaft ablehnten, ließ sich der Kinderwunsch selbst nicht ganz verdrängen.

Auf dem literarischen Gebiet kann die Wandlung der feministischen Einstellungen zur Mutterschaft anhand der Romane Margot Schröders verdeutlicht werden: In ihren ersten Romanen ("Ich stehe meine Frau" (1974), "Der Schlachter empfiehlt noch immer Herz", 1975) stellt Schröder die emanzipatorischen Befreiungsversuche ihrer Protagonistinnen und die

---

[295] Struck, Karin: Die Mutter. Frankfurt am Main 1980, S.182.
[296] Die Psychoanalytikerin Annette Rickel bemerkt z.B., daß viele ihrer Patientinnen betrauerten, daß sie in der Euphorie des aufblühenden Feminismus und den darin enthaltenen neuen Entwicklungsmöglichkeiten weibliche Aspekte wie den Wunsch nach einem Kind als zu "altmodisch" verdrängt hatten (vgl. dazu Aulls, S.43).
[297] Vgl. Sichtermann, S.21.

Verweigerung der Mutterrolle positiv dar, aber in ihrem 1982 erschienenen Roman "Die Vogelspinne. Monolog einer Trinkerin" kommen auch kritische Ansätze zum Ausdruck. In diesem Roman schildert die Autorin mit bitterer Ironie eine 'emanzipierte' Frau, die an der enthusiastisch begrüßten Frauenbewegung völlig gescheitert ist: Die Protagonistin Marlis hat als Ehefrau, als Mutter und auch als aktive Feministin versagt: Sie ist "zu einem Denkmal geworden; eine versteinerte Frau aus der Frauenbewegung. Mensch, habe ich mich befreit. Ich kann nicht einmal weinen."[298] Sie hat die traditionelle Rolle der Frau als Mutter abgelehnt (sie ließ sich scheiden und verzichtete auf das Sorgerecht für das einzige Kind), aber später betrachtet sie diesen 'Befreiungsakt' sehr skeptisch und stellt folgendes fest: "manchmal verachte ich mich selbst. Ich habe meine Rolle in einem zentralen Theaterstück verloren, in der Familie. Ich will diese Rolle nicht mehr, aber was bin ich ohne sie?"[299] Sogar die feministisch orientierte Autorin Schröder richtet in diesem Roman einen kritischen Blick auf die Pauschalität mancher feministischen Programme und auf die Frauen, die alle herkömmlichen Werte ablehnen, aber auch keine neuen, von ausreichender Tragweite an deren Stelle setzen können.

Als diese Kehrseite der Emanzipation in gesellschaftlichen und kulturellen Bereichen wahrgenommen wurde, wurde die extrem mutterfeindliche Haltung, die viele Frauen von einer Identifizierung mit der feministischen Bewegung abhielt, durch eine neue Idealisierung des Mutterkults ('Neue Mütterlichkeit') und durch die Rückwendung zu den Werten des Matriarchats ersetzt. Stellvertretend für diese Position kann Karin Strucks Roman "Die Mutter" gelten, in dem Mütterlichkeit als antipatriarchalische Kraft gefeiert wird.[300] Indem Struck die Rolle der Frau als Mutter mit solchen dazu gehörigen Charakterzügen wie Hingabe oder Leidensfähigkeit nicht negiert, sondern aufwertet, widersetzt sie sich den radikalen feministischen Positionen und protestiert gegen den daraus resultierenden weiblichen Egoismus. Struck behauptet, daß "die Mutter der wichtigste Mensch" sei, und drückt ihre eigene Sehnsucht nach "der Großen Erotischen Mutter", der Urheberin aller Liebe und Geborgenheit, aus.[301] Solch

---

[298] Schröder, Margot: Die Vogelspinne. Monolog einer Trinkerin. Roman. München 1982, S.18.

[299] Ebd., S.63.

[300] Struck ruft zur Würdigung der Mutterschaft auf: "Aber das Wichtigste ist, daß wir kämpfen für die Wertschätzung der Mütter, Kinder, der Kinderreichen ... Jetzt ist es Zeit. Die Zerstörung ist weit genug getrieben. Das ganze Land soll wieder Heimat sein. Heimat für die Kinder, für die Mütter. Die Mütter müssen ihre Macht erkennen", heißt es im Roman "Die Mutter" (Struck: Die Mutter, S.335).

[301] Da Struck immer wieder den Mythos des Urweiblichen bzw. des Urmütterlichen betont, verstricken sich ihre emanzipatorischen Ansätze in einen Biologismus, in eine Ideologie, wonach die Frau vor allem ihre natürlichen Potentiale entdecken müsse: "Ich will ein Wert für mich selber sein, und zugleich habe ich die größte Sehnsucht nach einer Mutter, nach Kindern aus meinem Leibe, die größte Sehnsucht, eine Große Erotische Mutter zu sein. Ganz will ich sein, das ist alles", schreibt Struck (ebd., S.107).

eine Einstellung ist zwangsläufig auf die Kritik mancher Feministinnen (z.B. Alice Schwarzer) gestoßen, weil sie - so folgert Aulls - "der Bestrebung der Frauenbewegung nach Gleichberechtigung der Geschlechter" entgegenarbeitet, "denn der Rückzug in eine weibliche Welt des Kults bringt Frauen keine gesellschaftlichen Veränderungen".[302] Bezüglich der Einstellung zur Mutterschaft handelt es sich also innerhalb der feministischen Bewegung selbst um zwei feindliche Parteien. Die Position Strucks macht den Umstand deutlich, daß der traditionelle Muttermythos durch die feministische Bewegung nicht ganz bekämpft wurde, sondern weitere Impulse erhielt und fortwirkte. Daraus kann man auch die Schlußfolgerung ziehen, daß trotz der durch die feministische Bewegung beeinflußten Wandlungen im weiblichen Selbstbewußtsein der Wunsch nach Familie (vgl. dazu das vorhergehende Kapitel) und Mutterschaft erhalten geblieben ist und daß die Vorstellungen der Frauen von Familie in vielen Aspekten dem traditionellen Familienmodell ähneln.

3.6.2. Bedeutung der Mutterschaft bzw. Mutterrolle bei Kaschnitz und Wohmann

Wenn viele jüngere, sogar emanzipatorisch denkende Frauen von manchen feministischen Vorstellungen, vor allem aber von der Forderung nach der Ablehnung der traditionellen Mutterrolle, sich nicht überzeugen ließen (vgl. dazu die Position Strucks), gilt dies in einem noch weitergehenden Maße für die Frauen älterer Generation. Zu diesen Frauen gehört auch die Schriftstellerin Kaschnitz, die Mütterlichkeit positiv bewertet und die für die patriarchalischen Verhältnisse charakteristischen Funktionen der Mutter innerhalb der Familie weder in ihren frühen noch in den späteren Werken bezweifelt. Da Kaschnitz die Relevanz der Liebe und der Familie für das weibliche Leben betont, stellt sie auch die Mutterschaft als eine wichtige Bedingung weiblicher Selbstverwirklichung dar. Dies gilt vor allem für ihren frühen Roman "Liebe beginnt", in dem Mutterschaft traditionellerweise sowohl als etwas Naturgegebenes (der unstillbare weibliche Kinderwunsch, der in den Schwangerschaftsträumen der Protagonistin seinen Ausdruck findet) als auch sozial Bedingtes (durch die Mutterschaft will die Protagonistin ihre Positionen in der Gesellschaft sichern) präsentiert wird.

    Die Erzählerin in "Liebe beginnt" wird ständig von einem unbewußten Kinderwunsch verfolgt. Pragmatisch betrachtet Stephan diesen Wunsch als den Wunsch, "etwas Eigenes zu haben", weil es der Frau im Hinblick auf die berufliche Tätigkeit des Mannes deutlich wird, "wie einsam sie ist".[303] Die späteren Erfahrungen der Frau machen aber deutlich, daß dieser Wunsch nicht nur durch das Gefühl der Einsamkeit, sondern auch durch die traditionelle Einstellung zur weiblichen Bestimmung hervorgerufen wird. In einer Episode

---

[302] Aulls, S.44.
[303] Stephan: Liebe als weibliche Bestimmung?, S.127f.

wird die Frau durch die unerwartete negative Reaktion Andreas' auf ihren Schwangerschaftstraum verletzt: "Ich habe geträumt, ich bekäme ein Kind. Es war schon ganz groß in meinem Leib, das heißt, ich wußte, daß es da war und groß war, ich war aber nicht dick. Ich konnte mit ihm sprechen. Dann wurde es geboren, und es tat überhaupt nicht weh. Darüber war ich sehr erstaunt." (LB, 41). Andreas' Äußerungen, wie z.B. "Du machst einen ganz nervös mit deinem ewigen Träumen" (LB, 42) oder "Wir waren ja vorsichtig" (LB, 43), versteht die Frau als männliche Abneigung gegen die Vaterschaft allgemein, nicht nur gegen ein unerwartetes Kind und wird durch die Einbildung, sie werde wegen ihrer Liebe zu Andreas nie empfangen können (LB, 43), ganz traurig. Diese konträre Haltung der Liebenden erklärt Baus im Bezug auf Simone de Beauvoir durch ihr unterschiedliches Selbstverständnis: "Die Frau versteht sich als Glied der Kette der Empfangenden und Gebärenden; der Mann ist primär er selbst, ein Mensch, der sich in Arbeit, Ideen, Zeugung transzendiert. Während sich die Frau durch den Mythos determiniert begreift, erschafft sich der Mann kraft seines Verstandes."[304] Symptomatisch für den Kinderwunsch Silvias ist auch die den früher erläuterten Konzepten Badinters oder Schützes widersprechende Überzeugung, daß die Fortpflanzung "nicht durch Gedanken und die Erinnerung an Taten, sondern durch den ewigen Willen der Natur" stattfindet; nur diesen "Willen" findet die junge Frau "wichtig und schön" (LB, 37).

Während die Erzählerin über das nach Andreas' Worten für Männer erstrebenswerte Reich der mönchischen Einsamkeit und das weibliche Reich der Liebe nachdenkt, stellt sie sich im Gebären eine Möglichkeit vor, das Verlassenwerden vom Mann zu überwinden:

> "Wir [Frauen] auch, dachte ich nach einer Weile - und zum erstenmal trat ich in die schwesterliche Gemeinschaft der Frauen - wir auch können einen Weg gehen, der euch verwehrt ist. Ich dachte daran, wenn ich ein Kind hätte, mein Körper es sein würde, der es bilden und aus dem es hervorbrechen würde, ein Glied der menschlichen Kette, eine Verbindung mit dem Zukünftigen, ein Wesen von Fleisch und Blut." (LB, 58)

Dieser Gedanke des Gebärens, der laut Erzählerin auf "Eifersucht und Trotz" (LB, 58) basiert, soll das weibliche Minderwertigkeitsgefühl kompensieren. Gebären gilt hier als Privileg von Frauen, als Gegenstück für männliche Werte, von denen sie sich als Frau ausgeschlossen fühlt (diese Einstellung Silvias stimmt mit der reaktionären Ansicht der Feministinnen überein, die in der Mutterschaft eine Gegenkraft zum Patriarchat erkennen, so z.B. Struck).

Da Mutterschaft eine spezifisch weibliche Erfahrung ist, muß Silvia die Konfrontation mit steinernen Müttern in einem italienischen Palast ausnahmsweise alleine erleben (LB, 75). Der Anblick der "den ewigen Willen der Natur" (LB, 37) darstellenden steinernen Mütter flößt ihr Entsetzen ein; zugleich korrespondieren ihre Erlebnisse mit den früher erwähnten Träumen von einem Kind:

---

[304] Baus, S.194.

"Aber dann stand ich plötzlich vor den merkwürdigsten Statuen, die ich je gesehen hatte. [...] Ich sah eine Frau, die auf einem Armstuhl saß, mit geradem Rücken, aber schwerem Gesäß. Sie hatte dicke, schwere Brüste, nicht zwei, sondern sechs oder acht. Sie quollen aus ihr hervor wie Früchte, die zum Platzen reif sind, und an jeder von ihnen lag ein kleines Kind, roh gebildet aus dem rauhen, glanzlosen Stein. [...] Sie saß gegenüber, saß rechts und links, das ganze Zimmer war voll von solchen Frauen, kleinen und großen, und auch das nächste Zimmer und das folgende. Sie saßen in ganzen Reihen, schwer und stolz mit der ganzen Last ihres tragenden Geschlechts. [...]
Ich fand den Ausgang nicht. Ich wollte nichts mehr sehen und preßte die Hände gegen meine Augen. Als ich sie sinken ließ, saßen all die Frauen unverändert in starrer Ruhe, und ich stand in ihrer Mitte, dünn und flüchtig, dem Vergehen geweiht. Ich glaube, daß ich vor Entsetzen aufschrie." (LB, 75f)

Am Anfang der Reise hat die Frau "den ewigen Willen der Natur" zur Fortpflanzung schön gefunden, später ließen sie die Gedanken an die Mutterschaft sich "in die schwesterliche Gemeinschaft" (LB, 58) der Frauen einreihen; angesichts der Statuen erfaßt sie aber nur das Grauen, weil die steinerne Manifestation des Naturwillens ihre bisherige Begeisterung in neuem Lichte erscheinen läßt. Auffällig ist hier der Gegensatz zwischen dem Lebendigen (Gebären, Kinder) und der Erstarrung (steinerne Statuen), den die junge Frau entsetzt erleben muß. Baus zufolge wird sie unter den Gebärenden "ihrer Individualität" beraubt; zurückgenommen auf das Weibliche", wird sie ihrem Partner fremd.[305] Die Frau wird auch dadurch irritiert, daß das, was für sie "das Geheimnisvolle, das Tierisch-Göttliche der ewigen Fortpflanzung des Lebens" (LB, 77) ist, von dem Mann nur als "sonderbar" bezeichnet wird (LB, 76). Falkenhof führt die Funktion der von Kaschnitz präzis beschrieben Statuen auf die nationalsozialistische Ideologie zurück, die die Bestimmung der Frau allein in der Mutterschaft sieht.[306]

Die schockierenden Erlebnisse Silvias angesichts der steinernen Mütter lassen sich auch mit den Erfahrungen der Erzählerin in Kaschnitz' Buch "Das Haus der Kindheit" vergleichen. Fraglich erscheint jedoch die Feststellung Keßlers, daß der dort beschriebene "Abscheu" der Erzählerin vor sich selbst (HK, 318) ein spezifisch weiblicher sei: Als Angehörige eines Geschlechts fühle die Erzählerin - so die These Keßlers - den Ekel vor dem Gebären (HK, 331), die Wut auf die Ohnmacht des Empfangens, den Haß auf einen Körper, der einem das nicht

---

[305] Vgl. Ebd., S.208.
[306] Vgl. Falkenhof, S.100. Falkenhof zitiert die Rede an die Deutsche Frau (Reichsparteitag Nürnberg 1934): "Was der Mann an Opfern bringt im Ringen seines Volkes, bringt die Frau an Opfern im Ringen um die Erhaltung dieses Volkes in den einzelnen Zellen. Was der Mann einsetzt an Heldentum auf dem Schlachtfeld, setzt die Frau ein in ewig geduldiger Hingabe, in ewig geduldigem Leiden und Ertragen. Jedes Kind, das sie zur Welt bringt, ist eine Schlacht, die sie besteht für Sein oder Nichtsein ihres Volkes." (Zitiert nach: ebd.).

erspart.[307] Bei einem Besuch im "Museum" und beim Durchblättern eines Buches aus der Zeit der Kindheit, in dem die Geburt beschrieben wird, fühlt die Erzählerin tatsächlich das Entsetzen (HK, 331). Ähnlich wie bei Silvia in "Liebe beginnt" ist aber die Einstellung der Erzählerin im "Haus der Kindheit" zum Gebären differenzierter zu betrachten: Die Erzählerin vergleicht das erlebte Entsetzliche mit ihren eigenen Erfahrungen, nämlich mit den Geburten ihrer eigenen Kinder, und diese Erfahrungen erregen bei ihr positive Gefühle (HK, 332). Daß das durchblätterte Buch auf die Erzählerin "grauenvoll und finster" (HK, 332) wirkt, mag der Grund darin liegen, daß sie dieses Buch schon als Kind gesehen hat und das medizinisch Beschriebene auf das kleine Mädchen schlechte Wirkung (die Mischung aus Neugier und Abscheu) ausgeübt hat. Die frühkindlichen Erfahrungen erscheinen als unverarbeitet, weil die im Zusammenhang mit Männern und Sexualität stehenden Themen völlig tabuisiert waren, so daß auch die erwachsene Erzählerin es allein mit den Stichworten "Maxim Gorki, sexuelle Neugierde, Schock" (HK, 332) zu bezeichnen weiß.

Das Entsetzen vor den physischen Umständen des Gebärens, so wie es Silvia angesichts der steinernen Mütter oder die Frau im "Haus der Kindheit" bei der Anschauung der den Geburtsprozess darstellenden Bilder erleben[308], bedeutet keineswegs negative Einstellung zur Mutterschaft allgemein. Als Ausdruck des unbewußten Wunsches nach einem Kind kann auch das plötzliche Bedürfnis der Heldin in "Liebe beginnt" gelten, auf dem Marktplatz mit einem kleinen Lamm Kontakt aufzunehmen, obwohl sie keine "große Tierfreundin" (LB, 87) ist. Ihre eigene Verständnislosigkeit in dieser Situation wird aus der zeitlichen Perspektive, während des Niederschreibens der Geschichte, reflektiert, und zugleich wird auch die Situation analysiert: "Es kam mir nicht in den Sinn, daß ich mich wohl im geheimen nach einem Wesen sehnte, das schwach und unbewußt war, das ich schützen konnte und das von mir alles erwartete: Verteidigung, Nahrung und Zärtlichkeit." (LB, 90). So verdeutlicht die Szene mit dem Lamm die Zunahme ihres eigensinnigen Kinderwunsches. Da der Mann am Anfang der Reise eine Art Angst vor dem möglichen Kind geäußert hat, kann man auch den Wunsch der jungen Frau verstehen, sich nach dem Erlebnis mit dem Lamm (als Versinnbildlichung des Kindes) vor Andreas zu verbergen (LB, 92). Sowohl der unbewußte Kinderwunsch als auch die damit verbundenen Erinnerungen an ihre eigene Familie (LB, 93f) und die darauf folgende

---

[307] Vgl. Keßler, S.87.

[308] Gersdorff verweist auf die Tatsache, daß auch die Autorin selbst immer eine Art Abscheu vor Schwangerschaft und Gebären empfand, wobei dieser Abscheu vor allem den physischen Zuständen galt: Damit ihr Mann nicht länger ihren plumpen Zustand mitansehen und sie "mit dem schweren Schwangerenbauch" nicht länger ertragen müsse, verläßt sie Rom und gebiert ihre Tochter in Freiburg; wenn sie über die Geburt spricht, berichtet sie weniger von ihrem mütterlichen Glück, sondern vielmehr von widerwärtigen kreatürlichen Begleitumständen der Geburt und betont mit Nachdruck ihre anfängliche Scheu, so daß der Bericht unbegreiflich schroff und ablehnend wirkt (vgl. dazu: Gersdorff, S.63ff).

Rückkehr zu Andreas präsentieren die weibliche Sehnsucht und die Notwendigkeit der Integration in eine Gemeinschaft. Während der ganzen Reise bleibt Silvia von der Idee besessen, unbedingt ein Kind von Andreas haben zu müssen als Garant ihres gemeinsamen Lebens und ihrer Zukunft.

Nach der Rückkehr aus Italien berichtet die Frau, daß "eine merkwürdige Unruhe und Bedrängnis" sie befallen, als habe sie "etwas Wichtiges zu erfüllen" (LB, 173). Endlich erfährt der Leser, daß die Frau ein Kind erwartet, das laut ihren eigenen Worten nicht das Geschöpf ihres "blinden und bösen Wahns" und ihres mehrmals betonten Egoismus sein soll (sie kann sich aber nicht von faschistisch geprägten Vorstellungen, eine Frau müsse ihrem Mann ein Kind schenken und sie müsse in dem Kind ihren Mann lieben, befreien):

> "Und ich weiß: es ist nicht das Geschöpf meines blinden und bösen Wahns, nicht das Kind, das mir allein gehören sollte und mit dem ich mir die irdische Unsterblichkeit erzwingen wollte. Es ist Andreas, der heranwachsen wird in verwandelter Gestalt. Er hat sich mir so geschenkt, und er ist es, den ich lieben werde in meinem Kind." (LB, 176)

Das Kind soll also nicht als lange erwarteter Triumph der Frau, sondern als Bestärkung ihrer Verbundenheit gelten. Die oben zitierten Gedanken der werdenden Mutter verdeutlichen jedoch den weiteren Mißbrauch des Kindes, das als Mittel für die Stabilisierung der Beziehungen zwischen den Erwachsenen angesehen wird. Eine andere Meinung vertritt Falkenhof, die die Mutterschaft Silvias auf einer religiösen Ebene analysiert und die Idee äußert, daß mit der Schwangerschaft die Autorin ihre Protagonistin "zum Medium göttlicher Liebe" werden läßt; die Frau kann Falkenhof zufolge durch ihre Schwangerschaft und das Gebären wie Maria an der göttlichen Liebe partizipieren.[309] Naheliegend ist hier die Annahme, daß Kaschnitz sich auf das Bild der Madonna, einer reinen und nur liebenden Mutter-Frau, das bis in das 20. Jahrhundert hinein als Ideal des Mütterlichen und des Weiblichen schlechthin galt, beruft, um die dem Kinderwunsch Silvias zugrunde liegenden narzißtischen Bestrebungen zu mildern. Sich auf die feministischen Ideen beziehend, betrachtet Stephan sehr kritisch Silvias' Freude "an der Fortsetzung der männlichen Traditionslinie" (Silvia ist überzeugt, daß sie einen Sohn bekommen wird (LB, 179)): "Freiwillig und freudig akzeptiert sie die Mutter-Maria-Rolle und schreibt sich damit in ein Frauenbild ein, aus dem alle Anteile von Selbständigkeit und eigenem Begehren getilgt sind."[310] Die Erzählerin selbst ist aber weit davon entfernt, auf solche aus der feministischen Perspektive formulierten Gedanken zu kommen. Von dem der Liebesverbindung entspringenden Kind berichtet sie euphorisch, was als Zeichen der höchsten Aufregung vor der zukünftigen Mutterschaft gelten kann (LB, 178). Die Vorstellung vom Kind verstärkt die "Freude an der Welt" und den "Glauben an die Liebe" (LB, 179), und die Mutterschaft ermöglicht den

---

[309] Vgl. Falkenhof, S.254.
[310] Stephan: Liebe als weibliche Bestimmung?, S.135.

Übergang der Frau in eine neue Phase ihrer weiblichen Entwicklung, d.h. jetzt kann - so behauptet die Erzählerin selbst - auf ein Stadium ein anderes folgen, was die Verkümmerung der Frau und die Stagnation ihres Lebens verhindert (vgl. LB, 117).

Mehrmals hat Kaschnitz in ihren Texten das Thema Mütterlichkeit behandelt, vor allem im Bezug auf die Mutter-Kind-Beziehung (am Anfang dieses Kapitels wurde darauf hingewiesen, daß der Begriff 'Mütterlichkeit' sowohl physiologischen Zustand (Gebären) als auch mütterliche Fürsoge für das Kind umfaßt). Sie hat den selbst erlebten Mangel an mütterlicher Liebe und Zuwendung im Buch "Das Haus der Kindheit" sichtbar gemacht. Schmerzlich erinnert sich die erwachsene Erzählerin bei ihren Besuchen im Haus der Kindheit an die Reden von mütterlicher Enttäuschung, als diese ein Mädchen geboren hat (HK, 304), und an ihre vergeblichen kindlichen Versuche, nachts die Mutter zu sich herbeizurufen und ihre Aufmerksamkeit zu wecken (HK, 318). Ihre adelige Mutter weigert sich, sich dem bürgerlichen Ideal einer fürsorglichen Mutter anzupassen, deswegen wird sie von der kleinen Tochter sogar gehaßt und als Verräterin ihres weiblichen Geschlechts angesehen. Obwohl es der Erzählerin im "Haus der Kindheit" schwerfällt, sich zu gestehen, daß sie ein wenig geliebtes Kind war, läßt sich das "Entsetzen der Kindheit" vor allem auf die Mangelerfahrung, von der Mutter nicht nur als Mädchen, sondern auch als Kind allgemein nicht akzeptiert worden zu sein, zurückführen. Die Tochter hat offensichtlich sehr stark unter der Kränkung gelitten, nicht erwünscht zu sein, und das schildert sie selbstironisch im "Haus der Kindheit" (von dieser komplizierten Mutter-Tochter-Beziehung wird später noch einmal die Rede sein).

Auch in der bereits im Kapitel 3.3.2.1. erwähnten Erzählung "Popp und Mingel" vertritt Kaschnitz die Überzeugung, daß es zu den Pflichten einer Frau gehöre, für das Kind dazusein. Dem kleinen Jungen, dessen beide Eltern dem Gelderwerb außerhalb des Hauses nachgehen, fehlt es vor allem an der Teilnahme und Liebe seiner Mutter, die abends zu müde ist, ihm etwas vorzulesen oder mit ihm zu spielen. Da der Junge die Liebe im wirklichen Leben sehr schmerzlich vermißt, gründet er aus seinen alten Spielsachen eine Ersatzfamilie, mit der er seinen Vorstellungen entsprechendes heiles Familienleben inszeniert. Indem Kaschnitz die Einsamkeit des Kindes und die offenbar selbstgewünschte Abwesenheit der Mutter thematisiert, bewertet sie negativ jene weibliche Emanzipation, die zur Vernachlässigung des Haushaltes und des Kindes durch die Frau führt.[311] Die Sehnsucht des Jungen nach der Mutter ist so stark ausgeprägt, daß er sich insgeheim seine Mutter krank wünscht, damit sie daheim

---

[311] In diesem Sinne stimmt Kaschnitz mit denjenigen Psychologen und Soziologen (vgl. hier Helmut Schelskys Studie "Wandlungen der deutschen Familie in der Gegenwart", München 1980) überein, die die Mütter von ihrer Unentbehrlichkeit im Hause zu überzeugen versuchten, von einer Gefährdung der Kindererziehung sprachen, wenn die Mutter berufstätig ist, und die von feministischen Wissenschaftlerinnen wegen ihrer traditionellen Denkweise heftig kritisiert wurden (vgl. dazu auch Aulls, S.24).

bleibe, und er sie pflegen dürfe. Es entspricht diesem unausgesprochenen Wunsch, daß die in der Ersatzfamilie die Mutter darstellende Puppe Mingel keine Beine hat und von ihm an den Herd getragen werden muß, damit sie das Essen für die Familie zubereiten kann. Das tiefe Bedürfnis des Jungen nach der Mutter zeigt, daß sie für das Kind die wichtigste Bezugsperson und das Ziel der Suche nach menschlicher Gemeinschaft ist. Die Mutter hat sich aber in "Popp und Mingel" radikal von ihrer traditionellen Bestimmung, familienerhaltend zu wirken, entfernt und wirkt statt dessen familienzerstörend, indem sie die Ersatzfamilie des Jungen ahnungslos wegwirft.[312] Die aus der Ferne wirkende Mutter läßt das Kind schon früh die existentielle Einsamkeit des Menschen erfahren. Die Erzählung macht die Kritik der Autorin an der Selbstsucht der Frauen sichtbar, die eigene Bedürfnisse und berufliche Ambitionen den Bedürfnissen des Kindes nach Liebesbezeugung und Kommunikation vorziehen.

Mag der Grund für die Aufwertung der Mutterrolle bei Kaschnitz in der traditionellen Denkweise wurzeln (die bekanntesten Werke Kaschnitz' sind vor der neueren feministischen Bewegung erschienen), geben die Texte Gabriele Wohmanns ähnliche Beispiele aus der Aufschwungzeit des Feminismus. Obwohl Wohmann in ihren Texten häufig kinderlose Frauen darstellt (z.B. in den Romanen „Abschied für länger" oder "Ach wie gut, daß niemand weiß")[313] oder das Scheitern der Frauen an der Erfüllung ihrer mütterlichen Pflichten thematisiert (z.B. Christa in "Paulinchen war allein zu Haus"), zeigen ihre Texte (vor allem "Paulinchen"), daß sie die Relevanz des mütterlichen Einflusses auf die Kinder akzeptiert. Aus diesem Grund sollte man keinen Fehler machen und die Position Wohmanns mit der radikalen feministischen Überzeugung verwechseln, daß Mutterschaft weiblichen Emanzipationsprozeß verhindert: Indem die Autorin "eine oberflächliche Bindung an das Kind"[314] in ihren Texten schildert, unterzieht sie solch eine Haltung einer ausdrücklichen Kritik oder sogar Satire (vgl. "Paulinchen war allein zu Haus"). Im Unterschied zu feministischen Konzepten hat Wohmann auch in ihrem Roman "Ausflug mit der Mutter", der später detailliert untersucht wird, ein überzeugend positives Bild der sich aufopfernden Mutter bzw. das Beispiel einer verwirklichten Mutterschaft präsentiert.

---

[312] Vgl. Matter, S.63.
[313] Ingeborg Drewitz zieht aus diesem Konzept Wohmanns negative Schlüsse für die Möglichkeit, die Ich-Störungen der Figuren durch die positive Erfahrung der Mutterschaft überwinden zu lassen: "Keine ihrer Ich-Erzählerinnen hat einen Partner, keine kennt den Raubtierrausch, keine die Euphorie junger Mütter, diese Phase biologischer Überlegenheit der Frau, in der der Zweifel am Ich außer Kraft gesetzt ist." (Drewitz: Sie drückt ganz schön fest zu, aber sie lächelt ja, S.992).
[314] Ebd.

3.6.3. Differenzen in der Darstellung der Mutter-Tochter-Beziehungen in der feministischen Literatur und in den Texten von Kaschnitz und Wohmann

In literarischen Texten, vor allem aber in denen von Frauen, läßt sich das Thema Mutter-Tochter-Beziehung seit je finden, aber erst vor ein paar Jahrzehnten wurde es zum eigenständigen Gegenstand der (literarischen) Fiktion. Es fällt jedoch auf, daß die Problematik dieser Beziehung meistens aus der Perspektive der Tochter im Hinblick auf eigene Erfahrungen literarisch bearbeitet wird, während die mütterliche Perspektive weitgehend fehlt. Renate Möhrmann wurde anfangs der 90er Jahre durch "die völlige Absenz der Mutter als dramatis persona" in den Heimatfilmen überrascht, deswegen begab sie sich auf die Suche nach Repräsentationsformen von Müttern in Märchen, in der Malerei, auf dem Theater, im Fernsehen und in Literatur; ihre Ausgangsfrage lautete: "Kam die Mutter als eigenständiges Subjekt, als agierende und reagierende Figur, d.h. als konkrete Person überhaupt vor, oder schwebte sie bloß als diffuse Präsenz über allem und jedem, in alles und jedes hinein - ohne eigene Stimme."[315] Nach langjährigen Untersuchungen ist Möhrmann zum Ergebnis gekommen, daß die Kluft zwischen den wirklichen und imaginierten Müttern besonders tiefgehend ist, so daß es der Eindruck entsteht, Mütter stellten keinen Fall für die Kunst.[316] Hier soll jedoch betont werden, daß bei Mutter-Repräsentationen nicht nur in patriarchalischen Diskursen - eben auf diese Diskurse konzentriert sich die Untersuchung Möhrmanns - nicht die Repräsentierten selbst zum Wort kommen, sondern auch in den Texten von Frauen (vgl. dazu Helga M. Novaks Roman "Die Eisheiligen" (1979) oder Gabriele Wohmanns Roman "Ausflug mit der Mutter") und sogar in der feministischen Literatur, die ihre Mutterporträts durchgehend aus der Perspektive der sich emanzipierenden Töchter zeichnet (vgl. den Roman Heinrichs "Das Geschlecht der Gedanken"). Dabei fällt es auf, daß die meisten Geschichten autobiographisch geprägt sind (dies gilt auch für Wohmanns Roman "Ausflug mit der Mutter"), so daß die Feststellung Möhrmanns bezüglich der mangelnden *fiktiven* Müttercharaktere trotz einer Menge in der Zeit der feministischen Bewegung erschienen Texte, die unter anderem die Mutter-Tochter-Beziehung thematisieren, berechtigt zu sein scheint.

Die von Möhrmann hervorgehobene Absenz der Mütter war lange Zeit nicht nur für Fiktion, sondern auch für theoretische Diskurse typisch: Die Frage nach der Bedeutung der Mutter wurde sogar von der Frauenforschung (besonders aber von der deutschen Frauenforschung) in der Anfangsphase der neueren feministischen Bewegung ausgespart (erst in den 80er Jahren sind in Deutschland

---

[315] Möhrmann, Renate: Einleitung zu: Verklärt, verkitscht, vergessen: die Mutter als ästhetische Figur. Hrsg. von Renate Möhrmann. Stuttgart 1996, S.2.
[316] Vgl. Ebd., S.4f.

mehrere Studien[317] zu diesem Thema erschienen). Die amerikanischen feministischen Theorien der Identitätsentwicklung der Frau haben schon früher darauf hingewiesen, daß die engen Beziehungen zur Mutter und die Abhängigkeit von ihr die Identität und das Selbstbewußtsein der Tochter prägen.[318] Da vor allem Mütter ihre Töchter erziehen und sozialisieren, beeinflußt das mütterliche Selbstverständnis die Art und Weise, wie die Töchter ihre Weiblichkeit akzeptieren (zu den aus einer engen emotionalen Verbindung zwischen Mutter und Tochter resultierenden töchterlichen Identitätsproblemen siehe auch die im Kapitel 3.3. im Hinblick auf weibliche Kindheit und Adoleszenz erläuterten psychoanalytischen Konzepte). Problematisch ist diese Beziehung vor allem in dem Sinne, weil es sich bei der Verbundenheit von Mutter und Tochter um schwierige und sehr ambivalente Beziehungen handelt, "die von entgegengesetzten Gefühlen wie Haß und Liebe, Zärtlichkeit und Gewalt, Schuldgefühl und Empörung, Verachtung und Verehrung, Ablehnung und Fürsorge, Rache und Versöhnung getragen werden".[319] Auf der Suche nach einer weiblichen Identität (vgl. dazu Kapitel 2.3.) wollen deswegen feministisch orientierte Forscherinnen feststellen, welche Rolle die Mutter im Leben der Tochter spielt, wie sie die Inhalte der patriarchalischen Strukturen an die Tochter weitergibt, wie sich die Tochter mit der Mutterbindung abfindet und welche Vorstellungen von der Mutterschaft die Tochter selbst verinnerlicht.

Ähnlich wie die Mutterschaft selbst wurden auch die engen Verhältnisse zwischen Mutter und Tochter von manchen Feministinnen[320] kritisch bewertet (dies gilt vor allem für die erste Phase der neueren Frauenbewegung), weil sie das mangelnde weibliche Selbstbewußtsein und Minderwertigkeitsgefühl als negatives Ergebnis der patriarchalisch bestimmten Mutter-Tochter-Beziehung betrachteten (anders z.B. als die amerikanische Wissenschaftlerin Nancy Chodorow, die auch positive Auswirkungen der Mutter-Tochter-Beziehung auf

---

[317] In der deutschen Sprache wurde z.B. Mitte der 80er Jahre die aufschlußreiche Studie von Margarete Mitscherlich "Die friedfertige Frau" (Frankfurt 1985) veröffentlicht.

[318] Hier sollen zunächst die Theorien der Soziologin Jessie Bernard ("Women, Wives, Mothers. Values and Options", Chicago 1975) oder die der Soziologin und Psychologin Nancy Chodorow ("The Reproduction of Mothering", Berkeley 1978) genannt werden, die die Relevanz von andauernden und engen Beziehungen der Tochter zur Mutter betonen.
In ihrem in kurzer Zeit populär gewordenen theoretischen Beitrag zum Verständnis der Mutter-Tochter-Beziehung verweist Chodorow auf die besondere Stellung der Mutter in der Gesellschaft und hält die Mutterrolle für eins der wenigen universalen und andauernden Elemente der geschlechtsbestimmten Frauenarbeit; dabei versucht Chodorow zu zeigen, daß Mütter ihre Wünsche und Fähigkeiten zum Bemuttern und Betreuen auf die Töchter übertragen (zu den Theorien Chodorows siehe auch Aulls, S.62ff).

[319] Aulls, S.62.

[320] Die Mutter-Tochter-Beziehungen werden besonders negativ in solchen in Deutschland erschienenen populären feministischen Dokumentartexten wie "Ich schau in den Spiegel und sehe meine Mutter" (1979) von Barbara Franck oder "Manchmal hasse ich meine Mutter" (1981) von Erika Schilling dargestellt.

die Entwicklung weiblicher Psyche erkennt). Aus dem traditionellen Verhältnis zwischen Mutter und Tochter wurde negative Schlußfolgerung für die Möglichkeit töchterlicher Emanzipation gezogen: Die Mutter bzw. ihr prägendes Lebensbeispiel wurde als Störfaktor im Weg zur Unabhängigkeit und - was für Feministinnen besonders wichtig war - für die Selbstbefreiung von patriarchalischen Denkmodellen angesehen.

In der programmatischen Frauenliteratur werden überwiegend gestörte Verhältnisse zwischen Tochter und Mutter sichtbar gemacht (dazu siehe auch das Kapitel 3.3.). Die mütterliche Liebe assoziieren die emanzipatorisch bestimmten Heldinnen mit dem patriarchalischen Wertsystem, das in den Augen solcher Autorinnen wie Jutta Heinrich oder Brigitte Schwaiger vor allem eine Machtausübung eines stärkeren Männlichen über einen schwächeren Weiblichen darstellt. Die Heldinnen wollen der patriarchalischen Familienordnung, deren Vertreterin neben dem autoritären Vater auch die Mutter ist, entfliehen. Feministisch orientierte Autorinnen - sowie ihre Heldinnen - können deswegen als gegen die Mütter rebellierende Töchter bezeichnet werden. Mütter sind für diese Heldinnen weniger wichtig als autoritäre Väter und werden als Vorbilder abgelehnt, weil sie die herkömmliche Frauenrolle repräsentieren. Außerdem sind Mütter häufig diejenigen, die den Versuch unternehmen, ihre Töchter geschlechtsspezifisch zu erziehen (z.B. bei Schwaiger), deswegen spielt auch in den Selbstentwürfen der genannten Autorinnen die Abgrenzung gegen die eigene Mutter eine bedeutende Rolle.

In den meisten programmatischen Texten wird die Haltung der Mutter der Tochter gegenüber durch die patriarchalische Ordnung des Vaters bestimmt. Dies gilt sowohl für Brigitte Schwaigers Roman "Wie kommt das Salz ins Meer" als auch für ihren Roman "Lange Abwesenheit", in dem die Mutter ihre Tochter als "rücksichtslos" beschimpft und ihr "mit wutverzerrtem Gesicht" entgegenspringt, wenn die heilige Mittagsruhe des Vaters gestört wird.[321] Die Protagonistin im autobiographischen Roman "Das Geschlecht der Gedanken" von Jutta Heinrich zeigt, daß der dominierende, wegen seiner patriarchalischen Autorität sogar gehaßte Vater für sie anziehender als die schwache Mutter ist. Die Tochter erlebt die brutalen Demütigungen der Mutter durch den Vater und kann deswegen für die Mutter nicht Liebe, sondern allein Mitleid verspüren. Die Tochter beginnt allmählich alle Frauen zu verabscheuen, die unfähig sind, "die Inhalte der Unterdrückung oder Verhaltensweisen, die davon geprägt sind, aufzugeben"[322]. Um sich nicht mit ihren traditionell denkenden Müttern

---

[321] Vgl. Schwaiger, Brigitte: Lange Abwesenheit. Roman. Reinbek bei Hamburg 1982, S.15.
[322] Heinrich, Jutta: Das Geschlecht der Gedanken. München 1977, S.5. Es fällt auf, daß die Heldinnen feministischer Literatur unberechtigt die Verantwortung für die mangelhafte Erziehung alleine auf ihre Mütter abwälzen und ihnen sogar die Schuld an der töchterlichen Schwäche zuschieben, so heißt es z.B. in "Das Geschlecht der Gedanken": "Mich packte eine unbändigte Wut, daß sie, meine Mutter, mir keine andere Möglichkeit gab, als das zu werden,

identifizieren zu müssen, lehnen die Heldinnen der feministischen Literatur alles Weibliche in ihrem Verhalten ab.

In diesem Zusammenhang wäre es jedoch falsch, nur programmatischen Texten die Schilderungen eines gestörten Verhältnisses zwischen Mutter und Tochter zuzuschreiben.[323] Sogar die traditionell denkende Autorin Kaschnitz läßt in ihrem Buch "Das Haus der Kindheit" die selbst erlebte Mutter-Tochter-Beziehung in einem sehr negativen Lichte erscheinen, aber sie tut dies aus ganz anderen Gründen als feministisch orientierte Autorinnen: Während die Heldinnen Heinrichs oder Schwaigers über die traditionell bestimmte Lebensweise ihrer bürgerlichen Mütter klagen, äußert die Erzählerin Kaschnitz' die Trauer darüber, daß ihre Mutter die genannte Lebensweise, zu der traditionell auch die Erfüllung von Mutterpflichten gehört, ablehnt. Bezüglich des Verhaltens der Mutter im "Haus der Kindheit" behauptet Keßler, daß die Enttäuschung und die Gleichgültigkeit der Mutter, als sie erkennt, wieder ein Mädchen geboren zu haben (HK, 304) anstatt des Sohnes, an dessen männlicher Macht sie selbst noch ihren Anteil zu erwarten hätte, als Merkmal weiblichen Elends gelten kann.[324] Keßler vermutet, daß der Haß der Tochter gegenüber der Mutter dadurch entsteht, daß die Tochter die Mutter für die Verräterin des eigenen Geschlechts hält und deswegen dem der Realität entfernten Vater zuneigt.[325] Wie die Erinnerungen der erwachsenen Tochter an die Mutter zeigen, hat sie die Mutter vielmehr deswegen 'gehaßt', weil diese ihre als natürlich geltenden weiblichen Pflichten verraten hat, z.B. wenn das kleine Mädchen in der Nacht Angst hat und nach der Hilfe ruft, kommt anstatt der erwarteten Mutter das alte Kindermädchen (HK, 318). Niemals wird die Mutter liebevoll oder gütig genannt, weil ihr lebensfreudiges Gemüt bei der ernsten, sensiblen und melancholischen Tochter auf Auflehnung stößt.[326]

Als Verrat der weiblichen Pflicht der Sorge und Liebe betrachtet die Tochter auch die mütterliche "Lebensfrische" und "Munterkeit", während der Vater im Krieg ist: "und mein Vater ist in Rußland [...], und meine Mutter nimmt zu ihrem Vergnügen Gesangstunden, sie verbringt viele Stunden des Tages mit

---

was sie war und so stahl ich mir das Herrische vom Vater, um sie dafür zu strafen." (Ebd., S.23f).

[323] Eine erschreckende Dokumentation des Hasses zwischen Mutter und Tochter ist z.B. Helga M. Novaks Roman "Die Eisheiligen" (1976), selbst wenn es in diesem Roman nicht um die 'wirkliche' Mutter, sondern um die Adoptiv-Mutter geht; eine krankhafte Mutter-Tochter-Beziehung schildert auch Elfriede Jelinek in ihrem Roman "Die Klavierspielerin" (1983), in dem sie auf die Verbindungslinien zwischen Mutter und Tochter einen besonders sarkastischen Blick wirft und die dargestellte Situation von Ausbeutung und Brutalität ins Groteske steigert (eine ausführliche Analyse dieser beiden Romane bietet Aulls, S.164-186, 209-229).

[324] Vgl. Keßler, S.87.
[325] Vgl. Ebd.
[326] Vgl. Gersdorff, S.19.

solchen Übungen und ist dabei in der heitersten Laune, wer kann das verstehen?" (HK, 369). Die Erzählerin empfindet in erster Linie die Lieblosigkeit und das Desinteresse der Mutter, und die von den feministischen Literaturkritikerinnen festgestellte Tatsache, daß die Mutter auch nur Opfer einer männlichen Ordnung ist, in der die Geburt eines Sohnes mehr gilt als die einer Tochter[327], bleibt von der Erzählerin unreflektiert. Die Mutter gilt als Verräterin nicht deswegen, weil sie sich nicht über die Geburt eines Mädchens freut, sondern deswegen, weil sie den Vorstellungen der Tochter von weiblichen Verhaltens- und Empfindungsformen nicht entspricht. Sie verkörpert die Gleichgültigkeit - ganz im Gegensatz zum bürgerlichen Charakter der Mutterschaft und Mutterliebe - und präsentiert die auf Äußerlichkeit abgestellte Adelswelt. Obwohl Kaschnitz - nicht unähnlich etwa wie feministisch orientierte Autorinnen - eine gestörte Mutter-Tochter-Beziehung schildert, unterscheidet sich ihre Position sehr deutlich von späteren feministischen Tendenzen: Die Erzählerin im "Haus der Kindheit" kritisiert an dem Verhalten ihrer Mutter eben die Haltung, die später von radikalen Feministinnen eingenommen wurde, nämlich die Verweigerung der Mutterrolle und die Vernachlässigung von mütterlichen Pflichten; dabei sehnt sie sich nach einer fürsorglichen, dem bürgerlichen Mütterlichkeitsideal entsprechenden Mutter, deren Lebensmuster von feministischen Autorinnen kritisiert werden und deren positives Bild Gabriele Wohmann in ihrem Roman "Ausflug mit der Mutter" zeichnet (die Mutterfigur in Wohmanns Roman entspricht also dem Mutterideal der Kaschnitzschen Erzählerin).

In den 70er Jahren hat das Thema Mutter das Interesse vieler Autoren geweckt: Nicht nur in der feministischen Literatur wurden verschiedene Aspekte der Mutter-Kind-Beziehung problematisiert, sondern auch in den Texten der Autoren (z.B. Peter Handke, Thomas Bernhard) und Autorinnen, die der feministischen Bewegung von Anfang an ferngestanden sind. Zu dieser zweiten Gruppe gehört auch Wohmanns Roman "Ausflug mit der Mutter", der sich von feministischer Literatur dadurch unterscheidet, daß es hier nicht primär um ein gesellschaftliches weibliches Schicksal geht, sondern um sehr persönliche Erlebnisse (ähnlich also wie in Kaschnitz' Buch "Das Haus der Kindheit"). Die im Roman gelieferte Information verweist auf die Lebensgeschichte der Autorin, obwohl die Erzählerfigur an keiner Stelle explizit genannt wird und die fiktionale Distanz erhalten bleibt.

Wohmann zeigt in ihrem Bericht über die verwitwete Mutter, daß Mutter auch im Leben erwachsener Kinder eine wichtige Bezugsperson ist. Im Zentrum des Buches stehen die Beziehungen der ihre Lebensmitte erreichten Tochter zur Mutter. Albert von Schirnding bezeichnet die in diesem Roman dargestellten Beziehungen (sowohl die Ehe von Mutter und Vater als auch die Beziehung der Tochter zur Mutter) als Symbiose, die durch die "zur Ichkern-Verschmelzung

---

[327] Vgl. dazu: Stephan: Männliche Ordnung und weibliche Erfahrung, S.147.

gesteigerte Nähe des Zusammenlebens" zum Ausdruck kommt.[328] Die seelische Abhängigkeit der Tochter vom elterlichen Zuhause, dessen einzige Vertreterin nach dem Tod des Vaters die Mutter ist, ist offensichtlich. Die Tochter leidet einerseits unter den Schuldgefühlen, sich zu wenig um die Mutter zu kümmern, andererseits unter einem schwer definierbaren Liebesübermaß. Durch den Schreibvorgang versucht die Erzählerin, sich über ihre Gefühle zur Mutter klarzuwerden: "Der Artikuliationsversuch über die Mutter als Witwe ist meine extremste Zuwendung" (AM, 5)[329]. Die meisten Kritiker/innen heben die analytische Funktion der Auseinandersetzung mit der Mutter hervor: Indem die Tochter ihre Mutter auf eine literarische Ebene versetzt, könne sie ihre verwirrten Stränge von Verbindungslinien zur Mutter auseinander trennen und einzeln untersuchen.[330] Man kann aber auch eine weitere Funktion erkennen: Die Fiktionalisierung der Mutterperson kann in diesem Fall auch als verbindlicher Ausdruck töchterlicher Liebe betrachtet werden (Jurgensen nennt das Buch "eine Liebeserklärung an die allumfassende Mutter, eine Tour de force der guten Absicht"[331]).

Der Roman beginnt und endet mit dem Abschied der Tochter von der Mutter nach einem der vielen Besuche im elterlichen Haus. Die Abschiedsszene wird leitmotivisch durch das ganze Buch wiederholt. Häufige Besuche von Haus zu Haus, nützliche Alltagsberatung und gemeinsam verbrachte Festtage halten die Verbindung aufrecht. Bei der gegenseitigen Umarmung am Anfang des Romans muß die Tochter jedoch schmerzlich feststellen, daß ihr Verhalten "theaterhaft künstlich" (AM, 9) und das Verhältnis zur Mutter auf der emotionalen Ebene problematisch sind. Die Tochter empfindet, daß die ritualisierten Beziehungen nicht nur beglückend sind, sondern auch zur Aufgabe werden - keiner leichten, wenn der verwitweten Mutter gegenüber nur positive Gefühle zuzulassen und alle Hilfen unauffällig zu leisten sind. Immer wieder gerät die Tochter in eine "Gefühlspanik" (AM, 48), wenn sie die Worte "WIE SCHÖN FÜR MICH DASS ICH EUCH HABE" (AM, 58) hört. Die große, bedingungslose mütterliche Liebe wirkt auf die Tochter bedrohend, weil sie selbst unfähig zu sein scheint, bedingungslos zu lieben. Zu dem großen Bedauern der Tochter muß sie feststellen, daß ihre Zuneigungsgefühle der Mutter gegenüber nicht herzlich genug sind, obwohl sie die Mutter tatsächlich liebt. Aulls sieht das Problem der Tochter darin, daß sie ihrer verwitweten Mutter vor lauter Mitleid nicht mehr natürlich und spontan gegenüber treten kann.[332] Ihre Zuwendung

---

[328] Schirnding, Albert von: Schreiben als Rettungsaktion. In: Gabriele Wohmann. Materialienbuch. Hrsg. von Thomas Scheuffelen. Darmstadt, Neuwied 1977, S.105.

[329] Die Seitenangaben im Text beziehen sich auf die folgende Ausgabe: Wohmann, Gabriele: Ausflug mit der Mutter. Roman. Hamburg, Zürich 1978 (weiter wird die Abkürzung "AM" benutzt).

[330] Vgl. Aulls, S.99.

[331] Jurgensen: Deutsche Frauenautoren der Gegenwart, S.167.

[332] Vgl. Aulls, S.100.

drückt die Tochter in einer übertriebenen Form aus, wobei sie selbst ihr Verhalten als demonstrativ betrachtet (AM, 52). Um sich selbst näher zu kommen, unternimmt die Tochter als ersten Schritt den schriftlichen Versuch, die ambivalent[333] wirkende Beziehung zur Mutter neu zu klären und zu bewerten: "Schreiben über die Mutter ist die einzige Möglichkeit, über den Kopf der Mutter weg mit mir selbst zurechtzukommen." (AM, 63). Mit Hilfe der Mutter durchläuft die Erzählerin einen schwierigen "Klärungs- und Annäherungsprozeß"[334] an die andere Person und an sich selbst.

Die individuellen Erfahrungen von Mutter und Tochter bringen unterschiedliche weibliche Erfahrungsstrukturen zum Ausdruck. Während die Mutter trotz ihrer Trauer um den verstorbenen Mann als alternde Frau einverstanden mit sich und ihrem Leben ist, sucht die schriftstellerisch tätige Tochter als moderne Frau nach neuen Erfüllungsformen. Es ist klar, daß die Tochter nicht wie ihre Mutter leben kann, aber sie kritisiert keinesfalls die Lebensform der Mutter, die den Frauentypus der vorigen Generation präsentiert, d.h. den Typus der "sich selbst bis zur Unauffälligkeit, bis zu ihrem Verschwinden in der Familie nie geltend machenden Frauen" (AM, 120). Die Feststellung mancher Kritikerinnen, daß Wohmann eine große Kluft zwischen emanzipiert denkenden Töchtern und ihren traditionellen Müttern macht, ist deswegen wenig berechtigt.[335] Trotz eigener, oft gegensätzlicher Bedürfnisse bewundert die Tochter ihre Mutter, weil dieser die Selbstverwirklichung gelungen ist:

> "Ihr aber ist ebenfalls die Selbstverwirklichung gelungen, und wahrhaft vorzüglich, wie denn nur? Sie hat sich doch in 53 Jahren nie unzufrieden verleugnet gefühlt. Die Mutter hat ihr eigenes Wesen mit jeglichem Wunsch, mit jeder Anlage, Erwartung, existentieller Hoffnung, und zwar ganz und gar

---

[333] Die Ambivalenz der Beziehung kommt seitens der Tochter durch die gleichzeitige Ehrlichkeit und Künstlichkeit der Gefühle, ihren Egoismus und Altruismus zum Ausdruck.

[334] Knapp, Mona, S.104f.

[335] So eine Position vertreten z.B. die feministisch orientierten Kritikerinnen Helga Kraft und Barbara Kosta, die vor allem das emanzipatorische Potential des Romans "Ausflug mit der Mutter" beweisen wollen (vgl. Kraft, Helga; Kosta, Barbara: Das Angstbild der Mutter. Versuchte und verworfene Selbstentwürfe. Helga Novak, *Die Eisheiligen*, Jutta Heinrich, *Das Geschlecht der Gedanken*, Gabriele Wohmann, *Ausflug mit der Mutter*. In: Mütter-Töchter-Frauen: Weiblichkeitsbilder in der Literatur. Hrsg. von Helga Kraft und Elke Liebs. Stuttgart, Weimar 1993). Das Problem dieser Kritikerinnen sehe ich darin, daß sie die Werke von Novak, Heinrich und Wohmann zu wenig differenzieren und allen drei Autorinnen eine ähnliche Einstellung zum Mutter-Tochter-Konflikt unterstellen; auch die folgende Feststellung mag auf die Position von Novak und Heinrich vollkommen zutreffen, aber weniger auf die von Wohmann: "Die Geburtsdaten der Autorinnen und die Entstehungszeiten der Romane sind Indizien dafür, daß die Generation von Frauen, auf welche die zweite Frauenbewegung der siebziger Jahre größten Einfluß hatte, mit einer älteren Generation zusammenstößt, die noch in einer Atmosphäre scharf getrennter Geschlechterrollen aufgewachsen ist. [...] Die Protagonistinnen leiden, weil sie nicht die ihnen traditionell von der Gesellschaft zugeteilte Funktion annehmen wollen bzw. können" (ebd., S.216).

persönlich, in der Beziehung zu dem Mann verwirklicht, den sie geheiratet hat."
(AM, 121)

Im Gegensatz zu der in den 70er Jahren verbreiteten feministischen Neigung, in der traditionellen Hausfrauenrolle vornehmlich die Funktion der Aufopferung zu sehen (vgl. dazu den Roman "Wie kommt das Salz ins Meer" von Schwaiger), urteilt die Tochter in Wohmanns Roman viel differenzierter. Es wird deutlich, daß die Tochter unbewußt bedauert, durch das Ablegen der traditionellen Rolle etwas verloren zu haben. Enttäuscht muß sie feststellen, daß sie die mütterlichen Eigenschaften (z.b. bedingungslose Liebe), die sie bewundert, in sich nicht lösen kann. Durch die Analyse ihrer Beziehungen zur Mutter gewinnt also die Tochter ein besseres Selbstverständnis als Frau. Das von Wohmann entworfene realistische Portrait einer erfüllten und glücklichen Frau und Mutter steht im klaren Gegensatz nicht nur zu den Texten der programmatischen Frauenliteratur, sondern auch zur idealisierenden Gestaltung des Muttermythos in Karin Strucks Buch "Die Mutter".

Anders als in den programmatischen Texten der neueren Frauenbewegung wird die Mutter in Wohmanns Roman nicht als eine durch die Dominanz des Mannes gequälte Frau dargestellt (anders z.B. als im oben genannten Roman Schwaigers), wenn auch die von der Emanzipationsposition kritisch bewertete Ahängigkeit der Frau hier nicht geleugnet werden kann. Die Tochter gibt zu, daß die Mutter früher kein "Eigenleben" (AM, 68) hatte, aber sie hält es für bemerkenswert, daß die Mutter selbst ihr Frau- und Mutterdasein nie als Unterdrückung empfunden hat. Obwohl die Tochter das Leiden der verwitweten Mutter teilweise auf ihre traditionellen weiblichen Eigenschaften (z.B. das Sich-Definieren durch die Familie) zurückführt, wird das Mutterbild nicht eindeutig als in patriarchalischer Unterdrückung entmenschlicht gesehen (vgl. dazu Jutta Heinrichs Roman "Das Geschlecht der Gedanken"). Man kann deswegen der Meinung der Kritikerinnen schwer zustimmen, die behaupten, daß die selbstlose, naive Mutter durch ihre Hilflosigkeit den Abscheu der Tochter hervorruft.[336] Außerdem gibt es im Roman genug Stellen, die beweisen, daß die Mutter ein viel selbständigeres Leben führt, als die Tochter es glaubt.

Während die meisten feministisch orientierten Autorinnen, die ihre Werke in den 70er und 80er Jahren veröffentlichen (z.B. Heinrich, Schwaiger) die Mutter-Problematik durch die Versuche heranwachsender Töchter erforschen, die das traditionell bestimmte weibliche Ich ablegen wollen, stellt Wohmann eine erwachsene verheiratete Tochter dar, die ihr Leben als Frau bereits gestaltet hat.[337] Über ihre eigene weibliche Rolle als Gattin und Mutter scheint sich die traditionell erzogene Erzählerin klar zu sein, in der Auseinandersetzung mit der Mutter will sie sich auch über ihre Rolle als Tochter klarwerden, d.h. sie will die traditionellen Aufgaben der Tochter richtig erfüllen. An dieser Stelle muß betont

---

[336] Vgl. Ebd., S.234.
[337] Vgl. Ebd., S.232.

werden, daß die traditionelle Erziehung in der Elternfamilie die Tochter daran nicht gestört hat, eine Art Selbständigkeit durch ihren Beruf als Schriftstellerin zu erreichen; vielmehr scheint es ihr gelungen zu sein, das Familienleben mit dem beruflichen zu vereinbaren.

Indem Wohmann ein positives Mutterbild zeichnet, bezieht sie indirekt Stellung gegen die von ihr nur als modisch begriffenen Emanzipationsansprüche einer Frau.[338] Im Gegensatz zur seelischen Zerrissenheit der scheinbar emanzipierten Tochter erscheint die Zufriedenheit der Mutter mit ihrem gewählten Leben und ihre innere Harmonie in einem sehr positiven Lichte. Es macht die Tochter sogar verstört, daß die sich früher nur durch den Mann definierende Mutter nach dem Tod des Vaters Selbständigkeit lernt: Sie hat "eigene Ideen" und "selbständige Einfälle" (AM, 51). Die Erzählerin leitet die Harmonie der Mutter und ihre Stärke (sie ist z.B. fähig, ihr Witwendasein wahrhaft anzunehmen) aus der Familienstruktur des Elternhauses ab: "Wie lebhaft sie war. Wie interessiert, wie vergnügt, wie angeregt und selber anregend." (AM, 49). Ihren Lebenssinn hat die Mutter ohne Bitterkeit wegen Selbstaufopferung in der Betreuung der Familie gesehen. Die Mutter präsentiert tradierte bürgerliche Werte (z.B. Familie, enge Eltern-Kinder-Beziehungen, intime familiäre Rituale wie gemeinsames Kaffeetrinken (AM, 13) oder Silvesterfeiern (AM, 63)), die durch moderne Lebensformen erschüttert wurden. Einige Interpreten (Gerhard P. Knapp, Hartmut Scheible) sind der Meinung, daß es in diesem Roman um die Rettung der Familie als kleinster sozialer Zelle geht.[339] Hartmut Scheible geht sogar so weit, die Autorin zu beschuldigen, sie möchte durch die "ideologieträchtigen Harmonisierungsversuche" das Vakuum auffüllen, das entstanden ist, nachdem solche für die bürgerliche Familie typischen Gefühlsqualitäten wie Intimität, Wärme, Geborgenheit an Relevanz verloren haben und der klar definierbare Auftrag der Familie unbestimmt wurde.[340] Auch wenn die Autorin nicht absichtlich Harmonisierungsziele verfolgt, verdeutlicht die durchweg positive Darstellung der Lebensweise der Mutter unverkennbar die Tatsache, daß Wohmann die traditionelle patriarchalische Auffassung der Familie und die

---

[338] Vgl. Knapp, Gerhard P., S.107.

[339] Vgl. Ebd., S.106. "Hieran ändert der Umstand nichts, daß durch den Tod des Vaters und das Erwachsensein der Geschwister das ursprünglich mehrpolige Familiengefüge nun auf das zweipolige Mutter-Tochter-Verhältnis reduziert wurde und von dort aus wieder überprüft, bedacht und (durch das Hinzutreten der Schwiegersöhne) aufs neue erweitert werden muß", schreibt Gerhard P. Knapp (ebd.).
Eine ähnliche Position vertritt auch Hartmut Scheible: "Als Ziel der Analyse der für gewöhnlich geschmähten bürgerlichen Familie erscheint hier nicht deren Abschaffung, sondern ihre Rettung; verkrampft ironische Formulierungen wie die vom »harten Kern« der Familie oder der »Schutzhaft«, in der das behütete Kind aufgewachsen ist, verraten zwar einige Unsicherheit der Erzählerin, sie enthalten jedoch keine grundsätzliche Distanzierung." (Scheible, Hartmut: Rückkehr zum Selbstverständlichen. In: Gabriele Wohmann. Materialienbuch. Hrsg. von Thomas Scheuffelen. Darmstadt, Neuwied 1977, S.103f).

[340] Vgl. Ebd., S.104.

Rolle der Frau innerhalb dieses Rahmens akzeptiert. Die Autorin stellt sich eine der häufigsten Fragen des engagierten Feminismus - ob eine Frau ihre Identität durch Mann und Familie begründen kann und darf - und beantwortet diese Frage durchaus positiv.

In Wohmanns Roman kommen die enge Verbundenheit der Tochter mit der Mutter und die positiven Aspekte gegenseitiger Abhängigkeit ständig zum Ausdruck, so daß diese Situation nicht der häufigen Annahme entspricht, erwachsene Kinder bräuchten ihre Mutter nicht mehr. Nach dem Tod des Vaters erscheint die Mutter als Person, von der die Tochter traditionellerweise Lebensklugheit erwerben kann. Mit mütterlicher Hilfe kann die Erzählerin ihre Angstgefühle in Hoffnung, ihre Enttäuschung in Zufriedenheit verwandeln, weil die Mutter einfach, ganz natürlich und in sich ruhend ist.[341] Die Tatsache, daß die Mutter den Tod des geliebten Menschen verarbeitet hat, zeigt der Tochter, daß die Berührungsangst als Ausdruck einer gewissen Gefühlsohnmacht überwunden werden soll und daß man vor emotionalen Bindungen nicht fliehen muß[342], wie es die meisten Figuren Wohmanns tun. Die Beschäftigung mit der Mutter führt die Tochter am Ende des Berichtes zur befriedigenden Feststellung, daß sie ihre innere Verwirrung größtenteils überwunden hat.[343] Es ist deswegen der Behauptung Helga Krafts und Barbara Kostas zu widersprechen, Wohmann biete ein "nacktes Bild des beklagenswerten Schicksals, das viele verwitwete, >traditionelle< Frauen erleben, die im Leben ihrer Kinder nur noch ein geduldeter Störfaktor sind".[344] Im Roman Wohmanns erscheint die Mutter keineswegs nur als "Störfaktor": Für die Tochter ist sie in vielen Situationen

---

[341] Vgl. Aulls, S.103.

[342] Die anfängliche Einstellung der Tochter gegenüber der Zweieinigkeit wurde durch die Scheu vor der Hingabe geprägt: "In einer Anhänglichkeit darf einer nicht sich selber verlorengehen. In der Zweierbeziehung muß jeder Partner ein eigenes Selbst entwickeln, es kaltblütig gewissenhaft hegen und fördern. Er muß etwas Unabhängiges von sich aus der Bindung mit dem anderen Partner heraushalten. Dieses Unabhängige sollte gefühllos vom anderen geschieden bleiben, so daß es nicht zu irgendeinem Zeitpunkt wie etwa dem des Todes oder auch nur einer banaleren Trennung in die Gefahr kommen kann, von Empfindungen heimgesucht zu werden." (AM, 120)

[343] "Erstaunt bewege ich mich in einem Wunder. Ich bin froh. Ich erlebe nicht den Rausch von Verzweiflung und Schuld, Trauer, Sehnsucht, Hoffnung, Zärtlichkeit, ja und auch die Wut über alles Versagen, sie haben jetzt in mir eine ruhige Übereinkunft getroffen. Ganz unaufwendig denke ich an meine Mutter, ganz benebelt bin ich ganz klar. Ja, sie ist eine Witwe." (AM, 137)

[344] Kraft; Kosta, S.238. Als 'Störfaktor' gilt in der feministischen Literatur auch das tradierte, von Müttern vertretene Frauenbild. Es wurde bereits erwähnt, daß zahlreiche feministische Soziologie- und Psychologiestudien sich mit der Frage beschäftigen, welchen Einfluß das verinnerlichte Mutterbild auf die Tochter ausübt, und stellen fest, daß so eine Bildübernahme die Tochter zu großen psychischen Störungen führen kann; besonders das Bild der tradierten Weiblichkeit, das von vielen Töchtern in ihrer Kindheit zu eigen gemacht wurde, steht in Opposition zu dem neuen Image einer autonomen Frau (siehe dazu: Ebd., S.238ff).

eine Hilfsinstanz, die ihr ein Stück weiter zu sich selbst verhilft, so z.B. wenn sich die Tochter um "die Selbstverständlichkeit" (AM, 127) bemüht, die die Mutter nie verloren hat. Die Selbstverständlichkeit und die natürlichen Bindungen sollen so etwas wie Ruhe und Geborgenheit vermitteln. Zur "Selbstverständlichkeit" gehören in diesem Buch unter anderem die gemütlichen Abende im Kreise der Familie, die gegenseitige Hilfe der Familienmitglieder zu einander. Hans Wagener hält deswegen diesen Roman für "das intimste und gefühlvollste Buch der Wohmann"[345]. Mit diesem Buch leistet Wohmann einen differenzierteren literarischen Beitrag zu dem in den 70er und 80er Jahren häufig diskutierten Mutter-Tochter-Verhältnis, das in der feministischen Literatur in einem ganz anderen, meistens negativen Lichte erscheint.

3.6.4. Zwischenergebnisse

Ende des 18. Jahrhunderts entstand allmählich das Leitbild der einfühlsamen, opferbereiten, für das Wohl des Kindes verantwortlichen Mutter, ein Mutterbild also, das bis heute an seiner Wirksamkeit kaum verloren hat. Diese Auffassung der Mütterlichkeit kommt auch in den Texten von Kaschnitz zum Ausdruck. Traditionellen Mutterschaftskonzepten entsprechend, stellt Mutterschaft in den Augen dieser Autorin eine der Grundbedingungen für die Erfüllung der als natürlich geltenden weiblichen Bestimmung, aber auch für die Stärkung sozialer Positionen einer Frau in der patriarchalischen Gesellschaft dar (vgl. dazu den Roman "Liebe beginnt"). Mutterschaft als der 'ewige Wille der Natur' (vgl. dazu die Schwangerschaftsträume der Protagonistin in "Liebe beginnt" und ihre Konfrontation mit steinernen Müttern) wird als spezifisches Privileg von Frauen und als Gegenkraft zur männlichen Welt positiv bewertet. Welch eine große Bedeutung der Mutterschaft in "Liebe beginnt" zugemessen wird, zeigt unter anderem der Umstand, daß der Roman mit dem idyllischen Bild einer werdenden Mutter endet, die ihr Leben als Frau als verwirklicht ansieht und dank der Mutterschaft auch frühere Depressionen (z.B. ihre Zweifel an der Partnerbeziehung) überwinden kann.

Die feministische Bewegung der 70er Jahre hat das tradierte Verständnis von Mütterlichkeit in Frage gestellt: Feministisch orientierte Wissenschaftlerinnen und Autorinnen betonen die aus der heutigen Sicht als selbstverständlich wirkende, in früheren Epochen jedoch häufig übersehene Tatsache, daß Mütterlichkeit nicht bloß eine biologische Kategorie ist, sondern vielmehr eine soziale, die sich entsprechend gesellschaftlichen Veränderungen wandelt. Als ein wichtiger Grund für die Wandlung des traditionellen Mutterbildes kann auch die außerhäusliche Tätigkeit von Frauen gelten, die im 20. Jahrhundert zu einer immer häufigeren Erscheinung wurde und durch die Frauenbewegung neue Impulse enthielt. In der Literatur wird das moderne Bild der berufstätigen

---

[345] Wagener, S.51.

Mutter unterschiedlich bewertet: Während die programmatischen Texte (z.B. die Romane Margot Schröders) die Befreiung der Frau aus dem häuslichen Bereich feiern, vertritt Kaschnitz die traditionelle Überzeugung, daß Kinderpflege und -erziehung von Frauen keineswegs vernachlässigt werden sollten (vgl. dazu ihre Erzählung "Popp und Mingel"). Ähnlich wie bei Kaschnitz bleibt auch in den Texten Wohmanns (vgl. dazu den Roman "Ausflug mit der Mutter") die Einsatzbereitschaft der Mutter für ihre (auch erwachsenen) Kinder eine positiv bewertete Komponente im Mutterbild, obwohl die mütterlichen Eigenschaften der Selbstopferung an manchen Stellen als Schwächen bezeichnet werden.

Sowohl feministisch orientierte als auch als afeministisch geltende Texte (z.B. die von Kaschnitz oder Wohmann) akzeptieren die fundamentale Bedeutung der Mutter für die Identitätsentwicklung der Tochter, obwohl sie bei der Gestaltung der Mutter-Tochter-Beziehung unterschiedliche Aspekte der Abhängigkeit und Identifikation betonen. Die Texte der programmatischen Frauenliteratur (z.B. die von Heinrich oder Schwaiger) erzählen die Leidensgeschichten der Töchter, die mit ihren schwachen, sich ständig dem väterlichen Willen unterwerfenden Müttern keine positive Identitätsentwicklung erfahren können. An den feministisch gezeichneten Generationsbildern wird erkennbar, daß Mütter und Töchter in unterschiedlichen gesellschaftlichen Rahmenbedingungen aufgewachsen sind und deswegen auch unterschiedliche Vorstellungen von weiblichem Leben, von Familie, Partnerschaft und Mutterschaft haben. Feministische Autorinnen schildern überwiegend negative Verhältnisse zwischen den sich emanzipierenden Töchtern und ihren der älteren Generation zugehörenden und traditionell denkenden bürgerlichen Müttern, deren Lebensweise sich vor allem auf die Erfüllung ihrer Pflichten als Ehefrauen und Mütter konzentriert. Eine gegensätzliche Familiensituation schildert Kaschnitz in ihrem Buch "Das Haus der Kindheit", in dem die Mutter von der Tochter gerade deswegen 'gehaßt' wird, weil sie ihre traditionell als weiblich geltenden Pflichten ablehnt und die Mutterrolle verweigert. Als mütterliches Ideal gilt bei Kaschnitz eine den Kindern mit Rat und Tat beistehende Mutter, d.h. eine Mutter, die in den programmatischen Texten als Störfaktor der weiblichen Emanzipation angesehen wird.

Solch eine Mutter, nach der sich die Erzählerin Kaschnitz' sehnt, schildert Wohmann in ihrem Roman "Ausflug mit der Mutter". Ähnlich wie in den feministischen Texten wird auch bei Wohmann die patriarchale Ausgrenzung der Mutter sichtbar gemacht: Der Unterschied liegt nur darin, daß in der feministischen Variante die rollenkonformen Mütter ausgegrenzt und kritisiert werden, während Wohmann nur die Andersartigkeit der mütterlichen Lebensmodelle feststellt, diese jedoch keineswegs als defizitär zu präsentieren versucht. Wohmann verwirft auch die feministischen Modelle, die töchterliche Trennung von der Mutter als Ziel der Identitätsentwicklung ansehen, und bejaht dagegen die weiterbestehende Verbindung zwischen zwei Frauengenerationen als eine durchaus positive Erscheinung. Auch wenn es in "Ausflug mit der Mutter" um die Trennungsversuche seitens der Tochter geht, werden hier vor allem die Versuche, sich von den Banden mütterlicher Liebe zu lösen, gemeint - keineswegs aber die Bemühungen, die traditionell bestimmte Denk- bzw. Verhaltensweise der Mutter zu negieren und sich dem Einfluß der patriarchalischen Strukturen zu enziehen, wie es in den feministischen Texten häufig der Fall ist. Anders als feministisch orientierte Heldinnen versucht die Protagonistin Wohmanns nicht, sich gegen ihre Mutter abzugrenzen: Die Tochter lernt die Mutter als eine Frau mit eigener Geschichte und eigener Persönlichkeit zu verstehen und betrachtet die enge Verbundenheit zwischen ihnen als beiderseitige Stärke. Im Hinblick auf die in diesem Kapitel erörterten Mutterbilder läßt sich also feststellen, daß es sich hier um zwei traditionelle Muttervorstellungen (wie man sie z.B. in europäischen Märchen findet) handelt: In diesen Texten stehen 'böse' (vgl. dazu die programmatischen Texte Schwaigers und Heinrichs sowie Kaschnitz' "Das Haus der Kindheit") und 'gute' Mütter (vgl. Wohmanns "Ausflug mit der Mutter") einander gegenüber.

4. GESTALTUNG DER BEZIEHUNGEN ZWISCHEN FRAU UND MANN IN DER PROSA VON MARIE LUISE KASCHNITZ, GABRIELE WOHMANN UND BRIGITTE KRONAUER

4.1. Darstellung der Vater-Tochter-Verhältnisse

4.1.1. Spezifik der von Frauen verfaßten literarischen Vaterporträts

Lange Zeit stand im psychologischen sowie literarischen Mittelpunkt die konfliktreiche, von Rivalitäten und Rebellion geprägte Beziehung von Vätern und Söhnen. Erst viel später, infolge der neueren feministischen Bewegung wurde die Mutter - vor allem in den von Frauen verfaßten Texten - ein relevantes literarisches Thema (vgl. dazu das vorhergehende Kapitel). Die von Frauen über Väter geschriebenen Texte waren - verglichen mit den vielen Texten, die Söhne über ihre Väter geschrieben haben - eher selten[1], aber Ende der 70er Jahre rückte die Figur des Vaters in den Mittelpunkt des allgemeinen Interesses. Auch in den Büchern von Töchtern wurde das Verhältnis zum Vater als nicht weniger grundlegend für ihr Selbst- und Weltverständnis als das Verhältnis zur Mutter erkannt. Der Zusammenhang zwischen diesen Themen ist offensichtlich und unausweichlich, deswegen haben viele Autorinnen ihre beiden Eltern erinnert und entworfen.[2]

Die neue intensive Beschäftigung mit den Eltern-Gestalten ist untrennbar mit der für die westdeutsche Literatur der 70er Jahre signifikanten 'Neuen Subjektivität' verbunden. Eine deutliche autobiographische Tendenz in der damaligen Literatur hatte zur Folge, daß eine Reihe von Büchern sowohl aus

---

[1] Im Unterschied zur Literatur sind die Vater-Tochter-Beziehungen häufige Themen von Mythen, Märchen oder biblischen Erzählungen; in vielen Fällen stellen diese Überlieferungen einen das Leben der Tochter bestimmenden Vater dar und unterstützen dadurch die Tradition der patriarchalischen väterlichen Macht (obwohl viele Väter in diesen Überlieferungen als liebend und um das Wohlergehen ihrer Töchter besorgt erscheinen, geschieht es häufig, daß die Lieblingstochter des Vaters durch seine Entscheidung nicht nur den Göttern geopfert, sondern auch dem Teufel versprochen wird).

[2] In diesem Zusammenhang ist der Literaturwissenschaftlerin Heidi Gidion zu widersprechen, daß die seelische Energie der Töchter als Autorinnen jeweils nur für die Bemühung um ein Elternteil ausreicht: "Es ist entweder die Beziehung zum Vater oder die zur Mutter, der die [...] Autorinnen nach-denken, die ihnen Schreibanlaß, Schreibimpuls, Schreibzwang wird", so Gidion (Gidion, Heidi: Was sie stark macht, was sie kränkt. Töchter und ihre Väter. Freiburg 1993, S.28); auch wenn im Vordergrund ein Elternteil steht, werden in vielen Tochterbüchern (so z.B. in Wohmanns Roman "Ausflug mit der Mutter", in dem die Mutter von der Autorin immer im Bezug auf den Verlust des Vaters wahrgenommen wird) beide Eltern in ihrem Verhältnis zueinander und zu den Kindern dargestellt.

männlicher als auch aus weiblicher Feder erschienen ist, die die Persönlichkeit des eigenen Vaters erinnernd darstellen (so sind z.B. alleine im Jahr 1980 Christoph Meckels "Suchbild", Jutta Schuttings "Der Vater", Brigitte Schwaigers "Lange Abwesenheit" erschienen). Die zahlreichen literarischen Vaterdarstellungen zeugen davon, daß auch eine immer mehr 'vaterlos' werdende Gesellschaft, von der Alexander Mitscherlich in seiner berühmten sozialpsychologischen Studie "Auf dem Weg zur vaterlosen Gesellschaft" (1965)[3] spricht, die Beschäftigung mit dem Vater keineswegs ausschließt: Die Autoren und Autorinnen versuchen vielmehr, sich einer Figur zu nähern, deren lange Zeit kaum angreifbare Autorität infolge des Zweiten Weltkrieges und anderer gesellschaftlicher Veränderungen (z.B. die Tendenz zur Kleinfamilie oder der Kampf um die Gleichberechtigung der Frau) problematisch wird. Einige dieser 'Vaterbücher' (z.B. "Suchbild" von Meckel) setzen sich mit der politischen Haltung der Väter zwischen 1933 und 1945 auseinander, aber in den meisten Fällen entspringt der Impuls zu so einer Auseinandersetzung den eigenen, ganz persönlichen Erinnerungen, die den Vater vor allem als Menschen präsentieren (dadurch zeichnen sich auch die meisten töchterlichen Versuche aus, auf die in diesem Kapitel näher eingegangen werden soll).

Da es in der vorliegenden Arbeit um das Verhältnis zwischen weiblichen und männlichen Prinzipien bzw. um das Verhältnis zwischen Frau und Mann geht, kann keineswegs die allererste Phase ihrer Konfrontation, nämlich die Vater-Tochter-Beziehung, außer acht gelassen werden. Nach den einführenden Bemerkungen zur traditionellen Vaterrolle und zu den wichtigsten theoretischen Aspekten der Vater-Tochter-Beziehung soll in diesem Kapitel untersucht werden, wie die schreibenden Frauen Väter - es handelt sich hier keineswegs nur um die biographischen Vatergestalten, wie sie in den oben erwähnten 'Vaterbüchern' anzutreffen sind, sondern auch um die symbolischen Vaterbilder - darstellen und welches Vater-Tochter-Verhältnis in ihren Texten zum Ausdruck kommt. An dieser Stelle soll darauf hingewiesen werden, daß sowohl in der feministischen Literatur als auch bei den von mir behandelten Autorinnen biographische und fiktive Vaterbilder zusammenfallen. Wenn die Tochter ein Vaterbild schreibend zu schaffen versucht, fließt bewußt oder unbewußt etwas ein nicht nur von dem eigenen Vaterbild, sondern auch von der traditionellen

---

[3] In seiner Studie analysiert Mitscherlich das durch gesellschaftliche und ökonomische Veränderungen bedingte Unsichtbarwerden des Vaters, den sein Beruf aus dem Lebenskreis des Kindes herausführt, bzw. die Reduktion des Vaters auf eine inhaltsleere Autoritätsfigur. Hier soll darauf hingewiesen werden, daß einige Wissenschaftler/innen, so z.B. Jessica Benjamin, behaupten, daß Mitscherlichs Thesen von dem Schwinden väterlicher Macht in westlichen Ländern wenig berechtigt sind und daß väterliche Dominaz immer noch ein wichtiges Element der patriarchalisch geprägten Gesellschaft ist (vgl. dazu: Klages, Norgard: Look back in anger: mother-daugther and father-daugther relationships in women's autobiographical writings of the 1970s and 1980s. New York, Washington 1995, S.46ff).

Vatervorstellung, die sich in den vergangenen Epochen herausgebildet hat. Dieser historische Vater, der einmal für die Tochter die Macht schlechthin war, der sie lehrte und versorgte, verheiratete oder ins Kloster steckte, prägt auch die heutigen Vorstellungen von Väterlichkeit (in vielen Fällen kann deswegen nicht so sehr direkt von den Vätern als eben von ihren Bildern bzw. Vorstellungen die Rede sein). Die vorliegende Analyse soll beweisen, daß Väter immer noch als Macht erlebt werden, mit der die Töchter konfrontiert sind - nicht nur im väterlichen Haus, sondern auch in der patriarchalisch geprägten Gesellschaft schlechthin. Obwohl die Rolle des Vaters heutzutage sich deutlich geändert hat (dies soll später am Beispiel der Texte Wohmanns und Kronauers, in denen der Vater eher als Freund als der bestimmende Patriarch erscheint, verdeutlicht werden), wird in diesem Kapitel nicht um die Entwicklung eines neuen Vaterimage, sondern um die Elemente des traditionellen Vaterbildes und ihre Erscheinungsformen in den Texten der gewählten Autorinnen gehen. Im Hinblick auf eine große Zahl der feministischen Darstellungen eines traumatischen und krisenhaften Verhältnisses zwischen Vater und Tochter (von ihnen wird an einer anderen Stelle ausführlicher die Rede sein) ist es m.E. relevant zu zeigen, daß in manchen Texten aus derselben oder etwas späterer Zeit (hier sind vor allem die Texte Wohmanns und Kronauers gemeint) die Töchter die väterliche Autorität traditionellerweise akzeptieren und auch positive Seiten der Vater-Tochter-Beziehung wahrnehmen. Da alle drei Autorinnen deutlich machen, daß Väter immer etwas Widersprüchliches (Sorge und Kontrolle, Liebe und Strenge) in sich verbinden, sollen in diesem Kapitel verschiedene Aspekte ihrer literarischen Vatergestalten erläutert und die Unterschiede zu den überwiegend negativ dargestellten Vaterfiguren der programmatischen Frauenliteratur erörtert werden.

Die Bedeutung des Vaters für die Tochter ergibt sich aus der geschlechtsspezifischen Rollenverteilung in der Familie: Im Unterschied zur Mutter besetzt der patriarchalische Vater die Position der privaten und gesellschaftlichen Autorität. Ein Familienvater hatte lange Zeit das Recht, seine Frau und seine Kinder nach außen zu vertreten, ihnen zu befehlen, er trug aber auch für sie Verantwortung. Die Tochter erscheint in der traditionellen, patriarchalisch bestimmten Familie gegenüber dem mächtigen Vater viel mehr als der Sohn als die Schwächere, die sich dem väterlichen Willen unterwerfen soll oder - wie im Fall der späteren feministischen Literatur- sich gegen seine Autorität zu wehren versucht. Traditionell gilt der Vater für die Tochter als Verkörperung von Dominanz und Gehorsamsforderung, deswegen schwanken töchterliche Gefühle zum Vater zwischen Furcht und Bewunderung. Das traditionelle Vaterbild ist immer mehr oder weniger ambivalent: beschützend, versorgend, aber zugleich auch dominierend, mächtig, manchmal sogar fremd.

Obwohl die Sozialisationsforschung oder Psychologie sich - im Vergleich zu zahlreichen Forschungen der Vater-Sohn-Beziehungen oder Mutter-Tochter-

Beziehungen - nur äußerst verhalten zum Thema 'Vater-Tochter-Beziehung' geäußert haben[4], machen auch die wenigen Untersuchungen (so z.B. Linda Leonards Studie "Töchter und ihre Väter. Heilung und Chancen einer verletzten Beziehung", 1985) deutlich, daß es hier um ein vielschichtiges Verhältnis[5] handelt. Wenn die Tochter heranwächst, hat ihre Beziehung zum Vater eine tiefe Auswirkung auf ihr emotionales und spirituelles Wachstum. Er ist die erste männliche Gestalt in ihrem Leben, deswegen bestimmt die Art, wie er sich zu der Weiblichkeit der Tochter verhält, die Art und Weise, wie sie selbst in ihre Weiblichkeit hineinwächst.[6] Es ist also dieselbe Person, die durch seine Gehorsamsforderungen töchterliche Minderwertigkeit, andererseits aber durch die Anerkennung ihrer Weiblichkeit ihr Selbstvertrauen stärken kann. Feministinnen klagen auch darüber, daß es überwiegend die Väter sind, die das traditionelle, geschlechtsspezifische Verhalten der Töchter beeinflussen und die Ausbildung bestimmter, traditionell als weiblich geltender Eigenschaften (z.B. Passivität, Unterwerfungswille) unterstützen.[7]

Eine der wichtigsten Vaterrollen (wenn es sich um vollständige Familien handelt) besteht darin, die Tochter aus dem behüteten Bereich der Mutter und des Heims in die äußere Welt zu führen (diese Aufgabe des Vaters kommt auch in den Werken der gewählten Autorinnen zum Ausdruck und soll später am

---

[4] Die feministisch orientierte Wissenschaftlerin Gisela Moffit vermutet, daß das Schweigen über Vater-Tochter-Beziehungen lange Zeit das In-Frage-Stellen der väterlichen Allmacht verhindern sollte: "One of the reasons for the noticeable absence of daughter-father relations in research, as well as in narrative and public discourse, until recently was that such a discussion would challenge the mythology of the family and thus expose the strategies used to train daughters for a social order", schreibt Moffit (Moffit, S.33). Als einen der bedeutendsten Theoretiker, der die Relevanz der Vater-Tochter-Beziehungen anerkannt und auch in seinen Theorien betont hat, nennt Moffit Sigmund Freud; obwohl sie die einseitige Betonung väterlicher Dominanz und töchterlicher Passivität durch Freud aus der feministischen Perspektive ablehnt, skizziert sie in ihrer Studie seine wichtigsten Theorien, in denen unter anderem auch die Vater-Tochter-Beziehung diskutiert wird, so z.B. Freuds Theorien des Ödipus-Komplexes, der Hysterie und Neurose, der weiblichen Sexualität (vgl. dazu: Ebd., S.37ff).

[5] Linda Leonard zählt mehrere Gründe auf, die zur Verwundung der Vater-Tochter-Beziehung führen können: "Der Vater kann außerordentlich schwach sein und seiner Tochter Anlaß gegeben haben, sich für ihn zu schämen [...]; oder er kann ein abwesender Vater sein, der seine Familie willentlich verläßt [...]. Die Abwesenheit kann auch auf Tod, Krieg, Scheidung oder Krankheit zurückzuführen sein - alle diese Umstände trennen den Vater von seiner Familie. [...] Eine andere Weise, in der ein Vater seine Tochter verwunden kann, besteht darin, so nachgiebig gegen sie zu sein, daß sie kein Gefühl für Grenzen, Werte und Autorität bekommt. [...] Oder es kann sein, daß er auf sie herabsieht und das Weibliche entwertet, weil er seine eigene weibliche Seite dem Ideal der macho-maskulinen Macht und Autorität geopfert hat." (Leonard, Linda: Töchter und Väter: Heilung und Chancen einer verletzten Beziehung. Aus dem Amerikanischen von Susanne Schaup. München 1985, S.30).

[6] Vgl. Ebd., S.32.

[7] Vgl. dazu Moffit, S.41.

Beispiel einiger Textstellen erläutert werden). Besonders in der patriarchalisch bestimmten Gesellschaft des bürgerlichen Zeitalters, in der die Mutter zur häuslichen und der Vater zur öffentlichen Sphäre gehörten, war es vor allem der Vater, der den Zugang der Tochter zur Welt symbolisch verkörperte. Soziologen und Psychologen[8] stimmen darin überein, daß der väterliche Einfluß für die Tochter besonders wichtig ist, wenn sie sich in den späteren Phasen ihrer Identitätsfindung aus der symbiotischen Mutter-Tochter-Beziehung befreien will. Ulla Grandell vermutet, "daß bei dem Mädchen ein ursprüngliches Bedürfnis nach dem Vater und seiner spezifisch *männlichen* Liebe vorhanden sein könne, und zwar als fundamentales weibliches Bedürfnis einerseits und als Bedürfnis nach einer 'männlichen Stütze' im Prozeß der Befreiung von der Mutter andererseits".[9] Der Vater ist unverkennbar eine relevante Figur sowohl für die Verwandlung der ursprünglichen Bindung zwischen Mutter und Tochter als auch für die töchterliche Identitätsfindung und die Entwicklung späterer Partnerbeziehungen. Die Vaterbilder führen Stork zufolge die Andersartigkeit ein, "und die Identifizierung mit ihnen eröffnet den Zugang zum Aufbau der eigenen Individualität"; Stork geht sogar so weit zu behaupten, "daß der Erwerb der Individuation nicht ohne die Integration der Vaterbilder denkbar ist".[10]

Die Rolle des Vaters für die Entwicklung der Tochter und für ihre Identitätsbildung wird nicht nur von den Wissenschaftler/innen in den Bereichen Soziologie oder Psychologie, sondern auch von literarisch tätigen Frauen erkannt und thematisiert. In den Büchern der Frauen, die die Beziehungen zwischen Vater und Tochter darstellen, werden dieselben Probleme fiktiv verarbeitet, wie sie in den theoretischen Überlegungen anzutreffen sind, so z.B. die Unterschätzung des weiblichen Geschlechts durch den patriarchalischen Vater, die Unzugänglichkeit des Vaters für die Tochter oder im Gegenteil seine übergroße Liebe und die daraus resultierende Beschränkung töchterlicher Freiheit, der Wunsch der Tochter, den mächtigen Vater zu bewältigen oder ihm näher zu kommen, das Schwanken töchterlicher Gefühle zwischen Haß und Anbetung. Obwohl alle 'Vaterbücher' eine Variante autobiographischer Motive präsentieren, scheint die Konzentration der Tochter auf die Vaterfigur eine eigene Schreibweise zu konstituieren. Regula Venske analysiert z.B. die

---

[8] Die bereits im vorhergehenden Kapitel erwähnte amerikanische Psychologin und Soziologin Nancy Chodorow behauptet in ihrer Studie "The Reproduction of Mothering", daß die Neigung der Tochter zum Vater durch den Wunsch, sich dem mütterlichen Einfluß zu entziehen, durch die Attraktivität seines Andersseins und durch seine sich von der Mutter unterscheidende Einstellung zu ihrer Weiblichkeit begründet ist (zu diesen Thesen Chodorows siehe ebd., S.39ff).

[9] Grandell, S.12.

[10] Stork, Jochen: Über die Schwäche der Vaterbilder oder die Angst vor der Frau. Ein Beitrag aus der Psychopathologie. In: Sturz der Götter? Vaterbilder im 20. Jahrhundert. Hrsg. von Werner Faulstich und Gunter E. Grimm. Frankfurt am Main 1989, S.161.

'Tochtergraphien' als besondere Art von Vaterbüchern, in denen die vorherrschenden Eigenschaften der Väter deren Abwesenheit und Unerreichbarkeit sind, die mit dem väterlichen Tod endgültig besiegelt werden.[11] Die Tochtergraphien unterscheiden sich Venske zufolge von den Texten der Söhne dadurch, daß es sich in den letzteren um den Konkurrenzkampf unter Männern handle und für Töchter die Unerreichbarkeit des Vaters prinzipieller Natur sei: "Selbst ein anwesender Vater wäre für sie unerreichbar, da sie nie an seinen Ort gelangen, seine Stelle nie werden einnehmen können."[12] Stärker noch als in den von Söhnen verfaßten Texten kann man in den Büchern der Töchter zwei deutliche Tendenzen erkennen: einerseits den Versuch, Distanz zu schaffen (diese Tendenz kommt in den Texten feministischer Autorinnen besonders stark zum Ausdruck), andererseits die Anstrengung, sich dem Vater anzunähern (dieser Wunsch wird z.B. in allen Texten Gabriele Wohmanns spürbar). Diese widersprüchliche Haltung, wie sie auch in den Werken von Kaschnitz oder Wohmann zum Ausdruck kommt, resultiert aus dem ganz persönlichen Erleben der Autorinnen, die sich in ihrem Schreibprozeß weniger auf das väterliche (patriarchalische) Prinzip schlechthin als auf ein biographisch zu fixierendes Individuum beziehen.

Es ist charakteristisch für die gesamte Väterliteratur, daß viele Väter tot waren, bevor die schreibenden Söhne oder Töchter ihr Bild nachzeichneten[13] (aus der unmittelbaren Erfahrung des väterlichen Todes sind auch manche autobiographisch geprägten Texte Wohmanns geschrieben, so z.B. die Romane "Ausflug mit der Mutter" oder "Schönes Gehege", 1975). Vor allem aber ist es in der feministischen Frauenliteratur häufig der Fall, daß der Tod des Vaters das auslösende Moment ist: Viele feministisch orientierte Autorinnen (z.B. Schwaiger) befassen sich erst anläßlich des Todes des Vaters oder nach seinem Tod mit dessen Person, weil sie sich auf diese Weise dem autoritären väterlichen Einfluß zu entziehen glauben. In den meisten Fällen zeichnen feministisch orientierte Autorinnen ein negatives Vaterbild, so schildert z.B. Jutta Heinrich in ihrem Buch "Das Geschlecht der Gedanken" ein offenes Haßverhältnis zwischen ihrer Heldin und deren Vater.[14] Wenn auch weniger abstoßend als bei Heinrich lassen

---

[11] Vgl. Venske, S.64.
[12] Ebd., S.68.
[13] Daß es vor allem der Vater ist, der als Toter angesprochen bzw. gesucht wird, erklärt Elsbeth Pulver unter anderem dadurch, daß schon zu Lebzeiten des Vaters auf ihn "eine Art Todesschatten" fällt: "er scheint als ein Fremder durch die Welt des Kindes zu gehen, als eine manchmal bedrohliche, manchmal beeindruckende Gestalt gelegentlich aufzutauchen - während zwischen der Mutter und den Kindern eine Art Einheit besteht, manchmal auch eine Abwehrfront gegen den Vater, der in weite Ferne gerückt scheint" (Pulver, Elsbeth: Annäherung an einen Fremden. Vater-Porträts in der neuesten Literatur. In: Schweizer Monatshefte 60 (1980), S.697).
[14] Bereits am Anfang dieses Romans wird der dominierende, egozentrische Vater, der das weibliche Geschlecht der Tochter abwertet, als "Pferd" bezeichnet (vgl. Heinrich, Jutta: Das

sich die negativen Erfahrungen in der Vater-Tochter-Beziehung auch in Schwaigers Buch "Lange Abwesenheit" oder in Schuttings Buch "Der Vater" feststellen. Als Gründe für die Väter ablehnende Haltung der Protagonistinnen in der programmatischen Frauenliteratur können der Wunsch des Vaters nach einem Sohn anstelle einer Tochter (z.b. bei Heinrich, Schutting), die Abwesenheit und die Fremdheit der Väter (z.b. bei Schwaiger), aber vor allem die aus den patriarchalischen Verhältnissen resultierende väterliche Autorität (z.b. bei Heinrich, Schwaiger) gelten. In den meisten Texten (als Ausnahme könnte hier das in Verständnis und Liebe gekennzeichnete Vaterbild von Ruth Rehmann in ihrem Buch "Der Mann auf der Kanzel. Fragen an einen Vater" (1979) genannt werden) wird sichtbar gemacht, daß der Vater eine deutliche Machtposition inne hat und daß seine tatsächliche oder emotionale Abwesenheit sich auf die Tochter enttäuschend auswirkt.[15] Die Töchter entbehren das Gespräch mit dem Vater (Schwaiger); von einem Verständnis der Väter für ihre Töchter ist in der feministischen Literatur kaum zu hören. Enge Zuneigung und Liebe kommen in diesen Texten so gut wie nicht vor. Die Väter werden als beherrschend beschrieben, als egoistisch (Heinrich), als despotisch, als patriarchalisch (Schutting, Schwaiger) und auf feste Ordnung bedacht (Schwaiger). Die Ablehnung des Vaters durch feministische Heldinnen, zeichnet sich dadurch aus, daß sie alle seine positiven Eigenschaften zusammen mit negativen verleugnen. Schreibend setzen sie sich mit dem unbewältigten Problem 'Vater' auseinander, weil sie auf diese Weise eine kritische Distanz zu seiner Person zu gewinnen und sich seinem Einfluß zu entziehen glauben.

4.1.2. Vergleich des väterlichen Status in den Texten von Kaschnitz, Wohmann und Kronauer

Anders als in den Texten feministisch orientierter Autorinnen werden die Väter in den Texten von Kaschnitz, Wohmann und Kronauer viel ambivalenter betrachtet: Neben solchen väterlichen Eigenschaften wie Abwesenheit oder Autorität heben diese Autorinnen auch positive Eigenschaften hervor (z.B. väterliche Fähigkeit zu Verständnis und Geborgenheitssicherung). Die Heldinnen in den Texten dieser Autorinnen akzeptieren ihre traditionell geprägten Väter in deren Widersprüchlichkeit und sind in ihrem Selbst- und Welt-

---

Geschlecht der Gedanken. Roman. München 1977, S.9); die Tochter wehrt sich zunächst gegen ihre geschlechtsspezifische Erziehung, die autoritär vom Vater bestimmt wird (sie fühlt sich schwach und verraten, wenn sie auf Wunsch des Vaters nur noch Mädchenkleider tragen soll), aber auch als erwachsene Frau kann sie sich nach dem Tod des Vaters nicht zur Trauer zwingen und ist unfähig zur töchterlichen Liebe; selbst in einem Traum kann die Protagonistin Heinrichs ihre Abneigung gegenüber dem Vater nicht überwinden: Der Vater erscheint im Traum der erwachsenen Tochter auf einer schwarzen Bühne, wo er sich selbst von den Füßen her frißt (vgl. Ebd., S.124).
[15] Vgl. dazu: Mader, S.85ff.

verständnis weniger von ihnen abhängig als feministische Protagonistinnen, die auf die Kritik an Vätern und patriarchalischen Prinzipien fixiert sind. Obwohl diese Autorinnen die Vatergestalten selten ins Zentrum ihrer Texte rücken (außer Wohmann), wäre es jedoch ein Fehler, die große Bedeutung der Vaterfiguren zu übersehen, die ihnen in den Texten von Kaschnitz und Wohmann, manchmal auch in denen von Kronauer zukommt. Bei der Analyse des Werkes Kaschnitz' fällt sofort auf, daß die Autorin ihren strengen, intellektuell gebildeten Vater öfter porträtiert hat als ihre schöne, glückshungrige Mutter.[16] Im Vergleich zu allen drei gewählten Autorinnen zeigt vor allem das Werk Gabriele Wohmanns, daß die Autorin selbst und ihre Frauenfiguren der engen kindlichen Bindung zum Vater verhaftet bleiben: Die Erinnerungen an das elterliche Haus und an den Vater, die Angst vor dem Tod des Vaters und die spätere Trauer über den erfahrenen Verlust sind häufige Themen des Wohmannschen Werkes. Im Unterschied zu Kaschnitz und Wohmann werden die Beziehungen zwischen Vater und Tochter in den Texten Kronauers nicht näher thematisiert, aber auch hier erscheint der Vater als eine wichtige Bezugsperson: Sowohl im Roman "Die Frau in den Kissen" als auch in "Rita Münster" ist von nahen Beziehungen der Töchter zu ihren verwitweten Vätern die Rede. Alle drei Autorinnen haben in ihren Texten zahlreiche Vatergestalten geschaffen, die mehr oder weniger ihren eigenen Vätern ähneln und ihre Vatervorstellungen verdeutlichen. Im weiteren sollen diese Vatergestalten näher untersucht werden um zu zeigen, wie sich die patriarchalische, traditionelle Familienordnung prägende und für die Texte von Kaschnitz charakteristische väterliche Dominanz in den späteren, von Wohmann und Kronauer verfaßten Werken vermindert und welche Auswirkungen dies auf die dort dargestellten Vater-Tochter-Beziehungen hat.

Das von Kaschnitz verfaßte Porträt des geliebten Vaters verdeutlicht die traditionellen Verhältnisse in der preußischen Offiziersfamilie, nämlich die frühe Vernachlässigung der Kinder innerhalb der Familie und den Wunschtraum des kleinen Mädchens, die Aufmerksamkeit des fern wirkenden Vaters zu erhalten. Der Vater ist für Kaschnitz eine bewunderte Person, obwohl das Gefühl von Furcht in dem Verhältnis zwischen Vater und Tochter nicht zu

---

[16] Zum Gedenken des Vaters hat Kaschnitz die Erzählung "Pax" (1936) und mehrere Gedichte (z.B. "Der Vater", "Die Winde", "Schwüler Sommer", "Die Seele") geschrieben. Der Autorin gefiel der Ernst des Vaters offenbar besser als die heftige mütterliche Vitalität: "Trotzdem meine Mutter [...] sehr schön und sehr liebenswürdig war, fanden wir Kinder, daß mein Vater unter seinem Stand geheiratet habe, unter dem Stand seiner geistigen Fähigkeiten, seiner Einfühlung, seiner Phantasie" (Kaschnitz, Marie Luise: Tage, Tage, Jahre. Aufzeichnungen. Frankfurt am Main 1968, S.99). Erst im späteren Text "Orte" versucht die Autorin, auch ihre Mutter zu verstehen, und läßt die erfahrene Lieblosigkeit der Mutter in einem milderen Licht erscheinen, wobei auch der Vater kritischer gesehen wird.

übersehen ist: "Anbetung und Furcht", heißt es in "Tage, Tage, Jahre".[17] Elsbeth Pulver stellt fest, daß in den Texten von Kaschnitz "der Vater nicht nur als bewunderte und respektheischende Figur gesehen wird, sondern zugleich in seiner Gefährdung, belastet durch Schwermut, nicht ein unerschütterlich starker, sondern ein dem Leiden ausgesetzter, an der Strenge gegen sich selbst zerbrechender Mensch".[18] Die Kritikerin vermutet, daß das Kind den Vater nur wegen dieser Ambivalenz mit "uneingeschränkter Liebe" umfassen konnte, "mit Bewunderung, zu der auch ein ehrfürchtiges Mitleid gehörte, Angst - nicht vor dem Vater, sondern um ihn".[19] Die Distanz zwischen Vater und Tochter bleibt trotzt der offenbar gegenseitigen Liebe erhalten, vor allem weil der Vater dienstlich abwesend ist oder an Gesellschaften teilnimmt. Dem Vater lag es fern, die Kinder zu schlagen oder sie anzuschreien, aber die kleine Marie Luise spürte, daß die Barriere zum Vater schwer durchzubrechen war. Auch später kommt in den meisten von der Autorin dargestellten Verhältnissen zwischen Vater und Tochter das Motiv der väterlichen Unerreichbarkeit zum Ausdruck, d.h. ein Motiv, das von vielen Kritiker/innen als zentrales Thema der von Frauen über Väter verfaßten Bücher (vgl. dazu die oben genannten Thesen Venskes) angesehen wird.

Die Beziehung zwischen Vater und Tochter hat Kaschnitz auch in ihrem Roman "Liebe beginnt" angesprochen. Um sich das Leben mit Andreas zu ermöglichen, muß sich die Erzählerin von ihren alten Bindungen, darunter auch von ihrem Vater, lösen. Der Weg zurück zur Kindheit und zu der Elternfamilie, obwohl dies im unbewußten Zustand des Traumes geschieht, bedeutet auch die Rückkehr zur traditionellen Auffassung von Liebe, Familie, Ehe, zurück zur traditionellen Frauenrolle. Die traditionellen Normen und Ideale sind in der Familie durch die Autorität des als Patriarch wirkenden Vaters gesichert und dürfen von der Tochter gar nicht in Frage gestellt werden (LB, 162). Erst durch ihre Heirat mit Andreas kann die Protagonistin sich von den Konventionen befreien und eine neue Lebensqualität erreichen.

Die im Traum erlebte Heimkehr endet mit der Begegnung zwischen Vater und Tochter (LB, 167f). Obwohl während des Aufenthalts zu Hause der Vater als autoritäre Gestalt erscheint ("Ich habe nie erlebt, daß jemand gewagt hätte, meinen Vater zu unterbrechen, wenn er sprach" (LB, 162), bemerkt Silvia), wird er während der Abschiedsepisode nicht allein negativ charakterisiert: Er spricht "trocken und kalt", aber er will die Tochter begleiten und ihr das Reisegeld geben (LB, 167). Es wurde bereits an einer anderen Stelle darauf hingewiesen, daß es traditionell der Vater ist, der das Verlassen des Elternhauses durch die Tochter gestaltet und durch seine Zustimmung ihren Eintritt in die äußere Welt legitimiert. Auch hier wird die junge Frau von dem Vater bis zur Dorfgrenze begleitet und mit den neuen Lebensverhältnissen konfrontiert. Die Erzählerin

---

[17] Ebd., S.202.
[18] Pulver: Annäherung an einen Fremden, S.696.
[19] Ebd.

spricht zunächst von ihrem "Haß" gegenüber dem Elternhaus (LB, 165), aber sie will später den Vater zum Abschied umarmen, "und in dieser Bewegung sollte alles liegen, was ich nicht aussprechen konnte. Schuldgefühl und Dankbarkeit." (LB, 168). Da die von der Tochter gewünschte Umarmung nicht stattfindet, und der Vater sich unerwartet von ihr entfernt, spricht Stephan von der Kälte dieser Begegnung: "Gefühle werden nicht gezeigt, oder dürfen nicht gezeigt werden. Die Tochter stößt auf eine Mauer, die sie nicht durchbrechen kann."[20] Durch die "emotionale Leere im Elternhaus" erklärt Stephan "das verzweifelte Werben um Liebe" Andreas'.[21] Stephan betont auch die ähnliche Funktion, die die beiden Männerfiguren im Leben der Frau erfüllen:

> "Die Auflösung vom Vater und die Empörung gegen Andreas als neue Vatergestalt hat keine Freiheit für die Frau schaffen können. Der Abschied von den Vätern wird geprobt, aber nicht endgültig durchgeführt. Rückkehr und Einordnung, nicht Trennung und Aufbruch sind die fatalen Konsequenzen des zaghaften Aufstandes gegen die übermächtigen Vaterfiguren."[22]

So lautet die aus den emanzipatorischen Perspektiven der neueren Frauenbewegung formulierte Position. Es ist aber der Behauptung Stephans zu widersprechen, daß wegen der "emotionalen Leere im Elternhaus" die Frau nicht weiß, was Liebe ist, und deswegen ihr eigenes Begehren nicht zu formulieren vermag.[23] Am Ende des Romans befreit sich die Frau von ihren Absolutheitsansprüchen und wird der Irrealität ihres alten Liebesverständnisses bewußt, so daß die Liebe - weder die Liebe zu ihrem traditionelle Werte verkörpernden Vater noch zu ihrem Ehemann - sie nicht mehr stört, einen neuen Bewußtseinszustand zu erreichen.

Trotz des Bekenntnisses des Vaters zum Nationalsozialismus und seiner patriarchalischen Autorität in der Familie wird er von der Tochter in "Liebe beginnt" keineswegs feindlich betrachtet. Ein distanziertes, aber liebevolles Verhältnis der Tochter zum Vater kann auch zu den biographischen Erfahrungen Kaschnitz' in Beziehung gebracht werden: Vieles an den töchterlichen Erfahrungen der Autorin ist Enttäuschung, auch die Enttäuschung über einen Vater, der das Verlangen der Tochter nach seiner Nähe nicht versteht und sich immer zurückzieht, aber nichts an Kritik oder Ablehnung (auch in den Briefen, die die Tochter an die Eltern schrieb, findet sich nichts an Vorwürfen[24]). Kaschnitz schildert einen Vater, der fernwirkend und autoritär, zugleich aber liebevoll, manchmal auch schwach ist; diese beiden Vaterbilder fallen in ihren Texten deckungsgleich zusammen (auch in ihrem Roman "Liebe beginnt" kommen bei der Darstellung der Vaterfigur zunächst Fremdheit und Kälte zum

---

[20] Stephan: Liebe als weibliche Bestimmung?, S.133.
[21] Vgl. Ebd.
[22] Ebd., S.134.
[23] Vgl. Ebd., S.133.
[24] Vgl. Gersdorff, S.20.

Ausdruck, aber später verwandeln sie sich zunehmend in Versöhnung, je näher der Abschied zwischen Vater und Tochter heranrückt). Kaschnitz entgeht der Gefahr, dem Vater für alle Wunden die Schuld zu geben, und übersieht nicht, daß der Vater selbst verwundet sein kann (im "Haus der Kindheit" ärgert sie sich z.B. über die mütterliche Art, gefühllos mit dem Vater umzugehen). Im Unterschied zu den Autorinnen der späteren feministischen Literatur bleibt Kaschnitz der aus der bürgerlichen Zeit übernommenen Tradition der respektvollen Haltung gegenüber den Eltern, vor allem aber gegenüber dem Vater, verhaftet und versucht nicht, die tradierten Normen ausdrücklich zu kritisieren oder abzulehnen.

Während Kaschnitz immer wieder von ihrer Distanz zum fernwirkenden Vater spricht, betont Gabriele Wohmann besondere Nähe und Anhänglichkeit, die sie für ihren Vater, einen protestantischen Pfarrer, empfindet. Die Autorin hat in ihrem 1975 erschienenen autobiographisch geprägten Roman "Schönes Gehege" die Angst vor dem sich ankündigenden und schwer überstandenen Tod des Vaters zum Ausdruck gebracht:

> "Ich habe immer gedacht, DAS dürfte ich nicht auch noch eines Tages zum Schreibstoff machen. Das: den Tod des Vaters und die Zusammenhänge, den Bruder, die Fassungslosigkeit und die Gefaßtheiten der Mutter, das alles. Ich habe gedacht, es wäre gemein, prosaprofi-hundsgemein, es wäre verletzend. Eine schwere Kränkung. Jetzt denke ich das Gegenteil. Ich tue dem Vater den größten Gefallen meines und seines Lebens, ich tue das Wichtigste und Beste was ich tun kann für ihn. Ich werde über den Tod des Vaters schreiben. Über mich selbst also doch wieder."[25]

Dieses Zitat zeigt, daß nicht die Erfahrung der väterlichen Macht (also eine Erfahrung traditioneller Art) die Autorin zum Ausmalen des Vaterporträts stimuliert hat, sondern eine positive Erinnerung und ein ganz privates Erleben. Leidend und verständnisbereit entwirft die Autorin die Gestalt einer geliebten Person und vermeidet dabei jede Art vom Aufbegehren oder Kämpfen, an denen die ganze Gesellschaft teilhätte. Ähnlich wie bei der Verfassung des Romans "Ausflug mit der Mutter", in dem es vorwiegend um die Klärung der Beziehung zur Mutter handelt, will die Autorin auch in "Schönes Gehege" durch den Akt des Schreibens ihren Vater und sich selbst einander näherbringen.

Auch in dem früheren autobiographischen "Vaterporträt" (1966/1967) schildert Wohmann die häusliche Atmosphäre von Geborgenheit und Harmonie. Der Vater wird von der Autorin als Gegner jeglicher autoritärer Zwänge dargestellt, der seine Kinder in Liebe erzieht und Konflikte vermeidet. Die Autorin erinnert sich z.B. an einen Streit zwischen den spielenden Geschwistern, nach dem der Vater die kleine Tochter zu trösten versucht: "Mein Vater findet mich oben. Für so nasse chaotische Gesichter wie meines hat er immer ein

---

[25] Wohmann, Gabriele: Schönes Gehege. Roman. Reinbek bei Hamburg 1978, S.217.

unbenutztes Taschentuch bei sich. [...] Mein Vater schützt mich mit dem Taschentuch gegen alle Verfechter" (VP, 219)[26]. Im Gegensatz zu den meisten Vaterporträts der programmatischen Frauenliteratur ist der Vater Wohmanns sensibel, tolerant und geduldig, was auch die folgende Passage in "Vaterporträt" verdeutlicht:

> "Mein Vater verachtet jenes angeblich harmlose Zugeständnis an die Prügelstrafe, daß sich die Erwachsenen gönnen, jenen angeblich vom Kind dringend erwünschten körperlichen Kontakt, *den Klaps, die Ohrfeige, den Schlag* von erziehungsberechtigter Hand, den die erziehungsberechtigte Hand allein dem Kind zuliebe auszuführen vorgibt. Mein Vater bleibt bei dem plärrenden Kind stehen. Mein Vater geht nicht an dem Kind vorbei, das sich am Strand verirrt hat." (VP, 220)

Bei der Zeichnung des Vaterporträts betont die Autorin die Sensibilität des Vaters, seine Fähigkeit zu Wärme und Zärtlichkeit. Vor allem bei den Erkrankungen der Kinder, auch wenn diese Erkrankungen keinen Grund zur Besorgnis bieten, sieht der Vater "betrübt" aus und kümmert sich mütterlich um die Erkrankte: "Mein Vater, der aus Prinzip keine andere Person zu irgend etwas zwingt, zwingt mich - sanft, und deshalb wirksam - eine Erdbeere nach der anderen zu essen: schon fange ich an zu glauben, daß ich nicht sterben werde." (VP, 222). Der väterliche Zwang beschränkt sich also auf den Zwang der kranken Tochter zum Erdbeerenessen, infolge dessen sich bei ihr das Gefühl der Geborgenheit einstellt.

Die erwachsenen Kinder werden vom Vater genauso liebevoll umsorgt: "Er kann es sich nicht abgewöhnen, uns auch in den banalsten Situationen beizustehen" (VP, 229). Der Vater schreibt jeden Sonntag die Briefe, "seine sanften geduldigen Momentaufnahmen für die entfernten Kinder, die unregelmäßig antworten werden" (VP, 221). Der Vater ist jemand, der alles vom Zuhause, von sich selbst und von der Mutter an die Kinder berichtet, aber er mischt sich in das Leben der Kinder nicht ein: Er hält es für indiskret, sich für die Details aus dem Leben der Kinder zu interessieren, aber er will wissen, "ob wir uns wohl fühlen, ob wir deprimiert sind, welche Sorgen wir uns machen, welche Sorgen wir uns nicht machen, er weiß sogar, ob wir, in Zürich, Stuttgart, Rom oder sonstwo, gesund sind, zufrieden sind, oder ihm verschweigen, daß wir es nicht sind." (VP, 224). Weder im Umgang mit den Kindern noch mit seiner Frau kommt es beim Vater "zu lauten Vorwürfen" (VP, 220), auch dann nicht, wenn er weiß, daß die Kinder ihm "die üblichen Lügen" erzählen (VP, 223).

Der Vater ist ein wenig weltfremd (er interessiert sich z.B. nicht für die Politik, weil er "allzu friedliebend" und "zu tolerant ist" (VP, 224f)). Unter anderem fasziniert er die Tochter durch seine vielseitige Belesenheit (VP, 220). Die erwachsene Tochter fühlt eine Art Beruhigung, wenn ihre "Gedanken die

---

[26] Weiter im Text zitiert aus: Wohmann, Gabriele. Vaterporträt. In: Die Väter. Berichte und Geschichten. Hrsg. von Peter Härtling. Frankfurt am Main 1968, S.219-230. (Der Text wird unter der Sigle "VP" angegeben).

Entfernung zwischen uns überspringen", und sie sich den Vater wie immer an seinem Schreibtisch vorstellen kann (VP, 224). Es tut der Tochter wohl, sich an die kleinen harmlosen Gewohnheiten des Vaters zu erinnern, die alle zu dem idyllischen Bild seiner Persönlichkeit beitragen: an die Unordnung auf seinem Schreibtisch (VP, 222), an seine langen Spaziergänge (VP, 224), an den japanischen Picknickkorb mit silbernen Löffeln und Porzellangeschirr darin (VP, 227), an die Vorliebe des Vaters für verschiedene Uhren, Notizkalender und Brillenetuis (VP, 227), an die Vorräte von Zigarren und Weinflaschen, obwohl der Vater weder raucht noch trinkt (VP, 228), besonders aber an die sorgfältig ausgefüllten Notizen mit Abfahrts-, Anschluß- und Ankunftszeiten der Züge und Zugnummern, die er der Tochter zusammen mit einer Tafel ihrer Lieblingsschokolade bei dem Besuch im Elternhaus überreicht (VP, 229f). Die Erinnerungen der Tochter vergegenwärtigen das liebevolle Bild des Vaters bei einer Abschiedsszene im Bahnhof: "Ich habe versprochen, nicht zu winken, aber jetzt winke ich doch. Mein Vater hat versprochen, sich nicht umzudrehen, wenn er zurückgeht in Richtung auf die Bahnhofshalle, aber jetzt dreht er sich doch um" (VP, 230). An dieser Stelle kommt deutlich die Intensität der Vater-Tochter-Beziehung zum Ausdruck, die auch für das fiktionale Werk der Autorin kennzeichnend ist (vgl. die Abschiedsszene zwischen Vater und Tochter im Roman "Abschied für länger", die in allen Einzelheiten dem oben beschriebenen Abschied entspricht).

Die in "Vaterporträt" beschriebene Sensibilität des Vaters ist keineswegs mit Schwäche zu verwechseln: Er wußte z.B. seine Kinder vor nationalsozialistischen Behörden und vor den "brutalen Erziehungsgebräuchen der nazistischen Pädagogen" (VP, 221) zu schützen. Der Vater wird von der Tochter weder als "weichherzig" noch als "allzu empfindlich" dargestellt: "Die Sensibilität meines Vaters ist so groß, daß sie sich in Entschlossenheit und Widerstandskraft verwandelt, wenn wir in ernsten Schwierigkeiten sind." (VP, 222). Es wäre also ein Fehler, in diesem Fall von der väterlichen Nachgiebigkeit zu sprechen, die laut psychologischen Forschungen (vgl. die anfangs erwähnten Theorien Linda Leonards) die Identitätsbildung der Tochter dadurch verletzen kann, daß die Tochter "kein Gefühl für Grenzen, Werte und Autorität bekommt"[27]. Trotz geschichtlicher Katastrophen und persönlicher Verluste (z.B. Wohnungsverlust) vermochte der Vater die Selbstachtung zu bewahren und die ethischen Werte hinauszuretten (VP, 223f), deswegen wird er von der Erzählerin als Vorbild anerkannt. Der Standpunkt Wohmanns klingt wie direkte Kritik an der feministischen Position, wenn sie im Hinblick auf die Passivität des Vaters in der Kriegs- und Nachkriegszeit und die damit verbundenen Verluste folgendes berichtet: "Es gehört wenig Einfallsreichtum dazu, mit Vorwürfen rasch zu urteilen und den Mißstand ganz gerecht bloßzulegen." (VP, 226). Anders als manche feministisch orientierten Autorinnen (z.B. Plessen in ihrem Roman

---

[27] Leonard, S.30.

"Mitteilung an den Adel") will sie nicht sich "bei der billigen Kritik an den Versäumnissen" des Vaters beteiligen (VP, 226).

An der Vaterfigur Wohmanns werden - nicht unähnlich etwa wie bei Kaschnitz oder bei feministischen Autorinnen - die traditionellen Werte offenbar (z.B. das familiäre Bild am Mittagstisch (VP, 225)), aber diese Werte betrachtet die Autorin als Alternative zum Bestehenden und will sie deswegen in das beschädigte Leben hinübertragen. Zu den tradierten Aspekten, die das Image des Vaters bestimmen, gehört in erster Linie seine Liebe für alles Familiäre: "Geselligkeit innerhalb der engeren Familie hat mein Vater gern" (VP, 226). Daß der Vater eine besondere Rolle im Leben von Gabriele Wohmann bis weit in ihre Erwachsenenzeit gespielt hat, zeigt das folgende Bekenntnis der 36järigen Autorin: "Ich habe meine erste 'positive' Prosa schreiben müssen. Ich höre damit auf. Ich bin damit nicht fertig. Ich mache damit weiter an meinen Vater zu denken" (VP, 230).

Bezüglich der Gebundenheit der Autorin an ihre Eltern behauptet Häntzschel, daß "sie sich offenbar aus der Symbiose mit dem Elternhaus, insbesondere mit ihrem geliebten und verehrten Vater, nicht konsequent lösen konnte, obwohl ihr die Problematik solcher Bindung durchaus bewußt ist".[28] Die Autorin gibt zu, daß das Erziehen durch nichts als Liebe nachträglich auch schädlich sein kann, "denn es macht die lebenslänglichen Bindungen, Anhänglichkeiten, die Ängste vor Verlusten, es bietet nicht den bequemen Unterschlupf von Indifferenz. [...]. Ich [Wohmann] nehme an, dies nennt man nicht Vorbereitung fürs Leben".[29] Unter der Angst vor Verlusten meint die Autorin vor allem den bevorstehenden Verlust ihres Vaters, dessen Tod sie jahrelang "verkrampfen"[30] ließ. Der Rückblick auf eine friedliche Kindheit gerät Gerhard P. Knapp zufolge "zum Rettungsversuch gegenüber den eigenen behüteten Jugendjahren im besonderen, der Struktur der bürgerlichen Familie allgemein".[31] In seinen Führungsqualitäten repräsentiert vor allem der Vater die Essenz bürgerlicher Wertvorstellungen.[32] Die mit der Vaterfigur verbundenen bürgerlichen Werte werden von Wohmann durchaus positiv dargestellt, deswegen wäre es falsch, ihr Werk ausschließlich als Fallstudie bürgerlicher Brutalität zu betrachten. Mit Recht weist Gerhard P. Knapp darauf hin, daß Gabriele Wohmann an keiner Stelle ihres Werks für die Demontage bürgerlicher Wertsysteme plädiert.[33]

---

[28] Häntzschel, Günter: Porträt der Autorin. In: Gabriele Wohmann. Hrsg. von Günter Häntzschel. München 1982, S.13.
[29] Zitiert nach: Rudolph, Ekkehart: Gabriele Wohmann. In: Ders.: Protokoll zur Person. Autoren über sich und ihr Werk. München 1971, S.146.
[30] Rudolph, Ekkehart: Gabriele Wohmann. In: Ders.: Aussage zur Person. Zwölf deutsche Schriftsteller im Gespräch mit Ekkehart Rudolph. Tübingen, Basel 1977, S.197.
[31] Knapp, Gerhard P., S.101.
[32] Vgl. Ebd., S.102.
[33] Vgl. Ebd., S.101.

Im autobiographisch geprägten Roman Wohmanns "Ausflug mit der Mutter" erscheint der Vater wieder als Vorbild. Nach dem Tod des Vaters erlebt die Tochter eine große Leere und gerät in eine Gefühlskrise. Durch die Beschäftigung mit der Mutter glaubt sie unter anderem, die eigene unterdrückte Trauer über den Vater zu bewältigen. Hier fällt auf, daß die Tochter wegen ihrer großen Liebe zum Vater ihre eigene Identität mehr an dem Vater als an der Mutter orientiert hat (am Anfang dieses Kapitels wurden die Gründe der väterlichen Anziehungskraft erläutert, so z.B. die väterliche Andersartigkeit, die zur Vernachlässigung der Mutter durch die Tochter führen können), deswegen muß sich nach dessen Tod eine Neuorientierung vollziehen. Während die optimistische Mutter sich mit dem Verlust ihres Mannes versöhnt, kann sich die Tochter von den Erinnerungen an den Vater schwer befreien: "ich habe es mit den Gestorbenen besser als mit den Lebenden, ich habe mehr von ihnen seit sie nicht mehr da sind und Angst verursachen" (AM, 46). Wie stark sich die Tochter dem Vater verpflichtet fühlt, zeigen unter anderem ihre Versuche, die Lücke zu füllen, die sein Tod im Leben der Mutter gerissen hat. Auf diese Art und Weise glaubt sie, den Vater zu ersetzen und sich mit ihm zu identifizieren: "Auf einmal habe ich sie [die Mutter] gern, wie ungefähr ein Vater sein Kind hat, mit dem Schmerz meines Vaters" (AM, 55). Die väterliche Abwesenheit bringt also viele Veränderungen in das töchterliche Leben, so daß auch die beiden Frauen ihre Beziehung zueinander neu gestalten müssen.

Im Gegensatz zum autobiographischen "Vaterporträt" oder zu "Ausflug mit der Mutter" präsentiert der Vater im Roman "Abschied für länger" in viel größerem Maße (ähnlich wie in den feministischen Texten, so z.B. im Roman "Lange Abwesenheit" von Schwaiger) die starre patriarchalische Rollenaufteilung in der Familie. Anders als die Vaterfiguren in den Texten der programmatischen Literatur ist er jedoch keine mächtige Autorität: Er ist sanft und friedfertig, dennoch sorgt er dafür, daß die längst überlebte Ordnung in der Familie aufrecht erhalten wird und jedes Familienmitglied seine ihm von jeher zugewiesene Rolle auch weiterhin erfüllt. Er verlangt z.B. von seiner bettlägerigen, ischiaskranken Frau, daß sie den Haushalt versorgt und sich um die mittlerweile erwachsenen Kinder kümmert (Afl, 47). Die Mutter unterwirft sich den Ansprüchen des Vaters und versieht ihre Pflichten trotz ihrer Krankheit (Afl, 17)), so daß auch sie neben dem Vater unverkennbar als Repräsentantin der patriarchalischen Rollenaufteilung und eines traditionellen Frauentypus auftritt.

Traditionell sorgt der Vater in "Abschied für länger" für die geschlechtsspezifische Erziehung der Tochter: "es paßt nicht zu kleinen Mädchen" (Afl, 11), lautet sein Argument bei dem kindlichen Wutausbruch der kleinen Tochter. Es fällt auf, daß vor einer längeren Reise die Erzählerin von ihrem Vater begleitet wird: "Mein Vater ließ ein riesiges weißes Taschentuch vom unbewegten hochgestreckten Arm herabwehen." (Afl, 8). Ähnlich wie in Kaschnitz' Roman "Liebe beginnt" ist auch hier der Vater, der die Eintritt der Tochter in die außerfamiliäre Sphäre unterstützt und die Tochter - völlig den alten patriarchalischen Traditionen entsprechend - einem anderen Mann übergibt. Ebenso wie

Silvia in Kaschnitz' Roman drückt auch die Erzählerin in "Abschied für länger" indirekt ihre Liebe an den Vater aus, wenn sie ihn als "meinen kleinen Vater mit kleinen Schritten", der sich nach dem Abschied von der Tochter "etwas verloren" fühlt, bezeichnet (Afl, 8f). Sie gibt zu, daß der Vater "freundlich" ist und sich bei seinen eigenen Gedanken wohl fühlt (Afl, 9), wodurch die Parallelen zwischen dem Vater der Autorin (vgl. "Vaterporträt") und dem fiktiven Vaterbild in "Abschied für länger" deutlich werden. Kennzeichnend für eine enge Beziehung zwischen Vater und Tochter ist die Tatsache, daß auch der spätere Geliebte der Erzählerin ihrem sanftmütigen und empfindsamen Vater ähnelt: Trotz seines freundlichen Aussehens ist Strass nicht immer bereit zuzuhören und konzentriert sich auf eigene Gedanken und Erlebnisse.

Anders als in den feministisch engagierten Texten kommt in den Texten Wohmanns stärker der Wunsch zum Ausdruck, dem Vater erinnernd bzw. schreibend näher zu kommen als sich seinem Einfluß zu entziehen: Die Erinnerungen an die Väter werden im Werk Wohmanns häufig durch assoziative Situationen hervorgerufen und gelten als emotionale Vergegenwärtungen der kindlichen bzw. jugendlichen Erlebnisse. An dieser Stelle muß jedoch betont werden, daß Wohmann trotz der Betonung väterlicher Güte der patriarchalischen Vaterinstanz die Autorität nicht abspricht[34]: z.B. ist der Vater in "Vaterporträt" keine autoritäre Figur im negativen Sinne, d.h. er wird nicht autoritär-despotisch dargestellt (wie z.B. in den feministisch programmatischen Texten von Schutting oder Schwaiger), aber er behält seine väterliche Autorität, indem er sie durch seine spezifischen Fähigkeiten legitimiert und von der Tochter als positives Vorbild einer Autorität anerkannt wird (in diesem Fall wird der Begriff der Autorität vom Begriff der Macht getrennt). Bei den Schilderungen der Vaterfiguren kommen in den Texten Wohmanns immer wieder emotionell geprägte, sentimentale Bilder zum Ausdruck (an Mittagstischen, auf Bahnhöfen etc.), weil den fiktiven Figuren die Person des eigenen Vaters als Muster gedient hat. Die dem Vater gewidmeten Passagen verdeutlichen zugleich die Sehnsucht der Autorin nach der Geborgenheit der Kindheit und der Nestwärme der Familie.

Ähnlich wie Wohmann gestaltet auch Kronauer nahe und liebevolle Verhältnisse zwischen Vätern und Töchtern, obwohl dieses Thema in ihren Texten selten in den Mittelpunkt des Erzählten rückt. Allein im Roman "Rita Münster" kann die Vater-Tochter-Beziehung als einer der vielen eigenständigen thematischen Aspekte und als eine Erfahrung gelten, über die zu berichten die Erzählerin für wichtig hält. In diesem Roman lebt die Erzählerin allein mit ihrem pensionierten Vater in einem kleinen Haus und sorgt liebevoll um ihn

---

[34] In diesem Zusammenhang wäre auch Wellner zu widersprechen, der behauptet, daß es sich im Werk Wohmanns um ein soziales Phänomen handelt, nämlich um das Verschwinden der Vaterautorität in der Familie (vgl. Wellner, S.66).

(RM, 138). Anders als in der feministischen Literatur geht es hier nicht um den Konflikt zwischen einer autoritären männlichen Figur, die die patriarchalische Ordnung zu bewahren sucht, und einer schwachen weiblichen Figur, sondern vor allem um das gegenseitige Verständnis zwischen zwei Generationen und um die gegenseitige Lebenshilfe.

Im Gegensatz zu feministischen Texten erscheint der Vater in „Rita Münster" keineswegs als eine autoritäre Figur; vielmehr läßt er sich von seiner Tochter mütterlich umsorgt werden. Die Töchter erfüllt hier also eine traditionell als weiblich geltende Pflicht, aber sie tut dies ohne an irgendeiner Stelle darüber zu klagen. Keiner von den beiden will den anderen enttäuschen, deswegen bemerkt die Erzählerin: "Mit meinem Vater verstand ich mich immer besser." (RM, 139). Rita Münster erzählt ihrem Vater von ihren Empfindungen und Imaginationen, wie z.B. von dem herunterschneidenden unsichtbaren Nebel in der Küche beim Frühstücken: "Ich teilte es ihm auf der Stelle mit, das gefiel ihm. Ohne Zögern dachte er sich etwas Schlimmeres für uns beide aus und strich mir zum Schluß über die Wange mit einem zärtlichen, ein wenig mitleidigen 'Wir Träumer!'" (RM, 139). An dieser Stelle wird die symbiotische Beziehung zwischen diesen beiden Personen sichtbar, die nicht nur durch ein verwandtschaftliches, sondern auch durch ein starkes emotionales Verhältnis aneinander gebunden sind. Die Gespräche zwischen Vater und Tochter bieten für sie häufig die einzige Kommunikationsmöglichkeit: "Er freute sich [...] mit mir zu sprechen." (RM, 147). Der Vater zeigt jedoch - ganz ähnlich wie der Vater in "Vaterporträt" von Wohmann - keine einzige Absicht, sich in das Leben der Tochter einzumischen, und verhilft der Tochter nur auf eine ganz unaufdringliche Weise, nämlich allein durch seine Anwesenheit, bei ihren Bemühungen um die Selbstfindung und bei ihren Weltforschungen. Obwohl in diesem Text von der väterlichen Autorität oder Dominanz nichts zu spüren ist, kommen hier andere traditionell als väterlich geltende Eigenschaften bzw. Pflichten zum Ausdruck: Die am Anfang dieses Kapitels skizzierten soziologischen und psychologischen Theorien, die Vater-Tochter-Verhältnisse zum Gegenstand haben, betonen die Bedeutung des Vaters für die töchterliche Identitätsbildung und für den späteren Sozialisationsprozeß; der von Kronauer in "Rita Münster" dargestellte Vater erfüllt diese Aufgabe, indem er seine Tochter zur Auseinandersetzung mit der sie umgebenden Welt ermutigt und ihr dabei den nötigen Beistand leistet. Er verwirklicht also solche traditionellen väterlichen Eigenschaften wie Ermutigung und Geborgenheitssicherung: Erst zu Hause, mit ihrem Vater kann sich Rita Münster verstanden und vor der äußeren Welt beschützt fühlen.

Nach der Trennung von dem Geliebten ist der Vater die einzige Person, die der jungen Frau einen Halt bieten kann: "Ich suchte nach Vorwänden, mich in der Nähe meines Vaters aufzuhalten, in Kontakt mit seinem Körper" (RM, 186), heißt es im Text. Die Sorge um den Vater erscheint hier als einzige sinnvolle Beschäftigung, die das Leben der Erzählerin mit einer gewissen Bewegung füllen kann. Die Beziehung zwischen Vater und Tochter bekommt nach dem Verschwinden des Dritten die Anzeichen einer totalen Symbiose: "Ich versöhnte ihn, indem ich sein Gesicht streichelte. Er schloß die Augen und preßte es in meine Hand, wie die Katze es tat." (RM, 190). Es ist wichtig für die Protagonistin, daß der Vater für sie da ist, wenn sie ihn braucht, und daß er Beständigkeit und Vertrauen vermittelt. In Kronauers Roman verwandelt sich also der traditionelle kritische Richter, der ständig einen Schuldspruch fällt, in einen freundlichen, verständnisvollen Menschen, der ein positives Vaterprinzip verkörpert und ein gutes Verhältnis zum Weiblichen hat. Es scheint für die Protagonistin Kronauers von großer Bedeutung zu sein, daß der Vater imstande ist, seine Verletzlichkeit zu zeigen und seine Gefühle offen und ehrlich zum Ausdruck zu bringen. Entscheidend ist außerdem, daß dieser Vater - im Unterschied zu vielen Vatergestalten der programmatischen Frauenliteratur, aber auch zu den traditionell geprägten Vaterfiguren in den Texten von Kaschnitz - in der Lage ist, die Liebe seiner Tochter zu ihm anzunehmen.

4.1.3. Zwischenergebnisse

Die vorhergehende Analyse der ausgewählten Texte hat gezeigt, daß die Vater-Tochter-Beziehungen zu den Themen gehören, die von schreibenden Frauen aus verschiedenen Perspektiven beleuchtet und diskutiert werden. Sogar in der Zeit, die häufig als 'vaterlos' bezeichnet wird, stellen einige Autorinnen (zu ihnen zählen alle drei in diesem Kapitel besprochenen Autorinnen) auch traditionell handelnde und denkende Väter liebevoll dar, weil sie neben deren negativen Eigenschaften (z.B. väterliche Abwesenheit oder Gehorsamsforderung) auch positive Züge (z.B. Geborgenheit, Liebesfähigkeit) erkennen. Feministische Vaterporträts enthalten dagegen intensive Kritik an patriarchalischen Prinzipien, deswegen kommt in ihnen hauptsächlich das Negative zum Ausdruck. Trotz der Kritik an väterlicher Macht und Autorität kann man jedoch auch bei den Texten feministisch orientierter Autorinnen (Schwaiger, Schutting u.a.) nachlesen, daß die Töchter nicht nur deswegen ihre Väter ablehnen, weil sie patriarchalisch oder dominierend sind, sondern auch weil sie für die Töchter unerreichbar bleiben. Auch wenn die Frauen selbständig ihr Leben meistern, gelingt es ihnen kaum, sich nicht in die väterliche Geborgenheit zurückzusehen und auf bestätigende Blicke nicht zu warten (vgl. dazu Schwaigers "Lange Abwesenheit"). Diese Sehnsucht kommt bei den Frauen, die als Kind vergeblich Nähe und Geborgenheit beim Vater suchten, sogar intensiver zum Ausdruck als bei denen, die sich der väterlichen Liebe ganz sicher sein konnten (manche feministischen Heldinnen, die ihre Väter immer wieder als Täter anklagen, scheinen ihrer Sehnsucht nach dem Vater genauso stark verhaftet zu sein wie z.B. die ihre Väter verherrlichenden Heldinnen Wohmanns). Es ist typisch für die programmatische Frauenliteratur, daß die Töchter ihre Väter als Vertreter des patriarchalischen Systems für alles Unglück beschuldigen: Diese Einstellung der Schuldzuweisung nagelt viele auf die Rolle von Gefangenen fest, die unfähig zu sein scheinen, die Verantwortung für ihr Leben selbst zu übernehmen.

In den Texten von Kaschnitz und Wohmann finden sich auch viele Elemente der traditionellen, autoritären väterlichen Haltung, aber sie werden selten kritisiert bzw. in einer so ausdrücklichen Weise in Frage gestellt, wie es in der feministischen Literatur der Fall ist. Bei der Untersuchung der in unterschiedlichen Jahrzehnten verfaßten Texte von Kaschnitz, Wohmann und Kronauer kann man genau beobachten, wie sich die Züge des fordernden und autoritären Vaters verwischen. Die Kindheitserinnerungen Kaschnitz', die bis in die Anfänge des Jahrhunderts zurückreichen, stellen einen autoritären Vater dar, aber er wird trotz seiner Strenge von der Tochter mit Respekt und Liebe angesehen. In den Texten Gabriele Wohmanns, die eine Kindheit und Jugend der Jahrhundertmitte beschreiben, werden dagegen weniger die väterliche Autorität als vielmehr väterliche Güte und bedingungslose Hilfsbereitschaft betont, die beim Kind Respekt hervorrufen und in der Erinnerung bleiben. Wenn manche Autoritätsansprüche (keineswegs aber die verwirklichte Autorität) im Erscheinungsbild des Vaters bleiben (z.B. im Roman "Abschied für länger"), brechen sie häufig in Schwäche und Hilflosigkeit zusammen. Auch die Texte Kronauers, in denen sie einen liebenden, freundlichen, keineswegs autoritären Vater darstellt, zeugen davon, daß die Annäherung der Tochter an den Vater nicht unbedingt aggressiv sein muß und daß ein Dialog zwischen ihnen möglich ist. Relevant ist dabei auch die Tatsache, daß während die traditionell erzogene Kaschnitz - nicht ganz unähnlich wie feministische Autorinnen - immer wieder über die Unerreichbarkeit des idealisierten Vaters klagt, läßt sich nichts von solchen Klagen in den später verfaßten Texten von Wohmann oder Kronauer hören. Da die Väter für ihre Töchter präsent sind (vgl. Kronauers Roman "Rita Münster"), werden sie weniger als in den Texten von Kaschnitz idealisiert bzw. vergöttert, obwohl die Töchter sie immer respektvoll betrachten.

In den hier untersuchten Texten kommen auch die für die von Frauen über Väter geschriebenen Bücher charakteristischen widersprüchlichen Wünsche zum Ausdruck, sich einerseits von dem Vater zu befreien, andererseits aber ihm näher zu kommen. Es ist auffällig, daß es alleine der Heldin Kaschnitz' im Roman "Liebe beginnt" gelingt, sich dem väterlichen Einfluß durch die Heirat zu entziehen, obwohl trotz der räumlichen Distanz die emotionale Distanz auch in diesem Fall sich nicht einzustellen scheint. Sowohl die Heldinnen Wohmanns als auch einige Heldinnen Kronauers (z.B. Rita Münster) schaffen es nicht, dem väterlichen Bannkreis völlig zu entkommen. Vor allem in den Texten von Wohmann handelt es sich häufig um die Töchter, die von der Liebe ihrer Väter so stark gebunden sind (im Unterschied zu feministischen Texten ist es in den Texten Wohmanns die Liebe, nicht die väterliche Macht, was die Töchter an ihre Väter fesselt), daß sie sich nicht frei fühlen und unfähig sind, in eine reife Weiblichkeit hineinzuwachsen (vgl. die junge Frau im Roman "Abschied für länger"). Anders als die Protagonistinnen der programmatischen Tochterbücher (z.B. "Lange Abwesenheit" von Schwaiger), die ständig nach der Befreiung von der väterlichen Dominanz streben, betrachten sich die Töchter in den Texten der hier untersuchten drei Autorinnen keineswegs als Gefangene oder als ihrer Individualität Beraubte, deswegen verzichten sie auf die gewaltsamen Versuche, sich vom väterlichen Einfluß zu befreien. Während feministisch orientierte Autorinnen und Heldinnen das Vater-Tochter-Problem zu lösen glauben, indem sie ihren Vätern oder den Männern im allgemeinen die Schuld an allen negativen Erfahrungen geben und gegen sie zu rebellieren versuchen, gehen die Heldinnen Kaschnitz', Wohmanns und Kronauers dem Problem aus dem Wege, indem sie die traditionell akzeptierten töchterlichen (weiblichen) Rollen widerstandslos ausleben (vgl. dazu den Roman "Abschied für länger" von Wohmann oder "Rita Münster" von Kronauer).

Der Unterschied zwischen feministisch orientierten Texten und den Werken der hier berücksichtigten drei Autorinnen besteht auch darin, daß in feministischen Vaterbildern die Väter in überwiegendem Maße gesellschaftliche Rollen repräsentieren, während bei Kaschnitz, Wohmann und Kronauer eher individuelle, persönliche Eigenschaften der Väter betont werden. Die Vaterbilder als gesellschaftliche Rollenbilder gehören in den Kontext der feministischen Auseinandersetzung mit dem Patriarchat; die persönlich bzw. privat inspirierten Vaterbilder gehören dagegen nur in den Kontext der Auseinandersetzung mit dem eigenen Erleben und mit einer ganz persönlichen Lebensgeschichte. Allen drei Autorinnen gelingt es, das Wesentliche des Vaters von dem zu trennen, was die Tradition ihnen künstlich übergestülpt hat: Sie machen bei ihren Vatergestalten nicht nur die in der westlichen Kultur betonten Züge eines alten, autoritären Herrschers, sondern auch ihre ganz persönlichen Eigenschaften, die unter anderem Vaterschwäche einschließen, sichtbar. In allen untersuchten Texten ist der Vater die beherrschende (dies betrifft weniger die Texte Kronauers), gleichzeitig aber die beschützende und sichernde Instanz.

4.2. Frau-Mann-Begegnungen jenseits des Geschlechterkampfes

4.2.1. Geschlechterdualismus als Grunderfahrung und literarisches Motiv

In dem vorhergehenden, den Verhältnissen zwischen Vater und Tochter gewidmeten Kapitel wurde bereits angesprochen, daß der Mann-Frau-Konflikt eine Gegebenheit unserer Kultur ist. Inbegriffen in diesem Konflikt ist ein kompliziertes Verhältnis zwischen dem männlichen und weiblichen Prinzip, und dies betrifft nicht nur einzelne Individuen, sondern auch ganze Gesellschaften. Sowohl Männer als Frauen leiden darunter, denn beide sind verwirrt bezüglich ihrer Identität und ihrer Rolle zueinander. Frauen leiden darunter, daß sie oft als den Männern unterlegen gelten, und die Männer leiden darunter, daß sie nur 'männliche' Eigenschaften (Autorität, Disziplin, Logik etc.) nach außen projizieren dürfen, um in der immer noch patriarchalisch bestimmten Gesellschaft Anerkennung zu finden.

Die Frauenbewegung der 70er Jahre hat entscheidend dazu beigetragen, daß Frauen und Männer gegeneinander nicht nur um Liebe und Verständnis, sondern auch um die Stellung in der Gesellschaft, Macht, Anerkennung zu kämpfen begannen (die Frauenforscherinnen selbst benennen in ihren Strukturanalysen das Geschlechterverhältnis als Kampfsituation[35]). Dieser Krieg der Geschlechter beschränkt sich keineswegs auf die soziale Sphäre, sondern wird auf dem literarischen Terrain ideologisch weiter geführt (zu erwähnen reicht es an dieser Stelle solche feministischen Werke wie Reinigs "Entmannung" oder Stefans "Häutungen"). Selbst wenn in der programmatischen Frauenliteratur die Auseinandersetzungen schließlich in Trennung oder Scheidung münden (z.B. in den Romanen Schröders), tritt Friede nicht ein. Der Geschlechterkampf beginnt erst richtig, wenn es um die Bekämpfung traditioneller Rollen und gesellschaftlicher Konventionen, um die Abschaffung patriarchalischer Prinzipien in der Zweierbeziehung oder in der sozialen Sphäre geht (es handelt sich hier in erster Linie um die Abschaffung der von der Frauenforschung mehrfach untersuchten traditionellen Vorstellungen, nach denen dem Mann Außenwelt, Herrschaft und Vernunft, der Frau dagegen Innenwelt, Fürsorge und Hingabe zugewiesen werden).

In den 70er Jahren wurde in erster Linie für die Gleichheit der Geschlechter gekämpft. Die feministische Bewegung forderte sie mit aller Entschiedenheit, um die männliche Herrschaft und die daraus resultierende weibliche Unterordnung endlich abzuschaffen. Soziale und kulturelle Diskussionen waren vom Losungswort der Gleichberechtigung bzw. der Gleichstellung der Geschlechter geprägt. Anfang der 80er Jahre hat sich die Situation gründlich gewandelt. Heutzutage wird der Diskurs über die Unterschiedlichkeit der Geschlechter geführt. Es steht jedoch außer Zweifel, daß die gegenwärtige Betonung der Geschlechterdifferenz auch auf den alten Streit über typisch männliche und typisch weibliche Eigenschaften hinweist und trotz der offensichtlichen Kritik an patriarchalischen Rollenzuschreibungen diesen Streit in eigene Argumentationen impliziert (da von der traditionellen Differenzierung zwischen als männlich geltender Stärke, Dynamik, Beharrlichkeit, Mut, Entschlossenheit, Unabhängigkeit etc. und als weiblich geltender Ruhe, Anpassungsfähigkeit, Fruchtbarkeit, Wärme etc. bereits an mehreren Stellen der vorliegenden Arbeit die Rede war, soll hier auf diese Tradition der Geschlechterdichotomie nicht näher eingegangen werden).

Jahrhundertelang haben die biologischen Unterschiede zwischen Frauen und Männern dazu gedient, Attribute von Weiblichkeit und Männlichkeit festzulegen und sie als Traditionen zu betrachten. Die patriarchalische Geschlechterstruktur

---

[35] Vgl. dazu: Landweer, Hilge: Skylla und Charybdis frauenforscherischer Selbstmodelle: zwischen androzentrischen Egalitätsvorstellungen und weiblichen Omnipotenzphantasien. In: FrauenMännerBilder. Männer und Männlichkeit in der feministischen Diskussion. Hrsg. von Carol Hagemann-White und Maria S. Rerrich. Bielefeld 1988, S.140.

hat sich infolge der ökonomischen Entwicklung, der Frauenbewegung und deren Herausforderung an die Männer weitgehend aufgelöst, aber ihre alten Gesetzte funktionieren immer noch. Was in früheren Epochen an Bildern von Männlichkeit und Weiblichkeit tradiert wurde, ist für viele auch heute vorgegebene Realität. Diese historisch bedingten Bilder finden ihre Ausprägung in Märchen und Sagen, in Liedern und Epen, in Mythen und in der Literatur. Der Geschlechtergegensatz war schon immer das Paradigma aller Dualismen[36], zugleich auch der Grund für die gegenseitige Anziehung und Ablehnung von Frauen und Männern. Im Hinblick auf meine Fragestellung ist jedoch nicht die Idee der Geschlechterkomplementarität selbst von großer Bedeutung, sondern die Art und Weise, wie schreibende Frauen mit diesem Dualismus umgehen: Während feministisch orientierte Schriftstellerinnen den geschlechtlich bestimmten Dualismus vor allem als Ursache der Konflikte zwischen Frauen und Männern begreifen, geht es anderen Autorinnen (zu ihnen gehören auch alle drei in dieser Arbeit berücksichtigten Autorinnen) überwiegend darum, in dem genannten Dualismus die Möglichkeit der gegenseitigen Ergänzung und der Überwindung persönlicher Beschränkung zu erkennen. Auch die Texte von Kaschnitz, Wohmann und Kronauer machen die Unterschiede zwischen den Geschlechtern deutlich, aber in diesen Texten wollen sich Frauen und Männer nicht bekriegen. Bei aller ihrer Unterschiedlichkeit suchen die Heldinnen und Helden dieser Texte nach einer erfüllten Zweisamkeit jenseits des mit allen möglichen Mitteln geführten feministischen Geschlechterkampfes.

4.2.2. Entfremdung und Wiederversöhnung (Kaschnitz)

In den vorhergehenden Kapiteln wurde mehrmals darauf hingewiesen, daß die Beziehung zwischen Mann und Frau eines der zentralen Themen des traditionell geprägten Werkes von Marie Luise Kaschnitz darstellt. Die Autorin diskutiert häufig die Möglichkeiten der alltäglichen Liebesverwirklichung in den zwischenmenschlichen Beziehungen und betont die existenzielle Gefahr, wenn die Liebe nicht erlebt bleibt (vgl. dazu Kapitel 3.4.2.). Besonders für das Ehe- bzw. Familienleben versucht sie, die Relevanz der harmonischen Kommunikation deutlich zu machen: Mann und Frau erscheinen in ihren Texten im wahrsten Sinne des Wortes als Partner, d.h. sie verhindern nicht das persönliche und geistige Wachstum des anderen, wobei ihre geschlechtsspezifischen Eigenschaften dabei helfen, einander zu ergänzen. Der Gegensatz zwischen den Geschlechtern wird z.B. in der Erzählung "Wege" (1958) angedeutet, in der die Biographie eines Paares anhand der Wege, die sie gemeinsam gegangen sind,

---

[36] Walter Hollstein hat in seinem Buch "Der Kampf der Geschlechter" ausführlich biologische, historische und ontologische Aspekte der Geschlechterdifferenz erörtert (siehe dazu: Hollstein, Walter: Der Kampf der Geschlechter. Frauen und Männer im Streit um Liebe und Macht und wie sie sich verständigen könnten. München 1993, S.46ff).

beschrieben wird. Diese Geschichte ist ein Beispiel für die unterschiedliche - männliche und weibliche - Sicht der Welt. Die Erzählerin sagt:

> "Ich sah die ziehenden Wolken, die weißen Sternblümchen, die rötlichen Weinranken, mit gelbem Bast gebunden, vor dem tiefblauen Himmel, den Strom, der in der Ebene hier und dort aufblitzte, alles, was immer da war und immer gleich. Du sahst den Chemin des Dames, die Burgundische Pforte, die Vogesen, den Jura, Schauplätze geschichtlicher Wanderungen und kriegerischer Auseinandersetzungen, alles was seine Zeit hatte, seine einmalige, nicht wiederkehrende Zeit. Was wir sahen, teilten wir einander mit."[37]

Hier wird das Interesse der Frau an dem Naturvorgehen sichtbar, sowie das Interesse des Mannes an dem Vorgehen der Geschichte. Wichtig ist aber, daß sie beide gemeinsam ein Wirklichkeitsbild erstellen, indem sie ihre Wahrnehmungen austauschen und auf diese Weise Natur und Geschichte zusammenbringen. Die unterschiedlichen Wahrnehmungen führen nicht zum Konflikt zwischen den Geschlechtern, sondern garantieren das gegenseitige Verlangen nach der Nähe des Anderen: Mann und Frau ergänzen einander und werden dadurch aufeinander verwiesen.

Zwar bedeutet dies nicht, daß die grundsätzlichen Unterschiede der Geschlechter zur Entstehung der Konfliktsituationen nicht beitragen können. Die Autorin ist keine verschönende Idyllikerin, deswegen macht sie auch die schmerzhafte Erfahrung der Fremdheit zum Thema ihrer Werke. Das Gefühl der Entfremdung (auch wenn es nur vorübergehend ist) gehört zu den fundamentalen Erfahrungen in den von Kaschnitz gestalteten Paarbeziehungen.

Anders als in der Erzählung "Wege" wird die Entfremdung im Buch "Liebe beginnt" gerade dadurch hervorgerufen, daß die Erzählerin allmählich die Grundverschiedenheit der Geschlechter erkennt. Sie fühlt sich unsicher, obwohl sie zunächst betont, diese Unterschiede akzeptieren zu können:

> "Ich hatte herausgefunden, daß wir sehr verschieden waren, aber es machte mich nicht unglücklich. Ich fühlte wohl, daß ich nichts anderes hatte als ihn. Aber ich fand, daß es gut so war. Der kleine Widerspruch, den ich in unseren Gesprächen Andreas gegenüber nun oft laut werden ließ, genügte meinem Selbstbewußtsein zur Nahrung. Es wurzelte ja in der Liebe und brauchte nicht viel anderen Boden."
> (LB, 37)

Ihre Festlegung, "daß ich nichts anderes hatte als ihn", weist darauf hin, daß der Mann noch etwas anderes hat, sei es seine wissenschaftliche Arbeit oder sein Interesse an der Kunst. Für die Frau bleibt dagegen nur die Sorge um die Zweierbeziehung.

---

[37] Kaschnitz, Marie Luise: Wege. In: Dies.: Lange Schatten. Erzählungen. Hamburg 1960, S.165.

Nachdem die Frau begriffen hat, wie stark sie sich voneinander unterscheiden, bemüht sie sich darum, "etwas zu finden, das ich mehr liebte als er und besser verstand": "Vielleicht suchte ich danach, seit ich wußte, daß es viele Dinge gab, die er für sich allein hatte. Jetzt redete ich mir ein, es gefunden zu haben, es war die Liebe zur Natur." (LB, 52f). Die Frau sucht nach einem Gegengewicht zu männlichen Vorteilen. Wie unentschieden sie dabei ist, zeigen die widerspruchsvollen Bemerkungen Silvias über ihre extreme Verschiedenheit: Einmal scheinen die Unterschiede ihre Liebe nicht zu stören: "Vielleicht genoß er alles nicht wie ich. Aber die Dinge, über die sein Blick neben mir hinging, wurden schöner für mich." (LB, 53); ein anderes Mal, wenn die Frau nicht still sein kann, "damit jedes Wort zeugen könne von meiner Freude am Leben, an dem Leben mit ihm" (LB, 54), und der Mann ungern antwortet, wird ihre Euphorie durch sein Verhalten unterbrochen, so daß die Frau ein Mißtrauen und eine Art Neid zu spüren beginnt:

> "[...] er sieht mehr als ich. Er genießt tiefer als ich. Er weiß die Namen der Pflanzen nicht, aber ihr Leben geht in ihn über und erfüllt ihn ganz und gar. Wie ein brennender Schmerz durchzuckte es mich, daß ich wieder unterlegen war. Zum erstenmal wehrte ich mich dagegen, Andreas bewundernd zu lieben. Es ist nicht wahr, dachte ich. Er ist wie ich, wie alle Menschen." (LB, 72)

Die Dissonanz ihrer Sicht- und Empfindungsweise gipfelt in dem Satz: "Ich war mit Andreas zusammen, aber ich war allein" (LB, 83). Erschrocken glaubt die Erzählerin, in seiner Versunkenheit spreche Andreas nicht mit ihr, sondern mit sich selbst und erlebe die sie beide umgebende Welt "auf seine Weise" (LB, 84). Die Erzählerin gibt zu, daß ihre Reaktion auf das ihr unverständliche Verhalten Andreas' unvernünftig ist, sie reagiert z.B. mit großem Widerspruch auf Andreas' Wunsch, mit einer Kutsche einen Ausflug zu machen; später bedauert Silvia selbst, daß sie nicht "zur Vernunft" gekommen ist und die Wünsche des Mannes nicht ernst genommen hat (LB, 103). Es fällt aber auf, daß diese Mißverständnisse zwischen den Partnern keine Auseinandersetzungen nach sich ziehen: Andreas ist voller Langmut, und die Erzählerin ist mit Bedauern befaßt. Bei der Frau wechseln sich ständig Zufriedenheit und Enttäuschung. So werden z.B. die angstvollen Gefühle der möglichen Entfremdung durch liebevolle Bewunderung des Partners ersetzt:

> "Ganz glücklich schaute ich Andreas an, ich fühlte mich weich und gelöst wie schon lange nicht mehr. War er denn nicht der Freund, dem alles wichtig war und der alles verstand? Und ich lachte über die Berge von Mißtrauen, die ich aufgerichtet hatte zwischen uns und die nun wegschmolzen, wie der Schnee, der hier alle Jahre einmal fiel, wegschmelzen mochte in der ersten Morgensonne." (LB, 118)

Trotz aller positiven Gefühle kann die Erzählerin ihre unmotivierten hysterischen Ausbrüche, Anschuldigungen und Provokationen gegenüber Andreas nicht verhindern: Nach einem langen Spaziergang erkennt sie z.B., daß ihre Bedürfnisse ganz verschieden sind (die Frau ist müde, und der Mann ist wach und will das Meer genießen), und diese Feststellung eskaliert erneut die Erregung und Verwirrung der Frau (LB, 144f).

Im Zustand äußerster Erregung verwandelt sich Andreas in den Augen der Frau zu ihrem "Feind" (LB, 146). Wie unstimmig die Empfindungen der Frau sind, verdeutlicht die Tatsache, daß sie trotz der Erkenntnis, "wie sehr ich ihn liebte" (LB, 146), sich auf den Mann mit einem Stein in der Hand stürzt, um ihn zu verwunden. So ist die panische Handlung gegen Andreas auf das Gefühl Silvias des ihm Ausgeliefertseins und der Abhängigkeit von ihm zurückzuführen. Nachdem die Frau verstanden hat, sie habe ihren "Freund" und ihren "Geliebten" (LB, 147) getroffen, bricht sie zusammen, so daß dieser Angriff weniger die Verletzung Andreas' als vielmehr die Selbstzerstörung der Frau durch ihre eigene Besessenheit bedeutet. In diesem verzweifelten Angriff sieht Baus keine klärende Auseinandersetzung zwischen den beiden, sondern Tröstung in der vorbehaltlosen Hingabe des Mannes und Läuterung der inneren Widersprüche der Frau.[38]

Ein ähnliches Gefühl der Entfremdung erlebt auch die Frau in Kaschnitz' Erzählung "Die Pilzsucher" (zwischen 1948 und 1955)[39], die während eines Ausflugs mit ihrem Mann plötzlich erkennt, daß sie kein Liebespaar wie früher sind, sondern sich voneinander entfremdet haben. Diese Situation wird durch den Wettkampf zwischen den beiden um den ersten gefundenen Pilz hervorgerufen, obwohl am Anfang dieser Wettkampf als ein harmloses Spiel erscheint, das als Ausdruck einer ungestörten Beziehung gelten könnte: Als Preis wird ein Kuß festgesetzt, "das, wie das Gold, seinen Wert nicht verlor" (P, 882). Der Mann findet als erster einen zähen und schlaffen Steinpilz, und die Frau wird "von Ärger und Eifersucht erfüllt" (P, 882). Der kleine Pilz löst bei der Frau innere Prozesse aus, die auf die Probleme in der Zweierbeziehung hinweisen:

"Ein dumpfer Zorn war in ihr, eine tiefe Enttäuschung und Furcht. Es ist aus mit uns, dachte sie, es ist aus und vorbei. Sie empfand einen Haß auf die Pilze, auf den Wald, auf ihren Mann, der sie hier heraufgeführt hatte und der jetzt so tat, als sei nicht das geringste geschehen. Er ist schuld, dachte sie und sah ihn durch das Gebüsch schleichen, wie ein fremdes, finsteres Wesen, einen Waldschrat, der sie immer tiefer hineinlockte ins Verderben, in den Tod." (P, 883)

---

[38] Vgl. Baus, S.211.
[39] Diese Erzählung wurde zu den Lebzeiten der Autorin nicht veröffentlicht. Die Kritiker/innen äußern die Vermutung, die Autorin habe sie nicht veröffentlichen wollen, weil ihr die Darstellung des Neides der Ehefrau auf ihren Mann, Leidenschaft und Eifersucht zu offen (weil auch autobiographisch geprägt) waren (vgl. Gersdorff, S.231).
Die weiteren Seitenangaben im Text beziehen sich auf die folgende Werkausgabe: Kaschnitz, Marie Luise: Gesammelte Werke. Hrsg. von Christian Büttrich und Norbert Miller. Bd.4 (Erzählungen). Frankfurt am Main 1983, S.880-886. (Die Erzählung wird unter der Sigle "P" angegeben).

Für Inge Stephan gilt der Pilz als Symbol für die Beziehung, "die äußerlich intakt, innerlich jedoch von Konkurrenz und Mißtrauen zerfressen ist".[40] Es fällt dabei auf, daß der Mann (so wie in "Liebe beginnt") traditionell als Überlegener dargestellt wird, der sicher und zielbewußt vorwärts durch den Wald eilt, während die Frau die Orientierung verliert und zurück bleibt (P, 884). Obwohl die Konkurrenz zwischen den beiden als Zeichen des Geschlechterkampfes ("Der Mann rief, und die Frau wollte nicht antworten, weiß Gott warum nicht, aus Trotz, aus Feindschaft, aus der uralten Feindschaft der Geschlechter" (P, 884)) erscheinen kann, zeugt die heftige Suche der Frau nach einem gesunden Pilz von deren Bemühung, ihre Beziehungen wieder gut zu machen: "Wenn einer [Pilz] gesund ist, dachte sie, so wie früher, weiß und fest wie Elfenbein, dann wird alles wieder gut" (P, 883). Die Frau weigert sich zuerst, auf die Rufe des Mannes zu antworten, aber "schließlich antwortete sie doch, sie wehrte sich nicht mehr, sie ließ sich einfach fallen" (P, 884). Der Irritation der Frau wird erst durch die Worte "Komm jetzt" des Mannes das Ende gebracht, weil sie in seiner Stimme "nichts von Brunst, aber sehr viel von Liebe, von jener hellen, klaren Menschenliebe" zu hören glaubt und dieser Stimme nicht widerstehen kann (P, 885). So endet die Geschichte mit der versöhnlichen Stimmung: Die Frau zieht ihre Schuhe aus, die in der Mitte durchbrochen sind, und der Mann versucht ihr dabei zu helfen (P, 886).

Was sich bei den Partnern unterscheidet, ist auch die Wahrnehmung der äußeren Welt, nicht nur die von den inneren psychischen Vorhängen. Im Roman "Liebe beginnt" werden die Zweifel der Frau an ihrer Liebesbeziehung durch eine gemeinsame Reise hervorgerufen, weil ihre Unfähigkeit, die Umwelt und das scheinbar durch die Reisesituation veränderte Verhalten des Partners zu interpretieren, sie zu einer tiefen Verzweiflung führt. Während Silvia sich ihrer problematischen Einstellung zum Partner auf einer langen Reise durch Italien bewußt wird, genügt für die ähnliche Erfahrung der Frau in der Erzählung "Die Pilzsucher" einen kleinen Ausflug durch den dunklen und feuchten Wald (P, 883). Die unheimliche Umgebung macht auf die Gefühle der Frau einen genauso großen Einfluß wie die plötzliche Erkennung der Fremdheit zwischen ihr und ihrem Mann. Der äußere Zustand der Natur und der innere Zustand der Frau sind identisch. Anders verhält sich aber der Mann: "Für den Mann hatte sich nichts verändert, er sah alles haarscharf und genau, jeden Alters- und Todeszug in dem großen, verwitterten Antlitz der Natur, jeden Alters- und Todeszug im Gesicht seiner Frau, die sich so verzweifelt gegen die große Beschattung zu wehren versuchte." (P, 884). Dem Mann scheint die Verwesung nichts anzuhaben, während die Stimmung der Natur sich auf das ganze Wesen der Frau überträgt. Dieser Unterschied des Blickwinkels verdeutlicht unter anderem die intensive

---

[40] Stephan, Inge: "Vom Ich in der Fremde" - Fremdheitserfahrung in der Beziehung. Überlegungen zu den beiden Erzählungen »Der Spaziergang« und »Die Pilzsucher« aus dem Nachlaß von Marie Luise Kaschnitz. In: Marie Luise Kaschnitz. Hrsg. von Uwe Schweikert. Frankfurt am Main 1984, S.157.

Beziehung von Frau und Natur, den traditionell als weiblich geltenden Irrationalismus und das männliche Realitätsprinzip (vgl. dazu Kapitel 3.2.).

Das Bild der familiären Intimität am Ende der beiden Geschichten läßt das Gefühl der Fremdheit zwischen den Partnern nicht als Wirklichkeit, sondern als einen bösen Traum erscheinen. Im Roman "Liebe beginnt" kehren Silvia und Andreas aus der Reise nach Hause zurück und führen ein idyllisches Familienleben (LB, 171), wobei sie sich "aus der Wirrnis des Erlebten" durch "die Kraft der Liebe" gehoben fühlen (LB, 174). Ähnliches findet man auch am Ende der Erzählung "Die Pilzsucher": Aus dem dunklen Walde zurückgekehrt und sich in einer Sommerlandschaft befindend, überwindet die Frau ihre durch das Gefühl der Fremdheit ausgelösten Ängste. Inge Stephan vermutet, daß durch den idyllischen Schluß dieser Geschichte die Erzählerin selbst ihre eigene Angst "in einer krampfhaften Anstrengung" wegzudrängen versucht, weil sie das Fremdwerden der Partner nicht ertragen kann und das "Glück" nicht in Frage stellen will.[41]

Daß die Angst vor dem Fremdwerden in den Texten Kaschnitz' als etwas genuin Weibliches begriffen wird, scheint die Ruhe der Männer zu bestätigen, die die Zweifel und Ängste der Frauen gar nicht wahrnehmen. Auch die Feministin Stephan muß aber zuerkennen, daß die Männer (in der Erzählung "Die Pilzsucher" und in einer ähnlichen Erzählung "Der Spaziergang" (zwischen 1927 und 1931) oder im Roman "Liebe beginnt") "keineswegs herzlos oder kalt, sondern liebenswürdig und nachsichtig mit ihren Frauen" sind, "so daß diese eigentlich ein schlechtes Gewissen haben müssen, daß sie überhaupt an der Liebe ihrer Männer gezweifelt haben".[42] Da die Schuld in diesem Zusammenhang auf seiten der Frauen zu liegen scheint, "die kindisch oder hysterisch" sind, und da die Erzählerinnen der Sicht der Männer recht geben, die als eigentliche Helden, als väterliche, starke Figuren dargestellt werden, kritisiert Stephan aus der feministischen Perspektive die gespaltene Position der Kaschnitzschen Erzählerinnen: Einerseits seien sie identisch mit den Frauen und teilten deren Ängste, andererseits verzichteten sie auf die Anerkennung der weiblichen Gefühle und der weiblichen Wahrheit, auf die Betonung der tatsächlichen Mangelerfahrung in der Beziehung und auf irgendwelche emanzipatorischen Forderungen.[43] Es ist aber zweifelhaft, ob man hier überhaupt von Schuld - männlich oder weiblich - reden kann. Kaschnitz läßt ihre Erzählerinnen die Probleme zwischen den Partnern sichtbar machen, aber die Autorin will keinen beschuldigen, deswegen bleibt sie bei der diskreten Feststellung der Probleme stehen und verzichtet auf die Erklärung des plötzlichen Fremdwerdens von zwei sich liebenden Menschen. Obwohl die Autorin Wut, Neid und Auseinandersetzungen zwischen den Geschlechtern schildert, wird weder der Roman "Liebe beginnt" noch die Erzählung "Die

---

[41] Vgl. Ebd., S.160.
[42] Ebd.
[43] Vgl. Ebd.

Pilzsucher" zur Arena des unversöhnlichen Geschlechterkampfes gemacht, sondern zum Schauplatz der komplizierten, weil auf verschiedenen Denk- und Gefühlsmustern beruhenden, zwischenmenschlichen Beziehungen.

4.2.3. Kommunikationsschwierigkeiten und Festhalten an Konventionen (Wohmann)

In der Prosa Gabriele Wohmanns werden immer wieder partnerschaftliche Beziehungen thematisiert, so daß diese Problematik - noch weitergehend als bei Kaschnitz - als ein zentrales Thema im Schaffen der Autorin gelten kann. Wohmann widmet sich diesem Thema mit so großer Intensität und Beharrlichkeit wie wenige deutsche Autorinnen. Für ihre Prosa trifft in besonderem Maße zu, daß alle beschriebenen Konflikte (weniger äußere als innere) durch die Beziehungen der Figuren zueinander entstehen. Im Hinblick auf die Kurzprosa behauptet Pollerberg, daß in diesen Texten vor allem die Beziehungen der Frauen gegenüber anderen Personen gestaltet werden, und dies im alltäglichen-privaten Bereich.[44] Es steht außer Zweifel, daß der Bereich des Privaten, besonders das Leben in der Familie, zum Spannungsfeld wird, in dem sich auch die Beziehungen zwischen den Geschlechtern am deutlichsten konkretisieren. Im Unterschied zu Kaschnitz' Texten handelt es sich jedoch bei Wohmann in den meisten Fällen nicht um die (Entfremdungs)Probleme in den Liebesgemeinschaften (vgl. dazu Kapitel 3.4.3.), sondern um die emotionslosen Partnerschaften, die trotz gegenseitiger Entfremdung von den Figuren als Garant der Lebenssicherheit und Ordnung betrachtet werden. Ähnlich aber wie im Fall der oben untersuchten Kaschnitzschen Liebesgemeinschaft werden auch in diesen Texten jegliche Kämpfe und Auseinandersetzungen vermieden.

Wenn man die Relationen zwischen den Partnern in den Texten Wohmanns näher betrachtet, läßt sich feststellen, daß die meisten Figuren große Schwierigkeiten haben, Kontakte herzustellen oder bereits bestehende Beziehungen zu pflegen. Viele Versuche, dauerhafte und gelungene Beziehungen zu konstituieren, scheitern an der Unmöglichkeit der emotionalen Berührung seitens der beiden Partner. Emotionslos, d.h. nur aufgrund der äußerlichen Kontakte, abgeschlossene Verbindungen (z.B. aus dem Wunsch, gesellschaftliche Erwartungen zu erfüllen, in der Erzählung "Treibjagd") können nicht zu glücklichen Gemeinschaften werden und die damit verbunden Hoffnungen in Erfüllung bringen. So eine Verbindung kann allein zu dem mehrmals von Wohmann beschriebenen resignativen Zusammenleben führen. Eine Lebensgemeinschaft dieser Art droht auch aus der Verbindung der beiden beteiligten Figuren in der Erzählung "Der Antag" zu entstehen: Die Frau sehnt sich nach Liebe, kann aber dem um sie werbenden Mann nicht einmal Sympathie entgegenbringen; er scheint überhaupt unfähig zu leidenschaftlicher Zuwendung zu sein: "Tüchtiges Fräulein Mack, gute Lehrerin und trotzdem repräsentativ, genau das Richtige"

---

[44] Vgl. Pollerberg: Formen des Leidens, S.34.

(A, 67), lauten seine Überlegungen. Da es aber nicht zu einem offenen Gespräch zwischen den Partnern kommt, muß man mit einer Beziehungslosigkeit - auch wenn die Ehe abgeschlossen werden sollte - rechnen. In diesem Fall kann man aber nicht allein von der Schuld des Mannes an dem eventuellen Unglück der Frau sprechen. Es ist nicht zu übersehen, daß die Frau freiwillig das Leben an der Seite eines ungeliebten Mannes wählt, der ihr gezeigt hat, daß es ihm in der Ehe um die repräsentativen Gesichtspunkte und nicht um Liebe geht. Die Differenzen der Partner, vor allem was ihre Lebensphilosophie und -erwartungen betrifft, ihre Unfähigkeit zur offenen Kommunikation und die Angst vor dem Verlust der scheinbaren Harmonie lassen keine tiefgehenden Beziehungen (zugleich aber auch keine offen ausgetragenen Konflikte) zu.

Die Störungen in den Beziehungen werden vor allem darin erkennbar, daß die Partner nicht auf die Äußerungen des jeweils anderen eingehen, so daß die gegenseitige Kommunikation selten zustande kommt. Die Kommunikations- bzw. Kontaktangst stellt in den Augen Pollerbergs eine der Grundbedingungen für die mißlungenen Beziehungen dar.[45] Die in sich selbst gefangenen Figuren sind unfähig, einander etwas mitzuteilen oder einander zu verstehen. Dies betrifft sowohl Frauen- als auch Männerfiguren, wie z.B. in der Erzählung "Flitterwochen, dritter Tag." Obwohl der Mann hier von der beruflichen Zukunft seiner Frau erzählt und konkrete Probleme anspricht, scheint die Frau ihre Aufmerksamkeit allein auf die Warze des Mannes zu lenken: "Ich starre immer weiter den Mann mit der Warze an." (F, 50).[46] Die Worte des Mannes wirken deswegen übertrieben autoritär und endgültig, weil die Frau ihre Meinung zu dem Gesagten nicht äußert und gedanklich abwesend ist. In dieser Situation erscheinen die beiden Partner in einem negativen Lichte: der Mann wegen seiner autoritären Haltung, die Frau wegen der deutlichen Abwertung der Äußerungen ihres Ehemannes: "Reinhard redete, und ich habe eine Zeitlang nicht zugehört, weil ich - ich hätte schon ganz gern gewußt, ob das nicht wehtat, wenn mehr als nur ein Hemd auf die Warze Druck ausübte." (F, 50f). Bei dem Gespräch entsteht der Eindruck, daß nicht allein der Mann der Frau seine Meinung bezüglich der Aufgabung ihres Berufes aufzwingt: Hier herrscht offensichtlich Einigkeit zwischen den Partnern. Da der Mann aber der Frau unsympathisch ist,

---

[45] Vgl. Ebd., S.81.

[46] Es ist verwirrend, wie die Erzählerin die Personen in den Text einführt: Sie spricht zunächst von Reinhard, der sich als ihr Ehemann erweist; zugleich spricht sie davon, daß sie "den Mann mit der Warze" anstarre. Dadurch entsteht der Eindruck, es handle sich um zwei Personen: Reinhard und einen zweiten Mann, der ihr lediglich durch seine Warze auffällt. Erst der letzte Satz verrät dem Leser, daß die Erzählerin die ganze Zeit von derselben Person erzählt.
Aus diesem erzählerischen Konzept zieht Wellner die Schlußfolgerung, daß es sich bei der Trennung der gleichen Person in Ehemann und 'Mann mit der Warze' nicht um ein erzählerisches Kunststück handelt, um den Leser zu verwirren, sondern daß mit dieser Trennung eine Realität ausgedrückt wird: die psychische Realität der Beziehung der Ich-Erzählerin zu ihrem Mann in einer bestimmten Situation (vgl. Wellner, S.181).

will sie sein Bild noch negativer erscheinen lassen, indem sie ihm gewisse Despotie unterstellt. Es läßt sich nicht übersehen, daß Reinhard immer wieder versucht, seine Frau anzusprechen und auf seine Äußerungen aufmerksam zu machen[47], aber seine Bemühungen scheitern (F, 50). Während der Mann eine Vorstellung von ihrer Ehe hat und sich auch um die Qualität der Beziehung mit Hilfe der für ihn als richtig erscheinenden Mitteln bemüht, ist die Frau völlig indifferent. Allein der Mann gibt sich Mühe, eine Art emotionaler Gemeinsamkeit zwischen den beiden herzustellen ("Prost, Schatz, cheerio! [...] Liebling, he! Wir sind getraut! Du und ich, wir zwei [...]" (F, 50)), weil ihn das Fehlen jeglicher Emotionen offenbar noch mehr als die Frau verunsichert. Die Frau reagiert jedoch nicht auf die Bemühungen des Mannes und zieht sich durch das Starren auf die Warze aus der Situation völlig zurück. Durch dieses Verhalten verhindert sie die Herstellung jeglicher emotionaler Nähe.

Auch wenn die Handlungen Reinhards allein dafür geeignet sein sollten, das Gefühl loszuwerden, man versage vor den Anforderungen der männlichen Beziehungsrolle[48], ist die mentale Abwesenheit der Erzählerin kaum nachvollziehbar. Die Nichtbeachtung und Entwertung des Partners seitens der Frau könnte durch die Abneigung gegen die Warze erklärt werden, aber diese Annahme ist deswegen wenig berechtigt, da die Warze die Beobachterin zu faszinieren scheint. Das Verhalten der Frau allein als Kritik an den konventionellen Formen der Interaktion zu verstehen - wie Wellner das tut[49] -, ist ebenso problematisch, weil die Autorin auf alle Hinweise dieser Art verzichtet. Daß die Frau die Worte des Mannes für völlig unwichtig und trivial hält, zeigen ihre ironisierenden Feststellungen, wie z.B. "Nett, so einig zu sein." (F, 50). In diesem Zusammenhang kommt vor allem die Engagementlosigkeit der Frau in den ehelichen Beziehungen zum Ausdruck, weil die Jungvermählte für sich offenbar keine passende Rolle findet, mit der sie sich identifizieren könnte. Letztendlich akzeptiert sie die Rolle einer sich unterwerfenden Frau, um sich mit der Situation nicht auseinandersetzen zu müssen. Das zurückhaltende und Emotionen unterdrückende Verhalten verhindert die offene Definition eigener Bedürfnisse sowohl seitens der Frau als auch seitens des Mannes: Während der Mann seine echten Bedürfnisse in konventionelle Verhaltensformen verkleidet, die von der Erzählerin ironisiert werden, setzt sich die Frau die Maske einer gleichgültigen Beobachterin auf.

---

[47] "Die Struktur der Interaktion, der Wechsel von ständigem Bemühen Reinhards um Herstellung eines Einvernehmens und das Scheitern dieser Bemühungen durch das Verhalten der Ich-Erzählerin müssen als spezifische Störung des Rollenverhaltens verstanden werden, die auf ein für Beziehungsstrukturen typisches Problem weist: auf die Schwierigkeit, eine der modernen Eheauffassung einer individuellen Liebesbeziehung angemessene individuell gestaltete Interaktions- und Kommunikationsweise zu finden", folgert Wellner (ebd., S.97).
[48] Vgl. Ebd., S.98.
[49] Vgl. Ebd.

Die im Roman "Abschied für länger" geschilderte Beziehung ist auch deswegen zum Scheitern verurteilt, weil die beiden Partner wünschen, das Zentrum in der Beziehung zu sein, die Aufmerksamkeit des anderen zu genießen, aber sie weigern sich, selbst auf den Partner einzugehen. Nicht nur die mangelnde Kommunikationsbereitschaft, sondern auch der beiderseitige Egozentrismus verhindern also jegliche Entwicklung der Beziehung.[50] Dies führt dazu, daß beide aneinander vorbei leben und unfähig sind, dem anderen zuzuhören, so z.B. wenn die Erzählerin von der sie quälenden Schuld an dem Tod der Schwester erzählen will, hört Strass nicht richtig zu und scheint einzuschlafen (Afl, 13). Die Erzählerin erinnert sich an "sein höfliches Gesicht, dem es nie gelingt, aufmerksam auszusehen" (Afl, 41). Die Frau findet bei ihrem Partner nicht den erwarteten Beistand zur Überwindung der Isolation: Der Mann ist "zu müde für alle Bekenntnisse" (Afl, 121), ist nicht bereit, die Probleme und Bedürfnisse der jungen Frau zu den eigenen zu machen.[51] Es ist klar, daß die Erzählerin sich verletzt fühlt, daß Strass sich für ihre persönlichen Probleme und schmerzlichen Erfahrungen kaum interessiert, aber dasselbe läßt sich auch bei ihrem eigenen Verhalten feststellen, so z.B. enden ihre Überlegungen über das offensichtlich problematische familiäre Leben ihres verheirateten Geliebten mit dem folgenden Entschluß: "Muß je ich es denn wissen? Wohl nicht unbedingt. So ist es nicht schwerer, auch nicht leichter, es bewirkt wenig, es ist eine Regelung, es ist ein Entschluß" (Afl, 81).

Die beiden Helden erkennen weder sich selbst noch den anderen. Strass versteht z.B. nicht, was die Frau am Stadtpark findet und warum sie Tag für Tag dorthin spazieren geht (Afl, 41), aber wenn er darüber nachdenken würde, könnte er leicht begreifen, daß sie auf diese Weise ihre "regelmäßige Einerlei" (Afl, 42) überwinden will. Auch die Erzählerin - nicht unähnlich etwa wie Silvia in Kaschnitz' "Liebe beginnt" - gibt zu: "Ich verstand ihn nicht, damals" (Afl, 26), aber sie versucht keineswegs, nach den ihr unklaren Verhaltensweisen des Partners zu fragen. Da die Erzählerin in ihrer Elternfamilie gelernt hat, jegliche Auseinandersetzungen und Konflikte zu vermeiden, tut sie das auch in der Beziehung zu Strass. Ihre Gespräche sind ritualisierte Reden über immer dieselben Themen: Während Strass über Rationalisierungsmaßnahmen, Fakturiermaschinen und Ähnliches spricht (Afl, 25), erzählt die Frau von den nicht kämpfenden Kampffischen ihres Bruders. Die Frau versucht sogar zu streiten, "um zu reden, Strass aber ist ein Nachgeber, um still zu haben [sie aber auch!]" (Afl, 52). In den wichtigsten Momenten reden sie aneinander vorbei, wobei das wirklich Entscheidende - das Zusammensein, die Scheidung, die Krankheit, die Trennung - aus ihren Gesprächen herausgehalten bleibt.

---

[50] Vgl. DaRin, Renate: Pathologie der Familie. Untersuchung der Romane "Abschied für länger" und "Schönes Gehege" von Gabriele Wohmann anhand der Familiensystemtheorie nach P. Minuchin und U. Bronfenbrenner. Edition Wissenschaft, Reihe Germanistik, Bd.3. Marburg 1995, S.21.

[51] Vgl. Lenzen, S.187.

Ähnlich wie die Protagonistin in "Liebe beginnt" von Kaschnitz konstatiert auch die Erzählerin in Wohmanns Roman leidvoll die Unterschiede zwischen sich und ihrem Partner: Während Silvia in "Liebe beginnt" die eigene Begeisterung für die Berge der Begeisterung des Mannes für das Meer entgegenstellt, behauptet die Heldin Wohmanns, sie sei versessen auf Regen und Strass sei mehr für Sonne (Afl, 14). Die Differenzen zwischen den Partnern sind für die Frau so relevant, daß sie nicht müde wird, diese Differenzen zu betonen: "Es war kalt, klare Gebirgsluft, Wetter, das ich nicht mag. Strass mag es." (Afl, 24). Die Erzählerin weiß, daß sie sich für unterschiedliche Dinge interessieren, aber ähnlich wie Kaschnitz' Silvia versucht sie, sich darüber nicht aufzuregen: "Ich dachte im Unterschied zu Strass nicht über Kalkulationsprobleme nach [...]. Die Eiche vom Hinweg war jetzt die Rückweg-Eiche. Daran dachte ich. Und ich zwang mich, nichts zu bedauern" (Afl, 57). Die Weigerung, die Differenzen in der Beziehung ernst zu nehmen, ist auf die allgemeine Gewohnheit der Figuren Wohmanns zurückführen, jeglichen Konfliktsituationen auszuweichen.

Im Hinblick auf die partnerschaftlichen Beziehungen könnten die meisten Geschichten Wohmanns (z.B. der Roman "Abschied für länger") als eine Art Liebesgeschichten charakterisiert werden, aber in keiner von ihnen kommt es zu einer Harmonie zwischen zwei Menschen, zu einer die Einsamkeit bewältigenden Vereinigung, oder doch nicht so, wie die Frauen dies sich imaginieren. Die Autorin betont die Gestörtheit der zwischenmenschlichen Beziehungen, aber sie untersucht nicht deren Ursachen, bietet keine Lösungen und beschuldigt keine an diesen Beziehungen beteiligten Personen - weder Frauen noch Männer. Sie entzieht sich der nicht selten radikal werdenden feministischen Literatur auch dadurch, daß sich in ihren Texten "viel Bitterkeit, aber kein Zorn, viel Gram, aber weder Wut noch Haß"[52] findet. Von Harmonie oder konkreten Versuchen, sie zu erreichen (wie man das z.B. in den Texten von Kaschnitz findet), gibt es in den Texten Wohmanns wenig, viel aber von der Harmoniesehnsucht.

Im Gegensatz zur programmatischen feministischen Literatur der 70er und 80er Jahre werden in den Texten Wohmanns keine partnerschaftlichen Konflikte offen ausgetragen, so daß es in diesem Fall verfehlt ist, über den "von chauvinistischen Spielregeln" gelenkten "Kampf der Geschlechter", an dem die Frauenfiguren Wohmanns "alle Mühe" verwenden[53], zu sprechen. Wie Jurgensen zutreffend bemerkt, spielt Wohmann nicht die Geschlechter literarisch

---

[52] Reich-Ranicki: Bitterkeit ohne Zorn, S.60.

[53] Vgl. Knapp, Mona, S.302. Eine ähnliche Position wie Knapp vertritt auch Martin Gregor-Dellin: "Die Erzählerin [Wohmann] neigt zu immer neuen Ausformungen, immer neuen Umschreibungen ihres heiligen Familienkrieges, den sie einmal zwischen jungen Eheleuten, ein andermal zwischen Jungverheirateten und ihren Anverwandten, dann wieder zwischen Verschwägerten oder zwischen Kindern und Eltern stattfinden läßt." (Gregor-Dellin, Martin: Denk immer an heut' Nachmittag. Gabriele Wohmanns akribische Familienprosa. In: Lutz-Hilgarth, Dorothea: Literaturkritik in Zeitungen: dargestellt am Beispiel Gabriele Wohmann. Frankfurt am Main, Bern 1984, S.140).

gegeneinander aus.[54] Die Konflikte werden vermieden oder unterdrückt, sie werden sogar tabuisiert (z.B. in der Erzählung "Verjährt"). Insbesondere die Frauenfiguren empfinden die Gestörtheit innerhalb der Beziehungen zu ihren Partnern und leiden darunter, aber da sie unfähig sind, etwas zu verändern, akzeptieren sie ihr Dasein in Resignation und Frustration. Mangelnde Aggressionsbereitschaft der Frauenfiguren läßt sich vor allem durch ihre Ich-Schwäche erklären, aber auch dadurch, daß emanzipatorische Befreiungsprozesse als Abweichungen von der gesellschaftlichen Norm in der Welt der Wohmannschen Figuren keineswegs toleriert werden können, weil sie zu den Verunsicherungen der Handelnden selbst (Gesichtsverlust, Alleinsein etc.) und zu den Beschädigungen der anerkannten Strukturen führen würden.

4.2.4. Vermeidung offener partnerschaftlicher Konflikte (Kronauer)

Im Unterschied zu den Heldinnen Kaschnitz' und Wohmanns verfahren die meisten Frauenfiguren Kronauers einzelgängerisch. Ihre Partnerschaften sind kurzfristig (z.B. in den Romanen "Rita Münster" und "Die Frau in den Kissen") und gelten alleine als Voraussetzung für die augenblickliche Selbst- und Welterkenntnis. Ähnlich wie in den Texten von Kaschnitz und Wohmann fällt auch bei Kronauer auf, daß die Autorin die männlichen Partner selten selbst zum Wort kommen und dem weiblichen Subjekt ein Gegenüber bieten läßt. Kronauer scheint auf diese Weise den Gegenfragen ausweichen zu wollen, weil sie die möglichen Konflikte jeglicher Art aus ihrer fiktiven Welt auszuschließen versucht. Fast an keiner Stelle ihres Werkes - nicht unähnlich etwa wie bei Kaschnitz und Wohmann - wird der Monolog oder das scheinbar aus unbedeutenden Bemerkungen bestehende Gespräch zu einem energischen Dialog zwischen zwei Personen. Dies gilt sowohl für die Verhältnisse in den vorübergehenden Liebesgemeinschaften als auch für die dauerhaften ehelichen Beziehungen.

Bei der Darstellung ehelicher Verhältnisse entwickelt Kronauer (ähnlich wie Wohmann) ein Konzept, nach dem die Partner in einen Zustand der Gefühlserstarrung versetzt werden, der sogar zu einer gegenseitigen Langeweile zu werden droht, aber nie als solche bezeichnet wird. Dies hat zum Ergebnis, daß die Konflikte zwischen den Partnern verinnerlicht und nicht nach außen ausgelebt werden. Eine ähnliche Erstarrung in der ehelichen Gemeinschaft wie in Wohmanns Texten (z.B. in der Erzählung "Verjährt") hat Kronauer in dem Roman "Die Frau in den Kissen" am Beispiel der Familie Holz dargestellt. Von diesem Ehepaar heißt es im Text: "Immer untergehakt die zwei in der Öffentlichkeit, ob schnell oder schlendernd zwischen Kirche und Wohnung, vor allem grüßend, Freundlichkeit hin und zurück. Fisch ohne Flossen, Ehepaar Holz, dem immer das Wichtigste fehlt zum Glück." (FK, 22; 364). Als größter Fehler gilt in dieser Beziehung "ein unverschuldetes stilles Fehlen, Jahr um Jahr,

---

[54] Vgl. Jurgensen: Deutsche Frauenautoren der Gegenwart, S.152.

das zum Himmel schreit". (FK, 22; 364). Genauso wie das sich am Strand befindende Ehepaar in der Erzählung Wohmanns "Verjährt" versucht das Ehepaar Holz, den guten Ruf in ihrer Nachbarschaft zu bewahren: "Herzlichkeit hin und zurück, kein einziges schlechtes Wort in der Nachbarschaft, nicht von ihnen, nicht über sie." (FK, 22; 364). Die Fähigkeit der beiden Ehepartner, die Verschiedenheit des anderen zu akzeptieren, verhilft ihnen bei der Vermeidung möglicher Auseinandersetzungen:

> "Ehepaar Holz, jeder für sich, getrennt, als Einzelfigur: unvorstellbar, obschon so gesehen. Das zählt aber nicht, den anderen ergänzt man unwillkürlich als fälligen Reim. Ahnen sie ihre Ähnlichkeit? Das würden sie jedenfalls schroff, diese Überfreundlichen, zurückweisen als Ehrabschneidung. Nein, er männlich, sie weiblich. Arm in Arm untergehakt marschieren sie diese eine Straße täglich rauf und runter, tun Gutes, wo es sich bietet zu tun, aber jeder ein Charakter für sich, selbst in der Art, wie sie den Kummer verbeißen." (FK, 27)

Die Erzählerin hat jedoch keine Zweifel daran, daß die beiden Partner "Trauer" über ihre Lebenssituation verspüren (FK, 28). Keiner von ihnen drückt dies aber laut aus und macht den anderen mit eigenen Wünschen bekannt, deswegen kann die Erzählerin nur eine Vermutung formulieren: "Aber er, möchte er nicht, wie ganz zu Anfang, sie in den Mittelpunkt seines Lebens stellen?" (FK, 28). Auffällig ist hier, daß ähnliche Sehnsüchte nicht der Frau, sondern dem Mann unterstellt werden. Es wird aber nichts gegen die als natürlich akzeptierte Trauer unternommen - weder vom Mann noch von der Frau. Keiner von den beiden ist besser oder schlechter in dieser Gemeinschaft; keiner wird für die positiven oder negativen Empfindungen des anderen für verantwortlich erklärt:

> "Sie scheinen sich niemals anzusehen, so sind sie geradeausgegangen, gemeinsam ein Ziel am Ende der Straße, den Kirchturm fixierend, eventuell, oder beschäftigt mit Herzlichkeiten am Wegesrand zu den guten Bekannten, von denen ihre kleine Welt voll ist, die nur mit Wünschen zu helfen wissen, die aber nicht helfen. Die empfindlichen Beiden, nebeneinander in ihrem überaus redlichen Laden, zerbrechlich sogar, ein Blick des einen hätte den zweiten mit Schuld überschüttet, mit Vorwürfen nicht." (FK, 23)

In der fiktiven Welt der Kronauerschen Figuren - ähnlich wie bei Wohmann - sind Vorwürfe nicht am Platze. Was für diese Menschen gilt, ist allein die Bewahrung des Ruhezustands, mindestens die Bewahrung des friedlichen und harmonischen (Außen)Bilds. Während Wohmann als Grund für ein solches Verhalten der Figuren das Festhalten an Konventionen und gesellschaftlichen Normen explizit genannt hat, verzichtet Kronauer auf jegliche Erklärungen und Hinweise. Deutlich ist nur die Tatsache, daß der Geschlechterkampf für die Autorin Kronauer kein Thema darstellt. Sogar Gunhild Kübler, eine Kritikerin, die sich zunächst von feministischen Ideen faszinieren ließ, gibt zu, bei der

Kronauerlektüre begriffen zu haben, daß der "gute alte Geschlechterkampf" nicht bloß Pause hat, sondern "irrelevant" geworden ist.[55]

In diesem Zusammenhang kann jedoch die Tatsache nicht übersehen werden, daß auch in den Texten Kronauers häufig von Ehebrüchen und -scheidungen die Rede ist. Es fällt aber auf, daß die Autorin auch bei der Schilderung solcher Fälle - im Unterschied z.b. zu den feministisch orientierten Autorinnen Schröder oder Schwaiger - auf die Darstellung jeglicher Auseinandersetzungen zwischen den Partnern verzichtet. Die im Roman "Rita Münster" geschilderte Ehe- und Scheidungsgeschichte von Ruth und Franz Wagener enthält viele Merkmale der spezifischen Kronauerschen Kommunikation zwischen den Ehepartnern: Verschweigen eigener Bedürfnisse, stilles weibliches Leiden an männlicher Abwesenheit, männliche Schwermut, unerwartete Scheidung und der Versuch, das harmonische Außenbild zu bewahren. Obwohl die beiden Partner offensichtlich an ihrer ehelichen Situation leiden, ist es hier wieder die Frau, die ihre Sorgen laut zum Ausdruck bringt, während der Mann in seine eigene Welt versinkt (hier entstehen also die Parallelen zu den Texten von Wohmann und Kaschnitz). "In aller Zärtlichkeit" (RM, 31) redet Ruth Wagener von ihrem Ehemann Franz, der sich tagelang in seinem Atelier vergräbt; sie macht sich Sorgen um seine geistige Abwesenheit und leidet daran, daß sie unfähig ist, etwas an ihrer gemeinsamen Lebenssituation zu verändern: "Während sie sprach, hatte ich ein paarmal das Gefühl gehabt, sie hätte Franz mit ihren Händen, Fäusten geschüttelt und gerüttelt." (RM, 34). Trotz seiner von ihr negativ bewerteten Gewohnheiten (RM, 74), trotz ihrer Klagen über seine Verhaltensweisen (RM, 65) und trotz häufigen Zorns, "der in ihr steckte" (RM, 65), hält es die Erzählerin für unmöglich, daß Ruth nicht, "von schwachen, unverzeihlichen Momenten abgesehen, Franz weiterhin nach außen verteidigt hätte":

"Sie lobte seinen Fleiß, daß er nicht vorwärtskam, nannte sie wahrhaftig sein Ringen. [...]. Wie verstand sie da, aus der Faulheit, Griesgrämigkeit, Verbohrtheit, Rücksichtslosigkeit von eben wahre Wunder an schöpferischer Nachdenklichkeit, künstlerischer Gewissenhaftigkeit, Ergriffenheit, unwandelbarer Festigkeit, standhaftem Zielbewußtsein, das die eigenen Kräfte nicht schonte, zu zaubern!" (RM, 66)

Mit allen Kräften bemüht sich Ruth nicht vorzuzeigen, daß es nun "so verkrampft und knirschend" zwischen ihnen zugeht (RM, 85). Obwohl ein "Frieren" zwischen den beiden herrscht, versuchen sie, auch weiter höflich miteinander umzugehen (RM, 85). Schmerzvoll muß Ruth aber zugestehen, daß sich die Beziehungen in ihrer Ehe verändert haben (RM, 86). Auffällig ist jedoch, daß nach dem Ehebruch Franz' seine Ehefrau ihn nicht mit Vorwürfen überschüttet, sondern sich an die glücklichen Augenblicke aus ihrem gemein-

---

[55] Vgl. Kübler, Gunhild: Ruhelose Wahrnehmungs- und Spracharbeit. In: Die Sichtbarkeit der Dinge. Über Brigitte Kronauer. Hrsg. von Heinz Schafroth. Stuttgart 1998, S.101.

samen Leben und an ihre früheren vielversprechenden Hoffnungen erinnert. So heißt es z.B. von einem Badeurlaub, während dessen sie festgestellt haben, daß Franz nicht mehr ein junger Mann und Ruth nicht mehr ein junges Mädchen sind: "Uns beiden gefiel dann die Vorstellung, daß wir beide uns so, von Jahr zu Jahr verändern würden und daß die Zuneigung jeden Schritt mitmachen würde." (RM, 110). Da ihre Beziehung für sie einen hohen Wert hatte, halten die beiden Ehepartner für wichtig, daß die Scheidung nicht zum Kampf zwischen ihnen wird: "Sie würden es diskret handhaben, keine Kämpfe." (RM, 119). Ruth braucht Liebe und Zuwendung, aber sie will nicht dafür kämpfen: "Entweder liebte man sie oder man liebte sie nicht." (RM, 121). Wie bei der Schilderung aller Welt- und Lebensvorgänge verzichtet die Autorin auch hier auf die kausale Erklärung der Geschehnisse und auf die moralisierende Haltung. Deswegen verliert das erzählte Familiendrama tiefgehende soziale und psychologische Dimensionen und beschränkt sich auf eine ästhetische Wahrnehmung.

Das Versinken der Partner in die eigene Welt und die Verweigerung sprachlicher Kommunikation (vor allem seitens der Männer) sind entscheidende Faktoren, die - ganz ähnlich wie in den Texten Wohmanns - das Zustandekommen harmonischer Beziehungen verhindern. Hier muß jedoch bemerkt werden, daß abgesehen davon, welch eine große Bedeutung Kronauer der Sprache zumißt, auch andere Kommunikationsformen (z.B. Blick, Geruch) in ihrem Werk relevant sind. Auch wenn die Partner ganz selten zum Gespräch kommen und jeder in seine eigene Welt versunken zu sein scheint, bedeutet dies nicht, daß zwischen ihnen keine Kommunikation stattfindet. Kronauer betont häufig andere, nonverbale Formen menschlicher Kommunikation, so heißt es z.B. von den beiden Weltflüchtigen in "Die Frau in den Kissen": "Es genügt ihr, es gibt einen lautlosen Kreislauf zwischen ihnen. Sie schwitzt nicht, jedenfalls zu wenig, um sich gegen die Meeresluft durchzusetzen. Dafür schickt sie beharrlich einen kaum von ihrer Haut individualisierten Parfümduft zu ihm hin." (FK, 61). Durch die Blicke oder durch das Lächeln scheinen die Figuren mehr zueinander sagen zu können als durch die Worte: "Sie lächelt, und der Bootsmann lächelt ein wenig einfältig zurück." (FK, 80).

4.2.5. Ambivalenz von Männerfiguren

Bei den Frau-Mann-Begegnungen ist der Blick aufeinander bzw. die Einstellung zueinander von zentraler Bedeutung. Um die Geschlechterkonzepte von Kaschnitz, Wohmann und Kronauer vollständig erläutern und ihre Distanz zu den feministischen Kampfansagen beweisen zu können, soll hier explizit auf die Frage eingegangen werden, wie diese Autorinnen Männer in bezug auf Frauen als Geliebte und Ehemänner darstellen. Da aus diesen Texten jegliche Formen des Geschlechterkampfes ausgeschlossen bleiben, hat dies unter anderem zum Ergebnis, daß die Geschlechtszuschreibungen für männliche Partner hier widerspruchsvoller und komplizierter als in den Texten der in dieser Frage eindeutig ablehnend vorgehenden Autorinnen der programmatischen Frauenliteratur sind (die Einstellung feministischer Autorinnen zu Männern und Männlichkeit wurde am Beispiel der Studien von Regula Venske und Marion Rave im Kapitel 2.3.3. erläutert[56]). Bei der radikalen feministischen Betrachtung der Männlichkeit wird sie - dies betrifft vor allem die Anfangsphase der neueren Frauenbewegung - verallgemeinernd als homogenes gesellschaftliches Konstrukt gesehen, ohne zwischen patriarchalen Strukturen und konkreten Individuen zu unterscheiden. Solche feministisch orientierten Autorinnen wie Stefan, Reinig, Schröder oder Schwaiger glauben das Phänomen der Männlichkeit in den meisten Fällen mit der Aufzählung von bekannten patriarchalischen Stereotypen des Männlichen (z.B. Macht, Dominanz, Gefühlskälte) zu erfassen. Anschuldigungen an das männliche Geschlecht können unverkennbar als eines der wichtigsten Motive der deutschen Frauenliteratur gelten.[57] Sie setzt den Selbstbefreiungsprozeß der Frau dem Entmannungsprozeß gleich, wobei die Möglichkeit einer gemeinsamen Emanzipation weitgehend ausgeschlossen bleibt.

Es steht außer Zweifel, daß die schuldzuschreibenden Entwürfe immer nur eine Seite besonders hervorheben, wobei die andere Seite (z.B. die männliche Beschützerrolle) im Dunkeln bleibt. Die vorhergehende Erörterung der Texte von Kaschnitz, Wohmann und Kronauer hat gezeigt, daß Männlichkeit hier viel ambivalenter wahrgenommen wird: Ihre Männerbilder implizieren solche gegensätzlichen Eigenschaften wie Stärke und Schwäche, Kälte und Sensibilität, Rationalität und Emotionalität etc. und kommen deswegen als weniger typologisiert bzw. entindividualisiert vor. Die Männerfiguren der genannten Autorinnen sind keine eindeutig negativen Figuren, obwohl sie häufig aus der Sicht der unsicheren und verzweifelten Partnerinnen charakterisiert werden.

Ebenso wie in den Texten Wohmanns und Kronauers werden die Männergestalten auch bei Kaschnitz größtenteils aus dem Blickwinkel der Frauen gezeichnet. Dies gilt auch für ihren Roman "Liebe beginnt", dessen männliche Hauptfigur viele Züge des für das Gesamtwerk der Autorin typischen Männerbildes trägt. Sein Bild wird aus den Beobachtungen der Partnerin zusammengesetzt, "gefärbt mit leidenschaftlicher Zuneigung, beschattet, aber nicht verdunkelt durch versteckte Auflehnung"[58]. Der Mann wird traditionell als

---

[56] Zu der feministischen Auffassung von Männlichkeit siehe auch: FrauenMännerBilder. Männer und Männlichkeit in der feministischen Diskussion. Hrsg. von Carol Hagemann-White und Maria S. Rerrich. Bielefeld 1988; Hess, Susanne: Erhabenheit quillt weit und breit: weibliche Schreibstrategien zur Darstellung männlicher Körperlichkeit als Ausdrucks- und Bedeutungsfeld einer Patriarchatskritik. Berlin 1996.

[57] Programmatisch heißt es z.B. bei Christa Reinig: "Ich töte den Mann, der mir in den Weg tritt. Und wenn er mir als Vater in den Weg tritt, töte ich ihn, und wenn er mir als Gatte in den Weg tritt, töte ich ihn, töte ich ihn, töte, töte!" (Reinig, Christa: Entmannung. Roman. Düsseldorf 1976, S.109).

[58] Pulver: Emanzipation zu zweit, S.861.

souveräne und überlegene Figur dargestellt. Anders als die Frau führt er auch ein eigenes, von ihr unabhängiges Leben, zu dem die Frau kaum Zugang findet. So ein Männerbild entspricht einerseits der Rollennorm und konservativem Denken; anderseits erweisen sich die meisten emanzipatorischen Züge vor allem im Porträt des Mannes, was keineswegs herkömmlichen Vorstellungen entspricht.[59] Trotz seiner Überlegenheit ist er "weder Held noch Vaterfigur", sondern ein Wissenschaftler, ein Individualist, der sich leidenschaftlich gegen Zwänge auflehnt, und ein Außenseiter.[60] Am Anfang des Romans erscheint der Mann als ein fleißiger Forscher, zugleich als ein idealisierter Geliebter (während des Osterfestes überträgt Silvia sogar die Jesusfunktion auf Andreas, indem sie seine Gestalt "mit jener anderen" vergleicht, "auf die das Volk wartete" (LB, 80); an einer weiteren Stelle berichtet sie, daß der Erlöser "für mich doch kein anderer sein konnte als mein irdischer Geliebter" (LB, 85)). Im Laufe der Reise scheint seine Person auch negative Züge zu gewinnen, die die Frau zu den Enttäuschungen führen: Die Frau begreift, daß der Mann ihr unerreichbar überlegen ist und daß er ein von ihr unabhängiges Leben hat. Diese Enttäuschung hat aber weniger mit Andreas als mit der Erzählerin selbst zu tun, die zugeben muß, daß sie ihn "damals" nicht verstanden hat (LB, 13), was auch die Irritationen und Mißinterpretationen des gegenseitigen Verhaltens beeinflußt hat.

Daß die männliche Figur im Roman nicht frauenfeindlich ist, zeigt auch Andreas' Bewunderung der von Silvia im Einklang mit dem Geist der Zeit formulierten Unterschiede zwischen Männern und Frauen, indem sie das Weibliche dem naturhaften Werden zuordnet: "Außerdem, sind denn Frauen nicht auch Menschen?" (LB, 117), fragt er, wobei diese Worte aus dem Mund eines Mannes im Kontext der patriarchalischen Beziehungen ganz großzügig wirken. Es ist auch deutlich, daß der Mann hier, wie auch der Mann in der Erzählung "Pilzsucher", viel schwächer als die Frau das Problem der Fremdheit zwischen den Geschlechtern erkennt. Vielmehr hält Andreas den Unterschied zwischen Mann und Frau für unwesentlich. Daß die Kluft zwischen männlichen und weiblichen Werten an der Gestalt Andreas' wenig zum Ausdruck kommt, kann durch die ambivalente Darstellung Andreas' erklärt werden: Einerseits ist er ein Wissenschaftler und Zivilisationsmensch, andererseits bevorzugt er die wilde Natur den künstlichen Gärten (LB, 139), deswegen erscheint er auch als Naturmensch, und auf diese Weise werden die Unterschiede zwischen ihm und seiner die Natur bewundernden Partnerin teilweise aufgehoben.

Im Hinblick auf die Dominanz des Mannes in der Beziehung (er bestimme die Art des Umgangs, verabscheue leidenschaftliche Gefühlsausbrüche) glaubt Stephan, daß die Beziehung für den Mann und für die Frau im Text eine unterschiedliche Bedeutung hat.[61] In diesem Zusammenhang wäre es jedoch falsch, den Mann als liebesunfähig zu bezeichnen. Anders als in den program-

---

[59] Vgl. Pulver: Marie Luise Kaschnitz, S.26.
[60] Vgl. Ebd.
[61] Vgl. Stephan: Liebe als weibliche Bestimmung?, S.125.

matischen Texten der Frauenliteratur[62] ist die männliche Figur im Roman Kaschnitz' der Liebe fähig: Immer wieder versichert er seiner Partnerin gegenüber, wie notwendig ihre Existenz für ihn ist: "Ich [Andreas] habe gewußt, daß ich dich liebte. Aber ich habe nicht gewußt, wie arm ich zurückbleiben würde, wenn du mich verließest" (LB, 177). Diese Versicherungen zeigen, daß Liebe von der Autorin als ein umfassendes, beide Geschlechter kennzeichnendes Element gefaßt wird (vgl. Kapitel 3.4.2.).

Im Gegensatz zu Stephan äußert Pulver die berechtigte Feststellung, daß in der Darstellung des männlichen Partners in "Liebe beginnt" der Autorin "eines der fesselndsten, ungewöhnlichsten Männerporträts aus weiblicher Feder"[63] geglückt ist. Es steht außer Zweifel, daß dieses Porträt Ähnlichkeiten mit dem Ehemann der Autorin Guido von Kaschnitz aufweist[64] und daß die Autorin auf eine bewundernswerte Weise aus dem geliebten Menschen eine literarische Figur geschaffen hat. Andreas im Roman läßt seiner jüngeren Partnerin Raum, so wie der Mann der Autorin ihr im Leben den Raum ließ, sich schreibend neben ihm zu verwirklichen.[65] Daß es in den Texten von Kaschnitz nicht zur feindlichen Abgrenzung vom Mann kommt, habe nach der Meinung Vetters mit "den aufgeschlossen gezeichneten Männern zu tun, die nicht starr in gegebenen Privilegien verharren, sondern sich ebenfalls um Ausgleichung bemühen".[66] So wie die Autorin in ihrem privaten Leben an ihrer Emanzipation nicht gehindert wurde, sind auch in ihren Texten jene Frustrations- oder Haßgefühle gegen das männliche Geschlecht nicht zu finden, die in der feministischen Frauenliteratur immer wieder zum Ausdruck kommen.

Nicht unähnlich etwa wie bei Kaschnitz führt die Bevorzugung weiblicher Gestalten auch in den Texten Wohmanns dazu, daß Männerfiguren einzeln selten in Erscheinung treten: Männer kommen in den Relationen mit Frauen vor und werden am häufigsten aus der Sicht der Partnerinnen geschildert. "Männer kennt sie von außen, als Ziel, als Kontaktpartner, nicht von innen", behauptet Rainer Hagen[67], der die frühe Kurzprosa der Autorin untersucht und deswegen die späteren Männergeschichten in den Romanen "Schönes Gehege" und "Frühherbst in Badenweiler" außer acht läßt. Es läßt sich nicht übersehen, daß die Männerfiguren von der Autorin blässer dargestellt und häufiger als

---

[62] Daß es in den meisten Texten der Frauenliteratur um männliche Beziehungsunfähigkeit, Abwesenheit und Unerreichbarkeit geht, behauptet auch Regula Venske in ihrer bereits erwähnten Studie "Das Verschwinden des Mannes in der weiblichen Schreibmaschine. Männerbilder in der Literatur von Frauen" (vgl. Venske, S.17f).

[63] Pulver: Emanzipation zu zweit, S.861.

[64] Siehe dazu Gersdorff, S.59.

[65] Vgl. Pulver: Emanzipation zu zweit, S.861f.

[66] Vetter, S.245. Die Kritikerin meint, daß es bei solchem Verhalten durchaus nicht um den durchschnittlichen Mann, sondern um Sonderfälle handelt (vgl. Ebd.).

[67] Hagen, S.51.

Frauenfiguren typisiert werden. Es steht jedoch außer Zweifel, daß ihre Männerbilder viel differenzierter als die Männerbilder aus der feministischen Feder in Erscheinung treten und sich deutlich von einem in der feministischen Literatur verbreiteten Männertyp unterscheiden.

Bei der Betrachtung der Männerbilder in den Texten Wohmanns fällt sofort auf, daß im Unterschied zu den Heldinnen feministisch orientierter Autorinnen die Frauenfiguren Wohmanns meistens nicht das Verhalten oder das Denken der männlichen Figuren kritisch bewerten, sondern ihre äußere Erscheinung, z.B. die Haut, die Gesichtsfarbe, die Warzen, die Leberflecke, die Krampfaderbeine. In der bereits besprochenen Erzählung "Flitterwochen, dritter Tag" verkörpert z.B. die Warze alle Fremdheit, die die Ich-Erzählerin gegenüber ihrem Ehemann Reinhard verspürt (F, 50). Das konzentrierte Anstarren der Warze und die ekelerregenden Vorstellungen der Frau wirken sogar komisch, so daß die Sympathie der Leser/innen, die der Erzählerin zugedacht war, eher dem wohlmeinenden Warzenträger gilt.[68] Die Warze wird so ausführlich betrachtet (Größe, Form, Oberfläche etc.)[69], daß man den Eindruck gewinnt, es handle sich hier weniger um die physische Anomalie des Mannes als um die Abweichung der Frau von normaler Menschenwahrnehmung. Erst am Ende des Textes, nachdem die Erzählerin Reinhard und den Mann mit der Warze als eine Person identifiziert hat ("er wartete, Reinhard wartete, mein Mann mit der Warze" (F, 51)), scheint die Warze an Faszination zu verlieren, und die Erzählerin kann zur 'normalen' Kommunikation mit ihrem Mann zurückkehren. Ähnlich wie in anderen Fällen der Zweierbeziehung ist auch hier die Kommunikation konventionell geprägt, aber das Bild des Mannes gewinnt auch positive Züge: "Freust du dich, Schatz? Reinhard war mir jetzt näher. [...] Es war nett." (F, 51). Hier wird deutlich, daß im Hinblick auf Männer die Frauenfiguren Wohmanns sich viel mehr vor der männlichen Körperlichkeit und Intimität fürchten als vor dem Sich-Anpassen-Müssen an Normen und Konventionen, die von männlichem Einfluß genauso stark gezeichnet sind. Die Erzählerin in "Flitterwochen, dritter Tag" kann ihren Ehemann Reinhard mit seiner Autorität akzeptieren (ähnlich wie Eva Maria den Herrn Panter in "Treibjagd" oder die junge Frau den alten Schuldirektor in "Der Antrag"), aber nicht mit seiner Körperlichkeit. Diese Feststellung erklärt auch, warum die Frau die sie beunruhigenden Aspekte (Warze) vom eigenen Ehemann auf einen anderen Mann projiziert: Auf diese Weise versucht sie Wellner zufolge, durch die Bezeichnung "Mann mit der Warze" dem Bild Reinhards die bedrohliche Körperlichkeit abzusprechen und ihre aus dem Körperlichen evozierten Ängste zu verringern.[70]

Die Männerfiguren Wohmanns sind überzeugte Vertreter des bürgerlichen Standes, die sich durch übertriebene Spießigkeit und Normenfesthaltung auszeichnen. Sie sind gewöhnt an die konventionellen Umgangsformen und

---

[68] Vgl. Wellner, S.99.
[69] Zur Metaphorik der Warze in "Flitterwochen, dritter Tag" siehe ebd., S.181ff.
[70] Vgl. dazu ebd., S.185f.

weisen keine Originalität oder Sensibilität auf, nach denen sich die Frauengestalten sehnen. Im Bezug auf die Geschichtensammlung "Paarlauf" (1979) bezeichnet Günther Schloz die Männerfiguren als "Langschläfer, Traumtänzer", die "pingelig, langweilig, wehleidig und ahnungslos"[71] sind. Die Pedanterien bürgerlicher Männerfiguren sind in den Texten Wohmanns häufiger anzutreffen als die der weiblichen Figuren (z.B. in "Schöne Ferien"). Im Hinblick auf die genannte Normüberwachung durch Männer soll aber betont werden, daß diese Eigenschaft bei Wohmann keineswegs als eindeutig negativ zu betrachten ist: Mit ihrer Spießigkeit und Normenfesthaltung verkörpern diese Männer die Eigenschaften, die auch die meisten auf den sozialen Status bzw. die soziale Sicherheit, auf die Stabilität und Ordnung fixierten Heldinnen Wohmanns hochschätzen (vgl. dazu die Erzählungen "Verjährt" oder "Der Antrag").

In diesem Kontext wäre es jedoch ein Fehler zu behaupten, daß Gabriele Wohmann bei der Betonung männlicher Körperlichkeit und Spießigkeit die von der feministischen Literatur stark kritisierten jeglichen Ausdrucksformen männlicher Autorität ganz verschweigt. Auch in ihren Texten erscheinen die Männer häufig als dominante Persönlichkeiten, die das mangelnde Selbstbewußtsein der Frauen noch schwächer machen. Die männliche Überlegenheit gegenüber der ich-geschwächten weiblichen Persönlichkeit kann in diesen Fällen als typisches Element der patriarchalischen Geschlechterordnung aufgefaßt werden, das von der Autorin notiert, aber keinesfalls ausdrücklich kritisiert wird. Ein Beispiel für die männliche Dominanz bietet wieder Herbert Panter in "Treibjagd": Er lehnt eindeutig einen von Eva Maria vorgeschlagenen Waldspaziergang ab (T, 73) und nötigt sie in ein kleines Café, wobei er immer wieder seine mannhafte Überlegenheit und bevormunde Wesensart sichtbar macht: "Vor der Schwelle des Lokals faßte er sie an den Oberarmen und trat nah an sie heran. So *zwang* [Hervorhebung durch R.E.] er sie, ihn anzusehen. [...] Über irgendetwas triumphierte er, sie irrte sich nicht. [...]. Er hörte nicht mehr zu. Er drückte sie hinter den Leuten ins Lokal." (T, 74). So wird die Frau in eine passive Frauenrolle gezwungen, wobei der Mann allein entscheidet, was für die beiden am besten wäre (T, 74). Bedauerlicherweise fällt es Eva Maria auf, "daß er [Panter] aussah wie einer, der sich aus Frauen nichts macht. [...] er sah aus wie einer, der Frauen ein bißchen verachtet." (T, 75). Obwohl sie später ihre Gedanken als "Einbildung" (T, 73) abqualifiziert, fühlt sie sich trotzdem durch den Mann auf eine für sie lästige Weise bevormundet. Auffällig ist auch, daß der Mann überwiegend mehr spricht als die Frau (T, 73). Jedoch muß an dieser Stelle betont werden, daß Eva Maria nicht ganz ungern die unterlegene Position und die Rolle einer passiven Frau akzeptiert: "Wirklich, sie war ihm wirklich dankbar dafür, daß er die Unterhaltung zu seiner Sache machte. [...] was wußte sie schon zu erzählen." (T, 76).

---

[71] Schloz, S.86.

Von der Kritik wurde Gabriele Wohmann sogar ausgesprochener Männerhaß häufig attestiert[72]; jedoch kann man keineswegs die Tatsache außer acht lassen, daß ihren Männerfiguren nicht nur negative Rollen zukommen. Die Tendenz zu einem negativen Männerbild kommt häufig zum Ausdruck, aber trotz bestimmter Ähnlichkeiten mit den Männerbildern aus der feministischen Feder wird das männliche Geschlecht in den Texten Wohmanns nicht generalisierend negativ charakterisiert. An mehreren Stellen ihres Werkes werden männliche Schwäche oder Sensibilität erwähnt, die freilich als Zeichen der geringeren Lebenstüchtigkeit und geminderten Sexualität gelten. So eine Person ist z.B. der krebskranke Strass im Roman "Abschied für länger", der nicht nur körperlich, sondern auch seelisch krank ist. Es ist verständlich, daß die durch die Sexualfeindlichkeit bestimmten weiblichen Hauptgestalten, Männer nur ertragen können, wenn das Körperlich-Maskuline in spezifischer Weise gebrochen ist.[73] Auffällig ist jedoch die Tatsache, daß auch diese Männerfiguren, die nicht durch Aggressivität und Triebhaftigkeit gekennzeichnet sind, von den Heldinnen letztendlich abgelehnt werden (wie z.B. Strass). Naheliegend ist deswegen die Annahme, daß die Frauenfiguren sich doch nach maskulinen Eigenschaften, wie z.B. Stärke oder Hand in Hand mit der Beschützerfunktion gehende Autorität, sehnen und diese für Selbstverständlichkeit halten, obwohl sie diese Eigenschaften bedrohlich finden. Die ersehnte männliche Sensibilität stellt in ihren Augen die Abweichung von der Norm und erscheint deswegen als inakzeptabel.

Anders als in der feministischen Literatur sind in den Texten Wohmanns nicht allein Männer am Leiden der Frauen schuld.[74] Daß die Männer die Hoffnungen ihrer Frauen nicht erfüllen können, liegt oft daran, daß sie selbst psychologisch gesehen nicht viel stärker als ihre Partnerinnen sind. So ist z.B. Strass im Roman "Abschied für länger" ein verschlossener Mensch: "Strass, der etwas schwerfällige, ziemlich erschöpfte Mann Anfang vierzig, dieser immer freundliche, zu leise sprechende Statistiker aus Passion." (Afl, 25). Er versucht, seine Wünsche und Ängste in seinem Beruf zu kompensieren, und wird von allen geschätzt

---

[72] Pollerberg betont z.B. die negativen Aspekte des Wohmannschen Männerbildes: "Der Mann wird oft als abstoßend, gefühllos, manchmal nahezu hassenswert, als durch sein Verhalten für das Leiden der Frau möglicherweise verantwortlich dargestellt. Er erweist sich meist als sachlich-objektiv, ordnungsliebend, phantasielos, nüchtern berechnend und opportunistisch, im Hinblick auf die Emotionen als verschlossen und oft abstoßend unempfindsam und steht daher im Kontrast zu der sensiblen, phantasievollen Frau." (Pollerberg, Dirk: Gabriele Wohmann. In: Deutsche Literatur der Gegenwart. In Einzeldarstellungen. Bd.2. Hrsg. von Dietrich Weber. Stuttgart 1977, S.470f).
[73] Vgl. Wellner, S.219.
[74] "Das Leiden an der Familie, das Leiden am Mitmenschen überhaupt, ist für die Figuren Gabriele Wohmanns eine Erfahrung, deren Grund nicht ausschließlich in der Böswilligkeit der Handlungspartner, sondern häufig in der psychischen Veranlagung der Leidenden selbst zu suchen ist", meint zutreffend Jurgen Michael Benz (Benz, Jurgen Michael: *Ich-Schwäche und Identitätsprobleme.* In: Gabriele Wohmann. Hrsg. von Günter Häntzschel. München 1982, S.81).

(Afl, 28). Sein Bild entspricht durchweg dem Klischee des unter dem Druck seines Berufslebens stehenden Mannes: "Strass befindet sich zu fünfzig Prozent der Zeit auf Reisen. Regelmäßig besucht er die Vertragsfirmen, die Handels- und Werkstättengeschäfte betreiben, Beratungsbesuche." (Afl, 15). Ständig weist die Erzählerin auf die Erschöpfung des Mannes hin: "Strass legte sich hin, erschöpft, so erschöpft ist er oft [...]. Müde, krank vor Müdigkeit" (Afl, 38f). Sein Beruf ist auch verantwortlich für die mangelnde Kommunikation zwischen den Liebenden: Der Partnerin kann Strass nur kurze Momente des Zusammenseins zwischen den Terminen seiner Arbeitswelt anbieten, keineswegs aber die innere Ruhe, weil diese ihm selbst fehlt. Die persönliche Freiheit des Mannes ist eingeschränkt, in diesem konkreten Fall durch die Zwänge des technischen Fortschritts und des Strebens nach Perfektion. Das nach strikten Regeln verlaufende gesellschaftliche Leben führt ihn zur Unempfindlichkeit und Passivität im Privatbereich. Strass gelingt es nicht, seine Privatangelegenheiten mittels seiner Berufssphäre entnommenen Regeln zu organisieren: "Der Rationalisierungsexperte Strass ist unfähig, sein eigenes Privatleben in den Griff zu bekommen und Entscheidungen zu fällen. Der Mann, der täglich zu Managern und Gruppen spricht, kann mit seiner Geliebten kein richtiges Gespräch führen."[75] Dabei ist er todkrank und ähnlich wie seine Partnerin braucht er jemanden, der sich um ihn kümmert und "nett" zu ihm ist: "Was kann man tun, fragte ich. Nett sein, sagte Strass. Also sei nett, sagte ich. Nett behandelt werden, sagte Strass." (Afl, 105). Der Wunsch, versorgt zu werden, bleibt aber unbefriedigt, weil seine Partnerin es weigert, eine fürsorglich weibliche Rolle anzunehmen. In diesem Zusammenhang kann man auch vom bezeichnenden Infantilismus von Männer- und Frauenfiguren sprechen.[76] Auch Männerfiguren Wohmanns haben emotionale Bedürfnisse, die sich im Wunsch nach Ruhe, Verständnis und Liebe äußern und deren Verwirklichung die gesellschaftlichen Konventionen ein kaum überwindbares Hindernis bieten. Die Problematik des Mannes unterscheidet sich also kaum von der Problematik der Frau: Weder Frau noch Mann kann sich in der gesellschaftlichen Sphäre kommunikativ verwirklichen; keiner von ihnen fühlt sich in seiner Privatbeziehung verstanden und anerkannt. Ähnlich wie bei der Frau fällt auch beim männlichen Partner seine Ich-Schwäche auf, die die Lösung der bestehenden inneren und äußeren Konflikte erschwert.

Auch Männer gehören in Gabriele Wohmanns Texten zu Außenseitern, zu den Opfern der Konventionen, d.h. zu denen, die sich um ihren Anspruch auf Glück betrogen sehen. Jurgensen zufolge gehört es zu den Stärken der Wohmannschen Prosa, daß sie sowohl Mann als auch Frau als Opfer einer gesellschaftlichen Rollenbestimmung zeichnet: "Das macht auch die bitterste und brutalste Satire ihrer Gestaltung letztlich wieder fast versöhnlich. Es liegt zuviel Erfahrung, zuviel Verständnis in den einzelnen Erzählfiguren, als daß sie

---

[75] Wagener, S.41.

[76] Vgl. Jurgensen: Deutsche Frauenautoren der Gegenwart, S.190.

in kämpferischer Rhetorik eingesetzt werden könnten."[77] Die Autorin deckt gnadenlos männliche Schwächen auf, aber sie verspürt auch Mitleid mit dem Männergeschlecht. "Diese tötende Nachsicht mit Männern" hält Martin Gregor-Dellin für einen "Spezialfall Wohmannscher Psychologie": "Hier werden Prozesse geführt, bei denen die Autorin zugleich als Anklägerin und Verteidigerin auftritt."[78] Da sowohl Frauen als auch Männer als Leidende vorgeführt werden, ist es häufig irrelevant, ob die Umwelt feminin oder maskulin betrachtet wird: Abgesehen von ihrer unterschiedlichen Geschlechtszugehörigkeit erfassen Frauen und Männer dasselbe klägliche Bild ihrer Umgebung. In diesem Zusammenhang spricht Schloz von dem "Unisex": Männer und Frauen ließen sich Schloz zufolge allenfalls noch durch ihre äußeren Geschlechtsmerkmale unterscheiden, während die Selbst- und Weltwahrnemung in den meisten Fällen ganz ähnlich zu sein scheint[79] (als gemeinsames Merkmal beider Geschlechter könnte hier z.B. die übertriebene Imagepflege genannt werden).

Auch in den Texten Kronauers, in denen eine Frauenfigur als Erzählinstanz vorkommt (z.B. in den Romanen "Rita Münster" und "Die Frau in den Kissen"), werden die Männerfiguren von außen betrachtet, deswegen hängen ihre Bilder allein vom Bewußtsein der Erzählerinnen ab (einer anderen Situation begegnet man in dem Roman "Berittener Bogenschütze", in dem die Hauptperson männlich ist). Obwohl die Männer mit den Augen von Frauen gesehen werden, werden in den Texten Kronauers am häufigsten - und dies im Gegensatz zur feministischen Literatur und teilweise auch zu den Texten Wohmanns - ihre Vorteile, seltener ihre Nachteile wahrgenommen. Regula Venske wirft in ihrer Studie über Männerbilder in der Literatur von Frauen der Autorin Kronauer sogar eine "subtile Idealisierung des Männlichen"[80] vor. "Während das Darstellungsverfahren im Hinblick auf die Frauen als naturalistisch-phänomenologisierend bezeichnet werden könnte, bleibt es im Hinblick auf die Männer stilisierend"[81], schreibt die Kritikerin und führt mehrere Beispiele aus dem Roman "Rita Münster" vor, die sich überwiegend auf die unterschiedliche Darstellung weiblicher und männlicher Körperlichkeit beziehen. Hier einige der von Venske angegebenen Beispiele: "Die plötzlich entblößten, blau-bleichen, gewundenen, geknoteten, ausbrechenden und einschrumpfenden Krampfaderbeine einer alten Frau am Strand" (RM, 46) versus "Der ausgestreckte, magere Altmännerarm, nackt bis zur Achsel, des Eremiten Paulus von Grünenwald" (RM, 47). Es ist also die metaphorische Darstellung männlicher Körperlichkeit, die im Gegensatz zur programmatischen Frauenliteratur (vgl.

---

[77] Ebd., S.184.
[78] Gregor-Dellin, S.142.
[79] Vgl. Schloz, S.87.
[80] Venske, S.131.
[81] Ebd., S.132.

dazu das Buch „Entmannung" von Reinig) nicht abwertend, sondern eher bewundernd klingt, was die feministisch orientierten Kritikerinnen beim Lesen der Texte Kronauers am meisten aufregt. Zu fragen ist aber, ob die Autorin tatsächlich das Männliche zu idealisieren versucht, d.h. das zu rechtfertigen versucht, was im Kontext der feministischen Bewegung nicht immer gerecht verurteilt wurde, oder ob es ihr hier - wie auch bei der Darstellung anderer Elemente und Vorgänge der Welt - allein um das Ästhetische geht.

Wenn man solche Stellen wie die folgende bei Kronauer liest, ist die Annahme naheliegend, daß die Autorin gewisse männliche Eigenschaften, wie z.B. körperliche Stärke, bewundert und einen freundlichen Blick auf die Vertreter des männlichen Geschlechts richtet:

"Es war Petra, die eines Tages über Männerrücken sprach, von der aufsteigenden, gebogenen Linie, von licht- und schattentrennenden Modellierungen bei genau verteilten Muskeln und Massen. [...] 'Sie wirken so herausfordernd kräftig und dadurch wie vorbestimmte Opfer, Lasten tragen zu müssen, und so kann man sich kaum fassen vor Bewunderung und Mitgefühl, vor Lust und Angst um sie.'" (RM, 82f)

Anders als z.B. bei Wohmann erscheint männliche Körperlichkeit und Sexualität in den Texten Kronauers keineswegs als bedrohend oder Abscheu erregend (vgl. die Erzählung Wohmanns "Flitterwochen, dritter Tag"). Selbst wenn die Autorin in "Die Frau in den Kissen" "das weggesackte, grämlich gerunzelte, ein bißchen wie von Rost befallene Glied des Mannes", der zuvor im Treppenhaus Geschlechtsverkehr hatte (FK, 351), erwähnt, scheint es ihr hier vor allem um das Bildhafte des Ausdrucks zu gehen, nicht um die aggressive männliche Sexualität. Die florentinische Gräfin bezeichnet die männliche Sexualität sogar als "das angenehm Bedrohliche" (FK, 43). Im Gegensatz zu Wohmann wird der männliche Körper bei Kronauer nicht abgelehnt, sondern ästhetisiert (nicht gleichzusetzen mit 'idealisiert').

Ähnlich wie Frauenfiguren bleiben auch Männerfiguren in den Texten Kronauers unbestimmt und in ihrer Persönlichkeit konturlos. So eine konturlose männliche Figur ist der verheiratete Geliebte Rita Münsters namens Horst Fischer, der einige Tage zusammen mit der Erzählerin auf einer Nordseeinsel verbringt. Von ihm erfahren die Leser/innen nur so viel, daß er schriftstellerisch tätig ist, mit seiner Familie in Kanada lebt und für einige Zeit in die Einsamkeit verschwinden will (RM, 174). Bettina Clausen hat eine interessante Feststellung bezüglich seines Vornamens gemacht: Die Kritikerin verweist auf die etymologische Bedeutung des Wortes "Horst" (also ein schwer erreichbares Nest großer Greifvögel, wie z.B. Adler, Habichte, Falken) und erörtert dadurch die den Text vielfach durchziehenden Bilder von niederstoßenden Raubvögeln und rasenden Schwalben, bis hin zur geschlagenen Drossel: "Ein Falke wahrscheinlich, in unserem Garten!" (RM, 149).[82] Clausen macht die Annahme, daß derart 'Geschlagene' wie die Drossel ist auch Rita Münster durch die Beziehung zu dem Mann namens Horst Fischer; die Kritikerin bezieht sich auf die folgenden Worte der Erzählerin:

> "Einen Falken hatte ich noch nie gesehen, aber nun fuhr er jagend über den Himmel, rasend auf die Schwalben zu, die fliehend auf- und abstiegen, vorwärts schossen und wendeten, immer begleitet vom Falken, dem Jäger, der zu ihnen gehörte, für sie bestimmt, sie für ihn, ihr Eigentum und die Schwalben das Eigentum des Falken." (RM, 239f)

Wenn die Behauptungen Clausens zustimmen sollten und die Erzählerin hier tatsächlich ihre eigene Erfahrung mit dem Mann meinen sollte, kommt hier jedoch nicht die Vorstellung von Männern als aggressiven Jägern oder sogar Raubtieren im feministischen Sinne zum Ausdruck. Die Erzählerin akzeptiert den Kampf zwischen Falken und Schwalben als einen lebensnotwendigen Vorgang: Eines gehört zu dem anderen. Diese "Paarung", auch wenn sie schmerzvoll ist, wird als eigentliches Ziel begriffen: Die Erzählerin selbst insistiert auf solchen Schmerz, "denn größer als der Schmerz war der Triumph, diese eine Wunde erhalten zu haben" (RM, 192).

Trotzt des möglichen Schmerzes, den die Liebe zu einem Mann mit sich bringen könnte, will Rita Münster keineswegs auf diese Erfahrung verzichten. Sie akzeptiert die Ambivalenz ihres männlichen Partners, d.h. sie akzeptiert das Zärtliche und das Bedrohliche als zwei einander ergänzende Eigenschaften, die den ganzen Zauber seiner Person ausmachen (RM, 266). Rita Münster ist von der Fähigkeit ihres Partners begeistert, "liebenswürdig zu sein, aufmerksam, hingerissen und das alles nicht zu sein, beide Male ganz überzeugend." (RM, 185). Erst aus der zeitlichen Perspektive gesehen, gelingt es der Erzählerin, eine treffende Bezeichnung für ihren Geliebten zu finden: "eine empfindliche Festung" (RM, 267). Diese Bezeichnung drückt die ambivalente, durch ihre Empfindlichkeit und ihre Stärke die Frau faszinierende und herausfordernde Männlichkeit aus.

Im Roman "Die Frau in den Kissen" ist es die lange florentinische Gräfin, die eine "große Leidenschaft für das Männliche, eine Note um Note zu singende Arie, solange es Opfer, Objekte dieses Geschlechts gab" (FK, 81), ja sogar für "die kleinsten Zeichen des Männlichen" (FK, 65) verspürt. Das Männliche wird von der Gräfin eindeutig positiv charakterisiert, ja teilweise auch idealisiert:

> "Von klein auf hat sie so sehr das Männliche geliebt, kaum war sie auf der Welt, spürte sie es schon, witterte die Freuden, wenn sie ihre Hände ansah, die tiefen Stimmen hörte, nahm das leichte Beben der Luft wahr, wenn sie sich zu ihr

---

[82] Vgl. Clausen, Bettina: Die Metasprache der Struktur. Brigitte Kronauers Rita Münster. In: German Quaterly 63 (1990), S.441.

herabbeugten. Das war es, worauf es ihr ankam: daß die Luft zu vibrieren begann. Deshalb war sie angewiesen auf die Männer." (FK, 145)

Im zweiten Kapitel des Romans werden die Liebesgeschichten der Gräfin mit einem jungen Proletarier und mit einem ehemaligen Polizisten entfaltet. Beide Männerfiguren bilden das völlige Gegenteil zu der aristokratischen Gräfin. Gerade deswegen werden sie zum Objekt ihres Begehrens, weil sie das "grundsätzlich" Andere präsentieren:

> "Es weiß sie sofort: In der Nähe beider Männer fühlte oder fühlt sie sich eindeutig als das grundsätzlich in allen Ausmaßen Nicht-Männliche. [...] Der Polizist liefert ihr die Bestätigung durch unübersehbare Muskeln, der Zeitschriftenhändler jedoch tat es durch nichts Beweisbares." (FK, 105f)

Der Begleiter der Gräfin im Boot, der ehemalige Polizist, erscheint als ein primitives Mannsbild, das auf die Leser/innen lächerlich, auf die Gräfin aber immer noch "so unantastbar männlich, ja männlich, männlich, [...], keinesfalls auflösbar auf etwas einfach Menschliches hin" (FK, 71) wirkt. Der Muskelmann übernimmt eine Beschützerfunktion und tut das "Nächstliegende", nämlich er erfüllt „seine Pflichten als Tatkräftiger" (FK, 116). "Ein Diener möchte er sein, ein Kind" (FK, 118), hat er einmal der Gräfin gebeichtet. In seinem Inneren ist er verletzlich und schutzbedürftig, nur in seinem Äußeren erscheint er als "übertriebenes Götzenbild, ein Männlichkeitsidol für Steinzeithöhlen" (FK, 119). Dieses Widerspruch zwischen Innen und Außen drückt das Traurige seiner Situation aus.

Die Gestalt des ehemaligen Polizisten kann als trivialtragisch bezeichnet werden. Sein Schicksal manifestiert sich darin, entweder um seines guten Herzens oder um seines muskulös ausgebildeten Körpers willen geliebt zu werden. Seine ehemalige Ehefrau hat ihn deswegen geliebt, weil er so viel von den praktischen Dingen des Lebens wußte und dazu: "an seiner Seite konnte einem fast nichts passieren, auf ihn war Verlaß, er war die Treue selbst, eine feste Adresse, ein je nach Jahreszeit, wenn man es gerade ersehnte, warmes oder kühles Zimmer, in das man, wenn man wollte, hineinschlüpfen konnte und das man verließ." (FK, 131). Das Schmerzlichste für ihn war aber die Erfahrung, daß seine Frau seinen Körper nicht liebte und ihn für ihre körperlichen Freuden nicht benötigte (FK, 132). Ganz im Gegenteil die Gräfin: Während seine Ehefrau nur sein Herz liebte, liebt die Gräfin nur seinen Körper, "den wollte sie und nicht sein Gemüt, nicht das Wertvollste, sein Herz!" (FK, 135). Der Mann fühlt sich gefangen und auf eine gewisse Weise ausgenützt von diesen beiden Frauen: "Die eine reißt ihm seine Seele, die andere seinen Leib weg." (FK, 135). Dieser Mann wünscht sich, als ein ganzer Mensch - mit seinem Herzen und mit seinem Körper - wahrgenommen und geliebt zu werden:

> "Sie [die Gräfin] sollte nicht in erster Linie die dramatische Bereitschaft seiner Muskeln lieben, sondern das, was sie am Wichtigen getan hatten. Sie sollte mehr

als seinen Brustkorb sein Herz, seine Seele schätzen, und wieder: Ach! hätte sie ihm zum zornigen Abschied noch sagen können, ich liebe das ja, aber eben das Muskulöse Deines Herzens, die so ansehnliche, absurde, maßlose Seele Deiner Muskeln!" (FK, 43)

Trotz seiner beeindruckenden Körperlichkeit ist er keineswegs ein Männertyp, der wegen seiner Sexualität bedrohend wirken könnte: Die Gräfin verweist mehrmals darauf, daß trotz ihrer Nacktheit er nicht die Situationen mißbraucht (FK, 133). Diese Männergestalt bricht mit ihrer Sehnsucht nach Liebe, mit seiner Hingabe für die Wünsche der Frau und mit seiner Hilfsbereitschaft alle männlichen Stereotypen, die von der feministischen Literatur aufgebaut wurden. Dieser Mann ist auch eine um seinen Anspruch aufs Lebensglück betrogene Person: Wegen einer Hirnkrankheit mußte er seinen Beruf als Polizist aufgeben und ist zur untersten Ordnungstätigkeit, derjenigen eines Hausmeisters, degradiert. Die Tragik seiner Person wird auch dadurch verstärkt, daß er die ganze Zeit des Zusammenseins mit der Gräfin stumm bleibt, wobei nur sein Leib der näheren Betrachtung ausgesetzt wird. Die weibliche (Gräfin) und männliche (Muskelmann) Trennungserfahrung von sich selbst und von der Welt ist genauso schmerzlich. Der Tod wird von den beiden aufgrund gemeinsamen Leidens verbundenen Gestalten als einziger Ausweg angesehen.

Ähnlich wie bei Wohmann werden auch bei Kronauer die Männerfiguren ambivalent dargestellt: Sie haben liebenswerte Seiten, sie haben aber auch Seiten, die abstoßend oder lächerlich wirken können. Als eine negativ skizzierte Männergestalt kommt z.B. in dem Roman "Die Frau in den Kissen" der ehemalige Ehemann der Gräfin vor: Er ist ein "attraktiver Müßiggänger", der seine Frau regelmäßig betrügt und - eben das hält die Gräfin für seinen größten Mangel! - seine Liebe nicht zu der "Sache des Ästhetischen" machen kann (FK, 69). Eine besonders ambivalente Figur ist der bereits erwähnte glatzköpfige Muskelmann: Er wirkt durch seine Körperlichkeit nicht nur beschützend männlich, sondern auch weitgehend komisch. In den Augen der Gräfin erscheint er einem Kind ähnlich: "Er liegt dort als beides zugleich, Mitleid und Furcht einflößend, aber die Gräfin verkleinert sich den mächtigen, nackten Männerkörper zu dem eines Kindes" (FK, 114f). Auch Regula Venske, die sonst der Autorin die Idealisierung des Männlichen vorwirft, muß zugeben, daß der Begleiter der Gräfin in "Die Frau in den Kissen" so lächerlich erscheint, daß er sogar "das Begehren selbst ridikülisiert".[83] Stärke und Schwäche kommen in ihren extremen Formen in der Person dieses Mannes zum Ausdruck und machen ihn zu einer tragikomischen Gestalt.

Männer können also in Kronauers Texten auch als Opfer erscheinen, die machtlos und ungeschützt sind, so z.B. ein tot gefundener junger "Arbeitsloser, Obdachloser, rasch identifiziert. Man sah ihn in der Stadt mit seinem Pappschild: »Erbitte Spende«. Auf der Rückseite: »Ich habe Hunger«." (FK,

---

[83] Venske, S.139.

20). Es fördert die Substanz, daß die Autorin auf die ideologische Betrachtung des anderen Geschlechts verzichtet und einen teilweise distanzierten Blick zu bewahren versucht. Ein Vorteil ihres Konzepts ergibt sich daraus, daß Kronauer das 'Fremdartige' der Männer aus der weiblichen Betrachtungsperspektive akzeptiert und die Unterschiede zwischen Männlichem und Weiblichem gar nicht in Frage stellt. Diese Position formuliert z.B. Rita Münster im Hinblick auf ihren Geliebten Horst Fischer: "Dem Hintergrund der Handlungen dieses einen Mannes konnte ich nicht nachfahren, es genügte mir ja auch, es entzückte mich, ich brauchte nichts zu verstehen." (RM, 264). Auf die Frage, welche Eigenschaften sie bei einem Mann am meisten schätze, antwortete Brigitte Kronauer im Fragebogen der FAZ: "Das Fremdartige", und bei einer Frau: "Die Fähigkeit, aus Trauer oder Begeisterung hin und wieder die Geschlechtszugehörigkeit zu vergessen."[84] Im Bezug auf diese Bemerkung der Autorin behauptet Regula Venske, in den Texten Kronauers "eine Bewegung der 'Bemannung'" entdeckt zu haben, "die es ermöglicht, aus Begeisterung für das Fremdartige - des Männlichen, der Milchstraße, der Welt überhaupt, nur leider eben abzüglich des Weiblichen - die eigene Geschlechtszugehörigkeit vergessen zu machen".[85] Aus dem Konzept der Autorin, Männer nicht sofort abwertend, sondern andersartig zu sehen, zieht Venske negative Schlüsse für die Möglichkeit, das Weibliche nicht zu unterschätzen und dem eigenen Geschlecht gerecht zu bleiben. Im Hinblick auf das ganze Werk wäre es jedoch illegitim, der Autorin, der es nicht um das Ideologische, sondern allein um das Ästhetische und Künstlerische geht, eine Parteinahme bezüglich der Darstellung der beiden Geschlechter vorzuwerfen. Es ist viel mehr der Literaturwissenschaftlerin Ina Appel zuzustimmen, daß Venskes Argumentation sich auf "eine willkürlich anmutende Auswahl von Zitaten" bezieht und die komplexe Gesamtkonzeption der Romantrilogie vollkommen außer acht läßt.[86]

Eine eher positive als negative Einstellung der Autorin zum Männlichen hat zum Ergebnis, daß ihre Texte für die meisten feministisch orientierten Kritikerinnen als inakzeptabel erscheinen. Es steht außer Zweifel, daß Kronauers Werk, vor allem was die Schilderung der Männerfiguren betrifft, in der Zeit des Feminismus 'unabhängig' ist. Während in all den feministisch orientierten Texten (vgl. Schwaigers "Wie kommt das Salz ins Meer", Stefans "Häutungen", Reinigs "Entmannung" etc.) Männer als Repräsentanten eines inhumanen Systems erscheinen, kann das Unternehmen einer Autorin, die Männer nicht abwertend zu schildern, sogar ihre positiven Seiten hervorzuheben oder sich - wie das Brigitte Kronauer in ihrem Roman "Berittener Bogenschütze" tut - in eine männliche Optik und einen männlichen Körper hineinzuphantasieren, als eine subtile Idealisierung von Männlichkeit wirken.[87]

---

[84] Frankfurter Allgemeine Zeitung, 10.4.1987. Zitiert nach: Venske, S.141.
[85] Venske, S.141.
[86] Vgl. Appel, S.27.
[87] Vgl. Kübler, S.95.

Die Position Kronauers als 'Idealisierung' zu charakterisieren, ist nicht ganz verkehrt, aber auch nicht ganz richtig. Was die Autorin bei der Schilderung des Männlichen unternimmt, läßt sich eher als 'subtile' Ästhetisierung bezeichnen: Diese Tendenz zum Ästhetisieren, d.h. die ständige Suche nach bildhaften Ausdrücken und überraschenden Vergleichen, durchzieht das ganze Werk der Autorin und ist sowohl für die Darstellung der Natur, der leblosen Gegenstände als auch für die Schilderung der Menschen beider Geschlechter (vgl. dazu metaphorische Beschreibungen von alten Frauen) typisch.

4.2.6. Zwischenergebnisse

Die Geschlechterdifferenz bedingt unausweichlich die Konflikte zwischen Frauen und Männern, aber diese Konflikte kommen in verschiedener Art zum Ausdruck. Es gibt die ewige Spannung zwischen den Geschlechtern einerseits (davon zeugen auch die oben untersuchten Texte) und ihren besonderen (Macht)Kampf andererseits, der häufig im Mittelpunkt der feministischen Literatur steht. Die erste Art der Auseinandersetzung wird durch die Zweigeschlechtlichkeit der Menschen beeinflußt (vgl. dazu die in Kaschnitz' Roman "Liebe beginnt" vorgeführten zahlreichen geschlechtsbedingten Unterschiede); der besondere, einem Krieg ähnelnde Kampf resultiert aus dem Zusammenbruch der traditionellen Vorstellungen, d.h. aus der Notwendigkeit, das Weibliche und das Männliche unter veränderten Bedingungen neu zu definieren und zu bestimmen. Kaschnitz, Wohmann und Kronauer sind sich der Tatsache bewußt, daß jeder Verlauf von Partnerschaft und Beziehung konfliktträchtig ist und daß die Auseinandersetzungen zwischen den Partnern, d.h. zwischen zwei verschiedenen Personen mit ihren eigenen Wünschen, Hoffnungen, Interessen, Gefühlen etc., unausweichlich sind. Ihre Texte zeigen jedoch, daß unterschiedliche Positionen nicht unbedingt zum dauerhaften Streit oder Kampf führen müssen. Große Entwürfe, wie sie in der programmatischen Literatur der 70er Jahre formuliert wurden und die Veränderung der Geschlechterbeziehungen innerhalb eines gesamtgesellschaftlichen Systems bestimmten, zeigen sich in diesen Texten nicht: Die Lösung der Konflikte ist pragmatisch auf die private Sphäre gerichtet, auf das konkret Machbare und Mögliche. Es wäre deswegen viel angemessener, im Hinblick auf die hier untersuchten Texte nicht vom Geschlechterkampf, sondern von einer natürlich bedingten Geschlechterspannung zu sprechen.

Besonders die Heldinnen Kaschnitz' und Wohmanns, aber auch die von Kronauer brauchen die Beziehung zum Anderen, denn nur diese Beziehung rettet sie aus der unbestimmten Angst vor Einsamkeit und Verlassenheit. Um diese Angst zu überwinden und der Leere im eigenen Inneren zu entfliehen, suchen sie in einem Anderen Sicherheit und Gewißheit über sich selbst zu erlangen und durch einen anderen Menschen ihren Wert bestätigt zu finden. Sowohl die Heldin in Kaschnitz' "Liebe beginnt" als auch die in Wohmanns

"Abschied für länger" akzeptieren die Differenz ihrer Partner und versuchen, mit allen Mitteln die Beziehung aufrecht zu erhalten. Die sich aus der Geschlechterdifferenz ergebenden Konflikte, wenn sie ausgelebt und nicht verschwiegen werden (wie es z.B. in den Texten Wohmanns geschieht) helfen das andere Geschlecht und somit sich selbst besser kennenzulernen (vgl. dazu die neu erlangte Identität der Heldin in Kaschnitz' "Liebe beginnt"). Die Texte von Kaschnitz, Wohmann und Kronauer machen also die Notwendigkeit deutlich, den Anderen in seiner Unterschiedlichkeit zu erkennen bzw. anzuerkennen und nicht zu schnell zu verurteilen.

Keine der drei Autorinnen verschweigt die Nachteile der patriarchalisch geprägten Geschlechterverhältnisse (z.B. die männliche Überlegenheit oder Unerreichbarkeit), aber ihre Einstellung zu überlieferten Lebensmodellen ist weniger kritisch als die der feministischen Autorinnen. Das traditionell geregelte patriarchalische Gesellschaftssystem hat Frauen in ihren Möglichkeiten eingeschränkt, aber zugleich auch Sicherheit gewährt und damit Orientierung und Gewißheit garantiert (dies wird vor allem in den Texten Wohmanns deutlich, in denen die Heldinnen, auch wenn sie sich verletzt oder unglücklich fühlen, um die Bewahrung familiärer Ruhe bemüht sind). Wenn die Beziehungen bzw. Geschlechterrollen neu bestimmt werden, kommt es unausweichlich zu einer Krise, vor der die Heldinnen Wohmanns oder teilweise auch die von Kronauer offenbar große Angst haben. Diese Angst resultiert nicht nur aus der mangelnden Ichbewußtheit (vgl. dazu die Romane "Abschied für länger" oder "Rita Münster"), sondern auch aus dem Wunsch, Ruhe zu erhalten oder das friedliche Außenbild zu bewahren. Die Heldinnen verzichten also auf den Kampfweg nicht deswegen, weil sie mit der vorgegebenen Ordnung völlig einverstanden sind, sondern deswegen, weil sie die tradierten Geschlechterverhältnisse zu tief verinnerlicht haben und sich vor den Neuerungen hüten. Obwohl in diesen Texten die Frauen häufig als den Männer unterlegener erscheinen, fordern die Heldinnen Kaschnitz', Wohmanns und Kronauers von ihren Partnern nicht die Gleichberechtigung in der Familie oder in dem öffentlichen Bereich, sondern alleine Verständnis, Liebe und Respekt.

Da alle drei Autorinnen nicht vom Geschlechterkrieg, sondern allein von der Geschlechterspannung sprechen, verzichten sie auch auf die einseitig negative Charakterisierung des anderen Geschlechts. Es handelt sich in ihren Texten um ein zwiespältiges Männerbild: Einerseits sind die Männer begehrte Liebesobjekte, andererseits sind sie für das Leiden der Frauen mitverantwortlich. Nur im Bezug auf den männlichen Partner können die Frauenfiguren ihre Identität als 'Frau' bestätigen; der männliche Partner kann aber genauso leicht die Frau durch seine Dominanz und Autorität verunsichern (diese Tendenz kommt in den Texten Wohmanns am deutlichsten zum Ausdruck). In keinem der hier untersuchten Texte wird viel Negatives über die männlichen Figuren gesagt: Obwohl ihre abzulehnenden Eigenschaften, so z.B. Überlegenheit, Spießigkeit,

Verzicht auf verbale Kommunikation oder Gefühlsäußerung, keineswegs verschwiegen werden, werden sie im Unterschied zur programmatischen Frauenliteratur nicht als Despoten, Ausbeuter oder Gewalttäter präsentiert. Wenn die Männer bei Kaschnitz oder Wohmann in einem negativen Lichte erscheinen, muß man zugestehen, daß es in vielen Fällen um die aus der Perspektive der frustrierten Partnerinnen dargestellten Eigenschaften handelt, die später von den Frauen selbst in Zweifel gezogen werden (vgl. dazu Kaschnitz' Roman "Liebe beginnt" oder Wohmanns Erzählungen). Für die Texte von Kaschnitz und Wohmann ist auch die Verbindung der Kritik am Mann mit der sich anschließenden Kritik an der Frau charakteristisch (vgl. dazu die kränklichen Absolutheitsansprüche der Protagonistin in "Liebe beginnt" oder die kränkliche Haltung der Frau in Wohmanns Erzählung "Flitterwochen, dritter Tag"). Diese schärfere Beobachtungsgabe, die die Vor- und Nachteile beider Geschlechter zu entdecken erlaubt, macht ihre Texte vieldeutiger und interessanter als die Texte der angriffslustigen feministischen Autorinnen. Während die Heldinnen Kaschnitz' und Wohmanns im Hinblick auf die männliche Differenz häufig eine Art Frustration empfinden, erscheint das Fremdartige des männlichen Geschlechts in den Texten Kronauers als das eigentlich Anziehende und Faszinierende. Die in den beiden letzten Jahrzehnten verfaßten Texte Kronauers machen die Tatsache deutlich, daß die Phase feministischer Männerfeindlichkeit und weiblicher Klage vergangen ist.

5. VERHÄLTNIS VON MARIE LUISE KASCHNITZ, GABRIELE WOHMANN UND BRIGITTE KRONAUER ZU EMANZIPATION, FEMINISMUS UND FRAUENLITERATUR

5.1. Traditionelle Position und Distanz: M. L. Kaschnitz

Der Werdegang Kaschnitz' als Schriftstellerin steht in engem Zusammenhang mit ihrem Reifen zu einem wachen, aber keineswegs extremen Menschen. Auch ihre Position gegenüber der Frauenemanzipation zeigt sich allein in der Themenwahl und in den indirekten Aussagen ihres Werkes, das alles politisch Programmatische ausschließt. Das skeptische Verhältnis der Autorin zum Feminismus verdeutlicht ihre Kollegin Ingeborg Drewitz:

> "Ich erzähle ihr von den Frauengruppen, von den Mädchen in Latzhosen, von der Wiederentdeckung des Strickzeugs, vom radikalen Feminismus, von den Cafés, Buchläden, Galerien, Verlagen und Zeitschriften der Frauen, die sie ja nicht mehr kennengelernt hat, von Frauenhäusern und der Lieblosigkeit, über die heute offen gesprochen wird. Und ich weiß, daß ihr das fremd ist, denn für sie ist die Nähe und der schmerzhafte Abschied die große Erfahrung ihres Lebens. Sie hat die Freiheit noch als die Freiheit zueinander erfahren und ist darum empfindlich geblieben für den plakativen Mißbrauch dieses Wortes."[1]

Die Feststellung von Irmgard Hermanns, Kaschnitz gehöre "einer Generation von Frauen an, die sich mehr um die Aneignung und Gestaltung ihrer eigenen vertrauten Umwelt bemühten als um Fragen der Emanzipation oder gar um eine Rebellion gegen das ihnen auferlegte weibliche Schicksal"[2], ist berechtigt. Bei den Reflexionen Kaschnitz' über ihre weibliche Rolle werden keine emanzipatorischen Forderungen artikuliert. Zwar bedeutet dies nicht, daß die Autorin ihre eigene Einstellung zur weiblichen Emanzipation unkritisch betrachtet: Anläßlich einer Ausstellung zum Thema Emanzipation notiert Kaschnitz selbstkritisch, daß sie "nie eine Vorkämpferin der Emanzipation" gewesen sei und sich nicht nur ihrem eigenen Mann, sondern "eigentlich jedem Mann untergeordnet" habe.[3]

Die Definition der Frau über den Mann oder, präziser gemeint, die Gründung ihrer Existenz in der Hingabe an ihn, erweisen sich im Hinblick auf die durch die feministische Frauenbewegung beeinflußten Veränderungen im Bereich der Geschlechterbeziehungen als historisch überholt, aber nicht im Werk von

---

[1] Drewitz: Marie Luise Kaschnitz, S.17.
[2] Hermanns, Irmgard: Marie Luise Kaschnitz, Ingeborg Bachmann, Christa Wolf, Sylvia Plath: Das spezifisch weibliche Selbstverständnis im Werk großer Autorinnen. In: Buch und Bibliothek 38 (1986), S.68.
[3] Zitiert nach: Stephan: Männliche Ordnung und weibliche Erfahrung, S.153.

Kaschnitz. Nicht umsonst wird sie von Reichardt als "Hüterin traditioneller Werte"[4] bezeichnet. Kaschnitz versteht, daß die tradierte soziale Ordnung die Frau auf einen engen Rahmen festlegt, aber sie gehört nicht zu denen, die diesen Rahmen sprengen; sie versucht vielmehr, diesen Rahmen von innen aufzuweichen[5] und sich darin ihre Freiräume zu schaffen. Die Autorin selbst hat ihre Position gegenüber der Frauenbewegung folgendermaßen formuliert:

> "Ich interessiere mich nicht für die Frauenbewegung, deren große Vorkämpferinnen damals, im Ersten Weltkrieg, schon alt waren, ich gehörte zu denen, die ihre Leistung anerkannten, aber ihr Erbe verschenkten."[6]

Das Werk von Kaschnitz ist ein Beweis dafür, daß weibliche Problematik der Autorin nicht fremd war (was die Themen Liebe oder zwischenmenschliche Beziehungen betrifft, aber sie hat sich nie für die weiblichen Alltags- und Haushaltsfragen interessiert) und daß sie sich auch selbst als schreibende Frau definieren mußte. Kaschnitz tat es außerhalb des feministischen Programms, und wie Pulver es bemerkt, gerade das mache ihre Überlegungen interessant; besonders in den frühen Texten bewege sich die Autorin in ihren Vorstellungen auf durchaus traditionellen Bahnen.[7] Obwohl die Gleichberechtigung für Kaschnitz im Grunde kein Thema war, wußte sie die tatsächlichen Erscheinungen weiblichen Denkens und Schreibens zu bewundern; sie lobte z.B. die Werke vieler Kolleginnen (Nelly Sachs, Luise Rinser, Ilse Aichinger u.a.), las Virginia Woolf und liebte Ingeborg Bachmann.[8]

Es geht ihr aber in den eigenen literarischen Texten meistens um die Frauenfiguren, die mit der Emanzipation nichts zu tun haben, z.B. wie kann man von der Frauenemanzipation reden, wenn die Autorin die Geschichte einer Frau in einem Gespensterschiff ("Die Schiffsgeschichte", 1964) erzählt oder von einer einsamen, an Hunger gestorbenen Malerin berichtet (die Erzählung "Zu Menge von mythischen Halluzinationen, imaginären Gesprächen mit Toten, geistigen irgendeiner Zeit", 1964). Im ersten Fall stößt man auf eine Metamorphosen; im zweiten Fall rückt die Phantasiewelt einer 'verrückten' Einzelgängerin in den Vordergrund. Der junge, rational denkende Jurist versucht in dieser Erzählung, das Inventar des Nachlasses einer gestorbenen Malerin zu erstellen, aber er wird durch das Leben und durch die grenzenlose Welt, die ihm aus den Selbstporträts entgegentritt, aus der Fassung gerissen. In den Bildern versteht er die ihm völlig fremde Frau und wird zum Liebenden, wird eins mit

---

[4] Reichardt, S.57.
[5] Vgl. Vetter, S.247. "Kaschnitz geht es nicht um Veränderungen auf radikalem Weg. Sie fordert aber dazu auf, genau wahrzunehmen, um dann in emphatischer Art und Weise die Übel der Welt und des Miteinanders aus dem Weg zu räumen." (Ebd., S.255).
[6] Kaschnitz, Marie Luise: Orte. Aufzeichnungen. Zitiert nach: Stephan: Männliche Ordnung und weibliche Erfahrung, S.154.
[7] Vgl. Pulver: Marie Luise Kaschnitz, S.26.
[8] Vgl. dazu: Gersdorff, S.184.

der Toten, bis er schließlich begreift, daß die Geliebte längst zu einem Stück Natur geworden ist, "ein Wellenkamm, ein Stück Muschelkalkwand, eine Fahne Blattgrün über einem Nichts von Welt".[9] In dieser eigenartigen Geschichte spielt das Ungewöhnliche, das die Identifikation des Lebenden mit der Toten ermöglicht, eine wichtige Rolle, aber man kann unter anderem auch die Idee einer Metamorphose erkennen: Durch den Tod wird die Frau zu einem Stück Natur, wobei dieses Bild der Verschmelzung von Weiblichem und Natürlichem dem alten Mythos von der Zugehörigkeit der Frau zur Naturwelt entspricht (vgl. dazu Kapitel 3.2.).

Das Problem der seelischen Zerrissenheit und der inneren Vereinsamung, nicht das der Emanzipation steht in den oben erwähnten Beispielen im Mittelpunkt. So lassen sich die Frauengestalten im Werk von Kaschnitz in zwei Gruppen teilen: Die Gruppe der weiblichen Tagträumerinnen, Einzelgängerinnen und Außenstehenden (z.B. in der Erzählung "Schiffsgeschichte") kann als Gegenbeispiel zu der anderen Gruppe von Kaschnitzschen Frauenfiguren gelten, nämlich der Gruppe von Frauen, die sich innerhalb oder außerhalb der familiären Sphäre um die gelungene Zweierbeziehung bemühen und denen es genauso wenig darauf ankommt, emanzipatorische Forderungen im feministischen Sinne zu stellen. Trotz dieser groben Teilung in Gruppen muß betont werden, daß die Autorin hochindividualisierte Frauenporträts entwirft, die sich keinem einförmigen Modell unterwerfen, wie es in der programmatischen Frauenliteratur oft der Fall ist.

Literarische oder politische Manifeste waren nicht Kaschnitz' Thema. Wie Elsbeth Pulver bemerkt, will sich die Autorin durch kein Programm binden lassen und äußert Skepsis gegen das Programmatische.[10] Da sie sich um die Fortführung der Tradition und um die Hervorhebung überzeitlicher Werte bemüht, ist ihre Vorgehensweise nicht radikal (in der Radikalität sieht sie nur die neue Gewalt[11]), sondern sie fordert mehr Mitmenschlichkeit und Verständnis, wodurch ein Wandel erzielt werden kann. Da die Autorin die notwendigen sozialen Veränderungen keineswegs ablehnt, äußert sie ihren schärfsten Protest dagegen, daß aus ihrem Konzept die Leser und Kritiker negative Schlüsse für die Möglichkeit, sich nicht nur auf das Bewahrende zu konzentrieren, gezogen haben: "Die Stelle in einer für mich gehaltenen Laudatio, an der es heißt, es sei eines meiner Verdienste, kein Tabu verletzt zu haben, hat meinen lebhaftesten Widerspruch erregt. Vom Barmherzigen Samariter an sind immer wieder Tabus verletzt, Konventionen durchbrochen worden."[12] Die Autorin gibt zu, daß ihre Kunst im "Verhalten, im Aussparen, im Andeuten" bestehe; sie wehrt sich aber dagegen, denen zugesellt zu werden, die "die Wege des geringsten Widerstandes gesucht und gefunden haben", auch

---

[9] Kaschnitz, Marie Luise: Ferngespräche. Erzählungen. Frankfurt am Main 1972, S.59.

[10] Vgl. Pulver: Marie Luise Kaschnitz, S.150.

[11] Vgl. Vetter, S.169.

[12] Kaschnitz, Marie Luise: Tage, Tage, Jahre. Zitiert nach: Vetter, S.169f.

wenn sich die Formulierung "nur auf Religion und Geschlechtsleben bezogen haben sollte".[13] Die gereizte Reaktion der Autorin ist laut Altenhofer insoweit verständlich, daß die Formel, sie habe nie ein Tabu verletzt, die entscheidende Grenzlinie zwischen freier Anerkennung und blinder Affirmation des Alten verwischt: "Für Kaschnitz liegt Freiheit, Entfaltung von Individualität nicht im Umsturz des Bestehenden, sondern in der bloßen »Abweichung« von der geltenden Form".[14] Diesem Gedankengang folgend betont Altenhofer bei dem Umgang Kaschnitz' mit dem Alten nicht den Traditionalismus der Autorin, sondern ihre "Poetologie der »Abweichung«" als "Entwurf eigenen Rechts" des Schriftstellers.[15]

Die negative Einstellung Kaschnitz' zu allen radikalfeministischen Trends ist auf ihre Vorliebe zurückzuführen, "allgemeinmenschliche Probleme eher im Kontext der interpersonalen Beziehungen überhaupt darzustellen, als im Rahmen biologisch- oder sozialbedingter Geschlechterfeindschaft".[16] Da Liebe und nicht Haß für sie einen höheren Wert besitzt, betrachtet die Autorin ihre Position als weiblich: "Auf die Gefahr hin, daß sie mich verachten, möchte ich mich da auf die weibliche Position zurückziehen."[17] Die Aussage ihrer Werke wird nicht wie von einem Tribunal zum Ausdruck gebracht, die Autorin will keinen beschuldigen und keinen einzigen für das Unheil verantwortlich machen. Die Verantwortung für eine bessere Welt trägt jeder einzelne, egal ob Mann oder Frau, und sie beide haben auch die Pflicht, die bereits bestehenden Konflikte nicht noch zu vermehren. Deswegen sind für sie die feministischen Kampfmethoden inakzeptabel.

Was das Schreiben von Kaschnitz mit den programmatischen Texten der Frauenliteratur in den 70er Jahren verbinden könnte, ist die Vorliebe für die Tagebuchform und zugleich der Bekenntnischarakter der Werke. Inge Stephan bemerkt, Kaschnitz habe autobiographische Texte geschrieben Jahre bevor die literarische Strömung 'Neue Subjektivität' zur Mode wurde, Jahre bevor vor allem Frauen "Erfahrungstexte" schrieben.[18] So haben ihre Texte eher formal als inhaltlich einige Tendenzen der Frauenliteratur vorweggenommen. Da feministisch orientierte Kritikerinnen den Zusammenhang zwischen weiblicher Erfahrung und autobiographischem Schreiben betonen[19], betrachten sie auch das

---

[13] Ebd.
[14] Altenhofer, S.161.
[15] Vgl. Ebd.
[16] Corkhill: Das Bild der Frauen bei Marie Luise Kaschnitz, S.113.
[17] Kaschnitz: Interview mit sich selbst, S. 298.
[18] Vgl. Stephan: Männliche Ordnung und weibliche Erfahrung, S.133.
[19] Stephan erklärt das folgendermaßen: Auf der Suche nach dem eigenen Ich stoßen Frauen auf eine Leere, wenn sie die Identität, die ihnen die männliche Ordnung in Form von 'Frauenbildern' vorgibt und anbietet, nicht annehmen, deswegen sind sie gezwungen, sich mit der eigenen Person zu beschäftigen (vgl. Ebd., S.135). Im Bezug auf Kaschnitz heißt es: "In

autobiographisch geprägte Werk Kaschnitz' als weiblich: So hat Susane Keßler in ihrem Aufsatz "Die Egozentrik der undefinierten Frau" darauf aufmerksam gemacht, daß die Ichbezogenheit der Autorin mit der weiblichen Rolle zusammenhängt, die Kaschnitz nicht durchbrechen konnte[20].

Im Bezug auf die in den feministischen Theorien betonte Suche nach weiblicher Identität versuchen feministisch orientierte Forscherinnen, die Tatsache zu beweisen, daß vor allem der Tod des Mannes die Autorin dazu gebracht hat, "sich selber zu suchen, eine Identität, die nicht nur ausschließlich an das Ehefrausein gebunden war, zu finden, und das neue Ich vor der Öffentlichkeit zu behaupten".[21] Es steht außer Zweifel, daß es sich in den nach dem Tod des Ehemannes erschienenen autobiographischen Texten um die Erlangung eines neuen Selbstbewußtseins handelt, aber dieser Prozeß ist keineswegs als 'Befreiung' der Frau im feministischen Sinne zu betrachten, sondern vielmehr als Versuch, nach einem erschütternden Verlust (nicht aus eigenem Willen) sich neu im Leben zurechtzufinden. In diesem Zusammenhang ist es genauso ein Fehler, Kaschnitz als "stellvertretend für die verlorene, stumme Generation von deutschen Frauen"[22] zu bezeichnen oder von ihrer "Unfähigkeit" zu sprechen, "sich als Frau zu identifizieren"[23], weil nicht das ihr Ziel war, sondern vielmehr der Wunsch, sich als Mensch zu artikulieren. In

---

der ständigen Beschäftigung mit der eigenen Person versucht Kaschnitz, diese Leere einzukreisen, sie zu fassen, sich selbst zu definieren." (Ebd.).

[20] Vgl. Keßler, S.78ff.

[21] Boetcher-Joeres, S.79.

[22] Ebd., S.80. Der enge feministische Blick läßt Boetcher-Joeres behaupten, daß Marie Luise Kaschnitz und ihre Generation einen Bruch in der progressiven Frauengeschichte darstellen und daß sie die Problematik einer Generation verdeutlichen, deren Hauptziel sehr oft nur das Überleben war, d.h. die Problematik "der Generation unserer Mütter, die uns gebildet und beeinflußt hat" (ebd.). Daß Kaschnitz in ihren Werken selten über sich als Frau spricht, versucht Boetcher-Joeres, durch den Einfluß ihrer klassischen bildungsbürgerlichen Ausbildung als Tochter aus höherer Familie und durch die besonderen Umstände ihrer Zeit zu erklären: "als deutsche Frau in der ersten Hälfte des jetzigen [20.] Jahrhunderts lebte sie doch inmitten großen Mangels: Mangel vor allem an Selbstbewußtsein, an Selbstbestätigung, als Selbständigkeit als Frau." (Ebd., S.84).

Man kann schon allein deswegen von der 'Stummheit' Kaschnitz' nicht sprechen, weil sie sich als Schriftstellerin artikuliert hat: Ohne Kaschnitz als Feministin ansehen zu wollen, deutet es Vetter als einen emanzipatorischen Schritt, "in den Mittelpunkt der Reflexion zu treten, sich nicht nur mit Bezug auf den Mann zu werten" (Vetter, S.15). "Indem sie den traditionell weiblichen "Lebensentwurf durch Liebe" mit dem traditionell männlichen "Lebensentwurf durch Arbeit" bzw. Kreativität ergänzt, entsteht erst die Möglichkeit zur Selbstentfaltung." (Ebd.).

[23] Boetcher-Joeres, S.80. Aus dem Konzept Kaschnitz' ziehen feministische Forscherinnen negative Schlüsse für die Möglichkeit, das Weibliche zu manifestieren: "Das Schwanken zwischen radikalem Subjektivismus einerseits und mythologisierendem Objektivismus andererseits zeigt, wie schwer der Autorin der Umgang mit den sogenannten »autobiographischen Elementen« fiel", so Stephan (Stephan: Liebe als weibliche Bestimmung?, S.121).

diesem Sinne weicht die autobiographisch geprägte Prosa Kaschnitz' deutlich von den ähnlichen Texten der Frauenliteratur ab.

Inge Stephan versucht, die Beziehung zwischen dem Schreiben Kaschnitz' und ihrer Weiblichkeit auch differenzierter zu betrachten: "Als schreibende Frau wird Kaschnitz in ihrer autobiographischen Erinnerungsarbeit notwendig immer wieder auf die eigene Weiblichkeit und die weibliche Rolle gestoßen, im Schreibvorgang selbst werden diese Spuren jedoch getilgt."[24] Diese Bemerkung Stephans kann als die Anerkennung der literarischen Fiktion des Ichs im Werk Kaschnitz' verstanden werden, d.h. eines Ichs, das als eine künstliche Instanz im Prozeß des Schreibens entsteht. Fiktion, Verfremdung und Realitätsbrüche bestimmen die Verfahrensweisen des Kaschnitzschen Erzählens, so daß auch das aufgeschriebene Leben immer das künstliche ist. Bezüglich der Erzählweise im autobiographisch geprägten Buch "Das Haus der Kindheit" spricht Gersdorff sogar von einer "fast kafkaesken Verfremdungstechnik".[25] Uwe Schweikert zufolge unterscheidet sich das "Haus der Kindheit" von den therapeutischen Verständigungstexten der 70er Jahre durch "die Bewegung der Distanz, den gebrochenen Blick, die immer miterzählt sind. Die Kinderzeit wird hier nicht nur als ein »erdachtes Museum« [...] eingerichtet, beschriftet und visitiert, sondern mit aller Konsequenz auch als ein Museum des Imaginären erfaßt".[26] Die Welt in diesem Buch scheint realistisch zu sein, aber dann bricht das Irreale ein, d.h. das Erinnern bedeutet auch die Begegnung mit dem Imaginären. Die ständige Wirkung des Imaginären entzieht die Erzählerin der Wirklichkeit. Nicht nur das Surreale und Imaginäre[27], sondern auch die ironische Erzählhaltung (z.B. die gespreizte, pedantische Sprache im "Haus der Kindheit") unterscheidet die meisten Texte Kaschnitz' von der programmatischen Frauenliteratur.

Der Unterschied zwischen den Texten Kaschnitz' und denen der feministischen Autorinnen (vgl. das Buch von Maxie Wander "Guten Morgen du Schöne" (1976) oder "Häutungen" von Stefan) liegt auch darin, daß Kaschnitz ihre Biographie niemals in den Vordergrund geschoben hat; sie hat die autobiographische Arbeit vielmehr als einen Versuch betrachtet, "in immer veränderten Zeiten das Rätsel der Existenz zu ergründen"[28]. Ihr Werk verdeutlicht mehr als bloß die Ich-Suche eines auf sich fixierten Subjekts. Bei ihren tagebuchartigen Texten (z.B. "Tage, Tage, Jahre" oder "Das Haus der Kindheit") handelt es sich nicht um die intimen Beschreibungen der weiblichen

---

[24] Stephan: Männliche Ordnung und weibliche Erfahrung, S.138.
[25] Gersdorff, S.240.
[26] Schweikert: Das eingekreiste Ich, S.72.
[27] Über den autobiographisch geprägten Text "Orte" schreibt Boetcher-Joeres: "Auf einer Ebene bietet der Text eine Reihe von impressionistischen Bildern aus einem ziemlich traditionelle geführten Leben [...]. Auf einer anderen Ebene jedoch gibt es Träume, Phantasien, das Nie-Erlebte, das Nie-Gesehene: Orte aus dem Geist, nicht aus der konkreten Umwelt." (Boetcher-Joeres, S.80f).
[28] Hermanns, S.70.

Lebensführung oder um die weiblichen Leidenserfahrungen, die den Inhalt der in Form des Tagebuches geschriebenen programmatischen Frauenliteratur ausmachen. Im Hinblick auf die Frauenliteratur der 70er Jahre scheint die folgende Bemerkung Kaschnitz' in ihren Aufzeichnungen "Tage, Tage, Jahre" über das Schreiben, den Schreibenden und die Scham interessant zu sein:

> "Der Mangel an Schamgefühl wird oft Schriftstellern vorgeworfen, und ich selbst werfe ihn mir zuweilen vor. [...]. Schriftlich zu äußern, was man selbst und in seiner ganzen Tragweite erlebt hat, ist das eigentlich Fatale, auch ins Allgemeingültige erhoben (oder heruntergezogen), behält es etwas von Entblößung, auch von Phantasielosigkeit - kennt dieser Autor nichts anderes als seine Autobiographie, er mag sich verkleiden, die Maske des Herrn X, der Frau Y anlegen, wir erkennen ihn doch."[29]

Im Gegensatz zu den meisten Texten der Frauenliteratur betrachtet Kaschnitz die Thematisierung persönlicher Erfahrungen nicht ausschließlich als Weg zu einer autonomen Persönlichkeit, denn auch ihre Partnerschaft zwingt sie nicht dazu, nach einem geschützten Ort nur für sich allein zu suchen, und erlaubt ihr eine eigene Ideen- und Gedankenwelt zu haben, die die Autorin nicht nur auf der autobiographischen, sondern auch auf der fiktiven Ebene zu realisieren weiß. Kaschnitz bietet keine Identifikationsmuster an, sondern strebt nach dem Begreifen der kleinen Details im eigenen Leben, die zuerst zufällig und aus der Zeitperspektive als relevant erscheinen. Das Ich konzentriert sich bei ihr nicht nur auf sich selbst, sondern erscheint als Teil der Welt, wobei auch die Selbstbeobachtung die Weltbeobachtung nicht verhindert. Sie versucht ihre Erinnerungsprosa so zu gestalten, daß alles was war (Orte, Häuser, Menschen) in den Wörtern wiederauferstehen könnte. So sind die Bücher von Kaschnitz nicht nur die Erfahrungen eines einzelnen Menschen, sondern auch seiner Zeit. Die Autorin stellt den Anspruch, über die Grenzen ihrer subjektiven Erfahrungen und des eigenen Ichs hinauszugehen. Die Erinnerungsarbeit bedeutet in diesem Fall die persönliche sowie historische Überlieferung, die Zusammenhänge einer allgemeineren Wirklichkeit.

Die Werke von Kaschnitz weisen unverkennbar auf die literarische Tradition hin. Wenn man von der Bindung der Autorin an traditionelle Bildungswelten spricht, werden als wesentliche Bezugspunkte ihres Selbstverständnisses die großen Werke der Literatur und der Kunst, die klassische Mythologie, die vom Menschen noch nicht ausgebeutete und zerstörte Natur genannt.[30] Für die schriftstellerische Tätigkeit von Kaschnitz ist es kennzeichnend, daß die Entwicklung der Autorin sehr allmählich, ohne große Brüche und Sprünge war. Was das Zusammenwirken vom Vergangenen und Gegenwärtigen, Realen und Irrationalen, Tag und Traum betrifft, so zeichnet sich ihr Werk durch eine gleichmäßige Harmonie aus, auch wenn die Verfeinerung des Blickwinkels und

---

[29] Kaschnitz, Marie Luise: Tage, Tage, Jahre. Zitiert nach: Keßler, S.79.
[30] Vgl. Altenhofer, S.159.

der Ausdrucksweise in den späteren Texten nicht zu übersehen ist. Auch in der Nachkriegszeit, d.h. in der Zeit der zahlreichen Veränderungen im sozialen und kulturellen Bereich, strebt die Autorin nicht nach einem radikalen Neubeginn, sondern nach der Verwirklichung der humanistischen Traditionen, "nach einem aus dem Geist und der Liebe neu geordneten Dasein"[31]. Als Lyrikerin, Erzählerin und Hörspielautorin hat sich Kaschnitz einen festen Platz im literarischen Leben erschrieben. Ihre Beliebtheit bei dem älteren und jüngeren Lesepublikum hat sie auch dem zu verdanken, daß es ihr gelungen ist, das Klassische mit dem Modernen zu verbinden.

5.2. Zwischen Kritik an gesellschaftlichen Konventionen und radikalen Ausprägungen des Feminismus: G. Wohmann

Günter Häntzschel äußert den Gedanken, daß Gabriele Wohmann "als Vertreterin der weiblichen Autoren" im Gegensatz zu heute Anfang der 70er Jahre noch "einen gewissen Seltenheitswert" genießt und entsprechendes Aufsehen erregt.[32] Hier muß jedoch betont werden, daß diese Autorin auch im Kontext der Frauenliteratur der 70er und 80er Jahre einen "Seltenheitswert" genießt, sogar einen größeren im Vergleich zu dem von Häntzschel gemeinten, nämlich als Frau in dem bis in die 70er Jahre überwiegend von Männern besetzten Literaturbetrieb tätig zu sein. Deswegen erweist sich im Hinblick auf das Werk Wohmanns die von Häntzschel benutzte Bezeichnung "weiblicher Autor" als problematisch. Wohmanns Texte unterscheiden sich in mehrfacher Hinsicht von den Texten der programmatischen Frauenliteratur, so daß diese Autorin nicht direkt "in Konkurrenz zu anderen schreibenden *Frauen* gerät"[33], vielleicht nur so viel, wieviel es der normale Konkurrenzkampf auf dem literarischen Markt erfordert.

---

[31] Kaschnitz, Marie Luise: Die Rede zur Verleihung des Büchner-Preises 1955. Zitiert nach: Schweikert: Das eingekreiste Ich, S.65.
[32] Vgl. Häntzschel: Porträt der Autorin, S.12.
[33] Häntzschel, Günter: Romane. In: Gabriele Wohmann. Hrsg. von Günter Häntzschel. München 1982, S.35. Mit Recht hat Mona Knapp darauf hingewiesen, daß das Werk Wohmanns auf "dem größeren Feld literarischer Texte weiblicher Autoren für sich steht": Es hat "wenig gemein mit der engagierten Literatur, der es um den Bruch mit repressiven Strukturen und Institutionen zu tun ist (wie im Falle von Karin Struck). [...]. Wohmanns Werk steht so offensichtlich zwischen den Fronten. Zwar sind seine Frauenfiguren oftmals kennzeichnend für die Situation vieler moderner Frauen, aber ein parteiisches Engagement für ihre Belange findet sich an keiner Stelle." (Knapp, Mona, S.314f).
Auch Nina Morris-Farber vertritt dieselbe Position wie Mona Knapp: "In fact, there is some concern and uneasiness about her rating, and she has been recurrently labelled banal and self-indulgent. She has vociferously refused to be involved in public causes, feminist or otherwise. [...]. Considering that there are numbers of other female writers at work, the question of Wohmann's prominence emerges as a provocative one." (Morris-Farber, S.293).

Das Werk Wohmanns läßt sich nicht als typische Frauenliteratur bezeichnen. Die Autorin hat der Frauenliteratur der 70er und 80er Jahre ferngestanden und hat selbst das Etikett 'Frauenliteratur' für ihre Werke explizit abgelehnt. Das Verhältnis dieser Autorin zur Frauenbewegung und zu feministischen Programmen war von Anfang an skeptisch und distanziert. Daß sie keine entschiedene feministische Autorin ist, zeigen die aufschlußreichen Selbstaussagen der Autorin: "Zum Feminismus habe ich wahrscheinlich noch nichts gesagt, weil das nicht mein Thema ist. Für mich jedenfalls stellt es offenbar kein spezifisches Problem dar, daß ich eine Frau bin", betont sie in einem Gespräch mit Albert Röhl.[34] In einem Brief von 1981 heißt es: "Speziell zum Frauenthema fällt mir nichts ein. Aus der Masse meiner Bücher geht das hervor ... Ich fing halt in weit zurückliegenden vorfeministischen Zeiten zu schreiben an. Zum Glück war es mir damals egal, ob ich als Frau schrieb oder «als was»."[35] Eben das Fehlen eines nur weiblichen Erzählstandpunktes hebt Mona Knapp als ein wichtiges Kriterium hervor, das das Werk Wohmanns deutlich von Texten anderer zeitgenössischer Autorinnen unterscheidet.[36] Der androgyne, d.h. auf weiblichen und männlichen Schöpfungspotenzen beruhende, Charakter ihres Werkes läßt sich sowohl im Hinblick auf die allgemeine Thematik als auch auf die neutrale Betrachtung beider Geschlechter nicht übersehen. Ihre Texte belegen, daß die Autorin sich für das Frauenthema interessiert und mit einem kritischen Bewußtsein ihrer Geschlechtszugehörigkeit schreibt, aber sie versteht sich nicht als Feministin.[37]

Wie es im Kapitel über die programmatische Frauenliteratur ausführlich dargelegt wurde, ist für die feministische Literaturauffassung die Darstellung von authentischen, meistens autobiographischen Erfahrungen besonders relevant. In Aussagen zu ihrer Schreibsituation betont auch Gabriele Wohmann die Rolle des Autobiographischen: "Ganz ohne das Ausgehen von eigenen

---

[34] In: Die Weltwoche (15. Juni 1977). Zitiert nach: Knapp, Mona, S.297.
[35] Gabriele Wohmann in einem Brief an den Autor (27.Mai 1981). Zitiert nach: Jurgensen: Deutsche Frauenautoren der Gegenwart, S.124.
[36] Vgl. Knapp, Mona, S.298. Die folgende, von Mona Knapp unternommene Gliederung des Wohmannschen Erzählwerkes in drei Phasen der jeweils unterschiedlichen Auseinandersetzung mit der Rolle der Frau beweist unter anderem, daß ihr Werk afeministisch ist: "Die erste Phase (1957 bis Anfang der siebziger Jahre) ist geprägt durch einen weitgehend praefeministischen Blickpunkt; die zweite (um die Mitte der siebziger Jahre) befaßt sich stellenweise intensiv mit den Postulaten eines oberflächlich als 'modisch' begriffenen Feminismus; die dritte, um das Jahr 1976 einsetzende Phase signalisiert schließlich eine Konzentration auf die Situation des ehelichen Alltags. Hier tritt dann die Frage einer Emanzipation der Frauengestalten in den Hintergrund." (Ebd.).
[37] Daß es überhaupt zu einer Spannung zwischen den Begriffen 'Frau' und 'Feministin' im weiblichen Selbstverständnis kommen konnte, erkennt Jurgensen als fatale und kritikwürdige Entwicklung in der Frauenbewegung, durch deren radikalen Kampfformen viele Frauen erschreckt wurden und deswegen keineswegs als 'Feministinnen' angesehen werden wollten (vgl. Jurgensen: Deutsche Frauenautoren der Gegenwart, S.189).

Erfahrungen oder Empfindungen kann ich überhaupt nicht schreiben"[38] oder "Ich bin kein Fabulier, kein Personen- und Stoff-Erfinder, ich habe den Authentizitätstick, also werde ich beim Schreiben auch immer so ziemlich in meiner eigenen Nähe bleiben"[39]. Da die Autorin nach ihren eigenen Aussagen beim Schreiben in der Nähe von sich selbst bleibt, ist es nicht zu verkennen, daß ihre eigenen Erlebnisse als Frau die Darstellung der Frauenfiguren beeinflussen. In diesem Zusammenhang wäre es jedoch ein Fehler zu behaupten, Wohmanns Texte seien allein autobiographisch geprägt, und damit ihnen das Fiktionale abzusprechen (oder die fiktiven Frauenfiguren als reale Frauen zu betrachten[40]). Dies um so mehr, da die Autorin selbst bekennt: "Ich berichte also, zwar in einer anderen Person steckend, von Erfahrungen, die *ich* gemacht haben *könnte* [Hervorhebung durch R.E.]."[41] Wenn Wohmann ihre Erlebnisse bzw. Erfahrungen auf ihre (Frauen)Figuren projiziert, ist die Autorin nicht selbstquälerisch allein mit sich beschäftigt, sondern sie beobachtet auch ihre Umwelt und andere Menschen. Wohmann stellt unter anderem die feministische These, Schreiben von sich selbst könne eine Art Psychotherapie für die schreibende Frau werden, in Frage: "Wenn nur mehr dabei [beim Schreiben] für mich herauskäme, wenn ich mich nur danach gesund fühlte."[42] Das Wichtigste für sie ist Kunst, deswegen schreibt sie keine 'feministische Literatur', die sich des Schreibens zu therapeutischen Zwecken bedient.

Wohmann interessiert sich nicht für große, weltbewegende Themen. "Es geht ihr nicht um politische oder ideologische Agitation", so Pollerberg.[43] Sie proklamiert in ihren Werken keine gesellschaftverändernden Thesen. Auch wenn sie tradierte patriarchalische Verhältnisse in einem negativen Lichte erscheinen läßt und eine Art Gesellschaftskritik übt, tut sie das, indem sie individuelle Verhaltensweisen kritisiert. Im Werk Wohmanns sucht man

---

[38] Gabriele Wohmann. In: Butzbacher Autoren-Interviews. Hrsg. von Hans-Joachim Müller. Bd.2. Darmstadt 1977, S.53.

[39] Rudolph: Gabriele Wohmann. In: Ders.: Protokoll zur Person. Autoren über sich und ihr Werk, S.152.

[40] Ulbricht geht z.B. von einer engen Beziehung zwischen der Autorin Wohmann und den von ihr gestalteten Frauenfiguren aus, wobei sie daraus eine wenig berechtigte Konsequenz zieht, die weiblichen Kunstfiguren seien ähnlich gewissenhaft zu analysieren, als handle es sich um reale Frauen; alle Äußerungen der imaginierten Frauen könnten - so ihre These - als authentisch weibliche Äußerungen aufgefaßt werden (vgl. Ulbricht, S.107).

[41] Zitiert nach: Rudolph: Gabriele Wohmann. In: Ders.: Aussage zur Person, S.198.

[42] Zitiert nach: Ebd., S.200.

[43] Pollerberg: Formen des Leidens, S.14. Über die unideologische Haltung Wohmanns schreibt Hans Wagener: "Gabriele Wohmann ist keine politisch engagierte Autorin wie z.B. Günter Grass oder Siegfried Lenz. Sie kann und will nicht die Gesellschaft schildern, sondern immer nur einzelne Menschen in ihren Beziehungen zueinander, in ihren Schwächen, Gebrochenheiten, ihrem Versagen, aber in ihrem Bemühen um Kontakte, zum Ehepartner, Freund, Elternteil; im Bemühen um Realisierung des Menschlichen, der Person." (Wagener, S.5).

deswegen vergebens nach solchen von ihren Zeitgenossen literarisch verarbeiteten Phänomenen wie Umweltfragen, alternative Bewegungen (ausgeschlossen der intensiven Kritik an dem Feminismus als Modeerscheinung), Fraueninitiativen etc. Durch diese ideologische (teilweise auch geschlechtliche) Neutralität entfernt sich Wohmann den feministischen Konzepten. Sie interessiert sich nicht für die Frauensache im Sinne des gemeinsamen weiblichen Schicksals, sondern für die Vereinzelung und die Zurückgeworfenheit der Figuren auf sich selber. Die Autorin richtet ihre Aufmerksamkeit von größeren, schwer erfüllbaren Programmen auf das Leistbare. Bei der Befragung nach ihrer Schreibmotivation gibt sie zu, "kein Ziel" zu verfolgen, und zieht sich "auf die Position der Autorin zurück, die [...] bestimmte Sachen darstellt, arbeitet und im übrigen die Sachen für sich stehen läßt".[44] Da Wohmann sich weigert, systematisch durchgehaltene ideologische Zwänge in ihr literarisches Werk aufzunehmen, erweisen sich ihre gelegentlichen Beobachtungen, Reflexionen und Kritiken nach der Meinung Jurgensens treffsicherer als die der feministischen Autorinnen.[45]

Die Geschichten Wohmanns sind handlungsarm und tragen den Charakter des Episodischen, deswegen kommt es in ihnen zu keinen deutlichen Schlußlösungen. Anders als viele feministische Autorinnen (z.B. Schröder) bleibt Wohmann auf der Ebene der Bewußtseinsinhalte und begrenzt sich auf die Schilderung der inneren Zustände (Gefühle, Eindrücke, Ansichten, Denkweisen etc.) der Frauenfiguren, wobei diese weitgehend auf die Aktionen verzichten, die zur konkreten Veränderung ihrer (Krisen)Situation führen könnten.[46] Diese Frauen lassen mit sich geschehen, setzen sich kaum zur Wehr und machen weiter, in einen Zustand höchster Passivität verfallen. Die Autorin schildert typische Verhaltensweisen, deswegen sind auch ihre Frauenfiguren keine Kämpferinnen für die Frauenrechte und engagieren sich wenig für feministische Frauenfragen, obwohl die Handlung oft in der Aufschwungzeit der feministischen Bewegung in Deutschland läuft. Ihre Heldinnen enthalten sich gänzlich jeglicher "heroischer Attitüde" und sind mit großen Zweifeln an sich

---

[44] Durzak, Manfred: "Ein gewisses Faible für die Kurzgeschichte". Gespräch mit Gabriele Wohmann. In: Ders.: Die deutsche Kurzgeschichte der Gegenwart. Autorenporträts. Werkstattgespräche. Interpretationen. Stuttgart 1980, S.108f.

[45] Vgl. Jurgensen: Deutsche Frauenautoren der Gegenwart, S.148.

[46] Um ihre Texte auch dem feministisch orientierten Leserkreis annehmbar zu machen, versucht Wohmann, ihre Position folgenderweise zu rechtfertigen: "Aber im Kern bin ich bei weiblichen Problemen glaubwürdig. Die Befreiung der Frauen kann aus meinen Büchern geschlossen werden. [...]. Die Öde, die ich in meinen Büchern beschreibe, ist doch ein Anstoß dazu, etwas zu verändern." (Gespräch mit Carna Zacharias: Lächelnd wird sie plötzlich böse. In: Abendzeitung München (25-26. August 1979). Zitiert nach: Morris-Farber, S.306). Das Ziel der Autorin ist also, die Leserinnen zu konkreten Handlungen anzuregen, aber in den Texten selbst bleiben solche Handlungen durchaus ausgeschlossen.

selbst weit entfernt von einer "exemplarischen Frauenrolle".[47] Was in der Innenwelt der Figuren geschieht, kommt nicht in der objektiven Außenwelt zum Ausdruck (z.B. die Abneigung der Frau gegen den Mann in den Erzählungen "Der Antrag" oder "Treibjagd"). Die Heldinnen verschweigen ihre Bedürfnisse, weil sie sich vor den Auseinandersetzungen jeder Art fürchten. Es ist nicht zu verkennen, daß in den Texten Wohmanns vor allem Frauenfiguren leidend vorgeführt werden, aber anders als feministische Heldinnen wissen sie nichts gegen ihr Leiden zu unternehmen. Das "Dulden- und Leidenkönnen" der Frauen (wie es in der Erzählung "Gegenangriff" (1972) heißt) tritt Mona Knapp zufolge an Stelle jedweder emanzipatorischer Appellstrukturen und trennt die Texte Wohmanns kategorisch von der literarischen Produktion engagierter Autorinnen.[48]

Im Gegensatz zur feministischen Suche nach weiblicher Identität läßt sich in den Texten Wohmanns weibliche Selbstentfremdung feststellen. Indem die auf Frieden in den Beziehungen fixierten Heldinnen ihre Gefühle und Wünsche ständig unterdrücken, können sie schwer ihre Identität festlegen und sind gezwungen, mit einem gestörten Selbstbewußtsein zu leben. Rolf Michaelis spricht sogar von "anämischen, ja geschlechtslosen Frauen der Wohmann", die "zähe Energie des Duldens" und die "freiwillige Selbstkontrolle eines lebensschwachen Geschöpfs"[49] beweisen. Während feministisch orientierte Heldinnen nach der Festlegung ihrer Identität streben, können die Heldinnen Wohmanns sich von ihren Minderwertigkeitskomplexen nicht befreien. In dem von Häntzschel herausgegebenen Autorenbuch gelten die "Ich-Schwäche und Identitätsprobleme" als thematische Schwerpunkte im Werk Wohmanns.[50] Die Frauenfiguren erscheinen auch deswegen als ich-schwach, wenig emanzipiert und in diesem Sinne dem konventionellen Frauenbild ähnlich, da sie die Meinung der anderen für gewichtiger als die eigene erkennen: Sie sind der Kontrolle und der Verurteilung der Eltern, der Geschwister, der Ehemänner oder der Freunde ausgesetzt (z.B. die Protagonistin in der Erzählung "Treibjagd"). Besonders in den früheren Texten Wohmanns bleiben die Frauenfiguren immer auf die Männer bezogen, durch deren Anerkennung sie ihre weibliche Ich-Schwäche und Identitätslosigkeit zu kompensieren glauben. Im Gegensatz zur literarischen Tradition (z.B. zum Werk Kaschnitz') gelingt es aber den Frauengestalten Wohmanns kaum, ihre Identität durch männliche Partner zu finden: Im Gegenteil wird ihr weibliches Selbstbewußtsein im Fall der Nicht-Anerkennung durch den Partner noch mehr gefährdet.

---

[47] Niklewski, Günter: Der Monolog als Lebensform. In: Gabriele Wohmann. Auskunft für Leser. Hrsg. von Klaus Siblewski. Darmstadt, Neuwied 1982, S.112.
[48] Vgl. Knapp, Mona, S.302.
[49] Michaelis, Rolf: Heimweh nach dem Paradies. In: Gabriele Wohmann. Materialienbuch. Hrsg. von Thomas Scheuffelen. Darmstadt, Neuwied 1977, S.65.
[50] Vgl. dazu: Benz, S.81-105.

Von feministischen Texten unterscheidet sich die Position Wohmanns auch dadurch, daß die Depressionen der Figuren und ihre Minderwertigkeiten sich nicht direkt auf äußere Gegebenheiten bzw. ihre Umwelt oder andere Figuren zurückführen lassen. Es entsteht häufig der Eindruck, daß die Probleme von den Figuren selbst hervorgerufen werden. Feministische Autorinnen (z.B. Reinig) betonen dagegen ausdrücklich den negativen Einfluß der konventionellen gesellschaftlichen Machtverhältnisse auf die weibliche Lebensführung. Es ist nicht zu verkennen, daß auch die Leiden der Wohmannschen Figuren häufig durch das Festhalten an Konventionen bedingt sind, aber die Autorin drückt diese negative Abhängigkeit indirekt (z.B. durch die Bewußtseinsvorgänge der Figuren) aus. In der Kritik gehen deswegen die Meinungen über die Rolle der Umwelt in den Texten Wohmanns auseinander. Pollerberg ist z.B. der Meinung, daß bei Gabriele Wohmann die Außenwelt selbst nie die primäre Perspektive bietet, "von der aus belastende Faktoren auf die Figuren übertragen würden, so daß diese wiederum die äußeren Gegebenheiten logischerweise, als ihre Frustration begründend, negativ beurteilen müßten".[51] Speziell im Bezug auf die Frauenfiguren teilt auch Ulbricht die Meinung, daß die Konflikte der Frauenfiguren nicht soziologisch bedingt sind:

"Da die Frauenfiguren Gabriele Wohmanns nicht an ihrer objektiven Lebenssituation, nicht an ihrer Umwelt sondern vorrangig an sich selbst leiden, da Berufswelt, eigene Familie, Kinder, Haushalt, wenn überhaupt, dann nur als äußerer Rahmen vorkommen, der für die Aussage der Texte weitgehend bedeutungslos bleibt, scheint es wenig sinnvoll, die imaginierten Frauen mit der soziologisch erfaßbaren Realität der Frau zu konfrontieren."[52]

Anders als Pollerberg oder Ulbricht vertritt Irene Ferchl die These, daß der Leser selbst die Relationen zum in den Texten vermißten sozialen Kontext herstellen muß und daß man die Probleme der Figuren nicht allein durch individuelle Schwächen oder Fehler erklären darf.[53] Im Hinblick darauf, welch einen großen Wert die Personen auf ihren gesellschaftlichen Status und die Imagepflege legen, läßt sich tatsächlich ein mehrfacher gesellschaftlicher Druck feststellen, unter dem die Figuren Wohmanns leiden. Das konkrete soziale Umfeld wird aber ziemlich selten dargestellt, deswegen ist auch die Annahme naheliegend, daß in den Texten Wohmanns weibliche Probleme gesellschaftlicher Art (z.B. Diskriminierung im außerhäuslichen Bereich) von viel

---

[51] Pollerberg: Formen des Leidens, S.120.
[52] Ulbricht, S.107f. Hier wird auch deutlich, daß die feministischen Methoden der Literaturforschung für die Untersuchung des Werkes Wohmanns nicht immer gerecht sind, weil sie sich überwiegend auf den sozialen Kontext beziehen.
[53] Vgl. Ferchl, S.86. "Daß die Menschen Probleme mit einander haben, daß sie nicht kommunizieren können, kann man sicher nicht den einzelnen Menschen zuschreiben. Die Schuld daran ist keine individuelle, sondern eine gesellschaftlich bedingte, sie läßt sich zurückführen [...] auf die Entfremdung", schreibt sie (ebd.).

geringerer Relevanz als in den Texten der engagierten Autorinnen (z.B. in denen von Reinig oder Schröder) sind.

Anders als in den Texten feministischer Autorinnen kommen in den Texten Wohmanns, auch wenn sie 'leidende' Frauenfiguren darstellt, satirische Elemente vor (so wirkt z.b. Eva Maria in "Treibjagd" in all ihrer Hilflosigkeit und ihrem Ekel vor dem männlichen Partner eher grotesk als mitleiderregend). Wenn Frauenfiguren als komische Typen erscheinen, wird es schwierig, hinter dem Komischen die weiblichen Probleme und Konflikte als ernste wahrzunehmen. Das Leiden der Figuren wird von der Autorin so stark ironisiert, daß Mitleid oder Identifikation kaum noch möglich sind.

Besonders deutlich kommen die satirischen Elemente in den Texten zum Ausdruck, in denen Wohmann weibliche Scheinemanzipation bzw. pseudofeministische Position ironisiert. Durch die Gestalten der vermeintlich modernen und emanzipierten Frauen offenbart sich die Kritik der Autorin an hektischem, falsch verstandenem Selbstverwirklichen der Frau. Die negative Einstellung Wohmanns gegenüber feministischem Verständnis von Emanzipation entwickelt sich in späteren Texten zur offenen Kritik, z.B. im Roman "Paulinchen war allein zu Haus" setzt sie sich am Beispiel der engagierten Feministin Christa mit dem neuen emanzipierten Frauentyp auseinander. Christa führt allem Anschein nach ein 'emanzipiertes' Leben: Sie will sich ihrem Beruf als freie Journalistin widmen, deswegen wählt sie eine kinderlose Ehe, um unabhängig von traditionellen Rollenfixierungen zu sein. Laut Christa adoptiert sie ein achtjäriges Mädchen Paula, um moderne Erziehungsmethoden auszuprobieren, aber diese Adoption kann auch als Mittel gegen emotionale Leere verstanden werden. Die egozentrisch orientierte Christa erweist sich jedoch als unfähig, ihre Rolle als Mutter zu erfüllen und die Bedürfnisse des Kindes zu verstehen. Während sie als Mutter völlig scheitert, "*engagiert*" (Paulinchen, 31) sie sich weiter als Frau und verweist ständig auf den Kampf für die Gleichberechtigung der Geschlechter:

> "Habe etwa *ich* einen Minderwertigkeitskomplex, weil ich kein Mann bin? [...]. Ich bejahe es, eine Frau zu sein. [...]. Heutzutage kämpfen wir Frauen für unser zu lang verschüttetes, von den Männern mißbrauchtes, einfach übergangenes Selbstbewußtsein. Du wirst noch lernen, wieviel bequemer es für die Männer ist, Frauen als Untermenschen zu behandeln. Die Frauen sind die Neger in der sogenannten christlichen Gesellschaft. Wir sind aber längst aufgewacht."
> (Paulinchen, 40f)

Die klischeehaften Argumente klingen hier wie die Zusammenfassung eines angelernten feministischen Programms. Die Hauptsache für Christa ist das Modische ihrer Ansichten, wobei das Unechte sich bis zur "Übelkeit" spüren läßt: "ich bin jetzt eine Frau. Darin liegt meine Stärke und meine Aufgabe. Das Kind empfand eine Übelkeit." (Paulinchen, 42). Wohmann kritisiert weniger feministische Postulate als die Art und Weise, wie sie sich kundgeben, die

Phantasielosigkeit und die Nivelierung des Denkens: "Was bei Karin Struck als Ausdruck eigenen Erlebens in glaubwürdiger Leidenschaft vorgetragen wird, erscheint bei Gabriele Wohmann in überzeichneter Form als Kritik an einer ideologischen Entindividualisierung", so Jurgensen.[54] Die Scheinemanzipation Christas entlarvt sich auch dadurch, daß sie mehr Wert auf weibliche Schönheit, die sie ganz traditionell als weibliche Waffe betrachtet, als auf geistige Fähigkeiten legt (Paulinchen, 138): Sie toupiert heimlich ihr Haar, obwohl sie selbst solches Verhalten als weibliche Schwäche laut verschmäht. Mit bitterer Ironie schildert Wohmann den verfehlten Feminismus (im Fall Christas ist es der Wunsch, alle tradierten Aspekte des Weiblichen zu verleugnen, um dadurch in der Männerwelt besser konkurrieren zu können), wobei das Urteil der Autorin über die 'Emanzipation' Christas stellvertretend für die Ideologie- und Engagementfeindlichkeit des Gesamtwerkes steht.[55]

Die selbstverherrlichende Emanzipation der Frau ist Wohmann von Anfang an verdächtig gewesen. So eine Figur wie Christa ist auch die Heldin im Roman "Ach wie gut, daß niemand weiß", in dem die Autorin zum ersten mal explizit Stellung zur Frauenfrage nimmt. Der Roman erzählt von den Erfahrungen der um die Selbstfindung sich bemühenden 36jährigen Psychotherapeutin Marlene Ziegler. Seit acht Jahren lebt sie in Marburg mit dem Altgermanisten Herbert, den sie vorübergehend verläßt, um Unabhängigkeit und Anonymität zu gewinnen: "Denkpause und Fluchtpunkt in einem" (Ach wie gut, 80). Mit Hilfe dieser Reise glaubt sie über sich selbst und über ihre Beziehung klarzuwerden (Ach wie gut, 14). Bald stellt sich aber heraus, daß die Psychotherapeutin selbst psychische Probleme hat: Sie begeht kleine Diebstähle, scheut Kontakte mit ihrer Vergangenheit (z.B. mit ihrem Bruder), versucht in die Identität der Bekannten durch das Tragen deren Kleider zu schlüpfen und knüpft sexuelle Kontakte mit ihren Patienten an. Stark leidet sie auch daran, daß sie - eine Psychotherapeutin - zu einer Selbstanalyse unfähig ist: "Mein eigenes zersplittertes Leiden an der Welt, dachte Marlene, das ist eine viel zu fahrige, viel zu weitverzweigte Sache, vollkommen unübersichtlich." (Ach wie gut, 178). Während einer Vortragsreise in verschiedenen Universitätsstädten in den USA kommt es zu einer Krise, durch die sie erkennt, daß sie selbst einer Therapie bedarf. Während eines Gesprächs mit Herbert, der ihr aus steuerlichen Gründen die Ehe anbietet, kommt es zu telephonischen Störungen, so daß ihr "Schade drum" als "Ja" mißverstanden wird (Ach wie gut, 392). Es bleibt aber offen, ob Marlene sich tatsächlich verwirrt hat oder ob sie freiwillig das Jawort gegeben hat.[56]

---

[54] Jurgensen: Deutsche Frauenautoren der Gegenwart, S.155.

[55] Vgl. Knapp, Mona, S.309.

[56] Bereits vor der Reise hat sich Marlene die Möglichkeit einer Heirat überlegt: "Ich reise, um Herbert von den USA aus zu heiraten." (Ach wie gut, 320). In Amerika verrät sie an die Freunde ihre geheimen Absichten: "Wir wollen vielleicht heiraten, sagte Marlene. Obwohl ich es ja selber nicht sehr zeitgemäß finde." (Ach wie gut, 373).

Da Marlene über sich selbst klarzuwerden und eine geschlechtsbezogene Selbstbestimmung zu finden versucht, setzt sie sich auch mit dem Feminismus auseinander. Von Anfang an beschäftigt sie sich mit den Konzepten der Frauenemanzipation und bezieht diese auf ihre eigene Situation:

> "Sie freute sich, wenn sie ohne Herbert herumfuhr, auf die eigene Haustür zum Zumachen hinter dieser unstabilen Figur, die sie eben doch immer wieder war, als FRAU, allein unterwegs, denn was die feministischen Mitstreiterinnen auch behaupteten, die Lage blieb unbefriedigend, und eine Frau allein am Restauranttisch sah stets doch so aus, als wäre sie nicht freiwillig allein." (Ach wie gut, 11)

Zunächst erscheint Marlene den feministischen Heldinnen ähnlich: Sie ist "eine Frau im Aufbruch"[57], die zu einem neuen Selbstbewußtseinskonzept erlangen und den Niederlagen "in der Frauenrolle" (Ach wie gut, 32) ausweichen will. Obwohl Wohmanns Roman nicht das feministische Gebot des Kämpferischen erfüllt[58], wird die Protagonistin nicht müde, überall die Vorurteile der Geschlechterrollen aufzudecken, so z.B. bezeichnet sie ihren Augenarzt als "einen großen einfallslosen Mann, der ihr das Rezept überreichte und im Sicherheitsbewußtsein der Geschlechtertradition sagte: 'Das wird Ihnen dann bei der Näharbeit helfen.' [...]. Für ihn war sie jemand mit Näharbeit, einfach weil sie eine Frau war. [...]. IHREN Kaffee. IHRE Näharbeit. Beides merkmalhafte uralte Frauengebiete. [...] Marlene selber fühlte sich allzusehr ALS FRAU, gegen ihren Willen." (Ach wie gut, 75). Nicht nur über den Augenarzt, sondern auch über den Frauenarzt heißt es beispielsweise:

> "Dr. Hirz redete über MILCHDRÜSEN, als handele es sich bei Frauen um sonderbare anfällige Konstruktionen, um die pure Biologie, ewig zu kontrollieren, zu beäugen. Ganz und gar jenseits einer Männerwelt des reinen Geistes. Der Politik und der Wirtschaft. Der Philosophie. Der Päpste. Der Albert Einsteins. Auf ewig nicht einzuholen von diesen hechelnden Kreaturen mit Milchdrüsen, diesen vegetativen Systemen, Frauen, kaum ihren tierhaften Verstecks erst entronnen." (Ach wie gut, 78)

Diese Überlegungen treffen die ideologisch ausgelegten tradierten Vorurteile von der Zugehörigkeit von Männern zum Kulturbereich und von der Zugehörigkeit von Frauen zum Naturbereich. Es ist aber nicht zu verkennen, daß es der Autorin weniger um die Kritik an solchen Vorurteilen geht, als vielmehr um die Kritik an monotoner feministischer Agitation und an feministischen Dogmen. Wohmann verweist zugleich auf die weitere Gefangenschaft der Frauen in dem herkömmlichen Verhaltensmuster und auf die naiven Erwartungen mancher Feministinnen, geschlechtsspezifische Befangenheit (z.B. den weiblichen Wunsch nach "Schönsein") ganz auflösen zu können: "Warum erhoben Frauen sich nicht gegen dieses Vor-Urteil, das Mode, Kosmetik, über

---

[57] Jurgensen: Deutsche Frauenautoren der Gegenwart, S.179.
[58] Vgl. Ebd., S.181.

sie verhängte?" (Ach wie gut, 107), überlegt die feministisch orientierte Marlene, die sich jedoch um ihr Aussehen - nicht unähnlich etwa wie Christa in "Paulinchen war allein zu Haus"- in übertriebenem Maße kümmert und sich "auf Schleichwegen in einen Haar-Salon, in ein Schönheits-Studio" (Ach wie gut, 55) stehlt. Marlene muß die sie enttäuschende Tatsache akzeptieren, daß sogar in Hosen "Frauen ihre Rolle artig weiter" (Ach wie gut, 108) spielen.[59] Die von der Heldin unternommene Suche nach sich selbst wird an mehreren Stellen durch die Überlegungen verdrängt, wie die eigene Person auf die männlichen Beobachter wirkt, z.B. auf die Patienten, Kollegen, sogar auf ihren Zahnarzt oder Gynäkologen, wobei die meisten von den Männern Marlene zurück in die tradierte Frauenrolle weisen.

Auch Marlene erweist sich - wie Christa - als alles andere als emanzipiert gegenüber herkömmlichen Rollenzwängen. Die tatsächliche Gleichberechtigung kann sie sich nur als "dramaturgischen Knick" in einem "Film unter der Regie einer Frau" (Ach wie gut, 28) vorstellen, während in der Realität "der Staus einer von männlichem Dafürhalten verwalteten Frau" (Ach wie gut, 27) erhalten bleibt. Die scheinbar emanzipierte Frau kann sich trotz aller Frustration von den Beziehungen nicht lösen: Die ganze Zeit versucht sie, vor den Beziehungen zu fliehen, aber zugleich sucht sie diese Beziehungen. Marlene ist unfähig, ihre eigenen Bedürfnisse klar zu sehen und Ziele zu formulieren, deswegen sind auch ihre Beziehungen zu den anderen problematisch. Sie lebt z.B. acht Jahre mit einem Mann, der sie ursprünglich heiraten wollte, aber aus ganz unbekannten Gründen willigte sie bislang nicht ein. Zugleich pflegt Marlene eine Beziehung zu einem gewissen Gregor, auf den sie "inhaltlich und formal" (Ach wie gut, 36) Eindruck machen will und den sie in Reserve hält (Ach wie gut, 53). Sie hat auch ein nie eindeutig geklärtes Verhältnis zur lesbischen Freundin Bärbel (Ach wie gut, 38ff). Sie versucht, aus dem Netz persönlicher Verflechtungen zu fliehen[60], was ihr aber schwer gelingt. Marlene entzieht sich zugleich jeder möglichen Rollenfunktion: Sie fühlt sich weder als Ehefrau noch als Liebhaberin; sie lehnt die Rolle der Schwester und die mögliche Rolle der Mutter ab - sie sei froh, "an der Massenproduktion von menschlichen Lebewesen" (Ach wie gut, 61) nicht teilzunehmen, denn sie könnte sich selbst als Mutter nur mit "wachstumsgestörte[n] Kinder[n]" (Ach wie gut, 376) sehen. Marlene gelingt es nicht, sich darüber klarzuwerden, was ihrer Veranlagung gemäß sei: "feministische Selbständigkeit oder die ganz bürgerliche Ehe;

---

[59] "Keine feministische Anstrengung, wie global und radikal sie sich auch gab, schaffte den anderen Anschauungswinkel aus der Welt, in dem die sogenannten gut aussehenden Frauen sogar den sogenannten gut aussehenden Männern überlegen waren." (Ach wie gut, 291)

[60] Dieter E. Zimmer spricht in diesem Fall über die "sogenannte Beziehungsproblematik, vieler Menschen Art und Weise, die Bindung gleichzeitig zu suchen und zu fliehen [...]." (Zimmer, Dieter E.: Rumpelstilzchen, weiblich. Gabriele Wohmanns Roman "Ach wie gut, daß niemand weiß." In: Die Zeit (10. Oktober 1980), Beilage Literatur, S.6).

wohlige Bettwärme oder intellektueller Übereinklang mit emotionaler Distanz; die Wonnen der Gewöhnlichkeit oder die Eitelkeit des Andersseins."[61]

Die Satire der Autorin richtet sich in diesem Roman auch auf den Feminismus des amerikanischen Psychologenpublikums, auf den Männerhaß der Lesbierinnen[62] und auf die bürgerliche Imagepflege. Wie rollenhaft das Sich-Identifizieren mit dem Feminismus sein kann, zeigt die Suche Marlenes nach dem entsprechenden Ton im Umgang mit einer lesbischen Feministin: Ihr gegenüber muß Marlene sich ideologisch anpassen und "spezifisch weiblich werden, verdammt berufstätig weiblich" (Ach wie gut, 206). Satirisch schildert die Autorin Frauengesellschaften oder weibliche Freundeskreise, die in ihren Werken keineswegs so harmonisch erscheinen wie in den Texten mancher Feministinnen (z.B. in denen von Stefan). Schonungslos behandelt die Autorin die in den 70er Jahren (vor allen in feministischen Kreisen) große Aufmerksamkeit erregende Frage weiblicher Homosexualität. Sie kritisiert besonders deutlich die Tatsache, daß manche feministischen Frauen "homosexuell aus ideologischen Gründen" (Ach wie gut, 209) werden. Die modischen Tendenzen, befreite weibliche Sexualität auf lesbische Liebe festzulegen, betrachtet sie als "Halbheiten" (Ach wie gut, 207). Die folgenden argumentativen Ausführungen sollen diese Position verdeutlichen:

> "Es schien sich doch unter den intellektuellen Frauen herumgesprochen zu haben, daß ein Hauch von Bisexualität paßte. Einfach differenzierter war als phantasielose Heterosexualität. Je klüger die Frau, desto naheliegender ihr Verdacht, der auf das herkömmliche Treiben zwischen männlichen und weiblichen Personen fiel. [...] Bedaulicherweise nur hielten diese an sich durchaus schlauer gewordenen Frauen, die einen Schritt nach vorne getan hatten und von den stagnierenden nichtsnutzigen Herummaulereien an den Männern weg, in ihrer Entschlußkraft ein. Sie kamen nicht weiter und klammerten sich an so verschmuste, verstreichelte Zustände wie die Liebe zum gleichen Geschlecht sie offenbar forderte. [...]. Verkuschelte Halbheiten." (Ach wie gut, 207)

Nicht zuletzt entblößt Wohmann die Scheinhaftigkeit der Solidarität unter den Frauen, die sich trotz der Geschlechtsgenossenschaft im ständigen Konkurrenzkampf befinden: "Was für eine feindselige Solidarität zwischen Frauen, ein Thema mit genügend Zündstoff, dachte Marlene" (Ach wie gut, 114). Als Satire auf die modischen Themen der feministischen Literatur können die Überlegungen Marlenes über Menstruation als "Zeit ihrer blutrünstigen Mitgliedschaft im periodischen, allzu mondwechselhaft natürlichen Haushalt weiblicher Säugetiere" (Ach wie gut, 57) verstanden werden. Der satirischen

---

[61] Starkmann, Alfred: Die Tragödie der fliehenden Zeit. Gabriele Wohmanns neuer Roman. In: Lutz-Hilgarth, Dorothea: Literaturkritik in Zeitungen: dargestellt am Beispiel Gabriele Wohmann. Frankfurt am Main, Bern 1984, S.298).

[62] "Bei diesen Frauen waren Männer ein wenig aus der Mode gekommen" (Ach wie gut, 290), bemerkt sarkastisch Marlene Ziegler.

Kritik unterzieht die Autorin gewisse Redensarten des Feminismus: Marlene spricht z.B. von einem "sogenannten ZWEITWAGEN einer Arztehefrau, die sich verwirklicht" (Ach wie gut, 59). An manchen Stellen kommt es sogar zur offenen Verspottung feministischer Aktivistinnen: "Marlene dachte nicht besonders gern an das feministische Wespennest, in das sie vor sieben Jahren gestochen hatte, dort in Middle West, nämlich mit ihrer Fixierung auf das Biologische" (Ach wie gut, 209). Die Figur Marlenes verdeutlicht die Kritik Wohmanns an dem neuen feministischen Frauentyp ("männerweltfeindlich und frauenfanatisch" (Ach wie gut, 209)).

Marlene erfährt selbst die negativen Seiten des Feminismus, weil ihre Emanzipationsversuche sie zum Verlust des inneren Halts, zur Isolierung und zur psychischen Destruktion führen: "Ich glaube fast, ich hatte da allmählich Halluzinationen, vielleicht vom vielen Alleinsein." (Ach wie gut, 359). Wohmann macht hier das weibliche Leiden an der mühevoll erworbenen Emanzipation sichtbar. Die Widersprüchlichkeit ihrer Bedürfnisse bzw. das Schwanken zwischen Emanzipation und tradierter Frauenrolle erkennt Marlene selbst: "Unvergnügt, aber gefaßt, weil sie mittlerweile damit umzugehen verstand, erkannte Marlene an sich die charakteristischen Merkmale des Weiblichen. Oft sprach wirklich dann alles dafür, daß sie eine Frau war, anderen Frauen reichlich ähnlich." (Ach wie gut, 55). In einem inneren Monolog korrigiert sie deswegen ihre anfänglichen Illusionen: "du irrst dich, armes Kind, du hast teil am üblichen Treiben der Frauen. Es geht auch in deinem Alltagsdenken ganz schön herkömmlich zu, nämlich weiblich, du stehst in dieser Tradition der Eitelkeiten, von denen Frauen umgetrieben werden." (Ach wie gut, 55). Gerade in dieser Widersprüchlichkeit erscheint Marlene für Jurgensen vielschichtiger, interessanter und sympathischer als die papierenen, ideologisch ausgerichteten Frauengestalten mancher feministischen Autorinnen: "Was Wohmanns Protagonistin so wohltuend von anderen feministisch aufgeklärten Heldinnen unterscheidet, ist das freimütige Geständnis der eigenen Inkonsequenz, das wenn auch selbstkritische Bekenntnis der eigenen klischeehaften Eigenschaften und Interessen als Frau."[63] Da im Fall Marlenes nicht nur die Bemühung um die Neubestimmung der Frauenrolle, sondern auch die Kritik an den Frauen (Ach wie gut, 33) und am Feminismus eine wichtige Rolle spielt[64], ist sie tatsächlich viel glaubwürdiger als feministische Heldinnen. Mit Marlene

---

[63] Jurgensen: Deutsche Frauenautoren der Gegenwart, S.181.

[64] Im Hinblick auf die Satire der Autorin auf das feministische Programm und auf die zahlreichen Beispiele der weiblichen Scheinemanzipation läßt sich die Frage, "ob man Gabriele Wohmann parteiisches Engagement für die Belange der Frau zuerkennen kann", keineswegs mit einem eindeutigen Ja beantworten, wie dies Hildegard Fritsch allein durch die Hervorhebung eines thematischen Aspekts - das Heranwachsen eines neuen Selbstverständnisses der Frau - und ohne jegliche Berücksichtigung der vielfachen Satire auf die Schattenseiten des Feminismus behauptet (vgl. Fritsch, Hildegard: Gabriele Wohmann: *Ach wie gut, daß niemand weiß*. In: Germanic Notes and Reviews 23 (1992), S.7).

Ziegler will Wohmann zeigen, daß eine Frau ihre Frauenrolle nicht traditionellerweise im patriarchalischen Sinne erfüllen muß, aber sie muß auch nicht ihre Weiblichkeit in völliger Beziehungslosigkeit zum anderen Geschlecht aufgeben bzw. kämpferisch vorgehen.

Die Frauenfiguren werden im Werk Wohmanns keinesfalls nur positiv dargestellt: Ihr Leben präsentiert nicht nur Leidensgeschichten, sondern auch die Geschichten von moralischen Fehlverhaltensweisen. Manche halten die Autorin für die Verächterin ihres eigenen Geschlechts, weil ihre Weiblichkeitsbilder nicht der Gefahr entgehen, ins Bösartige oder Bissige zu gleiten.[65] Den feministischen Literaturkritikerinnen gilt die Autorin sogar als Weiberfeindin: "Durch das Werk der Gabriele Wohmann zieht sich wie eine Blutspur ihr gestörtes Verhältnis zur Frau, zum eigenen Geschlecht, ziehen sich ihre haßerfüllten Voten gegen alles Weibliche, die sie in extremen Momenten in die Nähe der Esther Vilar bringen."[66] In der Realität ist Wohmann weder Männer- noch Frauenfeindin, deswegen verzichtet sie auf die feministische Schwarz-Weiß-Malerei. Ihre Heldinnen erscheinen nicht nur als Opfer, sondern auch als Täter: Sie betrügen die ihnen nahestehenden Menschen, weisen ihre Familienangehörige ab etc. In diesen Fällen (z.B. in der Erzählung "Habgier" (1973) liefert eine habgierige Mutter ihren Sohn in eine Anstalt ein[67], weil er aufgrund einer Psalmenweisheit, die zur Meidung der Habgier mahnt, seine Konfirmationsgeschenke zerstört hat) kann seitens der Leserschaft kritische Distanz bezogen werden, nicht aber die mitfühlende Anteilnahme oder Identifikation mit der Heldin. Klaus Wellner untersucht in seinem Buch "Leiden an der Familie" speziell solche Frauenfiguren Wohmanns, die sich selbst als Repräsentantinnen der sozialen Gemeinschaft darstellen, dadurch zu blinden Verfechterinnen der geltenden Werte und Normen werden und alle Abweichler von der Normalität aus der Gemeinschaft auszuschließen versuchen.[68] Indem sie sich von Außenseitern abgrenzen oder eine von ihnen abhängige Person dazu zwingen, ihre Erlebnisebene zu teilen, ihre Empfindungen und Bedürfnisse als

---

[65] Vgl. Ulbricht, S.106. Ingeborg Drewitz ist der Meinung, daß Wohmann durch die bissigen Schilderungen ihrer Frauenfiguren ihr eigenes Konzept des Schockierens entwickelt, mit dem sie sich gegen den bösen Alltag wehrt: "Sie [Wohmann] probiert den turandotesken Lust-Ekel, den dirnenhaften Frauenhaß, die Gattinnenbosheit und Familienkümmerlichkeit. Sie schockiert, weil sie sich gegen die Schocks wehrt, die ihr die Umwelt bereitet", lautet die die Position Wohmanns rechtfertigende Feststellung Drewitz' (Drewitz: Sie drückt ganz schön fest zu, aber sie lächelt ja, S.990).

[66] Cornioley, Esther: Kalter Frost. In: Basler Nachrichten (3. November 1975). Zitiert nach: Ulbricht, S.106.

[67] Wellner hebt die Tatsache hervor, daß es fast immer eine weibliche Hauptfigur ist, die die Ausschließung der physisch oder geistig kranken Familienmitglieder wesentlich vorantreibt, wobei die Verbannungen jeglicher Art oder die Abschiebungen in die Anstalt die Themen sind, die im Werk Wohmanns in immer neuen Variationen dargestellt werden (vgl. Wellner, S.74).

[68] Siehe ebd., S.30-135.

die eigenen zu übernehmen, versuchen diese Frauen, ihr labiles Selbstwertgefühl zu stabiliesieren. Auffällig sind die aggressiven Impulse und erstaunliche Gefühlskälte mancher Heldinnen (z.b. Christa in "Paulinchen war allein zu Haus"). Die kritische Darstellung der Frauen führt dazu, daß Wohmann von einigen Kritiker/innen als eine objektive bzw. unideologische Autorin, von der feministischen Seite dagegen als frauenfeindliche und ideologieverdächtige Autorin angesehen wird.

Die Darstellung der Frauenfiguren ist im Werk Wohmanns weitgehend konstant. Unverkennbar ist die Tendenz zur Typisierung von weiblichen Persönlichkeitsstrukturen. Sowohl die früheren als auch die späteren Frauenfiguren können aufgrund ihrer Verhaltens- und Empfindungsweisen einem Typus zugeordnet werden, nämlich dem Typus einer ich-schwachen, narzißtisch gestörten Persönlichkeit. Zu diesem Typus gehören auch die Frauenfiguren, die eine dominierende Rolle spielen bzw. sich in einer überlegenen Position in der Familie- oder Zweierbeziehung befinden: Diese Frauenfiguren (z.B. die ältere Schwester in "Die Wahrheit über uns", die ihrer jüngeren Schwester alle Kontakten zur Außenwelt verbietet) leiden unter denselben unbewältigten Konflikten wie auch die schwächeren Frauenfiguren, nur daß diese Konflikte nicht so deutlich zum Ausdruck kommen. Die These Wellners, daß mit der Rollenverteilung in tüchtige, rationale und lebensuntüchtigere, gefühlsbetontere weibliche Figuren zwei Muster weiblichen Erlebens präsentiert werden[69], ist deswegen nicht ganz berechtigt. Es handelt sich m.E. im Werk Wohmanns um einen die Identitätsstörungen empfindenden Frauentypus, unabhängig davon, welche Position (überlegene oder unterlegene) die Frau in einer bestimmten Lebenssituation hat.

Mit Recht behauptet Wagener, daß Gabriele Wohmann nicht in die Reihe mit den Autorinnen der deutschen Emanzipationsliteratur gestellt werden kann, weil sie sich nicht mit den Zielen des zeitgenössischen Feminismus identifiziert und sich in ihren Büchern immer wieder über die Oberflächlichkeit mancher Feministinnen lustig macht.[70] Was Gabriele Wohmann über ihre Unabhängigkeit von literarischen Strömungen und Trends sagt, kann auch auf ihre Einstellung zur Frauenliteratur der 70er und 80er Jahre bezogen werden: "jedem einzelnen Literaten muß weitgehend egal sein, was die anderen Literaten gerade tun."[71] In diesem Zusammenhang soll nicht behauptet werden, daß ihre Einschätzung der Frauenbewegung trotz häufiger Satire nur negativ zu beurteilen ist: Sie befürwortet emanzipatorische Tendenzen, aber das bedingungslos Ideologische und Kämpferische lehnt sie eindeutig ab. Wohmann ist keine unkritische Mitläuferin und scheint gut zu verstehen, daß das radikale feministische Programm korrekturbedürftig ist. Jurgensen hält es für das Erstaunliche an

---

[69] Vgl. Ebd., S.188.
[70] Vgl. Wagener, S.86.
[71] Gabriele Wohmann im Gespräch mit Mathias Schreiber: Die Angst, nicht mehr schreiben zu können. Zitiert nach: Knapp, Gerhard P., S.22.

Wohmann, daß sie den Feminismus richtig kritisch ernst nimmt, wobei eben diese Ausgewogenheit in ihrem Urteil sie als eine besonders differenzierte, lesenswerte Autorin auftreten läßt.[72]

Es liegt nicht in der Absicht der Autorin, weltverbessernde Lösungsmöglichkeiten für das weibliche Leserpublikum aufzuzeigen: Sie konstatiert "Krankheiten", bietet aber keine Rezepte. Sie ist keine Moralistin. Es geht ihr nicht darum, Beispiele zu geben, wie jemand seine Probleme lösen kann, z.B. wie eine Frau ihre Einsamkeit in der Zweierbeziehung durchstoßen kann. Wohmann läßt ihre Frauenfiguren in all ihrem falschen Selbstbewußtsein dastehen - da kann sich nichts mehr ändern, auch mit den feministischen Befreiungsstrategien (und besonders mit ihnen) kann sich in der fiktiven Welt Wohmanns nichts bessern. Ihr Engagement und ihre Teilnahme - wenn man die Position Wohmanns überhaupt so bezeichnen darf - beschränken sich auf die Präzision, in der sie die tristen Gegebenheiten eines gutbürgerlichen Frauenlebens in ihren Texten sichtbar macht.

5.3. Abkehr von feministischen Positionen: Br. Kronauer

Das literarische Schaffen Brigitte Kronauers ist durch eine vielseitige Auseinandersetzung mit Autoren und Autorinnen unterschiedlicher Stilrichtungen geprägt (die Rezensenten betonen z.B. die Bezüge zu Virginia Woolf oder Ingeborg Bachmann), aber dies betrifft kaum die zeitgenössische feministische Literatur, der die Autorin Kronauer immer ferngestanden hat. Den feministischen Literaturkonzepten entfernt sich die Prosa Kronauers nicht nur durch ihre Thematik, sondern auch durch ihre Wahrnehmungsartistik, durch einen manieristischen Zugang zur Wirklichkeit, durch eine außergewöhnliche Künstlichkeit und Musikalität der Sprache.[73] Wenn die Autorin gewöhnliche Alltagsvorgänge schildert, konzentriert sie sich auf die Wahrnehmung einzelner, den verschiedensten Lebensbereichen entstammender Bilder, so daß die für die feministische Literatur charakteristische Kausalität und gesellschaftskritische Problemanalyse für ihre Texte fremd werden. Kronauer widersetzt sich den Erwartungen der Leser bzw. Leserinnen, die sich auf miteinander verbundene Ereignisse oder Entwicklungen im Leben der (Frauen)Figuren richten.

Das Werk Kronauers ist auf seiten einer feministisch orientierten Literaturkritik bisher kaum beachtet worden. In den wenigen Fällen der Erwähnung Kronauers im Kontext der gegenwärtigen Literatur von Autorinnen wurde meistens eine negative Einstellung zu ihrem Werk formuliert. Die kritische Position feministischer Literaturwissenschaft gegenüber der Prosa Kronauers beweist Sigrid Weigel, die den Roman "Rita Münster" für eine "ästhetisierte

---

[72] Vgl. Jurgensen: Deutsche Frauenautoren der Gegenwart, S.186.
[73] Eine erweiterte Analyse der poetologischen Voraussetzungen des Schreibens Kronauers bietet der 1991 erschienene 'Text+Kritik'-Band (Brigitte Kronauer. Text+ Kritik, 112. Hrsg. von Heinz Ludwig Arnold. München 1991).

Variante weiblicher Subjektivität" hält und diese "Variante" uninteressant findet.[74] Ähnlich wie Gabriele Wohmann wird auch Brigitte Kronauer eine angebliche Frauenfeindlichkeit vorgeworfen: Venske behauptet z.B., daß im Roman "Rita Münster" "die Frauenfiguren ungleich härter und boshafter" als die männlichen geschildert werden, wobei die "Entlarvung, bisweilen Denunzierung" der weiblichen Figuren vor allem auf deren (physisches) Älterwerden zielt, "das längst nicht mit der gleichen "Zärtlichkeit" gezeichnet ist wie im männlichen Fall".[75] Diese Behauptung scheint im Hinblick auf den Roman "Rita Münster" teilweise berechtigt zu sein, aber nur in dem Fall, wenn man die Tatsache außer acht läßt, daß es der Autorin vor allem um das Künstliche der Beschreibung, um das Metaphorische des Ausdrucks und nicht allein um die Wiedergabe von Sachvorgängen selbst geht. Eine der Stellen in "Rita Münster", die sich zunächst auf das Wetter bezieht, aber zugleich das Tragische im Leben der alten Frauen ästhetisierend und das Negative hervorhebend präsentiert, lautet wie folgt:

> "Nein, sage ich mir mit allem Willen, wie die alten Frauen sind diese Tage, alte schwarze Frauen, die den anstößigen, bösen, nackten Blick haben. Sie sind dem Tod in ihrem Gedanken, schon zu nah. Sie riechen ihn schon so unbeirrbar, daß sie die Lücken sehen, sie räumen die Umwelt schon aus. Sie starren einen an und spulen dabei die Lebensstationen ab, die drei, vier, die zählen, immer die gleichen, man kann sich nicht wehren. Man ist abgeschätzt, und es rührt sie nichts. Nie wieder ein kleiner, schwebender Zusammenhang." (RM, 16)

---

[74] Vgl. Weigel: Die Stimme der Medusa, S.97. Weigel konstatiert einerseits eine positiv gesehene Veränderung weiblicher Subjektivität, für die der Körper der Frau als "Ort, an dem die Einschreibungen 'Weiblichkeit' abzulesen sind, und als Ort, an dem weibliches Begehren sich abspricht", eine "immer wichtigere Bedeutung für die Schreibweisen weiblicher Subjektivität" erhalte, um davon eine andere "ästhetisierte Variante weiblicher Subjektivität [...], die eher durch das Feuilleton gefördert wird" (dazu wird auch der Roman "Rita Münster" von Brigitte Kronauer zugerechnet) als für den feministischen Diskurs uninteressant abzugrenzen (vgl. Ebd.).

[75] Venske, S.132. "Dieser Tenor im - grell beleuchteten - Blick auf die Frauen, ob sie nun keinen Büstenhalter tragen, obwohl sie wissen, daß sie es sich nicht leisten können [vgl. RM, S.21.], ob sich ihr Schädel schon nach außen durchdrückt [vgl. RM, S.10] oder ob ihre "Verhärmtheit" beschrieben wird [vgl. RM, S.41.], durchzieht den ganzen Roman, angefangen mit Rita Münsters Bemerkung: "Diese Frau hat einen typischen Wildsaubau, oben protzig, unten gelenkig und flott" [vgl. RM, S.7.]", schreibt Regula Venske (ebd., 132f). An dieser Stelle muß jedoch betont werden, daß Venskes Auswahl von Zitaten eher willkürlich wirkt, weil die Kritikerin den Kontext des Textes außer acht läßt und die einzelnen Sätze oder sogar einzelnen Worte tendenziös als Beispiele vorführt. Man darf die Tatsache nicht übersehen, daß Kronauer an einigen Stellen nicht nur Frauen, sondern auch Männer in einem teilweise negativen Lichte erscheinen läßt, so heißt es z.B. in „Die Frau in den Kissen" von männlichen Genitalien: „das weggesackte, grämlich gerunzelte, ein bisschen wie von Rost befallene Glied des Mannes" (FK, 351). (Zur ambivalenten Schilderung der Männerfiguren im Werk Kronauers siehe Kapitel 4.2.5.).

Daß die These Venskes nicht für das ganze Werk der Autorin Kronauer zutreffend ist, zeigen einige Passagen im Roman "Die Frau in den Kissen". An mehreren, literarisch besonders gelungenen Stellen dieses Romans und vor allem in dem vierten Teil des Buches, der das Leben einer alten Frau thematisiert, bringt die Autorin die ganze Tragik vereinsamten weiblichen Lebens zum Ausdruck. "Den alten Frauen hinter den Gardinen und in der Abenddämmerung kommt es jetzt so vor, als hätten sie den größeren Teil ihres Lebens damit zugebracht, die Jahreszeiten zu betrachten und sich mit ihnen zu verändern, indem sie die Anfangs- und Endzeichen des Wechsels von Mal zu Mal besser begriffen" (FK, 192), lautet eine dieser Stellen, in der alte Frauen mitleidig und sehr sensibel dargestellt werden, wobei auch eine gewisse Solidarität mit ihnen seitens der Erzählerin sichtbar wird.

Obwohl die meisten feministisch orientierten Literaturkritikerinnen aus dem literarischen Konzept Kronauers negative Schlüsse für die Möglichkeit ziehen, die Konflikte zwischen den Geschlechtern sichtbar zu machen und die Frauenemanzipation zu unterstützen, sollte man nicht die Stimmen der Kritikerinnen überhören, die auch das Positive am Werk Kronauers betonen. Magdalene Heuser hebt z.B. die Rolle des literarischen Werkes Kronauers im Zusammenhang mit der Gegenwartsliteratur von Frauen positiv hervor - weil sie sich nach ihren eigenen Behauptungen nicht nur "auf einen Kanon feministischer Theorien, Themen und Annäherungsweisen" konzentrieren will, "was dann vorschnell zu der Frauen-Frage/-Schreibweise/-Literatur wird"[76] - und verweist auf einige thematische Korrespondenzen, z.B. bezüglich der Themenbereiche des Alltags, der Dominanz von Frauenfiguren, des kritischen Blicks auf Frauen- und Männerbilder, der Prozesse der Identitätssuche[77]. Heuser betont jedoch die Eigenständigkeit des Umgangs der Autorin mit Wirklichkeitsmustern und ästhetischen Modellen: Es sei offenkundig, "daß Brigitte Kronauer nicht von einem Kanon zeitgenössischer, also auch nicht feministischer Themen und Annäherungsweisen ausgeht, dieser wohl auch kaum das Ziel ihres Erzählens sein dürfte"; es gehe ihr "in erster Linie um den Prozeß der Literatisierung, um das Verhältnis zu den Dingen und wie diese in und durch Sprache Gestalt annehmen können".[78] Dieser von Heuser positiv hervorgehobene eigenständige Blick Kronauers auf Literatur und Ästhetik wird von der feministischen Literaturwissenschaft oft als willkommener Anlaß hergehalten, die Autorin aus einem Lektürekanon von "Schreibweisen in der Gegenwartsliteratur von Frauen" auszugrenzen.[79] Über den Berührungsscheu der

---

[76] Heuser, S.344f.
[77] Vgl. Ebd., S.373.
[78] Ebd.
[79] Im Hinblick auf die Frage nach der Position Brigitte Kronauers in der deutschen Gegenwartsliteratur unterscheidet Heuser in der Literaturkritik zwei Tendenzen: "Einmal bietet die Anerkennung für die Autorin einen offensichtlich willkommenen Anlaß, diese von der übrigen Literatur von Frauen auf deren Kosten abzusetzen. Zum anderen gibt es das

feministisch orientierten Literaturkritik mit den Texten Kronauers schreibt Ina Appel:

> "Angesichts der weitgehenden Mißachtung der Literatur Kronauers von seiten einer feministisch orientierten Literaturwissenschaft drängt sich der Verdacht auf, daß Kronauers durch eine eigenständige Sichtweise auf das Verhältnis von Subjekt, Natur und Sprache resp. Kunst geprägten Texten kein Platz in einer sich durch Normbildungen inhaltlicher und formaler Art innerhalb einer hierarchisch organisierten Polarität von Männlichkeit und Weiblichkeit erneut selbst begrenzenden "Frauenliteratur" zugestanden werden kann."[80]

Appel vertritt jedoch die Überzeugung, daß die nähere Beleuchtung der Kronauerschen Selbst- und Weltwahrnehmungsmodelle innovatorische Impulse für eine feministisch orientierte Literaturwissenschaft eröffnen könnte, die Männlichkeit und Weiblichkeit als rhetorische Effekte kultureller Anordnung und damit sprachlicher Ordnung liest; ihre Texte könnten gerade deswegen interessant sein, weil Kronauer offenkundig nicht von einem die Literatur von Frauen bestimmenden Kanon zeitgenössischer Themen, Motive und Annäherungsweisen ausgeht und in diesem Sinnzusammenhang jeglicher pauschalisierender Argumentation gegenübersteht.[81]

Es steht außer Zweifel, daß das Werk Kronauers sich durch viele Aspekte dem feministischen Literaturkonzept entzieht. Während feministische Autorinnen und Theoretikerinnen für eine 'spezifisch weibliche' Ästhetik plädieren (vgl. Showalter, Cixous, Irigaray u.a.), betont Kronauer ausdrücklich den androgynen Charakter der Literatur und spricht einem Text jegliche geschlechtsbedingte Spezifik ab: "Es ist, vor jedem Feilschen um Spezialästhetiken, die unerläßliche Doppelgeschlechtlichkeit, die vielleicht einzig wichtige Sexualität eines jeden Kunstwerks, ob nun ein Mann oder eine Frau dessen Urheber ist."[82] Es ist deswegen nur dem ersten Teil der folgenden Feststellung Schweikerts zuzustimmen, während seine Ausführungen über eine spezifische weibliche Schreibweise als fragwürdig erscheinen, weil - wie im zweiten Teil meiner Arbeit ausführlich erörtert - allein schon die Frage nach der Spezifik weiblichen Schreibens wenig berechtigt ist:

> "Brigitte Kronauers erzählte Welt ist eine radikal weibliche Welt - Männer treten höchstens als Randfiguren, auch des Bewußtseins, in ihr auf, sind unschärfer, versöhnlicher gesehen. Ihre Themen, Erfahrungen, Redeweisen sind die einer

---

Verfahren mit umgekehrtem Vorzeichen, die Thematisierung von Fragen der Literatur und Ästhetik bei Brigitte Kronauer zum Kriterium dafür zu nehmen, die Autorin aus einem Lektüre-Kanon von "Schreibweisen in der Gegenwartsliteratur von Frauen" auszuklammern." (Ebd., S.374).
[80] Appel, S.28.
[81] Vgl. Ebd.
[82] Kronauer, Brigitte: Literatur, Männer und Frauen. In: Konkret 11 (1990), S.60.

Frau. Auch die Eigenartigkeit ihrer Schreibweise, sich aus der Tiefe in die Fläche, in eine 'gehaltene' Ebene, eine gleichsam wuchernde Trauer zu bewegen, muß als etwas spezifisch Weibliches begriffen werden."[83]

Kronauer vertritt und belegt mit ihren Werken den androgynen Kunstcharakter, d.h. sie präsentiert die Idee, daß Kreativitätsprozesse immer an männliche und weibliche Potentiale gebunden sind, deswegen wäre es m.E. ungerecht, der Autorin spezifisch weibliche Schreibweisen zu unterstellen.

Kronauer bekennt sich zur Subversivität von Literatur, lobt die Bilder, die sich eindeutigem Verstehen sperren, und warnt davor, ästhetische Kriterien durch feministische zu ersetzen.[84] Sie hält es für eindeutig, daß Literatur "die Ideologien der Wahrnehmung" darstellen kann, aber sie kann nicht - so folgert die Autorin - "ohne sich aufzugeben, im Dienste einer Ideologie stehen, nein, auch nicht der feministischen!".[85] Sie betont vor allem die Rolle des Fiktionalen in der Literatur und zieht sich - weitergehend noch als Gabriele Wohmann - von dem für die feministische Literatur typischen autobiographischen oder essayistischen Erzählen zurück: "Literatur", so heißt es am Ende des Vorworts zu den Essays, "wird gesehen als das grundsätzlich Fiktionale, weit entfernt vom naiv Autobiographischen, weit entfernt vom gescheit Essayistischen".[86] Anders als viele feministisch orientierte Autorinnen ist Brigitte Kronauer nicht selbstquälerisch mit sich beschäftigt: "Sie ist keine Autorin, die feinfühlig in

---

[83] Schweikert: *"Es geht aufrichtig, nämlich gekünstelt zu!"*, S.170.

[84] Vgl. Kronauer: Literatur, Männer und Frauen, S.60. "Ich glaube, daß die mögliche, von mir erhoffte Subversivität der Literatur gerade darin besteht, daß sie nicht Schlagwörter in die Welt setzt, daß sie sich nicht zum Instrument einer Ideologie oder zum Sprachrohr einer Begrifflichkeit machen läßt. Sondern daß sie bei sich bleibt, konsequent und hart und ganz entschieden bei sich bleibt. Daß sie sich nicht in journalistischer Weise auf politische Diskussionen einläßt und sich jeder politischen Instrumentalisierung widersetzt", so Brigitte Kronauer in einem Gespräch mit Gerhard Moser ("Der metaphysische Acker". Gerhard Moser im Gespräch mit Brigitte Kronauer. In: Literatur und Kritik. H.267/268. Salzburg 1992, S.32f).

[85] Kronauer, Brigitte: Nachwort zu: Kronauer, Brigitte: Wiese. Erzählungen. Stuttgart 1993, S.123.

[86] Kronauer, Brigitte: Aufsätze zur Literatur. Stuttgart 1987, S.8. Literarische Texte sind für Brigitte Kronauer "modellierte Gestalt, Gefüge, deren Souveränität sich ergibt aus der kalkulierten, relativierten, relativierenden Position ihrer einzelnen Bausteine, nicht-zufällige, also poetische Gebilde, ob von ihren Konstrukteuren als Gegenentwurf zur davon sehr verschiedenen Wirklichkeit, als deren vereinfachtes Abbild oder als beides zugleich gedacht." (Ebd.). Im Nachwort zu der Erzählungensammlung "Wiese" schreibt die Autorin über die Rolle des Autobiographischen in ihrem Werk wie folgt: "Zu keinem Zeitpunkt aber ist es mir darauf angekommen, hier von mir, also autobiographisch zu erzählen, wenn auch allerdings häufig von eigenen Beobachtungen ausgegangen wird [...]. Entscheidend ist allein, daß ein 'Ich', ob diese oder jener, ob Mann oder Frau, stellvertretend für potentiell 'jedermann', etwas betreibt, was nun jedoch striktest auf einer für die Literatur, die ich schreibe, wesentlichen Erfahrung beruht." (Kronauer: Nachwort zu: Kronauer, Brigitte: Wiese, S.122).

sich hineinhört, um aus den Schwingungen, die sie dort vernimmt, gleich "die Realität" zu deuten. Sie hört überhaupt nicht in sich hinein, sondern schaut heraus: auf eine Fülle von Erscheinungen und Details, die [...] keineswegs eine sinnhafte Ordnung ergeben müssen."[87] Das, was Klaus Sandler über den Roman "Rita Münster" sagt als über ein Buch, das auf vielen Ebenen einen erbitterten Kampf "gegen Vereinnahmungstendenzen des Literaturbetriebs im allgemeinen und die einer sogenannten Frauenliteratur im besonderen" darstellt und sich durch einen unaufhaltsamen "Willen zum Neuen, eine Absage an Klischees und Wiederholungen" auszeichnet[88], gilt für das gesamte Werk der Autorin. Ihre Texte sind "weder politisch noch existentiell motiviert, weder mit privater Mythologie noch mit anarchischer Subjektivität"[89] aufgeladen. Literatur als Fiktion ist für diese Autorin gleich entfernt vom Autobiographischen, Programmatischen und traditionell verstandenen Ideologischen.[90] Das Unbeteiligtsein, die geistige Distanz zum beschriebenen Gegenstand machen den Reiz von Kronauerschen Beobachtungen aus[91], während feministisch engagierte Autorinnen sich direkt von ihrem Sujet und ihrer Problematik angesprochen fühlen und deswegen die Distanz, die für die Entstehung eines gelungenen fiktiven Werkes nötig ist, schwer behalten können.

Kronauer thematisiert solche Kernprobleme der literarischen Moderne wie die Möglichkeiten des Ichs, sich der Realität und der eigenen Identität zu vergewissern, wobei hier einige Parallelen zur feministischen Literatur, die die weibliche Identitätssuche immer wieder betont (z.B. der Roman „Wie kommt das Salz ins Meer" von Schwaiger), entstehen können. Es fällt aber auf, daß auch bei dieser Problematik Kronauer sich deutlich den feministischen Konzepten entzieht. Im Bezug auf die Prozesse der Selbst- und Weltwahrnehmung der Frauenfiguren läßt sich im Fall der Kronauerschen Textpraxis keineswegs von einer 'weiblichen' Identität sprechen, sogar nicht von einer 'personalen' Identität. Im Roman "Die Frau in den Kissen" wird das ganze

---

[87] Kosler, Hans Christian: "Ich denke öfter an eine Tankstelle am Abend". Erzählungen von Brigitte Kronauer "Die gemusterte Nacht". In: Süddeutsche Zeitung (14. Oktober 1981), S.11.

[88] Sandler, Klaus: Rita Münsters Obszönität. In: das pult 70 (1983), S.91.

[89] Schweikert: *"Es geht aufrichtig, nämlich gekünstelt zu!"*, S.156.

[90] Das eigene Ideologie-Verständnis und ihre Position gegenüber dem Ideologischen formuliert die Autorin folgendermaßen: "Ich stelle Ideologien dar. Ich stelle dar, wie sich Menschen die Wirklichkeit reimen, und insofern setze ich mich ständig mit Ideologien auseinander. Ideologie, sagt Pierre Machevey, ist etwas Unbefreites, weil sie sich nicht selbst erkennt. Ich versuche so zu sagen die Ideologie zu befreien, indem ich Ideologien darstelle, deren Freiheit darin besteht, daß sie sich selbst erkennen. Ich meine, es steckt etwas Aufklärerisches, etwas Revolutionäres darin, Ideologien als Ideologien, auch als Kleinstideologien, darzustellen." ("Der metaphysische Acker". Gerhard Moser im Gespräch mit Brigitte Kronauer, S.32).

[91] "In den Geschichten von Brigitte Kronauer besteht das Erschreckende in der Fremdheit, mit der das wahrnehmende Subjekt, seine Umgebung *mustert*", bemerkt zutreffend Kosler (Kosler, S.11).

Romanpersonal entpersönlicht, zu namenlosen Gestalten abstrahiert, z.B. die lange Gräfin, die alte Frau, der Muskelmann. Dieser Bewußtseinsroman führt Appel zufolge ein "transpersonales" Denken vor, d.h. "ein Denken, das eine sogenannte "personale Identität" wiederzuerkennen nicht erlaubt".[92] Die Figuren dieses Romans vertreten also eine besondere Form der Individuation, die sich deutlich von einer Person bzw. eines Subjekts aufhebt und das einzelne Ich mit den unbekannten Bereichen des Anderen verbindet[93], so z.B. wenn die Erzähl-Instanz "auf dem Balkon in kühler Morgenluft" die schlafende Stadt beobachtet (FK, 381f). Persönliche Identität eines (weiblichen) Ichs geht zugunsten der Möglichkeit der Verwandlung und einer ästhetischen Welterfahrung verloren. In Kronauers Büchern handelt es sich laut Eberhard Hübner nicht um Selbstbehauptung und Selbstverwirklichung, von denen als Erlebnis und Aktion zu erzählen wäre.[94] Die Möglichkeit einer persönlichen Erfahrung und Selbstfindung ist für die Autorin im Hinblick auf die Vieldimensionalität der Welt verdächtig geworden. Das Ich interessiert die Autorin nach ihren eigenen Aussagen nur "als Betrachter gewissermaßen Hersteller dieser immer unterschiedlich getönten "Wirklichkeit": "Wie gesagt, nicht das Ich und sein Inneres sind für mich hier das eigentlich Interessante, sondern die Darstellung der Realität als eine, die sich unter unseren Augen ständig wandelt, je nach Gestimmtheit", behauptet die Autorin im Bezug auf ihre Romantrilogie.[95] Ihre Erzählerinnen (z.B. Rita Münster) beobachten die Welt, ohne die Wahrnehmungen zu deuten, ohne die Bedeutung des eigenen Ichs erfassen zu können.

Die verschiedenen von den Frauenfiguren Kronauers präsentierten Sinnebenen (z.B. mythische Weiblichkeitsbilder) lassen diese Figuren in ihrer Persönlichkeit auseinanderbrechen und geben keine feste Identität mehr vor. Kronauer selbst verweist auf zwei Möglichkeiten, die Haltung eines erzählenden 'Ich' zu konzipieren: "Das 'Ich' verfestigt sich, indem es sich bereits aufgestellten Kategorien, Mustern, Weltinterpretationsmodellen anschließt, oder es verflüssigt sich."[96] Es steht außer Zweifel, daß die meisten Erzählerinnen und die anderen handelnden (Frauen)Figuren eben diese letzte, "eine gefährliche, ungeschützte" Befindlichkeit anstreben, die Kronauer wie folgt erläutert:

> "Das »Ich«, »Sie«, »Er« meiner Geschichten versucht, wenn es sich in der Heimat der bereitgestellten Schablonen nicht identisch fühlen kann, die Befreiung in ein Zerstäuben, versucht nicht nur ein Zertrümmern jener >literarischen< Ordnungen, die Gesellschaft und rauhes Erwachsenenleben anbieten und aufzwingen, sondern

---

[92] Appel, S.78.
[93] Vgl. Ebd., S.79.
[94] Vgl. Hübner, Eberhard: Faultier und Glyzinie. Zu Brigitte Kronauer und Peter Handke. In: Brigitte Kronauer. Text+ Kritik, 112. Hrsg. von Heinz Ludwig Arnold. München 1991, S.75.
[95] Kronauer, Brigitte: Zur Trilogie "Rita Münster", "Berittener Bogenschützer", "Die Frau in den Kissen". In: Die Sichtbarkeit der Dinge. Über Brigitte Kronauer. Hrsg. von Heinz Schafroth. Stuttgart 1998, S.153.
[96] Kronauer: Nachwort zu: Kronauer, Brigitte: Wiese, S.123.

eine Eigenauflösung: eine Preisgabe der härtenden Konturen hin auf ein Verschwimmen mit einem größeren Zusammenhang. Im besten Fall also nicht ein bloßes Entfliehen vor den »Ideologien« der Gesellschaft, vielmehr eine Auslöschung in einen Hintergrund oder Boden hinein, in die Natur!"[97]

Als Beispiel für so eine Haltung der Figuren kann vor allem der Roman "Die Frau in den Kissen" gelten. Die in diesem Roman dargestellten Frauenfiguren und die Tiere sind "in ihren übereinandergelegten Verweisstrukturen selbst bereits Mannigfaltigkeiten, aus heterogenen Termen in Symbiose zusammengesetzt und ständig in Verwandlung begriffen"; so wird auch das erzählende Ich in seinem bis zum Zerreißen der eigenen Gestalt getriebenen Hinneigen zu diesen Mannigfaltigkeiten ständig bearbeitet und in Spannung versetzt.[98] Das sich ständig in Transformationen befindende erzählende Ich verdeutlicht durch seine begehrte Identifikation mit dämonischen Frauenfiguren und Tiergestalten eine besondere Bewußtseins- und Existenzweise, bei der Substanz und Form nicht mehr eindeutig festzulegen sind. Dieses Ich bewegt sich zwischen Mensch- und Tierreichen, zwischen verschiedenen Zuständen und Körperformen:

"Ich nehme am schnellen Leben außerhalb nicht teil, ich blühe und welke nicht, den raschen, städtischen Atem nimmt man an mir nicht wahr. [...]
Hier sterbe und wachse ich, treibe aus an unerwarteter Stelle und erlösche an andrer, unendlich langsam, unendlich widerstandsfähig, in die Erde, nicht in das Leben vertieft, überdauernd, nichts als anwesend, schläfrig, vorhanden." (FK, 239f)

Der Signifikant "Frau" gibt - so die These Appels- in der Lektüre nicht mehr das Bild eines idealisierten identischen Selbst zurück, sondern trägt Fragmentierung und Aufsplitterung in dieses hinein.[99] In der Zeit der zunehmenden Entindividualisierung und Anonymität der menschlichen Lebenswelt, angesichts der vielfältigen Prozesse der Selbstauflösung läßt also die Autorin die von der feministischen Bewegung gestellte Frage nach weiblicher Identität an Bedeutung verlieren.

Allein im Roman "Rita Münster" lassen sich einige Parallelen zwischen der Entwicklung der Erzählerin Rita Münster und dem feministischen Prozeß weiblicher Selbstsuche feststellen, obwohl Rita Münster mit ihrer Identitätsbildung weit hinter den emanzipierten Heldinnen der programmatischen Frauenliteratur zurückstehen bleibt. Es ist der Behauptung Heusers zuzustimmen, daß der Titel des Romans "Rita Münster" auf die Erzählformen und -inhalte des Entwicklungsromans verweist, aber der Text selbst sich von diesen Erzählformen entfernt: Heuser sieht die Entwicklung der Protagonistin darin, daß diese

---
[97] Ebd., S.124.
[98] Vgl. Appel, S.109f.
[99] Vgl. Ebd., S.108.

lernen muß, "ich, Rita Münster" zu sagen, aber die Kritikerin erkennt auch die Veränderungen gegenüber der literarischen Tradition eines Entwicklungsromans, so z.B. sei die Entwicklung der Protagonistin kaum an Handlung, sondern in erster Linie an seismographisches Beobachten und Beschreiben gebunden, aus dem sich Fragen und Richtungsperspektiven ergeben.[100] Berechtigt ist Heusers Feststellung, daß die Identitätsbildung sich hier "in der Weise auf das Verhältnis von Ich und Welt, Subjekt und Objekt" bezieht, "als es um die Bestimmung eines Wahrnehmungs- und Darstellungsverhältnisses geht".[101] Es handelt sich in diesem Roman vor allem um Sehen, Wahrnehmen, Beschreiben und Erkennen der Welt, nicht zuletzt aber um das Erkennen und Anerkennen der eigenen Person. Durch die Anerkennung der inneren und äußeren Natur kommt die Erzählerin - so die These Thormählens - "erstmalig im Erleben von Wirklichkeit an, eine Befreiung aus den jeweiligen Ich-Gefängnissen wird möglich, seelische und leibliche Lebendigkeit rückt in ihre eigene Erfahrung. In der intersubjektiven Selbst-Begegnung werden die eigenen Grenzen erlebt und diese Erfahrung ermöglicht es also, den eigenen Raum wahrzunehmen und ihn zu überschreiten. Das Subjekt lernt also sich (und andere) kennen und überwindet die Selbstentfremdung, die aus seiner Abspaltung von der Welt entstanden ist."[102]

Wilhelm Genazino geht sogar so weit, den Roman "Rita Münster" als Geschichte "einer stillen Emanzipation" zu charakterisieren, weil - so seine These - Rita Münster inmitten der unverrückbaren Schicksale ihrer Freunde und Verwandten "den faszinierenden Selbstaufbau ihrer Person" betreibt und sich von anderen Menschen weder einschüchtern noch beeindrucken läßt, bis sie endlich sagen kann: "Ich bin in die Luft geschleudert worden, über alle Umstände hinaus, über Haus, Familie, Kopfschmerzen, Friedhöfe und Jahreszeiten hinaus!" (RM, 183).[103] An dieser Stelle muß jedoch betont werden, daß zur Emanzipation nicht nur die Sich-Befreiung von anderen Menschen, sondern auch das Einverständnis mit sich selbst gehört, das Rita Münster erst durch die

---

[100] Vgl. Heuser, S.359. Ursula Renate Riedner hebt auch weitere Aspekte hervor, die beweisen sollen, daß dieser Roman - anders als der Titel "Rita Münster" erwarten ließe - kaum als weibliche Variante eines Entwicklungsromans im traditionellen Sinne der Gattung gelesen werden kann; die Kritikerin begründet dies wie folgt: "Auf lebensgeschichtliche Details einer weiblichen Biographie ist fast vollständig verzichtet, ebenso wie auf die Entwicklung einer kohärenten Fabel, die sich vom Leser im schlüssigen Zusammenspiel zeitlicher und kausaler Bezüge umstandslos zu einem stimmigen Ganzen, zur Illusion einer sinnvollen und sinnstiftenden Ordnung der Welt zusammenfügen ließe." (Riedner, Ursula Renate: "Rita Münster": Erzählen im Spannungsfeld von Kontinuität und Augenblick. In: Die Sichtbarkeit der Dinge. Über Brigitte Kronauer. Hrsg. von Heinz Schafroth. Stuttgart 1998, S.54).
[101] Heuser, S.359.
[102] Thormählen, S.387.
[103] Vgl. Genazino, Wilhelm: Brigitte Kronauer. In: Neues Handbuch der deutschen Gegenwartsliteratur seit 1945. Hrsg. von Dietz-Rüdiger Moser. München 1990, S.392.

Liebeserfahrung vorübergehend zu gewinnen und dann wieder allmählich zu verlieren scheint. Die von Genazino vorgeführten Worte der Erzählerin und ihre Ekstase beziehen sich vor allem auf die Person des Geliebten, deswegen kann die 'Befreiung' Rita Münsters keineswegs als 'Emanzipation' im feministischen Sinne des Wortes begriffen werden. Genazino selbst betont einen klaren Unterschied zwischen dem feministischen und Kronauerschen Verständnis von Emanzipation: "Die Emanzipationsprozesse, die Brigitte Kronauer in ihren ersten beiden Büchern wie auch hier im Auge hat, sind nie von Auftritten oder Trommelwirbeln begleitet; sie bewegen sich in den Tiefen des Gemüts und in der Verstecktheit des Fühlens."[104]

Die in anderen Kapiteln meiner Arbeit bereits detailliert ausgearbeiteten Erfahrungen Rita Münsters sollen hier weiter im Hinblick auf den Prozeß der Selbstfindung und -erfindung ausdifferenziert werden. Im ersten Teil des Romans "Rita Münster" begegnet man einer Ich-Erzählerin, die sich in einem Zustand der Lähmung und Apathie befindet und mit den letzten Kräften darum kämpft, von der grauen, lebensabtötenden Realität nicht eingeholt zu werden (RM, 14). Um nicht ganz zu verstummen und sich in der monotonen Alltäglichkeit nicht aufzulösen, erzählt Rita Münster die Geschichten aus dem Leben der sie umgebenden Menschen, aber außer einzelnen Augenblickswahrnehmungen und zusammenhangslosen Erinnerungsbildern verschweigt sie weitgehend von ihrem eigenen Leben. Einmal kommt sie dazu, etwas über sich zu verraten, aber was der Leser erfährt, sind allein die zusammenhangslosen Bruchstücke ihrer Denk- und Gefühlswelt:

"Nun aber ich selbst. Nachts halte ich mich manchmal rechts und links vom Körper am Laken fest als letzte Rettung und sage mir Namen auf, die meiner besten Freunde, auch Buchtitel. Vergangenheit und Gegenwart sehe ich als gewaltigen, unterschiedlich dichten Block, davor eine schaumige Masse: die Zukunft, die Zentimeter für Zentimeter erstarrt und sich verfestigt, bis sie Vergangenheit wird. Wenn ich sterbe, falle ich von den letzten, versteinerten Schaumgebilden hinunter in das Flüssige, das mich auflöst zu seinesgleichen. [...]. Ein Zurückweichen des Lebens, der Welt. Alles existierte ohne mein Zutun, ohne Gemeinschaft mit mir zu haben oder anzustreben, es sah alles in andere Richtung von seinem Entstehen an. " (RM, 72f)

Erst durch die Liebeserfahrung gelingt es Rita Münster, für eine kurze Zeit mit sich identisch zu werden: "Ich war etwas sehr Festes und genau Umrissenes, nicht einzubiegen." (RM, 167). Liebe verleiht ihrer eigenen Person einen Haltepunkt und ein Zentrum: "Durch meine neue Empfindung erhält das in meiner Gegenwart versammelte Leben ebenso ein Zentrum, eine Verdichtung, ein Auge." (RM, 167). Die Liebeserfahrung macht die junge Frau von allen Geschehnissen und "kleinen Schicksalen" ihrer Umgebung unabhängig und allein auf ihre Seele- und Körpersignale fixiert (RM, 176). Die Erzählerin selbst

---

[104] Ebd.

beginnt, sich als eine vollständige Person zu fühlen, und hat den Eindruck, "nicht mehr, wie noch vor kurzem, partikelweise verteilt und eingemeindet in den Fluß, die Uferwiesen, darüber zu sein, zersplittert in alle Spiegelungen und Windbewegungen, sondern zurückgekehrt in eine einzige Person, Rita Münster" (RM, 170).

Es läßt sich nicht übersehen, daß im zweiten Teil des Romans die Erzählerin vorübergehend durch eine Liebeserfahrung in die Nähe ihres eigenen Selbst rückt, aber die Frage nach dem Platz der Erzählerin im Leben und nach ihrem Verhältnis zur Gesellschaft, also die zentrale Frage des traditionellen und vor allem des feministischen Entwicklungsromans, bleibt in "Rita Münster" unbeantwortet. Aus der gemeinsamen Zeit mit dem Geliebten kehrt Rita Münster in die Alltäglichkeit eines Lebens zurück, "mit dem sie nicht mehr identisch werden kann, dessen sich wiederholende Abläufe sie nicht mehr mit Sinn und Bedeutung füllen kann".[105] Wieder entsteht für die Erzählerin das Gefühl, daß sie sich, "ohne ausdrückliche Richtung, in einer klimpernden Materie rollte, ohne Ziel und Standpunkt." (RM, 189). Auch der Mut, mit dem sich die Erzählerin in der Erwartung der Liebe sich selbst und der Welt zugewandt hat, scheint nach der Trennung von dem Geliebten immer schwächer zu werden: "Ich wußte nicht, wohin mit der aufsteigenden Ängstlichkeit" (RM, 194), heißt es im Text. Vor dem Liebesereignis berichtete Rita Münster, daß sie sich "nicht mehr, wie noch vor kurzem, partikelweise verteilt" fühlte (RM, 170), aber danach empfindet sie wieder die Auflösung ihrer Person und der so mühevoll erlangten Individualität:

> "Ich lag auf dem Laken, unter dem Oberbett, und wurde aufgelöst in kleine Teile. [...]. Ich hatte mich nicht als Mensch empfunden, nur als bewegte Masse ohne Ordnung. Es war nicht mein Name, meine Individualität gewesen, die diese Ansammlung von Zellen beherrschte, und möglich war, falls ich wieder aus dem unberechenbaren Geschüttel zu mir käme, daß Stücke von mir verlorengegangen oder ausgetauscht blieben mit solchen des Zimmers, der Möbel oder den Ausdünstungen jenes fremden Bettes, in dem ich die Nächte vorher geschlafen hatte, ich also: plötzlich verwachsen nach diesen Enthäutung mit etwas anderem, das aus Stoff, Holz, Stein, Pappe sein konnte." (RM, 198f)

Die Erzählerin, die von "einer großen Müdigkeit", "Schwäche und Kleinmut" (RM, 202) überfallen ist, die nichts als "eine Lustlosigkeit, eine Griesgrämmigkeit" (RM, 204) empfindet und die sich so fühlt, als hätte man ihr "die Eingeweide entnommen und übrigblieb diese Hohlheit" (RM, 200), ist keineswegs den Heldinnen des tradierten Entwicklungsromans, geschweige schon den Heldinnen der feministischen Literatur ähnlich, die ihren Prozeß der Selbstfindung erfolgreich abschließen und als selbstbewußte Persönlichkeiten hervortreten. Die Erzählerin im Roman Kronauers erkennt letztendlich weder sich selbst noch ihre Bestimmung in der Welt: Sie macht einfach alles mit (RM,

---

[105] Riedner, S.66.

207). Alle vertrauten "Dimensionen" verlieren an Haltbarkeit, deswegen entwirft die Erzählerin ein metaphorisches Bild der weitgehenden Selbstentfremdung: "Ich war eine hilflose Fläche in der viereckigen Küche, ich war vielleicht die viereckige Küche und nichts anderes mehr, entfernt aus mir selbst." (RM, 208). Auch wenn die Erzählerin gegen Ende des Romans "ein verborgenes Goldklümpchen" (RM, 266) als Herausforderung zum Lebenskampf und als Zeichen der Hoffnung erblickt, bricht die Geschichte Rita Münsters ab, ohne die Möglichkeit einer konkreten Veränderung ihrer Lebenssituation sichtbar zu machen.

Im Hinblick auf den gesamten Roman erscheint Rita Münster als eine Figur, die sich selbst und ihr ganzes Leben als doppeldeutig und zerbrochen erfährt. Im ersten Teil widmet sie sich so stark dem Leben anderer, daß sie sich selbst beinahe verliert. Im zweiten Teil des Romans nennt sie ihren Namen und wird vorübergehend mit sich identisch, aber im dritten Teil begegnet man wieder einer ausschließlich als Ich-Erzählerin apostrophierten Figur. Naheliegend ist deswegen die Annahme, daß die Erzählerin mit der Bewegung von ihrer Liebesgeschichte weg auch ihre neu gebildete Identität langsam verliert. Es ist der Kritikerin Thormählen zuzustimmen, daß das von Rita Münster entdeckte "Goldklümpchen" für seelische Lebendigkeit steht, aber es bedeutet noch weitgehend nicht, daß Rita Münster bereits bei sich angekommen ist, wie es die Kritikerin weiter behauptet.[106] Obwohl Kronauer ein Hoffnungszeichen "Goldklümpchen" in die Reflexionen Rita Münsters einführt, verzichtet sie auf die Schilderung der Ergebnisse des Selbstfindungsprozesses und läßt ihre Erzählerin gegen Ende des Romans als eine genauso gespaltene und Orientierung verlorene Person wie im ersten Teil auftreten. Die Erkenntnisse der Erzählerin in Rom verweisen auf die weitere Suche nach Lebenszusammenhängen und unter anderem auf die Auflösung der 'personalen' Identität bzw. des "persönliche[n] Schicksal[s]" (RM, 272). Aus dem Figurenkonzept der Autorin, nach dem sie die Erzählerin Rita Münster konzipiert hat, kann man deswegen negative Schlüsse für die Möglichkeit ziehen, eine selbstsichere und selbstbewußte Frauengestalt zu präsentieren.

Die Erzählerin Rita Münster übernimmt an mehreren Stellen, vor allem aber im zweiten Teil des Romans, die Rolle einer Zentralgestalt und kann deswegen als eine der wenigen Protagonistinnen im Werk Kronauers gelten. In dem Sinne ist sie ein Ausnahmefall, denn im Hinblick auf die Kronauersche Prosa kann man selten von Protagonisten bzw. Protagonistinnen im traditionellen Sinne sprechen. Im Roman "Die Frau in den Kissen" erscheint z.B. als eigentliche Protagonistin "ein anonymes, ständig zwischen schläfrigen und überwachten Bewußtseinszuständen schwankendes, leidenschaftliches *Ich,* das nur als eigentümlich in der Leere verankerter, allgegenwärtig-präsenter Stand- und Blickpunkt, als Stimme im Erzählfluß auszumachen ist und in ablässiger Rede,

---

[106] Vgl. Thormählen, S.386.

dösend schweifendem Imaginieren den Wortlaut des Romans entwirft".[107] Diese Erzählerin kann aber auch nur unter Umständen als Protagonistin gelten: Sogar sie ist, ausgeliefert ihren drängenden Wahrnehmungen und schweifenden Träumen, keine Heldin, sondern ein Medium.[108] Diese gesichtslose Schläferin, eine leidenschaftliche Zoobesucherin vergegenwärtigt im inneren Monolog zahlreiche Erinnerungsfragmente und Bilder, so z.b. malt sie beim Kaffeetrinken im Zoocafé ein Bild zur tragikomischen Liebesgeschichte einer genauso konturlosen, mystisch wirkenden florentinischen Gräfin aus. Mehr Personenzüge besitzt die titelgebende "Frau in den Kissen"; diese Alte ist aber auch nur eine einsame, langsam aus dem Leben verschwindende Frau, die alleine Kontakte mit ihrer Katze und ihrem Fernsehgerät hat. Heinrich Vormweg hat deswegen die im Erzählfluß des Romans "Die Frau in den Kissen" vorkommenden Figuren, die aufgrund ihrer Konturlosigkeit keineswegs als Heldinnen bezeichnet werden können, folgendermaßen charakterisiert:

> "In der Tat ist, von ein paar schemenhaft vorbeihuschenden Figuren ganz abgesehen, sogar die titelgebende Frau in den Kissen, eine vereinsamte, schon erstarrende, nur noch vom Kontakt mit ihrer Katze und ihrem Fernsehgerät belebte Alte, ganz gewiß keine handelnde, irgendetwas bewegende Figur; sie hat ihre Hoffnungen und Enttäuschungen längst hinter sich, sie lebt nur noch ganz wenig. Und eine sogenannte "Gräfin", deren bizarre, ihrem frühen, gewollten Ende zutreibende Existenz immerhin ein ganzes, das zweite, Kapitel des Buches ausmalt, repräsentiert kaum anderes als eine bodenlose Lebensmöglichkeit, die sie ebenfalls, attraktiv zwar und prätentiös, erschöpft hat. Namenlos wie die Erzählerin selbst, wie die Gräfin lebensecht und kunstvoll ausgearbeitete Handpuppen, die zuletzt ihre Existenz im Roman auch uns einer Spiegelung in der Vorstellung der Erzählerin verdanken."[109]

Das weibliche Individuum löst sich in den Texten Kronauers auf, aber diese (meistens nur eine imaginäre) Auflösung ist nicht mit dem Untergang der Frau in den patriarchalischen Gesellschaftsverhältnissen zu verwechseln, der von der feministischen Literatur immer wieder thematisiert wird. Mit Recht hat Sibylle Cramer darauf hingewiesen, daß Brigitte Kronauer - anders als z.B. Ingeborg Bachmann - nicht den Untergang des (weiblichen) Subjekts im Geschlechterkampf beschreibt: In ihren Romanen "Rita Münster" oder "Die Frau in den Kissen" schildert die Autorin Cramer zufolge nicht das stotternde, spastische, grimassierende Verschwinden des weiblichen Subjekts im männlich bestimmten, psychoanalytischen Diskurs über die weibliche Person (vgl. Bachmanns "Franzafragment") oder die Auflösung seiner Grenzen und Aufspaltung in männliche und weibliche Anteile (vgl. Bachmanns "Malina").[110]

---

[107] Appel, S.80f.
[108] Vgl. Vormweg, S.73.
[109] Ebd.
[110] Vgl. Cramer: Es gibt eine zarte Empirie, S.19.

Kronauer erzählt vom Ende eines (weiblichen) Subjekts, das mit seiner eigenen Geschichte den Text beherrschte (im Gegensatz zu feministischen Texten, in denen die (Leidens)Geschichte einer Frau im Mittelpunkt steht, z.B. im Roman „Wie kommt das Salz ins Meer" von Schwaiger). Cramer vertritt unter anderem den Gedanken, daß der Tod solch eines Subjekts nicht seinen Untergang, sondern vielmehr einen Verwandlungsvorhang bedeutet: Eine Auferstehung finde statt in Gestalt eines Bewußtseins, das sich nicht mehr über die Wirklichkeit stellt; es finde ein Dialog zwischen einem seinen Einzelstandort behauptenden Bewußtsein mit einer heterogenen Welt statt.[111] Im Gegensatz zu feministischen Texten (als extremes Beispiel der Konzentration auf das weibliche Subjekt und 'weibliche' Wahrheit kann hier das Buch "Häutungen" von Stefan vorgeführt werden) strebt also das (weibliche) Subjekt Kronauers nach einem kompromissvollen Dialog mit der Welt; dabei sucht es keineswegs, die eigenen Erfahrungen oder Erkenntnisse ins Zentrum der Betrachtung zu rücken. Kronauers Figuren erleben ihre 'Geschichten' fast beiläufig, in den Kulissen der Erzählung, wobei das eigentliche Interesse der Wahrnehmung der umgebenden Welt gilt.[112] Kronauer führt also den Akt der Überschreitung des eigenen Ichs vor. Zwei Frauengestalten - Rita Münster und die Erzählerin in "Die Frau in den Kissen" - verdeutlichen die besondere Anwesenheit der Kronauerschen Gestalten im Text, die von der Autorin als "eine Mischung aus rasender Erfassung der Außenwelt unter Preisgabe des Ich einerseits und andererseits als seine Selbstbehauptung"[113] konzipiert werden.

Im Gegensatz zu feministischen Heldinnen, die um die Emanzipation und Selbstbefreiung aus den gesellschaftlichen Konformzwängen kämpfen (z.B. die Heldinnen in den Romanen Schröders, Reinigs oder Schwaigers), sind die Frauengestalten Kronauers weitgehend ungebunden und stehen für sich allein. Deswegen leiden in den Texten Kronauers die selbstgespaltenen Frauenfiguren - ähnlich wie in der Prosa Gabriele Wohmanns, anders aber als in den Texten der oben genannten feministischen Autorinnen - vor allem an sich selbst, nicht an ihrer Umwelt. Über den Roman "Frau in den Kissen" schreibt Appel:

> "Radikale Selbstspaltung, unaufhörliche Trennung in Subjekt- und Objektpräsentationen, ein unentwegtes Verkennen, das Leiden an sich selbst, die unendliche Verdoppelung der Selbstbestimmung und -reflexion, absolute Bewußtlosigkeit und das Hineintrudeln in endlose Leere sind zentrale Themen und Motive des Textes."[114]

In diesem Roman sind alle Frauenfiguren ganz weit von der Welt des Materiellen bzw. Nützlichen entfernt; sie haben sich dem gesellschaftlichen

---

[111] Vgl. Ebd.
[112] Vgl. Ebd.
[113] Ebd., S.20.
[114] Appel, S.78.

Leben völlig entzogen. Die Geschichte der als Kunstfigur apostrophierten Gräfin und die der alten, resignierten Frau in den Kissen stellen zwei Einsamkeitsformen dar, "in denen die eine von den Menschen, die andere von den Weltereignissen abrückt", denn beide kommen zu der Einsicht, "daß der Höhepunkt ihres Lebens, eine große Liebe, nicht (auch nicht reflektierend) wiederherstellbar ist".[115] Von dem Leben der Gräfin nach dem Tod des geliebten Mannes heißt es: "Die Einsamkeit umschloß sie als sichere, keineswegs eisige, vielmehr geschmeidige, im Schutz einer Chamäleonfertigkeit existierende Provinz." (FK, 99). Auch die alte Frau wohnt einsam in einem ärmlichen Haus und verläßt ihre Wohnung so selten wie möglich; am Leben wird sie allein durch die Beziehung zu ihrer Katze und durch die Katastrophenmeldungen des Fernsehens zurückgehalten: "Kein Wunder, daß sie kaum noch Bekanntschaften macht, kein Wunder ist die Einsamkeit." (FK, 233). Diese alte Frau verkörpert die tiefgehende Ruhe, so daß die Einsamkeit in diesem Fall als eine vor dem gewaltigen Ansturm von Eindrücken, Nachrichten und gesellschaftlichen Konflikten rettende Existenzform erscheint.

Die Erzählerin selbst empfindet ihre eigene Einsamkeit als etwas durchaus Schmerzliches: "die jungen Familien auf den Straßen, verbissen und aussichtslos konzentriert auf ein rechtmäßiges Glück, schräg ankämpfend gegen die von allen Seiten anrückende Finsternis. Ich wehrlos zwischen den Zimmerwänden ankämpfend, sinnlos ankämpfender Teich gegen die Spiegelbilder der Welt." (FK, 290). Kronauer führt hier ein anonymes einsames Ich vor, das die endlose Leere durch (Selbst)Sprechen zu überwinden versucht. "Ansteckende Einsamkeit, man merkt es zu spät. Ansteckende Todesangst, nein, Überfall einer fremden Todesangst, finsteres Aufrichten einer Furcht vor dem Untergang, dem Untergang in die Schwärze" (FK, 44; 268), bekennt die Erzählerin. Wie im Kapitel 2.4. dargelegt, leiden die Heldinnen der 90er Jahre im Unterschied zu den Heldinnen aus der Aufschwungzeit der feministischen Literatur nicht mehr unter den familiären Bindungen und Verpflichtungen, sondern vor allem unter ihrer Einsamkeit. Exemplarisch heißt es bei Kronauer: "Die einsamen Frauen, der überspringende, schmerzhafte Blick [...], die Ängstlichkeit der in den vier Wänden intim Gewordenen, sinnlos spazierengegangen, gestemmt einmal täglich in die schneidende Außenluft." (FK, 17).

Ähnlich wie die Erzählerin in "Die Frau in den Kissen" versucht auch Rita Münster, das drohende Verstummen und die Einsamkeit durch das Erzählen zu überwinden: Sie ist frei von allen beruflichen und familiären Verpflichtungen (außer der Sorge um ihren Vater) und deswegen kann sich treiben lassen, sich ganz dem Erleben ihrer Umwelt hingeben, aber sie weiß nicht, wie sie mit so viel Freiheit umgehen muß, und fühlt sich in der Monotonie des Alltags verfangen. Im Gegensatz zur programmatischen Frauenliteratur geht es hier nicht um das patriarchalische Gefängnis, in dem ein weibliches Individuum für die Selbstbefreiung kämpft, sondern um ein existenzielles Ich-Gefängnis, das

---

[115] Ullrich: Utopie und ihre Verwirklichung, S.30.

das Ausbrechen aus einem konventionalisierten Selbstumgang und die Möglichkeit einer gelungenen Begegnung mit der Wirklichkeit verhindert. In Kronauers Texten ist deswegen immer der Wunsch nach der Herstellung von Zusammenhängen zwischen eigenem Ich und den übrigen Erscheinungen der Welt präsent: Es geht hier nicht um die individuelle Befreiung von unerwünschten Bindungen (vgl. den feministischen Kampf um die weibliche Selbstbefreiung), sondern um das Bemühen um die Herstellung von Relationen.

Die Herstellung von Relationen erweist sich aber im Werk Kronauers auf allen Ebenen als problematisch: Nicht nur die Beziehungen der Figuren zueinander, sondern auch die Verhältnisse zwischen verschiedenen Textteilen lassen sich schwer bestimmen. Das Erzählgeschehen wird in diesen Texten durchaus fragmentarisch dargeboten: Wie Mosaiksteine werden mythische, mystische, philosophische, sprachtheoretische, literarische und ganz alltägliche Elemente aneinander gereiht, wobei die Handlung auf das Minimum reduziert wird. "Aus einem Gemisch von versprengten Alltagsszenen, fragmentierten Kürzestgeschichten aus Film, Funk und Fernsehen, sinnlichen Anschauungen, Reflexionen und Phantasmen entsteht vor dem inneren Auge des Lesers/der Leserin ein diffuser Wahrnehmungsteppich von Welt", schreibt Appel.[116] Im Vergleich zu den feministischen Textstrategien, die die Entwicklungsprozesse der Heldinnen sichtbar machen müssen, fehlt in den meisten Texten Kronauers jeglicher epischer Faden und das Erzählgeschehen entwickelt sich gegen Null. So beschränken sich die Handlungsschritte der namenlosen Erzählerin in "Die Frau in den Kissen" auf die Erlebnisse eines Tages: Den Vormittag verbringt sie im Elefantenhaus eines Zoos, mittags trinkt sie Kaffe im Zoocafé, am Nachmittag besucht sie Tiergehege, am Abend eine alte Frau in deren Wohnung, bei der sie die Nacht verbringt, und am nächsten Morgen blickt sie vom Dachgeschoß des Hauses über die Dächer der Stadt.

Ähnlich wie in den Texten Wohmanns, aber in einem noch weitergehenden Maße, sind die (Frauen)Figuren Kronauers in einen tatsächlichen oder einen imaginären Schlaf versunken, so daß im Laufe des Erzählens nichts geschehen und nichts sich ändern kann. Alle Texte Kronauers und die in ihnen lebenden Menschen sind von so großer Müdigkeit angesteckt, daß in dieser Welt Kämpfe, Auseinandersetzungen, Veränderungen gar nicht in Frage kommen können (die Müdigkeit hat hier dieselbe handlungsverhindernde Funktion wie das übertriebene Festhalten an Konventionen in den Texten Wohmanns). Diese Müdigkeit wird besonders stark im Roman "Die Frau in den Kissen" spürbar gemacht[117]:

---

[116] Appel, S.80f.

[117] Peter von Matt hat darauf hingewiesen, daß sogar der Titel des Romans - "Die Frau in den Kissen" - nichts anderes meint als eine Lectomanie, eine luxuriöse Bettsucht, in der das dösende Ich grandios willkürlich die ganze Welt um sich herum arrangiert und - bald fliegend, bald sinkend - den hohen Himmel und die tiefen Meere ausmißt (vgl. Matt, Peter

Hier döst die Erzählerin im Zoo vor sich hin, die florentinische Gräfin gibt sich dem Tagträumen hin und die alte Frau - "ein Denkmal der Müdigkeit, eine neue Variante des Verdämmerns"[118] - schläft in ihrer Einsamkeit ein. Die Erzählerin drückt diese Schläfrigkeit durch den Vergleich ihrer eigenen Person mit einem Faultier aus (FK, 201; 240).[119] Berechtigt ist die Feststellung von Radisch, daß der Roman "Die Frau in den Kissen" selbst müde ist: "Er ist sogar zu müde, um über die Müdigkeit zu sprechen. Er behauptet nichts und hat nichts vorzuzeigen".[120]

Auch in "Rita Münster" berichtet die Erzählerin von vielen sie umgebenden Menschen, von einem "Haufen Leute ohne Profil"[121] und resümiert folgendes: "Nein, sie interessieren mich alle nicht, aber sie ähneln sich in ihrer Stauung" (RM, 22). Allen fehlt die Entschiedenheit, sich von dieser "Stauung", d.h. von einem Zustand der Bewußtlosigkeit, zu befreien: "Wie sie offensichtlich in ihren Startlöchern lauern, jemand muß nur noch den Schuß abgeben. Was sie brauchen, ist eine Forderung mehr als Liebe, die ihnen ein Äußerstes abverlangt, und sei es unter Empörung und Schmerz. Nur herrscht kein Bedarf." (RM, 97). Die Wirklichkeit fordert diese Menschen nicht auf - "als gäbe es keine Widerstände mehr in der Welt" (RM, 118) -, und im Hinblick auf die Leute aus ihrem Bekannten- und Verwandtenkreis kann die Erzählerin nur "ein undeutliches Drängen zu Handlungen" (RM, 31) konstatieren. Es handelt sich hier um die Menschen, die sich mutlos und entscheidungsunfähig in ihrem Leben eingerichtet haben, die von sich aus nicht "blitzen und blinken" (RM, 114).

Werner Jung bezeichnet die Romanwelt Kronauers als einen abgelichteten Alltag, "ohne Dynamik, Entwicklung und Progression": "Geschichte ist darin stillgestellt, eingefroren. Es gibt dies und das, Bilder und Bildserien, Assoziationsketten, ein Denken in Bildern nicht zuletzt. Doch handelt es sich immer um einzelne Einstellungen, nie um Bewegungen", so Jung.[122] Beweglich ist allein die Phantasie, aber die Figuren selbst bleiben schläfrig und erstarrt. Vor

---

von: Luxuriöse Bettsucht. Rez. zu "Die Frau in den Kissen". In: Frankfurter Allgemeine Zeitung (13. November 1990), Literaturbeilage, S.11).

[118] Radisch, S.1.

[119] "Im Wappen dieser Erzählerin hängt prachtvoll und pathetisch das Faultier. Das ist keine kokette Metapher. Die besten Seiten des Buches, die Seiten 215 bis 219 [Originalausgabe des Klett- Cotta Verlags, 1990], die allein schon den Kauf lohnen und vielen ärger wettmachen, sind tatsächlich dem Faultier gewidmet, seinem anderen Dasein, seiner anderen Zeit und, grandios dann in der Steigerung, seinem Untergang bei der Zerstörung der Tropenwälder, in denen es seit Ewigkeiten gehangen hat und sich gelegentlich ein wenig bewegte", schreibt in seiner Rezension Peter von Matt (Matt, S.11).

[120] Radisch, S.1.

[121] Ullrich: Utopie und ihre Verwirklichung, S.26.

[122] Jung, Werner: Alltag - die Kulisse für das ordentliche Voranleben. Anmerkungen zu Brigitte Kronauers Prosa. In: Brigitte Kronauer. Text+ Kritik, 112. Hrsg. von Heinz Ludwig Arnold. München 1991, S.47.

allem die Erzähler und Erzählerinnen erscheinen als ständige Betrachter ihrer selbst und des ablaufenden Lebens (z.b. Rita Münster, die namenlose Erzählerin in "Die Frau in den Kissen"), die weitgehend reflexiv, aber zugleich auch antriebsgehemmt und apathisch sind. Der als Finale erfahrene Augenblick der Existenzerhellung (als Beispiel für so einen Augenblick könnte hier die panoramische Zusammenschau ihres Lebensraums seitens der Erzählerin und ihr Blick über die Großstadt in "Die Frau in den Kissen" genannt werden) kann jedoch schwer als Ausbruch aus der Stagnation und aus dem bewegungslosen Strecken aufgefaßt werden, wie dies Werner Jung behauptet[123], weil aus dieser Erfahrung faktisch keine Veränderung folgen kann. Als stets wiederkehrende Motive und Figuren gelten in Kronauers Prosa Ruhephantasien (z.b. im Bett), Entspannung, Müdigkeit, schläfrige Katzen, alte Frauen etc. Im Gegensatz zu aktiv bestimmten feministischen Heldinnen können die Frauenfiguren Kronauers (nicht nur die älteren, sondern auch die jüngeren, wie z.B. Rita Münster) keine Taten und keine Prinzipien vorweisen.

Die Texte Kronauers, vor allem natürlich ihre Romane, entziehen sich dem feministischen Literaturprogramm auch durch die Breite des Blickwinkels. Bereits der Anfang des Romans "Die Frau in den Kissen" macht sichtbar, daß der Blickwinkel der Erzählerin sich keineswegs auf menschliche, individuelle, geschweige schon eine weibliche Problematik beschränken wird: "Ein gnädig kurzer Rosenkranz" (FK, 5), mit dem der Monolog der Erzählerin beginnt und mit dessen Hilfe die Entfernung "vom Bettrand bis ins Unendliche oder gleich Beendete" (FK, 12) überwunden werden soll, deutet indirekt das zentrale Thema des Romans an und verweist auf die ungeahnten Maßstäbe des Interesse- und Blickspektrums der weiblichen Erzählinstanz:

> "Im Elefantenhaus, wo man auch am hellen Vormittag nur döst und dämmert, fallen mir wieder die fünf Zeilen von gestern abend ein und nicht nur die. Fünf Zeilen vor dem Einschlafen, die man spielend lernen kann:
> Troposphäre
> Stratosphäre
> Jonosphäre
> Exosphäre
> Interplanetares Medium." (FK, 5)

Der ganzen Erde, ja sogar den verschiedenen Schichten der Erdatmosphäre und dem interstellaren Raum gilt das Interesse der Erzählerin. Zutreffend bezeichnen die Kritiker/innen diesen Roman als einen "erotischen Universalakt" (wie Sybille Cramer es formuliert hat), als einen unerhörten "Griff nach dem Ganzen" (Ilma Rakusa).[124] Indem die Erzählerin die Bilder von der Ausrottung bedrohter

---

[123] Vgl. Ebd., S.52.
[124] Rakusa, Ilma: Materialekstase. Brigitte Kronauers Roman "Die Frau in den Kissen". In: Die Sichtbarkeit der Dinge. Über Brigitte Kronauer. Hrsg. von Heinz Schafroth. Stuttgart

Tiere, von blutigen und brutalen Tierversuchen und -transports (FK, 210), von Rodungen riesiger Urwaldflächen (FK, 202) vor den Augen der Leser/innen führt, spricht sie indirekt den Wunsch des modernen Menschen nach der technischen Weltaneignung und nach der Bemächtigung des ganzen Planeten an. Während Feministinnen das Problem der geschlechtlich bedingten Herrschaft auf der gesellschaftlichen Ebene, vor allem aber den Herrschaftsanspruch des Mannes über die Frau, betonen, wird bei Kronauer der Herrschaftsanspruch des Menschen analog zu Adorno und Horkheimer ("Dialektik der Aufklärung", 1947) in einem viel weiteren Sinne diskutiert: "auf der Ebene der Herrschaft des Subjekts über die äußere Natur, auf der über die innere Natur und auf der gesellschaftlichen Ebene."[125] Bei Kronauer erscheint die patriarchale Herrschaft - verstanden aber als begriffliches Denken im Sinne der Aufklärung, als Identitätslogik, als Streben nach einer logischen Ordnung - als wesentliche Ursache für die Trennung des Subjekts von der Welt, der Wirklichkeit und für die damit einhergehende Selbstentfremdung.[126] So leiden alle Figuren Kronauers (z.B. Rita Münster, die florentinische Gräfin, die Ich-Erzählerin in "Die Frau in den Kissen") unter dem Gefühl, getrennt von der Welt, d.h. "von allem Vertrauten abgetrennt" (RM, 163), zu sein (dies gilt aber keineswegs nur für weibliche Figuren; Matthias Roth, der Protagonist im Roman "Berittener Bogenschütze", ist von diesem Problem in noch stärkerem Maße als die Frauenfiguren in den zwei besprochenen Texten der Romantrilogie betroffen). Das, was von Ruth Wagener in "Rita Münster" gesagt wird ("Sie befand sich plötzlich in einer Welt ohne Widerhall" (RM, 121)), gilt auch für die meisten Haupt- und Nebenfiguren in diesem Roman sowie im Roman "Die Frau in den Kissen".

Im Hinblick auf die apokalyptisch wirkenden Bildfolgen erscheinen die von der feministischen Bewegung betonten geschlechtsspezifischen Probleme nur als ein kleiner Teil der Probleme, von denen die ganze Menschheit bedroht ist. Die feministische Perspektive wird ersetzt durch den Blick auf alle umgebenden Menschen (Zoobesucher, Obdachlose, Arme, Ausländer), vor allem aber auf alte und junge Unglücksmenschen beider Geschlechter, auf Tiere und Naturkatastrophen (z.B. das Erdbeben in Khartoum: "Zwanzigtausend Menschen getötet, erwürgt von ätzendem Morast aus Wasser und Geröll" (FK, 24)).[127] Was

---

1998, S.134. Den Kronauerschen Grandiositätswahn, der diesem Romanunternehmen zugrunde liegt, erörtert die Kritikerin wie folgt: "Denn es geht darin um nichts weniger als um die Zusammenschau von Innen- und Außenwelt, von Mikrokosmos und Makrokosmos, von Oberfläche und Grund, von Glanz und Geheimnis, von Normalität und Verzückung, von Kontur und Entgrenzung, von Nüchternheit und Rausch, von Trockenheit und "epiphanischem Feuer", von Horizontale und Vertikale, von Konkretion und Abstraktion, von Sinnlichkeit und Konjektur, von Detail und Fülle, von Augenblick und Ewigkeit." (Ebd.).

[125] Thormählen, S.382.

[126] Vgl. Ebd.

[127] Das, was Regula Venske über "Das Verschwinden des Mannes in der weiblichen Schreibmaschine" sagt, kann in diesem Fall auf den Feminismus selbst bezogen werden; die

für die Autorin Kronauer gilt, ist weniger "das Individuelle eines Schicksals", sondern vielmehr "das Allgemeine einer Summe" (FK, 39). Wenn die Erzählerin in "Die Frau in den Kissen" die moderne Lebenswelt beobachtet, gilt ihr Augenmerk "dem Dysfunktionalen, Menschen, die aus der Reihe tanzen, die den Belastungen der Moderne nicht mehr gewachsen sind".[128] So bleibt z.B. der Blick der Erzählerin nicht nur an der plötzlich tot auf der Straße zusammengebrochenen alten Frau, sondern auch an allen sich auf den Straßen befindenden "Nichtseßhaften" hängen:

"Die eisengrauen, über die Bordsteinkante gerutschten Haare, Brille auf den Gläsern stehend mit aufragenden Bügeln, Gesicht auf den Steinen zur Seite gedreht, Farbe von Kartoffelschalen, der alte, den Körper mit Mühe zu einer gedrungenen Säule formende, braune Mantel, die Beine in undurchsichtigen Strümpfen, wie gebrochen und nebeneinandergeworfen. Da liegt die Frau am Vormittag, Autos schnell daran vorbei, die Fußgänger halten an. [...]. Auch nach zehn Tagen kein Hinweis durch Anfrage, kein Fehlen, kein Vermissen, der Fall zu den Akten genommen, Alter und soziale Schicht erraten, der Name nicht." (FK, 16f)

"Die Obdachlosen, die nicht in den für sie vorgesehenen Heimen schlafen: manchmal abtransportiert von Polizisten irgendwohin außerhalb der Stadtgrenzen, egal, was dort mit ihnen geschieht, Abschreckungsprügel, manche Schutzleute dulden sie, manche bieten ihnen eine Zigarette an. Manchmal werden sie getötet, nicht Berufs-, nur Existenzrisiko." (FK, 15)

Die Autorin entwirft, individuell fixiert, "ein Bild des Weltganzen, in dem all die ungezählten Einzelgeschicke und -geschichten aufgehen".[129] Die Bilder der Alltagsrealität und des Traums enthalten das, was immer das Leben jedermanns - abgesehen ob Frau oder Mann - ausmacht: Das sind die Bilder des Alltags, der Städte, in denen wir leben, der vielfältigen menschlichen Stimmungen und Schwächen, die Bilder alles durchdringender Erotik und Sexualität, die Bilder des Unbegrenzten und Unendlichen.[130] Dabei liefert Kronauer allein eine abgebrochene, ideologisch neutrale Beobachtung einer banalen Umwelt, während feministische Autorinnen (Stefan, Reinig, Schröder, Struck u.a.) ihre Aufmerksamkeit auf die konkrete Kritik an der Gesellschaft konzentrieren.

Was die Wirklichkeit ist, wird in Kronauers Prosa nicht gesagt, "ist wohl auch nur mit poetischen Bildern zu umschreiben, wenn es um Literatur im engen

---

umformulierten Worte Venskes würden dann heißen: "Das Verschwinden von feministischen Ideen [im Original "Das Verschwinden des Mannes"] kann auf höchst unterschiedliche Arten und Weisen geschehen. Eine der wirkungsvollsten unter ihnen ist wohl, sich anderen Themen zuzuwenden." (Vgl. Venske, S.158).

[128] Schneider, S.144f.
[129] Vormweg, S.73.
[130] Vgl. Ebd.

Sinn, also nicht um Lebenshilfe oder praktische Entwürfe, geht"[131], wie z.B. in der programmatischen Frauenliteratur. Es handelt sich hier vor allem um Formen und Prinzipien der Wahrnehmung, keineswegs aber um die Versuche, das Wahrgenommene in eine vermeintlich natürliche Ordnung zu bringen. Anders als bei dem feministischen Literaturprogramm besteht die Aufgabe der Schriftstellerin Kronauer keineswegs darin, "das Wirklichkeitsmaterial wiederzuerkennen, also die Wirklichkeit beschreibend zu verdoppeln"[132]. Für die meisten Figuren bleibt die Wirklichkeit aufgesplittert in verwirrende Einzelheiten, die weder Ordnung noch Zusammenhang zeigen. Das Wirklichkeitsverständnis von Kronauer fordert die Bereitschaft, sich selbst und die Erzählfiguren in einer Welt anzuerkennen, die eine vom jeweiligen Subjekt gemachte ist, d.h. "die tiefgründige Erzeugtheit, die künstliche Verhaßtheit unserer Bilder von Wirklichkeit (von "Realität", von "Natur") zu rekognoszieren".[133] In den Romanen Kronauers geht es Thormählen zufolge darum, die individuell geschaffene Realität nicht mit Wahrheit oder Wirklichkeit zu verwechseln.[134] Dies bedeutet unter anderem, daß die Identifikation der Leser/innen (eine der wichtigsten Voraussetzungen bei der Verwirklichung des feministischen Literaturprogramms) mit dem Geschriebenen erheblich erschwert wird, denn das Geschriebene kann nicht als persönliche Wirklichkeit verinnerlicht werden.

Obwohl die Autorin alltägliche Dinge und Vorgänge zum Gegenstand ihrer Texte wählt, entsteht häufig der Eindruck, daß das Gewöhnte plötzlich "wie bei einem Umspringbild"[135] wegkippt, und eine ganz andere, neuartige Welt entsteht. Die Tatsache, daß Kronauer mit Hilfe der Sprache neue Welten schafft, unterscheidet am deutlichsten ihre Werke von den durch die feministische Bewegung modisch gewordenen, meistens literarisch nicht besonders wertvollen Erfahrungstexten.[136] Zwar bedeutet dies nicht, daß alle gewöhnten Probleme

---

[131] Ullrich: Utopie und ihre Verwirklichung, S.29.

[132] Ebd., S.32. Die Autorin behauptet jedoch, daß sie in ihre Bücher, vor allem in den Roman "Die Frau in den Kissen", sehr viel Realität hineingepackt hat: "geologische und ozeanische Realität, anekdotische und literarische Realität, die Realität der Tiere in unserer Welt und die einer alten Frau in der Großstadt - , soviel Realität also, daß ich selbst [Kronauer] beim Schreiben manchmal zitternde Knie bekommen habe" ("Der metaphysische Acker". Gerhard Moser im Gespräch mit Brigitte Kronauer, S.29).

[133] Clausen: Ein staunenswerter Fall, und Abstieg, S.442.

[134] Vgl. Thormählen, S.381.

[135] Ullrich, Gisela: Brigitte Kronauer. In: Kritisches Lexikon zur deutschsprachigen Gegenwartsliteratur. Hrsg. von Heinz Ludwig Arnold. (Edition Text und Kritik). 29.Nlg. Bd.6. München 1988, S.2.

[136] "Diese seltene Fähigkeit, mit der Sprache Wirklichkeit zu schaffen, zu erleiden, Bilder von so bestürzender und auch bezwingender Kraft zu (er)finden, daß sie Mauern des Alltags durchstoßen, eine Welt aus Worten zu fügen, unterscheidet ja den wirklichen Schriftsteller vom bloßen Wortproduzenten", schreibt Uwe Schweikert im Bezug auf das Schaffen Kronauers (Schweikert: *"Es geht aufrichtig, nämlich gekünstelt zu!"*, S.155). Mit Recht weist Schweikert darauf hin, daß in der bundesrepublikanischen literarischen Landschaft der 80er

(z.B. Umweltfragen) und soziologisch bedingten Konflikte (z.B. Arbeitslosigkeit) aus dem Blickwinkel der Autorin Kronauer völlig verschwinden, aber es steht außer Zweifel, daß die in den feministischen Kreisen akzentuierten Konflikte zwischen Geschlechtern im Werk Kronauers im Vergleich zu anderen gesellschaftlichen Problemen in viel größerem Maße beiseite gewischt werden.

Im Unterschied zur feministischen Literatur enthält sich die Prosa Kronauers jeglicher Wertungen und Moralisierungen. Ganz treffsicher und kurz gefaßt wird die Position der Autorin von Ullrich formuliert: "Brigitte Kronauer zeigt, sie wertet nicht."[137] In ihren Texten gibt es keine 'richtigen' oder 'falschen' Handlungen, sondern nur ein Nebeneinander von verschiedenen Möglichkeiten. Schweikert spricht in diesem Zusammenhang von "einer roboterhaften Neutralität, ja einer erstarrten Leere"[138]. Die auktoriale Haltung ihres Schreibens bezeichnet der Kritiker als "teilnehmende Beobachtung [...] ohne Sinndeutung und ohne moralische Unterfütterung"[139]. Die Prosa Kronauers entfernt sich auf diese Weise dem feministischen Literaturprogramm, das immer wieder die Gegensätze zwischen Männlichem und Weiblichem, Bösem und Gutem, Altem und Neuem sichtbar zu machen versucht. Daß das Böse in den Büchern Kronauers keine Chance hat und überhaupt nicht in Erscheinung tritt, hat nach der Meinung der Kritiker/innen starke Folgen:

> "Brigitte Kronauer schreibt nicht nur ideologielos, sondern auch - moralfrei. Nirgends wird hier erkennbar Partei genommen gegen falsche oder für richtige Standpunkte, Handlungen, Normen, Erwartungen. Einzelne Figuren mögen zwar diese oder jene Position vertreten. Es wird ihnen dann geduldig zugehört und zugesehen. Doch weder die Autorin läßt, außer Aufmerksamkeit, irgendeine Sympathie oder gar eine Gegenposition erkennen, noch bezieht irgendeine andere Figur Stellung. Viel wird also verlautbar, nirgends gestritten. [...]. Was am fernsten liegt, sind Konflikte, jede Art Auseinandersetzung."[140]

Die Vorgehensweise der Literaturkritik, das Werk Kronauers, "das so ideologiefrei operiert wie kaum ein anderes", "auf Muster von richtigem oder falschem Bewußtsein", "aus denen hier Satz für Satz herausgeschrieben wird", zurückzuübersetzen (gerade so verfährt häufig die feministische Literaturwissenschaft!), wäre deswegen nach der Meinung Baumgarts ganz illegitim.[141] Durch den Verzicht auf jegliche Ideologisierung oder Moralisierung, sowie durch den Wunsch, allen Streitigkeiten aus dem Wege zu weichen, kann unter

---

Jahre, in der sich "ein griesgrämig nölender Realismus" zu "Erfahrungstexten, zu Mütter & Töchter-, zu Väter & Söhne- Romanen" zusammenläppert, die Literatur Kronauers ein Ausnahme- und Glücksfall ist (vgl. Ebd.).

[137] Ullrich: Brigitte Kronauer, S.4.
[138] Schweikert: *"Es geht aufrichtig, nämlich gekünstelt zu!"*, S.157.
[139] Ebd., S.160.
[140] Baumgart, S.67.
[141] Vgl. Ebd., S.66.

anderem auch die Einzigartigkeit und Einzelgängerei dieses Werkes in der zeitgenössischen deutschen Literatur (vor allem aber in der feministischen Literatur) erklärt werden.

Das Werk Kronauers unterscheidet sich von den Werken anderer deutscher Autoren und Autorinnen auch durch einen außerordentlich hohen Reflexionsgrad. Die Kronauersche Fiktion ist so stark selbstreflexiv und autopoetischen Modellen verpflichtet, daß die gesellschaftlichen Dimensionen häufig hinter der literarischen Ästhetik des mehrdimensionalen Textgefüges verschwinden (dieses Konzept der Autorin birgt sogar die Gefahr, daß radikale Künstlichkeit und Ästhetikbesessenheit selbst zur Trivialität[142] werden können). In ihrer Prosa geht es nicht so sehr darum, was erzählt wird, sondern um das Erzählen selbst, d.h. um die Genauigkeit der Blickschärfe und des sprachlichen Ausdrucks. Die Figuren sind im System der Sprache eingeschränkt: Sprache erscheint in Kronauers Prosa als einziges Medium der Selbst- und Welterkenntnis. Es entsteht deswegen häufig der Eindruck, es gehe der Autorin weniger um die Gegebenheiten der Welt, sondern nur um die treffende Benennung dieser Gegebenheiten, um die Suche nach einer einzigen im buchstäblichen Sinne treffenden Formulierung und um die unermüdliche Bild- und Wortschöpfung. So bekennt z.B. die Erzählerin in "Rita Münster": "Wenn ich nur ein alles umfassendes Bild für diese stickigen, stumpfen Stadträume fände! [...] Würde ich nur einen Satz, ein Bild dafür finden, das die Wahrheit blendend und berstend heraustrennte aus diesem Gewoge und Voranstolpern, dann könnte ich uns retten aus den flüchtigen, selbstgefälligen Nachahmungen der Realität!" (RM, 118). Trotz pausenloser Formulierung werden die Lebensumstände der Ich-Erzählerinnen und der anderen Figuren nur genannt bzw. angedeutet, keineswegs näher erläutert oder kausal analysiert. Diese Vorgehensweise der Autorin hat zum Ergebnis, daß psychologische und soziologische Zusam-

---

[142] Die Kritiker, wenn auch ganz wenige, haben wegen der nicht selten als trivial wirkenden Kunstbesessenheit der Autorin auch negative Meinungen über das literarische Konzept Kronauers geäußert, so hat z.B. Peter von Matt eine radikale Kritik an dem Roman "Die Frau in den Kissen" geübt: "Der unsinnige Ehrgeiz, einen dicken Roman daraus zu machen, der sich, mit einem frauenfängerischen Titel versehen, im Boom der Frauenliteratur wie von sich selbst verkaufen würde, führte nun aber dazu, daß die Kapitel aufgepumpt und aufgeblasen, die Abschnitte, ja sogar die einzelnen Sätze aufgeplustert, gestreckt und gedehnt werden mußten, und als das immer noch nicht reichen wollte zu einem veritablen 'Roman', da wurde das Ganze noch mit Repetitionen durchschossen, zahllosen, oft seitenlangen Wiederholungen, die sich als raffinierte Konstruktion geben und doch nichts anderes sind als eben Repetitionen." (Matt, S.11). Hier muß jedoch betont werden, daß die von Matt formulierte Kritik sich vor allem auf die formalen Aspekte des literarischen Unternehmens Kronauers, keineswegs aber auf den Inhalt des Romans richtet. Diese Kritik ist in dem Sinne berechtigt, daß die übertriebene formale Künstlichkeit (dazu gehören unter anderem die von Matt erwähnten Repetitionen und Variationen) das Verständnis des Romans erschwert und häufig die Aufmerksamkeit der Leser/innen von den thematischen Schwerpunkten ablenkt.

menhänge in den Hintergrund treten, während die Worte selbst an Relevanz gewinnen:

> "Die Sprache ist ihr das Messer, mit dem sie [Kronauer], wie ein Chirurg, wie der Anatom unter die Haut, unter die Oberfläche dessen, was man Leben nennt, vordringt. Sie folgt der Sprache bis zu dem Punkt, wo die Worte eine fast schon körperliche Intensität und Obszönität annehmen. Schreiben als Erfahrung, Erkundung, Ich-Erweiterung, aber jenseits aller Psychologisierung. Die Worte, die Bilder beharren auf ihrer eigenen Materialität, die sich nicht zum Psycho- oder Soziogramm aufweicht."[143]

Die Analyse des Werkes von Brigitte Kronauer macht deutlich, daß die feministische Ästhetik des Engagements und der auf das eigene Ich bezogenen Subjektivität überholt wurde. In den Texten von Frauen triumphieren wieder Worte und Bilder. Vorbei ist auch das Thema des soziologisch und psychologisch geprägten Geschlechterkampfes. Die Romane Kronauers gehören zu den Büchern, die nicht mehr von Krieg und Frieden zwischen den Menschen handeln, sondern vom besonderen Seelenzustand eines reizbaren Subjekts, der ausgeforscht und ausgekostet wird.[144] Kronauer führt die imaginierten und konstruierten Romanwelten vor und sprengt mit ihren Bildern den üblichen Erwartungshorizont, wobei sie auch ganz neue Möglichkeiten der Leseerfahrung eröffnet. Die Autorin entfernt sich den feministischen Konzepten, indem sie durch ihre Figuren vielfältige, paradoxe Sichtweisen auf die Welt präsentiert und sich gegen eine einzige Sicht wehrt, abgesehen davon, ob es eine feministische oder eine konservative Sicht ist.

---

[143] Schweikert: *"Es geht aufrichtig, nämlich gekünstelt zu!"*, S.169.
[144] Vgl. Matt, S.11.

6. SCHLUSSFOLGERUNGEN

In der Arbeit wurde exemplarisch belegt, daß in der deutschen Gegenwartsliteratur von Autorinnen zwei Haupttendenzen zum Ausdruck kommen: Einerseits die engagierten feministischen Literaturkonzepte, in deren Mittelpunkt die Kritik an patriarchalischen Strukturen, die Ablehnung von sozialen und ästhetischen Traditionen und die Suche nach neuen Weiblichkeitsentwürfen stehen; andererseits die Texte von Autorinnen, die sich von sozialpolitischen und ästhetischen Programmen des Feminismus distanzieren und in ihre Werke mehrere Elemente des tradierten Frauenbildes aufnehmen. Während die engagierte Literatur, wie sie von solchen Autorinnen wie Verena Stefan, Christa Reinig, Brigitte Schwaiger oder Margot Schröder verfaßt wird, in ihrem Wesen als kämpferische Opposition innerhalb einer immer noch patriarchalisch bestimmten Kultur erscheint und sich gegen eine normative Ästhetik wendet, wollen sich die in der vorliegenden Arbeit berücksichtigten Autorinnen als Vertreterinnen einer allgemeingültigen (auch wenn patriarchalisch geprägten) Literaturtradition und Ästhetik sehen. Im Bezug auf die distanzierte Haltung mancher Autorinnen (z.B. Gabriele Wohmann) zur feministischen Literatur ideologischer Prägung ist es legitim zu behaupten, daß das Kriterium für die Zuordnung einer Autorin zur 'Frauenliteratur' nicht nur das Geschlecht, sondern auch die ästhetische Gestalt ihrer Texte (z.B. die autobiographisch bestimmte Darstellung weiblichen Selbsterfahrungsprozesses) sein sollte und daß in der Literaturwissenschaft zwischen feministisch engagierten Autorinnen, deren Schaffen am ehesten als 'Frauenliteratur' bezeichnet werden kann (vgl. 2.1.), und traditionell vorgehenden, d.h. keine geschlechtlich beeinflußten literaturästhetischen Alternativen anbietenden, Autorinnen unter besonderer Berücksichtigung ihrer gegenseitigen Einflußnahme unterschieden werden soll.

Die Untersuchung feministischer Positionen gegenüber überlieferten, als patriarchalisch geltenden Literaturtraditionen und gegenüber traditionsgebundenen Autorinnen hat gezeigt, daß Feministinnen eine überwiegend negative Einstellung zu diesen Autorinnen formulieren (vgl. 2.2.). Da engagierte Wissenschaftlerinnen in früherer Literatur von Autorinnen in erster Linie nach möglichen Formen weiblicher Emanzipation suchen und ausdrückliche Kritik an tradierten patriarchalischen Weiblichkeits- und Literaturkonzepten äußern, betrachten sie besonders negativ die Autorinnengeneration unmittelbar vor dem Aufbruch der neueren Frauenbewegung, weil die Vertreterinnen dieser Generation (z.B. Kaschnitz) in ihren Werken keine expliziten emanzipatorischen Forderungen formulieren und Elemente eines tradierten Weiblichkeitsverständnisses gelten lassen. In der Literaturproduktion von Frauen aus den 50er und 60er Jahren wird das spezifische Weibliche selten als primäres Thema behandelt und keine ausdrückliche Kritik an patriarchalischen Verhältnissen formuliert, deswegen erkennen feministisch orientierte Wissenschaftlerinnen und Autorinnen in diesen in Anlehnung an herrschenden ästhetischen Kanon geschriebenen Texten keine Vorbilder für ihre eigenen Weiblichkeitsentwürfe. Für Feministinnen gelten literarische Traditionen des Patriarchats als Gegenstand der Kritik und Negation, aber trotz mehrfacher Bemühungen, mit Traditionen zu brechen, beweist die Analyse der von Frauen um 1970 und in späteren Jahren verfaßten Texte die Weiterwirkung von tradierten Weiblichkeits- und Literaturmustern.

Im Hinblick auf das Verhältnis feministischer Literaturtheorien, in deren Mittelpunkt die Suche nach besonderen Ausdrucksformen des Weiblichen im Text steht, mit überlieferten Weiblichkeitsvorstellungen und ästhetischen Traditionen soll die Tatsache betont werden, daß die theoretischen Schriften die intendierte Befreiung von als patriarchalisch geltenden Traditionen keineswegs erzielt haben (vgl. 2.3.2.) Dies beweisen z.B. die Theorien der französischen Feministinnen Cixous und Irigaray, die das unmittelbare Verhältnis zwischen weiblicher Körpererfahrung und der Kreativität der Frau betonen; diese Theorien werden in Deutschland nur anfänglich mit Begeisterung rezipiert, aber später stoßen sie auf eine zunehmende Kritik, weil sie das Weibliche mit den Attributen des Körperlichen, Formlosen und Undefinierbaren beschreiben und dadurch immer wieder die alten patriarchalischen Zuschreibungen der Frau als Natur wiederholen. Die theoretische Konstitution neuer, emanzipatorischer Bilder des Weiblichen kann also der Bearbeitung von überlieferten Mustern (z.B. von alten Weiblichkeitsmythen oder psychoanalytischen Modellen) nicht entkommen und die tradierten Weiblichkeitsimaginationen außer Kraft setzen.

Die Versuche, traditionelle Auffassungen des Weiblichen, wie sie im bürgerlichen Zeitalter, vornehmlich aber im 19. Jahrhundert festgelegt wurden, und die als patriarchalisch geltenden Lebensformen zu negieren, kommen nicht nur in den theoretischen Schriften, sondern auch in der programmatischen Frauenliteratur immer wieder zum Ausdruck. Feministisch orientierte Heldinnen setzen sich mit traditionellen Moral- und Normparadigmen aus, so lehnen sie z.B. das Lebensmodell der bürgerlichen Familie ab, wehren sich gegen elterliche Autorität, kritisieren tradierte Liebesmythen (vgl. 2.3.3.). Der Bruch mit tradierten Weiblichkeitsmustern und Geschlechtermodellen erweist sich jedoch auch in diesem Fall als problematisch und schwer realisierbar (als unreflektierte Reproduktion traditionellen Rollenverständnisses können z.B. die in der Frauenliteratur vorkommende Opferidentität, die mehrfache Partnerfixierung oder die Betonung der Einheit von Frau und Natur gelten). Obwohl feministische Literaturkonzepte sich zum Ziel gesetzt haben, tradierte gesellschaftliche und ästhetische Konventionen abzuschaffen, läßt sich nicht übersehen, daß die inhaltlich begrenzte programmatische Frauenliteratur unfähig war, die intendierte Bewußtseinsänderung zu gewährleisten und sich dem Einfluß der tradierten Modelle zu entziehen.

In den in den 80er und 90er Jahren von Autorinnen verfaßten Texten zeigen sich die Tendenzen der Abkehr von programmatischer Frauenliteratur und der

Annäherung an tradierte Ästhetik (vgl. 2.4.). Diese Texte wehren sich gegen ideologische Bestimmungen und formulieren keine explizite Gesellschaftskritik, wodurch sie sich in zunehmender Weise vom feministischen Programm distanzieren. Da die Autorinnen der 80er und 90er Jahre in ihren Texten wieder die Spannung zwischen Wirklichem und Imaginärem betonen und eine besondere Aufmerksamkeit poetischen Reflexionen sowie der Sprachgestaltung schenken, gelangen ihre Werke zu künstlerischem Rang. In den neusten Entwürfen lassen sich ähnliche Themen und Problemstellungen feststellen wie bei der vorfeministischen Autorinnengeneration, so z.B. Handlungsunfähigkeit der Heldinnen, ständiges Schwanken zwischen Realität und Phantasie. Wie die Heldinnen der unmittelbaren Nachkriegszeit ziehen sich auch die Protagonistinnen der als 'postfeministisch' zu bezeichnenden Literatur in ihr Inneres zurück, distanzieren sich von gesellschaftlichen Aktivitäten und leiden an ihrer Kraft- und Ratlosigkeit. Daraus kann man die Schlußfolgerung ziehen, daß in den Texten der 80er und 90er Jahre (vgl. dazu die Prosa Kronauers) nicht der Abbruch, sondern vielmehr die Rückwendung zu den von der Geschichte überholten Weiblichkeits- und damit Literaturkonzepten geschieht.

Die jahrhundertelange Orientierung am patriarchalischen Wertesystem hat unausweichlich in der Vorstellungswelt der Frauen Spuren hinterlassen. Obwohl die Definition der Frau im Bezug auf traditionelle Weiblichkeitsmuster aus der heutigen Sicht als historisch überholt erscheint, finden sich in den in dieser Arbeit untersuchten Texten von Kaschnitz, Wohmann und Kronauer viele Aspekte einer traditionell geprägten weiblichen Existenz. Diese Schriftstellerinnen haben das Thema 'Weiblichkeit' weniger intensiv als feministisch orientierte Autorinnen behandelt, aber es läßt sich nicht übersehen, daß dieses Thema häufig in den Mittelpunkt ihrer Prosa rückt, so z.B. durch die Wahl der Frauen zu handelnden Hauptfiguren, durch die Vorliebe für eine weibliche Erzählperspektive oder durch die Darstellung zwischenmenschlicher Beziehungen (vgl. 3.1.). Obwohl Kaschnitz, Wohmann und Kronauer ihre bedeutendsten Werke in unterschiedlichen Jahrzehnten veröffentlicht haben und unterschiedliche Fragen an dem Selbstverständnis ihrer Frauenfiguren betonen, kann man einige gemeinsame Elemente hervorheben, die ihr Weiblichkeitskonzept prägen, so z.B. die Nähe des Weiblichen zum Natürlichen, weibliche Liebessehnsucht. Die Untersuchung ihrer Prosa hat gezeigt, daß diese Autorinnen manche Aspekte des emanzipatorischen Frauenbildes in ihr Erzählgewebe (z.B. Bemühungen um eine selbständige Sozialisation) aufnehmen, aber das Welt- und Selbstverständnis ihrer (Frauen)Figuren bleibt mehrfach durch soziale und kulturelle Traditionen bestimmt. Dies betrifft vor allem das unmittelbar vor und nach dem Zweiten Weltkrieg erschienene Erzählwerk Kaschnitz', weil die Autorin trotz ihres im Vergleich zu Generationsgenossinnen veränderten Selbstverständnisses als Frau von der tradierten Rollenteilung geprägt bleibt (vgl. dazu 3.1.). Überraschender mag in diesem Zusammenhang die Feststellung erscheinen, daß auch die in der Aufschwungzeit der feministischen Bewegung schreibende Wohmann oder die in den letzten Jahrzehnten des 20. Jahrhunderts publizierende Kronauer die Frauenfiguren konzipieren, die viele Ähnlichkeiten mit dem traditionell geprägten Frauenbild aufweisen (bei Wohmann ist es z.B. die überwiegende Darstellung von Frauen im privaten Familienkreis; bei Kronauer kommen zahlreiche Aspekte eines tradierten Frauenbildes durch die Selbstidentifikation der Frauenfiguren mit verschiedenen Naturwesen zum Ausdruck).

Hinsichtlich der tradierten Weiblichkeitsaspekte in den Texten von Kaschnitz, Wohmann und Kronauer soll in erster Linie der zentrale Weiblichkeitsmythos, nämlich der alte Mythos von der Nähe der Frau zur Natur, betont werden, weil dieser Mythos zahlreichen traditionellen Weiblichkeitsvorstellungen (z.B. Frau als gefährlich erotische Verführerin oder als gebärende Mutter) zugrunde liegt und außerdem von allen drei Autorinnen (dies betrifft weniger die Texte Wohmanns) thematisiert wird (vgl. 3.2.). Bereits an dieser Stelle werden auch die Unterschiede zwischen feministischen und traditionsgebundenen Positionen sichtbar, nämlich zwischen feministischer Kritik an dem spezifische Geschlechtsmerkmale festlegenden Mythos (vgl. dazu die Thesen Simone de Beauvoirs) und dem affirmativen Mythosbild, das in den Texten von Kaschnitz oder Kronauer seine Tradition lebendig hält. Beachtenswert ist jedoch die Tatsache, daß tradierte Weiblichkeitsmythen auch den feministischen Diskurs selbst durchdringen und dadurch ihre Wirkungskraft beweisen (so z.B. wenn die Theorien der französischen Feministinnen Cixous oder Irigaray das 'weibliche' Schreiben durch weibliche Biologie zu erklären versuchen). Im Hinblick auf die in dieser Arbeit untersuchten Texte konnte festgestellt werden, daß vor allem die Frauenfiguren Kaschnitz' und Kronauers die Vorstellung vom mythischen Einswerden der Frau mit der Natur verbildlichen, indem sie sich vom Gesellschaftlichen distanzieren und in ihren Verwandlungsphantasien dem Natürlichen nähern (vgl. dazu die Identifikation der Protagonistin in Kaschnitz' "Liebe beginnt" mit steinernen Muttergottheiten oder die der Frauenfiguren in "Die Frau in den Kissen" von Kronauer mit Tiergestalten und Wasserfrauen). In geringerem Maße als bei den zwei anderen Autorinnen kommen die mythischen Weiblichkeitsbilder bei Wohmann zum Ausdruck: Da die Autorin sich in ihren Texten überwiegend auf die realistischen Darstellungen der gesellschaftlichen Sphäre konzentriert, kann alleine die besondere Empfindlichkeit ihrer Frauenfiguren für Landschafts- und Witterungsphänomene als eine der vielen Ausdrucksformen des Mythos der Frau als Naturwesen verstanden werden. Die im Kontext dieser Arbeit untersuchten Texte sind ein treffendes Beispiel dafür, daß sogar in der zweiten Hälfte des 20. Jahrhunderts die abendländische Welt die tradierte, für die patriarchalischen Denksysteme charakteristische Idee der Frau als Naturwesen nicht ganz ausschließt und in verschiedenen Variationen immer wieder zum Ausdruck kommen läßt.

Tradierte Weiblichkeitsvorstellungen bestimmen auch die in den untersuchten Prosatexten von Kaschnitz, Wohmann und Kronauer dargestellten Strukturen weiblicher Persöhnlichkeitsentwicklung - angefangen von Kindheitserlebnissen über die Erfahrungen in der Adoleszenz bis hin zur erwachsenen Frau. Während feministisch orientierte Autorinnen (z.b. Jutta Heinrich, Brigitte Schwaiger) die patriarchalische Erziehungstradition angreifen, in der das Mädchen nur auf die Erfüllung 'weiblicher' Rollen vorbereitet wird, kommt der Wunsch nach Abschaffung von tradierten, in der Gesellschaft fest verwurzelten Erziehungs- und Verhaltensmodellen in den Kindheitsdarstellungen Kaschnitz', Wohmanns und Kronauers gar nicht oder sehr verhalten zum Ausdruck (vgl. 3.3.2.). Die Texte von Kaschnitz (z.B. "Das Haus der Kindheit") präsentieren eine patriarchalisch bestimmte Kindheitsatmosphäre, aber während die Autorin die verinnerlichten Konflikte im Elternhaus (so z.b. die milieubedingte Distanz der Eltern zu den Kindern) schildert, drückt sie keine direkte Kritik an herkömmlichen Erziehungsmodellen aus, die Mädchen zur Übernahme einer traditionell bestimmten Frauenrolle zwingen und dadurch patriarchalische Gesellschaftsordnung unterstützen. Wohmann macht die Tatsache sichtbar, daß nicht nur eine auf patriarchalischen Geboten und Verboten beruhende Familiensituation, sondern auch emanzipatorisch geprägte Familienatmosphäre sich als kinderfeindlich erweisen kann (vgl. "Paulinchen war allein zu Haus"), und verdeutlicht die Sehnsucht ihrer Figuren nach einer intimen, wenn auch autoritär geregelten Familienwelt. Eine eher idealisierende Darstellung kindlicher Erlebnisse bietet Kronauer, indem sie eine gemütliche familiäre Atmosphäre schildert (vgl. "Rita Münster") und elterliche Autorität als Garant einer behüteten Kindheitswelt präsentiert (vgl. 3.3.2.3.).

Im Hinblick auf weibliche Adoleszenz betonen die meisten Feministinnen (z.B. Carol Hagemann-White) den durch patriarchalische Ordnung verursachten Selbstverlust, der aus der Notwendigkeit resultiert, sich den Forderungen des sozialen Umfeldes anpassen zu müssen; nur einige Forschungen feministischer Prägung (z.B. die Untersuchungen Katherine Dalsimers) weisen auch auf die mädchenhafte Freude an dem künftigen Frausein hin (vgl. 3.3.3.). Eben diese positiven Empfindungen werden von Kaschnitz, vor allem aber von Kronauer in ihren Texten zusammen mit den in diesem Alter für beide Geschlechter typischen Gefühlen der Selbstverachtung (z.B. in Kaschnitz' Erzählung "Das dicke Kind") und Grandiösität (z.B. in Kronauers "Die Frau in den Kissen") thematisiert. Da pubertierende Heldinnen Kaschnitz' und Kronauers eine gewisse Freude am Frauwerden verspüren, nähern sie sich dem tradierten Frauentypus, der die Bestätigung seiner eigenen Person durch das Erkanntwerden durch das andere Geschlecht zu gewinnen sucht (vgl. Kaschnitz' Erzählung "Lange Schatten"). Im Unterschied zu feministischen Autorinnen schildern Kaschnitz und Kronauer das Erwachsenwerden nicht als Identitätsverlust, sondern als eine Art Selbsterkenntnis.

Während Kaschnitz und Kronauer sich in erster Linie für die psychologischen bzw. emotionalen Aspekte des weiblichen Übergangs von Kindheit zum

Erwachsenenleben interessieren, gilt die besondere Aufmerksamkeit Wohmanns dem weiblichen Sozialisationsprozeß, deswegen rücken in ihren Texten soziale Normen, gesellschaftliche Anforderungen und deren Verarbeitung durch junge Frauen häufig in den Mittelpunkt. Obwohl die Autorin in ihren Texten für die engen Familienbeziehungen plädiert, macht sie die Tatsache deutlich, daß die Sozialisationsprobleme der in den tradierten Familienverhältnissen aufgewachsenen Töchter unter anderem durch den übergroßen elterlichen Einfluß hervorgerufen werden (vgl. 3.3.4.). Die Situation der Tochterfiguren in Wohmanns Texten (z.B. in der Erzählung "Treibjagd" oder im Roman "Abschied für länger") weist viele Ähnlichkeiten mit der tradierten Situation von Frauen in einer patriarchalischen Gesellschaft auf: Die Töchter werden von Eltern traditionell in der Rolle der Abhängigen und Unmündigen gehalten, gegen die sie sich - im Unterschied zu feministisch orientierten Heldinnen - kaum zu wehren versuchen. Sie entwickeln nicht die Fähigkeit zu eigenständigen Entscheidungen und unterwerfen sich auf Kosten eigener Bedürfnisse den Erwartungen der Bezugspersonen, wodurch sie unverkennbar in die Nähe eines patriarchalischen Frauenbildes geraten. Der größte Unterschied zwischen den sich nach neuen Forderungen der Emanzipation verwirklichenden Heldinnen der programmatischen Frauenliteratur (vgl. die Texte Heinrichs oder Schwaigers) und den Tochterfiguren Wohmanns besteht darin, daß diese für sich keine andere Möglichkeit als die Übernahme ihres Mutterbildes als Selbstentwurf sehen und nicht oder sehr verhalten nach Erweiterung ihrer Lebensperspektiven streben. Die Analyse der in den Texten aller drei Autorinnen dargestellten Jugenderfahrungen hat zum Ergebnis geführt, daß in den meisten Fällen die Frauenfiguren ihre Geschlechtszugehörigkeit widerstandslos akzeptieren und im Gegensatz zur engagierten Literatur keine ausdrückliche Kritik an dem traditionellen, patriarchalisch bestimmten weiblichen Lebensmodell äußern.

Die Gegenüberstellung unterschiedlicher Liebesauffassungen verdeutlicht weitere Differenzen zwischen feministischen Positionen und den Texten von Kaschnitz, Wohmann und Kronauer sowie die Wirkungskraft von tradierten Weiblichkeitsmustern (vgl. 3.4.). Im Unterschied zu den Texten von Schriftstellerinnen aus den 50er und 60er Jahren, in denen Frauen besonders häufig als Liebende erscheinen (z.B. bei Kaschnitz), und zu denen aus den 80er und 90er Jahren, die den weiblichen Liebesdiskurs wieder aufnehmen, betont die deutsche programmatische Frauenliteratur (als Ausnahme gilt in diesem Kontext Karin Strucks Buch "Lieben") die Kehrseiten der Liebe, versucht, heterosexuelle Beziehungen durch homosexuelle Bindungen zu ersetzen, und ignoriert sogar die weibliche Liebessehnsucht, weil die aus feministischen Kreisen kommenden Autorinnen im weiblichen Verlangen nach Intimität eine bedingungslose, selbstgewollte Unterwerfung der Frau unter den männlichen Willen erkennen (vgl. Stefans "Häutungen"). Die Texte von Kaschnitz, Wohmann und Kronauer betonen dagegen die unstillbar gebliebene Sehnsucht ihrer Frauenfiguren nach Zweisamkeit: In den Werken dieser Autorinnen gehören Liebesimaginationen oder real verwirklichte Liebesgeschichten zu den am meisten erregenden Erlebnissen im Leben der Frauenfiguren, wodurch deutliche Parallelen zu tradierten Frauenbildern entstehen. In Kaschnitz' Roman "Liebe beginnt" erscheint Liebe traditionell als weibliche Bestimmung und erfüllt eine identitätstiftende Funktion, auch wenn die mehrfache Fixierung der Protagonistin auf den Partner ihre Gleichgültigkeit gegenüber anderen Lebensbereichen (Wissenschaft, Politik, Religion, Kunst) verursacht. Auch die Frauenfiguren Wohmanns haben große Liebessehnsüchte und glauben, durch Liebe ihre trostlose Alltagssituation überwinden zu können, aber im Unterschied zu Kaschnitz' Heldinnen kommen ihre Erwartungen selten in Erfüllung, weil die Figuren völlig unfähig sind, ihre Liebesbedürfnisse offen zum Ausdruck zu bringen (vgl. dazu Wohmanns Roman "Abschied für länger"). Die für viele 'postfeministische' Texte charakteristische Aufwertung der Liebe vollzieht sich in den Texten Kronauers, indem die Autorin Liebe als Möglichkeit der augenblicklichen Welt- und Selbsterkenntnis darstellt und eine zeitlich- und räumlich unbegrenzte Gültigkeit einer Liebeserfahrung sichtbar macht (vgl. Kronauers "Rita Münster" und "Die Frau in den Kissen"). Verallgemeinernd läßt sich sagen, daß die Texte von Kaschnitz, Wohmann und Kronauer durch ihre Versuche, den Glanz der Liebe zu retten, eine deutliche Opposition zur feministischen Skepsis gegenüber traditionellen Liebeskonzepten darstellen und überlieferte Liebesauffassungen aufgreifen, so z.B. das Muster von Liebe und Wahnsinn oder das von Liebe als Selbsterkenntnisprozeß. Während in den Texten feministisch orientierter Autorinnen Liebe mit dem Verlust weiblicher Identität zusammen geht, betonen Kaschnitz und Kronauer die Möglichkeit, die Identität durch Liebe zu gewinnen (vgl. Kronauers "Rita Münster"). Als traditionelle und vom Feminismus abgelehnte Weiblichkeitsaspekte können in diesem Kontext auch solche Motive wie Idealisierung männlicher Partner, Abhängigkeit von männlicher Bestätigung und Anerkennung, die Situation der Frau als Wartender etc. gelten.

Gravierende Unterschiede zwischen der programmatischen Frauenliteratur und den Texten der in dieser Arbeit behandelten Autorinnen entstehen auch im Hinblick auf die tradierte Rolle der Frau in der Ehegemeinschaft. Die herkömmlichen bürgerlichen Modelle des ehelichen Lebens werden aus emanzipatorischer Sicht abgelehnt (vgl. Brigitte Schwaigers Roman "Wie kommt das Salz ins Meer"), weil Ehe und Familie nicht nur als wesentliche Elemente im traditionellen Frauenleben gelten, sondern auch die Hauptstütze des patriarchalischen Gesellschaftssystems (männliche Autorität, materielle Abhängigkeit der Frau, trister Hausfrauenalltag etc.) präsentieren. Einer anderen Einstellung zu gewohnten Familienkonzepten begegnet man in den Texten von Kaschnitz, Wohmann und Kronauer, obwohl sich die Positionen dieser Autorinnen gegenüber der Institution Ehe untereinander unterscheiden. In den Texten von Kaschnitz, deren eigenes Lebenskonzept als 'In-Beziehung-Sein' bezeichnet werden kann und deren Frauenfiguren stark beziehungsorientiert sind, wird Ehe traditionellerweise als Grundbedingung für die Geborgenheit der Frau begriffen (vgl. dazu Kaschnitz' Roman "Liebe beginnt"). Wohmann dagegen thematisiert auch negative Seiten familiären Lebens, aber was sie kritisiert, sind nicht die tradierten Familienmodelle, sondern die Unfähigkeit der Familienmitglieder (sowohl Frauen als Männer), liebevoll miteinander umzugehen. Von Frauenfiguren Wohmanns wird Ehe traditionell als eine angesehene Existenzmöglichkeit angestrebt, weil sie der Zweierbeziehung eine sozialisierte Form geben und den sozialen Status der Frau sichern kann (vgl. dazu "Abschied für länger", "Treibjagd" und "Der Antrag"). Im Unterschied zu den Texten von Kaschnitz und Wohamnn begegnet man in den Texten von Kronauer häufig den alleinstehenden Frauenfiguren, die als Vertreterinnen des in der Literatur der 80er und 90er Jahre verfestigten Frauentypus nicht an familiären Problemen, sondern an Einsamkeit und Isoliertheit leiden. Auch die Frauenfiguren Kronauers pflegen in ihrer Einsamkeit die Wünsche nach partnerschaftlicher Nähe und scheinen jenseits der traditionellen Rolle als Ehefrau und Mutter keinen festen Ort für sich zu finden (vgl. "Rita Münster"). Interessant ist die Feststellung, daß in den Texten Kronauers Familie weniger als soziale Institution, sondern vielmehr als ein ästhetisches Bild erscheint, dem ein hoher Grad an Abstraktion und emotionaler Anziehungskraft eigen ist (vgl. die Beschreibungen der südländischen Familien in "Die Frau in den Kissen"). Die untersuchten Texte von Kaschnitz, Wohmann und Kronauer zeigen, daß die Heldinnen sich traditionellerweise nach Ehe bzw. Familie als eine der realsten Möglichkeiten ihrer Lebensverwirklichung sehnen, obwohl ihrem Verlangen unterschiedliche Absichten zugrunde liegen (z.B. die Wünsche nach der Verwirklichung von Liebesgefühlen oder nach der Verwirklichung von gesellschaftlichen Konventionen). In ihren Texten kommen also zwei geläufigste, von Feministinnen jedoch in Zweifel gezogene Auffassungen der Ehe zum Ausdruck: Ehe als Gefühlsgemeinschaft und Ehe als sozialen Status sichernde Institution (vgl. 3.5.).

Zu den zentralen Aspekten eines tradierten Frauenbildes gehört unverkennbar die Mutterschaft. Da den traditionell bestimmten geschlechtsspezifischen Rollen die Idee einer 'natürlichen' Aufgabenverteilung zwischen den Geschlechtern zugrunde liegt, galt lange Zeit die Übernahme der Mutterrolle als Hauptpflicht jeder Frau. Das bürgerliche Mutterideal wurde erst durch die Frauenbewegung der 70er Jahre in Frage gestellt, wobei sich die feministischen Positionen gegenüber Mutterschaft in zwei Gruppen verteilt haben: Die radikal vorgehenden Feministinnen haben die Mutterschaft entweder ignoriert oder ausdrücklich mit dem Argument, Mutterschaft sei der Ort weiblicher Entfremdung und Sklaverei, abgelehnt (vgl. die Position Alice Schwarzers); weniger extreme Positionen vertretende Feministinnen (z.B. Karin Struck) distanzieren sich von solch einer Abwertung der Mutterrolle, kritisieren die radikale Abtreibungspropaganda und treiben sogar einen Mutterkult, indem sie der Mutterschaft einen mythologischen Wert zuschreiben (vgl. Karin Strucks Buch "Mutter"). Die letztere Position beweist die Tatsache, daß der tradierte Muttermythos durch die feministische Bewegung der 70er Jahre erschüttert, aber nicht abgeschafft wurde und daß das Selbstverständnis der Frauen immer noch mit dem traditionellen Frauenbild korrespondiert (vgl. 3.6.1.). Eben dieses Frauenbild wird in den Texten der einer älteren Generation zugehörenden Kaschnitz präsentiert, weil die Autorin die Relevanz der Mutterschaft für weibliche Lebenskonzepte betont und die für die patriarchalischen Verhältnisse charakteristischen Funktionen der Mutter innerhalb der Familie an keiner Stelle ihres umfangreichen Werkes bezweifelt. In ihrem Roman "Liebe beginnt" gilt Mutterschaft als eine wichtige Bedingung weiblicher Selbstverwirklichung, wobei die Übernahme von Mutterpflichten traditionellerweise als von Natur bestimmt (weiblicher Kinderwunsch) und sozial bedingt (Prestigezuwachs) dargestellt wird. Kaschnitz, teilweise auch Wohmann kritisieren nicht die traditionellen Mutterschaftskonzepte, sondern vielmehr die Abweichung mancher Frauen von ihrer Mutterrolle (vgl. dazu Kaschnitz' "Das Haus der Kindheit" oder Wohmanns "Paulinchen war allein zu Haus"), die zur Vernachlässigung der Kinder führen kann (vgl. 3.6.2.).

Im Gegensatz zu feministischen Darstellungen einer gestörten Mutter-Tochter-Beziehung, denen die Ansichten zugrunde liegen, daß das prägende Lebensbeispiel der traditionsverhafteten Mutter die töchterliche Emanzipation verhindert, zeichnet Wohmann in ihrem Roman "Ausflug mit der Mutter" ein überzeugend positives Bild der sich selbst aufopfernden Mutter, das viele Züge von tradierten Mutterbildern trägt (vgl. 3.6.3.). Während die Heldinnen in der feministischen Literatur (z.B. in den Texten von Jutta Heinrich oder Brigitte Schwaiger) die mütterliche Liebe mit dem patriarchalischen Wertsystem assoziieren und sich gegen die Identifikation mit den herkömmliche weibliche Rollen präsentierenden Müttern wehren, erkennt Wohmann auch positive Seiten des mütterlichen Einflusses auf die töchterliche Lebensführung (durch ihre schriftliche Auseinandersetzung mit der Mutter gewinnt z.B. die Protagonistin Wohmanns die Einsicht in ihre eigene emotionale Lage). Obwohl die Mutter in Wohmanns Roman den Frauentypus der vorigen Generation präsentiert und sich überwiegend durch die Familie definiert, wird die mütterliche Lebensweise von der nach neuen weiblichen Erfüllungsformen suchenden Tochter keineswegs kritisiert oder abgelehnt; die Tochter bewundert vielmehr die Mutter, weil dieser die Selbstverwirklichung im Leben gelungen ist. Indem Wohmann ein positives Mutterbild zeichnet, äußert sie indirekt ihre Zustimmung für die traditionellen Familienwerte und ihre Kritik an den von ihr nur als modisch begriffenen weiblichen Emanzipationsansprüchen.

Daß die in der vorliegenden Arbeit besprochenen Autorinnen sich jenseits des Geschlechterkampfes befinden, beweisen bereits ihre positiven Beschreibungen der allerersten Konfrontation zwischen Mann und Frau, nämlich die Beschreibungen der Beziehung zwischen Vater und Tochter (vgl. 4.1.). Im Gegensatz zur feministischen Frauenliteratur, in der die patriarchalische Ordnung präsentierenden, autoritären Vaterfiguren überwiegend negativ betrachtet werden (vgl. dazu die Texte von Heinrich, Schwaiger oder Schutting), werden in den Texten der drei Autorinnen die traditionell denkenden und handelnden Väter positiv dargestellt, auch wenn den Beziehungen zwischen Vater und Tochter ein hohes Maß an väterlicher Autorität und töchterlicher Unterwerfungsbereitschaft eigen ist (vgl. Kaschnitz' "Das Haus der Kindheit" oder "Liebe beginnt"). Es ist beachtenswert, daß Väter immer noch als Autorität erlebt werden, obwohl die tradierte Vaterrolle durch gesellschaftliche Prozesse (z.b. Frauenemanzipationsbewegung) deutliche Wandlungen erfahren hat. Auch im Bezug auf die in unterschiedlichen Jahrzehnten verfaßten Texte von Kaschnitz, Wohmann und Kronauer kann man das Abschwächen der väterlichen Autorität in der zweiten Hälfte des 20. Jahrhunderts beobachten: Während in den Texten Kaschnitz' der Vater immer noch als eine patriarchalische Autorität erscheint, werden bei Wohmann und Kronauer weniger die väterliche Autorität als vielmehr Güte, Hilfsbereitschaft oder sogar Schwäche betont, was keineswegs heißen soll, daß die Töchter ihren Vätern mit weniger Respekt begegnen (vgl. Wohmanns "Vaterporträt" oder Kronauers "Rita Münster"). Im Gegensatz zu feministisch engagierten Heldinnen versuchen die in den Texten der drei Autorinnen dargestellten Töchter nicht, gegen den in Form von Autorität oder von übergroßer Liebe zum Ausdruck kommenden väterlichen Einfluß zu rebellieren, und akzeptieren widerstandslos die traditionellen töchterlichen Verhaltensnormen (z.B. die Sorge um den alternden Vater in Kronauers Roman "Rita Münster"). Während die Vaterfiguren in den Texten feministisch orientierter Autorinnen gesellschaftliche Rollen präsentieren und als Vertreter des Patriarchats abgelehnt werden, betonen die Heldinnen Kaschnitz', Wohmanns und Kronauers vor allem individuelle Eigenschaften ihrer Väter und trennen auf diese Weise das Wesentliche ihrer Väter von tradierten Vorurteilen: Die Vaterfiguren erscheinen deswegen in ihren Texten nicht nur als beherrschende, sondern auch als beschützende und sogar selbst nach Hilfe suchende Personen. Die Vaterfiguren in den Texten von Kaschnitz, Wohmann und Kronauer behalten ihre traditionellen patriarchalischen Pflichten und ihre Autorität, so z.B. wenn sie ihre Töchter aus dem behüteten Heim in die äußere Welt führen und in die Obhut eines anderen Mannes geben (vgl. Kaschnitz' "Liebe beginnt" oder Wohmanns "Abschied für länger"), aber sie werden trotzdem von den Töchtern liebevoll betrachtet und als relevante Bezugspersonen anerkannt.

Kaschnitz, Wohmann und Kronauer stellen die Differenzen der Partner und die daraus resultierenden Auseinandersetzungen dar (vgl. 4.2.), aber im Unterschied zu feministisch geprägten Autorinnen (z.B. Verena Stefan, Christa Reinig, Margot Schröder) thematisieren sie die Konflikte zwischen den Geschlechtern nicht im Hinblick auf die gesamte gesellschaftliche Situation, sondern begrenzen sich auf den privaten Bereich bzw. auf eine individuelle Situation. Die Heldinnen Kaschnitz' und Wohmanns, aber auch die von Kronauer sehen in Zweierbeziehungen eine Möglichkeit, die Gefühle der Einsamkeit, Verlassenheit, Angst etc. zu überwinden (vgl. dazu das beziehungsorientierte Verhalten der Protagonistinnen in Kaschnitz' "Liebe beginnt" und in Wohmanns "Abschied für länger"). Die Nachteile der patriarchalisch bestimmten Geschlechterverhältnisse werden von allen drei Autorinnen sichtbar gemacht, aber weniger kritisch als in der programmatischen Literatur betrachtet: Ihre Heldinnen verzichten auf jegliche Kampfformen, weil sie die Überzeugung vertreten, daß die traditionell geregelten Verhältnisse Stabilität, Ordnung und damit auch Ruhe sichern können (vgl. dazu die Texte Wohmanns); die traditionsgebundenen Frauenfiguren haben offenbar Angst vor dem Neuen und versuchen deswegen, sich an den allgemein anerkannten Verhaltensnormen zu orientieren, ihre vorübergehenden Frustrationen zu unterdrücken und keine partnerschaftlichen Konflikte offen auszutragen (vgl. "Abschied für länger").

Deutliche Unterschiede zwischen feministischen und nicht feministischen Positionen entstehen auch im Hinblick auf die Männerbilder: Anders als in den Texten der programmatischen Literatur (vgl. Christa Reinigs "Entmannung") wird das männliche Geschlecht in den Texten von Kaschnitz, Wohmann und Kronauer nicht eindeutig negativ charakterisiert (vgl. 4.2.5.). Obwohl in den Texten Kaschnitz' oder Wohmanns manche ablehnenden Eigenschaften der Männer, so z.B. Verzicht auf verbale Kommunikation, sichtbar gemacht werden, soll in diesem Zusammenhang die Tatsache nicht übersehen werden, daß die Kritik am Mann häufig mit der Kritik an der Frau verbunden wird (vgl. dazu Wohmanns Erzählung "Flitterwochen, dritter Tag"). In den Texten Kronauers werden dagegen überwiegend positive Seiten des Männlichen (z.B. körperliche Kraft) hervorgehoben, wobei das Fremdartige des männlichen Geschlechts in den Augen der Frauenfiguren Kronauers das eigentlich Anziehende darstellt (vgl. "Rita Münster" oder "Die Frau in den Kissen"). Indem die in der vorliegenden Arbeit berücksichtigten Autorinnen auf die ideologische Betrachtung des anderen Geschlechts verzichten, erscheinen ihre Texte im Vergleich zur programmatischen Literatur interessanter und vieldeutiger. Vor allem die Texte Kronauers können als gute Beispiele dafür gelten, daß die für die Anfangsphase der Frauenbewegung charakteristische Männerfeindlichkeit und die Geschlechterkämpfe in der neusten Literatur von deutschen Autorinnen an Relevanz verlieren und durch andere Themen (z.B. Liebessehnsucht, Leiden an Einsamkeit) verdrängt werden.

Sowohl die in den Texten von Kaschnitz, Wohmann und Kronauer konzipierten und viele Merkmale des tradierten Frauenbildes enthaltenden Weiblichkeitsentwürfe als auch die in diesen Texten dargestellten Geschlechterbeziehungen zeugen davon, daß alle drei Autorinnen dem engagierten Feminismus fremd gegenüber stehen. Das Interesse Kaschnitz' an der Frauenfrage zeigt sich alleine in der Themenwahl, d.h. in der Hervorhebung weiblicher Lebenszusammenhänge, aber ihr Werk schließt alles Ideologische, Manifeste oder politisch Programmatische aus (vgl. 5.1.). Die distanzierte Position Kaschnitz' gegenüber engagiertem Feminismus kommt dadurch zum Ausdruck, daß die Autorin bei ihren Reflexionen über die weibliche Rolle keine emanzipatorischen

Forderungen formuliert, die über den Anspruch auf die Selbstverwirklichung im Rahmen einer partnerschaftlichen Beziehung hinaus nach der Erweiterung der Lebensperspektiven für Frauen strebten. Obwohl Kaschnitz sich der Beschränkung weiblicher Entfaltungsmöglichkeiten durch die patriarchalische Ordnung bewußt ist, wird die Definition der Frau über den Mann in ihren Texten kritisch nicht hinterfragt. Daß ihre Heldinnen andere Fragen als Emanzipation an ihrem Selbstverständnis betonen, hängt nicht nur damit zusammen, daß Kaschnitz immer wieder die Relevanz der Zweierbeziehung bzw. der Familie für weibliche Lebensführung betont, sondern auch damit, daß sie häufig die Frauenfiguren als Einzelgängerinnen bzw. Außenseiterinnen konzipiert (z.B. in der Erzählung "Zu irgendeiner Zeit"), die mehr an innerer Vereinsamung als an patriarchalischer Unterdrückung zu leiden scheinen. Manche feministisch orientierten Kritikerinnen (z.B. Inge Stephan) erkennen bestimmte Ähnlichkeiten zwischen dem literarischen Konzept' Kaschnitz und dem der programmatischen Frauenliteratur im Bekenntnischarakter der Werke, aber es ist nicht zu übersehen, daß die autobiographisch geprägte Prosa Kaschnitz' in vielen Hinsichten von den ähnlichen Texten der Frauenliteratur abweicht, so handelt es sich z.B. in Kaschnitz' Texten weniger um die Suche nach 'weiblicher' Identität als vielmehr um die Versuche der Autorin, sich als Mensch zu artikulieren. Außerdem spielen die literarische Fiktion, Verfremdung und Realitätsbrüche im Werk Kaschnitz' (vgl. dazu "Das Haus der Kindheit") eine viel wichtigere Rolle als in den programmatischen Texten (z.B. in denen von Stefan oder Schwaiger). Ein Unterschied besteht auch darin, daß Kaschnitz anders als feministische Autorinnen ihre Biographie oder ihre 'weiblichen' Erfahrungen niemals in den Vordergrund geschoben hat, d.h. ihre Aufmerksamkeit galt nicht nur ihrem eigenen Erleben, sondern auch ihrer Umgebung.

Im Hinblick auf die durch die Frauenbewegung der 70er Jahre hervorgerufenen Veränderungen auf dem literarischen Markt kann das Werk Wohmanns als eine Ausnahmeerscheinung gelten, weil ihre in der Aufschwungzeit des deutschen Feminismus verfaßten Werke sich in mehrfacher Hinsicht von der programmatischen Frauenliteratur unterscheiden (vgl. 5.2.). Wohmann hat selbst die Bezeichnung 'Frauenliteratur' für ihre Texte abgelehnt und ihre Skepsis zu feministischen Programmen ausgedrückt. Die Autorin beschäftigt sich mit Frauenfragen und ist sich beim Schreiben ihrer Geschlechtszugehörigkeit bewußt, aber da sie in ihren Texten einen nicht nur weiblichen Erzählstandpunkt wählt, die allgemeine Thematik bevorzugt und auf die ideologische Betrachtung beider Geschlechter verzichtet, läßt sich ihr Werk als afeministisch bezeichnen. Manche Aspekte der patriarchalischen Gesellschaftsordnung (z.B. weibliche Unmündigkeit) stoßen auf die Kritik der Autorin, aber das Leiden ihrer (Frauen)Figuren wird weniger durch soziale als vielmehr durch individuelle Faktoren (z.B. mangelndes Selbstbewußtsein) bestimmt. Wohmann interessiert sich nicht für das Politische oder Ideologische und wenn sie eine Art Gesellschaftskritik übt, z.B. an tradierten patriarchalischen Verhältnissen, verzichtet sie auf jegliche Verallgemeinerungen und konzentriert sich auf individuelle Verhaltensweisen. Anders als feministische Autorinnen (z.B. Margot Schröder) begrenzt sich Wohmann auf die Schilderung der inneren Zustände ihrer Frauenfiguren, die auffällig passiv sind, mit sich geschehen lassen und kaum nach konkreten Veränderungen ihrer Lebenssituation streben. Die meisten Frauenfiguren Wohmanns präsentieren einen tradierten Frauentypus, der sich trotz feministischer Bemühungen um die Gesellschaftsveränderung keineswegs von Konventionen und überlieferten Lebensmodellen befreien kann. Die distanzierte Haltung Wohmanns zu allen radikalfeministischen Trends kommt auch dadurch zum Ausdruck, daß sie an die Darstellungen der patriarchalisch geprägten Frauenunterdrückung immer wieder die Kritik am fanatischen und modehaften Feminismus anschließt (vgl. dazu die Romane "Paulinchen war allein zu Haus" oder "Ach wie gut, daß niemand weiß"). Da Wohmann nicht nur patriarchalische Strukturen, sondern auch das Verhalten mancher Frauen kritisch oder ironisch betrachtet, entziehen sich ihre Werke der feministischen Schwarz-Weiß-Malerei und gewinnen an Vielschichtigkeit sowie Glaubwürdigkeit.

Nicht nur die Werke Wohmanns, sondern vor allem die von Kronauer sind gute Beispiele dafür, daß literarische Tätigkeit von Gegenwartsautorinnen sich keineswegs auf eine oppositionelle Emanzipationsbewegung innerhalb eines eingespielten Kulturverständnisses reduzieren läßt. Die Texte Kronauers verdeutlichen die Tatsache, daß die in den 80er und 90er Jahren publizierenden Frauen sich immer weiter von feministischen Positionen distanzieren und in erster Linie als Künstlerinnen, nicht als Frauenrechtlerinnen angesehen werden wollen. Als Autorin hat Kronauer mit ihrem Werk über alle ideologischen Ziele des Feminismus hinausgewachsen (vgl. 5.3.). Den feministischen Literaturkonzepten entfernt sich die Prosa Kronauers sowohl durch ihre Thematik als auch durch eine spezifische, auf kleine Details gerichtete Wahrnehmungsweise. In ihren Texten fehlen die für die feministische Literatur charakteristische Kausalität verschiedener Lebenszusammenhänge und gesellschaftskritische Problemanalyse. Während feministisches Literaturprogramm von der Möglichkeit einer 'spezifisch weiblichen' Ästhetik ausgeht, versucht Kronauer, mit ihren Texten jegliche geschlechtsbedingte Spezifik eines Kunstwerkes zu negieren. Die Autorin lehnt ausdrücklich die literarischen Konzepte ab, die ästhetische Kriterien durch ideologische, darunter auch feministische, ersetzen und durch die Betonung des Autobiographischen, Programmatischen oder Politischen das Fiktionale vernachlässigen. Auch im Hinblick auf die Prozesse der Identitätsbildung lassen sich Unterschiede zwischen der programmatischen Literatur und den Texten Kronauers feststellen: Während feministische Literatur immer wieder die Notwendigkeit einer 'weiblichen' Selbstverwirklichung betont, geht in Kronauers Texten personale Identität zugunsten der Möglichkeit der Verwandlung, der Auflösung oder der Verbindung mit den unbekannten Sphären des Anderen verloren (vgl. dazu die weiblichen Verwandlungsimaginationen im Roman "Die Frau in den Kissen"). Die Figuren Kronauers sind in einen Ruhezustand versunken, deswegen entziehen sie sich allen Kämpfen und Auseinandersetzungen und unternehmen keine konkreten Versuche, ihre Lebenssituation zu verändern. Von besonderer Bedeutung ist auch die Tatsache, daß der Blickwinkel der Kronauerschen Erzählerinnen sich keineswegs auf individuelle, geschweige schon weibliche Probleme beschränkt: Die Aufmerksamkeit der Erzählinstanzen gilt allen Menschen, Tieren, Dingen und Naturvorgängen (vgl. den Roman "Die Frau in den Kissen"). Die Breite des Blickwinkels, die Künstlichkeit der Sprache und der hohe Grad an Selbstreflexion tragen der Einzigartigkeit dieses vielschichtigen Werkes im Kontext der zeitgenössischen Literatur von deutschen Autorinnen bei und beeinflussen seine überwiegend positive Rezeption durch die Literaturkritik.

Die untersuchten Texte von Kaschnitz, Wohmann und Kronauer bestätigen, daß es in der zweiten Hälfte des 20. Jahrhunderts Autorinnen gibt, die sich nicht nur von feministischen Literaturkonzepten distanzieren, sondern auch anthropologisches Grundwissen nicht ausblenden und in kreativen Prozessen sich der simultanen Wirkungskraft weiblicher und männlicher Potentiale bewußt bleiben. Die Analyse ihrer Werke und deren Vergleich mit feministischer Literatur verdeutlicht die Vielschichtigkeit der literarischen Arbeit von Frauen. Dadurch wird auch das Verständnis deutscher Gegenwartsliteratur erweitert. Ich habe in meiner Arbeit einige entscheidende Aspekte einer besonders strittigen Thematik beleuchtet. Indem einige in meinem Kontext wichtige thematische Schwerpunkte gesetzt wurden, blieben andere Themen und Motive außer acht (so wurde z.B. die Darstellung weiblicher Sexualität nicht näher erläutert, weil dieser thematische Aspekt in den untersuchten Texten, vor allem in denen von Kaschnitz, selten oder gar nicht in den Mittelpunkt des Erzählten rückt). Offene Fragen können dazu einladen, andere Texte und Methoden heranzuziehen und weiter zu forschen.

LEBENSLAUF

Vorname, Name:	Ruta Eidukeviciene, geb. Urbikaite
Geburtsdatum:	17.08.1975
Geburtsort:	Bezirk Kaunas/ Litauen
Wohnadresse:	Basanaviciaus al. 61-24
	Kaunas/ Litauen
Tel./Fax:	+370 37 776467
E-mail:	Ruta_Eidukeviciene@hmf.vdu.lt

Ausbildung:

1982 – 1993	Mittelschule in Vilkija/ Bezirk Kaunas Juni 1993 Abitur
1993 – 1994	Universität Vytautas Magnus in Kaunas, Fachrichtung Geschichte
1993 – 1997	Vytautas Magnus Universität in Kaunas, Fachrichtung Deutsche Sprache und Literatur Juni 1997 Erlangung des akademischen Grades des Bakkalaureus
1997-1999	Vilnius Universität, Fachrichtung Allgemeine Literatur Juni 1999 Erlangung des akademischen Grades des Magisters
Oktober 1997- September 1998	Neuere Deutsche Literaturwissenschaft an der Universität des Saarlandes (DAAD- Jahresstipendium)

Berufliche Tätigkeit:

Oktober 1998 – August 1999	Übersetzerin/ Dolmetscherin im Übersetzungsbüro „VERTIMAI" in Vilnius
September 1999 – jetzt	Lektorin an dem Lehrstuhl für Deutsche und Französische Philologie/ Vytautas Magnus Universität in Kaunas

Wissenschaftliche Tätigkeit:

Oktober 1999 – Juni 2003	Arbeit an der Dissertation zum Thema „Jenseits des Geschlechterkampfes. Traditionelle Aspekte des Frauenbildes in der Prosa von Marie Luise Kaschnitz, Gabriele Wohmann und Brigitte Kronauer" 05.06.2003 Promotion an der Universität des Saarlandes
Publikationen:	6 wissenschaftliche Publikationen in deutscher und litauischer Sprache zur Neueren deutschen Literatur und Literaturwissenschaft

10.06.2003

Rūta Eidukevičienė

LITERATURVERZEICHNIS

Primärliteratur:

Texte von Marie Luise Kaschnitz:

Kaschnitz, Marie Luise: Gesammelte Werke. Hrsg. von Christian Büttrich und Norbert Miller. Bd.2. (Autobiographische Prosa I). Frankfurt am Main 1981.

Kaschnitz, Marie Luise: Gesammelte Werke. Hrsg. von Christian Büttrich und Norbert Miller. Bd.4. (Erzählungen). Frankfurt am Main 1983.

Kaschnitz, Marie Luise: Ferngespräche. Erzählungen. Frankfurt am Main 1972.

Kaschnitz, Marie Luise: Lange Schatten. Erzählungen. Hamburg 1960.

Kaschnitz, Marie Luise: Liebe beginnt. Roman. Frankfurt am Main 1981.

Kaschnitz, Marie Luise: Tage, Tage, Jahre. Aufzeichnungen. Frankfurt am Main 1968.

Kaschnitz, Marie Luise: Tulpenmann. Erzählungen. Stuttgart 1979.

Kaschnitz, Marie Luise: Die Schwierigkeit, unerbittlich zu sein. Interview mit sich selbst. In: Marie Luise Kaschnitz. Hrsg. von Uwe Schweikert. Frankfurt am Main 1984, S.297-300.

Texte von Gabriele Wohmann:

Wohmann, Gabriele: Abschied für länger. Roman. Reinbek bei Hamburg 1969.

Wohmann, Gabriele: Ach wie gut, daß niemand weiß. Roman. Darmstadt, Neuwied 1980.

Wohmann, Gabriele: Ausflug mit der Mutter. Roman. Hamburg, Zürich 1978.

Wohmann, Gabriele: Ausgewählte Erzählungen aus zwanzig Jahren. Bd.1. (1956-1963) und Bd.2. (1964-1977). Darmstadt, Neuwied 1979.

Wohmann, Gabriele: Ländliches Fest. Erzählungen. Darmstadt, Neuwied 1975.

Wohmann, Gabriele: Paulinchen war allein zu Haus. Roman. Darmstadt, Neuwied 1978.

Wohmann, Gabriele: Schönes Gehege. Roman. Reinbek bei Hamburg 1978.

Wohmann, Gabriele: Vaterporträt. In: Die Väter. Berichte und Geschichten. Hrsg. von Peter Härtling. Frankfurt am Main 1968, S.219-230.

Interviews:

Durzak, Manfred: "Ein gewisses Faible für die Kurzgeschichte". Gespräch mit Gabriele Wohmann. In: Ders.: Die deutsche Kurzgeschichte der Gegenwart. Autorenporträts. Werkstattgespräche. Interpretationen. Stuttgart 1980, S.103-114.

Gabriele Wohmann. In: Butzbacher Autoren-Interviews. Hrsg. von Hans-Müller. Bd.2. Darmstadt 1977, S.46-62.

Rudolph, Ekkehart: Gabriele Wohmann. In: Ders.: Protokoll zur Person. Autoren über sich und ihr Werk. München 1971, S.145-157.

Rudolph, Ekkehart: Gabriele Wohmann. In: Ders.: Aussage zur Person. Zwölf deutsche Schriftsteller im Gespräch mit Ekkerhart Rudolph. Tübingen, Basel 1977, S.192-197.

Texte von Brigitte Kronauer:

Kronauer, Brigitte: Das arglistige Mädchen. In: Brigitte Kronauer. Text+ Kritik, 112. Hrsg. von Heinz Ludwig Arnold. München 1991, S.33-34.

Kronauer, Brigitte. In: Das kleine Mädchen, das ich war. Schriftstellerinnen über sich. Köln 1982, S.39-46.

Kronauer, Brigitte: Die Frau in den Kissen. Roman. München 2001.

Kronauer, Brigitte: Rita Münster. Roman. München 1991.

Kronauer, Brigitte: Wiese. Erzählungen. Stuttgart 1993.

Interviews und theoretische Schriften:

"Der metaphysische Acker". Gerhard Moser im Gespräch mit Brigitte Kronauer. In: Literatur und Kritik. H.267/268. Salzburg 1992, S.29-34.

Gespräch Brigitte Kronauers mit Carna Zacharias: 'Ich vermute, daß der 'Zeitgeist' mich nicht besonders mag (und umgekehrt)'. In: Börsenblatt für den deutschen Buchhandel (26. Februar 1991), S.636-638.

Kronauer, Brigitte: Aufsätze zur Literatur. Stuttgart 1987.

Kronauer, Brigitte: Literatur, Männer und Frauen. In: Konkret 11 (1990), S.60.

Kronauer, Brigitte: Nachwort zu: Kronauer, Brigitte: Wiese. Erzählungen. Stuttgart 1993, S.119-126.

Kronauer, Brigitte: Zur Trilogie "Rita Münster", "Berittener Bogenschützer", "Die Frau in den Kissen". In: Die Sichtbarkeit der Dinge. Über Brigitte Kronauer. Hrsg. von Heinz Schafroth. Stuttgart 1998, S.152-154.

Weitere Primärtexte:

Bachmann, Ingeborg: Undine geht. In: Dies.: Das dreißigste Jahr. Erzählungen. München 1966, S.170-179.

Heinrich, Jutta: Das Geschlecht der Gedanken. Roman. München 1977.

Reinig, Christa: Entmannung. Die Geschichte Ottos und seiner vier Frauen erzählt von Christa Reinig. Roman. Düsseldorf 1976.

Schröder, Margot: Die Vogelspinne. Monolog einer Trinkerin. Roman. München 1982.

Schwaiger, Brigitte: Lange Abwesenheit. Roman. Reinbek bei Hamburg 1982.

Schwaiger, Brigitte: Wie kommt das Salz ins Meer. Roman. Reinbek bei Hamburg 1979.

Stefan, Verena: Häutungen. Autobiographische Aufzeichnungen - Gedichte- Träume - Analysen. München 1975.

Struck, Karin: Die Mutter. Roman. Frankfurt am Main 1980.

Sekundärliteratur:

Allgemeine Literatur:

Aulls, Katharina: Verbunden und gebunden: Mutter-Tochter-Beziehungen in sechs Romanen der siebziger und achtziger Jahre. Frankfurt am Main, Berlin 1993.

Badinter, Elisabeth: Die Mutterliebe. Geschichte eines Gefühls vom 17. Jahrhundert bis heute. München 1985.

Barthes, Roland: Mythen des Alltags. Übersetzt von Helmut Scheffel. Frankfurt am Main 1964.

Beauvoir, Simone de: Das andere Geschlecht. Hamburg 1968.

Berger, Renate; Stephan, Inge: Einleitung zu: Weiblichkeit und Tod in der Literatur. Hrsg. von Renate Berger und Inge Stephan. Köln, Wien 1987, S.1-9.

Bovenschen, Silvia: Die imaginierte Weiblichkeit. Exemplarische Untersuchungen zu kulturgeschichtlichen und literarischen Präsentationsformen des Weiblichen. Frankfurt am Main 1979.

Bovenschen, Silvia: Über die Frage: Gibt es eine 'weibliche Ästhetik'?. In: Ästhetik und Kommunikation 25 (1976), S.60-75.

Bronfen, Elisabeth: Nur über ihre Leiche. Tod, Weiblichkeit und Ästhetik. München 1994.

Brügmann, Margret: Amazonen der Literatur. Studien zur deutschsprachigen Frauenliteratur der 70er Jahre. Amsterdam 1986.

Burgfeld, Carmen: Versuch über die Wut als Begründung einer feministischen Ästhetik. In: VerRückte Rede - Gibt es eine weibliche Ästhetik? Notizbuch 2. Hrsg. von Friederike J. Hassauer und Peter Roos. Berlin 1980, S.82-90.

Corkhill, Alan: Darstellungen der Kindheit und der Adoleszenz in deutschen Initiationsgeschichten seit 1945. In: Literatur für Leser. Zeitschrift für Interpretationspraxis und geschichtliche Texterkenntnis. Hrsg. von Rolf Geißler und Herbert Kaiser. Oldenburg 1997-1998, H.3., S.158-167.

Czarnecka, Mirosława: Frauenliteratur der 70er und 80er Jahre in der Bundesrepublik Deutschland. Warszawa, Wrocław 1988.

Dalsimer, Katherine: Vom Mädchen zur Frau. Literarische Darstellungen - psychoanalytisch betrachtet. Aus dem Amerikanischen übersetzt von Elisabeth Vorspohl. Berlin, Heidelberg 1993.

Die deutsche Literatur von Frauen. Hrsg. von Gisela Brinker-Gabler. München 1988.

Dölling, Irene: Der Mensch und sein Weib: Aktuelle Frauen- und Männerbilder. Geschichtliche Ursprünge und Perspektiven. Berlin 1991.

Eifler, Margret: Postmoderne Feminisierung. In: Frauen-Fragen in der deutschsprachigen Literatur seit 1945. Hrsg. von Mona Knapp und Gerd Labroisse. Amsterdam, Atlanta 1989, S.1-35.

Flaake, Karin; King, Vera: Psychosexuelle Entwicklung, Lebenssituation und Lebensentwürfe junger Frauen. Zur weiblichen Adoleszenz in soziologischen und psychoanalytischen Theorien. In: Weibliche Adoleszenz. Zur Sozialisation junger Frauen. Hrsg. von Karin Flaake und Vera King. Frankfurt am Main, New York 1992, S.13-39.

Foucault, Michel: Sexualität und Wahrheit. Bd.1. ("Der Wille zum Wissen"). Frankfurt am Main 1989.

Frauenliteratur: Autorinnen-Perspektiven-Konzepte. Hrsg. M. Jurgensen. Frankfurt am Main 1983.

Frauenliteratur ohne Tradition? Neun Autorinnenporträts. Hrsg. von Inge Stephan, Regula Venske und Sigrid Weigel. Frankfurt am Main 1987.

FrauenMännerBilder. Männer und Männlichkeit in der feministischen Diskussion. Hrsg. von Carol Hagemann-White und Maria S. Rerrich. Bielefeld 1988.

Frei Gerlach, Franziska: Schrift und Geschlecht: feministische Entwürfe und Lektüren von Marlen Haushofer, Ingeborg Bachmann und Anne Duden. Berlin 1998.

Friederiksen, Elke: Literarische (Gegen-)Entwürfe von Frauen nach 1945: Berührungen und Veränderungen. In: Frauen-Fragen in der deutschsprachigen Literatur seit 1945. Hrsg. von Mona Knapp und Gerd Labroisse. Amsterdam, Atlanta 1989, S.83-110.

Gidion, Heidi: Was sie stark macht, was sie kränkt. Töchter und ihre Väter. Freiburg 1993.

Grandell, Ulla: "Mein Vater, mein Vater, warum hast du mich verlassen?" Männergestalten in deutschsprachiger Frauenliteratur 1973-1982. Stockholm 1987.

Günter, Andrea: Literatur und Kultur als Geschlechterpolitik. Feministisch-literaturwissenschaftliche Begriffswelten und ihre Denk(t)räume. Königstein/Taunus 1997.

Hagemann-White, Carol: Berufsfindung und Lebensperspektive in der weiblichen Adoleszenz. In: Weibliche Adoleszenz. Zur Sozialisation junger Frauen. Hrsg. von Karin Flaake und Vera King. Frankfurt am Main, New York 1992, S.64-83.

Hanika, Karin; Werckmeister, Johanna: "... wie ein Geschöpf, geboren und begabt für dieses Element". Ophelia und Undine - Zum Frauenbild des späten 19. Jahrhunderts. In: Weiblichkeit und Tod in der Literatur. Hrsg. von Renate Berger und Inge Stephan. Köln, Wien 1987, S.117-154.

Harzer, Friedmann: Erzählte Verwandlung. Eine Poetik epischer Metamorphosen (Ovid-Kafka-Ransmayr). Tübingen 2000.

Hausen, Karin: Die Polarisierung der "Geschlechtercharaktere" - Eine Spiegelung der Dissoziation von Erwerbs- und Familienleben. In: Sozialgeschichte der Familie in der Neuzeit Europas: neue Forschungen. Hrsg. von Werner Conze. Stuttgart 1977, S.363-393.

Hof, Renate: Entwicklung der Gender Studies. In: Genus – zur Geschlechterdifferenz in den Kulturwissenschaften. Hrsg. von Hadumod Bußmann und Renate Hof. Stuttgart 1995, S.2-33.

Hollstein, Walter: Der Kampf der Geschlechter. Frauen und Männer im Streit um Liebe und Macht und wie sie sich verständigen könnten. München 1993.

Inszenierungen von Weiblichkeit. Weibliche Kindheit und Adoleszenz in der Literatur des 20. Jahrhunderts. Hrsg. von Gertrud Lehnert. Opladen 1996.

Jacobi, Jolande: Die Psychologie von C. G. Jung. Eine Einführung in das Gesamtwerk. Frankfurt am Main 1977.

Jurgensen, Manfred: Deutsche Frauenautoren der Gegenwart. Bern 1983.

Jurgensen, Manfred: Vorwort zu: Frauenliteratur: Autorinnen-Perspektiven-Konzepte. Hrsg. von Manfred Jurgensen. Frankfurt am Main 1983, S.7-12.

Jurgensen, Manfred: Was ist Frauenliteratur? (Vorläufige Anmerkungen). In: Frauenliteratur: Autorinnen-Perspektiven-Konzepte. Hrsg. von Manfred Jurgensen. Frankfurt am Main 1983, S.13-43.

Klages, Norgard: Look back in anger: mother-daugther and father-daugther relationships in women's autobiographical writings of the 1970s and 1980s. New York, Washington 1995.

Koch-Klenske, Eva: Das häßliche Gesicht der schönen Frau. München 1982.

Landweer, Hilge: Skylla und Charybdis frauenforscherischer Selbstmodelle: zwischen androzentrischen Egalitätsvorstellungen und weiblichen Omnipotenzphantasien. In: FrauenMännerBilder. Männer und Männlichkeit in der feministischen Diskussion. Hrsg. von Carol Hagemann-White und Maria S. Rerrich. Bielefeld 1988, S.140-169.

Lassacher, Martina: Auf der Suche nach der Großen Mutter. Zu einem Grundmuster der Weltliteratur. Frankfurt am Main 1987.

Lehnert, Gertrud: Einleitung zu: Inszenierungen von Weiblichkeit. Weibliche Kindheit und Adoleszenz in der Literatur des 20. Jahrhunderts. Hrsg. von Gertrud Lehnert. Opladen 1996, S.7-14.

Leonard, Linda: Töchter und Väter: Heilung und Chancen einer verletzten Beziehung. Aus dem Amerikanischen von Susanne Schaup. München 1985.

Lindhoff, Lena: Einführung in die feministische Literaturtheorie. Stuttgart 1995.

Luhmann, Niklas: Liebe als Passion. Zur Codierung von Intimität. Frankfurt am Main 1992.

Mader, Elisabeth: Die Darstellung von Kindheit bei deutschsprachigen Romanautorinnen der Gegenwart. Eine pädagogisch-literaturdidaktische Untersuchung. Frankfurt am Main, Bern 1990.

Moffit, Gisela: Bonds and bondages: daughter-father relationships in the father memoirs of German-speaking women writers oft the 1970s. New York 1993.

Möhrmann, Renate: Einleitung zu: Verklärt, verkitscht, vergessen: die Mutter als ästhetische Figur. Hrsg. von Renate Möhrmann. Stuttgart 1996, S.1-19.

Möhrmann, Renate: Feministische Trends in der deutschen Gegenwartsliteratur. In: Deutsche Gegenwartsliteratur: Ausgangspositionen und aktuelle Entwicklungen. Hrsg. von Manfred Durzak. Stuttgart 1981, S.336-358.

Mueller, Elvira Y.: Frauen zwischen "Nicht-mehr" und "Noch-Nicht": weibliche Entwicklungsprozesse in der Literatur von Autorinnen der Gegenwart zwischen 1975 und 1990. Bern 1994.

Mutter und Mütterlichkeit. Wandel und Wirksamkeit einer Phantasie in der deutschen Literatur. Festschrift für Verena Ehrich-Haefeli. Hrsg. von Irmgard Roebling und Wolfram Mauser. Würzburg 1996.

Nestvold-Mack, Ruth: Grenzüberschreitungen: die fiktionale weibliche Perspektive in der Literatur. Erlangen 1990.

Neubauer, Elfriede Chr.: Rollenverteilung in der Familie und Geschlechtsrollenidentität von Töchtern. In: Frauenbilder, Frauenrollen, Frauenforschung. Hrsg. von Christa Gürtler u.a. Wien, Salzburg 1987, S.117-131.

Neue Literatur der Frauen. Deutschsprachige Autorinnen der Gegenwart. Hrsg. von Heinz Puknus. München 1980.

Neumer-Pfau, Wiltrud: *Töten, Trauern, Sterben - Weiblichkeitsbilder in der antiken griechischen Kultur.* In: Weiblichkeit und Tod in der Literatur. Hrsg. von Renate Berger und Inge Stephan. Köln, Wien 1987, S.11-34.

Olivier, Christiane: Jokastes Kinder. Die Psyche der Frau im Schatten der Mutter. Deutsch von Siegfried Reinke. Düsseldorf 1987.

Osinski, Jutta: Kritik der feministischen Literaturwissenschaft. In: Kultureller Wandel und die Germanistik in der Bundesrepublik: Vorträge des Augsburger Germanistentags 1991. Hrsg. von Johannes Janota. Tübingen 1993, S.35-46.

Puknus, Heinz: Nachwort des Herausgebers. Zur Geschichte der neuen Literatur der Frauen. In: *Neue Literatur der Frauen.* Deutschsprachige Autorinnen der Gegenwart. Hrsg. von Heinz Puknus. München 1980, S.255-268.

Pulver, Elsbeth: Annäherung an einen Fremden. Vater-Porträts in der neuesten Literatur. In: Schweizer Monatshefte 60 (1980), S.689-701.

Rave, Marion: Befreiungsstrategien. Der Mann als Feindbild in der feministischen Literatur. Bielefeld 1991.

Richter-Schröder, Karin: Frauenliteratur und weibliche Identität: theoretische Ansätze zu einer weiblichen Ästhetik und zur Entwicklung der neuen deutschen Frauenliteratur. Frankfurt am Main 1986.

Roebling, Irmgard; Mauser, Wolfram: Vorwort zu: Mutter und Mütterlichkeit. Wandel und Wirksamkeit einer Phantasie in der deutschen Literatur. Festschrift für Verena Ehrich-Haefeli. Hrsg. von Irmgard Roebling und Wolfram Mauser. Würzburg 1996, S.11-16.

Schmidjell, Annegret: Quartier auf Probe. Tendenzen feministischer Literaturpraxis aus der neuen Frauenbewegung mit Textbeispielen von Jutta Heinrich und Margot Schröder. Stuttgart 1986.

Schmidt, Ricarda: Westdeutsche Frauenliteratur in den 70er Jahren. Frankfurt am Main 1982.

Schmidt, Susanne: Jungfrau und Monster. Frauenmythen im englischen Roman der Gegenwart. Berlin 1996.

Schütze, Yvonne: Die gute Mutter. Zur Geschichte des normativen Gefühls 'Mutterliebe'. Bielefeld 1986.

Showalter, Elaine: Feministische Literaturkritik in der Wildnis. In: Mit verschärftem Blick. Feministische Literaturkritik. Hrsg. von Karen Nölle-Fischer. München 1987, S.40-88.

Serke, Jürgen: Frauen schreiben. Ein neues Kapitel deutschsprachiger Literatur. Hamburg 1979.

Sichtermann, Barbara: Weiblichkeit. Zur Politik des Privaten. Berlin 1983.

Sozialgeschichte der Familie in der Neuzeit Europas: neue Forschungen. Hrsg. von Werner Conze. Stuttgart 1977.

Stephan, Inge: »Bilder und immer wieder Bilder...« Überlegungen zur Untersuchung von Frauenbildern in männlicher Literatur. In: Stephan, Inge; Weigel, Sigrid: Die verborgene Frau. Sechs Beiträge zu einer feministischen Literaturwissenschaft. Sonderband 96. Berlin 1983, S.15-34.

Stephan, Inge: Weiblichkeit, Wasser und Tod: Undinen, Melusinen und Wasserfrauen bei Eichendorff und Fouqué. In: Weiblichkeit und Tod in der Literatur. Hrsg. von Renate Berger und Inge Stephan. Köln, Wien 1987, S.117-139.

Stephan, Inge; Weigel, Sigrid: Die verborgene Frau: Sechs Beiträge zu einer feministischen Literaturwissenschaft. Sonderband 96. Berlin 1983.

Stephan, Inge; Weigel, Sigrid: Feministische Literaturwissenschaft: Dokumentation der Tagung in Hamburg vom Mai 1983. Berlin 1984.

Stork, Jochen: Über die Schwäche der Vaterbilder oder die Angst vor der Frau. Ein Beitrag aus der Psychopathologie. In: Sturz der Götter? Vaterbilder im 20. Jahrhundert. Hrsg. von Werner Faulstich und Gunter E. Grimm. Frankfurt am Main 1989, S.153-175.

Stuby, Anna Maria: Liebe, Tod und Wasserfrau: Mythen des Weiblichen in der Literatur. Wiesbaden 1992.

Unseld, Siegfried: Im Jahrhundert der Frau. Ein Almanach des Suhrkamp Verlags. Geleitwort. Frankfurt am Main 1980, S.7-11.

Venske, Regula: Das Verschwinden des Mannes in der weiblichen Schreibmaschine. Männerbilder in der Literatur von Frauen. Hamburg, Zürich 1991.

Verklärt, verkitscht, vergessen: die Mutter als ästhetische Figur. Hrsg. von Renate Möhrmann. Stuttgart 1996.

Vorspel, Luzia: Was ist neu an der neuen Frau?: Gattungen, Formen, Themen von Frauenliteratur der 70er und 80er Jahre am Beispiel der Rowohlt-Taschenbuchreihe 'neue Frau'. Frankfurt am Main 1990.

Weigel, Sigrid: 'Das Weibliche als Metapher des Metonymischen'. Kritische Überlegungen zur Konstitution des Weiblichen als Verfahren oder Schreibweise. In: Kontroversen, alte und neue. Bd.6. (Frauensprache – Frauenliteratur?) Hrsg. von Inge Stephan und Carl Pietzcker. Tübingen 1986, S.108-118.

Weigel, Sigrid: Der Schielende Blick. Thesen zur Geschichte weiblicher Schreibpraxis. In: Stephan, Inge; Weigel, Sigrid: Die verborgene Frau. Sechs Beiträge zu einer feministischen Literaturwissenschaft. Sonderband 96. Berlin 1983, S.83-137.

Weigel, Sigrid: Die Stimme der Medusa. Schreibweisen in der Gegenwartsliteratur von Frauen. Dülmen-Hiddingsel 1987.

Weigel, Sigrid: Frau und 'Weiblichkeit'. Theoretische Überlegungen zur feministischen Literaturkritik. In: Stephan, Inge; Weigel, Sigrid: Feministische Literaturwissenschaft: Dokumentation der Tagung in Hamburg vom Mai 1983. Berlin 1984, S.103-113.

Weigel, Sigrid: Topographien der Geschlechter. Kulturgeschichtliche Studien zur Literatur. Reinbek bei Hamburg 1990.

Wilpert, Gero von: Sachwörterbuch der Literatur. Stuttgart 1979.

Literatur zu Marie Luise Kaschnitz:

Albrecht, Monika: Mann-Frau-Mensch. Zur Frage der Geschlechtsidentität bei Marie Luise Kaschnitz. In: "Für eine aufmerksamere Welt". Beiträge zu Marie Luise Kaschnitz. Hrsg. von Dirk Göttsche. Stuttgart, Weimar 2001, S.187-202.

Altenhofer, Norbert: Sibyllinische Rede: Poethologische Mythen im Werk von Marie Luise Kaschnitz. In: Zeitgenossenschaft: Studien zur dt.-sprachigen Literatur im 20 Jh.; Festschr. für Egon Schwarz zum 65. Geburtstag. Hrsg. von Paul Michael Lützeler. Frankfurt am Main 1987, S.159-175.

Baus, Anita: Standortbestimmung als Prozess. Eine Untersuchung zur Prosa von Marie Luise Kaschnitz. Bonn 1974.

Boetcher-Joeres, Ruth-Ellen: Mensch oder Frau? Marie Luise Kaschnitz' "Orte" als autobiographischer Beweis eines Frauenbewußtseins. In: Der Deutschunterricht. Frauen in Sprache und Literatur. Jahrgang 3/86 Stuttgart, S.77-85.

Bostrup, Lise: "Lange Schatten" von Marie Luise Kaschnitz als Modell eines Individuationsprozesses. In: Text & Kontext. Zeitschrift für germanistische Literaturfoschung in Skandinavien. Hrsg. von Klaus Bohnen und Sven-Aage Jørgensen. Kopenhagen, München 1985, S.142-157.

Corkhill, Alan: Das Bild der Frauen bei Marie Luise Kaschnitz. In: Acta Germanica 16 (1983). Frankfurt am Main 1984, S.113-123.

Dohle, Eduard: Marie Luise Kaschnitz im Dritten Reich und in der Nachkriegszeit. Ein Beitrag zu den Publikations- und Wertungsbedingungen der nicht-nationalsozialistischen Autorin. München 1990.

Drewitz, Ingeborg: Marie Luise Kaschnitz. Ein Porträt. In: Marie Luise Kaschnitz. Hrsg. von Uwe Schweikert. Frankfurt am Main 1984, S.15-24.

Endres, Elisabeth: Marie Luise Kaschnitz. In: *Neue Literatur der Frauen.* Deutschsprachige Autorinnen der Gegenwart. Hrsg. von Heinz Puknus. München 1980, S.20-24.

Falkenhof, Edith Lisa: Marie Luise Kaschnitz' literarisches Debüt: der Roman "Liebe beginnt". Hannover 1987.

Gersdorff, Dagmar von: Marie Luise Kaschnitz. Eine Biographie. Frankfurt am Main, Leipzig 1992.

Hermanns, Irmgard: Marie Luise Kaschnitz, Ingeborg Bachmann, Christa Wolf, Sylvia Plath: Das spezifisch weibliche Selbstverständnis im Werk großer Autorinnen. In: Buch und Bibliothek 38 (1986), S.68-75.

Keßler, Susanne: Die Egozentrik der undefinierten Frau. Zu Marie Luise Kaschnitz' autobiographischen Roman "Das Haus der Kindheit". In: Marie Luise Kaschnitz. Hrsg. von Uwe Schweikert. Frankfurt am Main 1984, S.78-90.

Matter, Ursula: Tragische Aspekte in den Erzählungen von Marie Luise Kaschnitz. Zürich 1979.

Pulver, Elsbeth: Emanzipation zu zweit. Zum Erstlingsroman von Marie Luise Kaschnitz: «Liebe beginnt» (1933). In: Schweizer Monatshefte für Politik, Wirtschaft und Kultur 62 (1982), S.858-864.

Pulver, Elsbeth: Marie Luise Kaschnitz. München 1984.

Reichardt, Johanna Christiane: Zeitgenossin. Marie Luise Kaschnitz. Eine Monographie. Frankfurt am Main 1984.

Schweikert, Uwe: Das eingekreiste Ich. Zur Schrift der Erinnerung bei Marie Luise Kaschnitz. In: Marie Luise Kaschnitz. Hrsg. von Uwe Schweikert. Frankfurt am Main 1984, S.58-76.

Stephan, Inge: Liebe als weibliche Bestimmung? *Frauenbild und mythische Strukturen in den beiden frühen Romanen "Liebe beginnt" und "Elissa" von Marie Luise Kaschnitz.* In: Marie Luise Kaschnitz. Hrsg. von Uwe Schweikert. Frankfurt am Main 1984, S.119-150.

Stephan, Inge: Männliche Ordnung und weibliche Erfahrung: Überlegungen zum autobiographischen Schreiben bei Marie Luise Kaschnitz. In: Frauen–literatur ohne Tradition? Neun Autorinnenporträts. Hrsg. von Inge Stephan, Regula Venske und Sigrid Weigel. Frankfurt am Main 1987, S.133-157.

Stephan, Inge: "Vom Ich in der Fremde" - Fremdheitserfahrung in der Beziehung. Überlegungen zu den beiden Erzählungen »Der Spaziergang« und »Die Pilzsucher« aus dem Nachlaß von Marie Luise Kaschnitz. In: Marie Luise Kaschnitz. Hrsg. von Uwe Schweikert. Frankfurt am Main 1984, S.151-170.

Vetter, Helga: Ichsuche: die Tagebuchprosa von Marie Luise Kaschnitz. Stuttgart 1994.

Literatur zu Gabriele Wohmann:

Benz, Jurgen Michael: *Ich-Schwäche und Identitätsprobleme.* In: Gabriele Wohmann. Hrsg. von Günter Häntzschel. München 1982, S.81-105.

DaRin, Renate: Pathologie der Familie. Untersuchung der Romane "Abschied für länger" und "Schönes Gehege" von Gabriele Wohmann anhand der Familiensystemtheorie nach P. Minuchin und U. Bronfenbrenner. Edition Wissenschaft, Reihe Germanistik, Bd.3. Marburg 1995.

Drewitz, Ingeborg: Sie drückt ganz schön fest zu, aber sie lächelt ja. Die Prosa der Gabriele Wohmann. In: Merkur. Deutsche Zeitschrift für europäisches Denken 10 (1974), S.989-992.

Ferchl, Irene: Die Rolle des Alltäglichen in der Kurzprosa von Gabriele Wohmann. Bonn 1980.

Fritsch, Hildegard: Gabriele Wohmann: *Ach wie gut, daß niemand weiß.* In: Germanic Notes and Reviews 23 (1992), S.2-9.

Gabriele Wohmann. Hrsg. von Günter Häntzschel. München 1982.

Gregor-Dellin, Martin: Denk immer an heut' Nachmittag. Gabriele Wohmanns akribische Familienprosa. In: Lutz-Hilgarth, Dorothea: Literaturkritik in Zeitungen: dargestellt am Beispiel Gabriele Wohmann. Frankfurt am Main, Bern 1984, S.140-143.

Hagen, Rainer: Über Gabriele Wohmanns frühe Prosa. In: Gabriele Wohmann. Materialienbuch. Hrsg. von Thomas Scheuffelen. Darmstadt, Neuwied 1977, S.47-52.

Häntzschel, Günter: Porträt der Autorin. In: Gabriele Wohmann. Hrsg. von Günter Häntzschel. München 1982, S.7-16.

Häntzschel, Günter: Romane. In: Gabriele Wohmann. Hrsg. von Günter Häntzschel. München 1982, S.35-48.

Knapp, Gerhard P.: Gabriele Wohmann. Königstein/Ts. 1981.

Knapp, Mona: Zwischen den Fronten: Zur Entwicklung der Frauengestalten in Erzähltexten von Gabriele Wohmann. In: Gestaltet und Gestaltend. Frauen in der deutschen Literatur. Hrsg. von Marianne Burkhard. (Amsterdamer Beiträge zur neueren Germanistik, Band 10/1980). Amsterdam 1980, S.295-317.

Kraft, Helga; Kosta, Barbara: Das Angstbild der Mutter. Versuchte und verworfene Selbstentwürfe. Helga Novak, *Die Eisheiligen,* Jutta Heinrich, *Das Geschelcht der Gedanken,* Gabriele Wohmann, *Ausflug mit der Mutter.* In: Mütter-Töchter-Frauen: Weiblichkeitsbilder in der Literatur. Hrsg. von Helga Kraft und Elke Liebs. Stuttgart, Weimar 1993, S.215-241.

Krolow, Karl: Geschichte einer Liebe. In: Lutz-Hilgarth, Dorothea: Literaturkritik in Zeitungen: dargestellt am Beispiel Gabriele Wohmann. Frankfurt am Main, Bern 1984, S.112-113.

Lenzen, Arnulf: Das Problem der Isolation in Gabriele Wohmanns Roman: "Abschied für länger". In: Literatur für Leser. Zeitschrift für Interpretationspraxis und geschichtliche Texterkenntnis. Hrsg. von Rolf Gießler und Herbert Kaiser. Oldenburg 1980, S.184-190.

Lutz-Hilgarth, Dorothea: Literaturkritik in Zeitungen: dargestellt am Beispiel Gabriele Wohmann. Frankfurt am Main, Bern 1984.

Michaelis, Rolf: Heimweh nach dem Paradies. In: Gabriele Wohmann. Materialienbuch. Hrsg. von Thomas Scheuffelen. Darmstadt, Neuwied 1977, S.63-67.

Morris-Farber, Nina: Sociological Implications of the Reception of Gabriele Wohmann. In: Beyond the eternal feminine. Critical Essays on Women and German Literature. Ed. by Susan L. Cocalis and Kay Goddmann. Stuttgart 1982, S.291-309.

Niklewski, Günter: Der Monolog als Lebensform. In: Gabriele Wohmann. Auskunft für Leser. Hrsg. von Klaus Siblewski. Darmstadt, Neuwied 1982, S.112-114.

Pollerberg, Dirk: Formen des Leidens. Studien zu Gabriele Wohmanns Erzählungen. Wuppertal 1984.

Pollerberg, Dirk: Gabriele Wohmann. In: Deutsche Literatur der Gegenwart in Einzeldarstellungen. Bd.2. Hrsg. von Dietrich Weber. Stuttgart 1977, S.453-480.

Reich-Ranicki, Marcel: Bitterkeit ohne Zorn. In: Gabriele Wohmann. Materialienbuch. Hrsg. von Thomas Scheuffelen. Darmstadt, Neuwied 1977, S.56-61.

Reich-Ranicki, Marcel: Literatur der kleinen Schritte. Deutsche Schriftsteller heute. München 1967.

Scheible, Hartmut: Rückkehr zum Selbstverständlichen. In: Gabriele Wohmann. Materialienbuch. Hrsg. von Thomas Scheuffelen. Darmstadt, Neuwied 1977, S.101-105.

Schirnding, Albert von: Schreiben als Rettungsaktion. In: Gabriele Wohmann. Materialienbuch. Hrsg. von Thomas Scheuffelen. Darmstadt, Neuwied 1977, S.105-107.

Schloz, Günther: Gabriele Wohmann. In: *Neue Literatur der Frauen.* Deutschsprachige Autorinnen der Gegenwart. Hrsg. von Heinz Puknus. München 1980, S.79-87.

Starkmann, Alfred: Die Tragödie der fliehenden Zeit. Gabriele Wohmanns neuer Roman. In: Lutz-Hilgarth, Dorothea: Literaturkritik in Zeitungen: dargestellt am Beispiel Gabriele Wohmann. Frankfurt am Main, Bern 1984, S.298-300.

Ulbricht, Dagmar: Frauengestalten. In: Gabriele Wohmann. Hrsg. von Günter Häntzschel. München 1982, S.106-134.

Wagener, Hans: Gabriele Wohmann. Berlin 1986.

Wellner, Klaus: Leiden an der Familie: zur sozialpathologischen Rollenanalyse im Werk Gabriele Wohmanns. Stuttgart 1976.

Zimmer, Dieter E.: Rumpelstilzchen, weiblich. Gabriele Wohmanns Roman "Ach wie gut, daß niemand weiß." In: Die Zeit (10. Oktober 1980), Beilage Literatur, S.6.

Literatur zu Brigitte Kronauer:

Appel, Ina: Von Lust und Schrecken im Spiel ästhetischer Subjektivität. Über den Zusammenhang von Subjekt, Sprache und Existenz in Prosa von Brigitte Kronauer und Ror Wolf. Würzburg 2000.

Baumgart, Reinhard: Das Licht, das keine Schatten wirft: Versuch, die Einzigartigkeit der Schriftstellerin Brigitte Kronauer zu beschreiben. In: Die Zeit (15. Dezember 1989), S.66-67.

Brigitte Kronauer. Text+ Kritik, 112. Hrsg. von Heinz Ludwig Arnold. München 1991.

Clausen, Bettina: Die Metasprache der Struktur. Brigitte Kronauers Rita Münster. In: German Quaterly 63 (1990), S.437-445.

Clausen, Bettina: Ein staunenswerter Fall, und Abstieg: Zur Prosa Brigitte Kronauers. In: Merkur 5 (1991), S.442-447.

Cramer, Sybille: Adel des Geistes und die anonymen Gehäuse menschlicher Körper. Das Romanmanifest eines rückgekoppelten Modernismus: Brigitte Kronauers "Die Frau in den Kissen". In: Frankfurter Rundschau (4. Oktober 1990), Literatur-Rundschau, S.5.

Cramer, Sibylle: Es gibt eine zarte Empirie, die sich mit dem Gegenstand innigst identisch macht. In: Brigitte Kronauer. Text+ Kritik, 112. Hrsg. von Heinz Ludwig Arnold. München 1991, S.19-25.

Die Sichtbarkeit der Dinge. Über Brigitte Kronauer. Hrsg. von Heinz Schafroth. Stuttgart 1998.

Fachdienst Germanistik. Sprache und Literatur in der Kritik deutschsprachiger Zeitungen 2 (1991), S.16-17.

Genazino, Wilhelm: Brigitte Kronauer. In: Neues Handbuch der deutschen Gegenwartsliteratur seit 1945. Hrsg. von Dietz-Rüdiger Moser. München 1990, S.391-392.

Heuser, Magdelene: "Die Gegenstände abstauben" und "Mit Blicken wie mit Pfeilen und Messern". Brigitte Kronauer im Kontext der Gegenwartsliteratur von Frauen. In: Frauen-Fragen in der deutschsprachigen Literatur seit 1945. Hrsg. von Monika Knapp und Gerd Labroisse. Amsterdam, Atlanta 1989, S.343-375.

Hübner, Eberhard: Faultier und Glyzinie. Zu Brigitte Kronauer und Peter Handke. In: Brigitte Kronauer. Text+ Kritik, 112. Hrsg. von Heinz Ludwig Arnold. München 1991, S.69-79.

Jung, Werner: Alltag - die Kulisse für das ordentliche Voranleben. Anmerkungen zu Brigitte Kronauers Prosa. In: Brigitte Kronauer. Text+ Kritik, 112. Hrsg. von Heinz Ludwig Arnold. München 1991, S.42-53.

Kosler, Hans Christian: "Ich denke öfter an eine Tankstelle am Abend". Erzählungen von Brigitte Kronauer "Die gemusterte Nacht". In: Süddeutsche Zeitung (14. Oktober 1981), S.11.

Kübler, Gunhild: Ruhelose Wahrnehmungs- und Spracharbeit. In: Die Sichtbarkeit der Dinge. Über Brigitte Kronauer. Hrsg. von Heinz Schafroth. Stuttgart 1998, S.93-101.

Matt, Peter von: Luxuriöse Bettsucht. Rez. zu "Frau in den Kissen". In: Frankfurter Allgemeine Zeitung (13. November 1990), Literaturbeilage, S.11.

Meyer-Gosau, Frauke: Mittelpunktlose Räume, Tiefsee. Lektüre von Brigitte Kronauers Roman "Die Frau in den Kissen". In: Brigitte Kronauer. Text+ Kritik, 112. Hrsg. von Heinz Ludwig Arnold. München 1991, S.63-68.

Radisch, Iris: Eine große Nachtmusik. Brigitte Kronauers hellwacher Roman "Die Frau in den Kissen". In: Die Zeit (9. November 1990), Literaturbeilage, S.1.

Rakusa, Ilma: Materialekstase. Brigitte Kronauers Roman "Die Frau in den Kissen". In: Die Sichtbarkeit der Dinge. Über Brigitte Kronauer. Hrsg. von Heinz Schafroth. Stuttgart 1998, S.134-151.

Riedner, Ursula Renate: "Rita Münster": Erzählen im Spannungsfeld von Kontinuität und Augenblick. In: Die Sichtbarkeit der Dinge. Über Brigitte Kronauer. Hrsg. von Heinz Schafroth. Stuttgart 1998, S.53-73.

Sandler, Klaus: Rita Münsters Obszönität. In: das pult 70 (1983), S.88-92.

Schneider, Franz: Plötzlichkeit und Kombinatorik: Botho Strauß, Paul Celan, Thomas Bernhard, Brigitte Kronauer. Frankfurt am Main 1993.

Schweikert, Uwe: *"Es geht aufrichtig, nämlich gekünstelt zu!"* Ein Versuch über Brigitte Kronauer. In: Neue Rundschau 3 (1984), S.155-171.

Thormählen, Dörte: Schattenspiele: Das Wirkliche als das Andere bei Brigitte Kronauer. In: Sprache im technischen Zeitalter 129 (1994), S.379-391.

Traub, Rainer: Doktorfische und Katzenbären. In: Der Spiegel 37 (1990), S.224-227.

Ullrich, Gisela: Brigitte Kronauer. In: Kritisches Lexikon zur deutschsprachigen Gegenwartsliteratur. Hrsg. von Heinz Ludwig Arnold. (Edition Text und Kritik). 29.Nlg. Bd.6. München 1988, S.1-14.

Ullrich, Gisela: Utopie und ihre Verwirklichung. In: Brigitte Kronauer. Text+Kritik, 112. Hrsg. von Heinz Ludwig Arnold. München 1991, S.26-32.

Vogel, Ursula: "Sich den Eindrücken hingeben". *Brigitte Kronauer: "Frau Mühlenbeck im Gehäus", "Rita Münster"; "Berittener Bogenschütze"; "Die Frau in den Kissen".* In: Neue deutsche Literatur. Monatsschrift 39 (1991), S.141-146.

Vormweg, Heinrich: Große Imagination des Lebens selbst. Brigitte Kronauers neuer Roman - ein höchst weltliches Altarbild. In: Süddeutsche Zeitung (2/3. Oktober 1990), S.74.

SAARBRÜCKER BEITRÄGE ZUR LITERATURWISSENSCHAFT

Herausgegeben von
Karl Richter, Gerhard Sauder und Gerhard Schmidt-Henkel

BAND 34
Gerhard Sauder, Christoph Weiß (Hrsg.)
Carl Friedrich Bahrdt (1740 - 1792)
1992. 382 Seiten. 22,00 EUR
ISBN 3-924555-97-4

BAND 35
Hans W. Giessen
Zeitgeist populär - seine Darstellung in deutschsprachigen postmodernen Songtexten (bis 1989)
1992. 330 Seiten. 20,00 EUR
ISBN 3-924555-99-0

BAND 36
Claus Altmayer
Aufklärung als Popularphilosophie
Bürgerliches Individuum und Öffentlichkeit bei Christian Garve
1992. 753 Seiten. 39,00 EUR
ISBN 3-86110-000-2

BAND 37
Sabine Graf
»Als Schriftsteller leben«
Das publizistische Werk Otto Flakes der Jahre 1900 bis 1933 zwischen Selbstverständigung und Selbstinszenierung
1992. 471 Seiten. 24,00 EUR
ISBN 3-86110-002-9

BAND 38
Christoph Weiß
Friedrich Christian Laukhard (1757 - 1822)
1993. 3 Bände im Schuber. 232, 254 und 264 Seiten. 33 Abbildungen. 49,00 EUR
ISBN 3-86110-005-3

BAND 39
Sabina Becker
Urbanität und Moderne
Studien zur Großstadtwahrnehmung in der deutschen Literatur 1900 - 1930
1993. 483 Seiten, 7 Abbildungen. 26,00 EUR
ISBN 3-86110-006-1

BAND 40
Inez Müller
Walter Benjamin und Bertolt Brecht
Ansätze zu einer dialektischen Ästhetik in den dreißiger Jahren
1993. 272 Seiten. 19,00 EUR
ISBN 3-86110-015-0

BAND 41
Siegmund Thös-Kössel
Ansichten des Malers Friedrich Müller (1749 - 1825)
Zur Kunst des Scheiterns vor 1800
1993. 275 Seiten. 19,00 EUR
ISBN 3-86110-017-7

BAND 42
Georg Rupp
Der Kampf mit dem dunklen Gott
Religionskritik und Religiosität in
Sprache und Denken Gustav Reglers
1993. 307 Seiten. 20,00 EUR
ISBN 3-86110-018-5

BAND 43
Joachim Koch
Kulturgeschichte als Erkenntnismodell
Egon Friedells »Kulturgeschichte der Neuzeit«
1993. 149 Seiten. 14,00 EUR
ISBN 3-86110-021-5

BAND 44
Rumjana Kiefer
Kleists Erzählungen in der Literatur der Gegenwart
Ein Beitrag zur Geschichte der Intertextualität am Beispiel von Texten A. Muschgs, E. L. Doctorows und E. Plessens
1993. 139 Seiten. 14,00 EUR
ISBN 3-86110-026-6

BAND 45
Eva D. Becker
Literarisches Leben
Umschreibungen der Literaturgeschichte
1994. 233 Seiten. 19,00 EUR
ISBN 3-86110-027-4

BAND 46
Harald Bost
Der Weltschmerzler
Ein literarischer Typus und seine Motive
1994. 430 Seiten. 26,00 EUR
ISBN 3-86110-034-7

BAND 47
Mathias Bertram
Jakob Michael Reinhold Lenz als Lyriker
Zum Weltverständnis und zur Struktur seiner lyrischen Selbstreflexionen
1994. 259 Seiten. 19,00 EUR
ISBN 3-86110-052-5

BAND 48
Michaela Bertolini
Dissonanzen in Orpheus' Gesang
Untersuchungen zur Polemik im Prosawerk Rainer Maria Rilkes
1995. 165 Seiten. 18,00 EUR
ISBN 3-86110-064-9

BAND 49
Juliane Kuhn
»Wir setzten unser Exil fort«
Facetten des Exils im literarischen Werk von Peter Weiss
1994. 333 Seiten. 26,00 EUR
ISBN 3-86110-070-3

BAND 50
Stefan Schank
Kindheitserfahrungen im Werk Rainer Maria Rilkes
Eine biographisch-literaturwissenschaftliche Studie
1995. 641 Seiten. 42,00 EUR
ISBN 3-86110-076-2

BAND 51
Andreas Heieck
Selbstversöhnung
Eine Untersuchung zur religiösen Unruhe im Denken von André Gide
1995. 476 Seiten. 34,00 EUR
ISBN 3-86110-093-2

BAND 52
Takeshi Imamura
Jakob Michael Reinhold Lenz
Seine dramatische Technik und ihre Entwicklung
1996. 478 Seiten. 34,00 EUR
ISBN 3-86110-098-2

BAND 53
Sascha Kiefer
Dramatik der Gründerzeit
Deutsches Drama und Theater 1870-1890
1997. 257 Seiten. 23,00 EUR
ISBN 3-86110-129-7

BAND 54
Annie Bourguignon
Der Schriftsteller Peter Weiss und Schweden
1997. 314 Seiten. 26,00 EUR
ISBN 3-86110-130-0

BAND 55
Werner Trömer
Polarität ohne Steigerung
Eine Struktur des Grotesken im Werk Günter Kunerts (1950-1980)
1997. 514 Seiten, 8 Abbildungen. 36,00 EUR
ISBN 3-86110-151-3

BAND 56
Martin Kagel
Strafgericht und Kriegstheater
Studien zur Ästhetik von Jakob Michael Reinhold Lenz
1997. 241 Seiten. 22,00 EUR
ISBN 3-86110-152-1

BAND 57
Karin Tantow-Jung
»Wachhund und Narr«
Gesellschaftskritik im Kriminalroman der Gegenwart am Beispiel der Werke Richard Heys
1997. 271 Seiten. 24,00 EUR
ISBN 3-86110-153-X

BAND 58
Manfred Stanjura
Revolutionäre Reden und Flugschriften im rheinisch-pfälzischen Raum (1791-1801)
Studien zu literarischen Formen jakobinischer Agitation in Worms, Speyer, Landau, Frankenthal, Bergzabern und Zweibrücken/Blieskastel
1998. 2 Bände. zus. 932 Seiten. 49,00 EUR
ISBN 3-86110-160-2

BAND 59
Chong-Chol Kim
Die weiblichen Figuren im Grimmschen und im koreanischen Märchen
1998. 204 Seiten. 20,00 EUR
ISBN 3-86110-167-X

BAND 60
Angela Fitz
»Wir blicken in ein ersonnenes Sehen«
Wirklichkeits- und Selbstkonstruktion in zeitgenössischen Romanen. Sten Nadolny · Christoph Ransmayr · Ulrich Woelk
1998. 384 Seiten. 29,00 EUR
ISBN 3-86110-169-6

BAND 61
Jean-Marie Paul (Hrsg.)
Dimensionen des Phantastischen
Studien zu E.T.A. Hoffmann
1998. 236 Seiten. 22,00 EUR
ISBN 3-86110-173-4

BAND 62
Annette Debold
Reisen bei Jean Paul
Studien zu einer real- und gattungshistorisch inspirierten Thematik in Theorie und Praxis des Dichters
1998. 119 Seiten. 16,00 EUR
ISBN 3-86110-174-2

BAND 63
Peter Ludwig
Es gibt eine Revolution in der Wissenschaft
Naturwissenschaft und Dichtung bei Georg Büchner
1998. 391 Seiten. 30,00 EUR
ISBN 3-86110-178-5

BAND 64
Rainer Godel
Schillers »Wallenstein«-Trilogie
Eine produktionstheoretische Analyse
1999. 382 Seiten. 29,00 EUR
ISBN 3-86110-193-9

BAND 65
Ronald Meyer
Sexualität und Gewalt
Formen und Funktionen der Sexualität und Gewalt in der Fiktion und Biographie des Marquis de Sade
1999. 392 Seiten, 8 Abbildungen. 29,00 EUR
ISBN 3-86110-201-3

BAND 66
Martin Preiß
»... daß es diese Wirklichkeit nicht gäbe«
Gottfried Benns Rönne-Novellen als Autonomieprogramm
1999. 336 Seiten. 26,00 EUR
ISBN 3-86110-208-0

BAND 67
Heike Schmid
Gefallene Engel
Deutschsprachige Dramatikerinnen im ausgehenden 19. Jahrhundert
2000. 250 Seiten. 23,00 EUR
ISBN 3-86110-232-3

BAND 68
Wolf Gerhard Schmidt
Friedrich de la Motte Fouqués Nibelungentrilogie "Der Held des Nordens"
Studien zu Stoff, Struktur und Rezeption
2000. 333 Seiten. 27,00 EUR
ISBN 3-86110-239-0

BAND 69
Gerhard Sauder/Tim Mehigan (Hrsg.)
Roman und Ästhetik im 19. Jahrhundert
Festschrift für Christian Grawe zum 65. Geburtstag
2001. 331 Seiten. 26,00 EUR
ISBN 3-86110-259-5

BAND 70
Anke Lindemann-Stark
Leben und Lebensläufe des Theodor Gottlieb von Hippel
2001. 384 Seiten. 1 Abbildung. 28,00 EUR
ISBN 3-86110-262-5

BAND 71
Alexandra Kertz-Welzel
Die Transzendenz der Gefühle
Beziehungen zwischen Musik und Gefühl bei Wackenroder/Tieck und die Musikästhetik der Romantik
2001. 326 Seiten. 26,00 EUR
ISBN 3-86110-278-1

BAND 72
Dirk Baldes
„Das tolle Durcheinander der Namen"
Zur Namengebung bei E.T.A. Hoffmann
2001. 205 Seiten. 21,00 EUR
ISBN 3-86110-283-8

BAND 73
Dae Kweon Kim
Sprachtheorie im 18. Jahrhundert
Herder, Condillac und Süßmilch
2002. 208 Seiten. 21,00 EUR
ISBN 3-86110-300-1

BAND 74
Elisa Müller-Adams
„... bedenke, daß die Frau zur Frau redete"
Das Werk der Caroline de la Motte Fouqué als Beispiel für weibliche Literaturproduktion der frühen Restaurationszeit
2003. 499 Seiten. 1 Abb. 35,00 EUR
ISBN 3-86110-328-1

BAND 75
Sabine Buchheit
Formen und Funktionen literarischer Kommunikation im Werk Günter Eichs
2003. 279 Seiten. 24,00 EUR
ISBN 3-86110-334-6

BAND 76
Meike Heinrich
Tagebuch und Fiktionalität
Signalstrukturen des literarischen Tagebuchs am Beispiel der Tagebücher von Max Frisch
2003. 289 Seiten. 24,00 EUR
ISBN 3-86110-335-4

BAND 77
Simplice Agossavi
Fremdhermeneutik in der zeitgenössischen deutschen Literatur
An Beispielen von U. Timm, G. Polt, U.Widmer, S. Knauss, W. Lange und H.C. Buch
2003. 186 Seiten. 22,00 EUR
ISBN 3-86110-339-7

BAND 78
Alan Corkhill
Glückskonzeptionen im deutschen Roman von Wielands „Agathon" bis Goethes „Wahlverwandtschaften"
2003. 252 Seiten. 24,00 EUR
ISBN 3-86110-340-0

BAND 79
Ursula Kirchdörfer-Boßmann
»Eine Pranke in den Nacken der Erkenntnis«
Zur Beziehung von Dichtung und Naturwissenschaft im Frühwerk Gottfried Benns
2003. 341 Seiten. 28,00 EUR
ISBN 3-86110-343-5

RÖHRIG UNIVERSITÄTSVERLAG GmbH
POSTFACH 1806   D-66368 ST. INGBERT
Tel. 0 68 94/8 79 57 Fax 0 68 94/87 03 30
Unser Verlagsprogramm im Internet: www.roehrig-verlag.de